Völkerrecht und Außenpolitik

Herausgegeben von
Prof. Dr. Oliver Dörr
Prof. Dr. Jörn Axel Kämmerer
Prof. Dr. Markus Krajewski

Band 88

Peggy Wittke

The Bush Doctrine Revisited

Eine Untersuchung der Auswirkungen der Bush-Doktrin
auf das geltende Völkerrecht

Nomos

Die Deutsche Nationalbibliothek verzeichnet diese Publikation in
der Deutschen Nationalbibliografie; detaillierte bibliografische
Daten sind im Internet über http://dnb.d-nb.de abrufbar.

Zugl.: Berlin, Freie Univ., Diss., 2017

ISBN 978-3-8487-4503-6 (Print)
ISBN 978-3-8452-8747-8 (ePDF)

1. Auflage 2018
© Nomos Verlagsgesellschaft, Baden-Baden 2018. Gedruckt in Deutschland. Alle Rechte,
auch die des Nachdrucks von Auszügen, der fotomechanischen Wiedergabe und der
Übersetzung, vorbehalten. Gedruckt auf alterungsbeständigem Papier.

Vorwort

Diese Arbeit ist im Sommersemester 2016 vom Fachbereich Rechtswissenschaft der Freien Universität Berlin als Dissertation angenommen worden. Ereignisse und Rechtsprechung sind bis zum August 2016, Neuerscheinungen in der Literatur bis September 2017 berücksichtigt.

Mit dieser Doktorarbeit habe ich ein lang verfolgtes Ziel erreicht – zugegebenermaßen im fortgeschrittenen Alter. „Schuld" daran war meine Tätigkeit als Leiterin der Model United Nations/Model European Union Programme an der Freien Universität Berlin, die ich seit 1998 am Lehrstuhl meines späteren Doktorvaters ausüben durfte. Ein Job, der nicht nur ständig neue Herausforderungen mit sich bringt, sondern auch jede Menge Freude und Begegnungen. Aber hier schließt sich auch ein Kreis: meine langjährige Lehrtätigkeit insbesondere im Bereich der Vereinten Nationen und Völkerrecht sowie meine Reisen mit Studierenden zum UN-Hauptquartier in New York ermöglichten mir, eine Expertise und Erfahrungsschatz aufzubauen, die mir dann für die Doktorarbeit immens helfen sollten.

Ich habe das Schreiben nie als Stress empfunden. Daher möchte ich allen, die diesen Schritt noch vorhaben, mit auf den Weg geben: Es ist nie zu spät um eine Doktorarbeit zu schreiben!

Ich danke meinem langjährigen Chef und Doktorvater Professor Dr. Dres. h.c. Philip Kunig für sein grenzenloses Vertrauen in mich, das er selbst dann nicht verlor, als ich mein ursprüngliches Thema zum Internationalen Strafgerichtshof gegen die Wand gefahren hatte und mich einem neuen Thema zuwandte. Er fehlt mir sehr nach seiner Emeritierung. Herrn Professor Dr. Steffen Hindelang danke ich für die rasche Erstellung des Zweitgutachtens.

Meiner Schwester Steffi Schweden danke ich für das Korrekturlesen und Joe Wingler insbesondere für seine Insiderkenntnisse zum Irak. Ralph Krüger gehört darüber hinaus mein besonderer Dank als mein steter Motivator.

Ich bedaure sehr, dass mein Vater meine Promotion nicht mehr miterleben konnte. Aber er wird es schon irgendwie wissen.

Berlin, im Mai 2018   *Peggy Wittke*

5

Inhaltsverzeichnis

Abkürzungsverzeichnis

aA	anderer Ansicht
Abs.	Absatz
ADF	Allied Democratic Forces
a.i.	ad interim
AIPAC	American Israel Public Affairs Committee
AJIL	American Journal of International Law
AMISOM	African Union Mission to Somalia
AQAP	Al-Qaida in the Arabian Peninsula
ASEAN	Association of Southeast Asian Nations
ASIL	American Society of International Law
AU	African Union
AUMF	Authorization for Use of Military Force
AVR	Archiv des Völkerrechts
AWACS	Airborne Early Warning and Control System
Bd.	Band
Bek.	Bekanntgabe
Berkeley J. Int'l Law	Berkeley Journal of International Law
BGBl.	Bundesgesetzblatt
B.C. Int'l & Comp. L. Rev.	Boston College International and Comparative Law Review
BGH	Bundesgerichtshof
BVerfG	Bundesverfassungsgericht
BVerfGE	Entscheidungen des Bundesverfassungsgerichts
BVerfGG	Bundesverfassungsgerichtsgesetz
BVerwG	Bundesverwaltungsgericht
BVerwGE	Entscheidungen des Bundesverwaltungsgerichts
Brook. J. Int'l L.	Brooklyn Journal of International Law
BT	Bundestag
BYBIL	British Year Book of International Law
Chi. J. Int'l L.	Chicago Journal of International Law
U. Chi. L. Rev.	The University of Chicago Law Review

Chinese J. Int'l L.	Chinese Journal of International Law
Conn. J. Int'l L.	Connecticut Journal of International Law
CRS	Congressional Research Service
CSIS	Center for Strategic and International Studies
CTC	Counter-Terrorism Committee
DDR	Deutsche Demokratische Republik
DRC	Democratic Republic of the Congo
EJIL	The European Journal of International Law
EuGRZ	Europäische Grundrechte-Zeitschrift
FARC	Fuerzas Armadas Revolucionarias de Colombia
FAS	Federation of American Scientists
FAZ	Frankfurter Allgemeine Zeitung
FN	Fußnote
For. Aff.	Foreign Affairs
FRC	Fatah Revolutionary Council
FS	Festschrift
gem.	gemäß
GG	Grundgesetz
Geo. L.J.	Georgetown Law Journal
Harv. Int. Law J.	Harvard International Law Journal
Harv. J.L. & Pub. Pol'y	Harvard Journal of Law and Public Policy
Harv. LR	Harvard Law Review
Hervorheb.	Hervorhebung
Hrsg.	Herausgeber
Hum. Rts. Q.	Human Rights Quarterly
IAEA	International Atomic Energy Agency (Internationale Atomenergie-Behörde)
ICC	International Criminal Court
I.C.J.	International Court of Justice
I.C.J. Reports	Reports of the International Court of Justice
ICLQ	International and Comparative Law Quarterly
ICISS	International Commission on Intervention and State Sovereignty
ICRtoP	International Coalition for the Responsibility to Protect
ISIL	Islamic State in Iraq and the Levant

ICTR	International Criminal Tribunal for Rwanda
ICTY	International Criminal Tribunal for the (Former) Yugoslavia
IGAD	Intergovernmental Authority on Development
IGH	Internationaler Gerichtshof
ILA	International Law Association
ILC	International Law Commission
ILM	International Legal Materials
ISAF	International Security Assistance Force
Int'l & Comp. L.Q.	International and Comparative Law Quarterly
IStGH	Internationaler Strafgerichtshof
JCSL	Journal of Conflict & Security Law
JoDRM	Journal of Defense Resources Management
JZ	JuristenZeitung
LG	Landgericht
LJIL	Leiden Journal of International Law
LNTS	League of Nations Treaty Series
Maine L. Rev.	Maine Law Review
MPYUNL	Max Planck Yearbook of United Nations Law
MPEPIL	Max Planck Encyclopedia of Public International Law
MEK	Mojahedin-e-Khalq (Volksmudschaheddin des Iran)
Melb. J. Int'l L.	Melbourne Journal of International Law
MLC	Mouvement de Libération du Congo
Mich. J. Int'l L.	Michigan Journal of International Law
Mich. L Rev.	Michigan Law Review
Mil. L. Rev.	Military Law Review
m.W.v.	mit Wirkung vom
NSS	National Security Strategy
NATO	North Atlantic Treaty Organization
NJW	Neue Juristische Wochenschrift
NYT	New York Times
NILR	Netherlands International Law Review
OAS	Organization of American States
OEF	Operation Enduring Freedom
OFS	Operation Freedom's Sentinel
OIC	Organisation of Islamic Cooperation

Pace Int'l L. Rev.	Pace International Law Review
PKK	Partiya Karkerên Kurdistanê (Kurdische Arbeiterpartei)
QUTLJJ	Queensland University of Technology Law and Justice Journal
RGBl.	Reichsgesetzblatt
Rn.	Randnummer
Stan. L. Rev.	Stanford Law Review
SWP	Stiftung Wissenschaft und Politik
UdSSR	Union der Sozialistischen Sowjetrepubliken
UN Doc.	United Nations Document
UNMOVIC	United Nations Monitoring, Verification and Inspection Commission
UNOSOM	UN Operation in Somalia
UNSCOM	United Nations Special Commission
UNTS	United Nations Treaty Series
v.	versus
Verf.	Verfasser
VN	Vereinte Nationen (Zeitschrift)
Va. J. Int'l L.	Virginia Journal of International Law
Vol.	Volume
VRÜ	Verfassung und Recht in Übersee
W. Va. L. Rev.	West Virginia Law Review
WMD	Weapons of Mass Destruction
Yale J. Int'l L.	The Yale Journal of International Law
ZaöRV	Zeitschrift für ausländisches öffentliches Recht und Völkerrecht
ZöR	Zeitschrift für öffentliches Recht
ZRP	Zeitschrift für Rechtspolitik

1. Kapitel – Einleitung

Die sogenannte *Bush*-Doktrin, formuliert in der *National Security Strategy 2002*, enthält drei wesentliche Elemente. Zum ersten bezweckt sie eine Ausdehnung des völkerrechtlich umstrittenen Gefahrenbegriffs *(„imminence")* insoweit, dass nicht nur gegenwärtige, unmittelbare Bedrohungen darunter fallen, sondern auch entferntere, möglich erscheinende Gefahrenlagen und beansprucht die Zulässigkeit der Selbstverteidigung (Artikel 51 UN-Charta) als präemptive Maßnahme auf diese Gefahrensituationen. Zum zweiten setzt sie neue Maßstäbe für die Zurechnungskriterien bei Gewaltausübungen durch sogenannte *non-state actors*, wonach Staaten sich diese zurechnen lassen müssen, auch wenn sie Terroristen auf ihrem Staatsgebiet nur dulden *("no distinction between terrorists and those who knowingly harbor [...] them"*[1] sog. *„Harboring"*-Doktrin*)*. Als drittes Element beansprucht die *Bush*-Doktrin die Möglichkeit eines zwangsweisen *regime change* im Falle von sogenannten „Schurkenstaaten".

Diese Elemente gehörten, zumindest bis zum Jahr 2002, nicht zum geltenden Völkerrecht des *ius ad bellum*. Mit der expliziten Forderung der *Bush*-Doktrin, das geltende Völkerrecht an die aktuelle Bedrohungslage anzupassen *("We must adapt the concept of imminent threat to the capabilities and objectives of today's adversaries"*[2]*)* bedeutet die Doktrin damit nichts anderes als eine substantielle Änderung des *ius ad bellum*.

Die *Bush*-Doktrin kann jedoch nicht als neue „Erfindung" der Bush-Administration gelten, vielmehr steht sie in einer längeren Politiktradition der Vereinigten Staaten, die sich durch verschiedene Administrationen zieht, demokratische wie auch republikanische.[3] Dies belegen die ver-

---

1 National Security Strategy 2002, The White House, 17. September 2002, http://georgewbush-whitehouse.archives.gov/nsc/nss/2002/, S. 5.

2 Ibid., S. 15.

3 So auch *Reisman/Armstrong*: "Thus, the attack on September 11, 2001, rather than occasioning a radical change in strategy, only reinforced incipient trends" in: The Past and Future of the Claim of Preemptive Self-Defense, AJIL, Vol. 100, No. 3, 2006, S. 525 (530). Siehe auch *Glennon*: "It thus came as no dramatic policy change when, in the Bush Doctrine, the United States publicly formalized its rejection of the armed attack requirement and officially announced its acceptance of preemption as a legitimate rationale for the use of force.", in: Preempting Terrorism – The Case

schiedenen *National Security Directives*, die während der Amtszeiten als hochklassifizierte, also *top secret* Dokumente eingestuft waren, und die nunmehr teilweise der Öffentlichkeit zugänglich gemacht werden.

Mit der National Security Strategy 2002 fand die *Bush*-Doktrin zum ersten Mal *expressis verbis* Eingang in die offizielle und veröffentlichte US-Sicherheitsstrategie.

I. Fragestellung und Gang der Untersuchung

Mehr als ein Jahrzehnt nach ihrer Postulierung stellt sich die Frage, ob die *Bush*-Doktrin zu einem Wandel des Völkerrechts, insbesondere des Völkergewohnheitsrechts, geführt hat indem andere Staaten sie anerkannt und weitergeführt haben.

Bei der Beantwortung dieser Frage werden folgende drei Thesen berücksichtigt:

1. Die *Bush*-Doktrin ist mit ihren Elementen Präemption und Zurechenbarkeit des Handelns von *non-state actors* (Stichwort: „Harboring"-Doktrin) nicht neu, sondern war bereits vorher in der Sicherheitspolitik der USA enthalten.
2. Auch andere Staaten beriefen sich vor 2001 auf die Zulässigkeit von präemptiver Selbstverteidigung und die „Harboring"-Doktrin.
3. Der Trend einer Weiterentwicklung des Völkerrechts in der Fallgruppe „Internationale Terrorismusbekämpfung" ist feststellbar, jedoch ist angesichts uneinheitlicher Staatenpraxis noch kein neues Völkergewohnheitsrecht entstanden.

Ausgangspunkt für die vorliegende Untersuchung sind zunächst die Rechtsquellen des Völkerrechts, wie sie Artikel 38 Absatz 1 IGH-Statut benennt, insbesondere die Möglichkeit und Voraussetzungen eines Wandels von Völkervertrags- und Völkergewohnheitsrecht (2. Kapitel).

Es folgt eine Darstellung der *Bush*-Doktrin und, im Hinblick auf These 1, der Sicherheitsstrategien der Vorgänger-Administrationen, und der derzeit geltenden Sicherheitsstrategie von Präsident Obama (3. Kapitel). Im Anschluss wird das geltende Völkerrecht *vor* dem 11. September 2001 im

---

for Anticipatory Self-Defense, The Weekly Standard, 28. Januar 2002, http://www. weeklystandard.com/article/2105.

Hinblick auf das völkerrechtliche Gewaltverbot und seinen Ausnahmen, insbesondere das Recht auf Selbstverteidigung, skizziert (4. Kapitel).

Um zu einem Ergebnis für These 2 zu kommen, wird die Staatenpraxis vor dem 11. September 2001 untersucht (5. Kapitel). Die Ereignisse um den 11. September 2001 und die unmittelbaren Reaktionen der Staatengemeinschaft werden in einem eigenen Kapitel näher betrachtet (6. Kapitel). Es folgt die Untersuchung der Staatenpraxis (7. Kapitel) und der Rechtsprechung des Internationalen Gerichtshofes nach dem 11. September 2001 (8. Kapitel).

Das abschließende 9. Kapitel beschäftigt sich mit der These 3 und prüft, ob sich durch eine geänderte Staatenpraxis das Völkerrecht im Bereich des *ius ad bellum* im Sinne der *Bush*-Doktrin gewandelt hat.

II. Antizipative, präventive und präemptive Selbstverteidigung

Derzeit existiert keine allgemeingültige Definition, die besagt, was unter antizipativer *(„anticipatory")*, präventiver *(„preventive")* und präemptiver *(„preemptive")* Selbstverteidigung zu verstehen ist, vielmehr werden die drei Begriffe, insbesondere in der Literatur, aber auch in den Debatten und in den Sicherheitsstrategien der Vereinigten Staaten, unterschiedlich benutzt.[4]

Im Rahmen dieser Arbeit wird die Definition von *Wolfrum* und *Greenwood* gefolgt, die unter den Oberbegriff „präventive Selbstverteidigung" zwei Formen subsumieren, nämlich die antizipative – nach der *Webster*-Formel im *Caroline*-Fall[5] – und die präemptive Selbstverteidigung:

> "Two different forms of preventive self-defence are under discussion – anticipatory self-defence and pre-emptive self-defence. Anticipatory self-defence is understood, referring to the Caroline incident, as a military action against an imminent attack which leaves no choice of means and no moment of deliberation. Compared to that the notion of pre-emptive self-defence is broader and, what is more important, has a different objective. It is meant to be used to avert an incipient development that is not yet operational but which, in the as-

---

4 *Schwehm* nennt es einen „*Begriffswirrwarr*". Siehe Beispiele in *Schwehm*: Präventive Selbstverteidigung, AVR, Bd. 46, 2008, S. 368 (369).
5 Zum *Caroline*-Fall siehe ausführlich 4. Kapitel II.3.4.

sessment of the potential victim could, if permitted to mature, lead to an objective threat or attack that would justify measures of self-defence."[6]

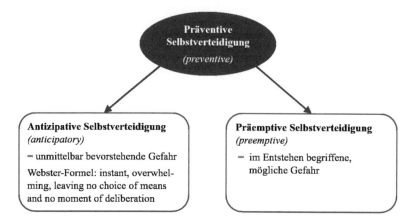

Diese Unterscheidung entspricht zum einen der herkömmlichen Begriffsbestimmung in der deutschen Sprache, wonach dem Adjektiv „präemptiv" eine vorsorgliche, also zeitlich entferntere Komponente zukommt, während „präventiv" als „einer bestimmten Entwicklung vorbeugend" verstanden wird.[7] Zum anderen erlaubt sie die Einordnung der *Webster*-Formel, die als völkergewohnheitsrechtlich verankert gilt, begrifflich richtig unter die „antizipative", also vorwegnehmende Selbstverteidigung.[8]

Werden die verschiedenen diskutierten Fälle der Selbstverteidigung auf einer Zeitachse eingeordnet, ergibt sich folgendes Bild:

---

6 *Wolfrum*, The Attack of September 11th, 2001, the Wars against the Taliban and Iraq: Is there a Need to Reconsider International Law on the Recourse to Force and the Rules in Armed Conflict?, in: *Bogdandy/Wolfrum* (Hrsg.), MPYUNL, 2003, Vol. 7, S. 1 (31). Siehe auch *Greenwood*, Self-Defence, MPEPIL, April 2011, Rn. 41 ff.; *Henderson*, The Obama Doctrine of 'Necessary Force', JCSL, Vol. 15, No. 3, 2010, S. 403 (407).

7 Vgl. Duden online: „präventiv: vorbeugend, verhütend; eine bestimmte, nicht gewünschte Entwicklung verhindernd; präemptiv: einer sich bereits abzeichnenden Entwicklung zuvorkommend, vorsorglich, vorbeugend".

8 Vgl. *Greenwood*: Caroline, The, MPEPIL, April 2009, Rn. 7.

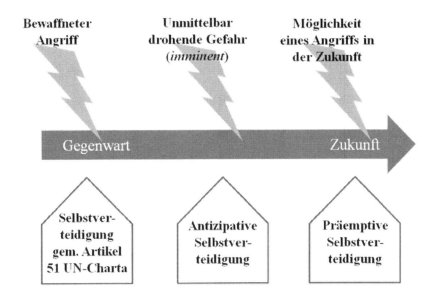

Je weiter sich der Angriff vom tatsächlichen bewaffneten Angriff auf der Zeitachse entfernt, desto größer wird der Beurteilungsspielraum, bis hin zu reiner Spekulation, wenn es um die Möglichkeit eines Angriffs irgendwann in der Zukunft geht.[9]

Schließlich entspricht die hier verwendete Definition auch der Wortwahl in den amerikanischen Sicherheitsstrategien, insbesondere der *National Security Strategy* aus dem Jahr 2002:

> "The United States has long maintained the option of preemptive actions to counter a sufficient threat to our national security. The greater the threat, the greater is the risk of inaction – and the more compelling the case for taking anticipatory action to defend ourselves, even if uncertainty remains as to the time and place of the enemy's attack. To forestall or prevent such hostile acts by our adversaries, the United States will, if necessary, act preemptively."[10]

Der zitierte Absatz zeigt, dass die drei Begriffe mitnichten, wie manche Autoren meinen, synonym oder mehrdeutig verwendet werden.[11] Vielmehr

---

9 Siehe auch *Reisman/Armstrong*, The Past and Future of the Claim of Preemptive Self-Defense, AJIL, Vol. 100, No. 3, 2006, S. 525 (526).

10 National Security Strategy 2002, The White House, 17. September 2002, http://georgewbush-whitehouse.archives.gov/nsc/nss/2002/, S. 15.

11 So aber *Schwehm*, in: Präventive Selbstverteidigung, AVR, Bd. 46, 2008, S. 368 (370).

ordnet die amerikanische Regierung die Präemption als Unterfall der antizipativen Selbstverteidigung ein, die von der herrschenden Meinung anerkannt wird. Damit wiederum wird deutlich, dass hier, wie so oft im Völkerrecht, anhand geltenden Rechts argumentiert wird, anstatt eine neue
Regel zu postulieren.

2. Kapitel – Völkergewohnheitsrecht

Zu den Besonderheiten des Völkerrechts gehört, dass zu seinen Quellen nicht nur die völkerrechtlichen Verträge gehören, sondern auch die – ungeschriebenen – Regeln des Völkergewohnheitsrechts sowie allgemeine Rechtsgrundsätze. Artikel 38 Absatz 1 IGH-Statut[12], der die für den Internationalen Gerichtshof anzuwendenden Rechtssätze regelt, beschreibt das internationale Gewohnheitsrecht als „Ausdruck einer allgemeinen, als Recht anerkannten Übung" (Artikel 38 Abs. 1 lit. b IGH-Statut).

Diese Definition bedeutet nichts anderes, als dass im Völkerrecht „zu Recht werden [kann], was zunächst lediglich als Recht behauptet wird".[13] Das bedeutet auch, dass das Völkerrecht kein statisches Recht ist, sondern sich in einem kontinuierlichen Wandel befindet. Diesen Prozess hat *McDougal* im Jahr 1955 prägnant beschrieben:

"It is [...], a process of continuous interaction, of continuous demand and response, in which the decision-makers of particular nation states unilaterally put forward claims of the most diverse and conflicting character [...], and in which other decision-makers, external to the demanding state and including both national and international officials, weigh and appraise these competing claims in terms of the interests of the world community and of the rival claimants, and ultimately accept or reject them.

As such a process, it is a living, growing law, grounded in the practices and sanctioning expectations of nation-state officials, and changing as their demands and expectations are changed by the exigencies of new interests and technology and by other continually evolving conditions in the world arena."[14]

Das Völkergewohnheitsrecht ist zwar seit der Gründung der Vereinten Nationen in seinem Regelungsumfang vom Völkervertragsrecht überholt

---

12 BGBl. 1973 II, S. 505.
13 *Kunig*, Das Völkerrecht als Recht der Weltbevölkerung, AVR, Bd. 41, 2003, S. 327 (332).
14 *McDougal*, The Hydrogen Bomb Tests and the International Law of the Sea, AJIL, Vol. 49, No. 3, 1955, S. 356 (357). Siehe auch *Kunig*: „Völkerrecht entsteht nicht in Momentaufnahmen. Es ist flüssiger als anderes Recht, aber auch zähflüssiger." in: Das Völkerrecht als Recht der Weltbevölkerung, AVR, Bd. 41, 2003, S. 327 (332).

worden, stellt aber nach wie vor eine wichtige Quelle des Völkerrechts dar. Dies ist insbesondere bedingt durch die Dynamik des Völkerrechts bei der Entstehung neuen, ungeschriebenen Völkerrechts, das wiederum zur Entwicklung neuen Vertragsrechts führen kann.[15]

Allerdings bleibt festzuhalten, dass auch bereits bestehende völkerrechtliche Verträge die Möglicheit eines Wandels beinhalten. Diesem Befund trägt die Wiener Vertragsrechtskonvention (WVK)[16] von 1969 Rechnung, die in Artikel 31 zur Auslegung von Verträgen feststellt:

Art. 31 Allgemeine Auslegungsregel

(1) Ein Vertrag ist nach Treu und Glauben in Übereinstimmung mit der gewöhnlichen, seinen Bestimmungen in ihrem Zusammenhang zukommenden Bedeutung und im Lichte seines Zieles und Zweckes auszulegen.

(2) Für die Auslegung eines Vertrags bedeutet der Zusammenhang ausser dem Vertragswortlaut samt Präambel und Anlagen

a) jede sich auf den Vertrag beziehende Übereinkunft, die zwischen allen Vertragsparteien anlässlich des Vertragsabschlusses getroffen wurde;

b) jede Urkunde, die von einer oder mehreren Vertragsparteien anlässlich des Vertragsabschlusses abgefasst und von den anderen Vertragsparteien als eine sich auf den Vertrag beziehende Urkunde angenommen wurde.

(3) Ausser dem Zusammenhang sind in gleicher Weise zu berücksichtigen

a) jede spätere Übereinkunft zwischen den Vertragsparteien über die Auslegung des Vertrags oder die Anwendung seiner Bestimmungen;

b) jede spätere Übung bei der Anwendung des Vertrags, aus der die Übereinstimmung der Vertragsparteien über seine Auslegung hervorgeht;

c) jeder in den Beziehungen zwischen den Vertragsparteien anwendbare einschlägige Völkerrechtssatz.[17]

Die Auslegungsregel in Artikel 31 WVK gilt auch als völkergewohnheitsrechtlich verankert, so dass sie auch für Verträge Anwendung findet, die vor dem Inkrafttreten der WVK im Jahr 1980 abgeschlossen wurden – wie

---

15 *Heintschel von Heinegg*, in Ipsen: Völkerrecht, 6. Auflage, 2014, § 17 Rn. 1. Siehe auch *Herdegen*, Völkerrecht, 16. Auflage, 2017, § 16 Rn. 1: „Der Bezug zu dem Verhalten der einzelnen Staaten und zur Rechtsüberzeugung in der Staatengemeinschaft macht deutlich, dass die Staaten weiterhin Träger und Herren des Rechtserzeugungsprozesses sind.".

16 Wiener Übereinkommen über das Recht der Verträge vom 23. Mai 1969, BGBl. 1985 II S. 927.

17 Hervorheb. durch Verf.

die Charta der Vereinten Nationen.[18] Der IGH stellte zu der Frage der Auslegung von Artikel 27 Absatz 3 UN-Charta und der Einordnung von Enthaltungen in seinem *Namibia*-Gutachten (1971) fest:

> "However, the proceedings of the Security Council extending over a long period supply abundant evidence that presidential rulings and the positions taken by members of the Council, in particular its permanent members, have consistently and uniformly interpreted the practice of voluntary abstention by a permanent member as not constituting a bar to the adoption of resolutions. By abstaining, a member does not signify its objection to the approval of what is being proposed; in order to prevent the adoption of a resolution requiring unanimity of the permanent members, a permanent member has only to cast a negative vote. This procedure followed by the Security Council, which has continued unchanged after the amendment in 1965 of Article 27 of the Charter, has been generally accepted by Members of the United Nations and evidences a general practice of that Organization."[19]

Damit entfaltet die Auslegung der UN-Charta im Wege einer dynamischen Konkretisierung zugleich auch eine Dynamik für das Völkergewohnheitsrecht, welches hierdurch beeinflußt werden kann, solange eine solche Auslegung nicht die Grenzen der Rechtsfortbildung erreicht und von der Staatengemeinschaft akzeptiert wird.[20]

---

18 *Heintschel von Heinegg*, in: Ipsen, Völkerrecht, 6. Auflage, 2014, § 12 Rn. 11 ff, 14; *Sinclair*, The Vienna Convention on the Law of Treaties, 2. Auflage, 1984, S. 19; *Ford*, Legal Process of Change: Article 2 (4) and the Vienna Convention on the Law of Treaties, JCSL, Vol. 4, 1999, S. 75 (96); *Schrijver*, Responding to International Terrorism: Moving the Frontiers of International Law for 'Enduring Freedom'?, NILR, Vol. 48, Issue 3, 2001, S. 271 (285). Siehe auch *Leiden Policy Recommendations*: "However, the Charter is not a static instrument and needs to be interpreted in the light of contemporary practice and taking states' expectations into account." *Schrijver/van den Herik*, Leiden Policy Recommendations on Counter-terrorism and International Law, 1. April 2010, para. 28.

19 Legal Consequences for States of the Continued Presence of South Africa in Namibia (South West Africa) notwithstanding Security Council Resolution 276 (1970), Advisory Opinion, I.C.J. Reports 1971, S. 16 (para. 22).

20 Vgl. *van Steenberghe*: "Moreover, the conditions under which customary and conventional law may evolve through state practice are not so dissimilar. State practice may lead to the creation, interpretation, or modification of a customary rule only if this practice is associated with a state's belief of creating or interpreting or modifying such a rule and if the practice is general and constant. Similarly, according to Article 31 of the Vienna Convention on the Law of Treaties, interpretation of a treaty can be based on subsequent state practice if this practice is an application of the treaty and establishes the agreement of the parties regarding this interpretation as to what actually implies, for such an agreement to be clearly iden-

I. Entstehung von Völkergewohnheitsrecht

Zu den Voraussetzungen für die Entstehung von Völkergewohnheitsrecht zählt der IGH als objektives Element Handlungen, die einer beständigen Übung gleichkommen *("amount to a settled practice")* und subjektiv eine *opinio juris sive necessitatis*.[21] Das Verhalten des handelnden Staats oder anderer auf die Handlung reagierenden Staaten muss also Ausdruck einer Rechtsüberzeugung sein, wonach die in Frage stehende Handlung durch eine Rechtsnorm geboten ist:

> "evidence of a belief that this practice is rendered obligatory by the existence of a rule of law requiring it. The need for such a belief, i.e., the existence of a subjective element, is implicit in the very notion of the *opinio juris sive necessitatis*."[22]

Der IGH folgt hier ausdrücklich seinem Vorgänger, dem Ständigen Internationalen Gerichtshof, der bereits 1927 in seinem *Lotus*-Urteil festgestellt hatte:

> "Even if the rarity of the judicial decisions to be found [...] were sufficient to prove [...] the circumstance alleged [...], it would merely show that States had often, in practice, abstained from instituting criminal proceedings, and not that they recognized themselves as being obliged to do so; for only if such abstention were based on their being conscious of having a duty to abstain would it be possible to speak of an international custom. The alleged fact does not allow one to infer that States have been conscious of having such a duty;

---

tifiable, that state practice be repeated over time and approved by the other parties. ", in: Self-Defense in Response to Attacks by Non-state Actors in the Light of Recent State Practice, A Step Forward?, LJIL, Vol. 23, 2010, S. 183 (186). Siehe dazu auch *Herdegen*, der vor dem Hintergrund der Anerkennung der grundlegenden Menschenrechte als oberster Wert der Völkerrechtsordnung die humanitäre Intervention als zulässiges Beispiel einer Konkretisierung des vertraglichen Gewaltverbots in Artikel 2 Ziffer 4 UN-Charta sieht: „So gilt trotz zahlreicher Gegenstimmen die Rechtfertigung der humanitären Intervention in der Staatenwelt und in der Völkerrechtslehre in einem Maße als vertretbar, das vor wenigen Jahren schlicht unvorstellbar war.", in: Völkerrecht, 16. Auflage, 2017, § 16 Rn. 9. In der Konsequenz bedeutet dies für ihn, dass die „Suche nach einem neuen Konsens in der gesamten Staatengemeinschaft als Bedingung für einen Wandel des Gewohnheitsrechts insoweit an Relevanz [verliert].", ibid. Vgl. auch *D'Amato*, Trashing Customary International Law, AJIL, Vol. 81, No. 1, 1987, S. 101 (104).

21 Military and Paramilitary Activities in and against Nicaragua (Nicaragua v. USA), Merits, I.C.J. Reports 1986, S. 14 (para. 207).

22 North Sea Continental Shelf (Denmark/Netherlands v. Germany), I.C.J. Reports 1969, S. 3 (para. 77).

on the other hand, [...] there are other circumstances calculated to show that the contrary is true."[23]

Der IGH betrachtet beide Elemente als notwendig und unverzichtbar für die Entstehung von Völkergewohnheitsrecht.

"It is of course axiomatic that the material of customary international law is to be looked for primarily in the actual practice and *opinio juris* of States, even though multilateral conventions may have an important role to play in recording and defining rules deriving from custom, or indeed in developing them."[24]

"Bound as it is by Article 38 of its Statute to apply, *inter alia*, international custom "as evidence of a general practice accepted as law", the Court may not disregard the essential role played by general practice. [...] The Court must satisfy itself that the existence of the rule in the *opinio juris* of States is confirmed by practice."[25]

Im Hinblick auf die wichtige Rolle des Völkergewohnheitsrechts, verbunden mit bestehenden beträchtlichen Divergenzen hinsichtlich seiner Entstehung und Identifizierung, beschloss die *International Law Commission* (ILC) im Jahr 2011 das Thema „Formation and Evidence of Customary International Law" auf ihre Tagesordnung zu setzen.[26] Unter dem Berichterstatter *Michael Wood* soll bis 2016 der Frage nachgegangen werden, wie der Prozess der Entstehung von Völkergewohnheitsrecht gestaltet ist und wie Normen des Völkergewohnheitsrechts identifiziert werden können. Das Ergebnis sollen keine „Regeln" sein, sondern eher eine Art von „Gui-

---

23 P.C.I.J. Series A, No. 10, 1927, S. 28.

24 Continental Shelf (Libyan Arab Jamahiriya v. Malta), Judgment, I.C.J. Reports 1985, S. 13 (para. 27).

25 Military and Paramilitary Activities in and against Nicaragua (Nicaragua v. USA), Merits, I.C.J. Reports 1986, S. 14 (para. 184).

26 Report of the International Law Commission, Sixty-third Session, 2011, UN Doc. A/66/10, S. 10, para. 49, S. 289, para. 365. Der Titel wurde 2013 in "Identification of Customary International Law" geändert, für einen aktuellen Stand der Untersuchung siehe Report of the International Law Commission, Sixty-sixth Session, 2014, UN Doc. A/69/10, S. 221 ff., para. 133 ff., und Report of the International Law Commission, Sixty-seventh Session, 2015, UN Doc. A/70/10, S. 38 ff., para. 55 ff. Bereits zuvor, nämlich im Jahr 2000, hatte sich auch die *International Law Association* (ILA) dem Thema gewidmet, siehe ILA, London Conference (2000), Final Report of the Committee on Formation of Customary (General) International Law, Statement of Principles Applicable to the Formation of General Customary International Law.

delines".[27] Bei der Untersuchung der ILC werden Fragen angesprochen, wie diejenigen, was genau unter Staatenpraxis zu verstehen ist und welche Bedeutung Entscheidungen von Gerichten oder das Handeln von Internationalen/Regionalen Organisationen, wie beispielsweise die EU, haben.

Weitere wichtige Fragestellungen sind auch die Entstehung von neuem Völkergewohnheitsrecht und wie unilaterales Handeln von Staaten zur Entstehung neuen Rechts führen kann, beziehungsweise ob Abweichungen vom bestehenden Völkergewohnheitsrecht zu einer Änderung des Rechts geführt haben[28] – jenes Thema, zu dem auch vorliegende Arbeit einen Beitrag zu leisten sucht.

1. Allgemeine Übung

Als „Übung" im Sinne des Artikel 38 Absatz 1 IGH-Statut gelten alle Verhaltensweisen von Staaten, wie Handlungen und Erklärungen in internationalen Beziehungen, sowie Untätigkeit und Unterlassen, denen eine gewisse Dauer, Einheitlichkeit und Verbreitung anhaftet.[29]

Die notwendige Zeitdauer der Übung hängt vom Einzelfall ab. Auch eine kurze Zeitdauer kann somit eine für die Bildung von Gewohnheitsrecht relevante Übung begründen, sogenannte *„instant custom".*[30] Der IGH bemerkt dazu im *North Sea Continental Shelf Case* (1969):

> "Although the passage of only a short period of time is not necessarily, or of itself, a bar to the formulation of a new rule of customary international law on the basis of what was originally a purely conventional rule, an indispensable requirement would be that within the period in question, short though it might be, State practice, including that of States whose interests are specially affected, should have been both extensive and virtually uniform in the sense of the provision invoked; – and should moreover have occurred in such a way as to

---

27 Report of the International Law Commission, Sixty-third Session, 2011, UN Doc. A/66/10, Annex A, Formation and Evidence of Customary International Law, S. 305 ff., para. 1 ff.

28 Ibid., S. 307, para. 8.

29 *Heintschel von Heinegg*, in: Ipsen, Völkerrecht, 6. Auflage, 2014, § 17 Rn. 7.

30 *Heintschel von Heinegg*, ibid., § 17 Rn. 8; *Crawford*, Brownlie's Principles of International Public Law, 8. Auflage, 2012, S. 24; dagegen: *Herdegen*, Völkerrecht, 16. Auflage, 2017, § 16 Rn. 4.

show a general recognition that a rule of law or legal obligation is involved."[31]

In Bezug auf den 11. September 2001 hält eine Meinung in der Literatur einen Fall von *„instant custom"* für möglich, der durch die mehrheitliche Billigung der Staatengemeinschaft dazu führte, dass ein Angriff durch eine terroristische Gruppierung einem bewaffneten Angriff eines Staates gleichgesetzt wurde:

> "It would thus seem that in a matter of a few days, practically all states [...] have come to *assimilate* a terrorist attack by a terrorist organization to an armed aggression *by a state*, entitling the victim state to resort to individual self-defence and third states to act in collective self-defence."[32]

Die Einheitlichkeit der Übung ergibt sich aus der weitgehend gleichen Verhaltensweise einer repräsentativen Zahl von Völkerrechtssubjekten.[33] Abweichungen sind nicht zwingend als Begründung einer neuen gewohnheitsrechtlichen Norm zu behandeln, sondern vielmehr als Verletzungen der bestehenden Norm, die somit also bestätigt wird. Im Hinblick auf das gewohnheitsrechtliche Gewaltverbot führte der IGH in seiner *Nicaragua*-Entscheidung (1986) aus:

> "The Court does not consider that, for a rule to be established as customary, the corresponding practice must be in absolutely rigorous conformity with the rule. In order to deduce the existence of customary rules, the Court deems it sufficient that the conduct of States should, in general, be consistent with such rules, and that instances of State conduct inconsistent with a given rule should generally have been treated as breaches of that rule, not as indications of the recognition of a new rule. If a State acts in a way prima facie incompatible with a recognized rule, but defends its conduct by appealing to exceptions or justifications contained within the rule itself, then whether or not the State's

---

31 North Sea Continental Shelf (Denmark/Netherlands v. Germany), I.C.J. Reports 1969, S. 3 (para. 74).
32 *Cassese*, Terrorism is Also Disrupting Some Crucial Legal Categories of International Law, EJIL, Vol. 12, No. 5, 2001, S. 993 (996 f.); Hervorhebung im Text. *Cassese* hielt es 2001 allerdings noch für verfrüht, von *„instant custom"* zu sprechen, es könne sich auch um einen „beunruhigenden Einzelfall" handeln, ibid. S. 997. Anders: *Langille*, der die in der *Bush*-Doktrin enthaltene Gleichsetzung von Terroristen beherbergenden Staaten mit den Terroristen selbst (*„Harboring"*-Doktrin) als *„instant custom"* für einen Bestandteil des Völkergewohnheitsrechts seit 2001 hält, siehe *Langille*, It's "Instant Custom": How the Bush Doctrine Became Law After the Terrorist Attacks of September 11, 2001, B.C. Int'l & Comp. L. Rev., Vol. 26, Issue 1, 2003, S. 143 (156). Siehe ausführlich dazu 6. Kapitel.
33 *Heintschel von Heinegg*, in: Ipsen, Völkerrecht, 6. Auflage, 2014, § 17 Rn. 10.

conduct is in fact justifiable on that basis, the significance of that attitude is to confirm rather than to weaken the rule."[34]

Allerdings hat der IGH in eben dieser Entscheidung auch festgestellt, dass das Gewohnheitsrecht einem Wandel unterliegen kann, nämlich dann, wenn sich Staaten auf neue Rechtfertigungsgründe berufen, die von der Staatengemeinschaft anerkannt werden:

> "The significance for the Court of cases of State conduct prima facie inconsistent with the principle of non-intervention lies in the nature of the ground offered as justification. Reliance by a State on a novel right or an unprecedented exception to the principle might, if shared in principle by other States, tend towards a modification of customary international law."[35]

Die Übung wird erst dann zu einer „allgemeinen Übung", wenn sie eine gewisse Verbreitung erfährt. Wie auch bei der Zeitdauer, kann dieses nicht abstrakt im Vorfeld bestimmt werden, sondern hängt von den Umständen des Einzelfalles ab. Nicht notwendig ist, dass sich alle Völkerrechtssubjekte der jeweiligen Praxis anschließen, solange es keine entgegenstehende Praxis gibt.[36] Um als „allgemeine Übung" zu gelten, muss die Staatenpraxis jedoch diejenigen Staaten umfassen, deren Interessen besonders berührt sind (*"States whose interests were specially affected"*)[37] und die zugleich verschiedene geographische Regionen und politische Systeme repräsentieren.[38]

Handelt es sich um eine Norm, die durch langjährige, weit verbreitete Staatenpraxis anerkannt wird, kann regelmäßig davon ausgegangen wer-

---

34 Military and Paramilitary Activities in and against Nicaragua (Nicaragua v. USA), Merits, I.C.J. Reports 1986, S. 14 (para. 186).

35 Ibid., para. 207. Der IGH sah im vorliegenden Fall weder von den USA noch Nicaragua die Berufung auf ein „new right of intervention" als gegeben an, vielmehr stützte die USA ihre rechtliche Argumentation auf das kollektive Selbstverteidigungsrecht, ibid., para. 208.

36 "A practice followed by a very small number of States can create a rule of customary law if there is no practice which conflicts with the rule." *Akehurst*, Custom as Source of International Law, BYBIL, 1975, Vol. 47, No. 1, S. 1 (18); *Heintschel von Heinegg*, in: Ipsen, Völkerrecht, 6. Auflage, 2014, § 17 Rn. 11; *Crawford*, Brownlie's Principles of International Public Law, 8. Auflage, 2012, S. 24 f.

37 North Sea Continental Shelf (Denmark/Netherlands v. Germany), I.C.J. Reports 1969, S. 3 (para. 73).

38 *Heintschel von Heinegg*, in: Ipsen, Völkerrecht, 6. Auflage, 2014, § 17 Rn. 11; *Graf Vitzthum*, in: Graf Vitzthum/Proelß (Hrsg.), Völkerrecht, 7. Auflage, 2016, 1. Abschnitt, Rn. 133. *Herdegen* spricht von „Quasi-Universalität", in: Völkerrecht, 16. Auflage, 2017, § 16 Rn. 3.

den, dass eine ebensolche Staatenpraxis zu ihrer Änderung notwendig ist.[39]

Einen Sonderfall stellen Entschließungen der UN-Generalversammlung dar. Zwar kommen Resolutionen und Deklarationen der Generalversammlung wegen Artikel 10, 13 f. UN-Charta keine Bindungswirkung zu, sie stellen also bloße Empfehlungen dar. Allerdings können diese Empfehlungen zur Entstehung von Völkergewohnheitsrecht führen, wenn sich nämlich die Staaten an diese Empfehlungen halten.[40] Als wichtigstes Beispiel hierfür gilt die Menschenrechtserklärung *(Universal Declaration of Human Rights)* vom 10. Dezember 1948.[41] Der IGH stellte in seinem Gutachten zur *Legality of the Threat or Use of Nuclear Weapons* im Jahr 1996 fest:

> "The Court notes that General Assembly resolutions, even if they are not binding, may sometimes have normative value. They can, in certain circumstances, provide evidence important for establishing the existence of a rule or the emergence of an opinio juris."[42]

2. Rechtsüberzeugung (opinio iuris)

Für die Entstehung von Völkergewohnheitsrecht ist neben der „allgemeinen Übung" als subjektives Element die „Anerkennung als Recht" *(opinio iuris sive necessitatis)* notwendig. Diese wird herkömmlich als allgemeine Überzeugung begriffen, dass gewisse gebotene Verhaltensweisen dem Recht zwischen den Völkerrechtssubjekten entsprechen.[43] Wie schon zu-

---

39 Vgl. *Akehurst:* "The better established a rule is (i.e. the more frequent, longstanding and widespread the practice which supports it), the greater the quantity of practice needed to overturn it.", in: Custom as Source of International Law, BYBIL, 1975, Vol. 47, No. 1, S. 1 (19).

40 *Danilenko*, Law-Making in the International Community, 1993, S. 252; *Dinstein*, War, Aggression and Self-Defence, 5. Auflage, 2012, Rn. 291; *Heintschel von Heinegg*, in: Ipsen, Völkerrecht, 6. Auflage, 2014, § 17 Rn. 23.

41 UN Doc. A/RES/217 (III).

42 Legality of the Threat or Use of Nuclear Weapons, Advisory Opinion, I.C.J. Reports 1996, S. 226 (para. 70); Military and Paramilitary Activities in and against Nicaragua (Nicaragua v. USA), Merits, Judgment, I.C.J. Reports 1986, S. 14 (para. 188).

43 *Heintschel von Heinegg*, in: Ipsen, Völkerrecht, 6. Auflage, 2014, § 17 Rn. 14; *Crawford*, Brownlie's Principles of International Public Law, 8. Auflage, 2012, S. 25 ff.

vor bei der Übung, muss diese Rechtsüberzeugung nicht notwendigerweise bei allen Völkerrechtssubjekten feststellbar sein, sie muss sich allerdings als eine „allgemeine" Grundposition zwischen ihnen darstellen.[44]

An dieser Rechtsüberzeugung mangelt es, wenn Staaten beispielsweise im protokollarischen Bereich aufgrund von Höflichkeit, Dienlichkeit oder Tradition handeln.[45]

II. Nachweis von Völkergewohnheitsrecht

Nach den verschiedenen Arten der Entstehung von Völkergewohnheitsrecht (Handlungen, Erklärungen, Unterlassen etc.) richtet sich auch der Nachweis von Völkergewohnheitsrecht. Grundsätzlich wird eine Untersuchung derjenigen Akte vorgenommen, die eine Übung im Sinne von Art. 38 Abs. 1 lit. b IGH-Statut darstellen können.[46] Aus dem oben aufgeführten Diktum des IGH im *Nicaragua*-Fall ergibt sich, dass der IGH zur Analyse (vorliegend in Bezug auf die völkergewohnheitsrechtliche Geltung des Gewaltverbots) nicht nur das tatsächliche Verhalten der Staaten als Völkerrechtssubjekte heranzieht, sondern auch deren hierzu abgegebenen Erklärungen sowie auch die dritter Staaten („If a State acts in a way prima facie incompatible with a recognized rule, but defends its conduct by appealing to exceptions or justifications contained within the rule itself, then whether or not the State's conduct is in fact justifiable on that basis, the significance of that attitude is to confirm rather than to weaken the rule.").[47]

Das subjektive Element der *opinio juris* kann nach herrschender Meinung aus der Übung selbst gefolgert werden, aber auch aus weiteren Er-

---

44 *Herdegen*, Völkerrecht, 16. Auflage, 2017, § 16 Rn. 7.
45 North Sea Continental Shelf (Denmark/Netherlands v. Germany), I.C.J. Reports 1969, S. 3 (para. 77).
46 *Heintschel von Heinegg*, in: Ipsen, Völkerrecht, 6. Auflage, 2014, § 17 Rn. 33.
47 Military and Paramilitary Activities in and against Nicaragua (Nicaragua v. USA), Merits, Judgment, I.C.J. Reports 1986, S. 14 (para. 186). Siehe ausführlich zu den Methoden des IGH in der Bestimmung von Völkergewohnheitsrecht Richter *Peter Tomka* (Präsident des IGH), The Judge and International Custom, Presentation, 44. Réunion du Comité des Conseillers Juridiques sur le Droit International Public (CAHDI), Council of Europe, Paris, 21. September 2012, S. 27 ff.

klärungen, beispielsweise im Rahmen von internationalen Konferenzen, in denen die Existenz einer entsprechenden Regel behauptet wird.[48]

Damit wird deutlich, dass der Diskurs eine eigenständige Bedeutung neben dem tatsächlichen Verhalten besitzt.[49] Zum Auffinden eines solchen Diskurses eignen sich Veröffentlichungen internationaler Organisationen, insbesondere der Vereinten Nationen, aber auch offizielle Stellungnahmen, Pressemitteilungen, Pressekonferenzen etc.[50] Als konkrete, allerdings keinesfalls abschließende Beispiele für den dieser Arbeit zugrundeliegenden Untersuchungsgegenstand des Selbstverteidigungsrechts sind zu nennen: Repertoire of the Practice of the Security Council (seit 1952, aufgegliedert nach den einzelnen relevanten Artikeln der UN-Charta), UN Yearbook, Wortprotokolle, Meeting Records und Exchange of Letters.

Entscheidungen internationaler Gerichte oder hoher nationaler Gerichte können eine „Katalysatorenwirkung" in der Entwicklung von Völkergewohnheitsrecht entfalten, wenn sie auf eine entsprechende Bestätigung in der Staatengemeinschaft stossen.[51] Jedenfalls gelten richterliche Entscheidungen wie auch „Lehrmeinungen der fähigsten Völkerrechtler" gemäß Artikel 38 Abs. 1 d) IGH-Statut als Hilfsmittel *(„subsidiary means")* zur Feststellung von Rechtsnormen. Der IGH hat in seinem Urteil zu *Jurisdictional Immunities of the State* vom 3. Februar 2012 zur Bestimmung der Immunität im Völkergewohnheitsrecht ausdrücklich auch Entscheidungen nationaler Gerichte herangezogen, aber auch vielfach auf Berichte und Entwürfe der *International Law Commission* rekurriert.[52]

---

48 *Heintschel von Heinegg*, in: Ipsen, Völkerrecht, 6. Auflage, 2014, § 17 Rn. 34 f.
49 Vgl. *Bothe*, Rechtliche Hegung von Gewalt zwischen Theorie und Praxis, in: International Law between Universalism and Fragmentation, FS in Honour of Gerhard Hafner, Buffard/Crawford/Pellet/Wittich (Hrsg.), 2008, S. 141 (144). Zu Recht stellt *Bothe* fest, dass dieser Diskurs aber auch „stark fallbezogen" ist, ibid., S. 145.
50 *Heintschel von Heinegg*, in: Ipsen, Völkerrecht, 6. Auflage, 2014, § 17 Rn. 33; *Crawford*, Brownlie's Principles of International Public Law, 8. Auflage, 2012, S. 24.
51 *Herdegen*, Völkerrecht, 16. Auflage, 2017, § 16 Rn. 4; *von Arnauld*, Völkerrecht, 3. Auflage, 2016, Rn. 267, *Pellet*, Article 38, in: The Statute of the International Court of Justice, A Commentary, Zimmermann/Oellers-Frahm/Tomuschat/Tams (Hrsg.), 2. Auflage, 2012, Rn. 301 ff.; *Graf Vitzthum*, in: Graf Vitzthum/Proelß (Hrsg.), Völkerrecht, 7. Auflage, 2016, 1. Abschnitt, Rn. 147.
52 "In the present case, State practice of particular significance is to be found in the judgments of national courts [...]", Immunities of the State (Germany v. Italy, Greece Intervening), Judgment, I.C.J. Reports 2012, S. 99 (para. 55 f.). "Although

Hinsichtlich seiner eigenen Rolle stellte der IGH in seinem Gutachten zur *Legality of the Threat or Use of Nuclear Weapons* fest:

"Finally, it has been contended by some States that in answering the question posed, the Court would be going beyond its judicial role and would be taking upon itself a law-making capacity. It is clear that the Court cannot legislate, and, in the circumstances of the present case, it is not called upon to do so. Rather its task is to engage in its normal judicial function of ascertaining the existence or otherwise of legal principles and rules applicable to the threat or use of nuclear weapons. The contention that the giving of an answer to the question posed would require the Court to legislate is based on a supposition that the present *corpus juris* is devoid of relevant rules in this matter. The Court could not accede to this argument; it states the existing law and does not legislate. This is so even if, in stating and applying the law, the Court necessarily has to specify its scope and sometimes note its general trend."[53]

Allerdings kommt dem IGH eben bei dieser Bestimmung des Inhalts des Rechts auch eine gestalterische Funktion zu, so dass seine Entscheidungen

---

there has been much debate regarding the origins of State immunity and the identification of the principles underlying that immunity in the past, the International Law Commission concluded in 1980 that the rule of State immunity had been "adopted as a general rule of customary international law solidly rooted in the current practice of States" (Yearbook of the International Law Commission, 1980, Vol. II (2), p. 147, para. 26). That conclusion was based upon an extensive survey of State practice and, in the opinion of the Court, is confirmed by the record of national legislation, judicial decisions, assertions of a right to immunity and the comments of States on what became the United Nations Convention." Ibid., para. 56.

Hinsichtlich der Rolle von nationalen Gerichten folgt das Bundesverfassungsgericht diesem Ansatz, wie der Bundesverfassungsrichter *Paulus* deutlich machte: "There is little doubt that the Federal Constitutional Court has accepted its role as not only a passive applier, but also as a contributor to the development and implementation of customary international law." in: The Judge and International Custom, Presentation, 44. Réunion du Comité des Conseillers Juridiques sur le Droit International Public (CAHDI), Council of Europe, Paris, 21. September 2012, S. 85 (97). Siehe auch *Roberts*, Comparative International Law? The Role of National Courts in Creating And Enforcing International Law, Int'l & Comp. L.Q., Vol. 60, 2011, S. 57 ff. m.w.N. Zur Rolle der International Law Commission und Lehrmeinungen siehe *Pellet*, Article 38, in: The Statute of the International Court of Justice, A Commentary, Zimmermann/Oellers-Frahm/Tomuschat/Tams (Hrsg.), 2. Auflage, 2012, Rn. 225 f., 324.

53 Legality of the Threat or Use of Nuclear Weapons, Advisory Opinion, I.C.J. Reports 1996, S. 226 (para. 18).

als wichtiges Werkzeug in der Konsolidierung und Entwicklung des Völkerrechts angesehen werden.[54]

III. Entstehung von neuem Völkergewohnheitsrecht und ius cogens

Völkergewohnheitsrecht ist also nicht statisch, sondern kann auch Änderungen erfahren und damit neues Völkergewohnheitsrecht begründen sowie vormals bestehendes aufheben. Dazu bedarf es wiederum einer neuen bzw. widersprechenden „Übung", verbunden mit einer entsprechenden Rechtsüberzeugung. Das Fehlen einer solchen Rechtsüberzeugung führt bei Handlungen, die dem geltenden Völkergewohnheitsrecht widersprechen, zum Vorliegen eines völkerrechtswidrigen Aktes.[55]

Eine Besonderheit besteht bei zwingenden Normen des allgemeinen Völkerrechts *(ius cogens),* deren Existenz in Judikatur und Lehre heute unbestritten ist.[56] Als zwingende Norm definiert die Wiener Vertragsrechtskonvention „eine Norm, die von der internationalen Staatengemeinschaft in ihrer Gesamtheit angenommen und anerkannt wird als eine Norm, von der nicht abgewichen werden darf und die nur durch eine spätere Norm des allgemeinen Völkerrechts derselben Rechtsnatur geändert werden kann".[57]

Zunächst kann also festgehalten werden, dass auch Normen des *ius cogens* für Änderungen offen sind. Die ILC bemerkte dazu bereits 1966: "it would clearly be wrong to regard even rules of jus cogens as im-

---

54 *Pellet*, Article 38, in: The Statute of the International Court of Justice, A Commentary, Zimmermann/Oellers-Frahm/Tomuschat/Tams (Hrsg.), 2. Auflage, 2012, Rn. 313.

55 *Heintschel von Heinegg*, in: Ipsen, Völkerrecht, 6. Auflage, 2014, § 17 Rn. 48.

56 Siehe beispielsweise die Bezugnahme auf *ius cogens* in der Rechtsprechung des IGH, so kürzlich in Jurisdictional Immunities of the State (Germany v. Italy, Greece Intervening), Judgment, I.C.J. Reports 2012, S. 99 (para. 92 ff.) oder Armed Activities on the Territory of the Congo (New Application: 2002) (Democratic Republic of the Congo v. Rwanda), Jurisdiction and Admissibility, Judgment, I.C.J. Reports 2006, S. 6 (para. 64). Siehe auch *Frowein*: "It can thus be said that the existence of ius cogens in public international law is recognized today by State practice, by codified law, and by legal theory." in: Ius Cogens, MPEPIL, März 2013, para. 5, m.w.N.

57 Artikel 53 Wiener Übereinkommen über das Recht der Verträge vom 23. Mai 1969, BGBl. 1985 II S. 927.

mutable and incapable of modification in the light of future developments".[58]

Das allgemeine Völkerrecht *(general international law)* umfaßt sowohl Vertragsrecht, als auch Gewohnheitsrecht.[59] Der Begriff „allgemein" wird herkömmlich so interpretiert, dass regional geltende Normen nicht darunter fallen, sondern nur universelle oder semi-universelle Normen, wie beispielsweise die Charta der Vereinten Nationen.[60] Das Internationale Jugoslawientribunal stellte in dem *Furundzija*-Fall (1998) fest:

> "[Ius cogens is] a norm that enjoys a higher rank in the international hierarchy than treaty law and even 'ordinary' customary rules. The conspicuous consequence of this higher rank is that the principle at issue cannot be derogated from by States through international treaties or local or special customs or even general customary rules not endowed with the same normative force."[61]

Gemäß Artikel 53 der Wiener Vertragsrechtskonvention gilt bei Verstößen gegen *ius cogens*:

> **Artikel 53** Verträge im Widerspruch zu einer zwingenden Norm des allgemeinen Völkerrechts *(ius cogens)*
>
> Ein Vertrag ist nichtig, wenn er im Zeitpunkt seines Abschlusses im Widerspruch zu einer zwingenden Norm des allgemeinen Völkerrechts steht. [...]

Gleichzeitig erkennt die Wiener Vertragsrechtskonvention auch die Entstehung von neuem *ius cogens* an:

> **Artikel 64** Entstehung einer neuen zwingenden Norm des allgemeinen Völkerrechts *(ius cogens)*
>
> Entsteht eine neue zwingende Norm des allgemeinen Völkerrechts, so wird jeder zu dieser Norm im Widerspruch stehende Vertrag nichtig und erlischt.

Daraus folgt, dass Normen des *ius cogens* durch neues Völkergewohnheitsrecht abgeändert werden können, wenn diese neue Norm „von der internationalen Staatengemeinschaft in ihrer Gesamtheit angenommen und anerkannt" wird (Artikel 53 WVK).

Die anscheinend eindeutige Rechtslage wird allerdings dadurch problematisch, als die Wiener Vertragsrechtskonvention weder Beispiele für *ius*

---

58 Report of the International Law Commission on the work of its Eighteenth Session, Yearbook of the ILC 1966, Vol. II, S. 199 (para. 4).

59 *Dinstein*, War, Aggression and Self-Defence, 5. Auflage, 2012, Rn. 282.

60 *Dinstein*, ibid.

61 *Prosecutor v. Anto Furundzija*, ICTY, Trials Chamber, Judgment, Case No.: IT-95-17/1-T, 10. Dezember 1998, para. 153.

cogens nennt, noch genauer bestimmt, was unter „der internationalen Staatengemeinschaft *in ihrer Gesamtheit*" (engl. „as a whole", franz. „dans son ensemble", span. „en su conjunto") zu verstehen ist. Es stellt sich also die Frage, ob diesbezüglich das Einstimmigkeitsprinzip gilt, also alle Staaten zustimmen müssen oder eine Zustimmung der Mehrzahl der Staaten genügt

Die *traveau préparatoires* zur Entstehung der Wiener Vetragsrechtskonvention und Stellungnahmen der Staaten legen nahe, dass eine einfache Mehrheit der Staaten nicht genügt, um zwingendes Völkerrecht zu begründen.[62] Vielmehr muss ein Konsens unter allen „wichtigen konstituierenden Mitgliedern der Staatengemeinschaft" („need for consensus among all important constituent elements of the international community") bestehen.[63] Dem folgte auch die *International Law Commission* (ILC) in ihrem Kommentar zum Entwurf zur Staatenverantwortlichkeit aus dem Jahr 1976:

> "It certainly does not mean the requirement of unanimous recognition by all the members of that community, which would give each State an inconceivable right of veto. What it is intended to ensure is that a given internationally wrongful act shall be recognized as an 'international crime', not only by some particular group of States, even if it constitutes a majority, but by all the essential components of the international community."[64]

Auch die herrschende Meinung in der Völkerrechtsliteratur folgt dieser Auffassung.

> "Il faut que la conviction du caractère impératif de la régle soit partagée por toutes les composantes essentielles de la communmauté internationale et non seulement, par example, par les Ètats de L'Ouest ou de l'Est, par les pays développ's ou en voie de développement, par ceux d'un continent ou d'un autre."[65]

Dieser Konsens bedeutet allerdings nicht, dass alle Staaten der Norm zustimmen müssen. Einzelne Staaten oder gar kleinere Staatengruppen kön-

---

62 Ausführlich hierzu: *Danilenko*, Law-Making in the International Community, 1993, S. 231 ff.

63 *Danilenko*, ibid., S. 233.

64 ILC, Draft articles on Responsibility of States for Internationally Wrongful Acts, with commentaries, Yearbook of the International Law Commission, 1976, Vol. II, Part Two, S. 119.

65 *Ago*, Droit des traités à la lumière de la Convention de Vienne, RCADI 134, 1971, S. 237 (323).

nen durch ihre Ablehnung der Anerkennung einer neuen zwingenden Norm die Entstehung nicht verhindern.[66]

Ungeklärt bleibt jedoch, welche Normen als *ius cogens* gelten.[67] Der IGH hat vereinzelt Normen als *ius cogens* bezeichnet, so z.B. das Verbot des Völkermordes in seinem Urteil zu *Armed Activities on the Territory of the Congo*[68] und im Jahr 2012 das Folterverbot[69]. Die ILC führt in ihrem Kommentar zum Entwurf zur Staatenverantwortlichkeit von 2001 eine Reihe von *ius cogens* Normen auf, die von Staaten unwidersprochen und auch durch die internationale Rechtsprechung anerkannt seien. Sie weist aber auch darauf hin, dass es sich nicht um eine abschließende Liste handelt:

> "Those peremptory norms that are clearly accepted and recognized include the prohibitions of aggression, genocide, slavery, racial discrimination, crimes against humanity and torture, and the right to self-determination".[70]

Während hier also das Verbot des Angriffskrieges *("prohibition of aggression")* als *ius cogens* genannt wird, fehlt in der Liste das allgemeine Gewaltverbot. Die wohl herrschende Meinung in der Völkerrechtslehre betrachtet allerdings auch das Gewaltverbot als *ius cogens* und beruft sich dabei auf das *Nicaragua*-Urteil des IGH.[71] Dieser hatte darin ausgeführt:

---

66 *Danilenko*, Law-Making in the International Community, 1993, S. 234. Die abweichenden Staaten sind dann aber nach überwiegender Meinung auch nicht an die neue Norm gebunden ("to compel states to accept norms established without their consent and against their will infringed on their souvereign equality", Statement of the French Delegation), zitiert ibid., S. 235, gelten also dann als „persistent objector".

67 Siehe anstelle vieler dazu *D'Amato*, It's a Bird. It's a Plane. It's Jus Cogens!, Conn. J. Int'l L., Vol. 6, No. 1, 1990, S. 1 ff; *Shelton*, Normative Hierarchy in International Law, AJIL, Vol. 100, No. 2, 2006, S. 291 (302) m.w.N.

68 Armed Activities on the Territory of the Congo (New Application: 2002) (Democratic Republic of the Congo v. Rwanda), Jurisdiction and Admissibility, Judgment, I.C.J. Reports 2006, S. 6 (para. 64).

69 Questions relating to the Obligation to Prosecute or Extradite (Belgium v. Senegal), Judgment, I.C.J. Reports 2012, S. 422 (para. 99).

70 ILC, Draft articles on Responsibility of States for Internationally Wrongful Acts, with commentaries, Yearbook of the International Law Commission, 2001, Vol. II, Part Two, S. 85, 112 f. m.w.N.

71 *Dahm/Delbrück/Wolfrum*, Völkerrecht, Bd. I/3, S. 822; *Frowein*, Ius Cogens, MPEPIL, März 2013, para. 8; *Doehring*, Völkerrecht, 2. Aufl., 2004, S. 247; *Dinstein*, War, Aggression and Self-Defence, 5. Auflage, 2012, Rn. 295; *Crawford*, Brownlie's Principles of International Public Law, 8. Auflage, 2012, S. 595;

"A further confirmation of the validity as customary international law of the principle of the prohibition of the use of force expressed in Article 2, paragraph 4, of the Charter of the United Nations may be found in the fact that it is frequently referred to in statements by State representatives as being not only a principle of customary international law but also a fundamental or cardinal principle of such law. The International Law Commission, in the course of its work on the codification of the law of treaties, expressed the view that 'the law of the Charter concerning the prohibition of the use of force in itself constitutes a conspicuous example of a rule in international law having the character of jus cogens'."[72]

Eine solche Auslegung erscheint jedoch nicht zwingend. Im ersten Satz geht es um die Einordnung des Gewaltverbots als Völkergewohnheitsrecht, das der IGH zwar als ein *„fundamental or cardinal principle"* bezeichnet, aber eben nicht als *ius cogens*.[73] Im zweiten Satz referiert er lediglich eine Ansicht der ILC aus dem Jahr 1966, die ihrerseits nur von einem *„conspicuous example"* spricht, und auch nachfolgend, wie eben gezeigt, davon abgesehen hat, das Gewaltverbot in ihre „nicht-abschließende" Liste aufzunehmen.[74]

Versteht man das allgemeine Gewaltverbot als Oberbegriff, und die Angriffshandlung als einen Fall der verbotenen Gewalt[75], erscheint die Gleichsetzung beider Begriffe – mit der Folge, dass beide den Status einer *ius cogens* Norm haben – ebenfalls nicht überzeugend. Die damals 111 Vertragsstaaten des Statuts des Internationalen Strafgerichtshofes (IStGH)

Schachter, In Defense of International Rules on the Use of Force, U. Chi. L. Rev., Vol. 53, No. 1, 1986, S. 113 (129).

72 Military and Paramilitary Activities in and against Nicaragua (Nicaragua v. United States of America), Merits, Judgment, I.C.J. Reports 1986, S. 14 (para. 190).

73 Vgl. aber die Separate Opinion of President Singh ("the principle of non-use of force belongs to the realm of jus cogens"), ibid., S. 153; Separate Opinion of Judge Sette-Camara ("the non-use of force as well as non-intervention […] are not only cardinal principles of customary international law but could in addition be recognized as peremptory rules of customary international law"), ibid., S. 199.

74 Siehe auch ILC, Fifty-eigth Session, 2006, Fragmentation of International Law: Difficulties Arising from the Diversification and Expansion of International Law, Report of the Study Group of the ILC: "Nevertheless, more has been perhaps read into the decision than is warranted: the Court only mentions the words jus cogens by quoting (although apparently with approval) the ILC and the representatives of both parties to the dispute – it never picked up the vocabulary as part of its own language.", UN Doc. A/CN.4/L.682, 13. April 2006, para. 378.

75 Siehe näher zum Gewaltverbot in seiner vertraglichen wie auch gewohnheitsrechtlichen Geltung im Völkerrecht 4. Kapitel I.

machten jedenfalls in ihrer Auslegungserklärung zum Verbrechen der Aggression, die im Jahre 2010 in Kampala verabschiedet wurde, deutlich: "It is understood that aggression is the most serious and dangerous form of the illegal use of force".[76]

Wie sich zudem noch zeigen wird, ist das Gewaltverbot von „einer nicht unbeträchtlichen Grauzone umgeben"[77] und sein Inhalt somit bei weitem nicht eindeutig. Die Diskussion um die völkerrechtliche Legitimation des NATO-Einsatzes im Kosovo (1999) mag hier als einschlägiges Beispiel gelten. Diese Tatsache spiegelt sich im Übrigen auch im Tatbestand des Artikel 8 *bis* IStGH-Statut wider, der eine sogenannte Schwellenklausel enthält, wonach nur solche Akte der Aggression unter die Gerichtsbarkeit des Internationalen Strafgerichtshofs fallen, die eine „*manifest* violation of the Charter of the United Nations" sind.[78] Diese Klausel ermöglicht es im Ergebnis, völkerrechtlich umstrittenen Einsatz von Gewalt von der Strafbarkeit auszunehmen.[79]

Vor dem Hintergrund einer fehlenden Klarheit des Inhalts des Gewaltverbots ist daher derzeit entgegen der herrschenden Meinung in der Völkerrechtsliteratur davon auszugehen, dass das allgemeine Gewaltverbot noch nicht dem *ius cogens* zugerechnet werden kann. Dafür aber – und insofern der ILC folgend – ist zumindest das Verbot der Aggression, das jedenfalls durch die Resolution der UN-Generalversammlung mit dem Titel *Definition der Aggression* (Resolution 3314 (XXIX) vom 14. Dezember 1974)[80] eine maßgebliche, wenn auch noch nicht abschließende Konkretisierung gefunden hat, als *ius cogens* zu bewerten.[81]

---

76 Review Conference of the Rome Statute of the International Criminal Court, Kampala, 31 May – 11 June 2010, Official Records (Doc. RC/11), Part II, RC/Res.6 The Crime of Aggression, Annex III: Understandings regarding the amendments to the Rome Statute of the International Criminal Court on the crime of aggression, S. 22, para. 6.

77 *Kreß/von Holtzendorff*, Durchbruch in Kampala, VN, Heft 6, 2010, S. 260 (263).

78 Siehe Rome Statute of the International Criminal Court, UN Doc. A/CONF.183/9, 17. Juli 1998, as amended, http://www.icc-cpi.int/NR/rdonlyres/ADD16852-AEE9-4757-ABE7-9CDC7CF02886/283503/RomeStatutEngl.pdf.

79 Vgl. zur Schwellenklausel *Kreß/von Holtzendorff*, Durchbruch in Kampala, VN, Heft 6, 2010, S. 260 (263).

80 Siehe näher dazu 4. Kapitel I 2.1.

81 So auch *Heintschel von Heinegg*, in: Ipsen, Völkerrecht, 6. Auflage, 2014, § 16 Rn. 59, *Garwood-Gowers*, Israel's Airstrike on Syria's Al-Kibar Facility: A Test Case for the Doctrine of Pre-emptive Self-Defence?, JCSL, 2011, Vol. 16 No.2, p. 263 (272); *Henderson*, The Persistent Advocate and the Use of Force: The Impact

Daraus folgt wiederum, dass hinsichtlich der Anforderungen einer Änderung des unbestrittenermaßen auch im Völkergewohnheitsrecht geltenden Gewaltverbots nicht die strengen Maßstäbe, wie sie nach Artikel 53 WVK für *ius cogens* Normen gelten, anzuwenden sind, sondern es einer entsprechenden Staatenpraxis verbunden mit einer Rechtsüberzeugung bedarf.

IV. Bindungswirkung des Völkergewohnheitsrechts

Existiert eine Norm im universalen Völkergewohnheitsrecht, so bindet sie alle Völkerrechtssubjekte, die von ihrem Regelungsinhalt betroffen sind, und zwar unerheblich, ob sie an dem Rechtserzeugungsprozeß teilgenommen haben oder ausdrücklich zugestimmt haben.[82]

Diese Bindungswirkung kann nur durch die kontinuierliche Einlegung von Protesten (*„persistent objector"*) abgewendet werden, die aber nicht die Entstehung der Norm selbst hindern kann. Hierzu führte der IGH in seinem *Fischerei*-Urteil (1951) aus:

> "In any event the ten-mile rule would appear to be inapplicable as against Norway inasmuch as she has *always* opposed any attempt to apply it to the Norwegian coast."[83]

Soweit eine Regel allerdings als zwingendes Recht gilt *(ius cogens)*, vermag auch beständiger Protest ihre Bindungswirkung für den betreffenden Staat nicht zu vermeiden.[84]

---

of the United States Upon the Jus ad Bellum in the Post-Cold War Era, 2010, S. 29, sowie die sehr ausführliche Untersuchung bei *Green*, Questioning the Peremptory Status of the Prohibition of the Use of Force, Mich. J. Int'l L., Vol. 32, Issue 2, 2011, S. 215 ff. m.w.N.

82 *Heintschel von Heinegg*, in: Ipsen, Völkerrecht, 6. Auflage, 2014, § 17 Rn. 25.

83 Fisheries Case (United Kingdom v. Norway), Judgment, I.C.J. Reports 1951, S. 116 (131). Hervorheb. durch Verf. Vgl. auch *Crawford:* "[T]he persistent objector rule reinforces the principle of state consent in the creation of custom." in: Brownlie's Principles of International Public Law, 8. Auflage, 2012, S. 28.

84 *Herdegen*, Völkerrecht, 16. Auflage, 2017, § 16 Rn. 13.

V. Zusammenfassung

Völkerrecht ist kein statisches Recht, sondern Wandel unterworfen. Insbesondere im Bereich des Völkergewohnheitsrechts kann eine Staatenpraxis verbunden mit entsprechender Rechtsübzeugung zur Entstehung neuer Regeln führen. Aber auch im Rahmen völkerrechtlicher Verträge können Regeln im Wege einer dynamischen Auslegung Konkretisierungen und damit neue Bedeutung erfahren.

Damit stellt sich die Frage, ob die *Bush*-Doktrin zu einem solchen Wandel des Völkerrechts geführt haben könnte, also Staaten die Doktrin als (neues) Recht anerkannt und danach gehandelt haben.

3. Kapitel – Die Bush-Doktrin

I. Einführung

Die sogenannte *Bush*-Doktrin mit ihrem postulierten Anspruch auf präemptive Selbstverteidigung und zwangsweisen Regierungswechsel sowie dem *„Harboring"*-Argument wird, wie der Name bereits sagt, mit der Administration von *George W. Bush* (Amtszeit 20. Januar 2001 – 20. Januar 2009) verbunden. In diesem Kapitel werden die Doktrin erläutert und ihre Bestandteile untersucht.

Zuvor werden jedoch frühere Administrationen und ihre Sicherheitsstrategien[85] einer Betrachtung unterzogen, wobei sich bestätigen wird, dass bereits Bush's Vorgänger, insbesondere *Ronald Reagan* (Amtszeit 20. Januar 1981 – 20. Januar 1989) und *Bill Clinton* (Amtszeit 20. Januar 1993 – 20. Januar 2001), durchaus ähnliche Ansätze verfolgten, wenn auch noch stark verklausuliert.[86]

---

85 Per Gesetz ist der Präsident der Vereinigten Staaten verpflichtet, dem Kongreß jährlich einen Bericht über die nationale Sicherheitsstrategie vorzulegen (Goldwater-Nichols Defense Department Reorganization Act of 1986 amending Title 50, Chapter 15, Section § 404a of the U.S. Code [P.L. 99-433, § 603/50 U.S.C § 3043]). Diese Berichte reflektieren die Politik der Exekutive im Bereich der Sicherheitspolitik, eingeschlossen die Anwendung von militärischer Gewalt und Abrüstungskontrolle. Siehe auch U.S. Adoption of New Doctrine on Use of Force, AJIL, Vol. 97, No. 1, 2003, S. 203.

86 Zum Teil wird in der völkerrechtlichen Literatur die Kuba-Krise (1962) in der Amtszeit von Präsident John F. Kennedy als erster Fall von amerikanischer präemptiver und damit völkerrechtswidriger Selbstverteidigung angesehen. Hintergrund war die Stationierung von nuklearen Waffen auf Kuba durch die damalige UdSSR. Die USA verhängten daraufhin eine Seeblockade gegen Kuba. Es ist allerdings der herrschenden Meinung zuzustimmen, die in der Seeblockade angesichts des Bedrohungspotentials einerseits und der Verhältnismäßigkeit der amerikanischen Antwort eine zulässige Selbstverteidigungsmaßnahme sieht. Siehe dazu ausführlich *McDougal*, The Soviet-Cuban Quarantine and Self-Defense, 1963, Yale Law School, Faculty Scholarship Series, Paper 2607, S. 597 (603); *Wedgwood*, The Fall of Saddam Hussein: Security Council Mandates and Preemptive Self-Defense, AJIL, Vol. 97, No. 3, 2003, S. 576 (584-585); *Reisman/Armstrong*, The Past and Future of the Claim of Preemptive Self-Defense, AJIL, Vol. 100, No. 3, 2006, S. 525 (527); anderer Ansicht *Wright*, der die Blockade als präventive

II. Frühere US-Regierungen

1. Reagan-Administration (1981–1989)

1984 erließ Präsident Ronald Reagan eine *National Security Decision Directive* in Bezug auf die Bekämpfung von Terrorismus. Nur Teile der Direktive wurden bisher veröffentlicht, allerdings zeigen diese Ausschnitte bereits den Auftakt zu einer weitreichenden Auslegung der Maßnahmen gegen Staaten, die den Terrorismus unterstützen oder dieses beabsichtigen. Vorausgegangen waren zwei Anschläge der vom Iran unterstützen libanesischen *Hizbullah* (damals bekannt unter dem Namen *Islamic Jihad Organization*) auf amerikanische Einrichtungen im Libanon: Am 18. April 1983 explodierte eine 400-Kilo Bombe, versteckt in einem Lastwagen, vor der amerikanischen Botschaft in Beirut. 63 Menschen starben, darunter auch der *CIA Middle East Director*, Robert C. Ames, mehr als 120 wurden verletzt. Nur sechs Monate später, am 23. Oktober 1983, kamen bei einem Bombenanschlag auf das Hauptquartier des *Eighth US Marine Battallion* in Beirut 241 Marines ums Leben.[87]

Das *U.S. Department of Defense* richtete eine Untersuchungskommission, die sogenannte *Long Commission,* ein, die in ihrem Bericht zu den Anschlägen in Beirut abschließend feststellte:

> "Combating terrorism requires an active policy. A reactive policy only forfeits the initiative to the terrorists. The Commission recognizes that there is no single solution. The terrorist problem must be countered politically and militarily at all levels of government. Political initiatives should be directed at collecting and sharing intelligence on terrorist groups, and promptly challenging the behavior of those states which employ terrorism to their own ends. It makes little sense to learn that a State or its surrogate is conducting a terrorist campaign or planning a terrorist attack and not confront that government with political or military consequences if it continues forward. [...]
>
> [S]tate sponsored terrorism is an important part of the spectrum of warfare and [...] adequate response to this increasing threat requires an active national

---

Maßnahme bewertete, die gegen Artikel 2 Ziff. 4 UN-Charta sowie Artikel 51 UN-Charta (mangels eines vorhergehenden bewaffneten Angriffs) verstossen habe, in: The Cuban Quarantine. AJIL, Vol. 57, No. 3, 1963, S. 546 (562), ähnlich auch *Rivkin*, The Virtues of Preemptive Deterrence, Harv. J.L. & Pub. Pol'y, Vol. 29, Issue 1, 2005, S. 85 (86); *Rivkin/Casey/DeLaquil,* War, International Law, and Sovereignty: Reevaluating the Rules of the Game in a New Century: Preemption and Law in the Twenty-First Century, Chi. J. Int'l L., Vol. 5, 2005, S. 467 (481 ff.).

87 *Maogoto*, Battling Terrorism, 2005, S. 88.

policy which seeks to deter attack or reduce its effectiveness. The Commission further concludes that this policy needs to be supported by political and diplomatic actions and by a wide range of timely military response capabilities."[88]

Der Bericht der *Long Commission* wird als Wendepunkt der amerikanischen Terrorismusbekämpfung angesehen.[89] Obwohl in Bezug auf die zu ergreifenden Maßnahmen in weiten Bereichen noch unpräzise, erhält die *militärische* Bekämpfung des Terrorismus nunmehr einen Platz in der Sicherheitsstrategie. Präsident Reagan hatte diesen Strategiewechsel bereits 1981 angedeutet, als er nach der Freilassung der Teheraner Geiseln[90] vor einer „*swift and effective retribution*" der USA im Falle weiterer terroristischer Angriffe warnte – die sogenannte „Reagan policy of swift, effective retribution".[91] Ein hochrangiger Mitarbeiter des Verteidigungsministeriums, Noel Koch, erklärte, dass die neue Sicherheitsstrategie ein Quantensprung in der Bekämpfung des Terrorismus gleichkomme, da sie die bisherigen rein reaktiven Maßnahmen zugunsten proaktiver Schritte ergänze.[92]

Die *National Security Decision Directive 138* vom 3. April 1984 führt aus:

"The U.S. Government considers the practice of terrorism by any person or group in any cause a threat to our national security and will resist the use of terrorism by all legal means available. [...] State-sponsored terrorist activity or directed threats of such action are considered to be hostile acts and the U.S.

---

88 U.S. Department of Defense, Report of the DoD Commission on Beirut International Airport Terrorist Act, 23. Oktober 1983, S. 128 ff., http://www.ibiblio.org/hype rwar/AMH/XX/MidEast/Lebanon-1982-1984/DOD-Report.

89 *Maogoto*, Walking an International Law Tightrope: Use of Military Force to Counter Terrorism – Willing the Ends, Brook. J. Int'l L., 2006, S. 405 (429).

90 Am 4. November 1979 besetzte eine iranische militante Gruppierung das U.S.-Botschaftsgebäude und nahm das Botschaftspersonal als Geiseln. Ein Befreiungsversuch mit Helikoptern nach fünf Monaten, angeordnet durch die Carter-Regierung, scheiterte. Die Geiseln wurden schließlich am 20. Januar 1981 durch Vermittlung Algeriens freigelassen. Siehe auch IGH, Case concerning United States Diplomatic and Consular Staff in Tehran ("Teheraner Geiselfall"), Urteil vom 24. Mai 1980, I.C.J. Reports 1980, S. 3 ff. sowie 4. Kapitel II 3.6.1.

91 *Raines*, Hostages Hailed at White House, Reagan Vows 'Swift Retribution' For Any New Attack on Diplomats, NYT, 28. Januar 1981, A6; *Starr-Deelen,* Presidential Policies on Terrorism, 2014, S. 50.

92 Zitiert in: *Maogoto*, Walking an International Law Tightrope: Use of Military Force to Counter Terrorism – Willing the Ends, Brook. J. Int'l L., 2006, S. 405 (430).

will hold sponsors accountable. Whenever we have evidence that a state is mounting or intends to conduct an act of terrorism against us, we have a responsibility to take measure [*sic*] to protect our citizens, property, and interests."[93]

Bereits seit 1979 führt das *U.S. State Department* eine Liste mit Staaten, die den Terrorismus unterstützen.[94] Im Januar 1984 wurde auch der Iran auf die Liste gesetzt, auf der sich zu dieser Zeit auch Syrien, Kuba, Süd-Jemen und Libyen befanden.[95]

In einem vormals als geheim eingestuften *Memorandum für Edwin Meese III* vom 15. August 1984 wurde die Terrorismusstrategie der Reagan-Administration auch unter dem Aspekt *„Unwilling/Unable"* dargestellt – ein früher Hinweis auf die sogenannte *„Harboring-*Doktrin", der nachfolgende Administrationen, inklusive der Bush-Administration, folgen sollten[96]:

"The Use of Force Against Terrorist Acts

I. Highlights

[…]

- The state which is the target of terrorist violence has the right, in accordance with Article 51 of the U.N. Charter, to act in legitimate self-defense including, if necessary, the use of appropriate force.

---

93 Auszug der National Security Decision Directive 138 (3. April 1984), http://www.gwu.edu/~nsarchiv/NSAEBB/NSAEBB55/nsdd138.pdf.

94 Die Designation durch den *Secretary of State* erfolgt gemäß Sektion 6(j) des Export Administration Act, Sektion 40 des Arms Export Control Act und Sektion 620A des Foreign Assistance Act. Verbunden mit der Designation sind Einschränkung für amerikanische Auslandshilfen, Exportbeschränkungen für Waffenlieferungen und sog. dual-use Güter sowie weitere Maßnahmen. State Sponsors of Terrorism, U.S. Department of State, http://www.state.gov/j/ct/list/c14151.htm.

95 Auf der Liste werden derzeit drei Staaten geführt: Syrien (Designation: 29. Dezember 1979), Iran (19. Januar 1984) und Sudan (12. August 1993). State Sponsors of Terrorism, U.S. Department of State, Stand: September 2017, http://www.state.gov/j/ct/list/c14151.htm. Nordkorea, vormals ebenfalls auf der Liste, wurde am 11. Oktober 2008 von der Liste gestrichen. Country Reports on Terrorism 2008, Chapter III, U.S. Department of State, 30. April 2009, https://www.state.gov/j/ct/rls/crt/2008/122436.htm.

96 *Reinold*, State Weakness, Irregular Warfare, and the Right to Self-Defense Post-9/11, AJIL, Vol. 105, No. 2, 2011, S. 244 (251).

- In extreme situations, a state may take forcible action to prevent an imminent attack if non-forcible means of preventing it have been exhausted or are not reasonably available.

- Such use of force without the consent of the host state is entitled only when the host country is unable or unwilling to take effective action."[97]

Vor dem Hintergrund steigender terroristischer Angriffe, darunter insbesondere die Anschläge der *Abu Nidal* Organisation, auch unter dem Namen *Fatah Revolutionary Council* (FRC) bekannt[98] und hinter der syrische und libysche Geheimdienste vermutet wurden[99], fand zwei Jahre später auch die unilaterale Terrorismusbekämpfung Aufnahme in die nationale Sicherheitsstrategie der amerikanischen Regierung.

"The U.S. Government considers the practice of terrorism by any person or group a potential threat to our national security and will resist the use of terrorism by all legal means available. The United States is opposed to domestic and international terrorism and is prepared to act in concert with other nations or unilaterally when necessary to prevent or respond to terrorist acts.

States that practice terrorism or actively support it, will not be allowed to do so without consequences. Whenever we have evidence that a state is mounting or intends to conduct an act of terrorism against us, we have a responsibility to take measures to protect our citizens, property, and interests."[100]

---

97 Memorandum for Edwin Meese III, From Robert C. McFarlane, Background Material on Terrorism, 15. August 1984, Ronald Reagan Library, http://www.washingtondecoded.com/files/nsdd.pdf.

98 Die FRC war u.a. verantwortlich für die Entführung des EgyptAir-Fluges 648 auf dem Weg von Athen nach Kairo am 23. November 1985. Bei der Befreiungsaktion durch ägyptische Kommandokräfte auf Malta wurden von den 98 Geiseln 57 Personen getötet. Am 27. Dezember 1985 griffen Angehörige der FRC zeitgleich wartende Passagiere vor den El Al-Schaltern auf den Flughäfen in Rom und Wien mit Handgranaten an und feuerten mit Maschinengewehren. Insgesamt starben bei den beiden Anschlägen 21 Personen, mehr als 100 wurden verletzt. Vgl. dazu *Schneider/Hofer*, Ursachen und Wirkungen des weltweiten Terrorismus, 2007, S. 27.

99 Die *National Security Decision Directive 205* – Acting Against Libyan Support of International Terrorism (8. Januar 1986) verhängte ein Wirtschaftsembargo gegen Libyen und beorderte Marineeinheiten in das östliche Mittelmeer, http://www.fas.org/irp/offdocs/nsdd/nsdd-205.htm.

100 *National Security Decision Directive 207*, The National Program for Combatting Terrorism (20. Januar 1986), http://www.gwu.edu/~nsarchiv/NSAEBB/NSAEBB 55/nsdd207.pdf.

Der damalige *Secretary of State*, George Shultz, nutzte die aufkommende Debatte in verschiedenen Medienberichten und Expertenforen, um den in der Sicherheitsstrategie formulierten Anspruch der Vereinigten Staaten auf militärische Maßnahmen im Rahmen der Terrorismusbekämpfung zu verteidigen. Bereits im Oktober 1984 hatte er in einer vielbeachteten Rede in der *Park Avenue Synagogue* deutlich gemacht, dass die USA bei der Bekämpfung von Terroristen auch zu militärischen Maßnahmen greifen würden, unter Umständen auch bevor alle notwendigen Tatsachen feststünden.[101] Damit zählten neben vorbeugenden Maßnahmen und reaktiven Vergeltungsschlägen auch präemptive Maßnahmen zu den Handlungsmöglichkeiten der Regierung:

> "We must reach a consensus in this country that our responses should go beyond passive defense to consider means of active prevention, preemption, and retaliation. Our goal must be to prevent and deter future terrorist acts, and experience has taught us over the years that one of the best deterrents to terrorism is the certainty that swift and sure measures will be taken against those who engage in it."[102]

Der Hinweis auf die *„swift and sure measures"* und somit die sogenannte *Reagan*-Policy führte in der Folgezeit zur Etablierung als „*Shultz*-Doktrin", die als logische Erweiterung der *Reagan*-Policy angesehen wurde.[103] Einige Komentatoren halten George Shultz sogar für den „Vater der *Bush*-Doktrin".[104]

Schon 1984 hatte Shultz nicht nur eine steigende Anzahl von terroristischen Anschlägen auf amerikanische Einrichtungen vorhergesagt, sondern ebenfalls auch die ablehnende Haltung anderer Staaten auf die amerikani-

---

101 "We now recognize that terrorism is being used by our adversaries as a modern tool of warfare. It is no aberration. We can expect more terrorism directed at our strategic interests around the world in the years ahead. To combat it, we must be willing to use military force. [...] The public must understand before the fact that occasions will come when their government must act before each and every fact is known – and the decisions cannot be tied to the opinion polls." *George P. Shultz*, Terrorism and the Modern World, Address Before the Park Avenue Synagogue, New York City, 25. Oktober 1984, Department of State Bulletin, Dezember 1984.

102 Ibid.

103 *Maogoto*, Walking an International Law Tightrope: Use of Military Force to Counter Terrorism – Willing the Ends, Brook. J. Int'l L., 2006, S. 405 (431); *Starr-Deelen*, Presidential Policies on Terrorism, 2014, S. 47.

104 *Henninger*, George Shultz, Father of the Bush-Doctrine, Wall Street Journal vom 19. April 2006.

sche Strategie zur Terrorismusbekämpfung für möglich gehalten. In seiner Rede vom Januar 1986 vor der *National Defense University* machte er deutlich:

"In the wake of the recent attacks at the Rome and Vienna airports, we have heard it asserted that military action to retaliate or preempt terrorism is contrary to international law. Some have suggested that even to contemplate using force against terrorism is to lower ourselves to the barbaric level of the terrorists. I want to take this issue head on.

Unlike terrorists and communist guerillas, we do not believe the end justifies the means. We believe in the rule of law. This nation has long been a champion of international law, the peaceful settlement of disputes, and the UN Charter as a code of conduct for the world community."[105]

Hinsichtlich des in der UN-Charta vorgesehenen Rechts auf Selbstverteidigung als Ausnahme des Gewaltverbots hielt Shultz es für

"absurd to argue that international law prohibits us from capturing terrorists in international waters or airspace; from attacking them on the soil of other nations, even for the purpose of rescuing hostages; or from using force against states that support, train, and harbor terrorists or guerillas. International law requires no such result. A nation attacked by terrorists is permitted to use force to prevent or preempt future attacks, to seize terrorists, or to rescue its citizens when no other means is available. The law requires that such actions be necessary and proportionate. But this nation has consistently affirmed the right of states to use force in exercise of their right of individual or collective self-defense."[106]

Auch vor dem Sicherheitsrat äußerte sich der damalige US-amerikanische Botschafter dieser Linie entsprechend. Während der Debatte um den Angriff Südafrikas auf Botswana im Juni 1985 betonte er, dass die Vereinigten Staaten *"cannot accept the right of any State to harbour terrorists"*, eine Aussage, die starke Ähnlichkeit mit den Äußerungen von Präsident George W. Bush nach dem 11. September 2001 aufweist.[107]

---

105 *George P. Shultz*, Low-Intensity Warfare: The Challenge of Ambiguity, Address at National Defense University (15. Januar 1986), Bureau of Public Affairs, U.S. Department of State, Current Policy No. 783, in ILM, Vol. 25, Issue 1, 1986, S. 204 (206).
106 Ibid., S. 206.
107 Statement of the Representative of the United States, UN Doc. S/PV.2599, 21. Juni 1985, para. 119. Zu den "striking similarities" siehe auch *Starr-Deele,* Presidential Policies on Terrorism, 2014, S. 45-68.

Die Umsetzung der *National Security Decision Directive 138* in die Praxis ließ nicht lange auf sich warten. Nach dem Anschlag auf die überwiegend von US-amerikanischen Soldaten besuchte Berliner Discothek *La Belle* im April 1986 mit drei Toten und über hundert Verletzten griffen US-Kampfjets Ziele in Libyen an. In einem Schreiben an den UN-Sicherheitsrat erklärte die USA:

> "The United States objective was to destroy facilities used to carry out Libya's hostile policy of international terrorism and to discourage Libyan terrorist attacks in the future."[108]

2. Bush (sen.)-Administration (1989–1993)

Während der Regierung von Präsident Georg H. W. Bush (1989-1993) schien das Thema unilaterale Präemption weniger präsent.[109] Beobachter sehen in einer Äußerung Bushs gegenüber George Shultz aus dem Jahr 1984 eher eine Ablehnung dieser Politik.[110] Der damalige Vizepräsident Bush entgegnete dem Vorstoß Shultzs mit den Worten: "I think you've got to pinpoint [the response to terrorism], and we're not going to go out and bomb innocent civilians or something of that nature".[111]

Hierin sollte nicht etwa ein dramatischer Strategiewechsel der Bush-Administration gesehen werden, denn als Vizepräsident unter Reagan hatte Bush als Vorsitzender der 1985 eingesetzten *Task Force on Combatting Terrorism* wesentlichen Einfluß auf die Terrorismusstrategie seines Vorgängers im Präsidentenamt.[112] Ähnlich wie bereits die Reagan-Administration sah auch Bush sen. den internationalen Terrorismus weniger als ein

---

108 Letter dated 14 April 1986 from the Acting Permanent Representative of the United States of America to the United Nations addressed to the President of the Security Council, UN Doc. S/17990, 14. April 1986. Siehe ausführlich dazu 5. Kapitel I.4.

109 Siehe *Reisman/Armstrong*: "Claims of a right to unilateral preemption were more muted in the administration of George H.W. Bush from 1988 to 1992 [sic]" in: The Past and Future of the Claim of Preemptive Self-Defense, AJIL, Vol. 100, No. 3, 2006, S. 525 (529); *Starr-Deelen*, Presidential Policies on Terrorism, 2014, S. 73.

110 *Reisman/Armstrong*, The Past and Future of the Claim of Preemptive Self-Defense, AJIL, Vol. 100, No. 3, 2006, S. 525 (529).

111 Zitiert von *Reisman/Armstrong*, S. 529.

112 *Starr-Deelen,* Presidential Policies on Terrorism, 2014, S. 73.

Verbrechen, das mit strafrechtlichen Maßnahmen bekämpft werden sollte, sondern als nationale Sicherheitsbedrohung, die den Einsatz von militärischer Gewalt rechtfertige.[113]

Auch die Anwort der USA auf das *Lockerbie*-Attentat unter Bush sen. änderte nichts an dieser Grundeinstellung. Präsident Bush war bereits gewählt, hatte sein Amt aber noch nicht angetreten, als am 21. Dezember 1989 der Pan Am Flug 103 über der schottischen Stadt Lockerbie explodierte und insgesamt 259 Personen an Bord und elf weitere am Boden tötete – darunter 189 US-amerikanische Bürger. Weder Reagan, noch Bush sen. oder das ebenfalls betroffene Vereinigte Königreich sprachen angesichts der Katastrophe von einem „act of war" sondern leiteten vielmehr strafrechtliche Ermittlungen ein, die drei Jahre dauern sollten, bis schließlich zwei libysche Staatsangehörige angeklagt wurden.[114] Es brauchte noch weitere Jahre und UN-Sanktionen[115], bis Libyen einwilligte, die beiden Angeklagten an die Niederlande auszuliefern, wo am 3. Mai 2000 der Prozeß nach schottischem Recht begann und zumindest für einen der beiden mit einem Schuldspruch endete.

Zwar erscheint diese Reaktion angesichts der Bombardierung Libyens nach dem *La Belle* Attentat[116] im Jahr 1986 zunächst als „paradox"[117], lässt sich aber in mehrerer Hinsicht erklären. Zunächst war lange Zeit unklar, wer für den Anschlag verantwortlich war. In das Blickfeld der Ermittler gerieten auch der Iran und die *Popular Front for the Liberation of Palestine*. Die Bombardierung von Tripoli und Benghazi wurde 1986 international stark kritisiert, eine weitere Bombardierung als Maßnahme der

---

113 *Starr-Deelen* spricht von der "crime versus war dichtonomy", in: Presidential Policies on Terrorism, 2014, S. 75. Siehe auch *Sofaer*: "To deal effectively with state-sponsored terrorism requires treating its proponents not merely as criminals, but as a threat to our national security. This is in fact the deliberate policy of the United States, implemented by measures in the Carter and Reagan Administrations and supported by the Task Force on Combatting Terrorism chaired by then Vice President George Bush." in: Terrorism, the Law and the National Defense, Mil. L. Rev., Vol. 126, 1989, S. 89 (90).

114 *Schwartz*, Dealing with a Rogue State – The Libya Precedent, AJIL, Vol. 101, No. 3, 2007, S. 553 (555); *Starr-Deelen,* Presidential Policies on Terrorism, 2014, S. 75 ff.

115 Mit Resolution 748 vom 31. März 1992 verhängte der Sicherheitsrat – zum ersten Mal in seiner Geschichte – Sanktionen gegen einen Staat wegen der Nichtauslieferung der mutmaßlichen Terroristen. Siehe dazu auch 4. Kapitel I.2.3.1.

116 Siehe dazu 5. Kapitel I.4.

117 *Starr-Deelen,* Presidential Policies on Terrorism, 2014, S. 82.

Selbstverteidigung – und das erst mehrere Jahre nach dem Pan Am Anschlag – wäre wohl abermals skeptisch aufgenommen worden.[118] Ebenfalls könnte die Beteiligung des Vereinigten Königreichs, die einen Alleingang der USA somit ausschloß, verbunden mit der Betonung von multila-
teraler Kooperation durch den ehemaligen UN-Botschafter Bush, eine
Rolle gespielt haben.[119]

Die erste *National Security Strategy* der Bush (sen.)-Administration aus
dem Jahr 1990 stand zudem wesentlich unter dem Eindruck des Falls der
Berliner Mauer und stufte Terrorismus als *„low intensity conflict"* ein, den
es auch unter Zuhilfenahme von *„new and imaginative ways"* zu bekämpfen gilt, inklusive Verbesserung der Fremdsprachenkenntnisse und kultu-
rellen Orientierung der amerikanischen Truppen.[120] Die 1991 veröffentlichte Sicherheitsstrategie widmete sich dem Thema Terrorismusbekämpfung nun mehr in allgemeinen Bemerkungen, und bezog sich – wenig verwunderlich – vorrangig auf den Zusammenbruch der Sowjetunion („The
Soviet Future") und den irakischen Überfall auf Kuwait.[121]

Die dritte *National Security Strategy* schließlich wurde kurz vor der
Amtseinführung des neuen Präsidenten Clinton veröffentlicht und basierte
denn auch eher auf einer Aufstellung der erreichten Erfolge der Bush
(sen.)-Administration.[122] Allerdings findet sich hier ein Abschnitt über
Terrorismus:

> "[T]errorism remains a potential threat to our national security – a threat we
> will oppose by all legal means available. [...]
>
> States that practice or actively support terrorism will suffer international iso-
> lation and economic repercussions. The United States will reserve the right to
> act unilaterally, and will continue to work cooperatively with other nations to
> prevent and respond to terrorist acts."[123]

---

118 *Schwartz*, Dealing with a Rogue State – The Libya Precedent, AJIL, Vol. 101,
No. 3, 2007, S. 553 (556).
119 *Starr-Deelen,* Presidential Policies on Terrorism, 2014, S. 78.
120 National Security Strategy of the United States, 1. März 1990, http://nssarchive.u
s/NSSR/1990.pdf, S. 28.
121 National Security Strategy of the United States, 1. August 1991, http://
nssarchive.us/NSSR/1991.pdf.
122 *Snider*, The National Security Strategy, Documenting Strategic Vision, Second
Edition, 15. März 1995, S. 9.
123 National Security Strategy of the United States, 1. Januar 1993, http://
nssarchive.us/NSSR/1993.pdf.

Allerdings behielt sich auch die Regierung Bush unilaterale Maßnahmen im Bereich der *Non-Proliferation* vor, wenn auch militärische Maßnahmen nicht explizit genannt werden, wie folgender Auszug aus einer *National Security Directive* vom 10. Juli 1992 deutlich macht:

> "[...] United States nonproliferation policy will seek the broadest possible multilateral support. Since the proliferation of weapons of mass destruction is an international problem, its treatment requires international cooperation. That means America must remain engaged in the world, supporting its friends and allies, opposing those who threaten its interests. We must be prepared as members of the international community to step in when crises arise, e.g. by seeking inspections by a body like the UN Special Commission or sanctions by the UN Security Council. That does not mean that the United States will never take unilateral actions. Indeed, the record shows that United States leadership has at times provided a beachhead from which to build multilateral consensus, as in the Enhanced Proliferation Control Initiative, the Middle East Arms Control Initiative, and the Nuclear Suppliers Group."[124]

3. Clinton-Administration (1993–2001)

Die im Oktober 1998 veröffentlichte *National Security Strategy for a New Century* greift den republikanischen Ansatz einer Inanspruchnahme des Rechts auf präemptive Selbstverteidigung auf, wenn sie dies zunächst auch nicht ausdrücklich erwähnt, sondern eher zu implizieren[125] scheint:

> "Adversaries will be tempted to disrupt our critical infrastructures, impede continuity of government operations, use weapons of mass destruction against civilians in our cities, attack us when we gather at special events and prey on our citizens overseas. The United States must act to deter or prevent such at-

---

124 National Security Directive 70 (10. Juli 1992), http://www.fas.org/irp/offdocs/nsd/nsd70.pdf.

125 *Reisman/Armstrong*, The Past and Future of the Claim of Preemptive Self-Defense, AJIL, Vol. 100, No. 3, 2006, S. 525 (529). Vgl. auch *Starr-Deelen*: "Despite the fact that Clinton was a Democrat and opposed many of the domestic policies of his immediate predecessors, George H.W. Bush and Ronald Reagan, the general pattern on executive branch initiatives regarding the use of force against international terrorism remained the same.", in: Presidential Policies on Terrorism, 2014, S. 100.

tacks and, if attacks occur despite those efforts, must be prepared to limit the damage they cause and respond decisively against the perpetrators."[126]

Zu den Gegnern zählen Staaten, wie die namentlich genannten Iran, Irak und Nordkorea, transnational agierende Terroristen und kriminelle Netzwerke.[127] Eine besondere Gefahr wird in der Verbreitung von Massenvernichtungswaffen gesehen, sei es in den Händen von *„rogue states"* oder Terroristen:

"Weapons of mass destruction pose the greatest potential threat to global stability and security. Proliferation of advanced weapons and technologies threatens to provide rogue states, terrorists and international crime organizations the means to inflict terrible damage on the United States, its allies and U.S. citizens and troops abroad. We must continue to deter and be prepared to counter the use or threatened use of WMD [...]."[128]

Gleichzeitig stellt die Strategie aber auch eindeutig klar, dass zwar viele der Sicherheitsziele der Vereinigten Staaten im Wege von Allianzen, anderen formellen Sicherheitsstrukturen oder *ad hoc*-Koalitionen am besten erreicht werden können, aber dennoch der Anspruch auf unilaterale Maßnahmen weiterhin gelte:

"Because our shaping efforts alone cannot guarantee the international security environment we seek, the United States must be able to respond at home and abroad to the full spectrum of threats and crises that may arise. Our resources are finite, so we must be selective in our responses, focusing on challenges that most directly affect our interests and engaging where we can make the most difference. Our response might be diplomatic, economic, law enforcement, or military in nature – or, more likely, some combination of the above. We must use the most appropriate tool or combination of tools – acting in alliance or partnership when our interests are shared by others, but unilaterally when compelling national interests so demand."[129]

Dies trifft insbesondere im Rahmen der Terrorismusbekämpfung zu:

"Whenever possible, we use law enforcement and diplomatic tools to wage the fight against terrorism. But there have been, and will be, times when law enforcement and diplomatic tools are simply not enough, when our very national security is challenged, and when we must take extraordinary steps to

---

126 The White House, National Security Strategy for a New Century, Oktober 1998, S. 7, http://nssarchive.us/national-security-strategy-1998/. Im folgenden NSS 1998.
127 Ibid., S. 6.
128 Ibid.
129 Ibid., S. 14.

protect the safety of our citizens. As long as terrorists continue to target American citizens, we reserve the right to act in self defense by striking at their bases and those who sponsor, assist or actively support them. We exercised that right in 1993 with the attack against Iraqi intelligence headquarters in response to Baghdad's assassination attempt against former President Bush. We exercised that right again in August 1998."[130]

Aus dem Oktober 1998 stammt auch der *Iraq Liberation Act*. Das Datum seiner Ausfertigung am 31. Oktober 1998 durch Präsident Clinton fällt mit der Aufkündigung der Zusammenarbeit mit der zur Überwachung der irakischen Potentiale im Bereich von Massenvernichtungswaffen eingerichteten *UN Special Commission* (UNSCOM)[131] durch den Irak zusammen. Die fortlaufenden Weigerungen des Irak, sein Entwicklungsprogramm für Massenvernichtungswaffen offen zu legen, verstärkte den Eindruck in der Regierung Clinton und dem US-Kongress, dass der Irak nur durch einen Wechsel der Regierung wieder in den Kreis der Völkergemeinschaft zurückkehren könne.[132] Deshalb beschloß der Kongress einstimmig den *Iraq Liberation Act* (ILA – Irak Befreiungsgesetz). Der ILA beinhaltet die finanzielle, aber auch militärische Unterstützung der irakischen Opposition und die amerikanische Hilfeleistung für einen Regimewechsel zugunsten einer demokratischen Regierung.

Iraq Liberation Act of 1998

Sec. 3. Sense of the Congress Regarding United States Policy Toward Iraq

It should be the policy of the United States to support efforts to remove the regime headed by Saddam Hussein from power in Iraq and to promote the emergence of a democratic government to replace that regime.[133]

Die von der Clinton-Regierung in den beiden folgenden Jahren 1999 und 2000 veröffentlichten Sicherheitsstrategien bestätigen den Anspruch

---

130 Ibid., S. 16. Zu dem Anschlagsversuch auf Präsident Bush und die Reaktion der USA im Jahr 1993 siehe ausführlich 5. Kapitel I.5. Zu den Anschlägen auf die US-Botschaften in Kenia und Tansania im August 1998 siehe 5. Kapitel II.7.

131 Mit Resolution 687 vom 3. April 1991 richtete der UN-Sicherheitsrat eine Sonderkommission (United Nations Special Commission – UNSCOM) ein, die mit Hilfe der Internationalen Atomenergie-Behörde (IAEA) die irakischen Programme zur Entwicklung und Herstellung von Massenvernichtungswaffen und Langstreckenraketen dokumentieren und demontieren sollte.

132 *William J. Clinton*, Statement on Signing the Iraq Liberation Act of 1998, 31. Oktober 1998, http://www.presidency.ucsb.edu/ws/index.php?pid=55205.

133 H.R. 4655, Iraq Liberation Act (31. Oktober 1998), https://www.congress.gov/bill/105th-congress/house-bill/4655/text.

der Vereinigten Staaten, in der Verfolgung von nationalen Interessen auch zu unilateralen Maßnahmen zu greifen:

"The decision whether to use force is dictated first and foremost by our national interests. In those specific areas where our vital interests are at stake, our use of force will be decisive and, if necessary, unilateral. In situations posing a threat to important national interests, military forces should only be used if they advance U.S. interests, they are likely to accomplish their objectives, the costs and risks of their employment are commensurate with the interests at stake, and other non-military means are incapable of achieving our objectives. Such uses of military forces should be selective and limited, reflecting the importance of the interests at stake. We act in concert with the international community whenever possible, but do not hesitate to act unilaterally when necessary."[134]

Fast wörtlich übereinstimmend mit der NSS 1998 wird auch hier das Recht auf Selbstverteidigung im Rahmen der Terrorismusbekämpfung in beiden Dokumenten zitiert:

"Whenever possible, we use law enforcement and diplomatic tools to wage the fight against terrorism. But there have been, and will be, times when those tools are not enough. As long as terrorists continue to target American citizens, we reserve the right to act in self-defense by striking at their bases and those who sponsor, assist or actively support them."[135]

"Whenever possible, we use law enforcement, diplomatic, and economic tools to wage the fight against terrorism. But there have been, and will be, times when those tools are not enough. As long as terrorists continue to target American citizens, we reserve the right to act in self-defense by striking at their bases and those who sponsor, assist, or actively support them, as we have done over the years in different countries."[136]

III. Bush-Administration (2001–2009)

1. 11. September 2001

Am 11. September 2001, dem Internationalen Tag des Friedens, stürzt gegen 8.46 Uhr Ortszeit ein entführtes Passagierflugzeug der American Air-

---

134 National Security Strategy for a New Century, The White House, Dezember 1999, S. 19, http://clinton4.nara.gov/media/pdf/nssr-1299.pdf.
135 Ibid., S. 14.
136 A National Strategy for a Global Age, The White House, Dezember 2000, S. 29, http://nssarchive.us/NSSR/2001.pdf.

lines in den Nordturm des World Trade Centers in New York und geht in Flammen auf. Um 9.03 Uhr rammt ein zweites entführtes Flugzeug, United Airlines Flug 175, den Südturm. Nur kurze Zeit später, um 9.37 Uhr, stürzt eine dritte entführte Maschine, American Airlines Flug 77, in das Pentagon in Washington. Um 10.05 Uhr fällt der Südturm des World Trade Centers in sich zusammen. Ein weiteres entführtes Passagierflugzeug, United Airlines Flug 93, stürzt um 10.10 Uhr in Somerset County, Pennsylvania, ab. Es wird heute vermutet, dass dieses Flugzeug das Weiße Haus, Camp David oder die Airforce One des amerikanischen Präsidenten zerstören sollte. Um 10.28 Uhr bricht auch der Nordturm des World Trade Centers zusammen. An Bord der entführten Maschinen starben 246 Personen, in den Trümmern des World Trade Centers und des Pentagon kommen mehr als 2.700 Menschen ums Leben.[137]

2. Antwort der USA

Präsident Bush machte bereits in seiner Radioansprache am Abend des 11. September 2001 deutlich, „[we will] find those responsible and bring them to justice. We will make no distinction between the terrorists who committed these acts and those who harbor them".[138] In einer weiteren Rede versprach er: "Our war on terror begins with Al Qaida, but it does not end there. It will not end until every terrorist group of global reach has been found, stopped, and defeated."[139]

Nur wenige Tage später verabschiedete der US-Kongress eine *Authorization for Use of Military Force*, die dem Präsidenten weitreichende Befugnisse gab:

> "to use all necessary and appropriate force against those nations, organizations, or persons he determines planned, authorized, committed, or aided the terrorists attacks that occurred on September 11, 2001, or harbored such orga-

---

137 Für eine detaillierte Analyse siehe 9/11 Commission Report, National Commission on Terrorist Attacks Upon the United States, 22. Juli 2004.

138 Statement by the President in His Address to the Nation, 11. September 2001, https://georgewbush-whitehouse.archives.gov/news/releases/2001/09/20010911-16.html.

139 President's Address Before a Joint Session of the Congress on the United States Response to the Terrorist Attacks of September 11, 20. September 2001, Public Papers, Vol. 2, S. 1141.

nizations or persons, in order to prevent any future acts of international terrorism against the United States by such nations, organizations, or persons."[140]

Im Oktober 2001 richtete die USA, wie auch das Vereinigte Königreich, Schreiben an den UN-Sicherheitsrat, in denen sie den Beginn von Aktionen in Ausübung des individuellen und kollektiven Selbstverteidigungsrechts nach Artikel 51 UN-Charta als Reaktion auf die Terroranschläge des 11. Septembers anzeigten. Die USA erklärte, "United States armed forces have initiated actions designed to prevent and deter further attacks on the United States" und fügte hinzu "[w]e may find that our self-defence requires further actions with respect to other organizations and other States".[141]

Das Vereinigte Königreich beschrieb die Aktionen mit "to avert the continuing threat of attacks from the same source".[142] Mit ihrem Bezug auf die Verhinderung von zukünftigen Terroranschlägen sowie dem Hinweis auf Ausdehnung der Aktionen auf andere Organisationen und Staaten als Afghanistan und die Taliban, weisen diese Schreiben eindeutig auf eine präemptive Natur der Selbstverteidigung hin.[143]

In die gleiche Richtung wies auch die vielzitierte Rede Bushs zur Lage der Nation vom 29. Januar 2002, in der er Nordkorea, Iran und den Irak als Staaten einer „Achse des Bösen" bezeichnete.[144] Diese Staaten würden offen terroristische Organisationen unterstützen und versuchten zudem, in

---

140 Public Law 107-40, 107th Congress, Joint Resolution, 18 September 2001. Bestätigt durch H.R. 1540: National Defense Authorization Act for Fiscal Year 2012, 112th Congress, 31. Dezember 2011. 112th Congress, 2011–2012. Text as of Dec 22, 2011 (Passed Congress/Enrolled Bill).

141 Letter dated 7 October 2001 from the Permanent Representative of the United States of America to the United Nations addressed to the President of the Security Council, UN Doc. S/2001/946.

142 Letter dated 7 October 2001 from the Chargé d'affaires a.i. of the Permanent Mission of the United Kingdom of Great Britain and Northern Ireland to the United Nations addressed to the President of the Security Council, UN Doc. S/2001/947.

143 *Gray*, The US National Security Strategy and the New "Bush Doctrine" on Pre-emptive Self-defense, Chinese J. Int'l L., 2002, Vol. 1, No. 2, 437 (441); *Henderson*, The Obama Doctrine of 'Necessary Force', JCSL, Vol. 15, No. 3, 2010, S. 403 (406).

144 State of the Union Address, http://georgewbush-whitehouse.archives.gov/news/releases/2002/01/20020129-11.html.

den Besitz von Massenvernichtungswaffen zu kommen, die an Terroristen weitergegeben werden könnten.[145]

Ähnlich äußerte sich Präsident Bush in seiner Rede vor Absolventen der Militärakademie in *West Point* im Juni 2002:

> "For much of the last century, America's defense relied on the Cold War doctrines of deterrence and containment. In some cases, those strategies still apply. But new threats also require new thinking. Deterrence – the promise of massive retaliation against nations – means nothing against shadowy terrorist networks with no nation or citizens to defend. Containment is not possible when unbalanced dictators with weapons of mass destruction can deliver those weapons on missiles or secretly provide them to terrorist allies."[146]

Operation Enduring Freedom begann am 7. Oktober 2001 wird seit 1. Januar 2015 durch *Operation Freedom's Sentinel* fortgeführt.[147]

3. National Security Strategy 2002

Am 17. September 2002 veröffentlichte die Bush-Regierung ihre *National Security Strategy 2002* (NSS 2002)[148], ein Jahr nach den verheerenden Anschlägen vom 11. September 2001. Die NSS 2002 steht klar unter dem Zeichen der Bekämpfung des Terrorismus, oder, in Worten der Bush-Administration, des *„War Against Terrorism"*:

> "Defending our Nation against its enemies is the first and fundamental commitment of the Federal Government. Today, that task has changed dramatically. Enemies in the past needed great armies and great industrial capabilities to endanger America. Now, shadowy networks of individuals can bring great chaos and suffering to our shores for less than it costs to purchase a single tank. Terrorists are organized to penetrate open societies and to turn the power of modern technologies against us.
>
> To defeat this threat we must make use of every tool in our arsenal – military power, better homeland defenses, law enforcement, intelligence, and vigorous

---

145 Das U.S. State Department veröffentlicht jährlich eine Liste der den Terror unterstützenden Staaten. Derzeit befinden sich drei Staaten auf der Liste: Iran, Syrien und Sudan. U.S. Department of State, State Sponsors of Terrorism, http://www.state.gov/j/ct/list/c14151.htm (Stand: September 2017).

146 President Bush Delivers Graduation Speech at West Point, United States Military Academy, West Point, New York, 1. Juni 2002.

147 Siehe ausführlich dazu 6. Kapitel I.5. und 7. Kapitel II.1.

148 Im folgenden NSS 2002.

efforts to cut off terrorist financing. The war against terrorists of global reach is a global enterprise of uncertain duration."[149]

Die NSS 2002 ist in insgesamt neun Kapitel aufgeteilt und beinhaltet gemäß der vorangehenden Zusammenfassung folgende Kernelemente:

"The U.S. national security strategy will be based on a distinctly American internationalism that reflects the union of our values and our national interests. The aim of this strategy is to help make the world not just safer but better. Our goals on the path to progress are clear: political and economic freedom, peaceful relations with other states, and respect for human dignity.

And this path is not America's alone. It is open to all.

To achieve these goals, the United States will:

– champion aspirations for human dignity;
– strengthen alliances to defeat global terrorism and work to prevent attacks against us and our friends;
– work with others to defuse regional conflicts;
– prevent our enemies from threatening us, our allies, and our friends, with weapons of mass destruction;
– ignite a new era of global economic growth through free markets and free trade;
– expand the circle of development by opening societies and building the infrastructure of democracy;
– develop agendas for cooperative action with other main centers of global power; and
– transform America's national security institutions to meet the challenges and opportunities of the twenty-first century."[150]

Die Formulierungen, die fortan als sogenannte *Bush*-Doktrin bezeichnet werden, finden sich in zwei Kapiteln, zum einen im Kapitel über die Bekämpfung des globalen Terrorismus und zum anderen in dem Kapitel über die Proliferation von Massenvernichtungswaffen.

Unter der Überschrift "Strengthen Alliances to Defeat Global Terrorism and Work to Prevent Attacks Against Us and Our Friends" führt die NSS 2002 aus:

"The United States of America is fighting a war against terrorists of global reach. The enemy is not a single political regime or person or religion or ideology. The enemy is terrorism – premeditated, politically motivated violence perpetrated against innocents.

---

149 National Security Strategy 2002, The White House, 17. September 2002, S. iii
http://georgewbush-whitehouse.archives.gov/nsc/nss/2002/.
150 Ibid., S. 1-2.

In many regions, legitimate grievances prevent the emergence of a lasting peace. Such grievances deserve to be, and must be, addressed within a political process. But no cause justifies terror. The United States will make no concessions to terrorist demands and strike no deals with them. *We make no distinction between terrorists and those who knowingly harbor or provide aid to them.*

[…] We will disrupt and destroy terrorist organizations by:

– direct and continuous action using all the elements of national and international power. Our immediate focus will be those terrorist organizations of global reach and any terrorist or state sponsor of terrorism which attempts to gain or use weapons of mass destruction (WMD) or their precursors;
– defending the United States, the American people, and our interests at home and abroad by identifying and destroying the threat before it reaches our borders. While the United States will constantly strive to enlist the support of the international community, *we will not hesitate to act alone, if necessary, to exercise our right of self defense by acting preemptively against such terrorists, to prevent them from doing harm against our people and our country; and*
– *denying further sponsorship, support, and sanctuary to terrorists by convincing or compelling states to accept their sovereign responsibilities.*"[151]

Ein weiteres Element der *Bush*-Doktrin wird hier deutlich. Verbunden mit der Aussage, keinen Unterschied zwischen Terroristen und denjenigen, die ihnen Schutz gewähren, zu machen, und gefolgt von der Ankündigung solcherart unterstützende Staaten entweder durch Überzeugung oder aber auch Zwang von einem solchen Tun abzubringen, wird hier der Anspruch auf nötigenfalls erforderlichen *regime change* verortet.

In dem Kapitel "Prevent Our Enemies from Threatening Us, Our Allies, and Our Friends with Weapons of Mass Destruction" wird die präemptive Selbstverteidigung zum zweiten Male nicht nur erwähnt, sondern auch in den Kontext des Völkerrechts gestellt. Argumentativ wird dabei zunächst von einer völkergewohnheitsrechtlich anerkannten Voraussetzung der unmittelbaren Bedrohung (*„imminent threat"*) in Anlehnung an den *Caroline*-Fall[152] ausgegangen. Diese Voraussetzung muss allerdings an die „Fähigkeiten und Ziele der heutigen Gegner angepaßt werden". Im Resultat sieht also die Strategie eine Aufweichung oder zumindest Ausdehnung des Unmittelbarkeitserfordernisses der Bedrohungslage vor:

---

151 Ibid., S. 6. Hervorheb. durch Verf.
152 Siehe dazu ausführlich 4. Kapitel II.3.4.

"It has taken almost a decade for us to comprehend the true nature of this new threat. Given the goals of rogue states and terrorists, the United States can no longer solely rely on a reactive posture as we have in the past. The inability to deter a potential attacker, the immediacy of today's threats, and the magnitude of potential harm that could be caused by our adversaries' choice of weapons, do not permit that option. We cannot let our enemies strike first.

[…] For centuries, international law recognized that nations need not suffer an attack before they can lawfully take action to defend themselves against forces that present an imminent danger of attack.

Legal scholars and international jurists often conditioned the legitimacy of preemption on the existence of an imminent threat – most often a visible mobilization of armies, navies, and air forces preparing to attack.

We must adapt the concept of imminent threat to the capabilities and objectives of today's adversaries. Rogue states and terrorists do not seek to attack us using conventional means. They know such attacks would fail. Instead, they rely on acts of terror and, potentially, the use of weapons of mass destruction – weapons that can be easily concealed, delivered covertly, and used without warning. […]

The United States has long maintained the option of preemptive actions to counter a sufficient threat to our national security. The greater the threat, the greater is the risk of inaction – and the more compelling the case for taking anticipatory action to defend ourselves, even if uncertainty remains as to the time and place of the enemy's attack. To forestall or prevent such hostile acts by our adversaries, the United States will, if necessary, act preemptively.

The United States will not use force in all cases to preempt emerging threats, nor should nations use preemption as a pretext for aggression. Yet in an age where the enemies of civilization openly and actively seek the world's most destructive technologies, the United States cannot remain idle while dangers gather."[153]

Als Beispiele für sogenannte "Schurkenstaaten" *(„rogue states "),* die ihre Bevölkerung unterdrücken, versuchten in den Besitz von Massenvernichtungswaffen zu gelangen und Terrororganisationen unterstützten, benennt die NSS 2002 den Irak und Nordkorea: *"We must be prepared to stop rogue states and their terrorist clients before they are able to threaten or use weapons of mass destruction against the United States and our allies and friends. "*[154]

---

153 Ibid., S. 15. Hervorheb. durch Verf.
154 Ibid., S. 18.

4. National Security Strategies 2006 und 2008

Am 16. März 2006 veröffentlichte die Bush-Regierung die *National Security Strategy 2006* (NSS 2006).[155] Sie beginnt mit den Worten: *"America
is at war".*[156] Basierend auf der NSS 2002, behandelt die neue Strategy
die aktuellen Entwicklungen („Successes and Challenges") sowie die zukünftigen Maßnahmen und Strategien der USA („The Way Ahead"). Die
Bezugnahme auf präemptive Selbstverteidigung findet sich in dem Kapitel
„Prevent Our Enemies from Threatening Us, Our Allies, and Our Friends
with Weapons of Mass Destruction":

> "Taking action need not involve military force. Our strong preference and
> common practice is to address proliferation concerns through international
> diplomacy, in concert with key allies and regional partners. If necessary, how-
> ever, under long-standing principles of self defense, *we do not rule out the use
> of force before attacks occur, even if uncertainty remains as to the time and
> place of the enemy's attack.* When the consequences of an attack with WMD
> are potentially so devastating, we cannot afford to stand idly by as grave dan-
> gers materialize. This is the principle and logic of preemption. *The place of
> preemption in our national security strategy remains the same."*[157]

Daraus folgt allerdings nicht die Aufgabe dieser Doktrin im Rahmen der
Terrorismusbekämpfung. Diese ist vielmehr in dem Aspekt der *Non-Proliferation* von Massenvernichtungswaffen eingeschlossen.[158] In ihrer
Zusammenfassung der NSS 2002 wiederholt die NSS 2006 den Satz "To
forestall or prevent such hostile acts by our adversaries, the United States
will, if necessary, act preemptively", fügt aber dann hinzu: "in exercising
our *inherent right of self-defense".*[159] Dieser Verweis auf das naturgegebene Selbstverteidigungsrecht ist zum Teil als Hinweis auf den Wortlaut des
Artikels 51 UN-Charta gesehen worden und der damit verbundenen Debatte über den Geltungsgrund und Inhalt dieses *inherent right* nach Verab-

---

155 National Security Strategy 2006, The White House, 16. März 2006, http://george
   wbush-whitehouse.archives.gov/nsc/nss/2006/. In folgenden NSS 2006.

156 Ibid., S. i.

157 Ibid., S. 23.

158 "There are few greater threats than a terrorist attack with WMD." NSS 2006,
   S. 18. Siehe auch die "active defense policy" in der *National Defense Strategy*
   (2005) und "self-defense to preempt adversaries before they can attack" in der
   National Military Strategy (2004).

159 NSS 2006, S. 18. Hervorheb. durch Verf.

schiedung der UN-Charta.[160] Im Unterschied zur NSS 2002 fehlt aber die Bezugnahme auf das geltende Völkerrecht, was als implizite Kenntnisnahme der ablehnenden Haltung der internationalen Gemeinschaft gewertet werden[161] oder aber ein Ausdruck der generell kritischen Haltung der Bush-Administration gegenüber dem Völkerrecht[162] darstellen könnte.

Auch die zuletzt von der Bush-Regierung veröffentlichte Strategie, die *National Defense Strategy* vom Juni 2008, bestätigt noch einmal die Anwendung präemptiver Selbstverteidigung im Rahmen der Bekämpfung der Verbreitung von Massenvernichtungswaffen:

> "There are few greater challenges than those posed by chemical, biological, and particularly nuclear weapons. Preventing the spread of these weapons, and their use, requires vigilance and obligates us to anticipate and counter threats.
>
> Whenever possible, we prefer non-military options to achieve this purpose. We combine non-proliferation efforts to deny these weapons and their components to our adversaries, active efforts to defend against and defeat WMD and missile threats before they are unleashed, and improved protection to mitigate the consequences of WMD use. We also seek to convince our adversaries that they cannot attain their goals with WMD, and thus should not acquire such weapons in the first place. *However, as the NSS states, the United States will, if necessary, act preemptively in exercising its right of self-defense to forestall or prevent hostile acts by our adversaries.*"[163]

Wie schon die NSS 2002, macht die NSS 2006 in ihrer Definition der *„adversaries"* keinen Unterschied zwischen Staaten oder *non-state actors*.[164] Hinsichtlich der Entwicklung von Waffentechnologie setzt das US-Vertei-

---

160 *Gray*, The Bush Doctrine Revisited: The 2006 National Security Strategy, Chinese J. Int'l L., 2006, Vol. 5, No. 3, S. 555 (563).

161 So *Garwood-Gowers*, Israel's Airstrike on Syria's Al-Kibar Facility: A Test Case for the Doctrine of Pre-emptive Self-Defence?, JCSL, 2011, Vol. 16 No.2, p. 263 (278).

162 *Gray* spricht sogar von "an apparent reflection of the hostility, indifference or contempt for international law felt by many neo-conservatives influential in the Bush administration", The Bush Doctrine Revisited: The 2006 National Security Strategy, Chinese J. Int'l L., 2006, Vol. 5, No. 3, S. 555 (563).

163 National Defense Strategy, The White House, Juni 2008, S. 14, http:// www.defenselink.mil/news/2008%20national%20defense%20strategy.pdf. Hervorheb. durch Verf.

164 Siehe NSS 2002, S. 30, NSS 2006: "The United States and its allies in the War on Terror make no distinction between those who commit acts of terror and those who support and harbor them, because they are equally guilty of murder", S. 12, 22.

digungsministerium unter anderen auch auf präzisionsgesteuerte Munition, die im Rahmen eines präemptiven Angriffs eingesetzt werden kann.[165]

Im Unterschied zur NSS 2002, die eine Bedrohung im wesentlichen von den „Schurkenstaaten" Irak und Nordkorea ausgehen sah, fokussiert die NSS 2006 insbesondere auf Iran und Syrien. Diese beiden Staaten beherbergten Terroristen, seien ein *„ally of terror"* und *„tyrannical regimes"*.[166] Im Falle des Iran und der Weiterverbreitung von Massenvernichtungswaffen bemerkt die NSS 2006 sogar: *"We may face no greater challenge from a single country than from Iran"*.[167]

Die NSS 2006 ist länger als die NSS 2002 und behandelt als einen wesentlichen Teil die „Förderung der Freiheit". In Präsident Bushs Worten:

> "America also has an unprecedented opportunity to lay the foundations for future peace. The ideals that have inspired our history – freedom, democracy, and human dignity – are increasingly inspiring individuals and nations throughout the world. And because free nations tend toward peace, the advance of liberty will make America more secure."[168]

Als negatives Gegenstück zu den „freien, demokratischen Nationen" stellt die NSS 2006 die tyrannischen Regime, die es zu bekämpfen gilt, denn "[a]ll tyrannies threaten the world's interest in freedom's expansion, and some tyrannies, in their pursuit of WMD or sponsorship of terrorism, threaten our immediate security interests as well".[169] Zu diesen tyrannischen Regimen gehören Nordkorea, Iran, Syrien, Kuba, Weißrussland, Burma und Zimbabwe.

Unter der Überschrift: "How We Will Advance Freedom: Principled in Goals and Pragmatic in Means" stellt die NSS 2006 zunächst fest, dass Freiheit nicht aufgezwungen werden kann, sondern gewählt werden muss: "The form that freedom and democracy take in any land will reflect the history, culture, and habits unique to its people".[170] Weiter heißt es:

> "The United States will stand with and support advocates of freedom in every land. Though our principles are consistent, our tactics will vary. They will re-

---

165 "Precision-guided munitions allow us great flexibility not only to react to attacks, but also to strike preemptively when necessary to defend ourselves and our allies." *National Defense Strategy* 2008, S. 12.

166 Siehe NSS 2006, S. 9, 12, 38.

167 NSS 2006, S. 20.

168 NSS 2006, S. 2.

169 NSS 2006, S. 3.

170 NSS 2006, S. 5.

flect, in part, where each government is on the path from tyranny to democracy. In some cases, we will take vocal and visible steps on behalf of *immediate change*. In other cases, we will lend more quiet support to lay the foundation for future reforms. As we consider which approaches to take, we will be guided by what will most effectively advance freedom's cause while we balance other interests that are also vital to the security and well-being of the American people."[171]

Was allerdings unter *„immediate change"* zu verstehen ist, bleibt unklar. Jedenfalls finden sich in dem folgenden Absatz verschiedene *„political, economic, diplomatic, and other tools"*, wie Entwicklungshilfe, Militärhilfe, Sanktionen, sogar die Vereinten Nationen werden genannt – jedoch fehlt der Hinweis auf den Einsatz von Gewalt für einen Regimewechsel. Obwohl sich die USA offen für einen Regimewechsel in Afghanistan oder Irak ausgesprochen hatten, und Präsident Bush den Wechsel von „Tyrannei" zu Demokratie in Afghanistan und Irak in seiner Einleitung zur NSS 2006 als großen Erfolg herausstellte, sehen einige Kommentatoren in der Nichterwähnung in der NSS 2006 den Versuch, eine öffentliche Debatte über eine Doktrin der pro-demokratischen Intervention oder *regime change* zu vermeiden.[172]

IV. Obama-Administration (seit 2009)

Barack Obama, Sohn einer US-Amerikanerin und eines Kenianers, wurde am 20. Januar 2009 als 44. Präsident der Vereinigten Staaten vereidigt. In seiner ersten Rede zur nationalen Sicherheit am 21. Mai 2009 hob der Demokrat und Jurist die aus seiner Sicht vorliegenden Mängel der vorangegangenen Strategie zur Terrorismusbekämpfung hervor:

"For reasons that I will explain, the decisions that were made over the last eight years established an ad hoc legal approach for fighting terrorism that was neither effective nor sustainable – a framework that failed to rely on our legal traditions and time-tested institutions, and that failed to use our values as a compass."[173]

---

171   NSS 2006, S. 6, Hervorheb. durch Verf.
172   *Gray*, The Bush Doctrine Revisited: The 2006 National Security Strategy, Chinese J. Int'l L., 2006, Vol. 5, No. 3, S. 555 (569).
173   Remarks by the President on National Security, The White House, 21. Mai 2009, https://obamawhitehouse.archives.gov/the-press-office/remarks-president-national-security-5-21-09.

Die neue Administration in den Vereinigten Staaten unter Präsident Barack Obama scheint demnach auf den ersten Blick die Politik der *Bush*-Doktrin nicht weiterzuverfolgen. Präsident Barack Obama machte deutlich, dass die Vereinigten Staaten zukünftig die Politik ihrer Terrorismusbekämpfung unter die Prämisse geltenden Rechts stellen werden. Als erste Schritte hatte er bereits am 22. Januar 2009, zwei Tage nach seiner Amtseinführung, das Verbot der sogenannten *enhanced interrogation techniques* und die Schließung des Gefängnisses in Guantánomo Bay verfügt.[174]

"After 9/11, we knew that we had entered a new era – that enemies who did not abide by any law of war would present new challenges to our application of the law; that our government would need new tools to protect the American people, and that these tools would have to allow us to prevent attacks instead of simply prosecuting those who try to carry them out.

Unfortunately, faced with an uncertain threat, our government made a series of hasty decisions. I believe that many of these decisions were motivated by a sincere desire to protect the American people. But I also believe that all too often our government made decisions based on fear rather than foresight; that all too often our government trimmed facts and evidence to fit ideological predispositions. Instead of strategically applying our power and our principles, too often we set those principles aside as luxuries that we could no longer afford. And during this season of fear, too many of us – Democrats and Republicans, politicians, journalists, and citizens – fell silent.

In other words, we went off course. And this is not my assessment alone. It was an assessment that was shared by the American people who nominated candidates for President from both major parties who, despite our many differences, called for a new approach – one that rejected torture and one that recognized the imperative of closing the prison at Guantanamo Bay.

Now let me be clear: We are indeed at war with al Qaeda and its affiliates. We do need to update our institutions to deal with this threat. But we must do so with an abiding confidence in the rule of law and due process; in checks and balances and accountability."[175]

Bereits am 7. Februar 2009 hatte Vizepräsident Joseph Biden auf der 45. Münchener Sicherheitskonferenz das Thema *preemptive self defense* di-

---

174 Executive Order 13491 und Executive Order – Review and Disposition of Individuals Detained at the Guantánamo Bay Naval Base and Closure of Detention Facilities (22. Januar 2009).
175 Remarks by the President on National Security, The White House, 21. Mai 2009, https://obamawhitehouse.archives.gov/the-press-office/remarks-president-national-security-5-21-09.

rekt angesprochen und damit eine Abkehr von der *Bush*-Doktrin signalisiert:

> "[...] we'll strive to act preventively, not preemptively, to avoid whenever possible, or wherever possible the choice of last resort between the risks of war and the dangers of inaction. We'll draw upon all the elements of our power – military and diplomatic, intelligence and law enforcement, economic and cultural – to stop crises from occurring before they are in front of us. In short, we're going to attempt to recapture the totality of America's strength, starting with diplomacy."[176]

1. National Security Strategy 2010

Die im Mai 2010 veröffentlichte *National Security Strategy* der Obama-Administration unterscheidet sich hinsichtlich ihrer Betonung der *Rule of Law* und der Verpflichtung zur Kooperation mit internationalen Organisationen, wie die NATO und die Vereinten Nationen, deutlich von der vorhergehenden Strategien der Bush-Administration. Harold Koh, Rechtsberater im State Department, sprach in seiner Rede vor der jährlichen Mitgliederversammlung der *American Society of International Law* (ASIL) von einer neuen Doktrin der amerikanischen Außenpolitik: die *Obama/ Clinton*-Doktrin.[177] Diese *„emerging"* Doktrin basiere auf vier Verpflichtungen:

> "1. Principled Engagement;
>
> 2. Diplomacy as a Critical Element of Smart Power;
>
> 3. Strategic Multilateralism;
>
> 4. the notion that Living Our Values Makes us Stronger and Safer, by Following Rules of Domestic and International Law; and Following Universal Standards, Not Double Standards"[178]

Ähnlich sieht die neue Strategie aber die Bedrohungslage durch Verbreitung von Massenvernichtungswaffen und internationalen Terrorismus: "[...] there is no greater threat to the American people than weapons

---

176 Remarks by Vice President Biden at 45th Munich Conference on Security Policy, The White House, 7. Februar 2009, https://obamawhitehouse.archives.gov/the-pr ess-office/remarks-vice-president-biden-45th-munich-conference-security-policy.

177 *Harold Koh*, Legal Advisor, U.S. State Department, Annual Meeting of the American Society of International Law, Washington, DC, 25. März 2010.

178 *Harold Koh*, ibid.

of mass destruction, particularly the danger posed by the pursuit of nuclear weapons by violent extremists and their proliferation to additional states".[179] Präsident Obama übernimmt zwar nicht den Terminus „War on Terrorism" seines Vorgängers, allerdings bleibt Amerika auch für ihn im Kriegszustand gegen den Terrorismus: "For nearly a decade, our Nation has been at war with a far-reaching network of violence and hatred".[180] Auch der *Quadrennial Defense Review Report* (Februar 2010) stellt fest: "[…] we must recognize that first and foremost, the United States is a nation at war."[181] Der Hauptgegner ist nach wie vor Al-Qaida und sein Netzwerk:

> "The United States is waging a global campaign against al-Qa'ida and its terrorist affiliates. To disrupt, dismantle and defeat al-Qa'ida and its affiliates, we are pursuing a strategy that protects our homeland, secures the world's most dangerous weapons and material, denies al-Qa'ida safe haven, and builds positive partnerships with Muslim communities around the world. Success requires a broad, sustained, and integrated campaign that judiciously applies every tool of American power – both military and civilian – as well as the concerted efforts of like-minded states and multilateral institutions." [182]

Die „*frontline*"[183] dieses Kampfes liegt weiterhin in Afghanistan und Pakistan, allerdings auch in den Zufluchtsorten Al-Qaidas im Jemen, Somalia, Mahgreb und in der Sahelzone.[184]

Interessanterweise schließt sich diesen Ausführungen zur Bekämpfung des Terrorismus mit dem Titel: „Disrupt, Dismantle, and Defeat Al-Qa'ida and its Violent Extremist Affiliates in Afghanistan, Pakistan, and Around the World" ein farblich hervorgehobener Kasten an, der den Einsatz militärischer Mittel zum Inhalt hat – mit bekannten Elementen aus vorhergehenden Strategien:

---

179 National Security Strategy 2010, S. 4, http://nssarchive.us/national-security-strategy-2010/.
180 NSS 2010, Einführung. Dieselben Worte gebrauchte Präsident Obama in seiner Antrittsrede im Januar 2009, siehe Inaugural Speech by President Barack Hussein Obama, The White House, 21. Januar 2009.
181 Quadrennial Defense Review Report, U.S. Department of Defense, Februar 2010, Executive Summary, S. iii.
182 NSS 2010, S. 19.
183 NSS 2010, S. 4.
184 NSS 2010, S. 21.

"Use of Force

Military force, at times, may be necessary to defend our country and allies or to preserve broader peace and security [...].We will draw on diplomacy, development, and international norms and institutions to help resolve disagreements, prevent conflict, and maintain peace, mitigating where possible the need for the use of force. [...]

While the use of force is sometimes necessary, we will exhaust other options before war whenever we can, and carefully weigh the costs and risks of action against the costs and risks of inaction. When force is necessary, we will continue to do so in a way that reflects our values and strengthens our legitimacy, and we will seek broad international support, working with such institutions as NATO and the U.N. Security Council.

The United States must reserve the right to act unilaterally if necessary to defend our nation and our interests, yet we will also seek to adhere to standards that govern the use of force. Doing so strengthens those who act in line with international standards, while isolating and weakening those who do not."[185]

Dieser Absatz ist von Völkerrechtlern unter zwei Gesichtspunkten diskutiert worden. Zum einen wird die Frage aufgeworfen, warum ausgerechnet in dem Abschnitt, der den Einsatz von Gewalt behandelt, kein Wort über das Völkerrecht zu finden ist, sondern eher generell von „*standards* that govern the use of force" gesprochen wird. Die Bezugnahme auf das Völkerrecht findet sich ansonsten im gesamten Dokument, allerdings unter dem Aspekt der Durchsetzung des Völkerrechts *(„enforcement")*, wie beispielsweise in dem Abschnitt mit der Überschrift „Promoting a Just and Sustainable International Order": "[...] we should strengthen enforcement of international law and our commitment to engage and modernize international institutions and frameworks"[186] oder zum Thema Sicherheit als nationales Interesse "[w]e are strengthening international norms to isolate governments that flout them and to marshal cooperation against nongovernmental actors who endanger our common security".[187]

Hierdurch könnte der Eindruck entstehen, dass das Völkerrecht nur andere Staaten bindet, nicht aber die USA.[188] Dieser Eindruck verstärkt sich dadurch, dass die USA sich bemühen wollen, diese Standards einzuhalten

---

185 NSS 2010, S. 22. Hervorheb. durch Verf.
186 NSS 2010, S. 12.
187 NSS 2010, S. 18.
188 So *Gray*, President Obama's 2010 United States National Security Strategy and International Law on the Use of Force, Chinese J. Int'l L., 2011, Vol. 10, S. 35 (37).

(„seeks to adhere") – ein eher schwaches Bekenntnis in diesem Zusammenhang.[189] Präsident Obama nutzte denselben Ausdruck auch in seiner Rede anläßlich der Verleihung des Friedensnobelpreises im Dezember 2009: „all nations – strong and weak alike – must adhere to standards that govern the use of force" und fuhr dann fort: "America – in fact, no nation – can insist that others follow the rules of the road if we refuse to follow them ourselves. For when we don't, our actions appear arbitrary and undercut the legitimacy of future interventions, no matter how justified".[190] Während hier aus dem Zusammenhang hervorgeht, dass mit den "rules of the road" völkerrechtliche Normen gemeint sein müssen, so überrascht es doch, dass in der NSS 2010 das Kapitel „Use of Force" allein steht und sich daher auch die Frage nach der Bedeutung der „standards" ergibt.

Im Januar 2012 veröffentlichte die Obama-Administration neue *Strategic Defense Guidelines* unter dem Titel: *Sustaining U.S. Global Leadership – Priorities for the 21 Century Defense*.[191] Nach dem Abzug aus dem Irak Ende 2011, dem bevorstehenden Rückzug aus Afghanistan 2014, sowie der Schwächung von Al-Qaida, nicht zuletzt durch die Tötung Osama Bin Ladens im Mai 2011 durch *US Special Forces* in Abottabad, Pakistan, sieht sich die Regierung in einer Übergangsphase, die verbunden mit einer Kürzung der Ausgaben für den Militärhaushalt, eine Neuausrichtung der strategischen Prioritäten erfordert, wie beispielsweise die verstärkte Orientierung auf die Asien-Pazifik Region.[192] Zu den sicherheitspolitischen Herausforderungen zählt die Regierung allerdings weiterhin die Bedrohung durch terroristische Gruppierungen im Nahen Osten und Südasien und macht deutlich:

"For the foreseeable future, the *United States will continue to take an active approach to countering these threats* by monitoring the activities of non-state threats worldwide, working with allies and partners to establish control over ungoverned territories, and directly striking the most dangerous groups and individuals when necessary." [193]

---

189 *Gray*, ibid., S. 35 (48).
190 Remarks by the President at the Acceptance of the Nobel Peace Prize, The White House, Oslo, 10. Dezember 2009.
191 Department of Defense, Januar 2012, http://www.defense.gov/news/ Defense_Strategic_Guidance.pdf.
192 Ibid., S. 2.
193 Ibid., S. 1. Hervorheb. im Dokument.

Zusammenfassend läßt sich feststellen, dass hinsichtlich des „War on Terrorism", der unter Obama nunmehr etwas umständlich *"war against a far-reaching network of violence and hatred"* heißt, keine signifikante Änderung in der amerikanischen Sicherheitsstrategie vorliegt. Vielmehr ist sie in der Tradition aller vormaligen Strategien seit 1984 zu sehen.[194] Einige Kommentatoren sehen darin sogar die direkte Fortsetzung von Bush's „Global War on Terrorism" – nur unter einem anderen Namen: *"Necessary Force".*[195]

Insbesondere betont auch die Obama-Administration, dass der Krieg gegen Al-Qaida und sein Netzwerk nicht vorüber ist und ein breites Spektrum an Maßnahmen erfordert, politische wie militärische. Gleichfalls beruft sich die derzeitige US-Regierung, wie auch die Bush-Regierung vor mehr als zehn Jahren, weiterhin auf ihr Recht auf Selbstverteidigung in diesem Krieg. In den Worten von Präsident Obama: "The world rallied around America after the 9/11 attacks, and continues to support our efforts in Afghanistan, because of the horror of those senseless attacks and the recognized principle of self-defense."[196]

Die NSS 2010 erwähnt die von Bush ins Feld geführte präemptive Selbstverteidigung an keiner Stelle und auch Präsident Obama sowie Vizepräsident Joe Biden haben sich von dieser Strategie in öffentlichen Erklärungen distanziert. Doch der andauernde Krieg gegen den Terrorismus[197] und damit verbunden die fortwährende Ausübung der Selbstverteidigung durch die USA zeigen eine beunruhigende Kontinuität, welche sich in der Debatte über sogenanntes *„targeted killing"*[198] und den Drohneneinsatz manifestiert, die ihrerseits die Frage nach der Stellung der präemptiven Selbstverteidigung in der derzeit gültigen Sicherheitsstrategie der USA mit sich bringt.

---

194 *Starr-Deelen,* Presidential Policies on Terrorism, 2014, S. 191.
195 *Gray,* President Obama's 2010 United States National Security Strategy and International Law on the Use of Force, Chinese J. Int'l L., 2011, Vol. 10, S. 35 (43); *Henderson,* The Obama Doctrine of 'Necessary Force', JCSL, Vol. 15, No. 3, 2010, S. 403 (405).
196 Remarks by the President at the Acceptance of the Nobel Peace Prize, The White House, Oslo, 10. Dezember 2009.
197 Siehe dazu 7. Kapitel II.1.
198 Siehe dazu 7. Kapitel II.4.

2. Ende des „War On Terrorism"?

Am 23. Mai 2013 hielt Präsident Obama vor der *National Defense University*, Fort McNair, eine vielbeachtete Rede zur neuen Counter-Terrorismus Stratagie seiner Administration.[199] Verschiedentlich waren in der Presse Schlagzeilen wie *"The War on Terrorism is Over"* (USNews) zu lesen, andere, wie die *New York Times*, sprachen zumindest von einem *"Pivoting From A War Footing"*. Die Analyse der Rede bringt allerdings Zweifel mit sich, ob Präsident Obama den von seinem Vorgänger Bush ausgerufenen *War on Terrorism* tatsächlich beendet hat.

Zu Beginn beschreibt Präsident Obama den aktuellen Stand der Bedrohungslage. Hierzu gehören ein geschwächtes Al-Qaida-Netzwerk in Afghanistan und Pakistan, aber auch die Entstehung von neuen, mit Al-Qaida nur lose verbunden Netzwerken im Irak, Somalia oder *Al-Qaida in the Arabian Peninsula* (AQAP) im Jemen. Die Umbrüche in der arabischen Welt hätten Extremisten erlaubt, sich in Ländern wie Syrien und Libyen zu etablieren, die zum Teil transnational operierten, zum Teil aber auch nur lokal, welches wiederum zu einer Lokalisierung von Bedrohungen für westliche Diplomaten, Firmen und andere „weiche" Ziele führe, wie mit dem terroristischen Anschlag auf ein BP/Statoil-Gasfeld in Algerien (Januar 2013) oder dem Angriff auf das amerikanischen Konsulat in Benghazi (September 2012) deutlich wurde. Schließlich seien auch *„homegrown"* Extremisten einzubeziehen, wie die Schießerei in Fort Hood im November 2009 mit 13 Toten oder der Anschlag auf den Boston Marathon am 15. April 2013 mit drei Toten und über 260 Verletzten.

Hinsichtlich der folgenden Beschreibung der Komponenten seiner Counter-Terrorismus Strategie formuliert Präsident Obama zunächst knapp und prägnant: "First, we must finish the work of defeating al Qaeda and its associated forces". Allerdings muss ihm auch zugestanden werden, dass weder der US-Kongress noch die amerikanische Öffentlichkeit eine anderweitige Aussage akzeptiert hätte. Interessant sind seine weitergehenden Äußerungen, nämlich wie der Kampf gegen Al-Qaida fortgesetzt werden soll:

> "[W]e must define our effort not as a boundless 'global war on terror', but rather as a series of persistent, targeted efforts to dismantle specific networks

---

199 Remarks by the President at the National Defense University, The White House, 23. Mai 2013.

of violent extremists that threaten America. [...] Targeted action against terrorists, effective partnerships, diplomatic engagement and assistance – through such a comprehensive strategy we can significantly reduce the chances of large-scale attacks on the homeland and mitigate threats to Americans overseas."

Zu den *„ targeted efforts"* gehören Drohneneinsätze, auf die Präsident Obama nicht nur ausführlich eingeht, sondern auch zum ersten Mal öffentlich zugibt, dass bislang vier amerikanische Staatsbürger, darunter der Chief of External Operations von AQAP, Anwar Awlaki, von amerikanischen Drohnen getötet worden sind. Deren Einsatz hält der Präsident nicht nur für effektiv, sondern auch für völkerrechtlich legitimiert und vom US-Kongress autorisiert:

"Moreover, America's actions are legal. We were attacked on 9/11. Within a week, Congress overwhelmingly authorized the use of force. Under domestic law, and international law, the United States is at war with al Qaeda, the Taliban, and their associated forces. [...] So this is a just war – a war waged proportionally, in last resort, and in self-defense."

Während also völkerrechtlich betrachtet der Krieg gegen Al-Qaida für Präsident Obama weiterhin andauert und damit auch das Recht auf Selbstverteidigung fortgilt, scheint er mit der folgenden Aussage die Debatte auf die nationale Ebene zu verschieben, nämlich die *Authorization to Use Military Force (AUMF)*[200] durch den US-Kongress vom 18. September 2001:

"The AUMF is now nearly 12 years old. The Afghan war is coming to an end. Core al Qaeda is a shell of its former self. Groups like AQAP must be dealt with, but in the years to come, not every collection of thugs that labels themselves al Qaeda will pose a credible threat to the United States. Unless we discipline our thinking, our definitions, our actions, we may be drawn into more wars we don't need to fight, or continue to grant Presidents unbound powers more suited for traditional armed conflicts between nation states.

So I look forward to engaging Congress and the American people in efforts to refine, and ultimately repeal, the AUMF's mandate. And I will not sign laws designed to expand this mandate further. Our systematic effort to dismantle terrorist organizations must continue. But this war, like all wars, must end. That's what history advises. That's what our democracy demands."

---

200 Public Law 107-40, 107th Congress, Joint Resolution, 18 September 2001. Bestätigt durch H.R. 1540: National Defense Authorization Act for Fiscal Year 2012, 112th Congress, 31. Dezember 2011. 112th Congress, 2011–2012. Text as of Dec 22, 2011 (Passed Congress/Enrolled Bill). Zur AUMF siehe auch 3. Kapitel III.2.

Entscheidend hierbei sind die Worte *"refine, and ultimately repeal"*, aus denen zu schließen ist, dass die AUMF mitnichten sofort aufzuheben ist, sondern zunächst der geänderten Bedrohungslage angepaßt werden soll. Zudem zeigt die Bezugnahme auf die nationale Ebene keine Reflektion der völkerrechtlichen Lage und der Diskussion darüber, wie lange das Recht auf Selbstverteidigung aus Artikel 51 UN-Charta überhaupt andauern könne. Dieses Problem scheint Präsident Obama eher offen zu lassen, so dass es im Endeffekt den USA obliegt, den Kriegszustand und damit die Selbstverteidigung zu beenden, nicht aber dem Völkerrecht.

Eine weitere interessante Differenzierung in Bezug auf den „War against Terrorism" nahm Präsident Obama im Mai 2014 in seiner Rede in *West Point* vor. Bereits zu Beginn betonte er die amerikanische Führungs-rolle:

> "Here's my bottom line: America must always lead on the world stage. If we don't, no one else will. The military that you have joined is and always will be the backbone of that leadership. But U.S. military action cannot be the on-ly – or even primary – component of our leadership in every instance. Just because we have the best hammer does not mean that every problem is a nail. And because the costs associated with military action are so high, you should expect every civilian leader – and especially your Commander-in-Chief – to be clear about how that awesome power should be used."

Als erstes Prinzip dieser Führungsrolle machte President Obama deutlich, dass sich die USA weiterhin das Recht auf unilaterale militärische Gewalt vorbehalten – und klang dabei wie seine Vorgänger:

> "First, let me repeat a principle I put forward at the outset of my presidency: The United States will use military force, unilaterally if necessary, when our core interests demand it – when our people are threatened, when our liveli-hoods are at stake, when the security of our allies is in danger. In these cir-cumstances, we still need to ask tough questions about whether our actions are proportional and effective and just. International opinion matters, but America should never ask permission to protect our people, our homeland, or our way of life."[201]

Das Transkript der Rede vermerkt am Ende dieses Absatzes „Applaus". Präsident Obama wendet sich dann den Szenarien zu, die nicht eine direk-te Bedrohung für die Vereinigten Staaten darstellen. Hier müsse die

---

201 The White House, Remarks by the President at the United States Military Acade-my Commencement Ceremony, U.S. Military Academy-West Point, 28. Mai 2014.

„Schwelle für militärische Aktionen höher sein" und Partner sollten für eine kollektive Antwort gesucht werden:

> "On the other hand, when issues of global concern do not pose a direct threat to the United States, when such issues are at stake – when crises arise that stir our conscience or push the world in a more dangerous direction but do not directly threaten us – then the threshold for military action must be higher. In such circumstances, we should not go it alone. Instead, we must mobilize allies and partners to take collective action. We have to broaden our tools to include diplomacy and development; sanctions and isolation; appeals to international law; and, if just, necessary and effective, multilateral military action. In such circumstances, we have to work with others because collective action in these circumstances is more likely to succeed, more likely to be sustained, less likely to lead to costly mistakes."[202]

Es folgt dann eine Stellungnahme zum Internationalen Terrorismus, den Präsident Obama für die weitere Zukunft als direkte Bedrohung für die Interessen der USA sieht – und damit also in die erste Kategorie fallend. Allerdings hält der Präsident eine Strategie, die darauf basiert, in jeden Terroristen beherbergenden Staat einzumarschieren für „naiv und unhaltbar", welches im Lichte einer Gegenüberstellung mit der *Bush*-Doktrin ("we will make no distinction between terrorists and those who knowingly harbor or provide aid to them") als klare Ablehnung dieser *„Harboring"*-Doktrin seines Vorgängers Bush aufzufassen sein könnte. Stattdessen plädiert Präsident Obama für eine Stärkung von multilateralen Strukturen, von denen freilich die Vereinten Nationen nur eine unter mehreren sind:

> "This leads to my second point: For the foreseeable future, the most direct threat to America at home and abroad remains terrorism. But a strategy that involves invading every country that harbors terrorist networks is naïve and unsustainable. I believe we must shift our counterterrorism strategy – drawing on the successes and shortcomings of our experience in Iraq and Afghanistan – to more effectively partner with countries where terrorist networks seek a foothold.

> After World War II, America had the wisdom to shape institutions to keep the peace and support human progress – from NATO and the United Nations, to the World Bank and IMF. These institutions are not perfect, but they have been a force multiplier. They reduce the need for unilateral American action and increase restraint among other nations.

> Now, just as the world has changed, this architecture must change as well. At the height of the Cold War, President Kennedy spoke about the need for a

---

202 Ibid.

peace based upon, "a gradual evolution in human institutions." And evolving these international institutions to meet the demands of today must be a critical part of American leadership."[203]

Hieraus eine eindeutige Abkehr von der „*Harboring*"-Doktrin abzuleiten, erscheint jedoch als verfrüht. Nur wenige Monate später, im September 2014, begannen auf Bitten des „Partners" Irak die amerikanischen Luft-schläge auf Ziele der terroristischen Organisation „Islamischer Staat" in Syrien, mit der Begründung:

> "States must be able to defend themselves, in accordance with the inherent right of individual and collective self-defence, as reflected in Article 51 of the Charter of the United Nations, when, as is the case here, the government of the State where the threat is located is unwilling or unable to prevent the use of its territory for such attacks. The Syrian regime has shown that it cannot and will not confront these safe havens effectively itself."[204]

3. National Security Strategy 2015

Im Februar 2015 erschien die zweite und letzte *National Security Strategy* der Obama-Administration.[205] Sie greift den Gedanken von „*American Leadership*"[206] aus seiner West Point-Rede im Mai 2014 auf und setzt sie in Beziehung zu vielfältigen Herausforderungen in einer globalisierten Welt, dazu gehörten auch der Klimawandel und ansteckende Krankheiten, für die „*strategic patience*"[207] notwendig seien:

> "This strategy eschews orienting our entire foreign policy around a single threat or region. It establishes instead a diversified and balanced set of priori-

---

203 Ibid.
204 Letter dated 23 September 2014 from the Permanent Representative of the United States of America to the United Nations addressed to the Secretary-General, UN Doc. S/2014/695, 23. September 2014. Zur Global Coalition To Counter ISIL siehe ausführlich 7. Kapitel II.12.
205 The White House: National Security Strategy 2015, Februar 2015, https://obamawhitehouse.archives.gov/sites/default/files/docs/2015_national_securi-ty_strategy.pdf.
206 Die Worte "lead," "leader," "leading," und "leadership" tauchen in der 29-seiti-gen NSS insgesamt 94 mal auf, siehe *Lucas/McInnis*, The 2015 National Security Strategy: Authorities, Changes, Issues for Congress, CRS, R44023, 1. Oktober 2015, S. 2.
207 NSS 2015, Vorwort von Präsident Barack Obama. Es wird daher auch von der *Obama*-Doktrin der „strategischen Geduld" gesprochen.

ties appropriate for the world's leading global power with interests in every part of an increasingly interconnected world."[208]

"In so doing, we will prioritize collective action to meet the persistent threat posed by terrorism today, especially from al-Qa'ida, ISIL, and their affiliates. In addition to acting decisively to defeat direct threats, we will focus on building the capacity of others to prevent the causes and consequences of conflict to include countering extreme and dangerous ideologies. Keeping nuclear materials from terrorists and preventing the proliferation of nuclear weapons remains a high priority, as does mobilizing the international community to meet the urgent challenges posed by climate change and infectious disease. Collective action is needed to assure access to the shared spaces – cyber, space, air, and oceans – where the dangerous behaviors of some threaten us all."[209]

Zum Einsatz von militärischer Gewalt wiederholt die NSS 2015 im Wesentlichen den Inhalt der NSS 2010:

"We will be principled and selective in the use of force. The use of force should not be our first choice, but it will sometimes be the necessary choice. The United States will use military force, unilaterally if necessary, when our enduring interests demand it: when our people are threatened; when our livelihoods are at stake; and when the security of our allies is in danger. In these circumstances, we prefer to act with allies and partners. The threshold for military action is higher when our interests are not directly threatened. In such cases, we will seek to mobilize allies and partners to share the burden and achieve lasting outcomes. In all cases, the decision to use force must reflect a clear mandate and feasible objectives, and we must ensure our actions are effective, just, and consistent with the rule of law. It should be based on a serious appreciation for the risk to our mission, our global responsibilities, and the opportunity costs at home and abroad. Whenever and wherever we use force, we will do so in a way that reflects our values and strengthens our legitimacy."[210]

"However, when there is a continuing, imminent threat, and when capture or other actions to disrupt the threat are not feasible, we will not hesitate to take decisive action. We will always do so legally, discriminately, proportionally, and bound by strict accountability and strong oversight."[211]

Der Hervorhebung von "American Leadership" ist als stärkere Beteiligung der USA in internationalen Organisationen und im zwischenstaatlichen

---

208 NSS 2015, S. 5.
209 NSS 2015, S. 7.
210 NSS 2015, S. 8.
211 NSS 2015, S. 9.

Bereich im Sinne eines *„involved leadership"* gedeutet worden, also eine Weiterentwicklung der „Katalysatorenrolle" in der NSS 2010.[212]

Während die NSS 2015 die Bedeutung der nach dem Zweiten Weltkrieg geschaffenen völkerrechtlichen Ordnung betont, sieht sie jedoch auch Herausforderungen:

> "We will continue to embrace the post-World War II legal architecture – from the U.N. Charter to the multilateral treaties that govern the conduct of war, respect for human rights, nonproliferation, and many other topics of global concern – as essential to the ordering of a just and peaceful world."

> "But, the system has never been perfect, and aspects of it are increasingly challenged. We have seen too many cases where a failure to marshal the will and resources for collective action has led to inaction. The U.N. and other multilateral institutions are stressed by, among other things, resource demands, competing imperatives among member states, and the need for reform across a range of policy and administrative areas. Despite these undeniable strains, the vast majority of states do not want to replace the system we have. Rather, they look to America for the leadership needed to both fortify it and help it evolve to meet the wide range of challenges described throughout this strategy."[213]

Die NSS 2015 wurde bislang unterschiedlich bewertet: Befürworter halten die *Obama*-Doktrin der „Strategischen Geduld" *(„strategic patience")* für „klugen Multilateralismus": "It's smart multilateralism – working within the international system while also being willing to bear the burden of defending it, although not always with military power."[214] Kritiker halten sie allerdings für „schwach" und zahnlos.[215] Der republikanische Senator von South Carolina schrieb in einem Tweet: "I doubt ISIL, the Iranian mullahs, or Vladimir Putin will be intimidated by President Obama's strategy of 'Strategic Patience.'" [216]

---

212 *Lucas/McInnis*, The 2015 National Security Strategy: Authorities, Changes, Issues for Congress, CRS, R44023, 1. Oktober 2015, S. 2.

213 NSS 2015, S. 23.

214 Vgl. *Davidson*, Obama's Last National Security Strategy, Foreign Affairs, 2. März 2015.

215 *Clark*, Obama's 'Strategic Patience', Folly or The Future?, Breaking Defense, 10. Februar 2015; *Lucas/McInnis*, The 2015 National Security Strategy: Authorities, Changes, Issues for Congress, CRS, R44023, 1. Oktober 2015, S. 5.

216 *Graham*, https://twitter.com/grahamblog, 6. Februar 2015. Vgl. auch seinen weiteren Tweet vom selben Tag: „The translated version of Obama's "Strategic Patience" – I can't wait to pass this mess I made onto someone else."

V. Ergebnis

Die Analyse der *Bush*-Doktrin unter Berücksichtigung von vorherigen Administrationen zeigt, dass ihre Elemente wie Inanspruchnahme von präemptiver Selbstverteidigung und Vorgehen gegen Terroristen unterstützende oder beherbergende („harboring") Staaten bereits seit langer Zeit in den US-Sicherheitsstrategien enthalten sind, wie insbesondere zu Zeiten der *Reagan*- und *Clinton*-Administrationen.

Bereits unter Präsident Reagan befanden sich die USA in einem „War on Terrorism", welcher Terrorismus nunmehr mit militärischen Maßnahmen zu bekämpfen suchte, statt nur mit Mitteln der Strafverfolgung. Auch die Inanspruchnahme eines weit verstandenen Selbstverteidigungsrechts aus Artikel 51 UN-Charta gehörte schon zur Argumentation der Reagan-Administration. Damit aber erscheint die *Bush*-Doktrin in der Tradition ihrer Vorgänger, wie die *Reagan*-Policy oder die *Shultz*-Doktrin, zu stehen und stellt keine völlige Neuerung der Sicherheitspolitik der USA nach dem 11. September 2001 dar.

Zwar erfolgte unter Präsident Obama eine leichte Kurskorrektur, ob diese allerdings nachhaltig und von Dauer sein wird, ist derzeit schwierig zu bewerten – zumindest dürften Zweifel angebracht sein.

4. Kapitel – Geltendes Völkerrecht vor 9/11

Um festzustellen, ob die *Bush*-Doktrin zu einem Wandel des Völkerrechts geführt hat, muss zunächst der Stand des geltenden Völkerrechts *vor* der Doktrin untersucht werden. Im nachfolgenden Kapitel werden daher das völkerrechtliche Gewaltverbot und seine Ausnahmen, insbesondere das Recht auf Selbstverteidigung, näher dargestellt.

I. Das völkerrechtliche Gewaltverbot

Das in Art. 2 Ziffer 4 der Charta der Vereinten Nationen postulierte absolute Gewaltverbot stellt eine der Fundamentalnormen[217] des Völkerrechts zur Bewahrung des internationalen Friedens und Sicherheit dar und ist gleichzeitig die wichtigste Prämisse für das im Rahmen der Vereinten Nationen etablierte kollektive Sicherheitssystem (vgl. auch Artikel 103 UN-Charta, der den Vorrang der Satzung vor anderen völkerrechtlichen Verpflichtungen festschreibt). Alle Völkerrechtssubjekte sind an diesen Grundsatz gebunden, sei es als Mitglieder der Vereinten Nationen durch Vertragsrecht oder seine völkergewohnheitsrechtliche Geltung[218]; die überwiegende Ansicht zählt das Gewaltverbot darüber hinaus auch zum *ius cogens*.[219]

---

217 *Bruha*, Gewaltverbot, in: Wolfrum (Hrsg.), Handbuch Vereinte Nationen, 2. Auflage, 1991, S. 234. Siehe auch *Murphy*, Protean Jus Ad Bellum, Berkeley J. Int'l Law, Vol. 27, Issue 1, 2009, S. 22 (26).

218 Siehe *Nicaragua*-Urteil des IGH: "The principle of non-use of force, for example, may thus be regarded as a principle of customary international law [...]", Military and Paramilitary Activities in and against Nicaragua, (Nicaragua v. United States of America), Merits, Judgment, I.C.J. Reports 1986, S. 14 (para. 188). Zur gewohnheitsrechtlichen Geltung des Gewaltverbots siehe in diesem Kapitel I.3.

219 Dieser Ansicht wird hier nicht gefolgt, siehe ausführlich dazu 2. Kapitel III.

1. Entstehungsgeschichte

Die Einschränkung der Anwendung von Gewalt im zwischenstaatlichen Bereich und damit die Absage an die Freiheit zum Kriege wurden erst im 20. Jahrhundert erreicht. Zwar versuchten im Mittelalter naturrechtlich und theologisch geprägte Lehren wie von *Thomas von Aquin* und *Hugo Grotius* allein den „gerechten Krieg" *(bellum iustum)* als zulässig zu erklären, der aus „gerechtem Grund" *(iusta causa)*, in „rechter Absicht" *(recta intentio)* von dem rechtmäßigen Souverän *(auctoritas principas)* nach Erschöpfung der friedlichen Mittel der Streitbeilegung geführt wurde. Diese Lehren wurden aber nie Bestandteil des modernen Völkerrechts, vielmehr führte das Entstehen von souveränen Staaten, die das Recht zur Kriegsführung als Bestandteil ihrer Souveränität ansahen, zur Entwicklung eines Rechts auf Krieg *(ius ad bellum)*.[220]

Eine erste Einschränkung dieses jahrhundertelang geltenden Rechts auf Krieg stellten die Haager Friedenskonferenzen von 1899 und 1907 dar. Auf diesen Konferenzen wurden verschiedene Abkommen geschlossen, die zum einen das *ius in bello*, also das Recht im Kriege, kodifizierten, wie die Erste Haager Landkriegsordnung vom 29. Juli 1899 betreffend die Gesetze und Gebräuche des Landkriegs[221] oder die Erklärung betreffend das Verbot der Verwendung von Geschossen mit erstickenden oder giftigen Gasen[222]. Das III. Haager Abkommen über den Beginn der Feindseligkeit vom 18. Oktober 1907 stellte darüber hinaus die Aufnahme von Kriegshandlungen unter den Vorbehalt einer vorherigen, mit Gründen versehenen Kriegserklärung oder zumindest eines Ultimatums.[223] Das II. Haager Abkommen betreffend die Beschränkung der Anwendung von Gewalt bei der Eintreibung von Vertragsschulden vom 18. Oktober 1907 (so-

---

220 Für eine detaillierte Darstellung siehe *Heintschel von Heinegg* in: Ipsen, Völkerrecht, 6. Auflage, 2014, § 51 Rn. 2-6; *Bruha*, Gewaltverbot, in: Wolfrum (Hrsg.), Handbuch Vereinte Nationen, 2. Auflage, 1991, S. 235 ff., zur Lehre Grotius' *Kunde*, Der Präventivkrieg, Schriften zum Staats- und Völkerrecht, Bd. 125, 2007, 1. Kapitel.

221 RGBl. 1901, 423.

222 RGBl. 1901, 474.

223 Artikel 1: „Die Vertragsmächte erkennen an, dass Feindseligkeiten unter ihnen nicht beginnen dürfen ohne eine vorausgehende unzweideutige Benachrichtigung, die entweder die Form einer mit Gründen versehenen Kriegserklärung oder die eines Ultimatums mit bedingter Kriegserklärung haben muss." RGBl. 1910, 82.

genannte *Drago-Porter*-Konvention) schließt die Anwendung von Waffengewalt zur Eintreibung von Schulden aus, wenn der Schuldnerstaat sich einem Schiedsverfahren unterwirft.[224]

Mit der Gründung des Völkerbundes nach dem Ersten Weltkrieg (1914-1918) wurde ein weiterer Versuch unternommen, das Recht auf Kriegsführung einzugrenzen. Die Satzung des Völkerbundes, die Teil des *Versailler Friedensvertrages* vom 28. Juni 1919 war, erklärte Krieg und jede Bedrohung mit Krieg zur Angelegenheit des ganzen Völkerbundes (Artikel 11).[225] Die Satzung verpflichtete die Mitglieder zwar zunächst zur friedlichen Streitbeilegung durch eine Schiedsgerichtsbarkeit, erlaubte aber die Aufnahme von Kriegshandlungen nach Ablauf von drei Monaten (Artikel 12). Gegen ein Mitglied, das den Schiedsspruch anerkannte, durfte nicht zum Kriege geschritten werden (Artikel 13). Der Völkerbund erreichte jedoch nie eine umfassende Universalität, einige Großmächte wie die Sowjetunion, Japan, Italien und das Deutsche Reich waren nur zeitweise Mitglieder, die Vereinigten Staaten sogar nie, obwohl die Gründung des Völkerbundes auf den sogenannten *14-Punkte Plan* des amerikanischen Präsidenten *Woodrow Wilson* zurückzuführen war.[226] Weitere Defizite des Völkerbundes werden in dem ineffektiven Sanktionssystem bei Vertragsverletzungen gesehen sowie in der Ausrichtung am traditionellen Kriegsbegriff, der es Aggressoren wie Italien (Überfall auf Korfu, 1923) und Japan (Mandschurei-Konflikt, 1931) erlaubte, ihre Angriffshandlungen als Repressalien zu deklarieren und damit den Sanktionsmechanismus der Völkerbundsatzung zu umgehen.[227] Schließlich vermochte der Völkerbund den Zweiten Weltkrieg (1939-1945) nicht zu verhindern und blieb während der gesamten Dauer handlungsunfähig.[228] Mit Beschluß der Bundesversammlung erfolgte die Auflösung des Völkerbundes am 19. April 1946.

Ein erstes generelles Kriegsverbot enthielt der *Locarno-Pakt* vom 16. Oktober 1925 für die Vertragsparteien Deutschland, Belgien und

---

224 RGBl. 1910, 59.

225 RGBl. 1919, 717.

226 "XIV. A general association of nations must be formed under specific covenants for the purpose of affording mutual guarantees of political independence and territorial integrity to great and small states alike." President Wilson's Message to Congress, 8. Januar 1918; Records of the United States Senate; Record Group 46; http://www.ourdocuments.gov/doc.php?flash=old&doc=62#.

227 *Heintschel von Heinegg*, in: Ipsen, Völkerrecht, 6. Auflage, 2014, § 51 Rn. 11.

228 *Epping*, in: Ipsen, Völkerrecht, 6. Auflage, 2014, § 6 Rn. 102.

Frankreich.[229] Gemäß Artikel 2 Absatz 1 verpflichteten sich die drei Staaten, „in keinem Falle zu einem Angriff oder zu einem Einfall oder zum Kriege gegeneinander zu schreiten", als einzige Ausnahmen werden in Artikel 2 Absatz 2 das Recht auf Selbstverteidigung und kollektive Zwangsmaßnahmen des Völkerbundes genannt.

Erst mit dem *Kellogg-Briand-Pakt* vom 27. August 1928 gelang es, ein umfassendes, allgemein geltendes Kriegsverbot zu kodifizieren.[230] Benannt nach dem US-Außenminister Frank Billings Kellogg und dem französischen Außenminister Aristide Briand, unterzeichneten zunächst 15 Staaten den Pakt in Paris und erklärten damit „feierlich im Namen ihrer Völker, dass sie den Krieg als Mittel für die Lösung internationaler Streitfälle verurteilen und auf ihn als Werkzeug nationaler Politik in ihren gegenseitigen Beziehungen verzichten" (Artikel I). Streitigkeiten oder Konflikte sollen ausschließlich durch friedliche Mittel beigelegt werden (Artikel II). Obwohl der Pakt keine Ausnahmeregelungen von diesem allgemeinen Kriegsverbot enthält, ist davon auszugehen, dass das Recht auf Selbstverteidigung sowie kollektive Zwangsmaßnahmen nach der Völkerbundsatzung davon unberührt bleiben.[231] Bis 1935 traten 63 Staaten und damit die meisten der damals existierenden Nationen dem Pakt bei.[232] Die Ausnahme bildeten die südamerikanischen Staaten Argentinien, Brasilien, Chile, Mexiko, Paraguay und Uruguay, die im Rahmen des *Saavedra-Lamas-Vertrages*[233] vom 10. Oktober 1933 in ähnlicher Weise wie der *Kellogg-Briand-Pakt* gebunden waren. Wie zuvor schon bei der Völkerbundsatzung bestand die wesentliche Schwachstelle des Paktes in seiner Bezugnahme auf den Begriff des Krieges und nicht auf jede Art bewaffneter Gewalt. Damit eröffnete sich für die Vertragsstaaten die Möglichkeit, das Kriegsverbot des Paktes zu umgehen, indem sie die Anwendung von militärischer Gewalt nicht als Krieg erklärten.[234] Der Pakt enthielt auch keine Regelungen für die friedliche Streitbeilegung oder einen Sanktionsmechanismus bei Vertragsverletzungen, diese wurden erst einen Monat später in

---

229 RGBl. 1926 II, 583.
230 RGBl. 1929 II, 97.
231 *Kunig*, Das völkerrechtliche Gewaltverbot, Jura 1998, 664 (665). *Heintschel von Heinegg*, in: Ipsen, Völkerrecht, 6. Auflage, 2014, § 51 Rn. 14.
232 *Hobe*, Einführung in das Völkerrecht, 9. Auflage, 2008, S. 49.
233 LNTS Bd. CLXIII, 393.
234 *Heintschel von Heinegg*, in: Ipsen, Völkerrecht, 6. Auflage, 2014, § 51 Rn. 15; *Kunig*, Das völkerrechtliche Gewaltverbot, Jura 1998, 664 (665).

der *Generalakte für die friedliche Regelung internationaler Streitigkeiten*[235] vom 26. September 1928 niedergelegt, aber nur von 24 Staaten unterzeichnet.[236]

Die am 25. Juni 1945 in San Francisco einstimmig angenommene und am 24. Oktober 1945 in Kraft getretene Satzung der Vereinten Nationen[237] vereinte ein umfassendes allgemeines Gewaltverbot mit Vorschriften zur friedlichen Streitbeilegung und kollektiven Zwangsmaßnahmen gegen Vertragsbrecher und schuf damit ein kollektives Sicherheitssystem, dem heute 193 Mitgliedstaaten angehören.

2. Das Gewaltverbot in der Charta der Vereinten Nationen

Das Gewaltverbot findet sich in der Charta der Vereinten Nationen in Artikel 2, der die „Grundsätze" *(principles)* der Vereinten Nationen aufzählt:

Artikel 2 Ziffer 4 UN-Charta

Alle Mitglieder unterlassen in ihren internationalen Beziehungen jede gegen die territoriale Unversehrtheit oder die politische Unabhängigkeit eines Staates gerichtete oder sonst mit den Zielen der Vereinten Nationen unvereinbare Androhung oder Anwendung von Gewalt.

2.1 Definition von Gewalt

Anders als die Völkerbundsatzung und auch der *Kellogg-Briand-Pakt* verbietet Art. 2 Ziff. 4 UN-Charta nicht nur den *Krieg* an sich, sondern *jede* Art der Androhung oder Anwendung von Gewalt. Damit kommt es also nicht mehr darauf an, wie die Parteien eines bewaffneten Konflikts diesen charakterisieren.

Unter den Begriff „Gewalt" ist jedenfalls Waffengewalt und militärische Gewalt zu verstehen, die von einem Staat gegen einen anderen Staat

---

235 LNTS Bd. XCIII, 343.
236 *Heintschel von Heinegg*, in: Ipsen, Völkerrecht, 6. Auflage, 2014, § 51 Rn. 15.
237 Charta der Vereinten Nationen, UNTS 1 XVI, 24. Oktober 1945, für Deutschland inkraft gem. Bek. v. 27. November 1974 II 1397 m.W.v. 18. September 1973, BGBl. 1973 II S. 431.

(„in ihren internationalen Beziehungen") verübt wird.[238] Dieses folgt zunächst aus der Charter selbst, die – allerdings an anderer Stelle – von „bewaffneter Gewalt" (Präambel Abs. 7 UN-Charta: *„armed force"* [engl.], *„force de armes"* [frz.], *„fuerza armada"* [span.], vgl. auch Artikel 41 und 46 UN-Charta) spricht.

Für die Auslegung des Art. 2 Ziff. 4 UN-Charta sind neben dem Wortlaut auch insbesondere der systematische Kontext sowie die Staatenpraxis, die mit der Verabschiedung von verschiedenen Resolutionen und Deklarationen weitere Auslegungshilfen geschaffen hat, von Bedeutung.[239]

Zu letzteren zählen insbesondere die bereits am 24. Oktober 1970 verabschiedete *Erklärung über Grundsätze des Völkerrechts betreffend freundschaftliche Beziehungen und Zusammenarbeit zwischen den Staaten im Einklang mit der Charta der Vereinten Nationen* (sogenannte *Friendly Relations Declaration*) der Generalversammlung[240], in der durch die Aufstellung von Verpflichtungen der Mitgliedstaaten in Bezug auf das Gewaltverbot Konkretisierungen herbeizuführen versucht wurde. Zwar entfalten Erklärungen der Generalversammlung grundsätzlich keine bindende Wirkung[241], diese können jedoch Ausdruck des geltenden Völkergewohnheitsrechts sein, welches auch der IGH in Bezug auf die *Friendly Relations Declaration* in seinem *Armed Activities*-Urteil (2005) festgestellt hat.[242]

---

238 *Kunig*, Das Gewaltverbot, Jura 1998, S. 664 (665); *Heintschel von Heinegg*, in: Ipsen, Völkerrecht, 6. Auflage, 2014, § 51 Rn. 18 f.; *Dahm/Delbrück/Wolfrum*, Völkerrecht, Bd. I/3, 2. Auflage, 2002, S. 822.

239 *Kunig*, Das Gewaltverbot, Jura 1998, S. 664 (665); zur „dynamische Interpretation" von Artikel 2 Ziffer 4 UN-Charta siehe auch *Gray*, International Law and the Use of Force, 3. Auflage, 2008, S. 8ff. Zur Auslegung von völkerrechtlichen Verträgen im Allgemeinen und die Auslegung von Artikel 27 Absatz 3 UN-Charta im Lichte nachfolgender Staatenpraxis durch den IGH im Besonderen siehe auch 2. Kapitel.

240 Declaration on Principles of International Law Concerning Friendly Relations and Co-operation among States in Accordance with the Charter of the United Nations, UN Doc. A/RES/2625 (XXV), 24. Oktober 1970. Siehe auch die *Declaration on the Enhancement of the Effectiveness of the Principle of Refraining from the Threat or Use of Force in International Relations*, UN Doc. A/RES/42/22 vom 18. März 1987.

241 Mit der Ausnahme der Festlegung des Haushaltes, vgl. Artikel 17 UN-Charta.

242 "These provisions are declaratory of customary international law." Case Concerning Armed Activities on the Territory of the Congo (DRC v. Uganda), Judgment, I.C.J. Reports 2005, S. 168 (para. 162). Gleiches gilt beispielsweise für die *Uni-*

Zu den in der *Friendly Relations Declaration* postulierten Grundsätzen gehören:

> *Der Grundsatz, dass die Staaten in ihren internationalen Beziehungen jede gegen die territoriale Unversehrtheit oder die politische Unabhängigkeit eines Staates gerichtete oder sonst mit den Zielen der Vereinten Nationen unvereinbare Androhung oder Anwendung von Gewalt unterlassen*

> *[...]*

> Die Staaten haben die Pflicht, Vergeltungsmaßnahmen, die mit der Anwendung von Gewalt verbunden sind, zu unterlassen. [...]

> Jeder Staat hat die Pflicht, die Aufstellung oder die Förderung der Aufstellung irregulärer Streitkräfte oder bewaffneter Banden, namentlich von Söldnern, zu unterlassen, die für Einfälle in das Hoheitsgebiet eines anderen Staates bestimmt sind.

> Jeder Staat hat die Pflicht, die Organisierung, Anstiftung oder Unterstützung von Bürgerkriegs- oder Terrorhandlungen in einem anderen Staat und die Teilnahme daran oder die Duldung organisierter Aktivitäten in seinem Hoheitsgebiet, die auf die Begehung solcher Handlungen gerichtet sind, zu unterlassen, wenn die in diesem Absatz genannten Handlungen die Androhung oder Anwendung von Gewalt einschließen. [...]

> *Der Grundsatz betreffend die Pflicht, im Einklang mit der Charta nicht in Angelegenheiten einzugreifen, die zur inneren Zuständigkeit eines Staates gehören*

> [...] Auch darf ein Staat keine auf den gewaltsamen Umsturz des Regimes eines anderen Staates gerichteten subversiven, terroristischen oder bewaffneten Aktivitäten organisieren, unterstützen, schüren, finanzieren, anstiften oder dulden und nicht in interne Konflikte in einem anderen Staat eingreifen. [...]

Eine weitere Auslegungshilfe bietet Resolution 3314 (XXIX) der UN-Generalversammlung vom 14. Dezember 1974, mit der eine *Definition der Angriffshandlung* verabschiedet wurde.[243] Gemäß deren Artikel 3 fällt unter eine verbotene Aggression die militärische Besetzung eines Staates durch einen anderen, die Bombardierung oder Beschießung eines Hoheitsgebietes oder auch die militärische Blockade von Häfen oder Küsten:

---

versal Declaration of Human Rights, UN Doc. A/RES/217 (III) vom 10. Dezember 1948.

243 Zum Verlauf der Verhandlungen im Vierten Ausschuss der Generalversammlung siehe *Ruys*, 'Armed Attack' and Article 51 of the UN Charter, 2010, S. 129 ff.

Artikel 3

Vorbehaltlich und nach Maßgabe der Bestimmungen des Artikels 2 gilt unabhängig von dem Vorliegen einer Kriegserklärung jede der folgenden Handlungen als Angriffshandlung:

a) die Invasion des Hoheitsgebiets eines Staates oder der Angriff auf dieses durch die Streitkräfte eines anderen Staates oder jede, wenn auch vorübergehende, militärische Besetzung, die sich aus einer solchen Invasion oder einem solchen Angriff ergibt, oder jede gewaltsame Annexion des Hoheitsgebiets eines anderen Staates oder eines Teiles desselben;

b) die Bombardierung oder Beschießung des Hoheitsgebietes eines Staates durch die Streitkräfte eines anderen Staates oder der Einsatz von Waffen jeder Art durch einen Staat gegen das Hoheitsgebiet eines anderen Staates;

c) die Blockade der Häfen oder Küsten eines Staates durch die Streitkräfte eines anderen Staates;

d) ein Angriff der Streitkräfte eines Staates auf die Land-, See- oder Luftstreitkräfte oder die See- und Luftflotte eines anderen Staates;

e) der Einsatz von Streitkräften eines Staates, die sich mit der Zustimmung eines anderen Staates in dessen Hoheitsgebiet befinden, unter Verstoß gegen die in der entsprechenden Einwilligung oder Vereinbarung vorgesehenen Bedingungen oder jede Verlängerung ihrer Anwesenheit in diesem Hoheitsgebiet über den Ablauf der Geltungsdauer der Einwilligung oder Vereinbarung hinaus;

f) das Handeln eines Staates, wodurch er erlaubt, dass sein Hoheitsgebiet, das er einem anderen Staat zur Verfügung gestellt hat, von diesem anderen Staat dazu benutzt wird, eine Angriffshandlung gegen einen dritten Staat zu begehen;

g) das Entsenden bewaffneter Banden, Gruppen, irregulärer Kräfte oder Söldner durch einen Staat oder in seinem Namen, die mit Waffengewalt gegen einen anderen Staat Handlungen von solcher Schwere ausführen, dass sie den oben aufgeführten Handlungen gleichkommen, oder seine wesentliche Beteiligung daran.

Im Jahr 2010 verabschiedeten die Vertragsstaaten des Internationalen Strafgerichtshofs (IStGH) die bis dahin noch ausstehende Definition der Angriffshandlung, die zu den vier Kernverbrechen Kriegsverbrechen, Verbrechen gegen die Menschlichkeit und Völkermord gehört, über die der IStGH Gerichtsbarkeit ausüben kann (Artikel 5 IStGH-Statut).[244] Ausdrücklich bestimmt Artikel 8bis, dass die Angriffshandlung *von einem anderen Staat* ausgeübt werden muss und übernimmt anschließend wortge-

---

244 Statut des International Strafgerichtshofs, 17. Juli 1998, UNTS, Vol. 2187, No. 38544.

treu den Katalog der Aggressionsdefinition der Generalversammlung[245], einschließlich deren Artikel 3 g):

Artikel 8bis

Verbrechen der Aggression

(1) Im Sinne dieses Statuts bedeutet „Verbrechen der Aggression" die Planung, Vorbereitung, Einleitung oder Ausführung einer Angriffshandlung, die ihrer Art, ihrer Schwere und ihrem Umfang nach eine offenkundige Verletzung der Charta der Vereinten Nationen darstellt, durch eine Person, die tatsächlich in der Lage ist, das politische oder militärische Handeln eines Staates zu kontrollieren oder zu lenken.

(2) Im Sinne des Absatzes 1 bedeutet „Angriffshandlung" die gegen die Souveränität, die territoriale Unversehrtheit oder die politische Unabhängigkeit eines Staates gerichtete oder sonst mit der Charta der Vereinten Nationen unvereinbare Anwendung von Waffengewalt durch einen anderen Staat. Unabhängig von dem Vorliegen einer Kriegserklärung gilt in Übereinstimmung mit der Resolution 3314 (XXIX) der Generalversammlung der Vereinten Nationen vom 14. Dezember 1974 jede der folgenden Handlungen als Angriffshandlung: [...]

g) das Entsenden bewaffneter Banden, Gruppen, irregulärer Kräfte oder Söldner durch einen Staat oder in seinem Namen, die mit Waffengewalt gegen einen anderen Staat Handlungen von solcher Schwere ausführen, dass sie den oben aufgeführten Handlungen gleichkommen, oder seine wesentliche Beteiligung daran. [246]

Als weiteres stellt sich die Frage, ob für die Gewaltausübung eine gewisse Intensität erforderlich ist, ab wann also eine „relevante militärische Gewalt"[247] vorliegt. Um einen umfassenden Geltungsbereich des Gewaltverbots herzustellen, fordert die herrschende Meinung eine geringe Schwelle für die Intensität, so dass „jede Form grenzüberschreitender militärischer

---

245 UN Doc. A/RES/3314 (XXIX) vom 14. Dezember 1974.
246 IStGH Vertragsstaatenkonferenz, Resolution RC/Res.5, 12. Plenarsitzung, 10. Juni 2010. Die Resolution wurde im Konsens angenommen, die Regelung tritt in Kraft, wenn 30 Vertragsstaaten sie ratifiziert haben und setzt zudem einen Beschluß mit einer 2/3 Mehrheit der Vertragsstaatenkonferenz nicht vor dem Jahr 2017 voraus. Deutsche Übersetzung aus: Auswärtiges Amt, Denkschrift zum Gesetz zu den Änderungen vom 10. und 11. Juni 2010 des Römischen Statuts des Internationalen Strafgerichtshofs vom 17. Juli 1998. Derzeit haben 34 Staaten ihre Ratifikationsurkunden hinterlegt, darunter Deutschland am 3. Juni 2013 (Stand: 17. Mai 2017).
247 *Bothe*, in: Graf Vitzthum/Proelß (Hrsg.), Völkerrecht, 7. Auflage, 2016, 8. Abschnitt, Rn. 10.

oder ihnen gleichkommender Gewaltausübung" als verbotene Gewalt gilt.[248] Konsens herrscht allerdings darüber, dass nicht jede Verletzung des Gewaltverbots gleichzeitig einen „bewaffneten Angriff" im Sinne des Artikels 51 UN-Charta darstellt.[249]

Verstanden als umfassendes Verbot, schützt das völkerrechtliche Gewaltverbot nicht nur die in Artikel 2 Ziffer 4 UN-Charta aufgeführte territoriale Unversehrtheit und politische Unabhängigkeit eines Staates, sondern auch vor jeder anderen „mit den Zielen der Vereinten Nationen unvereinbare Androhung oder Anwendung von Gewalt". Die herrschende Meinung erteilt daher Relativierungsversuchen, die das Gewaltverbot in solchen Situationen für nicht anwendbar erklären, in denen der Einsatz von Gewalt nur kurzfristig ist, wie beispielsweise zur Rettung eigener Staatsangehöriger im Falle einer Geiselnahme auf fremdem Territorium, und nicht zu einem permanenten Verlust von Staatsgebiet des betroffenen Staates führt oder Auswirkungen auf seine politische Unabhängigkeit hat, eine klare Absage.[250]

Im *Korfu-Kanal* Fall (1949) hatte der IGH zu dem Argument des Vereinigten Königreichs, mit der Minenräumaktion im albanischen Küstengewässer weder die territoriale Souveränität noch politische Unabhängigkeit Albaniens verletzt zu haben, bereits festgestellt:

> "The Court can only regard the alleged right of intervention as the manifestation of a policy of force, such as has, in the past, given rise to most serious

---

248 *Herdegen*, Völkerrecht, 16. Auflage, 2017, § 34 Rn. 15, *Dahm/Delbrück/ Wolfrum*, Völkerrecht, Bd. I/3, 2. Auflage, 2002, S. 823; *Heintschel von Heinegg*, in: Ipsen, Völkerrecht, 6. Auflage, 2014, § 51 Rn. 31; etwas anders *Bothe*, der geringfügige Grenzstreitigkeiten vom Geltungsbereich des Gewaltverbots ausschließen will, in: Graf Vitzthum/Proelß (Hrsg.), Völkerrecht, 7. Auflage, 2016, 8. Abschnitt, Rn. 10.

249 *Kunig*, Das völkerrechtliche Gewaltverbot, Jura 1998, S. 664 (667); *Bothe*, in: Graf Vitzthum/Proelß (Hrsg.), Völkerrecht, 7. Auflage, 2016, 8. Abschnitt, Rn. 10; *Heintschel von Heinegg*, in: Ipsen, Völkerrecht, 6. Auflage, 2014, § 51 Rn. 20; *Ruys*, 'Armed Attack' and Article 51 of the UN Charter, 2010, S. 146 m.w.N. Siehe dazu auch in diesem Kapitel II.3.1.1.

250 *Heintschel von Heinegg*, in: Ipsen, Völkerrecht, 6. Auflage, 2014, § 51 Rn. 32; *Dinstein*, War, Aggression and Self-Defence, 5. Auflage, 2012, Rn. 240 ff.; *Crawford*, Brownlie's Principles of International Public Law, 8. Auflage, 2012, S. 747. Vor einer reinen „mechanischen Interpretation" von Artikel 2 Ziffer 4 UN-Charta warnend: *Reisman*, Coercion and Self-Determination: Construing Article 2(4), AJIL, Vol. 78, No. 3, 1984, S. 642 ff. Zur Fallgruppe Rettung eigener Staatsangehöriger siehe ausführlich in diesem Kapitel II.3.6 m.w.N.

abuses and such as cannot, whatever be the present defects in international organization, find a place in international law. Intervention is perhaps still less admissible in the particular form it would take here; for, from the nature of things, it would be reserved for the most powerful States, and might easily lead to perverting the administration of international justice itself.

[...] Between independent States, respect for territorial sovereignty is an essential foundation of international relations."[251]

Eine Verletzung von Artikel 2 Ziff. 4 UN-Charta liegt denn auch für die wohl herrschende Meinung bei der militärischen Erzwingung eines Regimewechsels in einem anderen Staat vor.[252] Ein solches Einschreiten, selbst wenn als pro-demokratische Intervention verstanden, verletze die territoriale Unversehrtheit des betroffenen Staates und erst recht seine politische Souveränität. So hatte auch der IGH bereits in seinem *Nicaragua*-Urteil (1986) festgestellt:

"[A]dherence by a State to any particular doctrine does not constitute a violation of customary international law; to hold otherwise would make nonsense of the fundamental principle of State sovereignty, on which the whole of international law rests, and the freedom of choice of the political, social, economic and cultural system of a State. [...] The Court cannot contemplate the creation of a new rule opening up a right of intervention by one State against another on the ground that the latter has opted for some particular ideology or political system."[253]

Dieses gelte auch für den Fall, dass der intervenierende Staat eine innerstaatliche Oppositionsgruppe unterstützt, die als Ziel den Sturz der Regierung habe:

---

251 The Corfu Channel Case (UK v. Albanien), Urteil vom 9. April 1949, I.C. J. Reports 1949, S. 4 (S. 35). Siehe auch ausführlich in diesem Kapitel I.2.2.

252 *Dahm/Delbrück/Wolfrum*, Völkerrecht, Bd. I/3, 2. Auflage, 2002, S. 831; *Kunig*, Das völkerrechtliche Gewaltverbot, Jura 1998, S. 664 (665); *Schachter*, The Legality of Pro-Democratic Invasion, AJIL, Vol. 78, No. 3, 1984, S. 645 (649), *Dinstein*, War, Aggression and Self-Defence, 5. Auflage, 2012, Rn. 250; *Gray*, International Law and the Use of Force, 3. Auflage, 2008, S. 55 ff.; aA *Reisman*, Coercion and Self-Determination: Construing Article 2(4), AJIL, Vol. 78, No. 3, 1984, S. 642 ff.

253 Military and Paramilitary Activities in and against Nicaragua, (Nicaragua v. United States of America), Merits, Judgment, I.C.J. Reports 1986, S. 14 (para. 263). Der IGH erkennt allerdings auch an, dass die USA als rechtliches Argument auf das Recht auf Selbstverteidigung rekurriert, "and has not attempted to introduce a legal argument derived from a supposed rule of 'ideological intervention', which would have been a striking innovation.", ibid., para. 266.

"The Court considers that in international law, if one State, with a view to the coercion of another State, supports and assists armed bands in that State whose purpose is to overthrow the government of that State, that amounts to an intervention by the one State in the internal affairs of the other [...]"[254]

Eine andere Ansicht sieht in der Etablierung umfassender Menschenrechtsstandards geradezu einen „Imperativ"[255] für Regimewechsel, jedenfalls in den Fällen, in denen despotische oder tyrannische Regime in massiver Weise international garantierte Menschenrechte mißachten, und verweist auf die Anklage des liberianischen Präsidenten Charles Taylor[256] vor dem *Special Court for Sierra Leone* oder die Anklage des serbischen Präsidenten Slobodan Milošević[257] vor dem *Internationalen Tribunal für das ehemalige Jugoslawien.*[258]

Nicht unter das Gewaltverbot, sondern unter das aus dem Souveränitätsprinzip fließende Interventionsverbot des Artikel 2 Ziffer 1 UN-Charta, fallen Einwirkungen politischer oder wirtschaftlicher Natur eines Staates auf einen anderen Staat.[259] Das Interventionsverbot wird herkömmlich verstanden als Verbot der Einmischung in die inneren oder äußeren Ange-

---

254 Military and Paramilitary Activities in and against Nicaragua, (Nicaragua v. United States of America), Merits, Judgment, I.C.J. Reports 1986, S. 14 (para. 241).

255 *Reisman*, The Manley O. Hudson Lecture: Why Regime Change Is (Almost Always) a Bad Idea, AJIL, Vol. 98, No. 3, 2004, S. 516 (524); *D'Amato*, The Invasion of Panama Was A Lawful Response to Tyranny, AJIL, Vol. 84, No. 2, 1990, S. 516 (523).

256 Special Court for Sierra Leone, Anklage, SCSL-03-01-PT, 7. März 2003, im Mai 2012 wurde Taylor in erster Instanz zu 50 Jahren Haft verurteilt, siehe Urteil SCSL-03-01-T vom 18. Mai 2012. Der Anklagevertreter wie auch die Verteidigung haben Rechtsmittel eingelegt.

257 International Tribunal for the Former Yugoslavia, Fall IT-02-54 (Kosovo, Croatia & Bosnia), die erste Anklage stammt aus dem Jahr 1999, am 29. Juni 2001 wurde Milošević von Serbien dem ICTY überstellt, er verstarb während des Prozesses am 11. März 2006.

258 *Reisman*, The Manley O. Hudson Lecture: Why Regime Change Is (Almost Always) a Bad Idea, AJIL, Vol. 98, No. 3, 2004, S. 516 (517).

259 *Kunig*, Das völkerrechtliche Gewaltverbot, Jura 1998, S. 664 (665); *Dahm/ Delbrück/Wolfrum*, Völkerrecht, Bd. I/3, 2. Auflage, 2002, S. 824; *Bothe*, in: Graf Vitzthum/Proelß (Hrsg.), Völkerrecht, 7. Auflage, 2016, 8. Abschnitt, Rn. 10; *Bruha*, Gewaltverbot, in: Wolfrum (Hrsg.), Handbuch Vereinte Nationen, 2. Auflage, 1991, S. 238; *Heintschel von Heinegg*, in: Ipsen, Völkerrecht, 6. Auflage, 2014, § 51 Rn. 18; *Herdegen*, Völkerrecht, 16. Auflage, 2017, § 34 Rn. 17; *Crawford*, Brownlie's Principles of International Public Law, 8. Auflage, 2012, S. 747; *Dinstein*, War, Aggression and Self-Defence, 5. Auflage, 2012, Rn. 236.

legenheiten eines Staates *(„domaine réservé")* und umfasst damit als schwerste Form der Einmischung auch die militärische Gewalt.[260] Damit bedeutet eine Verletzung des Gewaltverbots auch immer zugleich eine Verletzung des Interventionsverbots, die somit in Idealkonkurrenz zueinander stehen.[261]

Unter dem Schlagwort *„Cyber War"* wird neuerdings diskutiert, ob Angriffe mit Computerviren oder in ihrem Resultat ähnliche Aktionen unter den Gewaltbegriff fallen oder sogar einen „bewaffneten Angriff" im Sinne des Artikel 51 UN-Charta darstellen. Mit der herrschenden Meinung ist davon auszugehen, dass im sogenannten Zeitalter der Digitalisierung verbunden mit der Fortentwicklung moderner Technologien, dieses zu bejahen ist, jedenfalls sofern militärische Einrichtungen davon betroffen sind.[262]

---

260 Der IGH definiert das Interventionsverbot in seinem *Nicaragua*-Urteil wie folgt: "the principle forbids all States or groups of States to intervene directly or indirectly in internal or external affairs of other States. A prohibited intervention must accordingly be one bearing on matters in which each State is permitted, by the principle of State sovereignty, to decide freely. One of these is the choice of a political, economic, social and cultural system, and the formulation of foreign policy. Intervention is wrongful when it uses methods of coercion in regard to such choices, which must remain free ones. The element of coercion, which defines, and indeed forms the very essence of, prohibited intervention, is particularly obvious in the case of an intervention which uses force, either in the direct form of military action, or in the indirect form of support for subversive or terrorist armed activities within another State."
Military and Paramilitary Activities in and against Nicaragua, (Nicaragua v. United States of America), Merits, Judgment, I.C.J. Reports 1986, S. 14 (para. 205). Umfassend zum Interventionsverbot siehe *Kunig*, Intervention, Prohibition of, in: MPEPIL, 2008.
261 *Kunig*, Intervention, Probition of, in: MEPIL, 2008, Rn. 23; *Heintschel von Heinegg*, in: Ipsen, Völkerrecht, 6. Auflage, 2014, § 51 Rn. 45, 50.
262 *Bothe*, in: Graf Vitzthum/Proelß (Hrsg.), Völkerrecht, 7. Auflage, 2016, 8. Abschnitt, Rn. 10 m.w.N.; dagegen (im Falle des Angriffs auf eine Börse und daraus resultierender Schaden für eine Volkswirtschaft) *Heintschel von Heinegg*, in: Ipsen, Völkerrecht, 6. Auflage, 2014, § 51 Rn. 18.

2.2 Indirekte Aggression durch bewaffnete Gruppen und Kriterien der Zurechnung

Die Aggressionsdefinition schließt auch einige Fälle von sogenannter *indirekter Aggression* mit ein, nämlich die Zurverfügungstellung des Hoheitsgebietes für Angriffshandlungen eines anderen Staates (Artikel 3 [f]) oder die Entsendung von bewaffneten Gruppen zur Ausübung von Gewalt in einem anderen Staat, sofern diese dem entsendenden Staat zurechenbar ist (Artikel 3 [g]). Der IGH betrachtet ausdrücklich Artikel 3 (g) der Aggressionsdefinition als Bestandteil des geltenden Völkergewohnheitsrechts.[263]

Zu den einzelnen Kriterien der Zurechenbarkeit der Gewaltanwendungen privater Akteure kann das Urteil des IGH im *Korfu-Kanal* Fall (1949) möglicherweise einen ersten Hinweis geben.[264] Dem Fall lag die erhebliche Beschädigung von zwei britischen Kriegsschiffen sowie der Tod von 44 britischen Seeleuten zugrunde, als die Schiffe im Oktober 1946 in der Meerenge zwischen Albanien und der griechischen Insel Korfu auf Minen liefen. Albanien hatte zuvor eine Passage von seiner Erlaubnis abhängig gemacht, die allerdings vom Vereinigten Königreich nicht eingeholt worden war, da es auf das Recht der friedlichen Passage bestand. Vor dem IGH bestritt Albanien jegliche Verantwortung für die Minen wie auch die Kenntnis davon.

Da die Urheber der Verminung nicht festgestellt werden konnten, prüfte der IGH, ob Albanien dennoch diese zugerechnet werden könnte. Dabei kam er zu dem Ergebnis, dass Albanien aufgrund seiner Beobachtungsposten an der Küste jedenfalls Kenntnis von der Verminung gehabt haben musste und folglich auch passierende Schiffe hätte warnen müssen. Diese Folgerung basiere auf

> "certain general and well-recognized principles, namely: elementary considerations of humanity, even more exacting in peace than in war; the principle of the freedom of maritime communication; and every State's obligation not to allow knowingly its territory to be used for acts contrary to the rights of other States"[265]

---

263 "This description, contained in Article 3, paragraph (g) of the Definition of Aggression [...] may be taken to reflect customary international law." Military and Paramilitary Activities in and against Nicaragua, (Nicaragua v. United States of America), Merits, Judgment, I.C.J. Reports 1986, S. 14 (para. 195).

264 The Corfu Channel Case, Judgment of April 9th, 1949, I.C. J. Reports 1949, S. 4 ff.

265 The Corfu Channel Case, I.C. J. Reports 1949, S. 4 (22).

Der IGH verurteilte daher Albanien zum Schadensersatz, welches teilweise in der Völkerrechtsliteratur als Haftungsfrage für *eigenes* Verhalten des Territorialstaates angesehen wurde, im Unterschied zu der Frage der Zurechnung *fremden* Verhaltens.[266] Allerdings ist hier festzuhalten, dass es sich bezüglich der Haftung auf die durch Albanien unterlassene *Kommunikationspflicht* handelt, das oben zitierte Diktum des IGH hinsichtlich der Verpflichtung der Staaten ihr Territorium nicht wissentlich für Aktivitäten zur Verfügung zu stellen, die die Rechte anderer Staaten verletzen, bleibt davon unberührt.

Der *Korfu-Kanal* Fall ist auch in einem weiteren Aspekt interessant, nämlich der Frage der Beweislast, die sich ebenfalls im Rahmen der Selbstverteidigung stellt. Grundsätzlich trägt der angegriffene Staat die Beweislast. Im *Korfu-Kanal* Fall hielt der IGH die Verantwortlichkeit Albaniens für die Minen nicht allein aufgrund seiner Ausübung der territorialen Souveränität für gegeben.[267] Allerdings führe diese *„exclusive territorial control"* zu Problemen für den beweispflichtigen Staat, die notwendigen Fakten ohne Zugangsmöglichkeit beizubringen. Der IGH erkennt daher eine indirekte Beweisführung *(„indirect evidence")* an, die in allen Rechtssystemen gelte und bei internationalen Entscheidungen berücksichtigt würde.[268] Es genüge daher, so der IGH, wenn eine Reihe von Tatsachen derart verbunden ist, dass sie nur eine mögliche Schlußfolgerung nahelegen:

"The Court must examine therefore whether it has been established by means of indirect evidence that Albania has knowledge of minelaying in her territorial waters independently of any connivance on her part in this operation. The proof may be drawn from inferences of fact, provided that they leave no room for reasonable doubt. The elements of fact on which these inferences can be

---

266 *Rau*, IGH vom 9.4.1949, Korfu-Kanal, in: Jörg Menzel (Hrsg.), Völkerrechtsprechung, S. 756 (759), der allerdings auch zugibt, dass das Urteil hier nicht ganz eindeutig ist.

267 "But it cannot be concluded from the mere fact of the control exercised by a State over its territory and waters that that State necessarily knew, or ought to have known, of any unlawful act perpetrated therein, nor yet that it necessarily knew, or should have known, the authors. This fact, by itself and apart from.other circumstances, neither involves prima facie responsibility nor shifts the burden of proof." IGH, The Corfu Channel Case, Judgment of April 9th, 1949, I.C.J. Reports 1949, S. 4 (18).

268 Ibid.

based may differ from those which are relevant to the question of connivance."[269]

In der Völkerrechtsliteratur wurde die Anwendung dieser erleichterten Beweisführung auch im Rahmen des Nachweises der Unterstützung für terroristische Handlungen gefordert, allerdings wegen der Eilbedürftigkeit in möglichen Selbstverteidigungssituationen in modifizierter Form: „entscheidend kann nur sein, ob die in der jeweils *zur Verfügung stehenden Zeit mögliche ex-ante Prüfung der Indizien* vernünftige Zweifel an der staatlichen Unterstützung terroristischer Akte nicht aufkommen lassen".[270]

Hinsichtlich der Kriterien einer Zurechnung von Handlungen nichtstaatlicher Akteure hielt der IGH im *Teheraner-Geiselfall* (1980) eine solche Zurechenbarkeit nur dann für gegeben, wenn

> "on the occasion in question the militants acted on behalf of the State, having been charged by some competent organ of the Iranian State to carry out a specific operation"[271]

Ebenso kam der IGH in seinem *Nicaragua*-Urteil zu dem Ergebnis, dass die *Contra*-Rebellen nicht als handelnde oder beauftragte Organe der U.S.-Regierung gelten könnten, da die USA die Rebellen weder gegründet noch eine entsprechende Kontrolle in allen Bereichen über die Rebellen gehabt hatten.

> "The Court has not been able to satisfy itself that the respondent State 'created' the *contra* force in Nicaragua. [...] Nor does the evidence warrant a finding that the United States gave 'direct and critical combat support' [...] or that all *contra* operations reflected the strategy and tactics wholly devised by the United States." [272]

Für eine völkerrechtliche Verantwortung der USA sah der IGH nur Raum, wenn sie eine *effektive Kontrolle* über die Rebellen ausgeübt hätte:

> "For this conduct to give rise to legal responsibility of the United States, it would in principle have to be proved that that State had *effective control* of

---

269 Ibid.
270 *Schröder*, Die Geiselbefreiung von Entebbe – ein völkerrechtswidriger Akt Israels?, JZ 1977, S. 420 (424).
271 Case Concerning United States Diplomatic and Consular Staff in Tehran (United States of America v. Iran), Merits, Judgment, I.C.J. Reports 1980, S. 3 (para. 58).
272 Military and Paramilitary Activities in and against Nicaragua, (Nicaragua v. United States of America), Merits, Judgment, I.C.J. Reports 1986, S. 14 (para. 108). Der IGH hielt es allerdings für bewiesen, dass die USA die *Contras* finanziert, trainiert und bewaffnet hatten, ibid.

the military or paramilitary operations in the course of which the alleged violations were committed."[273]

Die Berufungskammer des Internationalen Jugoslawientribunals hielt den vom IGH geforderten Grad der Kontrolle im *Tadić*-Fall (1999) allerdings für zu hoch, verwies jedoch auf die Besonderheiten jeden einzelnen Falls:

"The requirement of international law for the attribution to States of acts performed by private individuals is that the State exercises control over the individuals, the *degree of control* may, however, vary according to the factual circumstances of each case. The Appeals Chamber fails to see why in each and every circumstance international law should require a high threshold for the test of control."[274]

Im konkreten Fall, in dem es um die Frage der Zurechnung von Handlungen der bosnisch-serbischen Armee in Bezug auf das damalige Jugoslawien ging, hielt die Berufungskammer eine „*overall control*" des Staates für ausreichend:

"[T]he control of the FYR authorities over these armed forces required by international law for considering the armed conflict to be international was overall control going beyond the mere financing and equipping of such forces and involving also participation in the planning and supervision of military operations."[275]

Ausdrücklich stellte die Kammer aber fest, dass dies nur im Falle von untergeordneten bewaffneten Armeen, Milizen oder paramilitärische Einheiten gelte.[276] Handele es sich aber um *nicht*-militärisch organisierte Einzelpersonen oder Gruppen, kämen als weitere Kriterien hinzu, ob der betreffende Staat bestimmte Anweisungen in Bezug auf den rechtswidrigen Akt gegeben oder aber diesem nachträglich zugestimmt hat und ob sich das tatsächliche Verhalten der Akteure als im Rahmen staatlicher Strukturen handelnd darstellt.[277]

Die *International Law Commission* sieht in Artikel 8 ihres Entwurfs zur Staatenverantwortlichkeit als Zurechnungsmaßstab ebenfalls die effektive

---

273 Military and Paramilitary Activities in and against Nicaragua, (Nicaragua v. United States of America), Merits, Judgment, I.C.J. Reports 1986, S. 14 (para. 115). Hervorheb. durch Verf.

274 *Prosecutor v. Duško Tadić*, International Tribunal for the Former Yugoslavia, Case IT-94-I-A, Judgment, 15. Juli 1999, para. 117.

275 Ibid., para. 145.

276 Ibid., para. 137.

277 Ibid., para. 137, 141.

Kontrolle vor und fordert einen *„real link"* zwischen den Handlungen Privater und dem Staat:

Article 8

Conduct directed or controlled by a State

The conduct of a person or group of persons shall be considered an act of a State under international law if the person or group of persons is in fact acting on the instructions of, or under the direction or control of that State in carrying out the conduct.[278]

Die herrschende Meinung in der Völkerrechtsliteratur folgt dem IGH mit dem Argument, dass das völkerrechtliche Gewaltverbot nur zwischen *Staaten in ihren internationalen Beziehungen* gelte, somit könnten Gewaltakte von Privaten, die ein Staat nicht zu verantworten hat, nicht unter das völkerrechtliche Gewaltverbot fallen.[279] Diese rein „private Gewalt", wie zum Beispiel Piraterie oder bestimmte Formen von Terrorismus, würde von anderen völkerrechtlichen Regelungen wie das Übereinkommen über die Hohe See vom 29. April 1958[280] oder die derzeit vierzehn verschiedenen Konventionen zur Terrorismusbekämpfung[281], erfaßt, beziehungsweise im nationalen Strafrecht des einzelnen Staates.[282]

2.3 Art der Förderung

Zur Art der Förderung stellte der IGH im *Nicaragua*-Urteil fest, dass erst wenn ein Staat in *wesentlicher* Weise (vgl. Artikel 3 [g] der Aggressions-

---

278 ILC, Draft articles on Responsibility of States for Internationally Wrongful Acts, with commentaries, Yearbook of the ILC 2001, Vol. II Part 2, UN Doc. A/56/10, S. 47.

279 *Bothe*, in: Graf Vitzthum/Proelß (Hrsg.), Völkerrecht, 7. Auflage, 2016, 8. Abschnitt, Rn. 11; *Heintschel von Heinegg*, in: Ipsen, Völkerrecht, 6. Auflage, 2014, § 51 Rn. 29; *Crawford*, Brownlie's Principles of International Public Law, 8. Auflage, 2012, S. 747. Siehe dazu auch in diesem Kapitel II.3.5.

280 Artikel 14 - 21, BGBl. 1972 II, 1091.

281 Siehe eine Auflistung mit Stand der Ratifikationen unter United Nations Treaty Collection, Text and Status of the United Nations Conventions on Terrorism, http://treaties.un.org/.

282 *Garwood-Gowers*, Self-Defence against Terrorism in the Post-9/11 World, QUTLJJ, Vol. 4 No 2, 2004, S. 1; *Travalio/Altenburg*, State Responsibility for Sponsorship of Terrorist and Insurgent Groups: Terrorism, State Responsibility, and the Use of Military Force, Chi. J. Int'l L., Vol. 4, 2003, S. 97 (99).

definition) private Akteure unterstützt, wie zum Beispiel durch Waffenlieferungen oder Zurverfügungstellung von Infrastruktur und Logistik, könnten ihm die Handlungen Privater als Verletzung des Gewaltverbots oder
auch des Interventionsverbots zugerechnet werden.[283]

Von großer Bedeutung ist die weitere Feststellung des IGH, dass allerdings nicht jede Unterstützung von Rebellen durch Waffenlieferungen
oder logistische Hilfen auch gleichzeitig einen „bewaffneten Angriff" im
Sinne des Artikels 51 UN-Charta darstelle, der das Recht auf Selbstverteidigung auslösen würde.[284]

Offen jedoch blieb, ob auch andere Formen der Förderung terroristischer Aktivitäten, als die vom IGH zitierte Bereitstellung von Waffenlieferungen, Infrastruktur und Logistik, oder gar auch deren bloße Duldung
ebenfalls einer eigenen Gewaltausübung des betreffenden Staates gleichzusetzen sein können.

2.3.1 Praxis des Sicherheitsrats

Der Sicherheitsrat hat bereits mehrmals die Unterstützung von terroristischen Akten und sogar die Nicht-Auslieferung von mutmaßlichen Terroristen als „Bedrohung des Friedens" gemäß Artikel 39 UN-Charta angesehen. So verhängte er 1992 Sanktionen gegen Libyen wegen der Nicht-
Auslieferung von zwei Terroristen im Zusammenhang mit dem Bombenanschlag auf die Pan Am-Maschine über Lockerbie und dem Absturz der
französischen UTA-Maschine in Niger, bei denen insgesamt 441 Men-

---

283 "Such assistance [provision of weapons or logistical or other support] may be regarded as a threat or use of force, or may amount to intervention in the internal or
external affairs of other States." Military and Paramilitary Activities in and
against Nicaragua, (Nicaragua v. United States of America), Merits, Judgment,
I.C.J. Reports 1986, para. 195; siehe auch Case Concerning Armed Activities on
the Territory of the Congo (DRC v. Uganda), Judgment, I.C.J. Reports 2005,
para. 160 ff.; Bothe, in: Graf Vitzthum/Proelß (Hrsg.), Völkerrecht, 7. Auflage,
2016, 8. Abschnitt, Rn. 11.

284 "But the Court does not believe that the concept of 'armed attack' includes not
only acts by armed bands where such acts occur on a significant scale but also
assistance to rebels in the form of the provision of weapons or logistical or other
support." Military and Paramilitary Activities in and against Nicaragua,
(Nicaragua v. United States of America), Merits, Judgment, I.C.J. Reports 1986,
para. 195. Siehe dazu in diesem Kapitel II.3.1.1.

schen ihr Leben verloren.[285] Gleiches gilt für den Sudan im Rahmen des versuchten Bombenanschlags auf den ägyptischen Präsidenten Mubarak in Äthiopien[286] und die Taliban[287] in Afghanistan wegen der Zurverfügungstellung von Ausbildungscamps für Terroristen sowie der Nicht-Auslieferung von Osama bin Laden, der nach den Bombenattentaten auf die amerikanischen Botschaften in Kenia und Tansania bereits 1998 als Hauptverdächtiger galt.

Allerdings ist der Begriff „Friedensbedrohung" nicht *per se* gleichzusetzen mit einem bewaffneten Angriff im Sinne des Artikels 51 UN-Charta, also nicht jede Friedensbedrohung stellt eine verbotene Gewaltanwendung oder gar einen das Selbstverteidigungsrecht auslösenden, bewaffneten Angriff dar. Artikel 2 Ziff. 4 UN-Charta und der enger gezogene Begriff des bewaffneten Angriffs mit der Folge der Zulässigkeit der Selbstverteidigung betreffen einen anderen Sachverhalt, nämlich die Zulässigkeit unilateralen Handelns als Ausnahme im System der kollektiven Sicherheit.[288]

Die Feststellung nach Artikel 39 UN-Charta hingegen eröffnet dem Sicherheitsrat als zuständigem Organ (Artikel 24 UN-Charta) den Maßnahmenkatalog des Kapitel VII – und hat seit rund zwanzig Jahren eine erhebliche Ausweitung erfahren. War vormals eher der sogenannte *negative* Friedensbegriff herangezogen worden, wonach Frieden die Abwesenheit von Krieg darstellt, demnach *zwischen*staatliche Gewaltanwendungen als Bruch oder Bedrohung des Friedens angesehen wurden[289], so beurteilt der Sicherheitsrat nunmehr auch schwerwiegende Menschenrechtsverletzungen, also *inner*staatliche Situationen, als Friedensbruch.[290]

---

285   UN Doc. S/RES/748 vom 31. März 1992, siehe auch in diesem Kapitel I.2.3.2.

286   UN Doc. S/RES/1054 vom 26. April 1996.

287   UN Doc. S/RES/1267 vom 15. Oktober 1999, siehe auch 5. Kapitel II.7.

288   *Bothe*, in: Graf Vitzthum/Proelß (Hrsg.), Völkerrecht, 7. Auflage, 2016, 8. Abschnitt, Rn. 19; siehe auch *Dahm/Delbrück/Wolfrum*, Völkerrecht, Bd. I/3, 2. Auflage, 2002, S. 825ff. Siehe dazu in diesem Kapitel II.3.

289   Beispiele hierfür sind: Resolution 502 (1982) im Falkland-Konflikt oder Resolution 598 (1987) betreffend den ersten Golfkrieg zwischen Iran und Irak.

290   Zu der Entwicklungslinie siehe auch *Delbrück*, der in der dritten „Herbert-Krüger-Gedächtnisvorlesung" auf der Jahrestagung 1992 des Arbeitskreises für Überseeische Verfassungsvergleichung forderte, „Frieden nicht nur als politischen Zustand, sondern als eine Rechtsordnung" zu verstehen, in: Staatliche Souveränität und die neue Rolle des Sicherheitsrats der Vereinten Nationen, Verfassung und Recht in Übersee, 1993, S. 6 (21); siehe auch *Kunig*, Das Völkerrecht als Recht der Weltbevölkerung, AVR, Bd. 41, 2003, S. 327 (334); sowie *Kreß*,

Den Anfang nahm diese Entwicklung mit Resolution 688 (1991), mit der der Sicherheitsrat die Unterdrückung insbesondere der kurdischen Bevölkerung im Nordirak durch den Irak als „Bedrohung des Friedens" bezeichnete:

> „*Verurteilt* die in vielen Teilen Iraks, insbesondere auch in allerjüngster Zeit in den kurdischen Siedlungsgebieten, stattfindende Unterdrückung der irakischen Zivilbevölkerung, deren Folgen den Weltfrieden und die internationale Sicherheit in der Region bedrohen"[291]

Allerdings verwies die Resolution in ihrem einleitenden Teil noch auf das Nichteinmischungsprinzip gemäß Artikel 2 Ziff. 7 UN-Charta und betonte den internationalen Bezug durch anhaltende Flüchtlingsströme in die Nachbarstaaten.

In ihrer Erklärung vom 31. Januar 1992 stellten die Mitglieder des Sicherheitsrates, die auf der Ebene der Staatsoberhäupter zusammengekommen waren, jedoch fest:

> "The absence of war and military conflicts amongst States does not in itself ensure international peace and security. The non-military sources of instability in the economic, social, humanitarian and ecological fields have become threats to peace and security."[292]

Ein Jahr später ermächtigte der Sicherheitsrat mit Resolution 794 vom 3. Dezember 1992 unter der Feststellung einer Bedrohung des Friedens die Mitgliedstaaten zur Durchführung eines militärischen Eingriffs *(Operation Restore Hope)* im Angesicht der humanitären Katastrophe in Somalia, also einer rein innerstaatlichen Situation.[293] Es folgten weitere Resolutionen, wie Resolution 955 (1994) betreffend den Völkermord in Ruanda, oder Resolution 1132 (1997) nach dem Militärputsch in Sierra Leone, in denen der Sicherheitsrat in innerstaatlichen Situationen auf die Art und

---

Staat und Individuum in Krieg und Bürgerkrieg – Völkerrecht im Epochenwandel, NJW 1999, S. 3077 (3081).

291 UN Doc. S/RES/688 vom 5. April 1991.

292 Declaration by the President of the Security Council at the close of the Summit Meeting between Heads of State and Government, UN Doc. S/23500 vom 31. Januar 1992.

293 Allerdings verwies die Resolution in ihrem einleitenden Teil auf den *„unique character"* der Situation, die eine sofortige und außergewöhnliche Antwort erfordere. Zuvor hatte der Sicherheitsrat nur die Apartheid in Südafrika wie auch seine Angriffe auf Nachbarstaaten als Bedrohung des Friedens charakterisiert (Resolution 418 [1977], wie auch die Ausrufung der Unabhängigkeit durch das weiße Minderheitenregime in Rhodesien (Resolution 217 [1965]).

Umfang von Menschenrechtsverletzungen abstellte, mithin also dem sogenannten *positiven* Friedensbegriff folgte.

2.3.2 Der Sicherheitsrat und internationaler Terrorismus

Nunmehr betrachtet der Sicherheitsrat auch die Nicht-Auslieferung von
mutmaßlichen Terroristen, wie oben bereits festgestellt, als eine Friedensbedrohung. Eine Analyse der verabschiedeten Resolutionen des Sicherheitsrats in Bezug auf internationalen Terrorismus, ausgehend von dem
Fall Libyen[294], ergibt ein interessantes Bild:

Mit Resolution 731 vom 21. Januar 1992 hatte der Sicherheitsrat das
Attentat auf den Pan Am Flug und die UTA-Maschine verurteilt und Liby-
en zur Zusammenarbeit mit den USA, Frankreich und dem Vereinigten
Königreich aufgefordert. Im einleitenden Teil der Resolution heißt es:

> *„zutiefst beunruhigt* darüber, dass weltweit noch immer Handlungen des inter-
> nationalen Terrorismus in allen seinen Formen vorkommen, insbesondere
> auch solche, in die unmittelbar oder mittelbar Staaten verwickelt sind, und
> dass diese Handlungen unschuldige Menschenleben gefährden oder vernich-
> ten, sich schädlich auf die internationalen Beziehungen auswirken und die Si-
> cherheit der Staaten gefährden,
>
> *zutiefst besorgt* über alle gegen die internationale Zivilluftfahrt gerichteten
> widerrechtlichen Aktivitäten und unter Bekräftigung des Rechts aller Staaten,
> im Einklang mit der Charta der Vereinten Nationen und den einschlägigen
> Grundsätzen des Völkerrechts ihre Staatsangehörigen vor Handlungen des in-
> ternationalen Terrorismus zu schützen, welche Bedrohungen des Weltfriedens
> und der internationalen Sicherheit darstellen [...]"*[295]*

---

294 Die erste Resolution zum Thema Terrorismus verabschiedete der Sicherheitsrat
bereits im Jahr 1970, nach vier kurz aufeinanderfolgenden Flugzeugentführungen
durch palästinensische Gruppierungen. In der Resolution gab der Sicherheitsrat
seiner Besorgnis über die Bedrohung von unschuldigen Passagieren durch die
Entführungen Ausdruck und forderte die Staaten auf, alle möglichen legalen
Schritte zu unternehmen um in Zukunft diese Eingriffe in den internationalen
Flugverkehr zu unterbinden, UN Doc. S/RES/286/1970 vom 9. September 1970.

295 *"Deeply disturbed* by the world-wide persistence of acts of international terrorism in all its forms, including those in which States are directly or indirectly involved, which endanger or take innocent lives, have a deleterious effect on international relations and jeopardize the security of States,
Deeply concerned by all illegal activities directed against international civil avia-
tion, and affirming the right of all States, in accordance with the Charter of the
United Nations and relevant principles of international law, to protect their na-

Hier fallen zwei Aspekte auf: zunächst folgt der Sicherheitsrat dem IGH und der herrschenden Meinung in der Völkerrechtsliteratur nach der zufolge Akte des internationalen Terrorismus unter der direkten oder indirekten Mitwirkung von Staaten begangen werden können. Die Wortwahl „insbesondere auch solche" (*„including those"*, *„includidos aquellos"* [span.], *„compris ceux dans lesquels"* [franz.]) legt aber auch den Umkehrschluß nahe, es gibt auch solche *ohne* eine Beteiligung von Staaten. Zum anderen erkennt er das Recht der Staaten an, sich gegen *jedwede* Form des internationalen Terrorismus durch völkerrechtskonforme Maßnahmen zur Wehr zu setzen. Dieses erscheint insbesondere erheblich in der Debatte um die Zulässigkeit von Maßnahmen gegenüber Privaten, also *non-state actors*.[296]

Die zwei Monate später unter Kapitel VII UN-Charta verabschiedete Resolution 748 vom 31. März 1992 verhängte schließlich Sanktionen gegen Libyen wegen der Nichtauslieferung der mutmaßlichen Terroristen.[297] Im einleitenden Teil verweist der Sicherheitsrat auf das Gewaltverbot in Artikel 2 Ziff. 4 UN-Charta:

> „[...] *erneut erklärend*, dass jeder Staat gemäß dem Grundsatz in Artikel 2 Absatz 4 der Charter der Vereinten Nationen gehalten ist, davon Abstand zu nehmen, in einem anderen Staat terroristische Handlungen zu organisieren, anzustiften, zu unterstützen oder sich daran zu beteiligen beziehungsweise auf seinem Hoheitsgebiet organisierte Aktivitäten zu dulden, die auf die Begehung derartiger Handlungen gerichtet sind, wenn diese Handlungen mit der Androhung oder Anwendung von Gewalt verbunden sind, [...]"[298]

---

tionals from acts of international terrorism that constitute threats to international peace and security. [...]", UN Doc. S/RES/731 (1992) vom 21. Januar 1992.

296 Siehe näher dazu in diesem Kapitel II.3.5.

297 Die Resolution wurde mit 10 Ja-Stimmen und 5 Enthaltungen angenommen. Die sich enthaltenden Staaten begründeten ihre Stimme mit der ihrer Meinung nach zu schnellen Verhängung von Sanktionen sowie dass der Fall vor dem Internationalen Gerichtshof durch die Klage Libyens anhängig war (Libyen rügte die Verletzung des Montrealer Übereinkommens, siehe IGH, Questions of Interpretation and Application of the 1971 Montreal Convention arising from the Aerial Incident at Lockerbie (Libyan Arab Jamahiriya v. United States of America) und Questions of Interpretation and Application of the 1971 Montreal Convention arising from the Aerial Incident at Lockerbie (Libyan Arab Jamahiriya v. United Kingdom)). Vgl. UN Doc. S/PV.3063, 31. März 1992, Kapverde (S. 45 ff.), China (S. 59 ff.), Indien (S. 56 ff.), Marokko (S. 61 ff.) und Simbabwe (S. 50 ff.).

298 "*Reaffirming* that, in accordance with the principle in Article 2, paragraph 4, of the Charter of the United Nations, every State has the duty to refrain from organizing, instigating, assisting or participating in terrorist acts in another State or

Damit zitiert der Sicherheitsrat die *Friendly Relations Declaration* und ordnet die Organisation, Anstiftung, Unterstützung sowie die Duldung von terroristischen Handlungen auf einem Territorium, sofern sie mit der Androhung oder Anwendung von Gewalt verbunden ist, als verbotene Gewaltanwendung im Sinne des Artikels 2 Ziff. 4 UN-Charta ein.[299]

Weiter geht der Sicherheitsrat im Sudan-Fall: im operativen Teil der Resolution forderte er den Sudan nicht nur zur unverzüglichen Auslieferung der drei Verdächtigen auf, sondern verlangte ausdrücklich:

> „(b) es unterlassen, zu terroristischen Aktivitäten Beihilfe zu leisten, diese zu unterstützen und zu erleichtern und terroristischen Elementen Schutz und Zuflucht zu gewähren [...]"[300]

Bei der Abstimmung enthielten sich die Russische Föderation und China. Der russische Vertreter begründete seine Enthaltung mit den Worten:

> "We are absolutely in favour of involving the Security Council in a real – I emphasize "a real" – struggle against international terrorism, but we are against attempts to make use of this in order to punish certain régimes or in order to attain other political goals of one or more Member States."[301]

China hielt die Verhängung von Sanktionen für verfrüht, rügte aber auch den oben zitierten Absatz: "we have reservations about that part [...] that calls upon the Sudan to desist from engaging in activities of assisting, supporting and facilitating terrorist activities. As a Chinese saying goes, *"Listen to all sides and you will be enlightened; otherwise you will be benighted."*[302]

Diese Haltung wiederholte die chinesische Delegation aber nicht mehr im Jahr 1999, als der Sicherheitsrat mit Resolution 1267 am 15. Oktober 1999 Sanktionen gegen die Taliban in Afghanistan beschloß. Neben der

---

acquiescing in organized activities within its territory directed towards the commission of such acts, when such acts involve a threat or use of force", UN Doc. S/RES/748 (1992) vom 31. März 1992.

299 Siehe auch Resolutionen 1189 (1998) vom 13. August 1998 (nach den Anschlägen in Kenia und Tansania) und 1373 (2001) vom 28. September 2001.

300 "Desisting from engaging in activities of assisting, supporting and facilitating terrorist activities and from giving shelter and sanctuary to terrorist elements", UN Doc. S/RES/1054 (1996) vom 26. April 1996, Abstimmungsergebnis: 13:0:2.

301 UN Doc. S/PV.3660, 26. April 1996, S. 15.

302 UN Doc. S/PV.3627, 31. Januar 1996, S. 12, siehe auch UN Doc. S/PV.3660, S. 19.

Auslieferung von Osama bin Laden verlangte der Sicherheitsrat von den Taliban

> *„besteht darauf,* dass die unter der Bezeichnung Taliban bekannte afghanische Gruppierung [...] insbesondere aufhört, internationalen Terroristen und deren Organisationen Zuflucht und Ausbildung zu gewähren, dass sie geeignete wirksame Maßnahmen ergreift, um sicherzustellen, dass das unter ihrer Kontrolle befindliche Gebiet nicht für terroristische Einrichtungen und Lager oder für die Vorbereitung oder Organisation terroristischer Handlungen gegen andere Staaten oder deren Bürger benutzt wird, und dass sie bei den Bemühungen, angeklagte Terroristen vor Gericht zu stellen, kooperiert"[303]

Die Verabschiedung der Resolution wurde von der US-Delegation ausdrücklich begrüßt: "Today the Security Council is sending another strong message to the Taliban: "Your continued harbouring of Usama bin Laden poses a threat to international peace and security."[304]

In den unmittelbar nach dem 11. September 2001 verabschiedeten Resolutionen 1368 (2001) und 1373 (2001) stellt der Sicherheitsrat die Hilfe und Unterstützung von terroristischen Aktivitäten in eine Reihe mit deren Beherbergung oder auch nur Duldung, wobei er wiederum die *Friendly Relations Declaration* zitiert:

> *„fordert* alle Staaten dringend zur Zusammenarbeit auf, um die Täter, Organisatoren und Förderer dieser Terroranschläge vor Gericht zu stellen, und betont, dass diejenigen, die den Tätern, Organisatoren und Förderern dieser Handlungen geholfen, sie unterstützt oder ihnen Unterschlupf gewährt haben, zur Verantwortung gezogen werden"[305]

> *„in Bekräftigung* des von der Generalversammlung in ihrer Erklärung vom 24. Oktober 1970 über Grundsätze des Völkerrechts betreffend freundschaftliche Beziehungen und Zusammenarbeit zwischen den Staaten im Einklang mit der Charta der Vereinten Nationen aufgestellten und vom Sicherheitsrat in

---

303 "cease the provision of sanctuary and training for international terrorists and their organizations, take appropriate effective measures to ensure that the territory under its control is not used for terrorist installations and camps, or for the preparation or organization of terrorist acts against other States or their citizens, and cooperate with efforts to bring indicted terrorists to justice", UN Doc. S/RES/1267 vom 15. Oktober 1999.

304 UN Doc. S/PV.4051, 15. Oktober 1999, S. 3.

305 "*Calls* on all States to work together urgently to bring to justice the perpetrators, organizers and sponsors of these terrorist attacks and stresses that those responsible for aiding, supporting or harbouring the perpetrators, organizers and sponsors of these acts will be held accountable", UN Doc. S/RES/1368 vom 12. September 2001.

seiner Resolution 1189 (1998) vom 13. August 1998 bekräftigten Grundsatzes, dass jeder Staat verpflichtet ist, die Organisierung, Anstiftung oder Unterstützung terroristischer Handlungen in einem anderen Staat oder die Teilnahme daran oder die Duldung organisierter Aktivitäten in seinem eigenen Hoheitsgebiet, die auf die Begehung solcher Handlungen gerichtet sind, zu unterlassen"[306]

2.3.3 Ergebnis

Die Staatenpraxis in Form der analysierten Resolutionen des Sicherheitsrats scheint also inzwischen über den vom IGH im *Nicaragua*-Urteil geforderten „wesentlichen Beitrag" im Sinne des Artikel 3 (g) der Angriffsdefinition hinauszugehen, wenn sogar die Duldung von terroristischen Handlungen oder ihre Beherbergung gleichgesetzt werden mit einer aktiven Unterstützung und damit jedenfalls als verbotene Gewaltanwendung im Sinne des Artikel 2 Ziff. 4 UN-Charta gelten.[307]

Welche Auswirkungen dieses auf den für die Legitimität der Selbstverteidigung maßgeblichen Begriff des „bewaffneten Angriffs" hat, wird im Rahmen des Artikels 51 UN-Charta näher untersucht.[308]

---

306 "*Reaffirming* the principle established by the General Assembly in its declaration of October 1970 (resolution 2625 (XXV)) and reiterated by the Security Council in its resolution 1189 (1998) of 13 August 1998, namely that every State has the duty to refrain from organizing, instigating, assisting or participating in terrorist acts in another State or acquiescing in organized activities within its territory directed towards the commission of such acts", UN Doc. S/RES/1373 vom 28. September 2001.

307 Vgl. auch den nahezu identischen Wortlaut der ersten Resolution der Generalversammlung nach den Terroranschlägen vom 11. September 2001 mit Resolution 1368 des Sicherheitsrats, UN Doc. A/RES/56/1 vom 12. September 2001. Hinsichtlich des Völkerstrafrechts siehe auch *Prosecutor v. Anto Furundzija*, ICTY, Trials Chamber, Judgment, Case No.: IT-95-17/1-T, 10. Dezember 1998, para. 235 ("the Trial Chamber holds that the *actus reus* of aiding and abetting in international criminal law requires practical assistance, encouragement, or moral support which has a substantial effect on the perpetration of the crime.").

308 Siehe dazu in diesem Kapitel II.3.1.1.

3. Das Gewaltverbot im Völkergewohnheitsrecht

Das Gewaltverbot gilt auch im Völkergewohnheitsrecht, dieses ist heute unbestritten.[309] Dies bedeutet, dass alle Staaten dem Gewaltverbot unterliegen, unabhängig davon, ob sie Mitglieder der Vereinten Nationen sind oder nicht.[310] Da ein umfassendes Gewaltverbot vor dem Inkrafttreten der Charta der Vereinten Nationen nicht existierte[311], handelt es sich hierbei um einen Fall, in dem das Völkervertragsrecht (also Artikel 2 Ziffer 4) neues Völkergewohnheitsrecht generiert hat.[312]

So stellte der IGH 1984 in seinem *Nicaragua*-Urteil zur Zulässigkeit der Klage gegen die USA fest:

> "Principles such as those of the non-use of force, non-intervention, respect for the independence and territorial integrity of States, [...], continue to be binding as part of customary law, despite the operation of provisions of conventional law in which they have been incorporated."[313]

Allerdings deutete der IGH auch an, dass das völkervertragliche Gewaltverbot nicht notwendigerweise als identisch mit seiner gewohnheitsrechtlichen Fassung gelten muss:

---

309 *Bruha*, Gewaltverbot, in: Wolfrum (Hrsg.), Handbuch Vereinte Nationen, 2. Auflage, 1991, S. 235; *Bothe*, in: Graf Vitzthum/Proelß (Hrsg.), Völkerrecht, 7. Auflage, 2016, 8. Abschnitt, Rn. 8; *Heintschel von Heinegg* in: Ipsen, Völkerrecht, 6. Auflage, 2014, § 51 Rn. 40; *Herdegen*, Völkerrecht, 16. Auflage, 2017, § 34 Rn. 16; *Dinstein*, War, Aggression and Self-Defence, 5. Auflage, 2012, Rn. 233.

310 *Dinstein*, ibid., Rn. 255. Vgl. auch Artikel 2 Ziffer 6 UN-Charta: „Die Organisation trägt dafür Sorge, dass Staaten, die nicht Mitglieder der Vereinten Nationen sind, insoweit nach diesen Grundsätzen handeln, als dies zur Wahrung des Weltfriedens und der internationalen Sicherheit erforderlich ist.".

311 Vgl. in diesem Kapitel I.1.

312 Dinstein, War, Aggression and Self-Defence, 5. Auflage, 2012, Rn. 255; *D'Amato*, Trashing Customary International Law, AJIL, Vol. 81, No. 1, 1987, S. 101 (104).

313 Military and Paramilitary Activities in and against Nicaragua, (Nicaragua v. United States of America), Jurisdiction and Admissibility, Judgment, I.C.J. Reports 1984, S. 392 (para. 73); Military and Paramilitary Activities in and against Nicaragua, (Nicaragua v. United States of America), Merits, Judgment, I.C.J. Reports 1986, S. 14 (para. 187 ff.). Siehe zu letzterem auch Separate Opinion of President Singh ("the principle of non-use of force belongs to the realm of jus cogens"), ibid., S. 153; Separate Opinion of Judge Sette-Camara ("the non-use of force as well as non-intervention [...] are not only cardinal principles of customary international law but could in addition be recognized as peremptory rules of customary international law"), ibid., S. 199.

"On a number of points, the areas governed by the two sources of law do not exactly overlap, and the substantive rules in which they are framed are not identical in content."[314]

Den genauen Inhalt des völkergewohnheitsrechtlichen Gewaltverbots läßt der IGH allerdings offen, so dass davon auszugehen ist, dass jedenfalls der Kernbereich des Gewaltverbots in beiden Rechtsquellen gilt.[315] Gleichzeitig bleiben damit aber die Konturen des völkergewohnheitsrechtlichen Gewaltverbots mangels Konsenses innerhalb der Staatengemeinschaft unscharf und unterschiedlichen Interpretationen unterworfen, wie die zuvor erwähnten Ansätze zur Relativierung des Gewaltverbots deutlich zeigen.[316] Zwar vermögen diese Ansätze nicht die Geltung von Artikel 2 Ziffer 4 UN-Charta als Völker*vertrags*recht zu verändern, doch wie sieht es mit dem Gewaltverbot in seiner völker*gewohnheits*rechtlichen Geltung aus, wenn, wie ebenfalls bereits dargestellt, das Völkergewohnheitsrecht einem kontinuierlichen Wandel unterworfen ist?[317] Mit *Dinstein* gefragt: "[D]id the process of change in customary international law come to a halt

---

314 Military and Paramilitary Activities in and against Nicaragua, (Nicaragua v. United States of America), Merits, Judgment, I.C.J. Reports 1986, S. 14 (para. 175, 177).
Hintergrund dieser Ausführung des IGH war das Argument der USA, das vertragliche wie das völkergewohnheitsrechtliche Gewaltverbot seien identisch und somit durch Artikel 2 Ziff. 4 UN-Charta inkorporiert, mit der Folge dass aufgrund des eingelegten Vorbehaltes der USA gem. Artikel 36 Absatz 2 IGH-Statut ("disputes arising under a multilateral treaty, unless (1) all parties to the treaty affected by the decision are also parties to the case before the Court or (2) the United States of America specially agrees to jurisdiction", zitiert ibid., para. 42) der Gerichtshof keine Gerichtsbarkeit besäße. Diesem Argument folgte der IGH nicht: "[T]here are no grounds for holding that when customary international law is comprised of rules identical to those of treaty law, the latter 'supervenes' the former, so that the customary international law has no further existence of its own", ibid., para. 177.

315 So der IGH: "The essential consideration is that both the Charter and the customary international law flow from a common fundamental principle outlawing the use of force in international relations." Military and Paramilitary Activities in and against Nicaragua, (Nicaragua v. United States of America), Merits, Judgment, I.C.J. Reports 1986, S. 14 (para. 181). Allerdings bleibt daran zu erinnern, dass auch der genaue Inhalt von Artikel 2 Ziffer 4 UN-Charta auslegungsbedürftig ist, siehe dazu in diesem Kapitel I.2.1.

316 Siehe dazu in diesem Kapitel I.2.1. und *Heintschel von Heinegg* in: Ipsen, Völkerrecht, 6. Auflage, 2014, § 51 Rn. 40 m.w.N.

317 Zum Völkergewohnheitsrecht siehe ausführlich 2. Kapitel. Eine andere Frage bleibt die „dynamische Interpretation" von Artikel 2 Ziffer 4 UN-Charta, siehe

in the post-Charter era?".[318] Die Antwort muss wohl lauten: Nein. Demzufolge ist es zumindest denkbar, dass das gewohnheitsrechtliche Gewaltverbot in der Zukunft Erweiterungen, aber auch Einschränkungen, erfahren kann.[319]

Wie bereits an anderer Stelle dargelegt, betrachtet die überwiegende Meinung das Gewaltverbot zudem als *ius cogens*.[320] Der Charakter einer zwingenden Norm des Völkerrechts kommt nach dieser Ansicht dem Gewaltverbot in Bezug auf beide Rechtsquellen zu, dem Vertragsrecht (Art. 2 Ziff. 4 UN-Charta) und dem Gewohnheitsrecht.[321]

Die völkergewohnheitsrechtliche Geltung des Gewaltverbots ändert sich auch nicht dadurch, dass es in der Staatenpraxis zu zahlreichen Verstößen kam und immer noch kommt: jedenfalls haben die Staaten ihre Gewaltanwendung dann als zulässige Ausnahme zu rechtfertigen versucht, nicht aber die generelle Regel des Gewaltverbots in Frage gestellt.[322] Der IGH führte dazu im *Nicaragua*-Urteil aus:

---

dazu *Gray*, International Law and the Use of Force, 3. Auflage, 2008, S. 8 ff., sowie 2. Kapitel.

318 *Dinstein*, War, Aggression and Self-Defence, 5. Auflage, 2012, Rn. 271.

319 Siehe auch *Heintschel von Heinegg*, in: Ipsen, Völkerrecht, 6. Auflage, 2014, § 51 Rn. 40; *Herdegen* spricht von der „wohl (noch)" herrschenden Meinung hinsichtlich eines umfassenden Gewaltverbots, in: Völkerrecht, 16. Auflage, 2017, § 34 Rn. 19. Während *Dinstein* die Entwicklung einer „Disonanz" zwischen dem Gewaltverbot in seiner vertraglichen und gewohnheitsrechtlichen Geltung als „logisch" sieht, so vermag er allerdings derzeit noch keinen substantiellen Wandel festzustellen, in: War, Aggression and Self-Defence, 5. Auflage, 2012, Rn. 271.

320 Vgl. ILC, Draft Articles on the Law of Treaties with commentaries, Article 50, ILC Yearbook 1966-II, S. 247 ("The Commission pointed out that the law of the Charter concerning the prohibition of the use of force in itself constitutes a conspicuous example of a rule in international law having the character of jus cogens"); siehe auch *Crawford*, Brownlie's Principles of International Public Law, 8. Auflage, 2012, S. 595; *Dahm/Delbrück/Wolfrum*, Völkerrecht, Bd. I/3, 2. Auflage, 2002, S. 822; *Bothe/Martenczuk*, Die NATO und die Vereinten Nationen nach dem Kosovo-Konflikt, VN 1999, S. 125 (129). Dieser Ansicht wird in dieser Arbeit allerdings nicht gefolgt, siehe dazu 2. Kapitel III.

321 *Dinstein*, War, Aggression and Self-Defence, 5. Auflage, 2012, Rn. 295.

322 *Dahm/Delbrück/Wolfrum*, Völkerrecht, Bd. I/3, 2. Auflage, 2002, S. 822; *Bothe* in: Vitzthum, Völkerrecht, 7. Auflage, 2016, 8. Abschnitt, Rn. 8; *Antonopoulos*, Force by Armed Groups as Armed Attack and the Broadening of Self-Defence, NILR, Vol. 55, Issue 02, 2008, S. 159 (160). Dagegen: *Franck*, Who Killed Article 2(4)? or: Changing Norms Governing the Use of Force by States, AJIL, Vol. 64, No. 4, 1970, S. 809 ff.; *Glennon*, How International Rules Die, Geo. L.J., Vol.

"It is not to be expected that in the practice of States the application of the rules in question should have been perfect, in the sense that States should have refrained, with complete consistency, from the use of force or from intervention in each other's internal affairs. The Court does not consider that, for a rule to be established as customary, the corresponding practice must be in absolutely rigorous conformity with the rule. [...]

If a State acts in a way prima facie incompatible with a recognized rule, but defends its conduct by appealing to exceptions or justifications contained within the rule itself, then whether or not the State's conduct is in fact justifiable on that basis, the significance of that attitude is to confirm rather than to weaken the rule."[323]

II. Ausnahmen vom Gewaltverbot

Das allgemeine Gewaltverbot als Grundpfeiler des kollektiven Sicherheitssystems kennt nur wenige Ausnahmen oder, dogmatisch gesehen, Rechtfertigungsgründe.

1. Befugnisse des Sicherheitsrats nach Kapitel VII UN-Charta

Zunächst gehören hierzu die Befugnisse des Sicherheitsrats gemäß Kapitel VII der Satzung, wonach er im Falle einer Aggression, eines Friedensbruches oder einer Bedrohung des Friedens (Artikel 39 UN-Charta), Zwangsmaßnahmen verhängen kann, wozu auch militärische Sanktionen, also die Gewaltanwendung gehören (Artikel 41, 42 UN-Charta).

Da der Sicherheitsrat bislang nicht über die in Artikel 43 UN-Charta vorgesehenen eigenen Truppen verfügt, ist er in der Praxis dazu übergegangen, im Falle militärischer Zwangsmaßnahmen einzelne Mitgliedstaaten oder Gruppen von Mitgliedstaaten zur Gewaltanwendung zu autorisieren, wie zum Beispiel Frankreich mit der *Opération Turquoise* während des Völkermordes in Ruanda 1994 (Resolution 929 vom 22. Juni 1994) oder eine Koalition von Staaten nach der irakischen Besetzung Kuwaits

---

93, 2005, S. 939 (960); *Herdegen*, Asymmetrien in der Staatenwelt und die Herausforderungen des „konstruktiven Völkerrechts", ZaöRV, Bd. 64, 2004, S. 571 (576). Zur Kontroverse um das *ius ad bellum* als sogenanntes „statisches Völkerrecht" siehe ausführlich 9. Kapitel VI.

323 Military and Paramilitary Activities in and against Nicaragua, (Nicaragua v. United States of America), Merits, Judgment, I.C.J. Reports 1986, S. 14 (para. 186).

1990 (Resolution 678 vom 29. November 1990). Die hieran teilnehmenden Staaten sind im Rahmen des in der Resolution erteilten Mandats von der Geltung des Artikels 2 Ziffer 4 UN-Charta befreit.[324]

2. Die Feindstaatenklauseln

Eine weitere Ausnahme von der Geltung des Gewaltverbots findet sich in den sogenannten Feindstaatenklauseln Artikel 53 und 107 UN-Charta. Diese sollten die Handlungsfreiheit der Siegermächte gegenüber den „Feindstaaten"[325] wahren, indem sie Maßnahmen der Siegermächte, die als Folge des Zweiten Weltkrieges gegen einen Feindstaat durchgeführt wurden, von der Geltung der Charta freistellte (Artikel 107 UN-Charta). Gegen die Aufnahme der Angriffspolitik eines Feindstaates erlaubte Artikel 53 Absatz 1 Satz 2 UN-Charta sogar die Durchführung von Zwangsmaßnamen ohne vorherige Ermächtigung durch den Sicherheitsrat.

Allerdings sind mit der Aufnahme der Bundesrepublik Deutschland und der DDR am 18. September 1973 (A/RES/3050 [XXVIII]) alle ehemaligen Feindstaaten heute Mitglieder der Vereinten Nationen und erfüllen damit die Voraussetzung für die Aufnahme des Artikel 4 Absatz 1 UN-Charta, wonach die Staaten „friedliebend" sein müssen. Hieraus folgert die herrschende Völkerrechtslehre, dass die Feindstaatenklauseln damit obsolet und ohne praktische Relevanz seien, zumal eine Sonderstellung der ehemaligen Feindstaaten durch Artikel 53 und 107 eine Diskriminierung und Verstoß gegen die souveräne Gleichheit der Staaten (Artikel 2 Ziffer 1 UN-Charta) darstellen würde.[326]

Die Generalversammlung hat bereits 1995 einen Vorschlag des *Special Committee on the Charter of the United Nations and on the Strengthening of the Role of the Organization* zur Kenntnis genommen, der vorsah, die

---

324 *Kunig*, Das völkerrechtliche Gewaltverbot, Jura 1998, S. 664 (666).

325 Vgl. Artikel 53 Absatz 2 UN-Charta: „Der Ausdruck ‚Feindstaat' in Absatz 1 bezeichnet jeden Staat, der während des Zweiten Weltkriegs Feind eines Unterzeichners dieser Charta war." Dazu gehörten: Bulgarien, Deutschland, Finnland, Italien, Japan, Rumänien, Thailand und Ungarn; *Epping*, in: Ipsen, Völkerrecht, 6. Auflage, 2014, § 6 Rn. 130.

326 *Epping*, in: Ipsen, Völkerrecht, 6. Auflage, 2014, § 6 Rn. 131.

Feindstaatenklauseln in Artikel 53, 77[327] und 107 zu streichen.[328] In dem *2005 World Summit Outcome Document* schließlich erklärte die Generalversammlung ihre Entschlossenheit, im Rahmen eines Chartaänderungsverfahrens auch eine Streichung der Feindstaatenklauseln vorzunehmen.[329]

3. Recht auf Selbstverteidigung

In den folgenden Kapiteln werden zunächst die Grundstrukturen des völkerrechtlichen Selbstverteidigungsrechts in seiner vertraglichen, wie auch völkergewohnheitsrechtlichen Ausprägung dargestellt. Dabei wird von der Rechtsprechung des IGH ausgegangen sowie von den allgemein in der Staatenpraxis und herrschenden Völkerrechtslehre anerkannten Elementen der Selbstverteidigung.

In den anschließenden Kapiteln werden schließlich die bereits vor dem 11. September 2001 bestehenden Streitfragen behandelt.

3.1 Artikel 51 UN-Charta

Das individuelle und kollektive Selbstverteidigungsrecht nach Artikel 51 UN-Charta stellt die dritte Ausnahme vom Gewaltverbot dar.

Artikel 51 UN-Charta

> Diese Charta beeinträchtigt im Falle eines bewaffneten Angriffs gegen ein Mitglied der Vereinten Nationen keineswegs das naturgegebene Recht zur individuellen oder kollektiven Selbstverteidigung, bis der Sicherheitsrat die zur Wahrung des Weltfriedens und der internationalen Sicherheit erforderlichen Maßnahmen getroffen hat. Maßnahmen, die ein Mitglied in Ausübung dieses Selbstverteidigungsrechts trifft, sind dem Sicherheitsrat sofort anzuzeigen; sie berühren in keiner Weise dessen auf dieser Charta beruhende Befugnis und Pflicht, jederzeit die Maßnahmen zu treffen, die er zur Wahrung oder Wiederherstellung des Weltfriedens und der internationalen Sicherheit für erforderlich hält.

---

327 Artikel 77 erstreckt die Geltung des UN-Treuhandsystems auch auf „Hoheitsgebiete, die infolge des Zweiten Weltkriegs von Feindstaaten abgetrennt werden" (Artikel 77 Absatz 1 Nr. b) UN-Charta).

328 UN Doc. A/RES/50/52, 11. Dezember 1995.

329 UN Doc. A/RES/60/1, para. 177, 16. September 2005.

Das Recht auf Selbstverteidigung ist damit nicht in *jedem* Falle von Gewaltanwendung im Sinne des Artikels 2 Ziff. 4 UN-Charta gegeben, sondern nur bei einem „bewaffneten Angriff". Was allerdings genau unter einem „bewaffneten Angriff" zu verstehen ist, ob er nur von einem Staat ausgehen kann oder auch von sogenannten *non-state actors*[330], und ob er bereits stattgefunden haben muss[331] (vgl. die englische Fassung „if an armed attack *occurs*", „est l'objet d'une agression armée" [frz.], „en caso de ataque armado" [span.]), ergibt sich aus dem Wortlaut des Artikel 51 UN-Charta nicht.

3.1.1 Bewaffneter Angriff

Die Entstehungsgeschichte des Artikels 51 UN-Charta bietet keine Auslegungshilfe. Die der *Dumberton Oaks Konferenz* im Jahr 1944 vorliegenden Vorschläge zur Satzung beinhalteten keine ausdrücklichen Formulierungen zum Recht auf Selbstverteidigung, vielmehr wurde davon ausgegangen, dass ein solches Recht, das auch unter der Völkerbundsatzung und dem Pariser Pakt galt, nicht durch die neue Satzung der Vereinten Nationen ausgeschlossen werden sollte.[332] Erst auf der Konferenz in San Francisco (25. April - 26. Juni 1945) entstand ein erster Entwurf auf Druck der lateinamerikanischen Staaten, die die Fortgeltung des kurz zuvor geschlossenen Aktes von *Chapultepec*[333] als regionales Verteidigungsbündnis sicherstellen wollten.

Der Begriff „bewaffneter Angriff" tauchte weder in der Völkerbundsatzung noch im Pariser Pakt auf. Auch in der neuen Satzung der Vereinten Nationen findet sich keine Definition eines „bewaffneten Angriffs". In San Francisco hatte sich das Committee III/3 zunächst mit dem Begriff „Aggression" beschäftigt, und im Endergebnis die Entscheidung darüber dem neu zu bildenden Sicherheitsrat überlassen:

---

330 Siehe dazu in diesem Kapitel II.3.5.
331 Siehe dazu in diesem Kapitel II.3.4.
332 Siehe Foreign Relations of the United States 1944, S. 614 – 713 und die sehr illustrative Darstellung der Entstehung von Artikel 51 UN-Charta in *Alexandrov*, Self-Defense Against the Use of Force in International Law, 1996, S. 77 ff.
333 Resolution VIII: Reciprocal Assistance and American Solidarity, adopted on March 3, 1945, by the Inter-American Conference on Problems of War and Peace, held in the Chapultepec castle in Mexico on February 21 – March 8, 1945, Final Act, signed on March 8, 1945.

"[I]t [...] became clear [...] that a preliminary definition of aggression went beyond the possibilities of this Conference and the purpose of the Charter. The progress of the technique of modern warfare renders very difficult the definition of all cases of aggression. [...] [T]he list of such cases being necessarily incomplete, the Council would have a tendency to consider of less importance the acts not mentioned therein; these omissions would encourage the aggressor to distort the definition or might delay action by the Council. Furthermore, in the other cases listed, automatic action by the Council might bring about a premature application of enforcement measures.

The Committee therefore decided [...] to leave to the Council the entire decision as to what constitutes a threat to peace, a breach of peace, or an act of aggression."[334]

Das Fehlen einer Definition des „bewaffneten Angriffs" in der UN-Charta führt dazu, dass zunächst der Staat, der sein Recht auf Selbstverteidigung in Anspruch nimmt, darüber entscheidet, ob ein Fall des bewaffneten Angriffs vorliegt.[335] Ab dem Zeitpunkt, von dem der Sicherheitsrat Maßnahmen ergreift, um den Frieden wiederherzustellen, geht diese Kompetenz auf den Rat über.[336]

Allerdings sind die Staaten nicht gänzlich frei in ihrer Feststellungskompetenz hinsichtlich des Vorliegens eines das Selbstverteidigungsrecht auslösenden bewaffneten Angriffs. Zwar ist dieser, wie auch der Begriff „Gewalt", noch immer auslegungsbedürftig. Es gibt inzwischen aber völkerrechtliche Dokumente, die als Auslegungshilfe herangezogen werden können, wie die bereits oben erwähnte *Angriffsdefinition* der Generalver-

---

334 Report of the Rapporteur of Committee III/3 to Commission III on Chapter VIII, Section B, UNCIO Documents, Vol. XII, S. 502 (505).

335 Damit liegt allerdings auch die Beweislast bei dem in Selbstverteidigung handelnden Staat. So hatte der IGH im *Oil Platforms*-Fall festgestellt: "the burden of proof of the facts showing the existence of such an attack rests on the United States", Oil Platforms (Islamic Republic of Iran v. United States of America), Merits, Judgment, I.C.J. 2003, S. 161 (para. 57).

336 *Kelsen*, Collective Security and Collective Self-Defense Under the Charter of the United Nations, AJIL, Vol. 42, No. 4,1948, S. 783 (792 f.); *Alexandrov*, Self-Defense Against the Use of Force in International Law, 1996, S. 98, zur Zwei-Phasen-Regel siehe auch in diesem Kapitel II.3.1.4.

sammlung[337], die jedenfalls als eine verbotene Angriffshandlung[338] unter anderem die Bombardierung oder Beschießung des Territoriums eines Staates durch Streitkräfte eines anderen Staates, die militärischen Besetzung des Hoheitsgebietes eines Staates oder die Blockade von Häfen durch fremde Streitkräfte ansieht. In diesen Fällen besteht regelmäßig das Recht auf Selbstverteidigung.

Ausgehend von der Formulierung „gegen ein Mitglied" in Artikel 51 UN-Charta muss sich der bewaffnete Angriff gegen einen anderen Staat richten. Somit löst ein grenzüberschreitender bewaffneter Angriff eines Staates auf das Territorium eines anderen Staates das Selbstverteidigungsrecht aus, aber ebenso auch ein bewaffneter Angriff auf sogenannte geschützte Außenpositionen dieses Staates, wie außerhalb des eigenen Territoriums stationierte Streitkräfte, Botschaften oder sich aufhaltende Staatsorgane.[339]

Wie im Rahmen des Gewaltverbots oben bereits dargestellt, setzt der IGH den Angriff durch Streitkräfte eines Staates Angriffe durch bewaffnete Gruppen oder Söldnern durch oder im Namen eines Staates gleich und verweist auf Artikel 3 Absatz (g) der Angriffsdefinition, wonach

> „das Entsenden bewaffneter Banden, Gruppen, Freischärler oder Söldner durch einen Staat oder in seinem Namen, wenn diese mit Waffengewalt Handlungen gegen einen anderen Staat ausführen, die auf Grund ihrer Schwere den oben aufgeführten Handlungen gleichkommen, oder die wesentliche Beteiligung daran."[340]

---

337 UN Doc. A/RES/3314 (XXIX) vom 14.12.1974, siehe auch in diesem Kapitel 2.1. Military and Paramilitary Activities in and against Nicaragua, (Nicaragua v. United States of America), Merits, Judgment, I.C.J. Reports 1986, S. 14 (para. 195).

338 Der Begriff „bewaffneter Angriff" ist gegenüber der „Angriffshandlung" als enger anzusehen, und ist fallgruppenspezifisch zu betrachten, gleichwohl gibt die Angriffsdefinition Anhaltspunkte für die Auslegung. *Kunig*, Das völkerrechtliche Gewaltverbot, Jura 1998, S. 664 (667).

339 *Heintschel von Heinegg*, in: Ipsen, Völkerrecht, 6. Auflage, 2014, § 52 Rn. 21, 22; *Dinstein*, War, Aggression and Self-Defence, 5. Auflage, 2012, Rn. 560, 566, 568. Anders *Beyerlin*, der einen grenzüberschreitenden Angriff auf das Territorium eines Staates fordert, in: Die israelische Befreiungsaktion von Entebbe in völkerrechtlicher Sicht, ZaöRV 1977, S. 213 (220); dagegen *Schröder*, Die Geiselbefreiung von Entebbe – ein völkerrechtswidriger Akt Israels?, JZ 1977, S. 420 (424). Zu der Frage des Selbstverteidigungsrechts bei Angriffen auf eigene Staats*bürger* im Ausland siehe in diesem Kapitel II.3.6.

340 Military and Paramilitary Activities in and against Nicaragua, (Nicaragua v. United States of America), Merits, Judgment, I.C.J. Reports 1986, S. 14 (para. 195).

Bei der Bestimmung von weiteren Fallgruppen eines „bewaffneten Angriffs" hält der IGH wie auch die herrschende Meinung in der Völkerrechtslehre eine gewisse Intensität für erforderlich. So stellen geringfügige
Grenzzwischenfälle keinen bewaffneten Angriff dar, der das Recht auf
Selbstverteidigung auslöst.[341]

Zur Bestimmung weiterer Fallgruppen von „geringerer" Gewaltausübung *(less grave forms of the use of force)* zieht der IGH die *Friendly Relations Declaration* der Generalversammlung heran, die, wie bereits oben
ausgeführt, völkergewohnheitsrechtlich geltende Prinzipien enthält. Dazu
zählen unter anderem:

> „Die Staaten haben die Pflicht, Vergeltungsmaßnahmen, die mit der Anwen-
> dung von Gewalt verbunden sind, zu unterlassen.
>
> Jeder Staat hat die Pflicht, jede Gewaltmaßnahme zu unterlassen, welche die
> Völker, auf die sich die Erläuterung des Grundsatzes der Gleichberechtigung
> und Selbstbestimmung bezieht, ihres Rechts auf Selbstbestimmung, Freiheit
> und Unabhängigkeit beraubt.
>
> Jeder Staat hat die Pflicht, die Aufstellung oder die Förderung der Aufstellung
> irregulärer Streitkräfte oder bewaffneter Banden, namentlich von Söldnern, zu
> unterlassen, die für Einfälle in das Hoheitsgebiet eines anderen Staates be-
> stimmt sind.
>
> Jeder Staat hat die Pflicht, die Organisierung, Anstiftung oder Unterstützung
> von Bürgerkriegs- oder Terrorhandlungen in einem anderen Staat und die
> Teilnahme daran oder die Duldung organisierter Aktivitäten in seinem Ho-
> heitsgebiet, die auf die Begehung solcher Handlungen gerichtet sind, zu un-
> terlassen, wenn die in diesem Absatz genannten Handlungen die Androhung
> oder Anwendung von Gewalt einschließen."[342]

---

341 Military and Paramilitary Activities in and against Nicaragua, (Nicaragua v. United States of America), Merits, Judgment, I.C.J. Reports 1986, S. 14 (para. 191).
Oil Platforms (Islamic Republic of Iran v. United States of America), Merits,
Judgment, I.C.J. 2003, S. 161 (para. 51). *Kunig*, Das völkerrechtliche Gewaltverbot, Jura 1998, S. 664 (667). Anders: *Fischer*, in: Ipsen, Völkerrecht, 5. Auflage,
2004, § 59 Rn. 28, der zur Vermeidung von „Grauzonen" nicht erfaßter Gewaltanwendungen dem möglichen Mißbrauch des Selbstverteidigungsrechts das Kor-
relat des Unmittelbarkeits- und Verhältnismäßigkeitsprinzips entgegensetzen will,
ähnlich in der Neuauflage *Heintschel von Heinegg* in: Ipsen, Völkerrecht, 6. Auflage, 2014, § 52 Rn. 8. Siehe dazu auch *Herdegen*, der von einer „gestörte[n]
Symmetrie von Gewaltverbot und zulässigen Abwehrmaßnahmen" spricht, in:
Völkerrecht, 16. Auflage, 2017, § 34 Rn. 25.

342 Military and Paramilitary Activities in and against Nicaragua, (Nicaragua v. United States of America), Merits, Judgment, I.C.J. Reports 1986, S. 14 (para. 191);
Declaration on Principles of International Law Concerning Friendly Relations

Der IGH betrachtet also diese genannten Grundsätze als geringere Form von Gewalt und kommt folglich in seinem *Nicaragua*-Urteil zu dem Ergebnis, dass die Unterstützung von bewaffneten Gruppen mit Waffen, Logistik oder anderen Hilfen, zwar eine Bedrohung beziehungsweise Anwendung von Gewalt, oder auch Einmischung in die inneren oder äußeren Angelegenheiten eines Staates darstellen könne, aber nicht die Schwelle zum „bewaffneten Angriff" im Sinne des Artikel 51 UN-Charta überschreite.[343]

3.1.2 Der Verhältnismäßigkeitsgrundsatz

Die in Selbstverteidigung getroffenen Maßnahmen müssen in einem angemessenen Verhältnis zu der Intensität des bewaffneten Angriffs stehen und zur Gegenwehr erforderlich sein (*principles of necessity and proportionality*).[344] Der Verhältnismäßigkeitsgrundsatz wird zwar nicht in Artikel 51 UN-Charta explizit erwähnt, findet aber nach dem IGH, dem die herrschende Meinung folgt, bei der Ausübung der Selbstverteidigung als Bestandteil des Völkergewohnheitsrechts Anwendung.[345]

---

and Co-operation among States in Accordance with the Charter of the United Nations, UN Doc. A/RES/2625 (XXV), 24. Oktober 1970.

343 "But the Court does not believe that the concept of 'armed attack' includes not only acts by armed bands where such acts occur on a significant scale but also assistance to rebels in the form of the provision of weapons or logistical or other support. Such assistance may be regarded as a threat or use of force, or amount to intervention in the internal or external affairs of other States." Military and Paramilitary Activities in and against Nicaragua, (Nicaragua v. United States of America), Merits, Judgment, I.C.J. Reports 1986, S. 14 (para. 195).

344 "[…] self-defence would warrant only measures which are proportional to the armed attack and necessary to respond to it, a rule well established in customary international law." IGH, Military and Paramilitary Activities in and against Nicaragua, (Nicaragua v. United States of America), Merits, Judgment, I.C.J. Reports 1986, S. 14 (para. 176). "[…] This dual condition applies equally to Article 51 of the Charter, whatever the means of force employed." Threat or Use of Nuclear Weapons, Advisory Opinion, I.C.J. Reports 66, 1996, S. 226 (para. 41).

345 Military and Paramilitary Activities in and against Nicaragua, (Nicaragua v. United States of America), Merits, Judgment, I.C.J. Reports 1986, S. 14 (para. 194). "As the Court observed in its decision of 1986 the criteria of necessity and proportionality must be observed if a measure is to be qualified as self-defence." Oil Platforms (Islamic Republic of Iran v. United States of America), Merits, Judgment, I.C.J. 2003, S. 161 (paras. 43, 74). "The submission of the exercise of the

Die Selbstverteidigung muss ferner unmittelbar auf den bewaffneten Angriff erfolgen.[346] In seinem *Nicaragua*-Urteil betrachtet der IGH das Element der Unmittelbarkeit als Bestandteil der Erforderlichkeit, welche er im vorliegenden Falle verneint, da die amerikanische Regierung erst mehrere Monate später Maßnahmen gegen Nicaragua ergriffen hatte.[347] Das Unmittelbarkeitsprinzip schließt allerdings nicht notwendige länger-dauernde Truppenbewegungen aus wie beispielsweise im Falkland-Konflikt zwischen dem Vereinigten Königreich und Argentinien oder vorausgehende Verhandlungen mit dem Aggressor. Nach der Besetzung Kuwaits durch den Irak am 2. August 1990 vergingen fünf Monate, in denen – ergebnislos – Verhandlungen zum Rückzug Iraks geführt wurden, bis zum Beginn der Operation *„Desert Storm"* am 17. Januar 1991. Diese Operation beruhte zwar auf einer Autorisierung des Sicherheitsrats (Resolution 678 [1990] vom 29. November 1990) nach Kapitel VII UN-Charta, ist aber auch als kollektive Selbstverteidigungsmaßnahme von der Staatengemeinschaft anerkannt worden.[348] Der Sicherheitsrat hatte bereits in seiner zweiten Resolution bezüglich der irakischen Invasion das individuelle und

---

right of self-defence to the conditions of necessity and proportionality is a rule of customary international law." Threat or Use of Nuclear Weapons, I.C.J. Reports 66 (1996), Advisory Opinion, S. 226 (para. 41). Siehe auch *Kunig*, Jura 1998, S. 664 (667); *Heintschel von Heinegg*, in: Ipsen, Völkerrecht, 6. Auflage, 2014, § 52 Rn. 29 ff.; *Crawford*, Brownlie's Principles of International Public Law, 8. Auflage, 2012, S. 749; Herdegen, Völkerrecht, 16. Auflage, 2017, § 34 Rn. 30. Zum völkergewohnheitsrechtlichen Selbstverteidigungsrecht siehe unten 3.2.

346 *Heintschel von Heinegg* in: Ipsen, Völkerrecht, 6. Auflage, 2014, § 52 Rn. 34.

347 "On the question of necessity, the Court observes that the United States measures taken in December 1981 [...] cannot be said to correspond to a "necessity" justifying the United States action against Nicaragua on the basis of assistance given by Nicaragua to the armed opposition in El Salvador. First, these measures were only taken, and began to produce their effects, several months after the major offensive of the armed opposition against the Government of El Salvador had been completely repulsed (January 1981), and the actions of the opposition considerably reduced in consequence. [...] Accordingly, it cannot be held that these activities were undertaken in the light of necessity." Military and Paramilitary Activities in and against Nicaragua, (Nicaragua v. United States of America), Merits, Judgment, I.C.J. Reports 1986, S. 14 (para. 237).

348 *Heintschel von Heinegg* in: Ipsen, Völkerrecht, 6. Auflage, 2014, § 52 Rn. 34.

kollektive Selbstverteidigungsrecht nach Artikel 51 UN-Charta bekräftigt.[349]

Der angegriffene Staat muss sich als Opfer eines Angriffs erklären und um Beistand ersuchen, insbesondere gibt es dem IGH zufolge auch im Völkergewohnheitsrecht kein Recht, wonach dritte Staaten ein kollektives Selbstverteidigungsrecht aufgrund ihrer eigenen Bewertung und ohne Beistandsersuchen des angegriffenen Staates ausüben dürfen.[350]

3.1.3 Benachrichtigung des Sicherheitsrats

Artikel 51 UN-Charta sieht ferner die Benachrichtigung des Sicherheitsrats vor, dieses wird allerdings als Obliegenheit verstanden und bewirkt bei ihrem Fehlen nicht die Völkerrechtswidrigkeit der Selbstverteidigung, wie auch schon der Wortlaut des Artikel 51 UN-Charta zeigt.[351]

Ein mangelnder Bericht kann allerdings nach dem IGH ein Indiz darstellen, ob der betreffende Staat seine Handlung selbst als Selbstverteidigung ansieht.[352] Diese Feststellung des IGH im *Nicaragua*-Urteil haben denn auch in der Praxis die Berichte an den Sicherheitsrat seitdem stark ansteigen lassen.[353]

---

349 "Affirming the inherent right of individual or collective self-defence, in response to the armed attack by Iraq against Kuwait, in accordance with Article 51 of the Charter", UN Doc. S/RES/661 vom 6. August 1990.

350 Military and Paramilitary Activities in and against Nicaragua, (Nicaragua v. United States of America), Merits, Judgment, I.C.J. Reports 1986, S. 14 (para. 195).

351 *Dinstein*, War, Aggression and Self-Defense, 2012, Rn. 638.

352 Military and Paramilitary Activities in and against Nicaragua, (Nicaragua v. United States of America), Merits, Judgment, I.C.J. Reports 1986, S. 14 (para. 200). Allerdings bezog sich der IGH in dieser Entscheidung auf das Völkergewohnheitsrecht, das die Berichtspflicht nach Artikel 51 UN-Charta nicht beinhalte (siehe auch ibid., para. 235). Daraus ist verschiedentlich gefolgert worden, der IGH halte die Berichtspflicht nach Artikel 51 UN-Charta für eine *conditio sine qua non* für die rechtmäßige Ausübung der Selbstverteidigung unter der UN-Charta, siehe *Reichler/Wippman*, United States Armed Intervention in Nicaragua: A Rejoinder, Yale J. Int'l L., Vol. 11, 1985-86, S. 462 (471). Dazu aber hat der IGH sich nicht geäußert, jedenfalls sah er die Berichtspflicht im Völkergewohnheitsrecht *nicht* als Bedingung für die Rechtmäßigkeit an, sondern nur als einen von mehreren Faktoren (para. 200).

353 Siehe dazu Repertoire of the Practice of the Security Council zu Artikel 51, *Gray* sieht sogar eine Tendenz zum "over-reporting", in: International Law and the Use of Force, 3. Auflage, 2008, S. 123.

3.1.4 Umfang und Dauer der Selbstverteidigung

Der Akt der Selbstverteidigung kann in zwei Phasen unterschieden werden: in der ersten Phase liegt es an dem angegriffenen Staat zu entscheiden, ob der Angriff Selbstverteidigungsmaßnahmen erfordert und welche konkreten Schritte zu unternehmen sind.[354] In der zweiten Phase übernimmt ein hierzu autorisiertes internationales Gremium, nach der UN-Charta der Sicherheitsrat[355] (Artikel 24 Abs. 1 iVm Artikel 51 UN-Charta), die Prüfung der Geschehnisse und deren völkerrechtliche Einordnung.[356] Das absolute Gewaltverbot verbunden mit der Ausnahme der Selbstverteidigung gebietet diese Unterteilung, verbliebe nämlich die Entscheidung über die Rechtmäßigkeit bei dem angegriffenen Staat, wäre er sozusagen Richter in eigener Sache und könnte jeden bewaffneten Angriff als Selbstverteidigung rechtfertigen. Umgekehrt sorgt das Selbstverteidigungsrecht für eine schnelle Reaktionsmöglichkeit des angegriffenen Staates ohne dass er darauf verwiesen wäre, auf eine internationale Entscheidungsinstanz zu warten.

Die Zwei-Phasen-Regel *(Dinstein)* entspricht der Auffassung des *Internationalen Militärgerichtshofs* in seinem Urteil zu den Hauptkriegsverbrechern des Dritten Reichs im Jahr 1946:

> „Es wurde weiter behauptet, dass auf Grund der von vielen der Signatarmächte zur Zeit der Abschließung des Briand-Kellogg-Paktes gemachten Vorbehalte Deutschland allein entscheiden konnte, ob Vorbeugungsmaßnahmen notwendig waren, und dass seine Auffassung bei der Fällung dieser Entscheidung maßgebend war. Ob jedoch die Maßnahmen, die unter dem Vorwand der Selbstverteidigung unternommen wurden, tatsächlich Angriffs- oder Verteidigungsmaßnahmen waren, muss letzten Endes einer Nachprüfung und einem

---

354 *Dinstein*, War, Aggression and Self-Defence, 2012, Rn. 620.

355 Aus dem *Nicaragua*-Urteil des IGH ergibt sich, dass auch der IGH als Rechtsprechungsorgan der Vereinten Nationen die Rechtmäßigkeit von Maßnahmen im Rahmen des Artikels 51 beurteilen kann, somit besteht keine ausschließliche Zuständigkeit des Sicherheitsrats, wie die USA argumentiert hatten, siehe Military and Paramilitary Activities in and against Nicaragua, (Nicaragua v. United States of America), Jurisdiction and Admissibility, Judgment, I.C.J. Reports 1984, S. 392 (para. 91-93).

356 *Dinstein*, War, Aggression and Self-Defence, 2012, Rn. 620, *Rostow*, The Gulf Crisis in International and Foreign Relations Law, Continued: Until What? Enforcement Action or Collective Self-Defense?, AJIL, Vol. 85, No. 3, 1991, S. 506 (510); *Greig*, Self-Defence and the Security Council: What does Article 51 Require?, ICLQ, Vol. 40, No. 2, 1991, S. 366 (392).

Urteilsspruch unterliegen, wenn das Völkerrecht überhaupt je zur Geltung gebracht werden soll."[357]

Auch der *Internationale Militärgerichtshof für den Fernen Osten* führte in seinem Urteil vom 4. November 1948 aus:

"The right of self-defense involves the right of the State threatened with impending attack to judge for itself in the first instance whether it is justified in resorting to force. Under the most liberal interpretation of the Kellogg-Briand Pact, the right of self-defense does not confer upon the State resorting to war the authority to make a final determination upon the justification for its action. Any other interpretation would nullify the Pact; and this Tribunal does not believe that the Powers in concluding the Pact intended to make an empty gesture."[358]

Ein Selbstverteidigung ausübender Staat ist in der Wahl seiner Mittel, aber auch hinsichtlich der Dauer seiner Selbstverteidigungshandlung durch völkerrechtliche und völkergewohnheitsrechtliche Regeln gebunden. Die Frage nach dem Ende des Rechts auf Selbstverteidigung hängt zum einen von der Auslegung der sogenannten „solange"-Klausel in Artikel 51 UN-Charta ab, wie aber auch von dem oben bereits genannten Verhältnismäßigkeitsprinzip.

Artikel 51 UN-Charta sieht eine Begrenzung in temporärer Hinsicht für die Ausübung des Selbstverteidigungsrechts vor, nämlich solange „bis der Sicherheitsrat die zur Wahrung des Weltfriedens und der internationalen Sicherheit erforderlichen Maßnahmen getroffen hat". Es gilt als anerkannt, dass der Sicherheitsrat auf der Grundlage von Kapitel VII einen Waffenstillstand beschließen kann, an den sich alle Konfliktparteien halten müssen, auch der sein Selbstverteidigungsrecht ausübende angegriffene Staat.[359] Als Beispiel hierfür gilt Resolution 1701[360] des Sicherheitsrats, die Israels Selbstverteidigungsrecht gegen Hisbollah-Stellungen im Südlibanon im Sommer 2006 in drei Phasen außer Kraft setzte: zunächst sollte die Hisbollah alle Angriffe auf Israel einstellen, unmittelbar gefolgt von der israelischen Beendigung aller offensiven Militäroperationen. Nach der vollständigen Einstellung der Feindseligkeiten sollte die libanesische Re-

---

357 Der Prozeß gegen die Hauptkriegsverbrecher vor dem Internationalen Gerichtshof Nürnberg. Nürnberg 1947, Bd. 1, S. 231.
358 International Military Tribunal for the Far East, Judgment of 4 November 1948, S. 47.
359 *Greenwood*, Self-Defense, MPEPIL, April 2011, Rn. 33.
360 UN Doc. S/RES/1701 (2006) vom 11. August 2006.

gierung und die UN-Peacekeeping Operation UNIFIL ihre Truppen im Südlibanon stationieren, sowie Israel im Zuge dieser Stationierung seine Truppen aus dem Gebiet abziehen.[361]

Umstritten ist allerdings, ob das Selbstverteidigungsrecht bereits dann endet, sobald der Sicherheitsrat mit der Situation befaßt ist, oder was unter „erforderliche Maßnahmen" zu verstehen ist. Daran schließt sich die Frage an, wem obliegt die Feststellung dieser „erforderlichen Maßnahmen", die zum Erlöschen des Selbstverteidigungsrechts führen – dem angegriffenen Staat, dem Sicherheitsrat oder der Völkergemeinschaft?

Hinsichtlich der zweiten aufgeworfenen Frage, wem die Entscheidung über die Feststellung von „erforderlichen Maßnahmen" obliegt, besteht Einigkeit. Zwar stellt Artikel 51 UN-Charta erst in seinem zweiten Satz fest, dass der Sicherheitsrat die Befugnis und Pflicht hat, „jederzeit die Maßnahmen zu treffen, die er zur Wahrung oder Wiederherstellung des Weltfriedens und der internationalen Sicherheit *für erforderlich hält*". Diese Einschätzungsprerogative des Sicherheitsrats muss sich jedoch aus dem Sinnzusammenhang aber auch auf den ersten Satz beziehen, denn im System der kollektiven Sicherheit ist es der Sicherheitsrat, dem die Sicherung des Friedens obliegt und der demzufolge die Entscheidungsmacht über notwendige Maßnahmen trägt, und eben nicht einzelne Staaten oder die Völkergemeinschaft im Ganzen.[362]

Vereinzelt haben einige Staaten argumentiert, das Selbstverteidigungsrecht würde durch die Befassung des Sicherheitsrats aufgehoben. So erklärte Argentinien im Falkland-Konflikt mit dem Vereinigten Königreich nach der Verabschiedung der Resolution 502 vom 3. April 1982, in der der Sicherheitsrat einen Bruch des Friedens in der Region festgestellt und beide Parteien zur sofortigen Einstellung der Kampfhandlungen aufgefordert hatte:

> "It is known that, under Article 51 of the Charter of the United Nations, unilateral actions must cease when the Security Council has already taken measures. There is a legal obligation to suspend self defence once the Council 'has taken measures necessary to maintain international peace and security'.

---

361 Vgl. hierzu auch *Ruys,* 'Armed Attack' and Article 51 of the UN Charter, 2010, S. 75.

362 *Kelsen*, Collective Security and Collective Self-Defense Under the Charter of the United Nations, AJIL, Vol. 42, No. 3, 1948, S. 783 (793); *Alexandrov*, Self-Defense Against the Use of Force in International Law, 1996, S. 105.

The determination of whether such measures have been effective must be reached objectively and cannot be left to the arbitrary judgment of the Government of the United Kingdom itself."[363]

Auch der Irak teilte diese Ansicht in dem Konflikt um die Besetzung Kuwaits im Jahr 1990, in deren Folge der Sicherheitsrat bereits mehrere Resolutionen verabschiedet hatte:

"The right of self-defence is authorized until such time as the Security Council has taken measures. Since all these resolutions were adopted by the Council in accordance with Chapter VII, and the Council decided to remain seized of the situation until the conflict is resolved, no state – neither the United States nor any other – has the right to use force."[364]

In der völkerrechtlichen Literatur wird dieser Auffassung bisweilen gefolgt mit der Begründung, der Sicherheitsrat sei das zur Wahrung des Friedens und der Sicherheit zuständige Organ, gleichzeitig postuliere die Charta in Artikel 2 Ziff. 4 UN-Charta das absolute Gewaltverbot, woraus eine äußerst restriktive Zulassung von Ausübung von Gewalt im Rahmen der Selbstverteidigung folge.[365]

Der Gegenmeinung zufolge genügt die Befassung des Sicherheitsrats nicht für ein Erlöschen des Selbstverteidigungsrechts, selbst wenn der Rat

---

363 Argentinien, UN Doc. S/PV.2360, 21. Mai 1982, para. 55. Das Vereinigte Königreich hielt Resolution 502 für ungenügend ("Resolution 502 (1982) has proved insufficient to bring about withdrawal. Nothing could be clearer against that background than that the United Kingdom is fully entitled to take measures in exercise of its inherent right of self defence, recognized by Article 51 of the Charter. If the Charter were otherwise, it would be a licence for the aggressor and a trap for the victim of aggression."), UN Doc. S/PV.2360, 21. Mai 1982, para. 111.

364 Statement of the Representative of Iraq, UN Doc. S/PV.2951 vom 29. Oktober 1990, S. 16. Vgl. auch "[…] the use of force [under self-defence] is limited to the period until the Security Council is seized of the matter", S/PV.2963, 29. November 1990, S. 19-20; sowie Algerien anläßlich des US-Angriffs auf Libyen nach dem La Belle Attentat: "[Article 51] of the Charter provides for the suspension of such a right while the Security Council is seized of the situation", UN Doc. S/PV.2676, 16. April 1986, S. 5.

365 So *Chayes*: "If states use armed force under the self-defense rubric of Article 51, their individual activities are subsumed by, or incorporated into, the global police response once it is activated.", in: The Use of Force in the Persian Gulf, in: Law and Force in the New International Order, S. 3 (5-6), Damrosch/Scheffer (Herausg), 1991; *Franck/Patel*, Police Action in Lieu of War: The Old Order Changeth, AJIL, Vol 85, No. 1, 1991, S. 63 (64).

Maßnahmen unter Kapitel VII beschlossen habe.[366] Zwar wäre eine Resolution des Sicherheitsrats, in der er den Aggressor zur Einstellung der Feindseligkeiten und Rückzug auffordere, sicherlich als eine „erforderliche Maßnahme" zu betrachten – dem angegriffenen Staat aber das Recht zur Selbstverteidigung zu verwehren, wenn der Aggressor aber dieser Forderung nicht nachkomme, wäre schlichtweg „absurd"[367]. Diese Meinung verlangt von den getroffenen Maßnahmen, dass sie adäquat und geeignet sind, den internationalen Frieden und Sicherheit tatsächlich wiederherzustellen.[368]Als Beispiel hierfür wird Resolution 660 vom 2. August 1990 genannt, in der der Irak zum unverzüglichen Rückzug aus Kuwait aufgefordert wurde, welches aber nicht gleichzeitig das Selbstverteidigungsrecht Kuwaits und seiner Verbündeter aushebelte, sollte der Irak dieser Forderung nicht nachkommen. Vielmehr verwies der Sicherheitsrat in seiner folgenden Resolution 661 vom 6. August 1990 ausdrücklich auf das Selbstverteidigungsrecht als *„inherent right"* und in Übereinstimmung mit Artikel 51 UN-Charta, und verhängte gleichzeitig nach Kapitel VII Sanktionen gegen den Irak.[369]

Die Dauer des Selbstverteidigungsrechts wird auch durch den völkergewohnheitsrechtlich geltenden Verhältnismäßigkeitsgrundsatz bestimmt. Da die in Selbstverteidigung getroffenen Maßnahmen in einem angemessenen Verhältnis zu der Intensität des bewaffneten Angriffs stehen und zur Gegenwehr erforderlich sein müssen[370], kann sich hieraus auch gleichsam eine Beschränkung für die Dauer der Ausübung ergeben.

---

366 *Dinstein*, War, Aggression and Self-Defence, 2012, Rn. 632; *Greenwood*, Self-Defense, MPEPIL, April 2011, Rn. 33; *Rostow*, The Gulf Crisis in International and Foreign Relations Law, Continued: Until What? Enforcement Action or Collective Self-Defense?, AJIL, Vol. 85, No. 3, 1991, S. 506 (510).

367 *Schachter*, United Nations Law in the Gulf Conflict, AJIL, Vol. 85, No. 3, 1991, S. 452 (458).

368 *Kelsen*, The Law of the United Nations, S. 800; *Dinstein*, War, Aggression and Self-Defence, 2012, Rn. 632; *Alexandrov*, Self-Defense Against the Use of Force in International Law, 1996, S. 104; *Shah,* Self-defence, Anticipatory Self-defence and Pre-emption: International Law's Response to Terrorism, JCSL, Vol. 12, No. 1, 2007, S. 95 (122).

369 *Schachter*, United Nations Law in the Gulf Conflict, AJIL, Vol. 85, No. 3, 1991, S. 452 (458 f.).

370 IGH, Military and Paramilitary Activities in and against Nicaragua, (Nicaragua v. United States of America), Merits, Judgment, I.C.J. Reports 1986, S. 14 (para. 176); Threat or Use of Nuclear Weapons, Advisory Opinion, I.C.J. Reports 66, 1996, S. 226 (para. 41); *Crawford*, Brownlie's Principles of International Public

Ist der bewaffnete Angriff beendet oder erreicht der angegriffene Staat das Ziel seiner legitimen Selbstverteidigungsmaßnahmen, etwa indem sich die gegnerischen Streitkräfte endgültig auf eigenes Staatsgebiet zurückgezogen haben, so endet auch sein Recht auf Selbstverteidigung, umgekehrt gilt es solange fort, wie die Angriffshandlungen andauern und somit weitere Maßnahmen in Selbstverteidigung erforderlich machen.[371] Als Beispiel wird der Einmarsch der israelischen Armee in den Libanon 1982 genannt, der angesichts der vom Gebiet des Libanon ausgehenden, kontinuierlichen Angriffe der PLO auf Galilea zunächst als rechtmäßige Selbstverteidigung zu bewerten sei, aber mit dem israelischen Angriff auf Beirut und den damit verbundenen Schäden und Opferzahlen unverhältnismäßig gewesen sei und das Selbstverteidigungsrecht damit zum Erlöschen gebracht habe.[372]

3.1.5 Notwendigkeit eines Verteidigungswillens

Ein interessanter Vorstoß in der jüngeren Literatur will neben diesen objektiven Kriterien, die Artikel 51 UN-Charta bereitstellt, auch ein subjektives Element, den „Verteidigungswillen", als inhärente Voraussetzung der Selbstverteidigung berücksichtigen.[373] Zu diesem Befund gelangt diese Ansicht durch die Untersuchung der Elemente der Selbstverteidigung in den nationalen Gesetzesvorschriften verschiedener Rechtssysteme, mit dem Ergebnis der dortigen Anerkennung eines Selbstverteidigungswillens

---

Law, 8. Auflage, 2012, S. 749. Zurm Verhältnismäßigkeitsgrundsatz siehe in diesem Kapitel II.3.1.2.

371 Siehe *Cannizzaro* ("This means that self-defence is not an open-ended instrument, but only has the aim of repelling armed attacks and provisionally guaranteeing the security of states."), in: Contextualizing proportionality: jus ad bellum and jus in bello in the Lebanese war, International Review of the Red Cross, Vol. 88, No. 864, 2006, S. 779 (782). Siehe auch *Heintschel von Heinegg* in: Ipsen, Völkerrecht, 6. Auflage, 2014, § 52 Rn. 34; *Greig*, Self-Defence and the Security Council: What does Article 51 Require?, ICLQ, Vol 40, No. 2, 1991, S. 366 (393); *Gray*, International Law and the Use of Force, 3. Auflage, 2008, S. 150; *Herdegen*, Völkerrecht, 16. Auflage, 2017, § 34 Rn. 30; *Ronzitti*, The Expanding Law of Self-Defence, JCSL, Vol. 11, Issue 3, 2006, S. 343 (352).

372 *Greig*, Self-Defence and the Security Council: What does Article 51 Require?, ICLQ, Vol 40, No. 2, 1991, S. 366 (393).

373 Vgl. dazu *Pintore*, Der Verteidigungswille: Eine noch unerforschte inhärente Voraussetzung des Selbstverteidigungsrechts?, VRÜ 2013, S. 60 ff.

und einer daraus resultierenden Einordnung dieses subjektiven Elements als allgemein anerkannten Rechtsgrundsatz.

Gemäß Artikel 38 Abs. 1 lit. c des Statuts des Internationalen Gerichtshofs gelten allgemeine Rechtsgrundsätze, neben dem Völkervertragsrecht und dem Völkergewohnheitsrecht sowie subsidiär auch richterliche Entscheidungen und Lehrmeinungen, als Quellen des Völkerrechts, womit auf diesem Wege der Verteidigungswille auch bei der Auslegung der völkerrechtlichen Norm des Artikel 51 UN-Charta Anwendung finden müsse.[374]

So nachvollziehbar dieser Ansatz in seiner Logik auch sein mag, so ist allerdings festzustellen – wie auch selbst konstatiert wird –, dass ein solcher Verteidigungswille bisher in der völkerrechtlichen Rechtsprechung oder der Lehre „weder ausdrücklich noch systematisch behandelt wurde"[375]. Schließlich könnte auch der rein objektiv orientierte Ansatz von Artikel 51 UN-Charta vorzugswürdig sein, zumal der „Wille" eines Staates sich nur schwer extrahieren läßt und somit großen Unwägbarkeiten unterworfen ist und Zweifelsfragen auch im Rahmen der (objektiven) Verhältnismäßigkeitsprüfung berücksichtigt werden können.

3.2 Das Selbstverteidigungsrecht im Völkergewohnheitsrecht

Neben seiner Geltung im Völkervertragsrecht, nämlich Artikel 51 UN-Charta, gilt das Selbstverteidigungsrecht auch im Völkergewohnheitsrecht. Diese Geltung existiert *neben* der vertraglichen Geltung, wird also nicht von ihr konsumiert.[376] Der IGH stellte grundsätzlich zu dieser Parallelität bereits in seinem *Nicaragua*-Urteil zur Zulässigkeit der Klage gegen die USA fest:

> "The fact that the above-mentioned principles, recognized as such, have been codified or embodied in multilateral conventions does not mean that they cease to exist and to apply as principles of customary law, even as regards countries that are parties to such conventions. Principles such as those of the non-use of force, non-intervention, respect for the independence and territor-

---

374 Ibid., S. 60 (69).
375 Ibid., S. 60 (68).
376 *Schachter*, International Law: The Right of States to Use Armed Force, Mich. L Rev., Vol. 82, 1984, S. 1620 (1634); *Henderson*, The Obama Doctrine of 'Necessary Force', JCSL, Vol. 15, No. 3, 2010, S. 403 (407); *Crawford*, Brownlie's Principles of International Public Law, 8. Auflage, 2012, S. 748; Herdegen, Völkerrecht, 16. Auflage, 2017, § 34 Rn. 28.

ial integrity of States, [...], continue to be binding as part of customary law, despite the operation of provisions of conventional law in which they have been incorporated."[377]

Hinsichtlich des völkergewohnheitsrechtlichen Selbstverteidigungsrechts weist der IGH auf den Wortlaut des Artikel 51 UN-Charta bezüglich des „naturgegebene[n] Rechts zur individuellen oder kollektiven Selbstverteidigung" („droit naturel" [frz.], „derecho inmanente" [span.]) hin, das nur dann Sinn mache, wenn es ein naturgegebenes Recht auf Selbstverteidigung auch tatsächlich gebe, und dieses könne nur im Völkergewohnheitsrecht existieren.[378] Während aber die UN-Charta selbst ein „naturgegebenes", also völkergewohnheitsrechtliches, Recht auf Selbstverteidigung anerkennt, so regelt sie nicht in allen Einzelheiten den konkreten Inhalt dieses Rechts: weder, wie oben bereits ausgeführt, findet sich eine Definition des „bewaffneten Angriffs", noch gibt es Hinweise auf die zulässigen Maßnahmen, die im Völkergewohnheitsrecht unter den Gesichtspunkten der Proportionalität und Angemessenheit beurteilt werden.[379] Folglich, so der IGH, hat das Selbstverteidigungsrecht einen unterschiedlichen Inhalt im Völkergewohnheitsrecht und besteht neben dem Vertragsrecht fort.

"It cannot therefore be held that Article 51 is a provision which 'subsumes and supervenes' customary international law. It rather demonstrates that in the field in question, the importance of which for the present dispute need hardly be stressed, customary international law continues to exist alongside treaty law. The areas governed by the two sources of law thus do not overlap exactly, and the rules do not have the same content."[380]

Darüber hinaus zieht der IGH in seinem *Nicaragua*-Urteil das Verhalten der Staaten bezüglich bestimmter Resolutionen der UN-Generalversammlung heran, insbesondere hinsichtlich der *Friendly Relations Declarati-*

---

377 Military and Paramilitary Activities in and against Nicaragua, (Nicaragua v. United States of America), Jurisdiction and Admissibility, Judgment, I.C.J. Reports 1984, S. 392 (para. 73).

378 Military and Paramilitary Activities in and against Nicaragua, (Nicaragua v. United States of America), Merits, Judgment, I.C.J. Reports 1986, S. 14 (para. 176).

379 Ibid.

380 I.C.J. Reports 1984, ibid. Gleiches müsse aber auch im Falle der Identität einer Norm in beiden Rechtsquellen gelten, Military and Paramilitary Activities in and against Nicaragua, (Nicaragua v. United States of America), Merits, Judgment, I.C.J. Reports 1986, S. 14 (para 177).

on.[381] Die Erklärung beinhaltet verschiedene Grundsätze, darunter – wie oben bereits dargestellt – auch das Gewaltverbot:

> „Jeder Staat hat die Pflicht, in seinen internationalen Beziehungen jede gegen die territoriale Unversehrtheit oder die politische Unabhängigkeit eines Staates gerichtete oder sonst mit den Zielen der Vereinten Nationen unvereinbare Androhung oder Anwendung von Gewalt zu unterlassen. Eine solche Androhung oder Anwendung von Gewalt stellt eine Verletzung des Völkerrechts und der Charta der Vereinten Nationen dar und darf niemals als Mittel zur Regelung internationaler Fragen angewandt werden."[382]

Als Ausnahme hiervon sieht die Erklärung vor:

> „Die vorstehenden Absätze sind nicht so auszulegen, als erweiterten oder beschränkten sie in irgendeiner Weise den Geltungsbereich der Bestimmungen der Charta über Fälle, in denen die Anwendung von Gewalt rechtmäßig ist."[383]

Dem IGH zufolge manifestiert sich in der Verabschiedung der Erklärung die *opinio juris* der Staaten in der Generalversammlung, bestimmte Prinzipien, wie das Gewaltverbot, aber auch das individuelle und kollektive Selbstverteidigungsrecht als Ausnahme vom Gewaltverbot, als im Völkergewohnheitsrecht geltend anzuerkennen.[384]

Unbestritten ist ferner, dass das Verhältnismäßigkeitsprinzip im völkergewohnheitsrechtlichen Selbstverteidigungsrecht enthalten ist und mangels Erwähnung in Artikel 51 UN-Charta auch in dessen Rahmen anzuwenden ist.[385] Der IGH führte hierzu im *Nicaragua*-Urteil aus:

> "[The Charter] does not contain any specific rule whereby self-defence would warrant only measures which are proportional to the armed attack and necessary to respond to it, a rule well established in customary international law."[386]

---

381 Military and Paramilitary Activities in and against Nicaragua, (Nicaragua v. United States of America), Merits, Judgment, I.C.J. Reports 1986, S. 14 (para. 188).

382 Resolution der Generalversammlung 2625 (XXV) vom 24. Oktober 1970.

383 Ibid.

384 "This resolution demonstrates that the States represented in the General Assembly regard the exception to the prohibition of force constituted by the right of individual or collective self-defence as already a matter of customary international law." Military and Paramilitary Activities in and against Nicaragua, (Nicaragua v. United States of America), Merits, Judgment, I.C.J. Reports 1986, S. 14 (para. 193).

385 *Heintschel von Heinegg* in: Ipsen, Völkerrecht, § 52 Rn. 30, m.w.N.

386 Military and Paramilitary Activities in and against Nicaragua, (Nicaragua v. United States of America), Merits, Judgment, I.C.J. Reports 1986, S. 14 (para. 176).

Während also Konsens darüber herrscht, dass das Selbstverteidigungsrecht auch im Völkergewohnheitsrecht neben Artikel 51 UN-Charta fort gilt, so besteht über den konkreten Inhalt des völkergewohnheitsrechtlichen Selbstverteidigungsrechts Streit: gewährt es weiterreichende Befugnisse als Artikel 51 UN-Charta oder ist es als kongruent mit diesem anzusehen?[387] Angesichts der Auslegungsbedürftigkeit einzelner Tatbestandsmerkmale, wie insbesondere der „bewaffnete Angriff" zeigt, stellt sich zudem die Frage: Welche Auswirkungen hatte dann die Interpretation und Anwendung der Norm in der Praxis der Staaten als Adressaten in den letzten 70 Jahren nach Inkrafttreten der UN-Charta?[388]

Siehe auch Legality of the Threat or Use of Force of Nuclear Weapons, Advisory Opinion, 8. Juli 1996, I.C.J. Reports 1996, S. 226 (para. 41).

387 Kongruent: *Jessup* ("This restriction in Article 51 very definitely narrows the freedom of action which states had under traditional law."), in: A Moden Law of Nations, 1948, S. 166; *Wright* ("It appears that the Charter intended to limit the traditional right of defense by states to actual armed attack"), in: The Cuban Quarantine. AJIL, Vol. 57, No. 3, 1963, S. 546 (560); Nicht identisch: *Bowett* ("the travaux preparatoires [...] suggest only that the article should safeguard the right of self-defence, not restrict it"), in: Self-Defence in International Law, S. 188; *McDougal* ("There is not the slightest evidence that the framers of the United Nations Charter, by inserting one provision which expressly reserves a right of self-defense, had the intent of imposing by this provision new limitations upon the traditional right of states."), in: The Soviet-Cuban Quarantine and Self-Defense, AJIL, Vol. 57, No. 3, 1963, S. 597 (599); *Yoo* ("Instead, Article 51 merely partially expressed a right that exists independent of the UN Charter."), International Law and the War in Iraq, AJIL, Vol. 97, No. 3, 2003, S. 563 (571); *Rivkin* ("The notion that the Charter somehow vitiated centuries-old norms of customary international law, which expressly authorized anticipatory self-defense, borders on the ridiculous."), in: The Virtues of Preemptive Deterrence, Harv. J.L. & Pub. Pol'y, Vol. 29, Issue 1, 2005, S. 85 (100); vorsichtiger *Schachter* ("In my view it is not clear that article 51 was intended to eliminate the customary law right of self-defense and it should not be given that effect. But we should avoid interpreting the customary law as if it broadly authorized preemptive strikes and anticipatory defense in response to threats."), in: International Law: The Right of States to Use Armed Force, Mich. L Rev., Vol. 82, 1984, S. 1620 (1634).

388 Vgl. *Gazzini:* "[T]he rules on the use of force cannot be construed on the basis of postulates established through the inclusion of these rules in the Charter and their reiteration in subsequent documents. Rather, it has to be determined through the analysis of the practice regarding the interpretation and application of these norms by the subjects to which these are addressed.", in: The Rules on the Use of Force at the Beginning of the XXI Century, JCSL, Vol. 11, No. 3, 2006, S. 319 (321). *Henderson* vertritt die Ansicht, dass sich eine geänderte Staatenpraxis auf

So wird bereits seit längerer Zeit kontrovers diskutiert, ob ein völkergewohnheitsrechtliches Recht auf Selbstverteidigung bei der Rettung eigener
Staatsangehöriger im Ausland gelte. Der *Entebbe*-Fall aus dem Jahr 1976
gilt als klassisches Beispiel dieser Fallgruppe.[389]

Dieser Streit wird auch in den Fragen relevant, denen sich vorliegende
Arbeit widmet, nämlich ob das Selbstverteidigungsrecht, zumindest nach
seiner völkergewohnheitsrechtlichen Geltung, auch präventiv oder sogar
präemptiv eingesetzt werden kann, oder ob und wie sich Selbstverteidi-

---

beide Rechtsquellen auswirken muss: "Nevertheless, due to the fact that there has
now been over 60 years of state practice subsequent to the introduction of the UN
Charter and because the addresses of the Charter and those of customary international law almost completely coincide, there has been a 'certain degree of unifor-
mity and coherence in their respective development'. As such, any modifications
to the right of self-defence, or changes in the context of its application, are likely
to have an impact upon the interpretation and modification of both sources of the
right." in: The Obama Doctrine of 'Necessary Force', JCSL, Vol. 15, No. 3,
2010, S. 403 (407). Dem ist vor dem Hintergrund der dynamischen Vertragsauslegung (siehe dazu auch 2. Kapitel) zuzustimmen.

389 Eine weitere streitige Fallgruppe stellt die Intervention zugunsten *fremder* Staatsangehöriger bei systematischen und schwerwiegenden Menschenrechtsverletzungen als kollektive Selbstverteidigung dar, die unter der Überschrift „Humanitäre
Intervention" diskutiert wird. Ausgehend vom Kosovo-Fall lehnt die herrschende
Meinung eine solche Ausdehnung des Selbstverteidigungsrechts ab und verweist
auf die Befugnisse des Sicherheitsrats (der allerdings im Kosovo-Fall blockiert
war). Siehe dazu *Kunig*, Intervention, Probition of, in: MPEPIL, 2008, Rn. 39;
Dahm/Delbrück/Wolfrum, Völkerrecht, Bd. I/3, S. 825 ff.; *Kreß*, Staat und Individuum in Krieg und Bürgerkrieg – Völkerrecht im Epochenwandel, NJW 1999,
3077 ff.; *Murphy*, Protean Jus Ad Bellum, Berkeley J. Int'l Law, Vol. 27, Issue 1,
2009, S. 22 (32 ff.); *Bothe/Martenczuk*, Die NATO und die Vereinten Nationen
nach dem Kosovo-Konflikt, VN, Heft 47, 1999, S. 125 ff., m.w.N. Eng damit verbunden ist die Entwicklung des Konzepts der Schutzverantwortung *(Responsibility to Protect)*, siehe dazu *International Commission on Intervention and State
Sovereignty* (ICISS), The Responsibility to Protect, 2001, http://responsibilitytopr
otect.org/ICISS%20Report.pdf; *High-Level Panel on Threats, Challenges and
Change*, A More Secure World: Our Shared Responsibility, UN Doc. A/59/565,
2. Dezember 2004, para. 203; *World Summit Outcome Document*, UN Doc.
A/RES/60/1 vom 16. September 2005, *Simon*, 'Has Recent State Practice transformed the Law on the Use of Force?', State Practice and International Law Journal, Vol. 1 No. 1, 2014, S. 161 ff.; *Schaller*, Die völkerrechtliche Dimension der
'Responsibility to Protect', SWP-Aktuell 46, Juni 2008; *Stahn*, Responsibility to
Protect: Political Rhetoric or Emerging Legal Norm?, AJIL, Vol. 101, No. 1,
2007, S. 99 ff., m.w.N. Siehe dazu auch 9. Kapitel V.

gung auch gegen *non-state actors* wenden kann, besonders in Fällen des internationalen Terrorismus ohne belegbare Verwicklung eines Staates.

Diese Problemkonstellationen werden in den folgenden Kapiteln näher untersucht.

Die wohl herrschende Meinung in der Völkerrechtsliteratur jedenfalls sieht das gewohnheitsrechtliche Selbstverteidigungsrecht als identisch mit dem Selbstverteidigungsrecht des Artikels 51 UN-Charta an und lehnt eine Ausdehnung des Selbstverteidigungsrechts in den gerade genannten Fällen ab.[390] Es würde andernfalls zu einer unverhältnismäßigen Verschiebung der Befugnisse im kollektiven Sicherheitssystem, dem die Vereinten Nationen zugrunde liegen, zugunsten der einzelnen Mitgliedstaaten führen und damit zu einer wesentlichen Beschneidung der Kompetenzen des Sicherheitsrates. Dieses würde nicht nur der Systematik und Entstehungsgeschichte der Charta widersprechen, sondern auch dem Sinn und Zweck des gesamten Systems der kollektiven Sicherheit, in dem es ja gerade gelten soll, das einzelstaatliche Gewaltmonopol in den internationalen Beziehungen zu begrenzen.

3.3 Zwischenergebnis

Wenn das Selbstverteidigungsrecht auch im Völkergewohnheitsrecht gilt, wovon hier mit der herrschenden Meinung ausgegangen wird, so ist es auch der Dynamik dieser Rechtsquelle unterworfen, welches bedeutet, dass es sich im Zuge der Zeit und Staatenpraxis ändern und insofern auch einen anderen Inhalt als das vertragliche Selbstverteidigungsrecht annehmen kann. Ebenfalls aber kann auch das vertragliche Selbstverteidigungsrecht im Wege einer dynamischen Vertragsauslegung Änderungen unterworfen sein.

Allerdings wird hier ebenso vertreten, dass das gewohnheitsrechtliche Selbstverteidigungsrecht einen nicht komplett deckungsgleichen Inhalt

---

390 Vgl. *Ago*: "[I]t would be hard to believe that there can be any difference whatsoever in content between the notion of self-defence in general international law and the notion of self-defence endorsed in the Charter." in: Addendum to the 8th Report on State Responsibility, Yearbook of the ILC, 1980, Vol. II (1), UN Doc. A/CN.4/318/Add.5-7, para. 108; *Fischer*, in: Ipsen, Völkerrecht, 5. Auflage, 2004, § 59 Rn. 43; *Bothe/Martenczuk*, Die NATO und die Vereinten Nationen nach dem Kosovo-Konflikt, VN 1999, S. 125 (130). Dagegen: *D'Amato*, Trashing Customary International Law, AJIL, Vol. 81, No. 1, 1987, S. 101 (104).

wie das vertragliche Recht hat, dieses ergibt sich bereits aus dem oben genannten völkergewohnheitsrechtlich geltenden Verhältnismäßigkeitsprinzip, das in Artikel 51 UN-Charta keine Erwähnung findet, aber dennoch
nach der herrschenden Meinung in Judikatur und Literatur unzweifelhaft
auch im Rahmen von Artikel 51 gilt.

Entscheidend allerdings bleibt, dass der Inhalt des gewohnheitsrechtlichen Selbstverteidigungsrechts mit den Zielen und Grundsätzen der UN-
Charta als vereinbar gelten muss.[391]

3.4 Präventive Selbstverteidigung

Schon vor der Veröffentlichung der *Bush*-Doktrin 2002 war die Frage, ob
Artikel 51 UN-Charta, hilfsweise das gewohnheitsrechtliche Selbstverteidigungsrecht, auch die sogenannte präventive Selbstverteidigung beinhaltet, höchst umstritten. Die präventive oder antizipatorische Selbstverteidigung wird dabei als eine bewaffnete Handlung verstanden, um einen *unmittelbar bevorstehenden* Angriff abzuwehren.

Der Meinungsstreit beginnt mit dem englischen Wortlaut von Artikel 51
UN-Charta, der das naturgegebene Recht auf Selbstverteidigung dann anerkennt, wenn „an armed attack *occurs*" („est l'objet d'une agression
armée"[frz.], „en caso de ataque armado" [span.]). Ist damit Artikel 51 so
zu verstehen, dass der bewaffnete Angriff bereits stattgefunden haben
muss (also gelesen als „*after* an armed attack *has occurred*"), bevor
Selbstverteidigungsmaßnahmen ergriffen werden können? Dieses würde
bedeuten, dass ein Staat sozusagen sehenden Auges oder auch wie eine
„lame duck" einen Angriff erst abwarten müßte, auch wenn sich das Bedrohungspotential bereits zuvor manifestiert hat.

Die Befürworter eines präventiven Selbstverteidigungsrechts halten den
Wortlaut des Artikels 51 insofern für offen, als er nach ihrer Ansicht eben
nicht vorsieht, dass nur im Falle eines bewaffneten Angriffs *(„only if")*
das Selbstverteidigungsrecht gelten solle.[392] Es wäre unzumutbar, wenn
von Staaten verlangt würde, eine aufgrund der heutigen Waffentechnologie bereits beim ersten Angriff erfolgende mögliche Zerstörung hinzuneh-

---

391 *Schröder* spricht insofern von einem „rezipierten" Recht, siehe: *Schröder*, Die
  Geiselbefreiung von Entebbe – ein völkerrechtswidriger Akt Israels?, JZ 1977,
  S. 420 (426).
392 *Bowett*, Self-Defence in International Law, 1958, S. 188.

men und nur reaktiv darauf antworten zu können.[393] Somit müßten bei einer unmittelbaren Bedrohung auch der Grad der Bedrohung und die Wahrscheinlichkeit ihres Eintretens berücksichtigt werden.[394]

Zudem sei die antizipative Selbstverteidigung bereits seit dem 19. Jahrhundert im Völkergewohnheitsrecht anerkannt, wie der *Caroline*-Fall aus dem Jahre 1837 zeigt. Die *Caroline* war ein amerikanischer Dampfer, den kanadische Rebellen in ihrem Kampf gegen die britischen Herrscher benutzten, um Mannschaften und Waffen zu transportieren. Am 29. Dezember 1837 überfielen britische Truppen das in einem amerikanischen Hafen liegende Schiff, setzten es in Brand, und ließen es die Niagara-Fälle hinabstürzen, zwei Menschen starben.[395] Die amerikanische Regierung protestierte gegen die Verletzung ihrer territorialen Souveränität durch den britischen Überfall. Die britische Regierung hingegen sah den Überfall als Akt der Selbstverteidigung gegenüber Piraterie.

In dem folgenden Notenwechsel zwischen den beiden Parteien führte der United States Secretary of State *Daniel Webster* aus, dass die von den Briten behauptete Selbstverteidigung nur anerkannt werden könnte, wenn die *"necessity of self-defence instant, overwhelming, leaving no choice of means and no moment for deliberation"* gewesen wäre.[396]

Diese Voraussetzungen, so der US Secretary of State schon im Jahr 1842, seien Bestandteil des Völkergewohnheitsrechts, und gelten für Befürworter jedenfalls heute als sogenannte *"Webster*-Formel" als Ursprung eines Rechts auf präventive oder antizipative Selbstverteidigung, zumindest in den Fällen, in denen ein bewaffneter Angriff unmittelbar drohe.[397] Schließlich habe der Internationale Militärgerichtshof in seinem Nürnber-

---

393 *Schwebel*, Aggression, Intervention, and Self-Defense in Modern International Law, in: Justice in International Law, 1994, S. 529 (581); *Bowett*, Self-Defence in International Law, S. 191; *Rivkin/Casey/DeLaquil*, War, International Law, and Sovereignty: Reevaluating the Rules of the Game in a New Century: Preemption and Law in the Twenty-First Century, Chi. J. Int'l L., Vol. 5, 2005, S. 467 (477); *McDougal*, The Soviet-Cuban Quarantine and Self-Defense, AJIL, Vol. 57, No. 3, 1963, S. 597 (598); *Heintschel von Heinegg* in: Ipsen, Völkerrecht, 6. Auflage, 2014, § 52 Rn. 15; *Herdegen*, Völkerrecht, 16. Auflage, 2017, § 34 Rn. 29.

394 *Glennon*, The Emerging Use-of-Force Paradigm, JCSL, 11:3, 2006, S. 309 (312).

395 *Greenwood*, Caroline, The, MPEPIL, Rn. 1, April 2009.

396 Letter by Dan Webster to Lord Ashburton, 27. Juli 1842, abgedruckt in: The Avalon Project – British-American Diplomacy, http://avalon.law.yale.edu/19th_century/br-1842d.asp.

397 *Greenwood*, "However, a threatened State, according to long established international law, can take military action as long as the threatened attack is imminent,

ger-Urteil aus dem Jahr 1946 die Argumentation der Verteidigung hinsichtlich des deutschen Überfalls auf Dänemark und Norwegen als Akt der Selbstverteidigung ausdrücklich unter Zitierung der *Webster*-Formel verworfen.[398] Auch das Internationale Militärtribunal für den Fernen Osten habe in seinem Urteil gegen Japan 1948 dieses Recht anerkannt, als es feststellte, dass die Niederlande, in Kenntnis eines bevorstehenden Angriffs durch Japan, in Selbstverteidigung gehandelt habe als es am 8. Dezember 1941 Japan gegenüber den Krieg erklärte.[399]

Ein Recht aber, das vor dem Inkrafttreten der UN-Charta im Völkerrecht galt, existiere neben der Charta fort, es sei denn es verstoße gegen Verpflichtungen aus dieser Charta.[400] Auch habe das für die Fassung von Artikel 2 Ziff. 4 UN-Charta verantwortliche Komitee auf der Konferenz von San Francisco eindeutig festgestellt, dass der „Gebrauch von Waffen in Ausübung von rechtmäßiger Selbstverteidigung zulässig und unbeeinträchtigt" bleibe, welches auf ein damals bereits bestehendes, nämlich völkergewohnheitsrechtliches Selbstverteidigungsrecht hindeute.[401]

Die Gegenmeinung verweist auf den Wortlaut von Artikel 51 und seine Entstehungsgeschichte, wonach die Anwendung von Gewalt außerhalb

---

no other means would deflect it and the action is proportionate.", in: Caroline, The, MPEPIL, Rn. 5, 7, April 2009. Siehe auch High Level Panel on Threats, Challenges and Change, UN Doc. A/59/565, 2. Dezember 2004, para. 188. Dagegen: *Gray*, International Law and the Use of Force, 3. Auflage, 2008, S. 165.

398 "It must be remembered that preventive action in foreign territory is justified only in case of 'an instant and overwhelming necessity for self-defense leaving no choice of means, and no moment of deliberation.' (The Caroline Case, Moore's Digest of International Law, II, 412)". International Military Tribunal (Nuremberg), Judgment and Sentences, 1. Oktober 1946, The Invasion of Denmark and Norway.

399 "The fact that the Netherlands, being fully apprised of the imminence of the attack, in self defence declared war against Japan on 8th December and thus officially recognized the existence of a state of war which had been begun by Japan cannot change that war from a war of aggression on the part of Japan into something other than that." Judgment of the International Military Tribunal for the Far East, S. 994-995.

400 *Schachter*, International Law: The Right of States to Use Armed Force, Mich. L. Rev., Vol. 82, 1984, S. 1620 (1634); *Yoo*, International Law and the War in Iraq, AJIL, Vol. 97, No. 3, 2003, S. 563 (571); *Rivkin*, The Virtues of Preemptive Deterrence, Harv. J.L. & Pub. Pol'y, Vol. 29, Issue 1, 2005, S. 85 (100).

401 Report of the Rapporteur of Committee I/1 to Commission I, UNCIO Documents, Vol. XI, S. 459; *Schachter*, International Law: The Right of States to Use Armed Force, Mich. L. Rev., Vol. 82, 1984, S. 1620 (1634).

des kollektiven Sicherheitssystems der Vereinten Nationen nur in streng geregelten Fällen mehr möglich sein sollte und damit Artikel 51 UN-Charta eng auszulegen sei.[402] Demzufolge sieht diese Meinung Artikel 51 UN-Charta auch als abschließende Regelung an, die keinen Raum für ein weitergehendes völkergewohnheitsrechtliches Recht auf Selbst-verteidigung läßt.[403]

Wieder andere wollen das Recht auf Selbstverteidigung auch auf Fälle ausdehnen, in denen ein bewaffneter Angriff nicht unmittelbar droht, aber wahrscheinlich oder sogar unvermeidbar ist, damit also ein präemptives Recht auf Selbstverteidigung befürworten.[404] Soweit es sich um die „Abwehr existentieller Bedrohungen" handelt, wie das „plausibel belegbare Risiko" des Einsatzes von Massenvernichtungswaffen durch ein „unberechenbares Regime oder eine internationale Terroristenorganisation", will diese Meinung das Recht auf Selbstverteidigung bis weit in das „Vorfeld eines unmittelbar bevorstehenden Angriffs" ausdehnen.[405] In diesem Zusammenhang weist *Greenwood* in seinem Kommentar zum *Caroline*-Fall darauf hin, dass die britischen Rechtsbeamten in ihrem Bericht an die Regierung vom 25. März 1839 die Begründung für die Versenkung der *Caro-*

---

402 *Kelsen*, Collective Security and Collective Self-Defense Under the Charter of the United Nations, AJIL Vol. 42, No. 4, 1948, S. 783 (785, 791); *Jessup*, A Modern Law of Nations, 1948, S. 166; *Dinstein*, War, Aggression and Self-Defence, 5. Auflage, 2012, Rn. 520 ff.; *Gray*, International Law and the Use of Force, 3. Auflage, 2008, S. 118.

403 *Henkin*, How Nations Behave, 1979, S. 141; *Crawford*, Brownlie's Principles of Public International Law, 2012, S. 751 ("reference to the period 1838-42 as the critical date for the customary law [...] is anachronistic and indefensible"); siehe auch *Heintschel von Heinegg*, in: Ipsen, Völkerrecht, 6. Auflage, 2014, § 52 Rn. 17.

404 "Preventive [gemeint ist hier "preemptive" wie in dieser Arbeit eingangs dargelegt] war is defined as an attack launchend on the belief that the threat of an attack, while not imminent, is *inevitable*, and that delaying such action would involve great risk and higher costs of war*", Odhiambo, Onkware*, et al., Kenya's Pre-emptive and Preventive Incursion Against Al-Shabaab in the Light of International Law, JoDRM, Vol. 3, Issue 1 (4), 2012, S. 27 (29), Hervorheb. durch Verf.

405 So *Herdegen*, Asymmetrien in der Staatenwelt und die Herausforderungen des „konstruktiven Völkerrechts", ZaöRV, Bd. 64, 2004, S. 571 (573). Methodisch stützt sich *Herdegen* auf eine teleologische Reduktion des Gewaltverbots oder die dynamische Auslegung des „naturgegebenden Rechts" auf Selbstverteidigung, ibid.

line nicht in den vorangegangenen wiederholten Angriffen auf britisches Gebiet sahen, sondern

> "the grounds on which we consider the conduct of the British Authorities to have been justified is that it was absolutely necessary as a *measure of precaution for the future* and not as a measure of retaliation for the past. What had been done previously is only important as affording irresistible evidence of what would occur afterwards."[406]

Diese Meinung legt den Begriff der Unmittelbarkeit („imminence") nicht rein temporal aus, sondern zieht unter Verweis auf das Urteil des IGH im *Gabčíkovo-Nagymaros Projekt*-Fall aus dem Jahr 1997 weitere Kriterien heran.[407] Hierzu gehören die Wahrscheinlichkeit des Eintritts der Bedrohungslage, die Art und das Ausmaß des drohenden Schadens, das Vorliegen einer Gelegenheit („window of opportunity") zu einem proportionalen militärischen Einsatz sowie die Erschöpfung aller Alternativen zu dem Einsatz von Gewalt und die Vereinbarkeit mit den Zielen und Grundsätzen

---

406 Zitiert in *Greenwood,* Caroline, The, MPEPIL, Rn. 8, April 2009. Hervorheb. durch Verf. Siehe auch *Sofaer,* der ausführlich darlegt, dass beide Staaten, die USA wie auch Großbritannien, ein Recht auf präemptive Selbstverteidigung anerkannten, sofern es die Umstände als notwendig erschienen liessen, damit beruhte der Streit vielmehr darauf, ob die USA fähig und willig waren, die von seinem Gebiet ausgehende Bedrohung zu unterbinden (welches die USA behaupteten, und daher den britischen Angriff als „unnecessary" beurteilten) oder nicht, in: On the Necessity of Pre-emption, EJIL, Volume 14, No. 2, 2003, S. 209 (216); *Herdegen* hält den *Caroline*-Fall als ein „Paradigma einseitiger Prävention gegen Gewaltakte nichtstaatlicher Organisationen", in: Asymmetrien in der Staatenwelt und die Herausforderungen des "konstruktiven Völkerrechts", ZaöRV, Bd. 64, 2004, S. 571 (574). Anders allerdings *Dinstein,* der in dem britischen Angriff *"nothing anticipatory"* sieht, denn die *Caroline* war bereits vorher zum Transport der Rebellen und Material genutzt worden; in: War, Aggression and Self-Defence, 5. Auflage, 2012, Rn. 522.

407 Im *Gabčíkovo-Nagymaros Projekt*-Fall ging es allerdings um die Unmittelbarkeit als Kriterium im Rahmen des Notstands („state of necessity"). In Anlehnung an den ILC-Entwurf zur Staatenverantwortlichkeit (Artikel 33) führte der IGH zu dem Kriterium eines *„grave and imminent peril"* für ein essentielles Interesse des Staates als Voraussetzung für die Geltendmachung eines völkerrechtlichen Notstandes aus: "The word 'peril' certainly evokes the idea of 'risk'; that is precisely what distinguishes 'peril' from material damage. But a state of necessity could not exist without a 'peril' duly established at the relevant point in time; the mere apprehension of a possible 'peril' could not suffice in that respect. [...] 'Imminence' is synonymous with 'immediacy' or 'proximity' and goes far beyond the concept of 'possibility'." Gabčíkovo-Nagymaros Project, (Hungary v. Slovakia), Merits, Judgment, I.C.J. Reports 1997, S. 7 (paras. 52, 54).

der Charta der Vereinten Nationen und anderen relevanten völkerrechtlichen Verträgen.[408]

Einen vermittelnden Ansatz verfolgt *Dinstein*, der die Konzepte von „präventiver", „präemptiver" oder „antizipativer" Selbstverteidigung verwirft und stattdessen eine „interzeptive" Selbstverteidigung für zulässig hält.[409] Anstelle auf der „Aktion" der Selbstverteidigung zu fokussieren, legt *Dinstein* den Schwerpunkt der Betrachtung auf die „Reaktion", die dann zulässige Selbstverteidigung sei, wenn sich der bewaffnete Angriff in maßgeblicher Weise manifestiert habe:

> "The crux of the issue, therefore, is not who fired the first shot but who embarked upon an apparently irreversible course of action, thereby crossing the legal Rubicon. The casting of the die, rather than the actual opening of fire, is what starts the armed attack."[410]

Eine klärende Stellungnahme des IGH exisitiert für die Zeit vor dem 11. September 2001 nicht: In seinem *Nicaragua*-Urteil sah der IGH keinen Anlaß, zur präventiven Selbstverteidigung Stellung zu nehmen, da beide Parteien, die USA und Nicaragua, auf einen bereits stattgefundenen Angriff rekurrierten.[411]

---

408   *Yoo*, International Law and the War in Iraq, AJIL, Vol. 97, No. 3, 2003, S. 563 (572, 575); *ders.*, Using Force, U. Chi. L. Rev., Vol. 71, No. 3, 2004, S. 729 (775); *Delahunty/Yoo*, The "Bush Doctrine": Can Preventive War Be Justified?, Harv. J.L. & Pub. Pol'y, Vol. 32, 2009, S. 843 (862 ff.); *Sofaer*, On the Necessity of Pre-emption, EJIL, Vol. 14, No. 2, 2003, S. 209 (220).

409   *Dinstein*, War, Aggression and Self-Defence, 5. Auflage, 2012, para. 538.

410   *Dinstein*, ibid., para. 541, 538, 542; zur Unterstützung zieht *Dinstein* auch *Waldock* heran: "Where there is convincing evidence not merely of threats and potential danger but of an attack being actually mounted, then an armed attack may be said to have begun to occur, though it has not passed the frontier.", in: The Regulation of the Use of Force by Individual States in International Law, Recueil des Cours, Vol. 81, 1952, S. 451 (498); unterstützend *Heintschel von Heinegg* in: Ipsen, Völkerrecht, 6. Auflage, 2014, § 52 Rn. 20.

411   "[…] reliance is placed by the Parties only on the right of self-defence in the case of an armed attack which has already occurred, and the issue of the lawfulness of a response to the imminent threat of armed attack has not been raised. Accordingly the Court expresses no view on that issue." Military and Paramilitary Activities in and against Nicaragua, (Nicaragua v. United States of America), Merits, Judgment, I.C.J. Reports 1986, S. 14 (para. 194).

3.5 Selbstverteidigung gegen Non-State Actors

Problematisch und in ihrer Bedeutung für das Selbstverteidigungsrecht noch nicht abschließend geklärt sind Gewaltanwendungen und Angriffe von privaten Akteuren, sogenannte *„non-state actors"*, denn im Unterschied zu den Staaten kommt Individuen regelmäßig keine Völkerrechtssubjektivität zu. Zwar spricht Artikel 51 UN-Charta seinem Wortlaut nach nicht ausdrücklich von einem bewaffneten Angriff *durch einen Staat*, aufgrund der Entstehungsgeschichte und Inhalt der UN-Satzung (insbesondere Artikel 2 Ziffer 4) als Regelung der Beziehungen von Staaten nimmt die herkömmliche Meinung jedoch an, dass es sich auch bei dem bewaffneten Angriff in Artikel 51 UN-Charta um einen Angriff *eines anderen Staates* handeln müsse.[412]

Durch die völkerrechtlichen Zurechnungsregeln[413] kann jedoch auch ein Angriff von *non-state actors* einem Staat zurechenbar sein.[414]

Eine Gegenmeinung sieht allerdings genau in dem Fehlen eines Bezuges auf einen *Angriff eines anderen Staates* in Artikel 51 UN-Charta den Beleg dafür, dass *generell* auch bewaffnete Angriffe von *non-state actors* unter Artikel 51 UN-Charta fallen.[415] Einem solchen Befund stehe auch

---

412 *Kelsen*, Collective Security and Collective Self-Defense Under the Charter of the United Nations, AJIL, Vol. 42, No. 4, 1948, S. 783 (791); *Kunz*, Individual and Collective Self-Defence in Article 51 of the Charter of the United Nations, AJIL, Vol. 41, 1947, S. 872 (878); *Garwood-Gowers*, Self-Defence against Terrorism in the Post-9/11 World, QUTLJJ, Vol. 4, No. 2, 2004, S. 1 (5); *Schachter*, International Law in Theory and Practice, 1991, S. 165.

413 Vgl. in diesem Kapitel I.2.2.

414 *Kunz*, Individual and Collective Self-Defence in Article 51 of the Charter of the United Nations, AJIL, Vol. 41, 1947, S. 872 (878); *Ruys/Verhoeven*, Attacks by Private Actors and the Right of Self-Defence, JCSL, Vol. 10, No.3, 2005, S. 289 (290); *Henderson*, The Obama Doctrine of 'Necessary Force', JCSL, Vol. 15, No. 3, 2010, S. 403 (422); Vgl. auch *Bothe*, der private Gewalt, soweit sie nicht einem Staat zurechenbar sei, auch nicht vom Gewaltverbot erfasst sieht, in: Graf Vitzthum/Proelß (Hrsg.), Völkerrecht, 7. Auflage, 2016, 8. Abschnitt, Rn. 11.

415 "there is no a priori reason why the term should be so confined", *Greenwood*, International Law and the 'War on Terrorism', International Affairs, Vol. 78, No. 2, 2002, S. 301 (307); *Paust*, Use of Armed Force against Terrorists in Afghanistan, Iraq and Beyond, University of Houston Law Center, Public Law and Legal Theory Series No. 2011-A-2, 2002, S. 533 (534); *Wedgwood*, Responding to Terrorism: The Strikes Against bin Laden, Yale J. Int'l L., Vol. 24, 1999, S. 559 (564); *Weiner*, The Use of Force and Contemporary Security Threats: Old Medicine for New Ills?, Stan. L. Rev., Vol. 59, Issue 2, 2006, S. 415 (430); *Herdegen*, Völker-

nicht die Entstehungsgeschichte der UN-Charta als zwischenstaatlicher Vertrag entgegen, denn die Wiener Vertragsrechtskonvention[416] sehe ausdrücklich vor, dass völkerrechtliche Verträge auch im Lichte „jede[r] spätere[n] Übung bei der Anwendung des Vertrags, aus der die Übereinstimmung der Vertragsparteien über seine Auslegung hervorgeht" (Artikel 31 Abs. 3 b) WVK) auszulegen seien.[417]

Zur Begründung wird auch der oben zitierte *Caroline*-Fall aus dem Jahr 1837 angeführt.[418] Die Angriffe auf das damalige britische Hoheitsgebiet waren von kanadischen Rebellen ausgegangen, die von amerikanischem Hoheitsgebiet aus operierten. Damit stellten die Rebellen also *non-state actors* dar. Die durch diese Rebellen begangenen Angriffe waren nie Gegenstand der Kontroverse zwischen den Vereinigten Staaten und England. In dieser Hinsicht erkannten also beide Staaten den Angriff durch *non-state actors* an. Anderes gilt allerdings hinsichtlich der Verantwortlichkeit der Vereinigten Staaten für die Angriffe: während England in der seinerzeitigen diplomatischen Korrespondenz rügte, dass die Angriffe von Rebellen, die „permitted to arm and organize themselves within the territory of the United States", ausgegangen waren, bestritten die Vereinigten Staaten jegliche Unterstützung der Rebellen und beriefen sich zudem auf den langen Grenzverlauf zwischen den USA und den britischen Provinzen, der eine Verhinderung derartiger Angriffe unmöglich mache.[419] Während es sich hier also implizit um die Anerkennung eines bewaffneten Angriffs durch *non-state actors* handelt, war die Frage der Zurechnung zwischen beiden Parteien streitig.

Damit ergibt sich für diese Meinung in Bezug auf terroristische Gruppierungen als *non-state actors*, dass Selbstverteidigungsmaßnahmen nach Artikel 51 UN-Charta bereits *vor* dem 11. September 2001 grundsätzlich

---

recht, 16. Auflage, 2017, § 34 Rn. 26; *Dinstein*, War, Aggression and Self-Defence, 5. Auflage, 2012, Rn. 601.

416 Wiener Übereinkommen über das Recht der Verträge vom 23. Mai 1969, BGBl. 1985 II S. 927. Siehe auch 2. Kapitel.

417 *Heintschel von Heinegg* in: Ipsen, Völkerrecht, 6. Auflage, 2014, § 52 Rn. 24.

418 So *Greenwood*, International Law and the 'War on Terrorism', International Affairs, Vol. 78, No. 2, 2002, S. 301 (308); *Murphy*, Terrorism and the Concept of "Armed Attack" in Article 51 of the U.N. Charter, Harv. Int. Law J., Volume 43, 2002, S. 41 (50).

419 Letter by Dan Webster to Lord Ashburton, 27. Juli 1842, Enclosure 1 – Extract from note of April 24,1841, abgedruckt in: The Avalon Project – British-American Diplomacy, http://avalon.law.yale.edu/19th_century/br-1842d.asp.

als völkerrechtlich zulässig betrachtet wurden, wenn sie drei Vorbedingungen erfüllten:

1. Es muss ein terroristischer Anschlag auf einen Staat vorliegen, der in seiner Schwere dem „bewaffneten Angriff" in Artikel 51 gleichkommt;
2. der terroristische Anschlag muss einem anderen Staat zurechenbar sein und
3. das Verhältnismäßigkeitsprinzip muss gewahrt bleiben.[420]

Umstritten allerdings blieb innerhalb dieser Ansicht, welcher Art der terroristische Anschlag sein muss, damit er die notwendige „Schwere" erreicht *(„gravity threshold")* sowie die genauen Zurechnungskriterien bei diesen Anschlägen.

Aus dem Kriterium der Schwere folgt für die überwiegende Ansicht, dass vereinzelte, sporadische terroristische Angriffe die Schwelle des „bewaffneten Angriffs" nicht erreichen.[421] Handelt es sich aber um wiederkehrende Angriffe, könnten diese auch kumulativ bewertet werden.[422] Zur Begründung wird auf das *Nicaragua*-Urteil des IGH verwiesen, der für die Feststellung eines bewaffneten Angriffs durch Nicaragua auf Honduras und El Salvador die Grenzverletzungen mehrerer Jahre (1982-1984) herangezogen hatte.[423]

Die Feststellung des Grades der Verantwortung eines Staates für Handlungen terroristischer Gruppierungen gestaltet sich aber als schwierig, da es oft um subversive und eher im Verborgenen gehaltene Aktivitäten geht. Auch sind verschiedene Formen der Beteiligung eines Staates denkbar, wie die absolute Kontrolle über terroristische *non-state actors*, über die

---

420 *Garwood-Gowers*, Self-Defence against Terrorism in the Post-9/11 World, QUTLJJ, Vol. 4, No. 2, 2004, S. 1 (6).
421 *Stahn*, Terrorist Acts as "Armed Attack": The Right to Self-Defense, Article 51(1/2) of the UN Charter, and International Terrorism, The Fletcher Forum of World Affairs, Vol 27, No. 2, 2003, S. 35 (46).
422 *Stahn*, ibid., S. 35 (46); *Garwood-Gowers*, Self-Defence against Terrorism in the Post-9/11 World, QUTLJJ, Vol. 4, No. 2, 2004, S. 1 (7).
423 "[…] whether they may treated for legal purposes as amounting, singly or collectively, to an „armed attack" by Nicaragua", Military and Paramilitary Activities in and against Nicaragua, (Nicaragua v. United States of America), Merits, Judgment, I.C.J. Reports 1986, S. 14 (para. 231).

Zurverfügungstellung von Waffen und Logistik, bis hin zu einer bloßen Duldung der Gruppe in dem betreffenden Staatsgebiet.[424]

Wie bereits oben zum Gewaltverbot ausgeführt, setzt der IGH, ausgehend von seinem im *Nicaragua*-Urteil zuvor entwickelten *Kriterium der effektiven Kontrolle*, den bewaffneten Angriff von Gruppierungen solchen einer regulären Armee dann gleich, wenn sie durch oder im Auftrag des Staates entsandt wurden und in ihrer Schwere diesen vergleichbar sind, oder aber eine andere erhebliche Beteiligung des Staates vorliegt:

> "An armed attack must be understood as including not merely action by regular armed forces across an international border, but also the sending *by or on behalf of a State* of armed bands, group, irregulars or mercenaries, which carry out acts of armed force against another State of such gravity as to amount to *(inter alia)* an actual armed attack conducted by regular force, or its substantial involvement therein."[425]

Die herrschende Meinung in der Völkerrechtsliteratur folgt den im *Nicaragua*-Urteil aufgestellten Kriterien des IGH und fordert für die Ausübung des Selbstverteidigungsrechts gegen einen terroristische Gewaltakte unterstützenden Staat den vorherigen Nachweis der Verantwortlichkeit im Sinne einer aktiven Unterstützung oder einer anderen „erheblichen Beteiligung" des Staates.[426] Dabei, so wird gefordert, müsse es sich nach den Kriterien der Aggressionsdefinition der Generalversammlung um „Akte einer gewissen Tragweite" handeln.

Für diese Meinung gilt damit, dass gemäß der Aggressionsdefinition die Entsendung von bewaffneten Gruppen *durch einen Staat* das Zurechnungskriterium erfüllt, jedoch nicht, wie der IGH in seinem *Nicaragua*-Urteil festgestellt hat, die Unterstützung mit Waffen, Geld oder Logistik oder gar nur die bloße Duldung der Terroristen.

Eine Gegenmeinung, darunter die USA und Israel, sowie auch ein Teil der Völkerrechtsliteratur will allerdings auch weitere Formen der Unter-

---

424 *Cassese*, The International Community's „Legal" Response to Terrorism, ICLQ, Vol. 38 Issue 3, Juli 1989, S. 589 (598).

425 Military and Paramilitary Activities in and against Nicaragua, (Nicaragua v. United States of America), Merits, Judgment, I.C.J. Reports 1986, S. 14 (para. 195). Siehe auch in diesem Kapitel I.2.1.

426 *Bothe/Martenczuk*, Die NATO und die Vereinten Nationen nach dem Kosovo-Konflikt, VN 1999, S. 125 (130); *Myjer/White*, The Twin Towers Attack: An Unlimited Right to Self-Defence?, Journal of Conflict and Security Law, Vol. 7, No. 1, 2002, S. 5 (7); *Garwood-Gowers*, Self-Defence against Terrorism in the Post-9/11 World, QUTLJJ, Vol. 4, No. 2, 2004, S. 1 (5).

stützung sowie die passive Duldung der Angriffe („harboring") als ausreichend ansehen.[427] In ihren abweichenden Meinungen zum *Nicaragua*-Urteil legten bereits Judge *Schwebel* und Judge *Jennings* dar, dass ihrer Ansicht nach auch die logistische Unterstützung und weitere Formen zur Zurechenbarkeit führen müssen, wenn sie kumulativ gesehen eine „wesentliche Beteiligung" des Staates darstellen.[428] *Schwebel* zufolge ist Artikel 3 (g) der Aggressionsdefinition nicht in dem Sinne zu verstehen, als dass er nur die Entsendung von bewaffneten Gruppen als Angriffshandlung betrachtet, sondern der Nachsatz „oder seine wesentliche Beteiligung daran" *(„substantial involvement")* stelle den entscheidenden Maßstab dar.[429] *Jennings* hält die strenge Abgrenzung des Gerichts als „neither realistic nor just in the world where power struggles are in every continent carried on by destabilization, interference in civil strife, comfort, aid and encouragement to rebels, and the like."[430]

Gänzlich kontrovers war vor dem 11. September 2001 schließlich, welche Auswirkungen eine fehlende Zurechenbarkeit auf das Selbstverteidigungsrecht des angegriffenen Staates hat, wenn also der Angriff einer terroristischen Gruppierung eben nicht einem anderen Staat direkt oder indirekt zugerechnet werden kann. Besteht das Selbstverteidigungsrecht dann fort, wenn ja, gegenüber wem, oder erlischt es?

---

427 *Fischer*, in Ipsen: Völkerrecht, 5. Auflage, 2004, § 59 Rn. 28; *Dahm/Delbrück/ Wolfrum*, Völkerrecht Bd. I/3, 2. Auflage, 2002, S. 824. Zur Staatenpraxis vor dem 11. September 2001 siehe 5. Kapitel.

428 Dissenting Opinion *Schwebel*, I.C.J. Reports 1986, para. 171, S. 259 (346); *Jennings*, S. 528 (543).

429 Dissenting Opinion *Schwebel*, I.C.J. Reports 1986, para. 170, S. 259 (346).

430 Dissenting Opinion *Jennings*, I.C.J. Reports 1986, S. 528 (543).

3.6 Intervention zur Rettung eigener Staatsbürger im Ausland

Umstritten war und ist auch die militärische Intervention zur Rettung eigener[431] Staatsbürger im Ausland.[432] Rechtlich problematisch wird dieser Fall dann, wenn als Rechtfertigung keine Zustimmung des betroffenen Staates vorliegt.[433] Zwar bestehen in der Völkerrechtsliteratur kaum Zweifel daran, dass eine solche Intervention *vor* dem Inkrafttreten der UN-Satzung 1945 erlaubt war[434] und auch im Völkergewohnheitsrecht galt[435]. Da aber Kodifikationsbemühungen[436] vergeblich waren, bemisst sich die völkerrechtliche Legitimität nunmehr nach dem Gewaltverbot aus Artikel 2

---

431 Ein Eingriff zum Schutz *fremder* Staatsbürger wegen schwerer und systematischer Menschenrechtsverletzungen wird heute unter dem Stichwort „Humanitäre Intervention" beziehungsweise „Responsibility to Protect" diskutiert, siehe FN 389, ist aber hier nicht Bestandteil der Untersuchung.

432 Zu den historischen Grundlagen, ausgehend von *Vattel* ("Whoever uses a citizen ill, indirectly offends the State, which is bound to protect this citizen; and the sovereign of the latter should avenge his wrongs, punish the aggressor, and, if possible, oblige him to make full reparation; since otherwise the citizen would not obtain the great end of the civil association, which is, safety."), sowie einer Darstellung und Analyse von Interventionen seit 1838, siehe *Lillich*, Lillich on the Forcible Protection of Nationals Abroad : in Memory of Professor Richard B. Lillich, in: Wingfield/Meyen (Hrsg.), International Law Studies, Volume 77, 2002.

433 So lag aber der Fall bei dem Rettungseinsatz der Bundeswehr in Albanien (1997), näheres dazu im Folgenden, siehe auch *Kreß*, Die Rettungsoperation der Bundeswehr in Albanien am 14. März 1997 aus völker- und verfassungsrechtlicher Sicht, ZaöRV, Bd. 57, 1997, S. 329 ff. m.w.N.

434 *Brownlie*, International Law and the Use of Force by States, 1963, S. 289 ff.; *Ruys*, "Armed Attack" and Article 51 of the UN Charter, 2010, S. 213; *Alexandrov*, Self-Defense Against the Use of Force in International Law, 1996, S. 188.

435 Siehe *Alexandrov*, Self-Defense Against the Use of Force in International Law, 1996, S. 189 m.w.N.

436 Schon zu Zeiten des Völkerbundes beschäftigte sich eine *League of Nations Codification Conference* mit dem Thema „Responsibility of States for Damage Caused in Their Territory to the Person or Property of Foreigners", allerdings erfolglos, siehe *Alexandrov*, Self-Defense Against the Use of Force in International Law, 1996, S. 189, FN 321. Auch die *International Law Commission* behandelte das Thema im Rahmen der Arbeiten an dem *Draft Code on the Responsibility of States for Internationally Wrongful Acts*, welches aber 1963 zugunsten der "definition of general rules governing the international responsibility of the State" aufgegeben wurde. Siehe ILC, Yearbook 1963, Vol. II, S. 224; zum Hergang der Diskussionen in der ILC sehr informativ auch ILC, Yearbook 1969, Vol. II, S. 132 ff.

Ziff. 4 UN-Charta und seiner Ausnahme, nämlich dem Selbstverteidigungsrecht nach Artikel 51 UN-Charta.[437]

Die herrschende Meinung[438] lehnt die Zulässigkeit einer militärischen Intervention zum Schutze eigener Staatsbürger in einem anderen Staat gegen dessen Willen ab. Es handele sich hierbei um eine Verletzung der territorialen Integrität und politischen Unabhängigkeit des betroffenen Staates, die durch Artikel 2 Ziff. 4 UN-Charta geschützt sei. Zudem stellten Staatsbürger keine geschützten „Außenpositionen" eines Staates dar, außerdem sei die Gefahr des Missbrauchs aufgrund von politischen Erwägungen zu groß.

Eine Mindermeinung hält eine solche Verletzung für nicht gegeben, da der Eingriff nur kurzzeitig erfolge und weder auf das Territorium noch auf die Souveränität des Staates einwirke.[439] Eine weitere Meinung[440] begründet die Zulässigkeit einer solchen Intervention als Ausübung des völkergewohnheitsrechtlichen Selbstverteidigungsrechts, das vormals existierte und auch von der Charta als „naturgegebenes Recht" anerkannt sei. Überdies stellten Bürger im Ausland einen Teil des Staatsvolkes dar, welches eines der Kernelemente eines Staates sei und zu dessen Schutz er berechtigt sei. Eine vierte Meinung schließlich hält das Recht zum Schutz eigener Staatsbürger für ein autonomes Recht im Völkergewohnheitsrecht, das

---

437 *Tams* bezeichnet diese Form der restriktiven Auslegung des *ius ad bellum* als „Exklusivitätsthese", die andere, ungeschriebene Rechtfertigungsgründe, wie die Rettung eigener Staatsangehöriger, nicht (mehr) anerkannte, sondern nach dem Inkrafttreten der UN-Charta nur noch die dort niedergelegte Selbstverteidigung, in: The Use of Force Against Terrorists, EJIL, Vol. 20, No. 2, 2009, S. 359 (371).

438 *Brownlie*, Humanitarian Intervention, in: John Norton Moore (Hrsg.), Law and Civil War in the Modern World, 1974, S. 217 ff.; *Beyerlin*, Die israelische Befreiungsaktion von Entebbe in völkerrechtlicher Sicht, ZaöRV, Bd. 37, 1977, S. 213 (239); *Dahm/Delbrück/Wolfrum*, Völkerrecht Bd. I/3, 2. Auflage, 2002, S. 831; *Schweisfurth*, Völkerrecht, 9. Kapitel, Rn. 300; *Bothe*, in: Graf Vitzthum/Proelß (Hrsg.), Völkerrecht, 7. Auflage, 2016, 8. Abschnitt, Rn. 21 m.w.N.

439 *Henkin*, Right v. Might, International Law and the Use of Force, 1991, S. 41; *Paust*, Entebbe and Self-help: the Israeli Response to Terrorism, Fletcher Forum on World Affairs, Vol. 2, Issue 1, 1978, S. 86 (89-90).

440 *Oppenheim*, International Law, Vol. 1, 1905, S. 374; *Bowett*, Self-defence in international law, 1958, S. 87 ff.; *Schachter*, The Right of States to Use Armed Force, Mich. L. Rev., Vol. 82, No. 5/6, 1984, S. 1620 (1632); *Greenwood*, International Law and the United States' Air Operation Against Libya, W. Va. L. Rev., Vol. 89, 1986-1987, S. 933 (941).

unabhängig vom Recht auf Selbstverteidigung besteht, vereinzelt wird es auch als Notstandsrecht bezeichnet.[441]

Diesem Meinungsbild wohnt jedoch ein gemeinsames Problem inne: überwiegend wird nicht danach differenziert, woher der Angriff kam – von einer staatlichen Seite oder aber von *non-state actors*, insbesondere terroristischen Gruppierungen. Insofern ist die Debatte eng verknüpft mit der im vorhergehenden Kapitel dargestellten Diskussion um die Zurechnung der Handlungen privater Akteure. So werden die in der Völkerrechtsliteratur standardmäßig genannte Intervention des Vereinigten Königreiches in der Suez-Kanal Krise (1956), die Evakuierung belgischer Bürger im Kongo durch belgische Fallschirmjäger (1960), die Interventionen der USA in der Dominikanischen Republik (1965), Grenada (1983) und Panama (1989) unter derselben Überschrift wie der Entebbe-Fall (1976) und der Versuch der Befreiung des US-Botschaftspersonals in Teheran (1980) behandelt.[442]

Sicherlich haben all diese Fälle gemein, dass die intervenierenden Staaten sich auf das Recht zur Rettung ihrer Staatsbürger beriefen, dennoch wird hier die Ansicht vertreten, dass es einen wesentlichen Unterschied macht, ob sich die zu rettenden Staatsbürger in einer anderen, staatlichen Gewalt befinden oder in der Hand von Terroristen. Der Kampf gegen den weltweiten Terrorismus hat nicht erst mit dem 11. September 2001 begonnen, sondern weitaus früher, so stammt der erste völkerrechtliche Vertrag, die *Convention on Offences and Certain Other Acts Committed On Board Aircraft*, aus dem Jahr 1963.[443] Seitdem hat aber das Völkerrecht in diesem Bereich Änderungen erfahren, nicht zuletzt durch die nunmehr insge-

---

441 *Ronzitti*, The Expanding Law of Self-Defence, JCSL, Vol. 11, Issue 3, 2006, S. 343 (354); *Folz*, Bemerkungen zur völkerrechtlichen Beurteilung der Vorgänge um die amerikanischen Geiseln im Iran, in: FS für Schlochauer, Ingo von Münch (Hrsg.), 1981, S. 271 (287); *Nolte*, Kosovo und Konstitutionalisierung: Zur humanitären Intervention der NATO-Staaten, ZaöRV, Bd. 59, 1999, S. 941 (951).

442 Siehe beispielsweise *Alexandrov*, Self-Defense Against the Use of Force in International Law, 1996, S. 188 ff.; *Dahm/Delbrück/Wolfrum*, Völkerrecht Bd. I/3, 2. Auflage, 2002, S. 830 ff.

443 In Kraft getreten am 4. Dezember 1969, UNTS No. 10106. Zuvor hatte bereits der Völkerbund 1937 die *Convention for the Prevention and Punishment of Terrorism* verabschiedet, die allerdings nie in Kraft trat (24 Staaten unterzeichneten die Konvention, Indien war der einzige Staat, der das Abkommen auch ratifizierte); League of Nations Doc. C.546 (I).M.383 (I) 1937, V (1938).

samt vierzehn geltenden internationalen Abkommen.[444] Um diese Änderungen herauszuarbeiten und zu untersuchen, bedarf es aber der Separierung der oben genannten Fälle, um ein möglichst genaues Bild zu erhalten. Es wird daher hier vorgeschlagen, eine Differenzierung vorzunehmen, nämlich

- Intervention zur Rettung von Staatsbürgern im Ausland in *staatlich* bedingten Gefahrenlagen
- Intervention zur Rettung von Staatsbürgern im Ausland in *terroristisch* bedingten Gefahrenlagen

3.6.1 Staatlich bedingte Gefahrenlagen

Zu den staatlich bedingten Gefahrenlagen zählt auch die Situation im Falle eines Zusammenbruchs der öffentlichen Sicherheit und Ordnung eines Staates. Dieser Sachverhalt lag im März 1997 in Albanien vor, als die staatlichen Sicherheitskräfte die Plünderungen von Waffenlagern der Polizei und Armee nicht verhindern konnten und die albanische Übergangsregierung unter Präsident Sali Berisha um einen Militäreinsatz zur Wiederherstellung der öffentlichen Ordnung bat.[445] Mit Zustimmung des Bundestages unternahm die Bundeswehr am 14. März 1997 eine „kurzfristige unilaterale Luftevakuierung", und flog 120 Personen aus 22 Nationen (darunter 20 Deutsche) aus Tirana aus.[446]

---

444 Siehe eine Übersicht unter United Nations Action to Counter Terrorism, Legal Instruments, http://www.un.org/en/counterterrorism/legal-instruments.shtml.

445 Vgl. die Darstellung der Ereignisse im Billigungsantrag der Bundesregierung vom 18. März 1997, BT-Drucksache 13/7233.

446 Die Zustimmung des Bundestages erfolgte allerdings erst nachträglich am 20. März 1997, zuvor hatten am 13. März die Vorsitzenden aller Bundestagsfraktionen dem Vorhaben zugestimmt. Vgl. *Kreß*, Die Rettungsoperation der Bundeswehr in Albanien am 14. März 1997 aus völker- und verfassungsrechtlicher Sicht, ZaöRV, Bd. 57, 1997, S. 329 f. Im Billigungsantrag der Bundesregierung vom 18. März 1997 hieß es: „Angesichts der anarchischen Zustände im Land war nunmehr Gefahr im Verzuge. Der Einsatz deutscher Streitkräfte war mithin die einzige verbliebene Möglichkeit.", BT-Drucksache 13/7322. Aufgrund der Zustimmung Albaniens wird der Bundeswehreinsatz als gerechtfertigt angesehen, *Kreß*, ibid., S. 339.

Wohl auch eher zu den staatlich bedingten Gefahrenlagen zu zählen ist der *Teheraner Geiselfall*.[447] Am 4. November 1979 stürmte eine militante iranische Studentengruppe die US-Botschaft in Teheran und nahm rund 60 Botschaftsangehörige als Geiseln. Die US-Regierung lehnte ihre Forderung nach Auslieferung des ehemaligen Schahs Reza Pahlavi ab und bezichtigte das Regime von Ayatollah Khomeni die Studenten zu unterstützen. Am 24. April 1980 unternahm das US-Militär einen Befreiungsversuch der verbliebenen 52 amerikanischen Geiseln, der jedoch fehlschlug. In einem Brief an den Sicherheitsrat erklärte die USA:

> "That mission was carried out by the United States in exercise of its inherent right of self-defence, with the aim of extricating American nationals who have been and remain the victims of the Iranian armed attack on our Embassy."[448]

Die Geiseln wurden erst nach 444 Tagen am 20. Januar 1981 freigelassen.

Bereits am 29. November 1979 hatte die USA vor dem IGH Klage gegen den Iran eingereicht. In seinem Urteil vom 24. Mai 1980 kam der IGH zu dem Ergebnis, dass zwar die Erstürmung der Botschaft am 4. November 1979 durch die Studenten nicht dem iranischen Staat zugerechnet werden könnten, Iran allerdings gegen das *Wiener Übereinkommen über Diplomatische Beziehungen* von 1961 wie auch die gewohnheitsrechtlich geltenden Normen zum Schutz des diplomatischen Personals verstoßen habe.[449] Die Frage der Rechtmäßigkeit der amerikanischen Intervention durch den Versuch der Geiselbefreiung war allerdings in den Anträgen der Parteien nicht gestellt, und so nahm der IGH nur insoweit Stellung, als er seiner Besorgnis darüber Ausdruck verlieh, dass der Zeitpunkt des Einsatzes in die laufenden Verhandlungen vor dem Gerichtshof fiel: "The Court therefore feels bound to observe that an operation undertaken in those circumstances, from whatever motive, is of a kind calculated to undermine respect for the judicial process in international relations."[450]

---

447 Die Darstellung der Ereignisse basiert auf dem Urteil des IGH vom 24. Mai 1980, Case Concerning United States Diplomatic and Consular Staff in Tehran (United States of America v. Iran), Merits, Judgment, I.C.J. Reports 1980, S. 3 ff.

448 Letter of the Permanent Representative of the United States of America to the President of the Security Council, UN Doc. S/13908, 25. April 1980.

449 Case Concerning United States Diplomatic and Consular Staff in Tehran (United States of America v. Iran), Merits, Judgment, I.C.J. Reports 1980, S. 3 (para. 58, 61 ff.).

450 Ibid., I.C.J. Reports 1980, S. 3 (para. 93). Siehe aber die abweichende Meinung von Richter *Morozov*, der einen Hinweis im Urteil auf die Völkerrechtswidrigkeit

Die rechtliche Bewertung der Intervention zur Rettung von Staatsbürgern im Ausland in *staatlich* bedingten Gefahrenlagen ist, wie oben bereits
dargestellt, noch immer umstritten. Im Ergebnis kommt die herrschende
Meinung mit den oben genannten Argumenten zur Völkerrechtswidrigkeit, solange es an einem Einverständnis des betroffenen Staates fehlt.[451]

Im Folgenden wird die Intervention zum Schutz von Staatsbürgern im
Ausland in *terroristisch* bedingten Gefahrenlagen genauer untersucht.

3.6.2 Terroristisch bedingte Gefahrenlagen

Den wohl prominentesten Fall in dieser „Kategorie" stellt die israelische
Befreiungsaktion von jüdischen Geiseln in Entebbe, Uganda, dar. In der
Völkerrechtsliteratur und auch im Sicherheitsrat wurde der Fall vehement
diskutiert, und im Ergebnis von der herrschenden Meinung als verbotene
Gewaltanwendung und somit völkerrechtswidrig bewertet.[452]

Die Gegenmeinung in der Völkerrechtsliteratur zieht zur Begründung
der Zulässigkeit dieser Intervention die sogenannten *Waldock*-Prinzipien
heran. Sir Claud H. M. Waldock stellte 1952 drei Kriterien auf, die seiner
Ansicht nach bei ihrer Erfüllung zur Zulässigkeit einer solchen Intervention führten:

1. Es muss eine unmittelbar drohende Verletzung *(„imminent threat of injury")* von Staatsangehörigen vorliegen;

---

des Einsatzes erforderlich hielt, mit der Begründung dass kein Angriff auf die
USA durch den Iran vorlag. Dissenting Opinion *Morozov*, I.C.J. Reports 1980,
S. 51 (57).

451 Zur völkerrechtlichen Bewertung siehe Darstellungen in *Ruys*, "Armed Attack"
and Article 51 of the UN Charter, S. 216 ff.; *Alexandrov*, Self-Defense Against
the Use of Force in International Law, 1996, S. 190 ff., die im Ergebnis mit der
bereits zitierten herrschenden Meinung diese Art der Intervention als völkerrechtswidrig betrachten. Anderer Ansicht sind insbesondere amerikanische Völkerrechtler, vgl. *Lillich*, Lillich on the Forcible Protection of Nationals Abroad: in
Memory of Professor Richard B. Lillich, in: Wingfield/Meyen (Hrsg.), International Law Studies, Volume 77, 2002.

452 So *Bothe*, in: Graf Vitzthum/Proelß (Hrsg.), Völkerrecht, 7. Auflage, 2016, 8.
Abschnitt, Rn. 21; *Beyerlin*, Die israelische Befreiungsaktion von Entebbe in völkerrechtlicher Sicht, ZaöRV, Bd. 37, 1977, S. 213 (239); aA *Schröder*, Die Geiselbefreiung von Entebbe – ein völkerrechtswidriger Akt Israels?, JZ 1977,
S. 420 (425); *Heintschel von Heinegg* in: Ipsen, Völkerrecht, 6. Auflage, 2014,
§ 52 Rn. 47.

2. der Territorialstaat ist entweder unfähig oder unwillig, den Schutz zu gewährleisten *(„failure or inability to protect")*; sowie
3. der Eingriff des intervenierenden Staates muss strikt auf den Schutz der Staatsangehörigen vor Verletzung begrenzt sein *(„strictly confined to the object of protecting against injury")*.[453]

Dem *Entebbe*-Fall liegt folgender Sachverhalt zugrunde: Am 27. Juni 1976 war ein französischer Airbus mit 248 Passagieren und zwölf Besatzungsmitgliedern auf dem Weg von Israel nach Frankreich nach einem Zwischenstopp in Athen von vier pro-palästinensischen Terroristen, unter dem Kommando des deutschen Gründers der Revolutionären Zellen, Wilfried Böse, entführt worden.[454] In Entebbe stießen weitere fünf Terroristen zu den Entführern, die Geiseln wurden in das Flughafengebäude gebracht, das von ugandischen Truppen bewacht wurde. Die Entführer verlangten die Freilassung von 53 inhaftierten Terroristen in Frankreich, Deutschland, Israel, Kenia und der Schweiz. Sie ließen zunächst 47, dann am 1. Juli einhundert weitere Geiseln frei, allerdings erst nachdem sie die Geiseln in jüdische und nicht-jüdische Passagiere aufgeteilt hatten. Die jüdischen Passagiere verblieben im Flughafengebäude, während die freigelassenen nach Paris ausgeflogen wurden. Als letztes Ultimatum für ihre Forderungen setzten die Terroristen den 4. Juli 1976, 12 Uhr mittags, fest, andernfalls würde das Flughafengebäude mit den verbliebenen Geiseln und Besatzungsmitgliedern gesprengt.

In der Nacht vom 3. zum 4. Juli landeten zwei israelische Transportmaschinen mit rund 150 Elitesoldaten an Bord in Entebbe, zunächst verließ allerdings nur ein schwarzer Mercedes und ein Landrover das Flugzeug, um die ugandischen Bewacher in den Glauben zu versetzen, es handele sich um einen offiziellen Besuch des ugandischen Präsidenten Idi Amin. Mithilfe dieses Täuschungsmanövers konnten die israelischen Soldaten sich unbehelligt dem Flughafengebäude nähern und schließlich auch stürmen. Bei der Geiselbefreiung wurden sieben Terroristen und zwanzig ugandische Soldaten getötet, wie auch drei der Geiseln und der Kommandeur der Operation, Yonatan Netanyahu, Bruder des amtierenden israeli-

---

453 *Waldock*, The Regulation of the Use of Force by Individual States in International Law, Recueil des Cours, Vol. 81, 1952, S. 451 (467).

454 Die Darstellung der Ereignisse beruht auf den Informationen im UN Yearbook 1976, Complaint of Aggression by Israel against Uganda, S. 315 ff. und *Beyerlin*, Die Israelische Befreiungsaktion von Entebbe in völkerrechtlicher Sicht, ZaöRV, Bd. 37, 1977, S. 213 ff.

schen Ministerpräsidenten. Um ihren Rückzug zu sichern, zerstörten die israelischen Einheiten zeitgleich mit der Befreiung elf am Boden befindliche ugandische Kampfjets. Ein drittes israelisches Transportflugzeug nahm die befreiten Geiseln auf und brachte sie nach Nairobi.

Vor den Vereinten Nationen bezichtigte Israel den damaligen ugandischen Präsidenten Idi Amin der Komplizenschaft mit den Terroristen und beanspruchte für die Geiselbefreiung sein Recht auf Selbstverteidigung.[455] Uganda hingegen sah sich als Opfer israelischer Aggression und verlangte die Verurteilung Israels vor dem Sicherheitsrat wie auch eine Entschädigung.[456] Auf Antrag der OAU[457] beschäftigte sich der Sicherheitsrat auf fünf Sitzungen vom 9. – 14. Juli 1976 mit dem Fall.

Der UN-Generalsekretär Kurt Waldheim wies den Sicherheitsrat gleich zu Beginn der Sitzungen darauf hin, dass es sich um einen komplexen, in der Geschichte der Vereinten Nationen beispiellosen Fall handele, der unter anderem rechtliche Fragen aufwarf, zu denen es bislang keine anerkannten Regelungen gab.[458]

Der amerikanische Präsident *Gerald Ford* hatte bereits am 4. Juli dem israelischen Premierminister zu der Geiselbefreiung gratuliert:

> "The American people join me in expressing our great satisfaction that the passengers of the Air France flight seized earlier this week have been saved and a senseless act of terrorism thwarted." [459]

Vor dem Sicherheitsrat führte der amerikanische Vertreter aus, dass die israelische Geiselbefreiung notwendigerweise eine kurzfristige Verletzung der territorialen Souveränität Ugandas beinhalte. Während dies grundsätzlich eine Verletzung der Charta bedeute, sei es im vorliegenden Fall gerechtfertigt durch das "well-established right to use limited force

---

455 Letter from the Permanent Representative of Israel to the United Nations addressed to the Secretary-General, UN Doc. S/12123, 5. Juli 1976.

456 Letter dated 5 July 1976 from the Chargé d'Affaires, a.i., of the Permanent Mission of Uganda to the United Nations addressed to the President of the Security Council, UN Doc. S/12124, 5. Juli 1976.

457 Letter from the Permanent Representative of Mauritania to the United Nations addressed to the President of the Security Council, UN Doc. S/12128, 6. Juli 1976.

458 UN Doc. S/PV.1941, 9. Juli 1976; para. 12-18.

459 Gerald R. Ford: "Letter to Prime Minister Yitzhak Rabin of Israel on the Israeli Rescue of Hostages in Uganda", July 4, 1976. Online by Gerhard Peters and John T. Woolley, The American Presidency Project, http://www.presidency.ucsb.edu/ws/?pid=6186.

for the protection of one's own nationals from an imminent threat of injury or death in a situation where the State in whose territory they were located was either unwilling or unable to protect them".[460] Dieses Recht fließe aus dem Recht auf Selbstverteidigung und sei "limited to such use of force as was necessary and appropriate to protect threatened nationals from injury".[461]

Andere westliche Staaten, wie Frankreich und Deutschland, hielten sich deutlich zurück und beklagten überwiegend die Flugzeugentführung durch Terroristen.[462] Das Vereinigte Königreich bemerkte, dass zwei relevante Fragen, die alle Mitgliedstaaten beträfen, vorlägen: zum einen das Prinzip der territorialen Integrität, zum anderen "the equally valid consideration that States existed for the protection of their people, and they had the right, and perhaps the duty, to exercise that right".[463] Schweden sah sich weder in der Lage, die israelische Befreiungsaktion in Übereinstimmung mit der Charta zu sehen, noch einer Verurteilung Israels zuzustimmen.[464] Italien regte an, das Problem an die *International Law Commission* zu überweisen.[465]

Die überwiegende Anzahl der Redner verneinte allerdings in der offenen Debatte vor dem Sicherheitsrat das von Israel angeführte Recht auf Selbstverteidigung mit der Begründung, es habe kein bewaffneter Angriff von Seiten Ugandas vorgelegen.[466] Genauso wurde das Argument des Rechts auf Rettung eigener Staatsbürger, das einen kurzfristigen Eingriff in die territoriale Souveränität rechtfertige, abgelehnt.[467] Qatar befüchtete, die Anerkennung eines solchen Rechts würde dazu führen, dass stärkere

---

460 UN Doc. S/PV.1941, 12. Juli 1976, para. 77-81.

461 Ibid.

462 Siehe Zusammenfassung der Redebeiträge in Repertoire of the Security Council, Chapter VIII, 1975-80, S. 287 ff.

463 UN Doc. S/PV.1940, 12. Juli 1976, para. 92-109.

464 UN Doc. S/PV.1940, 12. Juli 1976, para. 113-124. Siehe auch Japan, UN Doc. S/PV.1942 vom 13. Juli 1976, para. 58.

465 UN Doc. S/PV.1943, 13. Juli 1976, para. 55-67.

466 Siehe UN Doc. S/PV.1939, 9. Juli 1976, China (para. 224); UN Doc. S/PV.1942, 13. Juli 1976: Panama (para. 27), Rumänien (para. 45); Indien (para. 146); Libyen (para. 178); UdSSR (para. 195).

467 UN Doc. S/PV.1942, 13. Juli 1976: Tansania, Jugoslawien (para. 206).

Staaten jederzeit mit Truppen in schwächere Staaten einmarschieren könnten.[468]

Jugoslawien machte deutlich:

> "So what we have to face today is actually Israel's new practice in international relations of trying to legalize and to get support for its act of aggression and its temporary violation of territorial integrity. But I am sure that Israel will not get that support, On the contrary, I am sure that the entire international community – and this international organization especially – will find ways and means to prevent such behaviour and such practices."[469]

Zur Verabschiedung einer Resolution kam es nicht: der von den afrikanischen Staaten eingebrachte Entwurf, der die israelische Aktion verurteilte und zum Schadenersatz aufforderte, wurde angesichts der „Konfrontation" unter den Mitgliedern zurückgezogen.[470] Der Entwurf[471] der USA und des Vereinigten Königreichs, der sich eher auf die Verurteilung von Flugzeugentführungen bezog, erhielt nicht die notwendige Mehrheit, da sieben Mitglieder aus Protest nicht an der Abstimmung teilnahmen.[472]

Nach Entebbe gab es weitere Fälle, in denen Staaten zum Schutz ihrer Bürger in terroristischen Gefahrenlagen interveniert sind: bereits 1977 folgte die Entführung der Lufthansa-Maschine *Landshut* durch Terroristen nach Mogadischu/Somalia, die Geiseln wurden von der deutschen Einsatzgruppe GSG-9 befreit, zuvor hatte die somalische Regierung dem Einsatz zugestimmt. 1981 erlaubte die thailändische Regierung Indonesien, ein indonesisches Flugzeug, das sich in Bangkok in der Hand von Terroristen befand, und die Geiseln zu befreien. 1985 stimmte Malta der Entsendung eines ägyptischen Kommandos auf die Insel zu, um Geiseln aus einer ägyptischen EgyptAir-Maschine zu befreien. Angesichts der Zustimmung der betroffenen Staaten wurden diese Fälle nicht vor dem Sicherheitsrat verhandelt.

---

468 UN Yearbook 1976, S. 318. Siehe auch Guyana, das von einer *„gunboat-policy"* sprach, ibid.
469 UN Doc. S/PV.1942, 13. Juli 1976, para. 207.
470 UN Doc. S/12139, 12. Juli 1976, vgl. Begründung Tansanias, UN Doc. S/PV.1943, 13. Juli 1976, para. 144 – 148.
471 UN Doc. S/12138, 12. Juli 1976.
472 Das Abstimmungsergebnis lautete 6 Ja-Stimmen und 2 Enthaltungen (Rumänien und Panama). Nach Ansicht der nicht teilnehmenden Staaten (Benin, Guyana, Pakistan, UdSSR, China und Tansania) waren Flugzeugentführungen nicht das Thema vor dem Sicherheitsrat, siehe UN Yearbook 1976, S. 319.

Anders lag der Sachverhalt 1978 in Larnaca, Zypern.[473] Zwei Attentäter hatten den prominenten ägyptischen Herausgeber einer Zeitung, *Youssef Sebai*, in einem Hotel in Larnaca erschossen. Anschließend nahmen sie 15 Geiseln und entführten ein Flugzeug, um die Insel zu verlassen, erhielten allerdings weder in Libyen noch in Süd-Jemen Landeerlaubnis, so dass sie gezwungen waren, nach Zypern zurückzukehren. Sebai war ein enger Freund des damals amtierenden ägyptischen Präsidenten *Anwar Sadat*, der sofort eine Eliteeinheit nach Larnaca entsandte, allerdings ohne die zyprische Regierung zu informieren. In der Annahme, es handele sich um den avisierten ägyptischen Innenminister, erlaubte die zyprische Regierung die Landung der ägyptischen Militärmaschine. Als deutlich wurde, dass sich in der Maschine anstelle des ägyptischen Ministers rund 70 Elitesoldaten befanden, warnte der zyprische Präsident Spyros Kyprianou die Ägypter eindrücklich vor einem eigenmächtigen Angriff und kündigte andernfalls das Eingreifen der zyprischen Nationalgarde an. Die Ägypter hielten sich allerdings nicht an die Anweisung und versuchten selbst, das entführte Flugzeug zu stürmen. Zyprische Soldaten eröffneten das Feuer, am Ende verloren 15 ägyptische Soldaten ihr Leben, die Militärmaschine wurde durch eine Granate zerstört. Die Entführer gaben schließlich auf und wurden auf Zypern zu lebenslangen Freiheitsstrafen verurteilt.

Obwohl dieser Fall, bis auf seinen Ausgang, dem *Entebbe*-Fall sehr ähnelt – Intervention zur Rettung von ägyptischen Geiseln und Ergreifung der Attentäter ohne Einwilligung des betroffenen Staates – wurde der eigenmächtige Eingriff Ägyptens in die Souveränität Zyperns von dritten Staaten nie verurteilt oder gar vor den Sicherheitsrat gebracht.[474] Hintergrund hierfür könnte sein, dass weder Zypern noch Ägypten *"emerged with much credit from the affair"*, wie es in dem jährlichen Bericht des britischen Militärberaters in Nicosia hieß.[475] Der griechische Ministerpräsident Karamanlis bemerkte: "It is obvious that both governments were involved in an adventure that was the repercussion of events out of their

---

473 Zur Darstellung der Ereignisse siehe *Dimitrakis*, The 1978 Battle of Larnaca Airport, Cyprus, and UK Diplomacy, The Global Research in International Affairs (GLORIA) Center, 7. Juni 2009; BBC On This Day 19 February, 1978: Egyptian forces die in Cyprus gunfight.

474 *Weisburd*, Use of Force: the Practice of States Since World War II, 1997, S. 280.

475 *Colonel CW Huxley*, in: Annual Report – Defence, Military and Air Adviser Nicosia, May 31, 1978, S. 10, FCO 9/2731 TNA.

control. No hostile intentions should be assigned to them."[476] Nur die russische Zeitung Izvestia meldete in einem Artikel vom 23. Februar 1978 "the Egyptian soldiers were the victims of the irresponsible behaviour of their government, which had violated the norms of international law."[477]

Interessant ist aber die Debatte zu dem Vorfall im britischen Kabinett: *David Owen*, Foreign and Commonwealth Secretary hielt es für möglich, dass in der Zukunft Staaten zurückhaltender sein würden, anderen Staaten eine militärische Intervention auf ihrem Territorium zu erlauben.[478] Und Premierminister *James Callaghan* nahm den Fall zum Anlaß, die Kabinettsmitglieder über den Stand des britischen Plans einer militärischen Geiselbefreiung zu informieren:

> "THE PRIME MINISTER said the Cabinet should know that after the Mogadishu affair a plan had been made for possible British military intervention in the event of a terrorist incident overseas involving British interests. This plan, which had been approved by the Ministerial Committee on Terrorism, envisaged the use of a special element of the Special Air Service. A Minister would take charge of any negotiating team sent overseas. An important element of this plan was that *permission from the local Government* should be obtained in advance of any British intervention on the spot."[479]

Fraglich bleibt angesichts der genannten Beispiele, ob es sich bei der Rettung von Staatsangehörigen bereits um eine verfestigte Staatenpraxis handelt, die ihren Niederschlag im Völkergewohnheitsrecht gefunden hat, wie einige Kommentatoren in der Völkerrechtsliteratur meinen.[480] Dieses er-

---

476 Zitiert in: *Dimitrakis*, The 1978 Battle of Larnaca Airport, Cyprus, and UK Diplomacy, The Global Research in International Affairs (GLORIA) Center, 7. Juni 2009.

477 Ibid.

478 "One consequence might be to make some countries less ready in future to allow military intervention by another Government." United Kingdom, Conclusions of a Cabinett Meeting, 23. Februar 1978, CAB 128/63/7 TNA, S. 1.

479 Ibid. Hervorheb. durch Verf.

480 *Folz* sah bereits 1981 mit den Fällen Entebbe, Mogadischu und Iran den Anfang einer gewissen Staatenpraxis für gegeben, nahm allerdings angesichts der kontroversen Beurteilungen noch keine Geltung im Völkergewohnheitsrecht an; *Folz*, Bemerkungen zur völkerrechtlichen Beurteilung der Vorgänge um die amerikanischen Geiseln im Iran, in: FS für Schlochauer, S. 271 (288, FN 46). Dagegen *Schröder*, Die Geiselbefreiung von Entebbe – ein völkerrechtswidriger Akt Israels?, JZ 1977, S. 420 (426), der allerdings das Recht auf Selbstverteidigung in Bezug auf die Geiselbefreiung nach Satzungsrecht, also Artikel 51 UN-Charta, bereits als gegeben sieht.

scheint aber als verfrüht.[481] Nicht minder interessant ist aber auch, ob zumindest eine gewisse Entwicklung in diese Richtung in Gang gekommen ist, immerhin hielt es der amerikanische Botschafter bereits 1976 für ein "well-established right to use limited force for the protection of one's own nationals from an imminent threat of injury or death in a situation where the State in whose territory they were located was either unwilling or unable to protect them".[482]

Die Debatte um einen sogenannten *unwilling/unable*-Standard wird in der Fallgruppe des internationalen Terrorismus von weiterer Bedeutung sein und könnte mögliche Rückwirkungen auf die aktuelle völkerrechtliche Zulässigkeit der Rettung eigener Staatsangehöriger haben. Dieses Thema wird daher im Rahmen des 9. Kapitels nochmals aufgegriffen. Als vorläufiges Zwischenergebnis für die Zeit vor der *Bush*-Doktrin könnte aber gelten:

"The conclusion of this forgotten crisis may be relevant to today's war on terrorism strategy; no matter how weak a country is considered, no matter how high the terrorist threat might be, states planning a foreign intervention should obtain the agreement of the sovereign government first."[483]

---

481 So auch *Ronzitti*: "[...] State Practice may be said to have been fairly consistent [...] This practice is supported by the *opinio iuris* of those States which justified resorting to armed force in the particular cases in point or which were in favour of the lawfulness in principle of intervention to protect nationals abroad. However, this practice is not sufficiently generalized; it is followed only by a group of States, since the action of the intervening Saates has been contested by others, as has the alleged right to use armed force to protect national abroad. It must, therefore, be concluded that post-Charter precedents do not as yet authorize the creation of a rule of customary international law permitting unilateral action in foreign territory for the protection of nationals." in: Rescuing Nationals Abroad Through Military Coercion and Intervention on Grounds of Humanity, 1985, S. 64.

482 UN Doc. S/PV.1941 vom 12. Juli 1976, para. 77-81.

483 *Dimitrakis*, The 1978 Battle of Larnaca Airport, Cyprus, and UK Diplomacy, The Global Research in International Affairs (GLORIA) Center, 7. Juni 2009.

5. Kapitel – Staatenpraxis vor 9/11

Die Inanspruchnahme eines präemptiven Rechts auf Selbstverteidigung ist nicht erst auf die *Bush*-Doktrin nach dem 11. September 2001 zurückzuführen. Vielmehr hatte sich der Sicherheitsrat der Vereinten Nationen bereits 1951 in der Suezkrise zum ersten Mal mit dem von einem Staat, hier Ägypten, vorgebrachten Argument der präemptiven Selbstverteidigung zu beschäftigen. 1964 wurden die militärischen Maßnahmen des Vereinigten Königreichs gegen Jemen und der USA gegen Nord-Vietnam, für die beide das Recht auf Selbstverteidigung in Anspruch nahmen, unter der Bezeichnung „verbotene Repressalie" diskutiert.

In der Folgezeit bis zu den Anschlägen des 11. Septembers 2001, wurde die präemptive Selbstverteidigung insbesondere in zwei Fallgruppen als Rechtfertigung für militärische Angriffe auf andere Staaten herangezogen: bei der vermuteten Bedrohung durch Massenvernichtungswaffen, insbesondere nuklearer Waffen[484], und zur Abwehr von terroristischen Anschlägen[485]. In letzterer Fallgruppe lag in den überwiegenden Fällen bereits ein solcher Anschlag durch Terroristen vor. Die Staaten, die eine solche präemptive Selbstverteidigung für sich in Anspruch nahmen, waren insbesondere Israel, Südafrika und die Vereinigten Staaten von Amerika, aber auch andere Staaten, darunter Portugal, Iran und die Türkei.

Nachfolgend wird die Staatenpraxis vor dem 11. September 2001 anhand von einigen Beispielen untersucht, mit der Zielsetzung mögliche Trends oder andere Entwicklungen feststellen zu können. Die Aufteilung in drei Unterthemen trägt dem Untersuchungsgegenstand – der *Bush*-Doktrin mit ihren drei Komponenten Präemption, die Zurechnung des Handelns von *non-state actors* (Stichworte: *„harboring")* sowie der Forderung nach *regime change* Rechnung. So taucht in der ersten Fallgruppe,

---

484 So im Fall der militärischen Zerstörung des irakischen Reaktors Osirak im Jahr 1981 durch Israel, vlg. unten III.
485 Beispiele hierfür sind die Bombardierung des PLO-Hauptquartiers in Tunis (1985) oder Libanon durch Israel, Angriffe Südafrikas auf Angola (1985), der amerikanische Angriff auf Libyen (1986). Die Angriffe Portugals auf Guinea, Senegal und Sambia im Jahr 1969 wurden zunächst noch unter dem Begriff „hot pursuit" debattiert; vgl. unten II.

der Annahme einer Bedrohung durch Staaten, und der dritten Fallgruppe, Annahme einer nuklearen Bedrohung, die Problematik der Präemption und des *regime change* auf, während bei der zweiten Fallgruppe, der Annahme einer terroristischen Bedrohung, zusätzlich die Problematik der *non-state actors* und die Kriterien der Zurechnung zu behandeln sein werden.

I. Fallgruppe Bedrohung durch Staaten

1. Suezkrise (1951)

In dem von Israel[486] vor den Sicherheitsrat gebrachten Streit um die Blockade israelischer Schiffe im Suezkanal durch Ägypten, trug die ägyptische Delegation – neben anderen rechtlichen Argumenten[487], auch vor, die Blockade sei eine legitime Maßnahme der Selbstverteidigung. So stellte der ägyptische Vertreter fest:

> "Self-preservation and self-defence has, even in our days, impelled some Powers to restrict the importation of many war materials, or as they are more usually called, strategic war materials, to areas covering many countries with which there was and there is no state of war."[488]

Unter Bezugnahme auf Kelsen, wonach "The right of self-defence [...] is the right of an individual, or a State, to defend his person, property, or honour against a real or imminent attack."[489] fügte er an:

> "This right, this sublimely primordial right, asserts itself all the more when it is seriously endangered. The fact that it is so endangered in relation to the role which is assumed in the Middle East by world political Zionism through Is-

---

486 Letter dated 11 July 1951 addressed to the President of the Security Council from the Permanent Representative of Israel to the United Nations, concerning the passage of ships through the Suez Canal, UN Doc. S/2241 vom 12. Juli 1951.

487 Das Hauptargument Ägyptens war der andauernde Kriegszustand zwischen beiden Staaten. Für eine rechtliche Würdigung dieses und anderer Argumente siehe The Security Council and the Suez Canal, ICLQ, Vol. 1, No.1, 1952, S. 85 (88).

488 Statement of the Representative of Egypt, Repertoire of the Practice of the Security Council 1946-1951, Chapter 11, S. 449.

489 *Kelsen*, The Law of the United Nations, 1950, S. 791.

rael, is a nightmare for those who sleep and an ugly fact for those who are awake."[490]

Zwar nimmt Ägypten nicht *expressis verbis* zu einem präemptiven Selbstverteidigungsrecht Stellung, allerdings kann hier nichts anderes gemeint sein, wenn Ägypten selbst keinen bewaffneten Angriff behauptet, sondern vielmehr Schiffslieferungen an Israel, die nicht zwingend Kriegsmaterialien waren, als Auslöser für ein Selbstverteidigungsrecht betrachtet.

Der israelische Vertreter bestritt die Inanspruchnahme eines Rechts auf Selbstverteidigung durch Ägypten:

> "Article 51 of the Charter allows a nation to undertake action of self-defence only on two conditions, both of which are absent here. One of them is that that country shall be the victim of armed attack, and not even the Egyptian representative himself has invoked any such prospect. The second is that the Security Council has not yet assumed responsibility for the maintenance of international peace and security in that area. The Security Council has undertaken its responsibilities in that area by underwriting the General Armistice Agreements and calling upon the parties to ensure their continued fulfillment."[491]

Die Auffassung Ägyptens wurde auch im Sicherheitsrat abgelehnt. Der Vertreter des Vereinigten Königreichs wies darauf hin, dass sich Ägypten weder in einem Kriegszustand mit Israel befinde, noch könne mit dem schon mehr als zwei Jahre in Kraft befindlichen Waffenstillstandsabkommen von einer imminenten Bedrohung Ägyptens ausgegangen werden.[492]

Ein von Frankreich, dem Vereinigten Königreich und den USA eingebrachter Resolutionsentwurf, in dem Ägypten zur Beendigung der Blockade aufgefordert wurde, wurde schließlich am 1. September 1951 mit 8-0-3 Stimmen[493] verabschiedet. In dem operativen Absatz Nr. 8 erklärte der Sicherheitsrat unmißverständlich:

> "Further finds that that practice cannot in the prevailing circumstances be justified on the ground that it is necessary for self-defence."

---

490 Statement of the Representative of Egypt, Repertoire of the Practice of the Security Council 1946-1951, Chapter 11, S. 450.

491 Statement of the Representative of Israel, Repertoire of the Practice of the Security Council 1946-1951, Chapter 11, S. 450.

492 Statement of the Representative of the United Kingdon, Repertoire of the Practice of the Security Council 1946-1951, Chapter 11, S. 450. Siehe auch Statement of the Representative of the Netherlands, ibid.

493 Ja-Stimmen: USA, UK, Frankreich, Niederlande, Türkei, Ecuador, Jugoslawien, Brasilien; Enthaltungen: China, Indien, UdSSR.

2. Krise um die Föderation Süd-Arabien (1964)

In dem Streit zwischen Jemen und dem Vereinigten Königreich hatte sich der Sicherheitsrat 1964 mit der Abgrenzung zwischen zulässiger Selbstverteidigung und unzulässiger militärischer Repressalie zu befassen. Nach wiederholten Angriffen des Jemen auf das britische Protektorat Föderation Süd-Arabien (später Süd-Jemen), hatte das Vereinigte Königreich das im Jemen liegende *Fort Harib* am 28. März 1964 bombardiert und sich dabei auf das Selbstverteidigungsrecht berufen. Vor dem Sicherheitsrat erklärte der britische Botschafter:

> "There is, in existing law, a clear distinction to be drawn between two forms of self-help. One, which is of a retributive or punitive nature, is termed 'retaliation' or 'reprisal'; the other, which is expressly contemplated and authorized by the Charter, is self-defense against armed attack. [...] It is clear that the use of armed force to repel or prevent an attack – that is, legitimate action of a defensive nature – may sometimes have to take the form of a counterattack. [...] [The attack on the Fort was a] protective action. [...] It indeed would be a strange legal doctrine which deprived the people of the Federation [of South Arabia] of any right to be defended, or deprived those responsible for defending them from taking appropriate measures of a *preventive nature*. [...] [Destruction of the fort] has no parallel with acts of retaliation or reprisal, which have as an essential element the purposes of vengeance or retribution. It is this latter use of force which is condemned by the Charter, and not the use of force for defensive purposes such as *warding off future attacks*."[494]

Die meisten Mitglieder des Sicherheitsrats sahen in dem britischen Angriff eine unzulässige Vergeltungsmaßnahme und Repressalie.[495] Die USA verwies auf ihre generelle Ablehnung von provokativen Handlungen und Vergeltungsmaßnahmen und bedauerte, dass die Grenzüberfälle nicht frühzeitiger vor den Sicherheitsrat gebracht worden waren.[496]

Die verabschiedete Resolution 188 vom 9. April 1964 verurteilte Repressalien[497] als unvereinbar mit den Zielen und Grundsätzen der Verein-

---

494 Statement of the Representative of the United Kingdom, UN Doc. S/PV.1109, 7. April 1964, S. 4-5. Hervorheb. durch Verf.

495 Vgl. Marokko („retaliatory action"), Elfenbeinküste („not justified under the principle of self-defense"), siehe Zusammenfassung der Debatte in: Repertoire of the Security Council, 1964-1965, Chapter 11, S. 193-195.

496 UN Yearbook 1964, S. 184.

497 Die chinesische Delegation machte zwar vor der Abstimmung noch darauf aufmerksam, dass, anders als militärische Repressalien, politische oder wirtschaftliche Repressalien nicht *per se* unvereinbar mit der Satzung seien. Zu einer Ände-

ten Nationen und mißbilligte den britischen Angriff auf *Fort Harib*.[498] Die
USA und das Vereinigte Königreich enthielten sich der Stimme.

3. Tongkin Zwischenfall (1964)

Nur wenige Monate später kam es zu dem sogenannten Zwischenfall im
Golf von Tonkin[499]. Amerikanische Kriegsschiffe waren Anfang August
von nord-vietnamesischen Torpedobooten wiederholt angegriffen worden.
Am 5. August 1964 bombardierten amerikanische Kampfflugzeuge nord-
vietnamesische Hafenanlagen, Marinestützpunkte und Flugabwehrstellun-
gen. Vor dem Sicherheitsrat, der noch am 5. August zusammenkam, betonte die USA in Selbstverteidigung gehandelt zu haben:

> "My government therefore determined to take positive but limited and rele-
> vant measures to secure its naval units against further aggression, Last night
> aerial strikes were thus carried out against North Viet-Namese torpedo-boats
> and their support facilities. This action was limited in scale – its only targets
> being the weapons and facilities against which we had been forced to defend
> ourselves. Our fervent hope is that the point has now been made that acts of
> armed aggression are not to be tolerated in the Gulf of Tonkin any more than
> they are to be tolerated anywhere else."[500]

Das Vereinigte Königreich unterstützte die USA und hielt die Angriffe für
eine legitime Selbstverteidigungshandlung:

> "It seems to my delegation in these circumstances that, having regard to the
> repeated nature of these attacks and their mounting scale, the United States
> Government has a right, in accordance with the principle of self-defence as
> interpreted in international law, to take *action directed to prevent the recur-
> rence of such attacks* on its ships. *Preventive action* in accordance with that
> aim is an essential right which is embraced by any definition of that principle
> of self-defence. It therefore seems to my delegation that the action taken by

---

rung des Resolutionsentwurfs kam es jedoch nicht mehr. Repertoire of the Security Council, 1964-1965, Chapter 11, S. 195.

498 S/RES/188 (1964). Die Resolution wurde mit 9 Stimmen dafür (Bolivien, Brasili-
en, China, Tschechoslowakei, Frankreich, Elfenbeinküste, Marokko, Norwegen,
UdSSR) und zwei Enthaltungen verabschiedet. UN Yearbook 1964, S. 185.

499 Der Zwischenfall war der Beginn der Beteiligung der USA am Vietnamkrieg
(1965-1975).

500 Statement of the Representative of the United States, UN Doc. S/PV.1140, 5. August 1964, para. 44.

the United States Government is fully consistent with Article 51 of the Charter."[501]

Gegen diese Auffassung sprach sich die Tschechoslowakei aus. Nach ihrer Ansicht war die von den USA in Anspruch genommene Selbstverteidigungshandlung spätestens mit dem Beschuß der angeblich angreifenden nord-vietnamesischen Torpedoboote abgeschlossen. Die weiteren Angriffe auf Hafenanlagen und Marinestützpunkte seien daher nicht von dem Recht auf Selbstverteidigung gedeckt und stellten allenfalls eine unzulässige Vergeltungsmaßnahme dar:

> "The United States delegation maintains that the aggression against the territory of the Democratic Republic of Viet-Nam was an act of legitimate self-defence under Article 51 of the United Nations Charter. The American description itself of the act, however, exceeds the definition in this Article. In the United States version, the alleged Viet-Namese attack was immediately followed by an equally alleged act of self-defence; the alleged attack was repelled, resulting in the sinking of at least two patrol-boats and the damaging of two others, according to the Pentagon statement published in The New York Times on 5 August 1964. Consequently, had there really been a Viet-Namese naval attack during the night of 4 August 1964 then it was allegedly followed by an immediate action of defence and even of retaliation against the boats which were said to have undertaken that attack. Thus, even in the United States version, there was no place for any further United States military action in terms of self defence.
> Even in the light of that version, the attack by the United States against the territory of the Democratic Republic of Viet-Nam could not be considered as an act of legitimate self-defence. At the most, it could be qualified as previous debates in the Security Council in other cases have quite clearly shown, as an act of reprisal." [502]

Darüber hinaus erinnerte die Tschechoslowakei den Sicherheitsrat an die unlängst beschlossene Resolution 188:

> "[...] as we all know and remember, this Security Council, by its resolution of 9 April 1964, 'condemns reprisals as incompatible with the purposes and principles of the United Nations'. And may I be allowed to remind you, Mr. President and all my colleagues, in the debate preceding the adoption of that resolution, the Permanent Representative of the United States, Mr. Stevenson, stated on 6 April 1964: 'My Government has repeatedly expressed its em-

---

501 Statement of the Representative of the United Kingdom, UN Doc. S/PV.1140, 5. August 1964, para. 78. Hervorheb. durch Verf.

502 Statement of the Representative of Czechoslovakia, UN Doc. S/PV.1141, 7. August 1964, para. 30-31.

phatic disapproval of provocative acts and of retaliatory raids, wherever they occur and by whomever they are committed.'"[503]

Auch die UdSSR verurteilte den amerikanischen Angriff als unzulässige Vergeltungsmaßnahme:

"The difference between the right of self-defence and the right of retaliation is quite obvious to any first-year student at any law school or any institution of legal studies. In fact, contemporary international law categorically denies and rejects a right of retaliation. The recognition of the right of self-defence in Article 51 of the United Nations-Charter *ipso jure* precludes the right of retaliation, which [...] was the basis for these actions [...]. It is consequently out of the question that the actions which culminated in the bombing of the territory of the Democratic Republic of Viet-Nam could have been done in self-defence or covered by that concept."[504]

Der Sicherheitsrat vertagte sich schließlich, ohne eine Resolution zu verabschieden.

4. USA vs. Libyen (1986)

In der Nacht vom 4. zum 5. April 1986 explodierte eine mit 1.500 Gramm Plastiksprengstoff gefüllte Tasche in der vorwiegend von amerikanischen Soldaten besuchten Discothek *La Belle* in Berlin-Friedenau. Zwei amerikanische Soldaten und eine junge türkische Frau kamen dabei ums Leben, 104 Personen wurden zum Teil schwer verletzt. Nach den Feststellungen des Landgerichts Berlin in seinem Urteil vom 13. November 2001 hatten libysche Dienststellen das in Ost-Berlin gelegene „Libysche Volksbüro" Mitte März 1986 beauftragt, Anschläge gegen US-Einrichtungen zu begehen.[505]

---

503 Ibid., para. 31.
504 Statement of the Representative of the USSR, UN Doc. S/PV.1141, 7. August 1964, para. 82-84.
505 Das Landgericht Berlin verurteilte die Haupttäterin, die deutsche Staatsangehörige Verena Chanaa, die die Bombe transportiert und aktiviert hatte, wegen Mordes, versuchten Mordes und Herbeiführung einer Sprengstoffexplosion, sowie drei weitere Angeklagte, darunter ein Mitarbeiter des „Libyschen Volksbüros", wegen Beihilfe zu Strafen zwischen 12 und 14 Jahren (LG Berlin, Urteil vom 13. November 2001, 1 Js 2/92). In der Verhandlung wurde auch bekannt, dass einer der Angeklagten inoffizieller Mitarbeiter des Ministeriums für Staatssicherheit der DDR war und regelmäßig seinem Führungsoffizier über das geplante At-

Schon am Tag des Anschlags ging die amerikanische Regierung von einer Beteiligung Libyens an dem Anschlag aus.[506] In den folgenden Tagen wurden amerikanische Flottenverbände im Mittelmeer zusammengezogen. Angesichts der drohenden Eskalation beantragte Malta am 12. April 1986 eine Sitzung des Sicherheitsrats.[507] Während Libyen jegliche Verantwortung für den Anschlag in Berlin zurückwies und die USA beschuldigte, unter einem Vorwand militärische Angriffe auf das Land vorzubereiten[508], machte der amerikanische Vertreter deutlich, dass nach Ansicht der USA eine Verletzung des Gewaltverbots des Artikel 2 Ziff. 4 UN-Charta nicht nur durch Angriffe bewaffneter Truppen gegeben sei, sondern auch durch terroristische Akte:

> "As all of us in the Chamber know, the force prohibited by Article 2 (4) of our Charter need not be used by uniformed members of the armed forces of a country. That was established long ago and is a firm principle. It is just as much a violation of Article 2 when individuals wearing civilian clothes plant bombs in aeroplanes or crowded cafes."[509]

---

tentat berichtet hatte. Siehe auch Urteil des BGH vom 24. Juni 2004 (5 StR 306/03).

506 "Evidence is adding up that the villain was Kaddafy [sic] although that hypocrite went on T.V. to say it was a terrorist act against innocent civilians & that he wouldn t do such things." Ronald Reagan, White House Diary vom 5. April 1986, http://bn.reaganfoundation.org/white-house-diary.aspx.

507 Letter dated 12 April 1986 from the Chargé d'Affaires a.i. of the Permanent Mission of Malta to the United Nations addressed to the President of the Security Council, UN Doc. S/17982, 12. April 1986. Die USA waren seit 1981 mit der Sechsten Flotte im Golf von Sidra vor der libyschen Küste präsent und hatten erst im Januar und März 1986 dort Seemanöver abgehalten. Am 25. März 1986 waren US-Schiffe durch Libyen mit Missiles angegriffen worden, in dessen Folge zwei libysche Kriegsschiffe durch die USA versenkt wurden. Libyen hatte wiederholt vor dem Sicherheitsrat gegen die US-Seemanöver protestiert. Siehe eine Zusammenfassung in UN Yearbook 1986, S. 247 ff.

508 Statement of the Representative of Libya, UN Doc. S/PV.2673, 14. April 1986, S. 4 ff. Libyen ging schließlich so weit, die USA öffentlich dazu aufzufordern, vor dem IGH oder einem Gericht in den USA oder in West-Europa Anklage gegen Libyen wegen Beteiligung an terroristischen Gewalttaten zu erheben, im Falle einer Verurteilung versprach Libyen, die Täter selbst vor Gericht zu stellen und Schadensersatz zu zahlen. Sollte Libyen jedoch freigesprochen werden, erwartete es eine Anklage gegen die amerikanische Regierung; siehe Letter dated 31 July 1986 from the Permanent Representative of the Libyan Arab Jamahiriya to the United Nations addressed to Secretary-General, UN Doc. S/18253, 31. Juli 1986.

509 Statement of the Representative of the United States, UN Doc. S/PV.2673, 14. April 1986, S. 12.

Am Abend des 14. April 1986 informierte der Ständige Vertreter der USA den Sicherheitsrat, dass die USA in Ausübung ihres Selbstverteidigungsrechts nach Artikel 51 UN-Charta „ terror-related targets" in Libyen angegriffen hätten. Ohne Umschweife führt der Brief als Begründung präemptive Ziele an:

> "The United States objective was to destroy facilities used to carry out Libya's hostile policy of international terrorism and to discourage Libyan terrorist attacks in the future."[510]

Am 15. April 1986 bombardierten US-Kampfflugzeuge die libysche Hauptstadt Tripolis, zu den 38 getöteten Personen gehörte auch eine Adoptivtochter Gaddafis.

Mit separaten Schreiben vom 15. April 1986 beantragten Libyen[511], Burkina Faso[512], Syrien[513] und Oman[514] für die arabische Gruppe wegen der „amerikanischen Aggression gegen Libyen"[515] eine Dringlichkeitssitzung des Sicherheitsrats. Der Sicherheitsrat trat noch am 15. April zusammen und hielt bis zum 24. April 1986 insgesamt neun Sitzungen zu dem Thema ab. 29 Staaten nahmen nach Regel 37 der Geschäftsordnung des Sicherheitsrats[516] an den Debatten ohne Stimmrecht teil, die entweder zur Gruppe der Blockfreien Staaten gehörten wie Algerien, Bangladesch, Indi-

---

510 Letter dated 14 April 1986 from the Acting Permanent Representative of the United States of America to the United Nations addressed to the President of the Security Council, UN Doc. S/17990, 14. April 1986.

511 Letter dated 15 April from the Chargé d'affaires ad interim of the Permanent Mission of the Libyan Arab Jamahiriya to the United Nations addressed to the President of the Security Council, UN Doc. S/17991, 15. April 1986.

512 Letter dated 15 April from the Chargé d'affaires ad interim of the Permanent Mission of Burkina Faso to the United Nations addressed to the President of the Security Council, UN Doc. S/17992, 15. April 1986.

513 Letter dated 15 April from the Chargé d'affaires ad interim of the Permanent Mission of the Syrian Arab Republic to the United Nations addressed to the President of the Security Council, UN Doc. S/17993, 15. April 1986.

514 Letter dated 15 April from the Permanent Representative of Oman to the United Nations addressed to the President of the Security Council, UN Doc. S/17994, 15. April 1986.

515 So das syrischen Schreiben, UN Doc. 17993, 15.4.1986. Burkina Faso führte als Begründung die „terrorist attacks" der USA gegen Libyen an, UN Doc. S/17992, 15. April 1986.

516 "Rule 37: Any Member of the United Nations which is not a member of the Security Council may be invited, as the result of a decision of the Security Council, to participate, without vote, in the discussion of any question brought before the

en, Burkina Faso, Iran, Nicaragua, Pakistan und Saudi Arabien, oder aber Warschauer Pakt Staaten wie die DDR, Polen und die Ukraine.[517]

Die Mehrzahl der Staaten lehnte den amerikanischen Angriff auf Libyen als Aggression ab.[518] Auch das Vereinigte Königreich sah sich auf der Anklagebank, denn die US-Kampfflugzeuge waren von englischen Basen aus gestartet. Frankreich hingegen wurde für seine Weigerung, Überflugrechte zu gewähren, gelobt.[519]

Im Verlauf der Debatte nahmen einige Staaten Stellung zu den Voraussetzungen des Selbstverteidigungsrechts gemäß Artikel 51 UN-Charta. Algerien führte aus, dass die Berufung der USA auf Artikel 51 aus zwei Gründen nicht zulässig sei: zum einen lag kein bewaffneter Angriff Libyens auf die USA vor, zum anderen könne das Recht auf Selbstverteidigung in Situation, in denen der Sicherheitsrat mit der Situation bereits befaßt sei, nicht ausgeübt werden.[520]

Security Council when the Security Council considers that the interests of that Member are specially affected, or when a Member brings a matter to the attention of the Security Council in accordance with Article 35 (1) of the Charter." Provisional Rules of Procedure of the Security Council, UN Doc. S/96/Rev. 7, 1983.

517 Siehe Übersicht in UN Yearbook 1986, S. 253 und UN Docs. S/PV.2674-2680, 2682, 2683.

518 Siehe beispielsweise Polen, („„act of aggression"), UN Doc. S/PV.2677, 16. April 1986, S. 27-29; Vietnam, („„open United States armed aggression against Libya") ibid., S. 34-35; Burkina Faso, („unprovoked acts of aggression"), ibid., S. 41; Tschechoslowakei, („state terrorism"), UN Doc. S/PV.2678, 17. April 1986, S. 13. Australien und Venezuela beschränkten sich auf eine Verurteilung jeglicher Gewaltausübung und forderten die Einleitung von Vermittlungen zwischen den Parteien gem. Kapitel VI UN-Charta, UN Doc. S/PV.2676, 16. April 1986, S. 21 (Australien) und UN Doc. S/PV2679, 17. April 1986, S. 6 (Venezuela).

519 Vgl. Statement of the Representative of Iran, UN Doc. S/PV.2678, 17. April 1986, S. 21; Nicaragua, UN Doc. S/PV.2680, 18. April 1986, S. 51. Auch Spanien und Italien hatten es abgelehnt, Überflugrechte zu gewähren, welches zur Folge hatte, dass die US-Kampfflugzeuge den Umweg über die Straße von Gibraltar ins Mittelmeer nehmen mussten.

520 Statement of the Representative of Algeria, UN Doc. S/PV.2676, 16. April 1986, S. 4-5. Siehe auch Afghanistan, („„misinterpret[ation] of Article 51"), UN Doc. S/PV.2678, 17. April 1986, S. 6; Libyen, UN Doc. S/PV.2674, 15. April 1986, S. 8-10; Ghana, UN Doc. S/PV.2680, 18. April 1986; S. 32ff.; Uganda, UN Doc. S/PV.2682, 21. April 1986, S. 16.

Die Antwort hierauf von Sir John Thomson, Vereinigtes Königreich, war kurz, aber prägnant: "State-directed terrorism is in fact war by another name."[521]

Qatar stellte die Unmittelbarkeit der Ausübung des von den USA in Anspruch genommenen Selbstverteidigungsrechts in Frage, da der Angriff auf Libyen mehrere Tage nach dem Bombenanschlag in Berlin stattgefunden hatte und daher eher einen Vergeltungsschlag darstelle.[522] Mit Hinsicht auf die amerikanische Erklärung, zukünftige Anschläge mit dem Angriff verhindern zu wollen, stellte der Vertreter Qatars fest:

> "The truth, however, is that in international law the concept of 'pre-emptive self-defence' does not exist, since armed aggression has to precede acts of self-defence according to the first condition of that limited exception to the rule of non-use of force stipulated by Article 51 of the Charter. Otherwise, the invoking of pre-emptive self-defence could be the pretext for all imaginable acts of armed aggression."[523]

Auf die Möglichkeit der Entstehung neuen Völkerrechts wies der Vertreter Thailands hin:

> "Thus far the Charter does not go so far as to permit pre-emptive attack or reprisal as a valid substitute for its multilateral procedure. [...] One clear lesson for any State sponsoring terrorism [...] is that great Powers throughout history have exercised their power and the inclination to shape or influence the development of international law."[524]

Auch Uganda befürchtete eine Präzedenzwirkung, insbesondere im Hinblick auf Südafrikas Angriffe auf seine Nachbarstaaten wegen dort vermuteter ANC- und SWAPO-Stützpunkte:

> "My delegation is concerned about the dangerous precedent which this latest action sets. As members of the Council are aware, South Africa, under the pretext of fighting terrorism, has been mounting constant acts of aggression against the front-line States. There is a grave danger that the latest United States action might be viewed as providing South Africa with the example to

---

521 Statement of the Representative of the United Kingdom, S/PV.2679, 17. April 1986, S. 18.

522 Statement of the Representative of Qatar, UN Dov. S/PV.2677, 16. April 1986, S. 6. Vgl. auch Bangladesch, ("unilateral action [...] on the pretext of the right of self-defence"), UN Doc. S/PV.2679, 17. April 1986, S. 12. Siehe auch Sudan, UN Doc. S/PV.2678, 17. April 1986, S. 28-31.

523 Ibid., S. 7. Siehe auch Madagaskar, ibid., S. 13-15.

524 Statement of the Representative of Thailand, UN Doc. S/PV.2682, 21. April 1986, S. 41.

emulate and to justify its sinister designs against peace-loving African neighbours."[525]

Ein von den Sicherheitsratsmitgliedern Kongo, Ghana, Madagaskar, Trinidad und Tobago und Vereinigte Arabische Emirate eingebrachter Resolutionsentwurf, in dem der militärische Angriff der USA auf Libyen verurteilt wurde, scheiterte schließlich am Veto Frankreichs, des Vereinigten Königreichs und der USA.[526]

Angesichts der Blockade im Sicherheitsrat verabschiedete die Generalversammlung am 20. November 1986 Resolution 41/38, in der der Angriff als Verletzung der UN-Charta und des Völkerrechts verurteilt wurde, auch beklagte die Resolution die „Desinformationskampagne" gegen Libyen. Das Abstimmungsergebnis von 79 Ja-Stimmen, 28 Nein-Stimmen (darunter viele EU-Staaten, inklusive Deutschland) und 33 Enthaltungen sowie die abgegebenen Erklärungen zeigen jedoch, dass die Verurteilung der USA kontrovers betrachtet wurde. So erklärte Neuseeland, dass die Resolution auf einer einseitigen Sichtweise basiere und nicht die vorhergehenden Ereignisse berücksichtige, und dass bei schwerwiegenden terroristischen Akten der Einsatz von Gewalt in Selbstverteidigung gerechtfertigt sein könne, solange die ausgeübte Gewalt dem Verhältnismäßigkeitsgrundsatz entspreche.[527]

Die Befürchtungen Ugandas sollten sich nur einen Monat später als berechtigt herausstellen: am 19. Mai 1986 griff Südafrika die sogenannten *front-line* Staaten Botswana, Sambia und Simbabwe an und berief sich in seiner Rechtfertigung vor dem Sicherheitsrat auf das Vorgehen der USA gegen Libyen.[528]

---

525 Statement of the Representative of Uganda, UN Doc. S/PV.2682, 21. April 1986, S. 17.

526 Resolutionsentwurf S/18016/Rev. 1. Das Abstimmungsergebnis ergab 9 Staaten dafür (Bulgarien, China, Kongo, Ghana, Madagaskar, Thailand, Trinidad und Tobago, UdSSR, Vereinigte Arabische Emirate), 5 dagegen (Australien, Dänemark, Frankreich, Vereinigtes Königreich, USA), 1 Enthaltung (Venezuela); UN Doc. S/PV.2682, 21. April 1986, S. 43, UN Yearbook 1986, S. 254.

527 UN Yearbook 1986, S. 258.

528 Siehe unten II.3.

5. USA vs. Irak (1993)

In den frühen Morgenstunden des 27. Juni 1993 zerstörten 23 Marschflugkörper, die von amerikanischen Kriegsschiffen im Roten Meer und Arabischen Golf abgefeuert worden waren, die Zentrale des irakischen Geheimdienstes in Bagdad, dabei kamen auch drei Zivilisten ums Leben, weitere Personen wurden verletzt.[529] In einem Schreiben an den Präsidenten des Sicherheitsrates teilte die amerikanische Botschafterin Madeleine Albright mit, die USA hätten in Selbstverteidigung nach Artikel 51 UN-Charta gehandelt, da Beweise für eine Urheberschaft des Irak bei dem vereitelten Attentatsversuch auf den ehemaligen Präsidenten Bush in Kuwait im April des Jahres vorlagen:

> "In accordance with Article 51 of the United Nations Charter, I wish, on behalf of my Government, to report that the United States has exercised its right of self-defence by responding to the Government of Iraq's unlawful attempt to murder the former Chief Executive of the United States Government, President George Bush, and to its continuing threat to United States nationals. [...] It is the sincere hope of the United States Government that such limited and proportionate action may frustrate future unlawful actions on the part of the Government of Iraq and discourage or preempt such activities."[530]

Auf der Sicherheitsratssitzung am selbigen Tag präsentierten die USA Beweismaterial, die diese Urheberschaft des Irak bestätigen sollte, darunter Fotos des mit der Bombe bestückten Toyota Landcruiser und Komponenten der Bombe, die mit anderen Bombenfunden im Irak nach Untersuchungen des FBI identisch waren sowie die Verhörprotokolle der Beschuldigten, unter denen sich zwei irakische Staatsangehörige befanden.[531] Die USA machten ebenfalls deutlich, dass sie den Vorfall als reine Angelegenheit zwischen dem Irak und der USA betrachteten:

> "This specific incident was between Iraq and the United States directly, which is why we acted alone."[532]

---

529 Die Kosten für einen Marschflugkörper oder Tomahawk-Missile belaufen sich auf rund 1,1 Mill. US-Dollar; *von Drehle/Smith*, U.S. Strikes Iraq for Plot to Kill Bush, Washington Post, 27. Juni 1993, S. A01.

530 Letter dated 26 June 1993 of the Permanent Representative of the United States to the United Nations to the President of the Security Council, UN Doc. S/26003.

531 S/PV. 3245, 27. Juni 1993, S. 3 ff.

532 Statement of the Representative of the United States, UN Doc. S/PV.3245, 27. Juni 1993, S. 8.

Der Irak lehnte jede Beteiligung an dem Attentatsversuch ab und verurteilte die Angriffe der USA als „totally unjustified act of aggression".[533]

Keines der Sicherheitsratsmitglieder folgte jedoch der Auffassung des Irak, vielmehr wurde dem Irak Staatsterrorismus vorgeworfen und Verständnis für das Vorgehen der USA geäußert, trotz des eindeutig unilateralen Handelns der USA zwei Monate nach dem Attentatsversuch auf Präsident Bush in Kuwait.

Für Neuseeland stellte der Versuch, ein Staatsoberhaupt oder ranghohes Regierungsmitglied zu ermorden, bereits eine Angriffshandlung dar:

"Any nations that seeks to assassinate the Head of State or a member of the senior political leadership of another State commits an act of aggression."[534]

Das Vereinigte Königreich wies darauf hin, dass sich der Irak in Resolution 687 (1991) verpflichtet habe, jegliche Form von Staatsterrorismus zu unterlassen.[535]

Frankreich, Neuseeland und Spanien erklärten ihr vollstes Verständnis für die amerikanische Reaktion auf den Attentatsversuch und die Gründe für das unilaterale Vorgehen.[536] Japan hielt es für eine unvermeidbare Si-

---

533 Siehe Letter dated 27 June 1993 of the Permanent Representative of Iraq to the United Nations to the President of the Security Council, UN Doc. S/26004 und Statement UN Doc. S/PV.3245, 27. Juni 1993, S. 9 ff.

534 Statement of the Representative of New Zealand, UN Doc. S/PV.3245, 27. Juni 1993, S. 23. Siehe auch Spanien ("The fact that a country's secret services conspire and make preparations to assassinate the former Head of State of another State, in the territory of a third State, constitutes in itself a serious violation of international law and, at the same time, is a threat to the security of all."), ibid., S. 24; Japan ("We condemn the involvement of the Government of Iraq in this unlawful assassination attempt."), ibid., S. 16.

535 Statement of the Representative of the United Kingdom, UN Doc. S/PV. 3245, 27. Juni 1993, S. 22. Vgl. Resolution 687 (1991), op. Paragraph 32: "Requires Iraq to inform the Council that it will not commit or support any act of international terrorism or allow any organization directed towards commission of such acts to operate within its territory and to condemn unequivocally and renounce all acts, methods and practices of terrorism". Auch Brasilien und Ungarn sprachen von Staatsterrorismus durch den Irak, vgl. Statement of the Representative of Brazil, UN Doc. S/PV.3245, 27. Juni 1993, S. 18; Hungary ("act of State terrorism against the former President of the United States"), ibid., S. 18.

536 Statement of the Representative of France ("The French Government fully understands the reaction of the United States and the reasons for the unilateral action by United States forces, in the circumstances under which it was carried out."),

tuation, in der die USA handeln mussten[537], und Russland, wie auch das Vereinigte Königreich, bewertete es als gerechtfertigt nach Artikel 51 UN-Charta:

> "In the view of the Russian leadership, the actions by the United States are justified since they arise from the right of States to individual and collective self-defence, in accordance with Article 51 of the Charter of the United Nations." [538]

China und die Gruppe der Blockfreien Staaten im Sicherheitsrat, Kapverden, Dschibuti, Marokko, Pakistan und Venezuela, verurteilten generell den Terrorismus und riefen beide Seiten zu Zurückhaltung und friedlicher Streitbeilegung auf.[539]

Ungarn lobte die amerikanische Terrorismusbekämpfungsstrategie:

> "We are pleased with the United States commitment to fight terrorism and deter aggression in the world."[540]

Ausdrücklich auf eine abschreckende Wirkung hoffte Sir David Hannay, Vereinigtes Königreich:

> "My Government hopes that the deterrent effect of this legitimate response will reinforce the fight against State terrorism."[541]

UN Doc. S/PV.3245, 27. Juni 1993, S. 13. New Zealand ("My country can understand why [...] any country would feel obliged to consider responding with force. "), ibid., S. 23. Spain ("we understand the action the United States Government felt forced to take in the exceptional circumstances of this case."), ibid., S. 24.

537 Statement of the Representative of Japan ("Given such circumstances, my Government considers that there existed an unavoidable situation in which the United States Government could not help but take action"), UN Doc. S/PV.3245, 27. Juni 1993, S. 16.

538 Statement of the Representative of the Russian Federation, UN Doc. S/PV.3245, 27. Juni 1993, S. 22. United Kingdom („proper and proportionate", „entirely justified"), ibid., S. 22.

539 Statement of the Representative of China, UN Doc. S/PV. 3245, 27. Juni 1993, S. 21; Cape Verde (on behalf of the non-aligned countries), ibid., S. 16-17.

540 Statement of the Representative of Hungary, UN Doc. S/PV.3245, 27. Juni 1993, S. 19-20.

541 Statement of the Representative of the United Kingdom, UN Doc. S/PV.3245, 27. Juni 1993, S. 22.

6. Libyen – Lieferung von F-15 Kampfflugzeugen an Israel (1998)

Auch Libyen nahm eine präemptive Selbstverteidigung in Anspruch. In einem Brief an den Präsidenten des Sicherheitsrats vom 26. Januar 1998 sah es bereits durch die Lieferung von 2 von insgesamt 25 F-15 Kampfflugzeugen durch die USA an Israel sein Selbstverteidigungsrecht nach Artikel 51 UN-Charta als gegeben an:

> "As we send you another warning and express our surprise at the new and dangerous measure that the United States Administration has had the audacity to take, we wish to inform you that the delivery of the F-15 fighters confirms our right of self-defence under Article 51 of the Charter of the United Nations and obliges the Council to fulfil the role incumbent on it in such situations."[542]

Da weder ein Angriff Israels auf Libyen noch ein unmittelbar drohender Einsatz der Kampfflugzeuge vorlag, handelt es sich hier eindeutig um ein von Libyen als möglich erwartetes, zukünftiges Ereignis, mithin also um ein Fall der Präemption.

7. Zwischenergebnis

Sicherlich nicht überaus überraschend ist, dass Staaten bereits im ersten Vierteljahrhundert nach dem Inkrafttreten der UN-Charta und ihres Artikel 51 ein präemptives Recht auf Selbstverteidigung in Anspruch nahmen, wie die Beispiele Ägypten, Libyen, Vereinigtes Königreich und USA exemplarisch zeigen.[543] In zwei der sechs Beispiele lag ein vorhergehender, bewaffneter Angriff vor (Vereinigtes Königreich und USA), im Falle des amerikanischen Bombardements von Libyen nach dem *La Belle*-Attentat war dies – zumindest 1986 – noch streitig.

Allen sechs Beispielen ist jedoch gemein, dass entweder zusätzlich zu dem Anführen eines bewaffneten Angriffs, aber auch ohne auf einen solchen zu rekurrieren, ein präemptives Selbstverteidigungsrecht reklamiert wurde, wie die Wortwahl eindeutig zeigt: „warding off future attacks",

---

542 Letter dated 26 January 1998 from the Permanent Representative of the Libyan Arab Jamahiriya to the President of the Security Council, UN Doc. S/1998/70 vom 27. Januar 1998.

543 Und es auch davor schon taten, welches hier allerdings nicht weiter vertieft werden soll.

„prevent recurrence", „to discourage attacks in the future" oder „preempt such activities".

Interessant erscheinen auch die Argumentationen zur Zurückweisung derartiger Ansprüche, die sich zunächst sehr nah an dem Wortlaut von Artikel 51 UN-Charta orientieren, wenn sie das Vorliegen eines bewaffneten Angriffs ablehnen sowie auf die Befassung des Sicherheitsrats mit der Situation verweisen.

Auch im Libyen-Fall wurde die Argumentation vorgebracht, Libyen habe keinen Anschlag auf die Diskothek *La Belle* verübt, welches sich erst Jahre später als unzutreffend herausstellen sollte.[544] Ein anderes Argument kommt indes hinzu: das der Verhältnismäßigkeit, die die USA bei ihrem Angriff auf Tripolis verletzt hätten. Darin ist aber die Anerkennung eines Selbstverteidigungsrechts der USA implizit enthalten. Geradezu einhellig war die Zustimmung der Staaten zu dem amerikanischen Vorgehen gegen Irak, dem „Staatsterrorismus" vorgeworfen wurde. Selbst die Frage der Verhältnismäßigkeit wurde nicht diskutiert.

Die überwiegend ablehnende Reaktion der Staatengemeinschaft in den genannten Fällen (mit Ausnahme der Bombardierung der Geheimdienstzentrale im Irak, 1993) zeigt allerdings, dass ein Recht auf präemptive Selbstverteidigung nicht anerkannt war.

II. Fallgruppe Internationaler Terrorismus

1. Israel vs. Libanon (1968)

Israel verfolgt seit den 1960iger Jahren eine weite Auslegung des Rechts auf Selbstverteidigung bei der Bekämpfung von Terrorismus, das nach israelischer Ansicht auch präemptive Maßnahmen beinhaltet. Bereits nach dem Sechstagekrieg (5. - 10. Juni 1967) beschuldigte Israel die arabischen Staaten – insbesondere Jordanien und den Libanon – den Waffenstillstand durch terroristische Anschläge und Sabotage gegen Israel zu verletzen:

> "The organized acts of murder, terrorism and sabotage against defence forces and the civilian population, perpetrated by armed groups infiltrating across the cease-fire line, constitute warlike acts in flagrant violation of the cease-

---

544 Dieses wird allerdings teilweise in der Völkerrechtsliteratur heute noch verkannt, siehe beispielsweise *Bothe*, in: Graf Vitzthum/Proelß (Hrsg.), Völkerrecht, 7. Auflage, 2016, 8. Abschnitt, Rn. 11. Siehe in diesem Kapitel I.4.

fire. The Government, from whose territory these acts are carried out […] must accept full responsibility for them. […] My Government must maintain its right and duty to take all necessary measures for the security of the territory and population under its jurisdiction."[545]

Am 23. Juli 1968 wurde eine Maschine der El Al auf dem Flug von Rom nach Tel Aviv mit 48 Menschen an Bord von Mitgliedern der *Popular Front for the Liberation of Palestine* (PFLP) nach Algerien entführt und erst nach 40 Tagen freigelassen. Nur sechs Monate später, am 26. Dezember 1968, wurde eine weitere Maschine der El Al mit 53 Passagieren, die auf dem Weg nach New York war, auf dem Internationalen Flughafen von Athen von PFLP-Mitgliedern mit Bomben und Maschinengewehren angegriffen, ein Israeli starb.[546] Die von der griechischen Polizei festgenommenen Attentäter waren nach Überzeugung der israelischen Regierung in Beirut mit Billigung der libanesischen Regierung ausgebildet worden und vom Beiruter Flughafen nach Athen geflogen.[547] Als Antwort landeten am Abend des 28. Dezember 1968 israelische Truppen auf dem Internationalen Flughafen von Beirut und zerstörten dreizehn libanesische Flugzeuge, die in Hangars geparkt waren – der Großteil der libanesischen zivilen Flotte.

Libanon beantragte am nächsten Morgen eine Dringlichkeitssitzung des Sicherheitsrats[548] angesichts des *„flagrant act of aggression"* durch Israel.[549] Auch Israel beantragte eine Dringlichkeitssitzung, und warf Libanon die andauernde Verletzung der UN-Charta durch "assisting and abetting acts of warfare, violence and terror by irregular forces and organizations harboured by Lebanon and operating from that country against Israel".[550]

---

545 Letter dated 18 March 1968 from the Permanent Representative of Israel to the United Nations to the President of the Security Council, UN Doc. S/8475, 18. März 1968.

546 Siehe Statement of the Representative of Israel, UN Doc. S/PV.1460, 29. Dezember 1968, para. 27 ff.

547 Ibid., para. 39.

548 Mitglieder des Sicherheitsrats waren im Jahr 1968: Algerien, Brasilien, Kanada, China, Dänemark, Äthiopien, Frankreich, Ungarn, Indien, Pakistan, Paraguay, Senegal, UdSSR, Vereinigtes Königreich und die Vereinigten Staaten.

549 Letter dated 29 December 1968 from the Permanent Representative of Lebanon to the United Nations to the President of the Security Council, UN Doc. S/8945, 29. Dezember 1968.

550 Letter dated 29 December 1968 from the Permanent Representative of Israel to the United Nations to the President of the Security Council, UN Doc. S/8946, 29. Dezember 1968.

173

Der Präsident des Sicherheitsrats, der Botschafter Äthiopiens, setzte zunächst beide Schreiben auf die vorläufige Tagesordnung. Hiergegen erhob der sowjetische Botschafter Einspruch, nach seiner Ansicht stand der israelische Antrag in keinem Zusammenhang mit der Situation im Nahen Osten, da der vorhergehende Anschlag in Athen stattgefunden hatte, und gab zu Bedenken, dass der Sicherheitsrat kein internationales Gericht zur Aburteilung von terroristischen Aktivitäten wäre.[551] In Anbetracht der „späten Stunde" – es war 18.00 Uhr – stimmte die Sowjetunion dann aber doch der Tagesordnung zu.

Zum Angriff auf den Beiruter Flughafen erklärte der israelische Botschafter:

> "The Government of Israel was duty bound on this occasion to take appropriate action in self-defence designed to prevent any repetition of this nefarious attack. [...] The action was directed solely against the base from which the terrorists had departed on the previous occasion. This action was taken to uphold Israel's basic right to free navigation in international skies."[552]

Die Verantwortung Libanons begründete Israel mit der Billigung und Unterstützung von terroristischen Gruppen auf seinem Staatsgebiet:

> "When Lebanese territory is used as a base for acts of aggression against Israel, when the Lebanese authorities harbour terror organizations and allow them to operate freely against Israel territory and Israel citizens, Israel has no choice but to act in self-defence."[553]

Libanon bestritt jede Verantwortlichkeit und betonte die Neuartigkeit der israelischen Maßnahmen und Argumentation:

> "This is the first time in history that a State has used its regular military forces to attack a civilian objective or a private company of another State in alleged reprisal for an action by commandos who are not nationals of that other State and have acted outside its territory.
>
> This is the first time that a State has been held responsible for the acts of persons whom it has in no way assisted to do those acts [...]."[554]

Die Mitglieder des Sicherheitsrats folgten der Argumentation Israels jedoch nicht und verurteilten den israelischen Angriff mit der einstimmig beschlossenen Resolution 262 (1968) als Verletzung der UN-Charta und

---

551 UN Doc. S/PV.1460, 29. Dezember 1968, para. 5.
552 Ibid., para. 59-61.
553 UN Doc. S/PV.1461, 30. Dezember 1968, para. 126.
554 Ibid., para. 23.

des Waffenstillstandsabkommens.[555] Selbst der amerikanische Botschafter konnte keine Rechtfertigung des israelischen Angriffs gegen den Libanon erkennen:

> "However, the United States feels that this action does not justify the Israeli retaliation of 28 December. In the first place, we do not see a justification for a retaliation of any kind against Lebanon. Nothing that we have heard has convinced us that the Government of Lebanon is responsible for the occurrence in Athens. [...] Secondly, apart from the question of Lebanese culpability, the Israeli action is unjustified. Such a military attack upon an international airport is an unacceptable form of international behaviour. In magnitude it is entirely disproportionate to the act which preceded it."[556]

Was sich bereits im Rahmen der kontroversen Annahme der Tagesordnung gezeigt hatte, setzte sich auch in der Debatte fort. Hier wurde nämlich deutlich, dass einige Sicherheitsratsmitglieder den Rat sogar für unzuständig hielten, und zwar mit der Begründung, dass terroristische Anschläge keine Verletzung des *internationalen* Friedens und Sicherheit darstellten und damit auch nicht vor den Sicherheitsrat der Vereinten Nationen gehörten, sondern vielmehr mit Mitteln des nationalen Strafrechts bekämpft werden müßten. So wurde der israelische Botschafter während seines Vortrages über die Attentate auf die El Al-Maschinen unsanft von der sowjetischen Delegation mit einem Antrag zur Geschäftsordnung unterbrochen:

> "Why is all this being narrated to the Security Council? This incident, which took place in Athens, concerns the sovereignty and competence of the Greek authorities. It occurred on the territory of Greece. According to press reports the competent authorities of that country are dealing with this matter; they are studying it and apparently certain measures will be taken. Clearly there are executive and judicial authorities in that country. How is this matter related to the Security Council?

---

555 Für eine Zusammenfassung siehe Repertoire of the Security Council, 1966-1968, S. 163-164, sowie UN Docs. S/PV.1460-1462.

556 Siehe Statement of the Representative of the United States, UN Doc. S/PV.1460, 29. Dezember 1968, para. 73; ebenfalls an der Verantwortung Libanons zweifelnd das Vereinigte Königreich, para. 81; Frankreich hielt den Anschlag in Athen als „individual act", und insofern den israelischen Angriff als „inadmissible", para. 87, 89; wie auch Indien, para. 106; Ungarn („act of armed aggression"), para. 114; UdSSR („monstrous piratical raid"), para. 91.

If the Security Council [...] were to begin to consider all terrorist acts committed no matter where, even in this country, then it would cease to be the Security Council."[557]

Auch Ungarn hielt den Sicherheitsrat für unzuständig:

"The Security Council cannot intervene in proceedings taking place under national jurisdiction without grave violation of the Charter. Similar acts of sabotage have never been brought before the Council for the simple reason that the Council is entitled to deal only with problems and conflicts between sovereign States and their Governments. Since in the case mentioned by the Israeli representative, no direct relation exists between the perpetrators of the sabotage and the government of Lebanon – in fact that Government has resolutely denied any responsibility for the sabotage – the inscribing of the question on the agenda of the Security Council is completely out of order."[558]

Diese Auffassung wurde allerdings von den westlichen Staaten nicht geteilt, vielmehr wurde auf die Gefährdung des internationalen Luftverkehrs durch die vorhergegangenen Anschläge hingewiesen und Israel gerügt, die terroristischen Anschläge nicht sofort vor den Sicherheitsrat gebracht zu haben.[559]

In den folgenden Jahren setzte Israel im Zeichen zahlreicher terroristischer Anschläge seine Angriffe auf Nachbarstaaten, insbesondere den Libanon und Jordanien, fort. Ziel der israelische Angriffe, die die Regierung als Selbstverteidigungsmaßnahmen bezeichnete, waren Ausbildungslager und Einrichtungen der PLO und anderer palästinensischer Organisationen.[560] Der Sicherheitsrat verurteilte wiederholt diese Angriffe als Verletzung der Satzung der Vereinten Nationen und des Waffenstillstandsabkommens.[561]

---

557 Statement of the Representative of the UdSSR, UN Doc. S/PV.1460, 29. Dezember 1968, para. 32-34.

558 Ungarn, ibid., para. 114; siehe auch Algerien, ibid., para. 122; ebenso Pakistan, UN Doc.S/PV.1461, 30. Dezember 1968, para. 74.

559 Siehe Dänemark, UN Doc. S/PV.1461, 30. Dezember 1968, para. 31; Vereinigtes Königreich, para. 46; Kanada, S/PV.1462, 31. Dezember 1968, para. 9-10; Vereinigtes Königreich, para. 35; USA, para. 92.

560 Siehe bsp. Statement of the Representative of Israel, UN Doc. S/PV.1466, 27. März 1969, para.62 ff. oder Repertoire of the Security Council, 1969-1971, S. 109 ff.; Repertoire of the Security Council, 1972-1974, S. 114 ff.

561 Siehe Resolutionen 265 (1969), 270 (1969), 279 (1970), 313 (1972), 332 (1973), 347 (1974).

2. Portugal vs. Sambia, Senegal und Guinea (1969)

Im Jahr 1969 brachten Sambia[562], Senegal[563] und Guinea[564], Nachbarstaaten der damaligen portugiesischen Kolonialgebiete Portugiesisch-Guinea, Angola und Mosambik, Beschwerden gegen Portugal vor den Sicherheitsrat. Portugal wurde jeweils vorgeworfen, Angriffshandlungen gegen die drei Staaten vorgenommen zu haben, wobei Dörfer beschossen und damit die territoriale Souveränität der Staaten verletzt worden sei.

Portugal behauptete, in Selbstverteidigung[565] gehandelt zu haben, da die drei Staaten ihr Territorium feindlichen Kräften für ihre Angriffe auf portugiesisches Gebiet zur Verfügung gestellt hätten:

"[Zambia's] policy of permitting violence against Portugal gave rise to attacks carried out from Zambian territory against Portuguese territories. [...] In fact, the offence comes from the Zambian side, and a situation has arisen in which the Portuguese frontier areas in Angola and Mozambique are constantly being violated by armed elements proceeding from Zambia. The Zambian Government cannot disclaim responsibility for this situation. It has the obligation not to permit its territory to be used as a springboard for hostile actions against foreign territories."[566]

"The Portuguese Government cannot, under any circumstances, fail in its duty to protect the lives and property of its citizens and to help them defend themselves."[567]

---

562 Letter dated 15 July 1969 from the Permanent Representative of Zambia addressed to the President of the Security Council, UN Doc. S/9331, 15. Juli 1969.

563 Letter dated 27 November 1969 from the Permanent Representative of Senegal addressed to the President of the Security Council, UN Doc. S/9513, 27. November 1969.

564 Letter dated 4 December 1969 from the Chargé d'Affaires a.i. of Guinea addressed to the President of the Security Council, UN Doc. S/9528, 4. Dezember 1969.

565 Siehe Statement of the Representative of Portugal, UN Doc. S/PV.1486, 18. Juli 1969, para. 72. Siehe auch bez. Senegal, UN Doc. S/PV.1516, 4. Dezember 1969, para. 102.

566 Statement of the Representative of Portugal, UN Doc. S/PV.1486, 18. Juli 1969, para. 69-70. Siehe auch bez. Senegal ("[...] is it or is it not a fact that anti-Portuguese organizations avowedly dedicated to violence have been given bases in Senegal from which to carry out armed attacks across the frontier against Portuguese Guinea and return for shelter in Senegalese territory?"), UN Doc. S/PV.1516, 4. Dezember 1969, para. 90.

567 Statement of the Representative of Portugal, UN Doc. S/PV.1516, 4. Dezember 1969, para. 106.

Damit folgte Portugal den Argumenten Israels, auch das Vereinigte Königreich hatte in dem Jemen-Zwischenfall 1964 ähnlich argumentiert. Verschiedene Redner griffen die Begründung Portugals unter dem Stichwort
„right to pursuit" auf. Die Parallelitäten der Argumente veranlaßten Algerien zu der Feststellung:

> "More and more we see a new interpretation of international law tending to
> be based on force, as well as a systematic recourse to methods based on delib-
> erate disdain for the law of nations and States in the settlement of internation-
> al affairs. For example, a new category has been created in the law of war, a
> category which is by now becoming increasingly systematized, and is called
> the right of pursuit."[568]

Der Vertreter Pakistans merkte an:

> "[International law] refuses to recognize the so-called right of pursuit. The
> Council cannot but refuse to countenance the claim to such a right, whether it
> is invoked in southern Africa, in the Middle East or elsewhere. We regret that
> much of the case which the representative of Portugal sought to make out, if
> analysed, rests ultimately on nothing but the assertion of this right of pursuit
> under the guise of self-defence."[569]

Marokko wies auf die gefährlichen Auswirkungen eines Rechts auf Verfolgung hin:

> "If we open the door to this concept of the right of pursuit, we shall see
> throughout the world a certain number of countries which, being engaged in a
> conflict in a given region, might expand that conflict and spread it all over the
> world. Unfortunately, centres of armed conflict exist in practically every con-
> tinent, and we see, here and there, that the aggressor or occupier exercises a
> 'right of pursuit' which he does not have, since no such right exists in law,
> and extends the conflict to neighbouring countries. I am referring to what is
> taking place in the Middle East and in the Far East, where countries are daily
> becoming victims of aggression merely because under the pressure of facts
> they opened their borders to exiles, or to people fleeing before the threat of
> overwhelming military power. Perhaps the impunity which some Powers have
> enjoyed in this respect in recent years has convinced Portugal that its case
> would benefit from the same indulgence or the same indifference here."[570]

---

568 Statement of the Representative of Portugal, UN Doc. S/PV.1486, 18. Juli 1969,
   para. 96.
569 Statement of the Representative of Pakistan, UN Doc. S/PV.1488, 23. Juli 1969,
   para. 78. Siehe auch Madagaskar, UN Doc. S/PV.1518, 8. Dezember 1969, para.
   18.
570 Statement of the Representative of Morocco, UN Doc. S/PV.1517, 5. Dezember
   1969, para. 55.

In den Debatten des Sicherheitsrats verurteilte die Mehrzahl der Staaten die portugiesischen Angriffe und seine Berufung auf das Recht zur Selbstverteidigung und betonte stattdessen das Selbstbestimmungsrecht der Völker.[571] In allen drei Fällen verabschiedete der Sicherheitsrat Resolutionen[572], in denen die Angriffe Portugals verurteilt und Portugal aufgefordert wurde, derartige Angriffe künftig zu unterlassen. Spanien und die USA enthielten sich jedes Mal der Stimme und machten hierfür mangelnde unabhängige Informationen geltend, das Vereinigte Königreich schloß sich dieser Ansicht in zwei Fällen (Sambia, Guinea) an.

Mit der Unabhängigkeit der ehemaligen portugiesischen Kolonien, insbesondere Angola und Mosambik im Jahre 1975, sah sich Südafrika verstärkt Angriffen verschiedener Freiheitsbewegungen ausgesetzt und sollte in der Folgezeit bei der Begründung seiner Gegenangriffe auf die Argumentation Portugals zurückgreifen.

3. Südafrika vs. die „front-line" Staaten (1976-1987)

Die Angriffe Südafrikas auf seine Nachbarstaaten, die sogenannten *„front-line"* Staaten Angola, Botswana, Mosambik, Lesotho, Simbabwe, Sambia und Tansania, waren von 1976-1987 wiederholt Gegenstand von Debatten und Resolutionen des Sicherheitsrats.[573] Südafrika verteidigte die Angriffe als Selbstverteidigung gegen die terroristische Bedrohung durch den *African National Congress* (ANC) und die *South West Africa People's Organization* (SWAPO) und warf den *front-line* Staaten vor, sie hätten ihr Territorium diesen terroristischen Gruppierungen für ihre Angriffe auf Südafri-

---

571 Siehe bsp. Ungarn, UN Doc. S/PV.1487, 22. Juli 1969, para. 26; Tansania, ibid., para. 72; Madagaskar, UN Doc. S/PV.1518, 8. Dezember 1969, para. 18; Vereinigte Arabische Emirate, ibid., para. 57; Madagaskar, UN Doc. S/PV.1523, 17. Dezember 1969, para. 35. Eine Zusammenfassung der Debattten unter der Überschrift "Relations between African States and Portugal" enthält das UN Yearbook 1969, S. 135-145.

572 Resolution 268 (Sambia), 11-0-4 (Frankreich, Spanien, UK, USA); Resolution 273 (Senegal), 13-0-2 (Spanien, USA); Resolution 275 (Guinea), 9-0-6 (China, Kolumbien, Frankreich, Spanien, UK, USA).

573 Vgl. Resolutionen des Sicherheitsrats zu Südafrika und Angola: S/RES/387 (1976), 428 (1978), 447 (1979), 454 (1979), 475 (1980), 545 (1983), 546 (1984), 567 (1985), 571 (1985), 574 (1985), 577 (1985), 602 (1987); zu Sambia: S/RES/393 (1976) und 466 (1980), zu Lesotho S/RES/527 (1982) und 580 (1985); zu Botswana S/RES/568 (1985); sowie S/RES/581 (1986).

ka und Südwestafrika (Namibia) zur Verfügung gestellt. In einem Brief des südafrikanischen Außenministers Botha an den Präsidenten des Sicherheitsrats aus dem Jahr 1980 heißt es:

> "[South Africa], [...] has no alternative but to take protective action against aggression committed from Zambian soil. South Africa's actions are in direct response to the threat posed by these terrorist activities. [...] Zambia must bear full responsibility for allowing terrorist elements to establish sanctuaries in and operate from, its territory. [...] South Africa has no choice but to continue to eradicate threats from countries which openly harbor terrorists and make their territories available for attacks against South West Africa/Namibia and South Africa."[574]

Zunächst nahm Südafrika damit das Recht auf *„hot pursuit"*, als unmittelbare Antwort auf terroristische Angriffe aus den Nachbarstaaten, in Anspruch. Dieses Argument wurde von der Mehrzahl der Staaten abgelehnt und die Angriffshandlungen sowie die Verletzung der Souveränität und territorialen Integrität der Nachbarstaaten verurteilt.[575]

Seit 1983 berief sich Südafrika in seinen Redebeiträgen vor dem Sicherheitsrat auf internationales Recht und anerkannte Prinzipien, wonach

---

574 Letter dated 10 April 1980 from the Minister of Foreign Affairs and Information of South Africa addressed to the President of the Security Council, UN Doc. S/13886. In Bezug auf Angola und SWAPO vgl. auch Letter dated 19 March 1979 from the Chargé d'Affaires of the Permanent Mission of South Africa to the United Nations to the President of the Security Council, UN Doc. S/13180 und Letter dated 27 June 1980 of the Permanent Representative of South Africa to the United Nations addressed to the President of the Security Council, UN Doc. S/14028. Siehe auch Statement of the Representative of South Africa in the Security Council (Situation in Namibia): "However, an attitude has developed in the international community, largely as a result of the perverse positions adopted by the Organization, that South Africa and those who are under its legitimate protection may be attacked across international borders with impunity. Let there be no mistake about South Africa's reaction. We shall defend ourselves and the people of South West Africa with all the means at our disposal. Those who harbour terrorists, those who attempt to destabilize our society, must understand that South Africa will not take this lying down." UN Doc S/PV.2440, 24. Mai 1983, para. 98.

575 Vgl. Nigeria ("adherence to the criminal doctrine of 'hot pursuit' is [...] provocative"), UN Doc. S/PV.2211, 11. April 1980, para. 90. Vgl. auch für frühere Jahre: Benin ("pretext of a racist law of 'hot pursuit'"), UN Doc. S/PV.1945; 28. Juli 1976, para. 16. Für die einhellige Verurteilung der Angriffe Südafrikas auf Sambia als Akt der Aggression siehe UN Docs. S/PV.2209-2211 sowie die Resolution des Sicherheitsrats 466 (1980).

Staaten ihr Territorium nicht terroristischen Gruppierungen für Angriffe auf andere Staaten zur Verfügung stellen dürften:

"It is an established principle that a State may not permit or encourage on its territory activities for the purpose of carrying out acts of violence on the territory of another State, and it is equally well established that a State has a right to take appropriate steps to protect its own security and territorial integrity against such acts."[576]

Der Vertreter Südafrikas im Sicherheitsrat machte darüber hinaus deutlich, dass die südafrikanische Regierung auch präemptive Maßnahmen als angemessene Schritte bei der Bekämpfung des Terrorismus erachtet:

"It is from headquarters such as the one destroyed in the pre-emptive raid [in Mozambique] that acts of terror against civilian targets and the killing and maiming of blacks and whites in South Africa are planned, controlled and supported. The South African Government reiterates its warning that it will seek out and destroy such facilities, wherever they may be."[577]

Diese Argumentation wurde im Sicherheitsrat durch die meisten Staaten ablehnt. In der Debatte um Angriffe auf Angola im Jahr 1985 führte der Vertreter von Madagaskar aus:

"Such a justification, based on the theory of so-called preventive action, is unacceptable in the framework of positive international law. Indeed, acting as both judge and party in its consideration of a situation which it presents as a threat to its own security, South Africa has not hesitated to use force and to violate the territorial integrity of a sovereign State. Because of its vagueness and subjective nature, such a theory would permit any State to consider as dangerous to its security any action taken by its victim, even if it were in keeping with internationally accepted norms. That is the antithesis of the right of self-defence as recognized by Article 51 of the Charter."[578]

Der Vertreter von Trinidad und Tobago merkte an:

"From the standpoint of international law, there is no inherent right to engage in military activity across one's borders on the basis of that activity being a preemptive strike or hot pursuit. Accordingly, under contemporary interna-

---

576 Statement of the Representative of South Africa, UN Doc. S/PV.2597, 20. Juni 1985, para. 60. Siehe auch UN Doc. S/PV.2504, 16. Dezember 1983, para. 44 ("The MPLA, in accordance with international law, should ensure that its territory is not used for the launching of terrorist attacks against its neighbours.").

577 Statement of the Representative of South Africa, UN Dov. S/PV.2481, 20. Oktober 1983, para. 160.

578 Statement of the Representative of Madagascar, UN Doc. S/PV.2606, 20. September 1985, para. 61.

tional law there can be no legality for a military action or a military preemptive action across borders into the territory of another country." [579]

In ihren Stellungnahmen vor dem Sicherheitsrat zu den Angriffen Südafrikas auf seine Nachbarstaaten stellten die USA überwiegend auf die illegale Präsenz Südafrikas in Namibia ab und verurteilten jegliche Art von grenzüberschreitender Gewaltausübung:

> "It is the long-standing position of the United States Government as well as the international community that South Africa's presence in Namibia is illegal. Consequently, we are not sympathetic to South African assertion of any right to conduct military expeditions into Angola under the theory of defending its illegal presence in Namibia."[580]

> "Cross-border violence cannot be condoned, whether it be in the form of terrorist attack by externally based organizations or violation of the territorial integrity of Angola by South African forces."[581]

In der Debatte um den Angriff Südafrikas auf Botswana am 21. Juni 1985 machte der Vertreter der USA jedoch auch klar, dass die Vereinigten Staaten *„cannot accept the right of any State to harbour terrorists. "*[582]

---

579 Statement of the Representative of Trinidad and Tobago, UN Doc. S/PV.2607, 20. September 1985, para. 46. Siehe auch China ("The South African authorities, on the pretext of safeguarding their security, willfully carry out aggression against their neighbouring countries."), ibid., para. 94; Dänemark ("under all circumstances indefensible in international law"), para. 7; Kuba ("dangerous doctrine of preemptive strikes"), para. 103; Frankreich ("We cannot accept the pretexts put forward by the South African Government, according to which this attack is to be viewed as preventive action against the forces of SWAPO."), para. 127.

580 Statement of the Representative of the United States, UN Doc. S/PV.2607, 20. September 1985, para. 130. Siehe auch Vereinigtes Königreich („no justification"), para. 134.

581 Statement of the Representative of the United States, UN Doc. S/PV.2508, 20. Dezember 1983, para. 62. Siehe auch UN Doc. S/PV.2597, 20. Juni 1985, para. 183 ("We deplore cross-border violence in any direction and in any form. [...] It is clear that any South African military activities inside Angola – including intelligence gathering operations [...] – run directly contrary to the goals and objectives of the United States."); und UN Doc. S/PV.2587, 12. Juni 1985, para. 77 ("Respect for the national sovereignty of all States and the inviolability of international borders is a key principle in international relations. The United States cannot condone violations of this principle in whatever direction they may be launched or in the name of whatever goal they be justified.").

582 Statement of the Representative of the United States, UN Doc. S/PV.2599, 21. Juni 1985, para. 119.

Die Ähnlichkeit der Argumente Südafrikas und Israels fiel auch den Vertretern im Sicherheitsrat auf. So erklärte Qatar am 20. September 1985:

> "The flimsy pretexts put forward by the South African regime are baseless and illegal. We have heard such pretexts concerning preventive attacks before in our region of the world. Israel has resorted to such flimsy pretexts in order to justify its acts of aggression against neighbouring countries. Now it is South Africa that seeks to justify its acts of aggression against Angola. We condemn this attitude in both cases and call upon the Organization and the Security Council to redress the situation."[583]

Nach dem Angriff der USA auf Libyen am 14. April 1986[584], dem am 19. Mai 1986 südafrikanische Angriffe auf angebliche ANC-Stützpunkte in Simbabwe, Botswana und Sambia folgten, sahen sich auch die USA im Sicherheitsrat der Kritik ausgesetzt, sie hätten mit ihren Angriffen gegen Libyen Südafrika, aber auch Israel, den Vorwand für ihre Angriffe gegen Nachbarstaaten geliefert. Der Vertreter Libyens warnte vor der Existenz eines gefährlichen Präzedenzfalles:

> "The enemies of the people and of freedom play the same broken record, the record called 'anti-terrorism'. They fraudulently invoke Article 51 of the Charter with respect to self-defence. [...] That distorted logic adopted by the terrorist United States has become a precedent in the contemporary world, and is now echoed by its two illegitimate offsprings, the racist reactionary régimes in South Africa and in occupied Palestine".[585]

Geradezu hellseherische Fähigkeiten bewies der Vertreter der Vereinigten Arabischen Emirate mit seiner Befürchtung, die Argumentationsweise Südafrikas, seine Angriffe gegen die Nachbarstaaten seien Maßnahmen in der Bekämpfung von Terrorismus, noch öfter zu hören:

---

583 Statement of the Representative of Qatar, UN Doc. S/PV.2607, 20. September 1985, para.121.

584 Vorausgegangen war das Attentat auf die Berliner Discothek *La Belle* am 4. April 1986, siehe dazu in diesem Kapitel I.4.

585 Statement of the Representative of Libya, UN Doc. S/PV.2686, 23. Mai 1986, S. 42, 46. Siehe auch Statement of the Representative of Zambia ("The bombing of Libya by the United States administration has no doubt encouraged the racist regime of South Africa to step up its acts of aggression."), UN Doc. S/PV.2684, 22. Mai 1986, S. 16-17; UdSSR ("The policy of state terrorism [...] by the American Administration, including the recent barbaric attack on Libya [...] serves as a model to be imitated by the South African regime"), UN Doc. S/PV.2686, 23. Mai 1986, S. 26.

"That Government [South Africa] justified those acts of aggression [against Botswana, Zambia, and Zimbabwe] by saying that they were carried out for three reasons: to fight terrorism, for self-defence in accordance with Article 51 of the United Nations Charter and for the defence of civilized nations. Although the last of those alleged justifications deserves more time and consideration than can be given to it now in this forum, all the South African pretexts to justify its acts of aggression have been used before and have been considered in this Council. Therefore, we need not discuss them again.

Nevertheless, we believe that we shall hear more of them in the future and that many other States will be subjected to acts of aggression on those same pretexts. We believe that they will be used to justify any crime that may be perpetrated. The use of such pretexts is a clear indication of the links that exist between those who use them. Therefore, the Security Council must monitor this situation very closely and save whatever can be saved so that this pattern of acts of aggression is not repeated."[586]

Trinidad und Tobago warnte vor dem Versuch, die Satzung der Vereinten Nationen neu auszulegen:

"Trinidad and Tobago regards attempts to cite Article 51 of the United Nations Charter as justifications for the armed attacks across international boundaries as specious, spurious and intellectually insulting arguments which also constitute underhanded attempts to revise the United Nations charter outside the very framework of the United Nations."[587]

In einer Rede vor dem südafrikanischen Parlament am 19. Juni 1985 machte Präsident Botha klar:

"Ignoring the incontrovertible evidence as to the actions and plans of ANC terrorists in Botswana, they are portrayed as 'freedom fighters' or 'refugees' in emotional attacks against the alleged tyrannical rule of the South African Government. Measures which we are taking within the framework of established principles of international law to protect our population and our property are decried as violations of the sovereignty of other States. In other words, Botswana has the sovereign right to harbour terrorists and South Africa is expected to sit back and allow those terrorists to cross our borders and kill our citizens with impunity. My Government does not accept this warped concept of sovereignty. And if the Western countries were true to the norms and standards which they insist on and which they apply in similar circumstances, then they would agree with my Government. It is and remains the responsibil-

---

586 Statement of the Representative of the United Arab Emirates, UN Dov. S/PV.2686, 23. Mai 1986, S. 81.
587 Statement of the Representative of Trinidad and Tobago, UN Dov. S/PV.2686, 23. Mai 1986, S. 101.

ity of each Government to ensure the security of its people. My Government will not abdicate this responsibility."[588]

4. Israel vs. Tunesien (1985)

Am 1. Oktober 1985 bombardierten sechs israelische F-15 Kampfflugzeuge das PLO-Hauptquartier in Tunis. Zuvor waren drei israelische Touristen in Larnaka, Zypern, getötet worden, die israelische Regierung machte dafür die sogenannte *Force 17* verantwortlich, Arafats persönliche Bodyguard Einheit. Der damalige israelische Verteidigungsminister Yitzhak Rabin erklärte, "[w]e decided the time was right to deliver a blow to the headquarters of those who make the decisions, plan and carry out terrorist activities"[589] – eine Argumentation die stark an die neuen amerikanischen Doktrinen der Reagan-Administration erinnert.[590]

Auf Antrag Tunesiens trat der Sicherheitsrat noch am selben Tag zusammen.[591] Tunesien verurteilte den *„blatant act of aggression"* durch Israel auf seine territoriale Integrität, Souveränität und Unabhängigkeit sowie die Verletzung internationalen Rechts und der Charta der Vereinten Nationen. Der Sicherheitsrat wurde aufgefordert, die Angriffshandlung Israels zu verurteilen sowie Israel zu einer Wiedergutmachungszahlung zu verpflichten und Maßnahmen zu treffen, um derartige Angriffe zukünftig zu vermeiden.

Die Mitglieder des Sicherheitsrats, darunter auch Frankreich und das Vereinigte Königreich, sowie weitere an der Sitzung teilnehmende Staaten verurteilten den Angriff Israels als Bruch des Völkerrechts und der Charta der Vereinten Nationen, der auch nicht durch ein Selbstverteidigungsrecht gerechtfertigt sei.[592]

---

588 Rede des südafrikanischen Präsidenten Botha vor dem Parlament, 19. Juni 1985, zitiert in UN Doc. S/PV.2599, 21. Juni 1985, para. 83.

589 Zitiert in: *Jackson N. Maogoto*, Walking an International Law Tightrope: Use of Military Force to Counter Terrorism – Willing the Ends, Brook. J. Int'l L. (2006), S. 405 (432).

590 Siehe dazu 3. Kapitel II.1.

591 Letter Dated 1 October 1985 From the Permanent Representative of Tunisia to the United Nations Addressed to the President of the Security Council, UN Doc. S/17509.

592 Zu den einzelnen Redebeiträgen siehe Indien (für die Gruppe der Non-Aligned Countries), S/PV.2610, 2. Oktober 1985, S. 5; Frankreich, S/PV.2611, 2. Oktober 1985 S. 2; Großbritannien, ibid., S. 9; China, ibid., S. 3; Australien, ibid., S. 5;

In einer langen Rede hatte der Botschafter Israels, Netanyahu, die israelische Position versucht darzulegen, wonach Israel sein Recht auf Selbstverteidigung nach Artikel 51 der UN-Charta wahrgenommen hatte.[593] Nach Israels Ansicht hat jeder Staat die Verpflichtung, bewaffnete Angriffe, insbesondere terroristische Anschläge auf zivile Personen, die von seinem Territorium ausgehen, zu unterbinden. Tunesien habe das Hauptquartier der PLO in Tunis wissentlich aufgenommen und ließe der PLO freie Hand bei der Planung und Durchführung von terroristischen Anschlägen gegen Israel. Sodann stellte er die Frage nach dem Verhältnis dieser Verantwortung zu der Frage der Souveränität, die er untrennbar verbunden sieht. Wenn ein Staat diese Verantwortung, die sich aus seiner Souveränität ergibt, vorsätzlich oder fahrlässig vernachlässigt, müßte er auch die Konsequenzen daraus tragen. Eindeutig steht für Israel das Interesse eines Staates, der seine Bevölkerung beschützt, über der territorialen Souveränität eines anderen Staates.[594]

Im Hinblick auf diese Argumentation stellte der Außenminister Kuwaits eine Frage, die allerdings unbeantwortet blieb. Vor dem Hintergrund der zahlreichen palästinensischen Flüchtlinge in verschiedenen arabischen Staaten und

> "[...] if the barbaric and beastly acts that you are trying to pass off as legitimate self-defence can indeed be regarded as such, why was there any need to have a Charter and why is there a need for the Charter to affirm the sovereignty and territorial integrity of States? We also ask Israel and those who concur with its twisted logic: where would the Israeli forces draw the line in acting in self-defence?"[595]

Am 4. Oktober 1985 verabschiedete der Sicherheitsrat mit 14-0-1 Stimmen die Resolution 573, in der die Angriffshandlung Israels auf Tunesien verurteilt wurde, Israel aufgefordert wurde, solche Handlungen zukünftig

---

UdSSR, ibid., S. 9; Senegal (für die OAU), ibid., S. 12; siehe auch Declaration Adopted in Luxembourg on 1 October 1985 by the Ministers of Foreign Affairs of the Member Countries of the European Community, Letter dated 2 October 1985 from the Permanent Representative of Luxembourg to the United Nations addressed to the Secretary-General, UN Doc. S/17520, 2. Oktober 1985.

593 UN Doc. S/PV.2611, 2. Oktober 1985, S. 5 ff.

594 UN Doc. S/PV.2610, 2. Oktober 1985, S. 6. Siehe auch UN Doc. S/PV.2615 vom 4. Oktober 1985: "a country cannot claim the protection of sovereignty when it knowingly offers a piece of its territory for terrorist activity against other nations".

595 UN Doc. S/PV.2610, 2. Oktober 1985, S. 4.

zu unterlassen und Reparation an Tunesien zu zahlen.[596] Die Vereinigten Staaten enthielten sich der Stimme, da die Resolution in unverhältnismäßigerweise alle Schuld auf Israel übertrüge, ohne Rücksicht auf die vorhergehenden Ereignisse zu nehmen, wie ihr Vertreter erklärte.[597] Gleichzeitig machte er aber auch klar:

> "However, we recognize and strongly support the principle that a State subjected to continuing terrorist attacks may respond with appropriate use of force to defend itself against further attacks. This is an aspect of the inherent right of self-defence recognized in the United Nations Charter. […] It is the collective responsibility of sovereign States to see that terrorism enjoys no sanctuary, no safe haven, and that those who practise it have no immunity from the responses their acts warrant. Moreover, it is the responsibility of each State to take appropriate steps to prevent persons or groups within its sovereign territory from perpetrating such acts."[598]

5. Türkei – Angriffe auf die PKK im Irak (1995-1997)

Die militärische Bekämpfung der *Kurdischen Arbeiterpartei* (PKK) durch die Türkei führte bereits seit 1970 zu Grenzverletzungen mit dem Irak, da die PKK[599] zahlreiche Basen im Norden des Irak unterhielt. Ab 1991 begann der Irak gegen die Grenzübertritte der türkischen Armee zu protestieren, die eine „flagrante Verletzung der Souveränität und territorialen Integrität" des Irak und somit eine klare Verletzung der UN-Charta darstelle.[600]

---

596 Der Resolutionsentwurf wurde von Burkina Faso, Ägypten, Indien, Madagaskar, Peru und Trinidad und Tobago eingereicht. Repertoire of the Practice of the Security Council 1985-1988, Kapitel 8, S. 283.

597 Repertoire of the Practice of the Security Council 1985-1988, Kapitel 4, S. 63.

598 UN Doc. S/PV.2615, 4. Oktober 1985.

599 Die EU betrachtet die PKK seit 2002 als terroristische Organisation, Gemeinsame Standpunkte des Rates 2002/340/GASP vom 2. Mai 2002, und 2002/462/ GASP vom 17. Juni 2002; Beschluß des Rates 2002/460/EG vom 17. Juni 2002; neuester Beschluß des Rates: 2015/2430/GASP vom 21. Dezember 2015. Die USA führen die PKK bereits seit 1997 auf ihrer Liste, siehe U.S. State Department, List of Foreign Terrorist Organizations, http://www.state.gov/j/ct/rls/other/ des/123085.htm, Stand: September 2017.

600 Letter dated 13 October 1991 from the Permanent Representative of Iraq to the United Nations Addressed to the Secretary-General, UN Doc. S/23141, 14. Oktober 1991, siehe auch UN Doc. S/2001/31, 10. Januar 2001.

Die Türkei bezog sich bei ihren Einsätzen nicht ausdrücklich auf das Recht auf Selbstverteidigung und zeigte demzufolge auch ihre Einsätze nicht dem Sicherheitsrat an.

Nach mehreren türkischen Großoffensiven auf PKK-Lager im März und Juli 1995, wandte sich Libyen an den Sicherheitsrat:

"As you are aware Turkish forces have twice carried out raids into northern Iraq. The second of these incursions took place only a few days ago. As a pretext for the operation, the Turkish Government claimed that its troops were in pursuit of hostile Kurdish elements. [...] It is to be regretted that the Security Council has not lifted a finger in response to this act of aggression, which constitutes a violation of State sovereignty and contravenes every charter and international rule, first and foremost the Charter of the United Nations.

This apathy proves that the United Nations is under the domination of a single Member State which obliges the Security Council to apply a double standard. While the United Nations claims that it is protecting Kurds in Iraq against the Iraqi Government, it closes its eyes to persecution by Turkey of its own Kurds.

This constitutes a serious precedent which will go down in history and should be taken note of by the Security Council."[601]

In der Antwort der türkischen Regierung hieß es:

"As Iraq has not been able to exercise its authority over the northern part of its country since 1991 for reasons well known, Turkey cannot ask the Government of Iraq to fulfill its obligation, under international law, to prevent the use of its territory for the staging of terrorist acts against Turkey. Under these circumstances, Turkey's resorting to legitimate measures which are imperative to its own security cannot be regarded as a violation of Iraq's sovereignty. No country could be expected to stand idle when its own territorial integrity is incessantly threatened by blatant cross-border attacks of a terrorist organization based and operating from a neighbouring country, if that country is unable to put an end to such attacks. The recent operations of limited time and scope were carried out within this framework, as explained to the world public."[602]

Dem damaligen Sprecher des U.S. State Department, Nicolas Burns, zufolge, hielten die USA die Maßnahmen der Türkei als zulässige Selbstverteidigung:

---

601 Letter dated 12 July 1995 from the Chargé d'Affaires a.i. of the Permanent Mission of the Libyan Arab Jamahiriya to the United Nations addressed to the President of the Security Council, UN Doc. S/1995/566, 12. Juli 1995.

602 Letter dated 24 July 1995 from the Chargé d'Affaires a.i. of the Permanent Mission of Turkey to the United Nations addressed to the President of the Security Council, UN Doc. S/1995/605, 24. Juli 1995.

"MR. BURNS: [...] As we previously indicated when there was a similar operation in March, a country under the United Nations charter has the right in principle to use force to protect itself from attacks from a neighboring country if that neighboring state is *unwilling or unable* to prevent the use of its territory for such attacks. That is a legal definition that gives a country under the U.N. Charter the right to use force in this type of instance.

That is certainly the case with northern Iraq. Above the 36th parallel, of course, is 'Operation Provide Comfort'. And while we recognize Iraqi sovereignty throughout this area, we don't believe that the Iraqi Government has shown the responsibility to be able to assure the welfare of the people of northern Iraq; therefore there is no governing entity that has been able to prevent these attacks from the PKK. It has been up to Turkey to protect itself from them.

So we fully support all legitimate Turkish efforts to combat the PKK, which, as we've noted several times, is a vicious and deadly terrorist organization that poses a genuine threat to security within Turkey. [...]

We would characterize this situation as legitimate self-defense under the U.N. Charter."[603]

Nach einer weiteren Offensive im Mai 1997 teilte die Türkei mit:

"Exploitation of northern Iraq as a *safe haven* by terrorist formations [...] to *prepare and launch operations* against Turkey undermines Turkish security and constitutes a major threat to peace and stability in the region as a whole. The Government of Turkey is determined to take all appropriate measures with a view to safeguarding its legitimate security interests, defending its borders and protecting its people against terrorism."[604]

Die EU reagierte auf den Vorstoß der türkischen Armee mit Besorgnis, verurteilte ihn jedoch nicht:

"The Presidency of the European Union notes with concern the fact that the Turkish armed forces have once again entered northern Iraq. Notwithstanding its understanding of the Turkish wish to end terrorist actions, the Presidency of the European Union stresses that a solution to the Kurdish problem can only be achieved politically, not militarily. It calls on Turkey to exercise the utmost restraint, to respect human rights, not to endanger the lives of innocent

---

603 U.S. Department of State, 95/07/07 Daily Press Briefing, Office of the Spokesman, 7. Juli 1995, Hervorheb. durch Verf. Siehe auch Daily Press Briefing 95/03/28.

604 Identical Letters Dated 3 January 1997 from the Permanent Representative of Turkey to the United Nations addressed to the Secretary-General and to the President of the Security Council, UN Doc. S/1997/7, 3. Januar 1997, Hervorheb. durch Verf.

civilians and to withdraw its military forces from Iraqi territory as soon as possible."[605]

Die Gruppe der Arabischen Staaten allerdings sah in der „türkischen Invasion"

"a flagrant violation of the principle of good-neighbourliness, the rules of international law and the Charter of the United Nations."[606]

Die Türkei schien also von einer mangelnden Handlungsfähigkeit des Irak im Norden des Landes wegen der seit 1991 von den USA und dem Vereinigten Königreich durchgesetzten Flugverbotszone[607] (Operation *Provide Comfort*) ab dem 36. Breitengrad auszugehen, wenn sie den Irak als „unfähig zur Ausübung seiner Autorität" bezeichnet. Zwar vermeidet die Türkei jegliche ausdrückliche Bezugnahme auf ein Recht auf Selbstverteidigung, die gewählten Formulierungen deuten jedoch in diese Richtung. Hinzu kommt die Aussage, dass auch die Vorbereitung *(„prepare and launch")* von terroristischen Anschlägen die Sicherheit der Türkei bedrohe, welchem ein präemptiver Charakter innewohnt.

---

605 Letter dated 23 May 1997 from the Permanent Representative of the Netherlands to the United Nations addressed to the Secretary-General, UN Doc. A/52/157, 27. Mai 1997.

606 Identical Letters Dated 30 May 1997 from the Permanent Representative of Lebanon to the United Nations addressed to the Secretary-General and to the President of the Security Council, UN Doc. S/1997/416, 4. Juli 1997.

607 Die USA und ihre Verbündeten beriefen sich auf die Sicherheitsratsresolutionen 678 (1990) und 688 (1991), die zwar die Verfolgung der kurdischen Bevölkerung durch den Irak verurteilte, aber keine direkte Ermächtigung zur Einrichtung einer Flugverbotszone enthielt, und daher in der Literatur kontrovers diskutiert wurde. Vgl. *Kimminich*, Der Mythos der Humanitären Intervention, AVR, Bd. 33, November 1995, S. 430 (450 ff.). Die Zone umfaßte die drei ehemaligen Kurdengebiete Dohuk, Erbil und Sulaimaniyya, die über dem 36. Breitengrad liegen und wurde von alliierten Kampfflugzeugen überwacht, die vom türkischen Luftwaffenstützpunkt İncirlik aus operierten. Im August 1992 folgte die Einrichtung einer zweiten Flugverbotszone zum Schutz der Schiiten unterhalb des 32. Breitengrades.

6. Iran – Angriffe auf die MEK im Irak (1993-1999)

Auch der Iran dehnte seine Verfolgung der revolutionären *Mojahedin-e-Khalq*[608] (MEK, Volksmudschaheddin des Iran), die seit dem Iran-Irak Krieg (1980-1988) im Irak Rückzugs- und Ausbildungsbasen unterhielten, auf das Gebiet des Irak aus, nahm dabei allerdings ausdrücklich Bezug auf sein Selbstverteidigungsrecht nach Artikel 51 UN-Charta und zeigte seine Einsätze dem Sicherheitsrat an:

> "In response to these armed attacks from inside Iraq and in accordance with Article 51 of the Charter of the United Nations, today 25 May 1993, the fighter jets of the Islamic Republic Air Force carried out a brief, necessary and proportionate operation against the military bases of the terrorist group where the recent armed attacks against and incursions into Iranian territory had originated."[609]

In dem Schreiben machte der Iran auch deutlich, dass er die Verantwortlichkeit des Irak bereits in der Zurverfügungstellung seines Staatsgebietes für die Angriffe der MEK sah:

> "[...] the Islamic Republic of Iran has, on numerous occasions, warned the Government of Iraq against the use of its territory for launching armed attacks on and incursions into Iran [...]"[610]

Später warf der Iran der irakischen Regierung auch eine „substantielle materielle, militärische, politische und logistische Unterstützung" der MEK vor, betonte aber, dass seine Maßnahmen zur Selbstverteidigung nur gegen

---

608 Die USA setzten die MEK 1997 auf ihre Liste der terroristischen Organisationen, die Aufhebung erfolgte am 28. September 2012; siehe U.S. State Department, List of Foreign Terrorist Organizations, http://www.state.gov/j/ct/rls/other/des/123085.htm, Stand: September 2017. Die EU setzte die MEK (ausgenommen der politische Flügel, der *National Council of Resistance of Iran*) 2002 auf die EU-Liste, Gemeinsame Standpunkte des Rates 2002/340/GASP vom 2. Mai 2002, und 2002/462/GASP vom 17. Juni 2002; Beschluß des Rates 2002/460/EG vom 17. Juni 2002. Nachdem aber die MEK erfolgreich vor dem Europäischen Gericht Erster Instanz geklagt hatte (Rechtssache T-228/02, Urteil vom 12. Dezember 2006 und Beschluß vom 15. Januar 2008), wurde die MEK 2009 von der Liste entfernt, Beschluß des Rates 2009/62/EG vom 26. Januar 2009.

609 Letter dated 25 May 1993 from the Permanent Representative of the Islamic Republic of Iran to the United Nations addressed to the Secretary-General, UN Doc. S/25843 vom 26. Mai 1993.

610 Ibid.

die terroristischen Basen und nicht gegen den Irak gerichtet seien.[611] Gleichzeitig machte der Iran deutlich:

> "This proportionate action was a necessary defensive measure against the perpetrators of the terrorist crimes that had already been carried out against Iran and its citizens. It also aimed to prevent further recurrence of similar terrorist operations which were being planned and organized at the very same terrorist installations inside Iraq."[612]

Die Unterscheidung zwischen terroristischen Angriffen, die bereits stattgefunden hatten, und zukünftigen, sich in der Planung befindlichen Angriffen kann nicht anders verstanden werden, als dass Iran für sich ein präemptives Recht auf Selbstverteidigung in Anspruch nimmt.

Der Irak protestierte gegen die *„Iranian aggression"* und verlangte vom Sicherheitsrat die Verurteilung des Iran.[613] Der Sicherheitsrat beschäftigte sich allerdings nicht mit der Situation.

7. USA vs. Afghanistan und Sudan (1998)

In die Amtszeit der Demokraten unter Präsident Bill Clinton fielen weitere Terroranschläge, dieses Mal in Afrika. Am 7. August 1998 wurden Bombenattentate auf die U.S. Botschaften in Nairobi, Kenia, und Dar es Salaam, Tansania, verübt. 12 Amerikaner und 300 weitere Personen kamen ums Leben, über 5.000 wurden verletzt. Als Hauptverdächtigen hatte der amerikanische Geheimdienst schon nach kurzer Zeit *Osama bin Laden* und sein Terrornetzwerk *Al-Qaida* ausgemacht.

Am 20. August 1998 griffen amerikanische Kriegsschiffe vom Roten Meer und Arabischen Golf aus Ziele in Afghanistan und Sudan mit *Cruise Missiles* an. In Afghanistan wurde ein angebliches Terroristenausbildungscamp in der Nähe von Khost zerstört, im Sudan eine pharmazeutische Fa-

---

611 Letter dated 12 July 1999 from the Permanent Representative of the Islamic Republic of Iran to the United Nations addressed to the Secretary-General, UN Doc. S/1999/781, 12. Juli 1999.

612 Ibid.

613 Letter dated 12 June 1999 from the Permanent Representative of Iraq to the United Nations addressed to the Secretary-General, UN Doc. S/1999/673, 12. Juni 1999.

brik, von der vermutet wurde, dass sie chemische Waffen für Al-Qaida produzierte.[614]

Präsident Clinton nannte vier Gründe für die Angriffe:

"First, because we have convincing evidence these groups played the key role in the embassy bombings in Kenya and Tanzania. Second, because these groups have executed terrorist attacks against Americans in the past. Third, because we have compelling information that they were planning additional terrorist attacks against our citizens and others with the inevitable collateral casualties we saw so tragically in Africa. And, fourth, because they are seeking to acquire chemical weapons and other dangerous weapons."[615]

Secretary of State Madeleine Albright ließ auf einer Pressekonferenz vom selbigen Tag keinen Zweifel daran, dass es sich um präemptive Maßnahmen handelte:

"At the time of the latest tragedies, we said that our memory is long and our reach is far. Today, we reached into two locations on the far side of the world; today we acted to preempt future terrorist acts and disrupt the activities of those planning for them. While our actions are not perfect insurance, inaction would be an invitation to further horror."[616]

Die Mitglieder des Sicherheitsrats wurden mit einem Schreiben des amerikanischen UN-Botschafters Bill Richardson über die Selbstverteidigungsmaßnahmen informiert, darin hieß es:

"In accordance with Article 51 of the Charter of the United Nations, I wish, on behalf of my Government, to report that the United States of America has exercised its right of self-defence in responding to a series of armed attacks against United States embassies and United States nationals. [...] [The Bin Ladin organization] has issued a series of blatant warnings that 'strikes will continue from everywhere' against American targets, and we have convincing evidence that further such attacks were in preparation from these same terrorist facilities. The United States, therefore, had no choice but to use armed force to prevent these attacks from continuing."[617]

---

614 Address of the President to the Nation, 20. August 1998, https://clintonwhitehouse6.archives.gov/1998/08/1998-08-20-president-address-to-the-nation.html.

615 Statement by the President, Martha's Vineyard, 20. August 1998, http://news.bbc.co.uk/2/hi/americas/155211.stm.

616 Secretary of State Madeleine K. Albright and National Security Advisor Sandy Berger, Press Briefing on U.S. Strikes in Sudan and Afghanistan. Washington, D.C., 20. August 1998, http://www.presidency.ucsb.edu/ws/?pid=48285.

617 Letter dated 20 August 1998 from the Permanent Representative of the United States of America to the United Nations addressed to the President of the Security Council, UN Doc. S/1998/780, 20. August 1998.

Der Sudan protestierte gegen die *„flagrant American aggression"* und beantragte eine Sondersitzung des Sicherheitsrates. Nach sudanesischen Angaben handelte es sich bei der vollständig zerstörten Fabrik um eine zivile medizinische Einrichtung, die nicht in der Lage wäre, chemische Kampfstoffe zu produzieren; hiervon könnte sich der Sicherheitsrat durch eine *Fact-Finding Mission* selbst überzeugen. Zu der amerikanischen Rechtfertigung der Selbstverteidigung hieß es:

> "It is ironic that the United States administration has justified its aggression as an act of self-defence, in which connection it has cited Article 51 of the Charter. The Sudan considers that justification to be naïve, illogical and baseless since it has not committed any action that could be regarded as an attack or a threat against the United States of America."[618]

Der Sicherheitsrat beriet sich im Rahmen von zwei informellen Sitzungen am 24. und 28. August 1998. Nach einem Bericht der damaligen slowakischen Ratspräsidentschaft waren die Mitglieder des Rates der Auffassung, weitere Informationen zu benötigen, so dass kein Beschluß gefaßt wurde.[619]

Die Arabische Liga[620], die *Organization of the Islamic Conference*[621] und die Bewegung der Blockfreien Staaten[622] verurteilten den amerikanischen Angriff auf den Sudan als unilaterale Handlung in Verletzung des Völkerrechts und der Satzung der Vereinten Nationen.

Eine offizielle Debatte im Sicherheitsrat zu den amerikanischen Angriffen fand nie statt, wohl aber hatte der Sicherheitsrat bereits am 13. August mit seiner Resolution 1189 die Anschläge auf die amerikanischen Botschaften in Kenia und Tansania verurteilt. Wenige Tage nach den Angrif-

---

618 Letter dated 21 August 1998 from the Permanent Representative of the Sudan to the United Nations addressed to the President of the Security Council, UN Doc. S/1998/786, 21. August 1998.

619 Siehe Assessment of the Work of the Security Council during the Presidency of Slovenia – August 1998, https://www.globalpolicy.org/component/content/article/185/41116.html.

620 Resolution 5781 vom 24. August 1998, enthalten in Letter of the Chargé d'Affaires a.i. of the Permanent Mission of Kuwait to the United Nations addressed to the President of the Security Council, UN Doc. S/1998/800, 24. August 1998.

621 Letter dated 12 October 1998 from the Permanent Representative of Qatar to the United Nations addressed to the President of the Security Council, UN Doc. S/1998/942, 12. Oktober 1998.

622 Letter dated 21 September 1998 from the Permanent Representative of the Sudan to the United Nations addressed to the President of the Security Council, UN Doc. S/1998/879, 21. September 1998.

fen auf Afghanistan und Sudan fand allerdings eine Sitzung zu Afghanistan statt. Der pakistanische Botschafter zeigte sich besorgt über die Verletzung der Territorialität und Souveränität Afghanistan durch die amerikanischen Angriffe und bemerkte dann:

> "In dealing with terrorism, recourse to any means other than established principles and international norms is likely to have a negative effect. It could spiral out of control and further complicate matters in a vicious circle of action and retaliation."[623]

8. Zwischenergebnis

Die Reaktionen der Staaten zeigen bereits vor dem 11. September 2001 eine gewisse Akzeptanz für den Einsatz von Gewalt bei der Bekämpfung des internationalen Terrorismus.[624] Kommentatoren in der Völkerrechtsliteratur sehen damit den vom pakistanischen Botschafter befürchteten Beginn eines Wandels zumindest seit 1998 im Entstehen begriffen, wenn Staaten nunmehr eher bereit sind, militärische Gewalt gegen internationale terroristische Angriffe zu akzeptieren, als sie nach herkömmlichen Strafrecht zu verfolgen.[625]

Die Zweifel bezogen sich eher, wie insbesondere die US-Angriffe auf Libyen und die sudanesische Fabrik zeigten, auf die vorliegenden Fakten, die die USA als Beweise für die Verwicklung Libyens bzw. des Sudan präsentierte. Ebenfalls fällt ein weiterer Aspekt auf: während die USA vormals direkt Staaten wie Libyen oder Irak terroristische Aktivitäten vorwarfen, konzentrierte sich der Vorwurf 1998 gegenüber Sudan und Afghanistan auf die *Beherbergung* von Terroristen („*harboring*"), also eine indirek-

---

623 Statement of the Representative of Pakistan, UN Doc. S/PV.3921, 28. August 1998, S. 5.

624 *Garwood-Gowers*, Self-Defence against Terrorism in the Post-9/11 World, QUTLJJ, Vol. 4, No. 2, 2004, S. 1 (9); *Travalio/Altenburg*, Terrorism, State Responsibility, and the Use of Military Force, Chi. J. Int'l L., Vol. 4, 2003, S. 97 (106).

625 Vgl. *Ruys:* "[T]he 1998 strikes constitute an important step in the transition from the classical view that terrorist attacks must be dealt with through law enforcement mechanisms to the acceptance that the recourse to military force may exceptionally be warranted to deal with transnational terrorism.", in: 'Armed Attack' and Article 51 of the UN Charter, 2010, S. 427; *Murphy*, Terrorism and the concept of "armed attack" in Article 51 of the UN Charter, Harv. Int. Law J., Vol. 43, 2002, S. 41 (46).

te Beteiligung, welches allerdings im Widerspruch zu dem Diktum des IGH in seinem *Nicaragua*-Urteil zu sehen ist.

In der Analyse wird abermals deutlich, dass das *„Harboring"*-Argument nicht erst mit der *Bush*-Doktrin 2001/2002 Einzug in die amerikanische Sicherheitsstrategie gehalten hat, sondern viel früher, wie die Äußerungen des US-Botschafters vor dem Sicherheitsrat 1985 ("we cannot accept the right of any State to harbour terrorists") und des damaligen Secretary of State Shultz 1986 ("it is absurd to argue that international law prohibits us from [...] using force against states that support, train, and harbor terrorists or guerillas. International law requires no such result.") zeigen.

Auch die Inanspruchnahme von präemptiver Selbstverteidigung ist keine Innovation der *Bush*-Doktrin, sondern Ergebnis einer Entwicklung, die bereits 1983 nach dem Bombenattentat in Beirut mit dem Bericht der *Long Commission*, der proaktive Maßnahmen in der Terrorismusbekämpfung forderte, begann, über die Reagan-Policy *(„swift and effective retribution")* und die Shultz-Doktrin ("[a] nation attacked by terrorists is permitted to use force to prevent or preempt future attack [...] when no other means is available") fortentwickelt wurde, bis sie schließlich – zwar zunächst noch in verklausulierter Form – in die *National Security Strategies* seit 1998 ("[t]he United States must act to deter or prevent such attacks") Aufnahme fand.

Die als *Bush*-Doktrin bezeichnete *National Security Strategy* von 2002 spricht also nur deutlich aus, was vorher schon galt – und dies in kurzen, prägnanten Sätzen:

> "We make no distinction between terrorists and those who knowingly harbor or provide aid to them. [...]

> [W]e will not hesitate to act alone, if necessary, to exercise our right of self defense by acting preemptively against such terrorists, to prevent them from doing harm against our people and our country."

Hinzu kommt, dass beide Prinzipien, wenn man sie so nennen kann, schon vor 2001 in der Praxis umgesetzt wurden, wie die Angriffe der USA auf Libyen (1986), Irak (1993) und Sudan sowie Afghanistan (1998) zeigen.

Aber auch andere Staaten haben offensichtlich beide Prinzipien bereits für sich in Anspruch genommen, und zwar zum Teil deutlich früher als die USA, wie die Beispiele Israel, Portugal, Südafrika, Türkei und Iran erkennen lassen. Immerhin waren die Reaktionen im Sicherheitsrat und in der Generalversammlung zumindest bis 1985 ablehnend, wie die Verurteilungen Israels und Südafrikas zeigen, fielen allerdings danach zurückhaltender, siehe Türkei, oder sogar gänzlich aus, wie im Falle des Irans. Dabei gilt es aber auch die jeweilige Stellung dieser Staaten zu berücksichtigen, Israel stand seit seiner Gründung im Konflikt mit den arabischen Staaten, Südafrika war ein außenpolitischer Paria aufgrund seiner Apartheidpolitik, und Portugal damals noch Kolonialmacht.

Zudem richteten sich die kritischen Äußerungen, wenn man von den Verurteilungen der *„Harboring"*-Argumente Israels, Portugals und Südafrikas als verbotene *„hot pursuit"* bis 1980 absieht, überwiegend gegen die Inanspruchnahme eines Rechts auf *präemptive* Selbstverteidigung, also nicht mehr speziell gegen das *„Harboring"*-Prinzip als behauptetes Äquivalent eines „bewaffneten Angriffs". So hielt Südafrika es bereits 1985 für eine geltende Norm ("It is an established principle that a State may not permit or encourage on its territory activities for the purpose of carrying out acts of violence on the territory of another State."), und wurde darin unterstützt von den USA ("we cannot accept the right of any State to harbour terrorists"). Im Falle der türkischen Angriffe auf PKK-Basen im Nordirak (1995) erklärte die USA sogar, es handele sich um eine „rechtliche Definition" mit der Folge einer legitimen Selbstverteidigung:

> "a country under the United Nations charter has the right in principle to use force to protect itself from attacks from a neighboring country if that neighboring state is unwilling or unable to prevent the use of its territory for such attacks. That is a legal definition that gives a country under the U.N. Charter the right to use force in this type of instance. [...] We would characterize this situation as legitimate self-defense under the U.N." [626]

Hieraus wird zum Teil gefolgert, dass das vom IGH im *Nicaragua*-Urteil 1986 postulierte Zurechnungskriterium der *„effective control"* mehr und mehr zugunsten des Prinzips der Beherbergung abgelöst wird:

> "the international system, at least in practice if not yet in theory, was growing more accepting of the (proportionate) use of force by a State against neighbouring States that persist in providing safe havens for the cross-border incursions of irregular forces". [627]

Zusätzlich berufen sich einige Staaten, wie die USA, Israel, die Türkei und der Iran, auf ein bisher überwiegend nicht anerkanntes Prinzip, näm-

---

626 U.S. Department of State, 95/07/07 Daily Press Briefing, Office of the Spokesman, 7. Juli 1995. Siehe auch Daily Press Briefing 95/03/28.

627 *Franck*, Recourse to Force, 2004, S. 63.

lich das *„unwilling or unable"* Prinzip zur Rechtfertigung von Einsätzen in anderen Staaten.[628]

Allerdings bleibt die ablehnende Haltung anderer Staaten, wie die Staaten der Arabischen Liga, der *Organization of the Islamic Conference* (heute: Organization of the Islamic Cooperation) oder der Blockfreien Staaten, zu berücksichtigen, so dass wohl davon ausgegangen werden muss, dass der skizzierte Wandel noch nicht zur Entstehung von neuem Völkergewohnheitsrecht geführt hat.[629]

Interessant ist aber, dass UN-Mitgliedstaaten bereits in den 1980iger Jahren die Gefahr eines Wandels des Völkerrechts sahen, wie zum Beispiel Thailand:

> "One clear lesson for any State sponsoring terrorism [...] is that great Powers throughout history have exercised their power and the inclination to shape or influence the development of international law." [630]

oder Trinidad und Tobago:

> "Trinidad and Tobago regards attempts to cite Article 51 of the United Nations Charter as justifications for the armed attacks across international boundaries as specious, spurious and intellectually insulting arguments which also constitute underhanded attempts to revise the United Nations Charter outside the very framework of the United Nations." [631]

III. Fallgruppe Nukleare Bedrohung

1. Israel – Zerstörung des irakischen Reaktors Osirak (1981)

Der israelische Angriff auf den irakischen Reaktor *Osirak* im Juni 1981 gilt als bedeutendstes Beispiel für präemptive Gewaltanwendung in Friedenszeiten seit 1945.[632] Gleichzeitig ist er Ausdruck der sogenannten *„Be-*

---

628 *Ruys*, 'Armed Attack' and Article 51 of the UN Charter, 2010, S. 433.

629 So auch *Murphy*, Protean Jus Ad Bellum, Berkeley J. Int'l Law, Vol. 27, Issue 1, 2009, S. 22 (31).

630 Statement of the Representative of Thailand, UN Doc. S/PV.2682, 21. April 1986, S. 41.

631 Statement of the Representative of Trinidad and Tobago, UN Dov. S/PV.2686, 23. Mai 1986, S. 101.

632 *Reisman/Armstrong*, The Past and Future of the Claim of Preemptive Self-Defense, AJIL, Vol. 100, No. 3, 2006, S. 525 (545). Davon zu unterscheiden sind Angriffe auf nukleare Einrichtungen in Kriegen, wie während des Ersten Golf-

gin-Doktrin", nach der Israel „Konfrontationsstaaten" daran hindern werde, Nuklearwaffen zu erhalten.[633]

Im Jahr 1970 hatte sich Frankreich bereit erklärt, Irak beim Bau eines nuklearen Forschungsreaktors zu unterstützen, nachdem es zuvor andere vom Irak gewünschte Reaktortypen, die im französischen nuklearen Waffenprogramm eingesetzt wurden, abgelehnt hatte. Der Reaktortyp war ursprünglich benannt als „Osiris", nach dem ägyptischen Gott der Toten, später änderte Frankreich den Namen in „Osirak", um den Namen Irak zu beinhalten.[634]

Nach israelischen Geheimdienstberichten wurde ab 1980 angenommen, dass Irak mithilfe des Forschungsreaktors nukleare Waffen entwickelte.[635] Am 30. September 1980, während des 1. Golfkrieges zwischen dem Iran und Irak, bombardierten iranische Phantom-Jets den Reaktor, richteten aber nur leichten Schaden an.[636]

Als diplomatische Versuche von seiten Israels scheiterten, Frankreich zur Aufgabe seiner finanziellen und technischen Unterstützung für Osirak zu bewegen, entschloß sich die israelische Regierung unter *Menachem Begin* den Reaktor mit einem militärischen Angriff zu zerstören, bevor nu-

---

kriegs zwischen Iran und Irak (1980-1988) von beiden beteiligten Staaten, oder die US-Angriffe auf irakische Nuklearanlagen im Zweiten Golfkrieg (1990/91) bzw. in Folge des Krieges wie die Zerstörung von zwei nuklear-relevanten Fabriken in der Nähe von Baghdad am 17. Januar 1993 durch die USA, die hier aber nicht vertieft werden sollen; siehe hierzu *Kreps/Fuhrmann*, "Attacking the Atom: Does Bombing Nuclear Facilities Affect Proliferation?" The Journal of Strategic Studies 34, No. 2, 2011, S. 161 (176 ff.).

633 "[D]etermination, to prevent confrontation states [...] from gaining access to nuclear weapons", Premierminister Menachem Begin; siehe auch Rede des damaligen Verteidigungsministers Ariel Sharon: "Israel cannot afford the introduction of the nuclear weapon [to the Middle East]. For us, it is not a question of balance of terror but a question of survival. We shall, therefore, have to prevent such a threat at its inception.", Government Press Office, Jerusalem, 15. Dezember 1981, zitiert in: *Hendel*, Iran's Nukes and Israel's Dilemma, Middle East Quarterly, 2012, S. 31.

634 Im Irak wurde der Reaktor „Tammuz" genannt, nach dem arabischen Namen für den Monat Juli, in dem die Baath-Partei 1968 an die Macht kam. *Hein*, The Raid on the Osirak Nuclear Reactor, http://www.jewishvirtuallibrary.org/operation-opera-raid-on-iraqi-nuclear-reactor.

635 *Hein*, ibid., m.w.N.

636 *Federation of American Scientists* WMD Around the World, "Osiraq/Tammuz I", http://www.fas.org/nuke/guide/iraq/facility/osiraq.htm.

kleares Material in den Reaktor verbracht wurde.[637] Unter dem Code Namen „*Operation Opera*" griffen am 7. Juni 1981 israelische Kampfflugzeuge den 1.100 km entfernten Reaktor Osirak an und zerstörten ihn in 1 Minute und 20 Sekunden.[638]

1.1 Reaktionen im Sicherheitsrat

In einem Brief vom 8. Juni 1981 an den Sicherheitsrat der Vereinten Nationen informierte Irak über den Angriff Israels und beantragte eine sofortige Sitzung des Rates.[639] Der Sicherheitsrat behandelte das Thema vom 12. bis 19. Juni 1981 (2280. - 2288. Sitzung), zu denen die Konfliktparteien sowie weitere Staaten und auch die Internationale Atomenergiebehörde (IAEA) eingeladen wurden, und schließlich mit der Verabschiedung der Resolution 487 endete.[640]

Während Irak eine Verurteilung des israelischen Angriffs durch den Sicherheitsrat verbunden mit Sanktionen nach Kapitel VII forderte[641], verwies der israelische Vertreter auf die Legitimität des Angriffs als Maßnahme der Selbstverteidigung nach Artikel 51 UN-Charta, da Irak wiederholt die Zerstörung Israels angekündigt hatte und zudem ein nukleares Waffenprogramm aufbaute.[642]

Die überwiegende Mehrheit der Redner verurteilte den Angriff und die israelische Argumentation der Selbstverteidigung nach Artikel 51 UN-Charta als eindeutigen Verstoß gegen das Völkerrecht, da eine rechtmäßi-

---

637 Dieser Entschluß war auch in Israel nicht unumstritten. Insbesondere die oppositionelle Arbeitspartei unter Shimon Peres befürchtete Vergeltungsmaßnahmen für den Angriff. Andere warnten davor, dass ein solcher Angriff als Kriegshandlung in der arabischen Welt verstanden werden würde und zu einer weitgehenden Isolation Israels führen werde. *Hein*, The Raid on the Osirak Nuclear Reactor, http://www.jewishvirtuallibrary.org/operation-opera-raid-on-iraqi-nuclear-reactor.

638 *Federation of American Scientists* WMD Around the World, "Osiraq/Tammuz I", http://www.fas.org/nuke/guide/iraq/facility/osiraq.htm.

639 Letter dated 8 June 1981 from the Chargé d'Affaires of the Permanent Mission of Iraq to the United Nations Addressed to the President of the Security Council, UN Doc. S/14509, 8. Juni 1981.

640 Repertoire of the Practice of the Security Council, 1981-84, Kapitel 8, S. 202 ff.

641 Statement of the Representative of Iraq, UN Doc. S/PV.2280, 12. Juni 1981, para. 20-53.

642 Statement of the Representative of Israel, UN Doc. S/PV.2280, 12. Juni 1981, para. 55-117.

ge Selbstverteidigung nur im Falle eines vorherigen bewaffneten Angriffs gegeben sei, nicht aber für präemptive Maßnahmen.[643]

> "I have heard many fantastic arguments from the representative of Israel but I have not heard him stretch our imagination by suggesting that the mere fact of having a nuclear research center somehow constituted an armed attack by Iraq against Israel. But Article 51 is explicit in stating that the right of collective and individual self-defense is only permissible in response to an armed attack. Since there was no armed attack against Israel, whose border lies some 1,000 kilometers away from Iraq, how, then, can Israel take refuge under Article 51?"[644]

Einige Staaten lehnten auch das Vorliegen einer unmittelbaren Bedrohung ab und wiesen auf die *Webster*-Formel[645] hin:

> "As for the principle of self-defense, it has long been accepted that, for it to be invoked or justified, the necessity for action must be instant, overwhelming and leaving no choice of means and no moment for deliberation. The Israeli action was carried out in pursuance of policies long considered and prepared and was plainly an act of aggression."[646]

---

643 Vgl. beispielsweise Indien: "To cite Article 51 of the Charter of the United Nations in support of this indefensible action is a travesty of the very provisions of the Charter." UN Doc. S/PV.2281, 13. Juni 1981, para. 31. Spanien: "The Charter does not allow for – indeed, if it did, that would amount to a return to the law of the jungle – any fight to preventive action by which a Member State could set itself up as judge, party and policeman in respect to another country.", UN Doc. S/PV.2282, 15. Juni 1981, para. 78. Vgl. auch die Redebeiträge von Algerien, Jordanien, Sudan und Tunesien, S/PV.2280, 12. Juni 1981; Kuwait, Kuba, Brasilien, Bulgarien, Pakistan und die Arabische Liga, S/PV.2281, 13. Juni 1981; China, die DDR, Libanon und Uganda, S/PV.2282, 15. Juni 1981; Ägypten, Mongolei, Rumänien, Sierra Leone. Sowjetunion, Vietnam, Jugoslawien und Sambia, S/PV.2283, 15. Juni 1981; Niger, Panama, Syrien, und Jemen, S/PV.2284, 16. Juni 1981; Bangladesch, Kuba (für die blockfreien Staaten), Tschechoslowakien, Marokko und Polen, S/PV.2285, 16. Juni 1981; Guyana, Ungarn, Somalia und Türkei, S/PV.2286, 17. Juni 198); Indonesien. Malaysia. Nicaragua und Sri Lanka, S/PV.2287, 17. Juni 1981.

644 Statement of the Representative of Uganda, UN Doc. S/PV.2282, 15. Juni 1981, para. 19.

645 Zur *Webster*-Formel und dem *Caroline*-Fall aus dem Jahr 1837 siehe auch 4. Kapitel II.3.2.

646 Statement of the Representative of Sierra Leone, UN Doc. S/PV.2283, 15. Juni 1981, para. 148. Siehe auch Uganda, UN Doc. S/PV.2282, 15. Juni 1981, para. 14-16.

Der Vertreter Irlands warnte vor der Schaffung eines gefährlichen Präzedenzfalles:

> "[...] Israel has justified its attack as a pre-emptive strike. This is the first
> such strike in the nuclear age by any country with the stated aim of destroying
> the capacity of another country to develop nuclear weapons – an intention
> Iraq, of course, has denied. [...]
>
> Israel has argued that, in an age of massive and dangerous weapons, this must
> be extended to include imminent attack. But the present claim goes well be-
> yond this. It starts with the assertion that, despite evidence to the contrary,
> Iraq's nuclear programme will result in the secret development of a bomb
> within three to five years; through a further extrapolation it asserts that Iraq
> will use the bomb, once developed, with immense damage to Israel and its
> people; and it concludes that an immediate strike to eliminate that possible fu-
> ture danger is fully justified under Article 51.
>
> Even if one accepts the premise, [...] then such a definition of self-defense is
> still impossibly wide. It would replace the basic principle of the Charter – that
> defense against armed attack is legitimate pending international action to re-
> store peace – by a virtually unlimited concept of self-defense against all pos-
> sible future dangers, subjectively assessed. This would reduce to virtual anar-
> chy all of the efforts made since the Second World War to restrain the arbi-
> trary actions of States by developing a framework of universal principles and
> obligations to govern their relations." [647]

Die Vereinigten Staaten verurteilten ebenfalls den Angriff, allerdings mit
der Begründung, dass Israel nicht alle möglichen diplomatischen Mittel
ausgenutzt habe.[648] Gleichzeitig signalisierte Präsident Reagan Verständnis für die israelische Reaktion:

---

[647] Statement of the Representative of Ireland, UN Doc. S/PV.2283, 15. Juni 1981,
paras. 21 ff.; siehe auch Tunesien, UN Doc. S/PV.2280, 12. Juni 1981, para. 137;
Philippinen, S/PV.2284, 16. Juni 1981, para. 28.

[648] Statement of the Representative of the United States, S/PV.2288, 19. Juni 1981,
para. 30. Allerdings bewertete die US-Regierung den israelischen Angriff als
Verstoß gegen das *U.S.-Israel Mutual Defense Assistance Agreement* (TIAS
2675) vom 23. Juli 1952, wonach Waffenlieferungen der USA an Israel unter der
Bedingung stehen, nur für die interne Sicherheit oder legitime Selbstverteidigung
verwendet zu werden:
"The Government of Israel assures the United States Government that such
equipment, materials, or services as may be acquired from the United States [...]
are required for and will be used solely to maintain its internal security, its legitimate self-defense, or to permit it to participate in the defense of the area of which
it is a part, or in United Nations collective security arrangements and measures,
and that it will not undertake any act of aggression against any other state."

"On the other hand, I do think that one has to recognize that Israel had reason for concern in view of the past history of Iraq, which has never signed a cease-fire or recognized Israel as a nation, has never joined in any peace effort for that – so, in other words, it does not even recognize the existence of Israel as a country. [...] Israel might have sincerely believed it was a defensive move."[649]

Die USA, enger Verbündeter und Unterstützer des israelischen Staates, sah sich angesichts ihres in der Vergangenheit oftmals eingelegten Vetos zur Vermeidung einer Verurteilung Israels scharfer Kritik gegenüber. So bemerkte der Vertreter Kuwaits:

"The exercise of the right of veto against a draft resolution imposing sanctions on Israel will have a negative impact upon world public opinion, which has condemned in an unprecedented way the Israeli aggression against the Iraqi nuclear installation. [...]

Any objection to the imposition of sanctions will in this case be explained by the Arab people and the peoples of the third world as an act of bias in favor of the aggressor for reasons which can neither be understood nor justified, especially since the Arab right is crystal clear in this case. Should any State exercise its veto power, which God forbid the Council will thus reinforce in the minds of weak peoples the conviction that the principles and rules embodied in international charters are different from those of the real world."[650]

Frankreich, unter Betonung des reinen Forschungszweckes des Reaktors, wertete den Angriff als Verletzung fundamentaler Prinzipien des Völkerrechts, insbesondere der territorialen Souveränität und Unabhängigkeit der Staaten sowie des Gewaltverbots, und befürwortete die Verurteilung Israels durch den Sicherheitsrat und eine Wiedergutmachung, aber nicht die von anderen Staaten geforderte Verhängung von Sanktionen.[651] Dieser

---

Als Folge setzten die USA die Lieferung von vierzehn F-16 und zwei F-15 Flugzeugen an Israel aus. Die Zweifel an der Selbstverteidigungsabsicht Israels hielt jedoch nur kurze Zeit an, bereits am 17. August 1981, also rund zwei Monate später, wurden die Flugzeuge ausgeliefert, vgl. *Grimmett*, U.S. Defense Articles and Services Supplied to Foreign Recipients: Restrictions on Their Use, CRS, R42385, 6. März 2012.

649 President Ronald Reagan, The Presidents's News Conference, 16. Juni 1981.
650 Statement of the Representative of Kuwait, S/PV.2281, 13. Juni 1981, para. 22-24.
651 Statement of the Representative of France, S/PV.2282, 15. Juni 1981, para. 56, 58. Zu den Sanktionen fordernden Staaten gehörten u.a. Kuba (für die blockfreien Staaten), die DDR, Indien, Indonesien, Jordanien, Kuwait, Libanon, Malaysia,

Ansicht folgten auch Japan, das Vereinigte Königreich, Irland und Italien.[652]

Resolution 487 wurde schließlich am 19. Juni 1981 einstimmig angenommen. Unter Verweisung auf das Gewaltverbot in Artikel 2 Ziff. 4 UN-Charta verurteilte der Sicherheitsrat die israelische Angriffshandlung und sprach Irak eine Wiedergutmachung[653] zu, Sanktionen wurden jedoch nicht verhängt:

> "1. Strongly condemns the military attack by Israel in clear violation of the Charter of the United Nations and the norms of international conduct;
>
> 2. Calls upon Israel to refrain in the future from any such acts or threats thereof; [...]
>
> 6. Considers that Iraq is entitled to appropriate redress for the destruction it has suffered, responsibility for which has been acknowledged by Israel; [...]"

Die Charakterisierung des Angriffs als *„military attack"* und nicht als *„act of aggression"* sowie die Nichtverhängung von Sanktionen führten im November 1981 zu einer weiteren Debatte und der Verabschiedung einer umstrittenen Resolution in der Generalversammlung.[654]

1.2 Reaktionen in der Generalversammlung

Nach dem israelischen Angriff auf den irakischen Reaktor *Osirak* am 7. Juni 1981, den der Sicherheitsrat schon mit seiner Resolution 487 vom 19. Juni 1981 verurteilt hatte[655], hielt auch die Generalversammlung vom 11. - 13. November 1981 eine Debatte mit dem längeren Titel: "Armed Israeli aggression against the Iraqi nuclear installations and its grave conse-

---

Mongolien, Nicaragua, Pakistan, Sierra Leone, Somalia, Sri Lanka, Sudan, Syrien, Uganda, die UdSSR und Jemen, siehe auch UN Yearbook 1981, Situation between individual Arab States and Israel, Iraq and Israel, S. 275 ff.

652 Japan und das Vereinigte Königreich, S/PV.2282, 15. Juni 1981, paras. 93 ff., 100 ff.; Irland, S/PV.2283, 16. Juni 1981, paras. 3 ff.; Italien, S/PV.2286, 17. Juni 1981, para. 73.

653 Eine Wiedergutmachung wurde bisher nicht von Israel geleistet. Nach Angaben eines irakischen Abgeordneten, Muhammad Naji Muhammad, plant die irakische Regierung seit Anfang 2010, Israel mit Hilfe des Sicherheitsrats auf der Grundlage von Resolution 487 zu einer Zahlung zu verpflichten. „Israel must compensate Iraq for Osirak", Jerusalem Post, 5. Januar 2010.

654 UN Doc. A/36/27, 13. November 1981.

655 Siehe in diesem Kapitel III.1.

quences for the established international system concerning the peaceful uses of nuclear energy, the non-proliferation of nuclear weapons and international peace and security".[656]

Wie auch schon in seiner Begründung vor dem Sicherheitsrat im Juni zuvor, hielt Israel an seiner Argumentation, es habe sich um einen Akt der Selbstverteidigung gehalten, fest. In einem Brief vom 19. Oktober 1981 an den UN-Generalsekretär, der als offizielles Dokument der Generalversammlung und des Sicherheitsrats an alle Mitgliedstaaten zirkuliert wurde, führte Israel seine Begründung näher aus. Danach sei das völkergewohnheitsrechtliche, wie auch das in der Charta postulierte Recht auf Selbstverteidigung, in Zeiten moderner Kriegsführung und insbesondere nuklearer Bedrohung weiter zu interpretieren, so dass es auch präventive Selbstverteidigung erlaube:

> "Israel's action against Osirak constituted a legitimate act of self defence, based on the principles of international law. The exercise of this right resulted from a specific constellation of factual circumstances which posed an intolerable threat to Israel. These circumstances included the imminent realization by Iraq of its plans to acquire a military nuclear capability, Iraq's declared maintenance of a state of war with Israel and its persistent denial of Israel's right to exist, and the failure of Israel's diplomatic efforts to prevent the extension of foreign assistance to Iraq in the implementation of its nuclear programme. [...] Developments in the nature, technology and effectiveness of modern weaponry require a consequential, interpretative adjustment to the notion of a threatened or actual armed attack. [...] [T]he concepts of 'armed attack' and the threat of such an attack must be read in conjunction with, and related to the present-day criteria of speed and power, and placed within the context of the circumstances surrounding nuclear attack – including the preparations for it and the consequences resulting from it."[657]

Die überwiegende Anzahl der Staaten wertete den israelischen Angriff als Verletzung der Charta der Vereinten Nationen und des Völkerrechts und lehnte eine Anerkennung als legitime Selbstverteidigung ab.[658] Auch die

---

656 Die Debatte wurde von 43 Staaten, darunter auch der Irak sowie weitere arabische und afrikanische Staaten, beantragt, siehe UN Doc. A/36/194+Add.1.2 vom 12. August 1981.

657 Letter dated 19 October 1981 from the Permanent Representative of Israel to the United Nations addressed to the Secretary-General, A/36/610 – S/14732, 20. Oktober 1981, S. 35 ff.

658 Vgl. Statement of the Representative of Austria, UN Doc. A/36/PV.54, 12. November 1981, S. 21; oder Statement of the Representative of the Sudan, ibid., S. 67.

Europäische Gemeinschaft rügte eine unzulässige Ausdehnung des Anwendungsbereichs von Artikel 51 durch Israel:

"[Israel] has based this justification on its interpretation of Article 51 of the Charter, which it asserts must now, in an age of nuclear weapons, be interpreted far more widely to allow a pre-emptive strike by one State against what it alleges to be the nuclear-weapon development programme of another, potentially hostile, State. The Community does not accept this interpretation."[659]

Divergierende Meinungen bezogen sich auf die Charakterisierung der militärischen Zerstörung des Reaktors als bloßen „Angriff" (*„military attack"*) und nicht als Aggressionshandlung (*„act of aggression"*) sowie das Unterlassen der Verhängung von Sanktionen gegen Israel durch den Sicherheitsrat.[660]

"The international sanction that had been hoped for in the Security Council was thus commuted into a mere verbal condemnation – and not even condemnation of the perpetrator but of the act, which, moreover, was euphemistically called an attack instead of an act of aggression."[661]

Der vom Irak und weiteren 35 Staaten eingebrachte Resolutionsentwurf[662] wurde schließlich am 13. November 1981 mit 109 Ja-Stimmen, 2 Nein-Stimmen[663] und 34 Enthaltungen[664] verabschiedet.

"The General Assembly,

[…] 1. Strongly condemns Israel for its premeditated and unprecedented act of aggression in violation of the United Nations and the norms of international conduct, which constitutes a new and dangerous escalation in the threat to international peace and security;

2. Issues a solemn warning to Israel to cease its threats and the commission of such armed attacks against nuclear facilities;

---

659 Statement of the Representative of the United Kingdom (on behalf of the EC), UN Doc. A/36/PV.53, 11. November 1981, para. 92.

660 Für eine Zusammenfassung der Redebeiträge siehe UN Yearbook 1981, Situation between individual Arab States and Israel, Iraq and Israel, S. 279 ff., für Verbatim Records UN Docs. A/36/PV.52-56.

661 Statement of the Representative of Algeria, UN Doc. A/36/PV.56, 13. November 1981, S. 11.

662 UN Doc. A/36/L.14/Rev. 1.

663 Israel und die USA, UN Doc. A/36/PV.56, 13. November 1981, 57-60.

664 Darunter Frankreich, die Bundesrepublik Deutschland, das Vereinigte Königreich und 7 weitere Mitgliedstaaten der Europäischen Gemeinschaft, wie auch Kanada, Japan, Neuseeland, Argentinien, Panama und Zaire, UN Doc. A/36/PV.56 vom 13. November 1981, 57-60.

3. Reiterates its call to all States to cease forthwith any provision to Israel of arms and related material of all types which enable it to commit acts of aggression against other States;

4. Requests the Security Council to investigate Israel's nuclear activities and the collaboration of other States and parties in those activities;

5. Reiterates its request to the Security Council to institute effective enforcement action to prevent Israel from further endangering international peace and security through its acts of aggression and continued policies of expansion, occupation and annexation;

6. Demands that Israel, in view of its international responsibility for its act of aggression, pay prompt and adequate compensation for the material damage and loss of life suffered as a result of that act; [...]"[665]

Die USA lehnten die Resolution ab, da sich der Sicherheitsrat als das für den internationalen Frieden und Sicherheit zuständige Organ bereits mit dem Thema beschäftigt habe.[666] In Erklärungen zu ihrem Abstimmungsverhalten machten die sich enthaltenden Staaten deutlich, dass sich ihre Enthaltungen nicht auf die Völkerrechtswidrigkeit des israelischen Angriffs bezögen, sondern auf die ihrer Ansicht nach unzulässige Ausweitung der Kompetenzen der Generalversammlung gegenüber dem Sicherheitsrat, wie sie in den operativen Abätzen 3-5 verdeutlicht würde:

"The Swedish Government has strongly condemned the Israeli attack on the Iraqi nuclear installations. It constituted a flagrant violation of the provisions of the Charter of the United Nations and the rules of international law. [...] The interpretation by Israel of Article 51 of the United Nations Charter, invoking the right of self-defence, is not convincing. It implies that the concept of legitimate self-defence could be extended almost limitlessly to include all conceivable future dangers, subjectively defined. The implications of such an interpretation are dangerous and could jeopardize peace if other nations followed that argument. [...]

It is therefore with regret that we have found that the resolution is formulated in such a way that we have been unable to support it. In particular, several paragraphs contain formulations that cannot, [...], be reconciled with the division of responsibilities envisaged by the Charter as between the Assembly and the Security Council. [...]"[667]

---

665 UN Doc. A/RES/36/27, 13. November 1981.

666 Statement of the Representative of the United States, UN Doc. A/36/PV.56, 13. November 1981, S. 48-50.

667 Statement of the Representative of Sweden, UN Doc. A/36/PV.56, 13. November 1981, S. 68. Vgl. ibid., S. 38 ff, Erklärungen von Portugal, Neuseeland, Chile,

Israel weigerte sich zunächst, die Resolution 487 (1981) des Sicherheitsrats anzuerkennen und auch Schadensersatz an den Irak zu leisten. Daher
verblieb das Thema auf der Tagesordnung der Generalversammlung und
führte bis 1985 zu nachfolgenden, ähnlich lautenden Resolutionen.[668] Die
letzte Resolution A/RES/41/12 verabschiedete die Generalversammlung
am 28. Oktober 1986 mit nur noch 86 Ja-Stimmen, 5 Nein-Stimmen
und 55 Enthaltungen. Die westlichen Staaten beriefen sich auf eine
schriftliche Erklärung Israel's gegenüber der IAEA-Generalkonferenz,
wonach Israel sich verpflichtete, "it will not attack or threaten to attack
any nuclear facilities devoted to peaceful purposes either in the Middle
East or anywhere else and emphasizes specifically that Iraq is includ-
ed".[669] Die IAEA-Generalkonferenz hatte daraufhin ihre Befassung mit
den Konsequenzen des israelischen Angriffs abgeschlossen.[670]

Allerdings gelang es nicht, den Punkt von der Tagesordnung der Generalversammlung zu entfernen, so dass der israelische Angriff auf Osirak
bis heute dort steht – für die 72. Generalversammlung als Tagesordnungspunkt 48.[671]

2. Zwischenergebnis

Die einhellige Verurteilung des israelischen Angriffs auf Osirak und die
Zurückweisung eines präemptiven Selbstverteidigungsrechts durch die
Staatengemeinschaft zeigt, dass vor dem 11. September 2001 keine derart

---

Vereinigtes Königreich, Japan, Österreich, Fiji, Finnland, Norwegen, Argentinien
und Kanada.

668 Siehe Resolutionen der Generalversammlung 36/27, 37/18, 38/9, 39/14 und 40/6.
669 IAEA, General Conference Resolution GC (XXIX)/RES/443, 27. September
1985.
670 Ibid.
671 Zwischen 1987 (42. Sitzung) und 2003 (58. Sitzung) befaßte sich die Generalversammlung allerdings nicht mehr mit dem Thema, sondern verschob es lediglich
auf die kommende Sitzung. Im Juli 2004, im Zuge der Bemühungen einer „Revi-
talisierung" der Generalversammlung, die eine Revision langjährig auf der Tagesordnung verbleibender Punkte ohne Abschluß beinhaltete, beschloß die Generalversammlung, den Punkt zwar auf der Tagesordnung zu belassen, aber von einer
Anmeldung durch einen Mitgliedstaat abhängig zu machen. Siehe Zusammenfassung und Übersicht über die Entscheidungen und Resolutionen der Generalversammlung in: Allocation of agenda items for the seventy-second session of the
General Assembly, UN Doc. A/72/252, 15. September 2017, S. 3.

ausgeweitete Auslegung des Selbstverteidigungsrechts im Rahmen des Artikel 51 UN-Charta, wie aber auch des völkergewohnheitsrechtlichen Selbstverteidigungsrechts, bei der Annahme einer nuklearen Bedrohung anerkannt war.[672]

IV. Ergebnis

Die exemplarisch untersuchte Staatenpraxis bestätigt zum einen These 1, nämlich dass die Sicherheitsdoktrin der USA bereits vor der Veröffentlichung der *Bush*-Doktrin die Elemente Präemption und das „*Harboring*"-Argument enthalten hat und auch zur Anwendung kam.[673]

Ebenfalls zeigt sich, dass auch weitere Staaten, wie Israel, das Vereinigte Königreich, Südafrika, Iran und die Türkei, die präemptive Selbstverteidigung wie auch das „*Harboring*"-Argument zur Begründung ihrer Maßnahmen in Anspruch nahmen, womit These 2 bestätigt ist.

Die ablehnende Haltung der überwiegenden Staatengemeinschaft hat allerdings zur Folge, dass mangels einer korrelierenden *opinio iuris* in dem untersuchten Zeitraum vor dem Jahr 2001 keine Änderung des geltenden Völkergewohnheitsrechts bzw. eine entsprechende Interpretation von Artikel 51 UN-Charta eingetreten ist. Hinsichtlich einer Anerkennung des „*Harboring*"-Arguments als Zurechnungskriterium scheint aber zumindest eine Entwicklung in Gang gekommen zu sein.

Die Staatenpraxis zeigt auch, dass im Falle der Annahme einer nuklearen Bedrohung ein präemptives Selbstverteidigungsrecht weder durch eine geänderte Auslegung von Artikel 51 UN-Charta noch als im Völkergewohnheitsrecht geltend anerkannt war.

---

672 Siehe auch *Murphy*, Protean Jus Ad Bellum, Berkeley J. Int'l Law, Vol. 27, Issue 1, 2009, S. 22 (31).

673 So auch *Delahunty/Yoo*, The "Bush Doctrine": Can Preventive War Be Justified?, Harv. J.L. & Pub. Pol'y, Vol. 32, 2009, S. 843 (849 ff., 865); *Rivkin*, The Virtues of Preemptive Deterrence, Harv. J.L. & Pub. Pol'y, Vol. 29, Issue 1, 2005, S. 85 (86).

I. Unmittelbare Reaktionen der Staatengemeinschaft auf die Anschläge

1. Vereinte Nationen

Einen Tag nach den Terroranschlägen des 11. September 2001 in New York und Washington verabschiedete der Sicherheitsrat Resolution 1368. In ihrem einleitenden Teil verweist die Resolution ausdrücklich auf das naturgegebene Recht auf Selbstverteidigung im Einklang mit der UN-Charta ("Recognizing the inherent right of individual or collective self-defence in accordance with the Charter") und bejaht damit auch implizit das Vorliegen eines bewaffneten Angriffs im Sinne des Artikel 51.[674] Im operativen Teil betont der Sicherheitsrat seine Verantwortung nach der UN-Charta und „bekundet seine Bereitschaft, alle erforderlichen Schritte zu unternehmen, um auf die Terroranschläge vom 11. September 2001 zu antworten und alle Formen des Terrorismus zu bekämpfen" ("[e]xpresses its readiness to take all necessary steps to respond to the terrorist attacks of 11 September 2001, and to combat all forms of terrorism, in accordance with its responsibilities under the Charter of the United Nations").

Damit allerdings erscheinen Resolution 1368 und die diesbezüglich ähnlich lautende, nachfolgende Resolution 1373 als mehrdeutig, wenn nicht sogar widersprüchlich.[675] Kann die USA das Recht auf Selbstverteidigung in Anspruch nehmen, oder aber handelt der Sicherheitsrat, gegebenenfalls durch eine Autorisierung der USA zum Einsatz von Gewalt? Das offensichtliche Schwanken des Sicherheitsrats könnte zum einen in der erklärten Absicht der USA liegen, die Krise „in die eigenen Hände" zu nehmen[676], oder aber auch in einer Art „Arbeitsteilung", wenn man die in Re-

---

674 UN Doc. S/RES/1368 vom 12. September 2001, siehe auch S/RES/1373 vom 28. September 2001.

675 *Cassese*, Terrorism is Also Disrupting Some Crucial Legal Categories of International Law, EJIL, Vol. 12, No. 5, 2001, S. 993 (996), siehe auch *Ruffert*, Terrorismusbekämpfung zwischen Selbstverteidigung und kollektiver Sicherheit – Die Anschläge vom 11.9.2001 und die Intervention in Afghanistan, ZRP 2002, S. 247 (249 ff.).

676 So die Vermutung *Casseses*, ibid., S. 993 (996).

solution 1373 durch den Rat beschlossenen umfangreichen Maßnahmen zur Bekämpfung des Terrorismus betrachtet, verbunden mit der im vorletzten operativen Absatz enthaltenen Formulierung „bekundet seine Entschlossenheit, im Einklang mit seinen Verantwortlichkeiten nach der Charta der Vereinten Nationen alle notwendigen Schritte zu unternehmen, um die *vollinhaltliche Durchführung dieser Resolution sicherzustellen*".[677] Schließlich könnte in den genannten Resolutionen auch eine „konkludente Billigung" des Sicherheitsrats zu sehen sein.[678] Jedenfalls aber wurde in der unmittelbaren Zeit nach dem 11. September 2001 und dem Beginn von *Operation Enduring Freedom* am 7. Oktober 2001 die Militäroperation von der Staatengemeinschaft nie in Frage gestellt, womit sich die eingangs gestellte Frage als eher auf die Völkerrechtswissenschaft beschränkt sieht.[679]

Die Generalversammlung verabschiedete auf ihrer ersten Sitzung am 12. September 2001 per Akklamation eine Resolution, in der sie nicht nur die „abscheulichen Terrorakte" verurteilte, sondern auch „nachdrücklich zur internationalen Zusammenarbeit aufforderte":

> „um terroristische Handlungen zu verhüten und auszumerzen, und betont, dass diejenigen, die den Tätern, Organisatoren und Förderern derartiger Handlungen geholfen, sie unterstützt oder ihnen Unterschlupf gewährt haben, dafür zur Rechenschaft gezogen werden."[680]

2. NATO, andere regionale Organisationen und einzelne Staaten

Die NATO stellte am 12. September 2001 – zum ersten Mal in ihrer Geschichte – das Vorliegen eines Bündnisfalles gemäß Artikel 5 des Washingtoner Vertrages fest, allerdings zunächst noch unter dem Vorbehalt, dass die Untersuchungen ergäben, dass der Angriff von außerhalb des

---

677 Hervorheb. durch Verf.

678 So *Ruffert*, Terrorismusbekämpfung zwischen Selbstverteidigung und kollektiver Sicherheit – Die Anschläge vom 11.9.2001 und die Intervention in Afghanistan, ZRP 2002, S. 247 (250).

679 Zur Frage des andauernden Einsatzes von Operation Enduring Freedom siehe 7. Kapitel II.1.

680 "Also urgently calls for international cooperation to prevent and eradicate acts of terrorism, and stresses that those responsible for aiding, supporting or harbouring the perpetrators, organizers and sponsors of such acts will be held accountable." UN Doc. A/RES/56/1, 18. September 2001.

Bündnisgebietes kam, was am 2. Oktober 2001 bestätigt wurde.[681] Australien erklärte am 14. September 2001 den Bündnisfall – ebenfalls zum ersten Mal – nach Artikel IV des ANZUS-Vertrages von 1951, obwohl dieser, dem Wortlaut nach, von einem bewaffneten Angriff im Pazifikraum ausgeht.[682] Die Außenminister der *Organization of American States* (OAS) verabschiedeten am 21. September 2001 in Washington eine Resolution, die nicht nur das in der UN-Charta wie auch im Rio-Vertrag verankerte Selbstverteidigungsrecht bekräftigt, sondern auch darauf hinwies, dass „these terrorist attacks against the United States of America are attacks against all American states".[683] Der Europäische Rat erkannte auf einer außerordentlichen Tagung am 21. September 2001 ausdrücklich an, dass ein amerikanischer Gegenschlag gerechtfertigt sei:

> „Auf der Grundlage der Resolution 1368 des Sicherheitsrates ist ein amerikanischer Gegenschlag gerechtfertigt. Die Mitgliedstaaten der Union sind – nach Maßgabe der jedem von ihnen zur Verfügung stehenden Mittel – bereit, sich an derartigen Aktionen zu beteiligen. Diese Aktionen müssen gezielt sein. *Sie können auch gegen Staaten gerichtet sein, die Terroristen gegebenenfalls helfen, sie unterstützen oder ihnen Unterschlupf gewähren.*"[684]

---

681 NATO, Statement by NATO-Secretary General Lord Robertson, 2. Oktober 2001.

682 Security Treaty Between Australia, New Zealand, and the United States of America (ANZUS-Treaty), San Francisco, 1 September 1951, in Kraft getreten am 29. April 1952, Australian Treaty Series 1952 No.2. Der australische Präsident Howard befand sich am 11. September 2001 in Washington, *Australian Politics.com*, Howard Government Invokes ANZUS Treaty, http://australianpolitics.com/news/2001/01-09-14c.shtml. Die USA setzten die Kooperation unter dem ANZUS-Vertrag mit Neuseeland im Jahr 1986 aus, nachdem sich die neuseeländische Regierung geweigert hatte, amerikanischen nuklearbetriebenen oder nukleare Waffen tragenden Kriegsschiffen den Zugang zu neuseeländischen Häfen zu gewähren. Die Bezeichnung „ANZUS" wurde jedoch für den Vertrag beibehalten. Siehe U.S. Department of State, Background Notes: New Zealand, 14. Februar 2017, http://www.state.gov/r/pa/ei/bgn/35852.htm.

683 OAS Twenty Fourth Meeting of Ministers of Foreign Affairs, Washington D.C., OEA/Ser.F/II.24, RC.24/RES. 1/01, 21. September 2001.

684 Außerordentliche Tagung des Europäischen Rates am 21. September 2001, Schlußfolgerungen und Aktionsplan, SN/140/01 (Hervorheb. durch Verf., vgl. auch englischen Wortlaut: "The actions must be targeted and may also be directed against States abetting, supporting or harbouring terrorists.") Siehe auch Erklärung des Rates der Europäischen Union: „Die EU erklärt [...], dass sie die Aktion entschieden unterstützt, die als Akt der Selbstverteidigung gemäß der VN-Charta und der Resolution 1368 des VN-Sicherheitsrates unternommen wird." 2372. Tagung, 8./9. Oktober 2001, 12330/01.

Eine weitere Vielzahl von Staaten erklärte ihre Unterstützung für die USA, darunter Verbündete aber auch andere, wie China, die Russische Föderation, Qatar, Iran, Pakistan, Indien, Ägypten, Südafrika, Südkorea und Japan.[685] Nordkorea kondolierte zumindest nach den Anschlägen, einzige Ausnahme blieb der Irak, der verkünden ließ, dass die Anschläge eine „Lektion für alle Tyrannen und Unterdrücker" seien und dass die „ameri-

---

685 Siehe eine umfassende Übersicht bei *Bernasconi, Bonita, Jun, Pasternak, Sandhu and Hildreth*, Foreign Support of the U.S. War on Terrorism, Report for Congress, Congressional Research Service, 11. Juli 2002, Order Code RL31152. Die Unterstützung der Staatengemeinschaft für den durch die USA ausgerufenen War on Terrorism wurde auch besonders deutlich während der Generaldebatte der Generalversammlung, die wegen der Terroranschläge auf den 10. – 16. November 2001 verschoben worden war, so erklärte der norwegische Außenminister Petersen: "The use of military force against the Taliban was the only available option, due to its support of terrorist networks." in: Assembly Speakers Link Fight Against Terrorism to Achievement of Overall UN Goals, UN Press Release, UN Doc. GA/9960, 11. November 2001; Albanien betonte: "We believe the military actions taken by the anti-terrorist coalition led by the United States and the United Kingdom against the Taliban regime and Al Qaeda is justified and conforms to Chapter VII of the United Nations Charter." in: Calls for Resolute Action Against Terrorism Tempered in Assembly by Appeals for Caution in Identifying 'Enemy', UN Press Release, UN Doc. GA/9962, 12. November 2001; der russische Außenminister Ivanov sah in den Resolutionen des Sicherheitsrats und der Generalversammlung eine ausreichende rechtliche Grundlage: "The decisions taken by the Security Council and the General Assembly provide a solid political and legal framework for neutralizing the threat of terrorism, including the use of military force.", in: Small Island Developing States Reiterate Call for Environmental Vulnerability Index, UN Press Release, UN Doc. GA/9970, 16. November 2001; Somalia sah sich veranlasst, darauf hinzuweisen, dass die somalische Regierung keine Terroristen im Land beherberge: "I firmly state that the Somali Government hosts no terrorists, nor will it offer them any sanctuary.", in: UN Press Release, UN Doc. GA/9966, 14. November 2001. Zur Etablierung der terroristischen Gruppierung Al-Shabaab in Somalia und deren Anschläge in Kenia und anderen Nachbarstaaten seit 2010 siehe 7. Kapitel II.8. Für eine Übersicht der verschiedenen Reden siehe UN Press Releases, UN Docs. GA/9957-9959, GA/9963-9969, GA/9971. In der abschließenden Pressemitteilung der Vereinten Nationen zur Generaldebatte findet sich der Satz: "Saudi Arabia and Kiribati declined to speak.", UN Doc. GA/9971, 16. November 2001, Erklärungen gab es von Seiten Saudi Arabiens nicht, wohl aber findet sich die Rede in schriftlicher Form auf der Webseite der saudischen Botschaft in Washington D.C., http://www.saudiembassy.net/archive/2001/speeches/page2.aspx.

kanischen Cowboys die Früchte ihrer Verbrechen gegen die Menschlichkeit" nun ernteten.[686]

Der afghanische Botschafter gab auf einer Pressekonferenz im UN-Hauptquartier am 18. September 2001 die Unterstützung für eine amerikanisch geführte Koalition bekannt und rief den Sicherheitsrat auf, von Pakistan den Rückzug seiner bewaffneten Truppen und religiösen extremistischen Gruppen aus Afghanistan zu verlangen.[687] Die Präsenz fremder Truppen in Afghanistan stelle eine Bedrohung für die regionale und internationale Sicherheit dar, Maßnahmen gegen den internationalen Terrorismus und Extremismus könnten nicht erfolgreich sein, solange sie nicht die *„unholy Pakistan-Taliban-bin Laden axis"* einschlössen. Im Namen des von den Taliban besetzten Afghanistan forderte er:

> "[p]unitive and reprisal measures must not exclusively be taken against those perpetrating those crimes, but rather should punish the States and the regimes sponsoring and harboring terrorist elements and their activities:"[688]

3. Deutschland

In seiner Regierungserklärung vor dem Deutschen Bundestag vom 19. September 2001 wies Bundeskanzler Schröder schon auf eine Änderung des geltenden Völkerrechts hin:

> „Der Sicherheitsrat der Vereinten Nationen hat in der grundlegenden Resolution 1368 einmütig festgestellt, dass die terroristischen Anschläge von New York und Washington eine, wie es in der Erklärung heißt, Bedrohung des Weltfriedens und der internationalen Sicherheit darstellen. Der Weltsicherheitsrat hat damit eine *Weiterentwicklung bisherigen Völkerrechts* vorgenommen. Bislang galt ein bewaffneter Angriff, eine Störung des Weltfriedens, der Weltsicherheit immer dann, wenn es sich um einen Angriff von einem Staat auf einen anderen Staat handelte. Mit dieser Resolution – das ist das entscheidend Neue – sind die völkerrechtlichen Voraussetzungen für ein entschiedenes, auch militärisches Vorgehen gegen den Terrorismus geschaffen worden.
>
> Der NATO-Rat hat den Vereinigten Staaten seine volle Solidarität auf der Grundlage von Art. 5 des NATO-Vertrages erklärt. Auch er hat, ganz ähnlich

---

686 Iraq hails attack on US, BBC, 12. September 2001, http://news.bbc.co.uk/2/hi/middle_east/1540216.stm.

687 United Nations, Press Conference by Afghanistan, 18. September 2001, http://www.un.org/News/briefings/docs/2001/afghanpc.doc.htm.

688 Ibid.

wie der Weltsicherheitsrat, *neu interpretiert*, was unter einem bewaffneten Angriff auf einen Bündnispartner zu verstehen sei, nämlich nicht nur, wie bei Zustandekommen des NATO-Vertrages gedacht, der kriegerische Angriff eines Staates auf einen Staat, der NATO-Mitglied ist, sondern – ebenso wie der Weltsicherheitsrat – auch ein terroristischer Angriff, verstanden als Angriff auf einen Bündnispartner. Damit gilt dieser Angriff auf die Vereinigten Staaten als ein Angriff auf die NATO-Partner. Der NATO-Rat hat diesen Beschluss mit unserer vollen Unterstützung gefasst."[689]

Der Bundestag verabschiedete den gemeinsamen Entschließungsantrag der Fraktionen SPD, CDU/CSU, BÜNDNIS 90/DIE GRÜNEN und FDP mit 565 Ja-Stimmen, 40 Nein-Stimmen (überwiegend von der PDS) und 6 Enthaltungen. In dem Dokument heißt es ausdrücklich:

„Der Deutsche Bundestag unterstützt den Aufruf des Sicherheitsrates zur internationalen Zusammenarbeit, damit die Täter, Organisatoren und Förderer dieser terroristischen Angriffe vor Gericht gebracht werden und diejenigen, die für die Hilfe, Unterstützung oder Beherbergung der Täter, der Organisatoren und der Förderer verantwortlich sind, zur Rechenschaft gezogen werden."[690]

4. Resolution des UN-Sicherheitsrats 1373 (2001)

Am 28. September 2001 verabschiedete der Sicherheitsrat mit Resolution 1373 einen weitreichenden Maßnahmenkatalog zur Bekämpfung des internationalen Terrorismus. Als Maßnahme unter Kapitel VII UN-Charta ist der Katalog für alle UN-Mitgliedstaaten verbindlich (Artikel 25 UN-Charta).[691] Im Einzelnen regelt Resolution 1373 die Verhütung und Bekämp-

---

689 Deutscher Bundestag, Plenarprotokoll 14/187, 19. September 2001, S. 18302. Hervorhebung durch Verf.

690 Bundestagsdrucksache 14/6920, 19. September 2001.

691 Einige Autoren halten Resolution 1373 als „quasi-legislative" Maßnahme, die generelle Verpflichtungen für eine unbegrenzte Zeit den Mitgliedstaaten auferlegt anstatt einen bestimmten Einzelfall zu regeln, als *ultra vires*, welches freilich nichts an ihrer bindenden Wirkung ändert; siehe *Happold*: "Resolution 1373 purports to create a series of general and temporally undefined legal obligations binding the member states. In this it goes beyond the limits of the Security Council's powers.", in: Security Council Resolution 1373 and the Constitution of the United Nations, LJIL, Vol. 16, Issue 3, 2003, S. 593 (607, 609). Zur Nicht-Justiziabilität der Entscheidungen des Sicherheitsrat siehe IGH, Certain Expenses of the United Nations, Advisory Opinion ("each organ must, in the first place at least, determine its own jurisdiction"); I.C.J. Reports 1962, S. 151 (168); IGH, Legal

fung der Finanzierung terroristischer Handlungen und legt den Staaten die folgenden Verpflichtungen auf:

„2. *beschließt außerdem*, dass alle Staaten *a*) es unterlassen werden, Einrichtungen oder Personen, die an terroristischen Handlungen beteiligt sind, in irgendeiner Form aktiv oder passiv zu unterstützen, indem sie namentlich die Anwerbung von Mitgliedern terroristischer Gruppen unterbinden und die Belieferung von Terroristen mit Waffen beendigen;

b) die erforderlichen Maßnahmen ergreifen werden, um die Begehung terroristischer Handlungen zu verhüten, namentlich durch die frühzeitige Warnung anderer Staaten im Wege des Informationsaustauschs;

c) denjenigen, die terroristische Handlungen finanzieren, planen, unterstützen oder begehen oder die den Tätern Unterschlupf gewähren, einen sicheren Zufluchtsort verweigern werden;

d) diejenigen, die terroristische Handlungen finanzieren, planen, erleichtern oder begehen, daran hindern werden, ihr Hoheitsgebiet für diese Zwecke gegen andere Staaten oder deren Angehörige zu nutzen;

e) sicherstellen werden, dass alle Personen, die an der Finanzierung, Planung, Vorbereitung oder Begehung terroristischer Handlungen oder an deren Unterstützung mitwirken, vor Gericht gestellt werden, dass diese terroristischen Handlungen zusätzlich zu allen sonstigen Gegenmaßnahmen als schwere Straftaten nach ihrem innerstaatlichen Recht umschrieben werden und dass die Strafe der Schwere dieser terroristischen Handlungen gebührend Rechnung trägt".

Zusätzlich setzte der Sicherheitsrat ein *Counter-Terrorism Committee* (CTC), bestehend aus den Mitgliedern des Sicherheitsrats, ein, das die Umsetzung der in der Resolution 1373 enthaltenen Verpflichtungen überwachen soll und dem alle Staaten binnen 90 Tagen und später in einem festgelegten Rhythmus Bericht zu erstatten haben.[692]

Consequences for States of the Continued Presence of South Africa in Namibia (South West Africa) notwithstanding Security Council Resolution 276 (1970), Advisory Opinion, ("A resolution of a properly constituted organ of the United Nations which is passed in accordance with that organ's rules of procedure, and is declared by its President to have been so passed, must be presumed to have been validly adopted."), I.C.J. Reports 1971, S. 16 (22); *Alvarez*, Judging the Security Council, AJIL, Vol. 90, No. 1, 1996, S. 1 ff.

692 Seit 2005 überwacht das CTC auch die Umsetzung der Resolution 1624 vom 14. September 2005 (Strafbarkeit der Aufstachelung zur Begehung einer terroristischen Handlung oder terroristischer Handlungen).

5. Operation Enduring Freedom

Die amerikanische militärische Antwort auf den 11. September 2001 begann am 7. Oktober 2001 mit der *Operation Enduring Freedom*. Zuvor hatten sich die USA und auch das Vereinigte Königreich bemüht, neben den bereits vorliegenden Anhaltspunkten für eine Beteiligung von Al-Qaida und ihre Verbindung zu den Taliban, zusätzliche Beweise zu erbringen.[693] Hinsichtlich der Unterstützerrolle Afghanistans für Al-Qaida lagen bereits verschiedene Resolutionen des Sicherheitsrats seit 1998 vor, in denen er das Taliban-Regime aufforderte, die Ausbildungslager von internationalen terroristischen Gruppen zu unterbinden und jegliche Unterstützung dieser Gruppen einzustellen[694] sowie auch Osama bin Laden auszuliefern[695], der für die Bombenattentate auf die amerikanischen Botschaften in Kenia und Tansania vom August 1998 verantwortlich gemacht wurde.

Auch das letzte Ultimatum der amerikanischen Regierung zur Auslieferung bin Ladens nach dem 11. September 2001 ließen die Taliban verstreichen, welches als weiteres Indiz für die aktive Unterstützung des Taliban-Regimes für Al-Qaida angesehen wurde.[696]

Ziel der Operation war laut Präsident Bush die Zerstörung der Trainingslager von Al-Qaida und militärischer Anlagen der Taliban in Afgha-

---

693 Siehe Statement by NATO Secretary General Lord Robertson, 2. Oktober 2001: "The facts are clear and compelling. The information presented points conclusively to an Al-Qaida role in the 11 September attacks.", NATO Speech, http://www.nato.int/docu/speech/2001/s011002a.htm; siehe auch Invocation of Article 5 Confirmed, NATO Press Release vom 2. Oktober 2001: "As a result of the information [US Ambassador Frank Taylor] provided to the Council, it has been clearly determined that the individuals who carried out the attacks belonged to the world-wide terrorist network of Al-Qaida, headed by Osama bin Laden and protected by the Taleban regime in Afghanistan." http://www.nato.int/docu/update/2001/1001/e1002a.htm; Übersicht bei Beard, America's New War on Terror: The Case for Self-Defence under International Law, Harvard Journal of Law & Public Policy 25 (2001), S. 559 (577-578). Das Vereinigte Königreich veröffentlichte bereits am 4. Oktober 2001 den Bericht "Responsibility for the Terrorist Atrocities in the United States, 11 September 2001" (updated 14 November 2001), Downing Street, Press Release, https://www.fas.org/irp/news/2001/11/ukreport.html.
694 UN Doc. S/RES/1214, 8. Dezember 1998.
695 UN Doc. S/RES/1267, 15. Oktober 1999.
696 *Tomuschat*, Der 11. September 2001 und seine rechtlichen Konsequenzen, Rechtspolitisches Forum, Heft 5, 2001, S. 22f; *Fischer*, in: Ipsen, Völkerrecht, 5. Auflage, 2004, § 59 Rn. 28.

nistan.[697] Allerdings beinhaltete das Schreiben der USA an den Sicherheitsrat vom 7. Oktober 2001, mit der der Beginn des Einsatzes angezeigt wurde, auch bereits unmißverständlich eine mögliche Ausdehnung auf andere Akteure: *"We may find that our self-defence requires further actions with respect to other organizations and other States".*[698]

Weitere Staaten zeigten ihre Teilnahme an der Koalition als „Ausübung des naturgegebenen Rechts auf individuelle und kollektive Selbstverteidigung gemäß Artikel 51 UN-Charta" dem Sicherheitsrat in einem Schreiben an: Kanada[699], Frankreich[700], Australien[701], Deutschland[702], die Niederlande[703], Neuseeland[704] und Polen[705]. Von diesen Staaten betonten zwei explizit, gegen wen sich die Selbstverteidigungsmaßnahmen richteten: Kanada ("Our actions are directed against Osama bin Laden's al-Qaʻida terrorist organization and the Taliban regime that is supporting it") und

---

697 George W. Bush, Presidential Address to the Nation, 7. Oktober 2001.

698 Siehe Letter dated 7 October 2001 from the Permanent Representative of the United States of America to the United Nations addressed to the President of the Security Council, UN Doc. S/2001/946; wie auch das gleichlautende Schreiben des Vereinigten Königreichs, Letter dated 7 October 2001 from the Chargé d'affaires a.i. of the Permanent Mission of the United Kingdom of Great Britain and Northern Ireland to the United Nations addressed to the President of the Security Council, UN Doc. S/2001/947.

699 Letter dated 24 October 2001 from the Chargé d'affaires a.i. of the Permanent Mission of Canada to the United Nations addressed to the President of the Security Council, UN Doc. S/2001/1005, 24. Oktober 2001.

700 Letter dated 23 November 2001 from the Permanent Representative of France to the United Nations addressed to the President of the Security Council, UN Doc. S/2001/1103, 23. November 2001.

701 Letter dated 23 November 2001 from the Permanent Representative of Australia to the United Nations addressed to the President of the Security Council, UN Doc. S/2001/1104, 23. November 2001.

702 Letter dated 29 November 2001 from the Permanent Representative of Germany to the United Nations addressed to the President of the Security Council, UN Doc. S/2001/1127, 29. November 2001.

703 Letter dated 6 December 2001 from the Permanent Representative of the Netherlands to the United Nations addressed to the President of the Security Council, UN Doc. S/2001/1171, 6. Dezember 2001.

704 Letter dated 17 December 2001 from the Permanent Representative of New Zealand to the United Nations addressed to the President of the Security Council, UN Doc. S/2001/1193, 18. Dezember 2001.

705 Letter dated 15 March 2002 from the Permanent Representative of Poland to the United Nations addressed to the President of the Security Council, UN Doc. S/2002/275, 15. März 2002.

Neuseeland ("New Zealand's military contribution has been employed in support of military operations directed against Osama bin Laden and the Qaeda terrorist organization, and the Taliban which supported and harboured them"). Eine offenere Formulierung wählten Deutschland ("These measures are solely directed against the terrorist network of Bin Laden, Al-Qaida, and those harbouring and supporting it.") und Polen ("to combat the terrorist network responsible for the attacks against targets in the United States.").

6. Zwischenergebnis

Die vorherrschende Meinung in der internationalen Gemeinschaft erkannte als Rechtsgrundlage für den militärischen Einsatz in Afghanistan Artikel 51 UN-Charta an und damit gleichzeitig auch, dass ein bewaffneter Angriff im Sinne des Artikel 51 nicht nur durch einen anderen Staat verübt werden muss, sondern mit einem Angriff durch *non-state actors* gleichzusetzen ist, wenn er von außerhalb des Staatsgebietes des betroffenen Staates herrührt.

Weiterhin zeigt sich in der Reaktion der Staaten und der Bildung der Koalition im Rahmen von *Operation Enduring Freedom*, dass der Einsatz militärischer Gewalt gegen Afghanistan und die dort herrschenden Taliban als Unterstützer des Al-Qaida Netzwerkes von Osama bin Laden gebilligt wurde. Da aber den Taliban als *de facto*-Regime in Afghanistan die Duldung von terroristischen Ausbildungslagern und die Nichtauslieferung von Osama bin Laden zur Last gelegt wurde[706], nicht aber eine direkte oder auch indirekte Beteiligung im Sinne einer *effektiven Kontrolle* (*Nicaragua*-Urteil des IGH) an den Anschlägen vom 11. September 2001, liesse

---

706 Siehe auch den im Jahr 2004 erschienenen Bericht der *US National Commission on Terrorist Attacks Upon the United States* (9/11 Commission) über die Allianz zwischen den Taliban und Al-Qaida: "Bin Ladin provided significant financial support to the Taliban, and supplied hundreds, if not thousands, of fighters to support the Taliban in its ongoing war against other factions in northern Afghanistan. From al Qaeda's perspective, the alliance provided a sanctuary in which to train and indoctrinate recruits, import weapons, forge ties with other jihad groups and leaders, and plan terrorist operations. Al Qaeda fighters could travel freely within the country; enter and exit without visas or any immigration procedures; and enjoy the use of official Afghan Ministry of Defense license plates", Staff Statement No. 15, Overview of the Enemy, S. 7.

sich daraus folgern, dass das „*Harboring*"-Prinzip, vormals oft umstritten, im Wege der „*instant custom*" eine neue völkerrechtliche Dimension als Zurechnungskriterium erhalten hat. Auch die EU hatte in ihren Schlußfolgerungen vom 21. September 2001 unmißverständlich ihre Bereitschaft erklärt, sich an Maßnahmen „directed against States abetting, supporting or harbouring terrorists" zu beteiligen.

Dieses würde eine wesentliche Abkehr von der Rechtsprechung des IGH bedeuten, der in seinem *Nicaragua*-Urteil eindeutig festgestellt hatte, dass die Unterstützung von *non-state actors* durch Waffenlieferungen oder andere logistische Maßnahmen eben nicht mit einem bewaffneten Angriff eines Regimes gleichzustellen sind, folglich auch Selbstverteidigungsmaßnahmen gegen ein solches Regime als unzulässig zu gelten haben.[707]

Allerdings erscheint eine solche Annahme angesichts der geradezu monströsen Einzigartigkeit der Ereignisse als verfrüht. Nicht zuletzt blieb der Aufruf des afghanischen Vertreters nach Maßnahmen gegen Pakistan folgenlos, vielmehr erhielt die pakistanische Regierung die Möglichkeit, sich in die „Koalition der Willigen" einzureihen – als maßgeblicher amerikanischer Partner im Kampf gegen den internationalen Terrorismus.[708]

Mit seiner Bemerkung über eine „unheilige Allianz" zwischen terroristischen Gruppierungen und diese unterstützenden Staaten, die einen erfolgreichen Kampf gegen den internationalen Terrorismus verhinderten, sollte der afghanische Botschafter dagegen Recht behalten.[709]

II. 9/11 in der Völkerrechtsliteratur

In der Völkerrechtsliteratur sahen sich diejenigen bestätigt, die ohnehin terroristische Anschläge bereits mit dem „bewaffneten Angriff" in Artikel

---

707 Siehe dazu bereits 4. Kapitel II.3.1.1.

708 Der bereits erwähnte Bericht der 9/11 Commission (FN 706) stellt hierzu fest: "Pakistan benefited from the Taliban-al Qaeda relationship, as Bin Ladin's camps trained and equipped fighters for Pakistan's ongoing struggle with India over Kashmir." Staff Statement No. 15, Overview of the Enemy, S. 7.

709 Im März 2016 gab der außenpolitische Berater des pakistanischen Premierministers, Sartaj Aziz, in Washington offiziell zu, dass Pakistan die afghanische Taliban-Führung beherberge ("we have some influence on them because their leadership is in Pakistan, and they get some medical facilities, their families are here"), Council on Foreign Relations, A Conversation With Sartaj Aziz, 1. März 2016, http://www.cfr.org/pakistan/conversation-sartaj-aziz/p37592.

51 UN-Charta gleichgesetzt hatten, wie aber auch diejenigen, die bisher nur eine Entwicklung des Völkergewohnheitsrechts in diese Richtung anerkannten. Für beide Ansichten stellten die Anschläge vom 11. September 2001 die Bestätigung für (neue) Regeln zur Ausübung des Selbstverteidigungsrechts bei Angriffen von Terroristen dar, in die sich *Operation Enduring Freedom* unproblematisch einordnen ließ[710]:

1. Es muss ein terroristischer Anschlag auf einen Staat vorliegen, der in seiner Schwere dem „bewaffneten Angriff" in Artikel 51 UN-Charta gleichkommt;
2. der terroristische Anschlag muss einem anderen Staat zurechenbar sein und
3. das Verhältnismäßigkeitsprinzip muss gewahrt bleiben.[711]

Die Angriffe des 11. September 2001 entsprachen in ihrer Schwere ohne Zweifel einem „bewaffneten Angriff" und ereigneten sich auf dem Staatsgebiet der USA. Wegen der Unterstützung des Al Qaida-Netzwerkes und Osama Bin Laden standen die Taliban bereits seit 1998 unter UN-Sanktionen und waren aufgrund dieser Rolle auch ein zulässiges Ziel von Selbstverteidigungsmaßnahmen.[712] Zusätzlich hatte der UN-Sicherheitsrat mit seinen Resolutionen 1368 und 1373 den „bewaffneten Angriff" auf die USA eindeutig festgestellt sowie das Selbstverteidigungsrecht bestätigt und damit, unterstützt von NATO, OAS und anderen, für die notwendige

---

710 "[T]he response of the international community to 9/11 has left its mark on customary law", *Dinstein*, War, Aggression and Self-Defence, 5. Auflage, 2012, para. 603; *Franck*, Terrorism and the Right of Self-Defense, AJIL, Vol. 95, No. 4, 2001, S. 839 ff.; *Stahn*, Terrorist Acts as "Armed Attack": The Right to Self-Defense, Article 51(1/2) of the UN Charter, and International Terrorism, The Fletcher Forum of World Affairs, Vol. 27, Issue 2, 2003, S. 35 (36); *Paust*, Use of Armed Force against Terrorists in Afghanistan, Iraq and Beyond, University of Houston Law Center, Public Law and Legal Theory Series No. 2011-A-2, 2002, S. 533 (535); *Garwood-Gowers*, Self-Defence against Terrorism in the Post-9/11 World, QUTLJJ, Vol. 4, No. 2, 2004, S. 1 (10), *Dahm/Delbrück/Wolfrum*, Völkerrecht, Bd. I/3, S. 824.
711 Siehe 4. Kapitel II.3.5.
712 *Bruha*, Gewaltverbot und humanitäres Völkerrecht nach dem 11. September 2001, AVR, Bd. 40, 2002, S. 383 (406); *Ruffert*, Terrorismusbekämpfung zwischen Selbstverteidigung und kollektiver Sicherheit – Die Anschläge vom 11.9.2001 und die Intervention in Afghanistan, ZRP 2002, S. 247 (248); *Tomuschat*, Der 11. September 2001 und seine rechtlichen Konsequenzen, Rechtspolitisches Forum, Heft 5, 2001, S. 29.

völkerrechtliche Rechtsgrundlage gesorgt – einen Rückgriff auf die *Bush*-Doktrin bedürfe es damit nicht.[713]

Eine Mindermeinung in der Völkerrechtsliteratur betrachtet allerdings *Operation Enduring Freedom* als völkerrechtswidrig. Zum einen habe es sich nicht um einen bewaffneten Angriff eines Staates gehandelt, der Nachweis einer, wie vom IGH geforderten, *„effective control"* Afghanistans bzw. der regierenden Taliban, wäre nicht erbracht worden.[714] Die Taliban hätten die Anschläge weder angeführt noch kontrolliert („directed or controlled"), wie in Artikel 8 des ILC-Entwurfs zur Staatenverantwortlichkeit postuliert. Auch die Weigerung der Auslieferung Bin Ladens könne nicht als nachträgliche Zustimmung der Taliban im Sinne des Artikel 11 ILC-Entwurf gewertet werden. Darüber hinaus wären die Angriffe auf New York und Washington am 7. Oktober 2001 bereits beendet gewesen, so dass es an der Unmittelbarkeit fehle.[715] Schließlich wird ein Verstoß gegen das Verhältnismäßigkeitsprinzip gerügt, da die Angriffe vom 11. September 2001 nur einen kleinen Teil des Staatsgebiets der USA betroffen hätten, *Operation Enduring Freedom* hingegen gegen ein ganzes Land – Afghanistan – gerichtet sei, inklusive der Entfernung der Taliban aus der Regierung.[716]

---

713 *Gardner*, Neither Bush nor the "Jurisprudes", AJIL, Vol. 97, No. 3, 2003, S. 585 (589). *Gardner* hält die Bush-Doktrin weder für notwendig noch wünschenswert, was *Weiner* allerdings vollkommen verkennt, wenn er *Gardner* als Vertreter der Anhänger der *Bush*-Doktrin darstellt, in: The Use of Force and Contemporary Security Threats: Old Medicine for New Ills?, Stan. L. Rev., Vol. 59, Issue 2, 2006, S. 415 (444).

714 *Byers*, Terrorism, The use of Force and International Law After 11 September, ICLQ, Vol. 51, Issue 2, 2002, S. 401 (408); *Krajewski*, Selbstverteidigung gegen bewaffnete Angriffe nicht-staatlicher Organisationen – Der 11. September 2001 und seine Folgen, AVR, Bd. 40, 2002, S. 183 (191); *Arai-Takahashi*, Shifting Boundaries of the Right of Self-Defence – Appraising the Impact of the September 11 Attacks on Jus Ad Bellum, International Lawyer, Vo. 36, 2002, S. 1081 (1098); *Myjer/White*, The Twin Towers Attack: An Unlimited Right to Self-Defence?, JCSL, Vol. 7, No. 1, 2002, S. 5 (7). Eine andere Ansicht in dieser Meinungsgruppe hält die Zurechnung durch *„instant custom"* für gegeben, siehe *Cassese*, Terrorism is Also Disrupting Some Crucial Legal Categories of International Law, EJIL, Vol. 12, No. 5, 2001, S. 993 (996). Zu *„instant custom"* siehe 2. Kapitel II.1.

715 *Myjer/White*, The Twin Towers Attack: An Unlimited Right to Self-Defence?, JCSL, Vol. 7, No. 1, 2002, S. 5 (8).

716 *Krajewski*, Selbstverteidigung gegen bewaffnete Angriffe nicht-staatlicher Organisationen – Der 11. September 2001 und seine Folgen, AVR, Bd. 40, 2002,

III. Ergebnis

Zusammenfassend läßt sich feststellen, dass mit dem 11. September 2001 und *Operation Enduring Freedom* einige der bis dahin geltenden völkerrechtlichen Regeln – vorsichtig ausgedrückt – variiert wurden.

Im Einzelnen:

1. Die überwiegende Mehrheit der Staaten akzeptierte das (kollektive) Recht auf Selbstverteidigung als Reaktion auf die terroristischen Anschläge vom 11. September 2001. Damit wird der „bewaffnete Angriff" als Voraussetzung der Ausübung des Selbstverteidigungsrechts nach Artikel 51 UN-Charta, bislang vorherrschend verstanden als „bewaffneter Angriff *eines anderen Staates*", mit einem der Schwere nach entsprechenden Angriff durch *non-state actors* gleichgesetzt.
2. Ebenso wurde die Anwendung des *„Harboring"*-Arguments auf die Taliban in Afghanistan durch die USA und ihre Verbündeten von der Staatengemeinschaft akzeptiert. Dieses stellt eine Abweichung von dem durch den IGH postulierten *„effective control"* Kriteriums der Zurechnung nicht-staatlichen Handelns dar.
3. Schließlich wurde auch von der Staatengemeinschaft hingenommen, dass sich *Operation Enduring Freedom* nicht nur gegen die verantwortlichen Personen von Al Qaida sowie deren Ausbildungslager und Stützpunkte auf afghanischem Staatsgebiet richtete, sondern auch gegen die Taliban, inklusive des erklärten Ziels der Vertreibung der Taliban, mithin also eines *regime change*.

Verallgemeinert man den vorliegenden Sachverhalt, ergibt sich aus den drei Feststellungen, dass ein Regime (*de facto* oder *de iure*), das Terroristen maßgeblich unterstützt indem es Ausbildungslager auf seinem Gebiet duldet oder die Auslieferung dieser Terroristen ablehnt, als ebenso verant-

---

S. 183 (214); *Myjer/White*, The Twin Towers Attack: An Unlimited Right to Self-Defence?, JCSL, Vol. 7, No. 1, 2002, S. 5 (8); *Schrijver*, Responding to International Terrorism: Moving the Frontiers of International Law for 'Enduring Freedom'? NILR, 48, 2001, S. 271 (290). *Dinstein* nennt dieses Argument unter Hinweis auf den japanischen Angriff auf Pearl Harbor 1941 eine *reduction ad absurdum*, dem ist vollumfänglich zuzustimmen, siehe *Dinstein*, War, Aggression and Self-Defence, 5. Auflage, 2012, Rn. 704, S. 265. Siehe auch den Kommentar von *Franck*, Terrorism and the Right of Self-Defense, AJIL, Vol. 95, No. 4, 2001, S. 839 ff.

wortlich für die Angriffe der Terroristen angesehen werden kann und damit ein zulässiges Ziel von Selbstverteidigungsmaßnahmen darstellt, bis hin zu einem Regimewechsel durch andere Staaten. In dieser Verallgemeinerung werden die Probleme deutlich, die mit einer generellen Anwendung dieser Prämissen, bis auf die Gleichsetzung von terroristischen Angriffen mit Angriffen eines Staates, verbunden wären: nicht nur läge eine wesentliche Abkehr von bislang geltenden Zurechenbarkeitskriterien vor, sondern auch eine Neubewertung des Verhältnismäßigkeitsprinzips.

Ob diese drei Feststellungen nur für den 11. September 2001 und seine unmittelbaren Auswirkungen gelten oder auch darüber hinaus, ob also neues Völkerrecht entstanden ist oder es sich um einen einmaligen Präzedenzfall handelte, wird im folgenden Kapitel näher anhand der nachfolgenden Staatenpraxis untersucht.

7. Kapitel – Staatenpraxis nach 9/11

Wie bereits an anderer Stelle dargestellt, wird die *National Security Strategy* der USA vom September 2002 als Kodifikation der sogenannten *Bush*-Doktrin angesehen.[717] Der 1983 mit dem Bericht der *Long Commission* begonnene Wandel in der Sicherheitsstrategie wurde damit als die neue, geltende Strategie festgeschrieben und zeigte zugleich, dass die USA den 11. September 2001 und *Operation Enduring Freedom* mitnichten als Präzedenzfall ansahen. Allerdings beinhaltet die *Bush*-Doktrin Elemente, die zuvor im Völkerrecht strittig, also nicht anerkannt waren. Im Einzelnen sind dieses:

1. die Senkung der Zurechnungsschwelle von terroristischen Handlungen zu Staaten durch die *„Harboring"*-Doktrin ("we will make no distinction between terrorists and those who knowingly harbor or provide aid to them"), verbunden mit einem Anspruch auf *regime change* ("denying further sponsorship, support, and sanctuary to terrorists by convincing or compelling states to accept their sovereign responsibilities");
2. die präemptive Selbstverteidigung ("the United States will, if necessary, act preemptively in exercising its right of self-defense to forestall or prevent hostile acts by our adversaries")

Während die Staaten in der Zeit unmittelbar nach dem 11. September 2001, wie eben gezeigt, die *„Harboring"*-Doktrin und damit auch eine geringere Zurechnungsschwelle für terroristische Akte anzuerkennen schienen, entwickelte sich die Beanspruchung eines präemptiven Selbstverteidigungsrechts wie auch der Anspruch auf einen *regime change* durch die USA sehr kontrovers, wie die Debatte um *Operation Iraqi Freedom* (OIF) zeigen wird.

Dem Kapitel über die Staatenpraxis vor dem 11. September 2001 entsprechend, wird nachfolgend die Staatenpraxis danach wiederum aufgeteilt in die Unterkapitel „Bedrohung durch Staaten" mit dem Problem der präemptiven Selbestverteidigung (Stichwort: USA vs. Irak 2003), sowie

---

717 *Ruys*, 'Armed Attack' and Article 51 of the UN Charter, 2010, S. 444. Zur NSS 2002 siehe 3. Kapitel III.3.

„Bedrohung durch internationalen Terrorismus" mit den Problemkonstellationen *non-state actors* und Präemption, gefolgt von „Nuklearer Bedrohung", die abermals das Problem der Präemption aufwirft.

I. Fallgruppe Bedrohung durch Staaten

1. USA vs. Irak – Operation Iraqi Freedom (2003)

1.1 OIF als Testfall der Bush-Doktrin

Die unter der Führung der USA am 20. März 2003 begonnene Militäroffensive gegen den Irak wird von Kommentatoren als erster „Testfall" der *Bush*-Doktrin hinsichtlich einer präemptiven Selbstverteidigung angesehen[718], zum anderen auch als „Mother of All Regime Changes"[719].

Allerdings beriefen sich alle drei zunächst beteiligten Staaten – neben den USA das Vereinigte Königreich und Australien – nicht ausdrücklich auf präemptive Selbstverteidigung, sondern begründeten die Offensive mit der Verletzung von Resolutionen des Sicherheitsrats durch den Irak.[720] In dem Schreiben der USA an den Sicherheitsrat zu Beginn der Offensive hieß es:

> "These operations are necessary in view of Iraq's continued material breaches of its disarmament obligations under relevant Security Council resolutions, including resolution 1441 (2002). [...] The actions being taken are authorized under existing Council resolutions, including its resolutions 678 (1990) and 687 (1991) [...] It has been long recognized and understood that a material

---

718 *Gray* sieht die 2002 NSS sogar als *"obviously written with special regard to Iraq"* an; in: The Bush Doctrine Revisited: The 2006 National Security Strategy of the USA, Chinese J. Int'l L., 2006, Vol. 5, No. 3, S. 555 (560); *Ruys*, 'Armed Attack' and Article 51 of the UN Charter, 2010, S. 310.

719 *Reisman*, The Manley O. Hudson Lecture: Why Regime Change Is (Almost Always) a Bad Idea, AJIL, Vol. 98, No. 3, 2004, S. 516 (519).

720 Letter dated 20 March 2003 from the Permanent Representative of Australia to the United Nations addressed to the President of the Security Council, UN Doc. S/2003/352, 20. März 2003; Letter dated 20 March 2003 from the Permanent Representative of the United Kingdom of Great Britain and Northern Ireland to the United Nations addressed to the President of the Security Council, UN Doc. S/2003/350, 21. März 2003.

breach of these obligations removes the basis of the ceasefire and revives the authority to use force under resolution 678 (1990)."[721]

Erst am Ende des Schreibens befindet sich ein eher generell gehaltener Hinweis, dass es sich auch um eine Maßnahme der Selbstverteidigung handelt:

> "They are necessary steps to defend the United States and the international community from the threat posed by Iraq and to restore international peace and security in the area."

Der US-Kongress hatte Präsident Bush schon im Oktober 2002 zu einem Militäreinsatz gegen den Irak ermächtigt, "to defend the national security of the United States against the continuing threat posed by Iraq" und "to enforce all relevant United Nations Security Council resolutions regarding Iraq".[722]

Noch eindeutiger war der amerikanische Verteidigungsminister Donald Rumsfeld, der auf einer Pressekonferenz am 21. März 2003 als offizielles Kriegsziel der Vereinigten Staaten bekannt gab: „Unser Ziel ist es, das amerikanische Volk zu verteidigen, die Massenvernichtungswaffen des Iraks zu vernichten und das irakische Volk zu befreien."[723]

Vielfach wird allerdings übersehen, dass nicht erst die Bush-Administration eine Gefahr im Irak erkannte, sondern bereits die Clinton-Regierung, in deren Amtszeit der *Iraq Liberation Act* (ILA – Irak Befreiungsgesetz) fiel.[724] In Section 3 des *Iraq Liberation Act* wird ausdrücklich die Unterstützung für einen Regimewechsel festgeschrieben:

Iraq Liberation Act of 1998

Sec. 3. Sense of the Congress Regarding United States Policy Toward Iraq

---

721 Letter dated 20 March 2003 from the Permanent Representative of the United States of America to the United Nations addressed to the President of the Security Council, UN Doc. S/2003/351, 21. März 2003.

722 107th Congress, H.J.Res. 114, Section 3 (a): Authorization for Use of Military Force Against Iraq Resolution of 2002, signed into law on October 16, 2002, (P.L. 107-243). Das Abstimmungsergebnis im Senat lautete 77-23, im Repräsentantenhaus 296-133.

723 U.S. Department of Defense News Briefing – Secretary Rumsfeld And Gen. Myers, 21. März 2003, http://archive.defense.gov/Transcripts/Transcript.aspx?TranscriptID=2074.

724 Siehe 3. Kapitel II.3.

> It should be the policy of the United States to support efforts to remove the regime headed by Saddam Hussein from power in Iraq and to promote the emergence of a democratic government to replace that regime.[725]

Nach dem 11. September 2001 war es das erklärte Ziel der Bush-Administration, zu verhindern, dass Massenvernichtungswaffen in die Hände von Terroristen fielen.[726] Dieses spiegelte sich auch in der *National Security Strategy* 2002 wider, in der es hieß:

> "The overlap between states that sponsor terror and those that pursue WMD compels us to action. [...] Rogue states and terrorists do not seek to attack us using conventional means. They know such attacks would fail. Instead, they rely on acts of terror and, potentially, the use of weapons of mass destruction. [...]

> The United States has long maintained the option of preemptive actions to counter a sufficient threat to our national security. The greater the threat, the greater is the risk of inaction – and the more compelling the case for taking anticipatory action to defend ourselves, even if uncertainty remains as to the time and place of the enemy's attack. To forestall or prevent such hostile acts by our adversaries, the United States will, if necessary, act preemptively."[727]

Angesichts dieser Argumentation erscheint es als nicht sonderlich verwunderlich, dass Irak mit seinen jahrelangen Verweigerungen und Behinderungen der UN-Waffeninspektionen, die 1991 nach dem Ende des Zweiten Golfkrieges über das Land verhängt worden waren[728], sowie mit seinem nachgewiesenen Einsatz von Chemiewaffen gegen Iran und die eigene kurdische Bevölkerung, in das Blickfeld der Bush-Administration geriet. So war die erklärte Position der Administration im Jahr 2002, unter allen Umständen die Befolgung der maßgeblichen Resolutionen des Sicherheitsrats durch den Irak sicherzustellen und anderenfalls die Möglichkeit von Maßnahmen unter Kapitel VII UN-Charta offenzuhalten.[729] In den Worten von Präsident Bush, anläßlich der Eröffnung der 57. UN-Generalversammlung im September 2002:

---

725   105th Congress, H.R. 4655: Iraq Liberation Act of 1998.
726   *Dale*, Operation Iraqi Freedom: Strategies, Approaches, Results, and Issues for Congress, CRS, RL 34387, 2. April 2009, S. 29.
727   National Security Strategy 2002, The White House, 17. September 2002, S. 15, http://georgewbush-whitehouse.archives.gov/nsc/nss/2002/.
728   UN Doc. S/RES/687, 3. August 1991.
729   *Dale*, Operation Iraqi Freedom: Strategies, Approaches, Results, and Issues for Congress, CRS, RL 34387, 2. April 2009, S. 30.

"[O]ur greatest fear is that terrorists will find a shortcut to their mad ambitions when an outlaw regime supplies them with the technologies enabling them to kill on a massive scale. [...] In one place, in one regime, we find all these dangers, in their most lethal and aggressive forms – exactly the kind of aggressive threat the United Nations was born to confront. [...] The Security Council resolutions will be enforced, and the just demands of peace and security will be met, or action will be unavoidable, and a regime that has lost its legitimacy will also lose its power."[730]

Im November 2002 beschloß der Sicherheitsrat nach intensiven Vorverhandlungen zwischen den Ständigen Mitgliedern Resolution 1441, in der er feststellte, dass Irak *„in material breach"* seiner Verpflichtungen wäre und ihm eine letzte Möglichkeit zur Erfüllung gab. Eine weitere Nichterfüllung bedeute einen weiteren *„material breach"*, in diesem Falle würden dem Irak „ernsthafte Konsequenzen" drohen.[731] Der Passus über die „ernsthaften Konsequenzen" *(„serious consequences")* war ein Zugeständnis der USA und des Vereinigten Königreichs an die anderen drei Veto-Mächte, die sicherstellen wollten, dass sich der Sicherheitsrat bei einer abermaligen Nichteinhaltung durch den Irak nochmals mit den zu treffenden Maßnahmen beschäftigte.[732] Nach der einstimmigen Annahme der Resolution erklärten die USA und das Vereinigte Königreich, dass Resolution 1441, wie von einigen Ratsmitgliedern zuvor befürchtet, keinen Automatismus hinsichtlich militärischer Maßnahmen beinhalte.[733] In einer gemeinsamen Erklärung hielten China, Frankreich und die Russische

---

730 UN Doc. A/57/PV.2, 12. September 2002, S. 6 ff..

731 UN Doc. S/RES/1441, 8. November 2002.

732 Ein vorhergehender Entwurf der USA und des Vereinigten Königreichs vom 2. Oktober 2002, der allerdings nie offiziell eingebracht wurde, enthielt für den Fall der abermaligen Nichteinhaltung eine Ermächtigung der Mitgliedstaaten „alle notwendigen Maßnahmen zu ergreifen", die UN-Sprache für einen militärischen Einsatz ("[...] failure by Iraq at any time to comply and cooperate fully in accordance with the provisions laid in this resolution, shall constitute a further material breach of Iraq's obligations, and that such breach authorizes member states to use all necessary means to restore international peace and security in the area"). Der Entwurf findet sich unter Campaign Against Sanctions in Iraq, http://www.casi.org.uk/info/usukdraftscr021002.html.

733 Siehe UN Doc. S/PV.4644, 8. November 2002, USA: "[...] this resolution contains no 'hidden triggers' and no 'automaticity' with respect to the use of force. If there is a further Iraqi breach, reported to the Council by UNMOVIC, the IAEA or a Member State, the matter will return to the Council for discussions", S. 3; UK: "There is no 'automaticity' in this resolution", S. 5.

Föderation ebenso fest: "Resolution 1441 (2002) adopted today by the Security Council excludes any automaticity in the use of force."[734]

In den folgenden Monaten ließ die Bush-Administration fast nichts unversucht, um die Staatengemeinschaft und insbesondere den Sicherheitsrat von der andauernden, akuten Bedrohung durch den Irak zu überzeugen – unvergessen wird wohl der Vortrag *„Iraq: Failing to Disarm"* des damaligen US-Außenministers Colin Powell vor dem Sicherheitsrat im Februar 2003 bleiben, in dem er unter anderem angebliche Beweise für mobile biologische Waffenproduktionseinrichtungen im Irak präsentierte.[735]

Zwar akzeptierte Irak die Vorgaben der Resolution 1441 und kooperierte in der Folgezeit in einigen Bereichen, dennoch kamen die UN-Waffeninspektoren in ihrem Bericht an den Sicherheitsrat vom 7. März 2003 zu dem Ergebnis, dass es zumindest hinsichtlich der biologischen und chemischen Kampfstoffe weiterhin offene Fragen gebe.[736] Das Ergebnis ließ den Sicherheitsrat zutiefst gespalten, während einige Mitglieder, darunter Deutschland, Frankreich, China und die Russische Föderation, zumindest kleine Fortschritte sahen, forderten die USA, Spanien und das Vereinigte Königreich ein entschlossenes Handeln.[737] Ein Resolutionsentwurf der drei Staaten sah die Einräumung einer letzten Frist bis zum 17. März vor, wurde allerdings zurückgezogen, als deutlich wurde, dass Frankreich, China und Russland ihr Veto einlegen würden.[738] Am 11. und 12. März 2003 fand eine offene Debatte vor dem Sicherheitsrat statt, bei der sich die überwiegende Anzahl der Staatenvertreter, darunter Malaysia für die Bewegung der Blockfreien Staaten, der zu dieser Zeit 115 Staaten angehörten, für eine friedliche Lösung des Konflikts aussprachen.[739]

---

734 Letter dated 8 November 2002 from the Representatives of China, France and the Russian Federation to the United Nations addressed to the President of the Security Council, Annex, UN Doc. S/2002/1236, 8. November 2002.

735 Siehe: Briefing Security Council, US Secretary of State Powell presents Evidence of Iraq's Failure to Disarm, UN Press Release, UN Doc. SC/7658, 5. Februar 2003, siehe auch Security Council Verbatim Record UN Doc. S/PV.4701, 5. Februar 2003.

736 United Nations Weapons Inspectors Report to Security Council on Progress in Disarmament of Iraq, UN Press Release, UN Doc. SC/7682, 7. März 2003.

737 Siehe UN Doc. S/PV.4714, 7. März 2003.

738 UN Doc. S/2003/215, 7. März 2003.

739 Für eine Zusammenfassung der Debatte siehe UN Press Releases SC/7685, 11. März 2003, und SC/7686, 12. März 2003.

Am 17. März 2003 verkündete Präsident Bush eine 48-Stunden Frist, in der Saddam Hussein und seine Söhne den Irak zu verlassen hätten, ihre Weigerung führe zu einem bewaffneten Konflikt. Die Vereinten Nationen und der Sicherheitsrat waren zu diesem Zeitpunkt für Präsident Bush irrelevant:

> "The United Nations Security Council has not lived up to its responsibilities, so we will rise to ours."[740]

Als das Ultimatum ergebnislos verstrichen war, begann am 20. März 2003 um 3.34 Uhr mitteleuropäischer Zeit *Operation Iraqi Freedom* mit massiven Raketenangriffen auf Bagdad, gefolgt von einer Bodenoffensive der Alliierten USA, Vereinigtes Königreich, Australien und Polen. Nach nur zwei Tagen brachten die alliierten Truppen die Städte Basra und Nassirija unter ihre Kontrolle und standen bereits am dritten Tag, den 23. März 2003, nur 120 Kilometer vor Bagdad. Die Eroberung von Bagdad am 9. April 2003 führte schließlich zu dem medienwirksamen Sturz der Hussein-Statue auf dem Firdos-Platz und dem Anerkenntnis der Niederlage durch den irakischen Ständigen Vertreter bei den Vereinten Nationen, Mohammed al-Douri, der CNN gegenüber bekanntgab: *"The game is over."*[741]

1.2 Internationale Reaktionen auf OIF

1.2.1 Staaten

Am Morgen des 19. März 2003 trat der Sicherheitsrat zusammen um die letzten Berichte der UN-Waffeninspekteure Hans Blix (United Nations Monitoring, Verification and Inspection Commission – UNMOVIC) und Gustavo Zlauvinen (IAEA) zu hören. Die Situation hätte dramatischer nicht sein können – am Abend sollte das von Präsident Bush verkündete Ultimatum gegen Saddam Hussein auslaufen. Fünf Sicherheitsratsmitglieder waren denn auch durch ihre Außenminister vertreten: Deutschland, Frankreich, die Russische Föderation, Syrien und Guinea.

---

740 President Bush Address to the Nation, 17. März 2003; http://georgewbush-whiteh ouse.archives.gov/news/releases/2003/03/20030317-7.html.
741 CNN Transcripts, Iraqi UN Ambassador: "Game is Over", 9. April 2003.

Joschka Fischer rief zur Fortsetzung der Waffeninspektionen auf und verurteilte den drohenden Krieg; gleichzeitig machte er unmißverständlich klar: "There is no basis in the United Nations Charter for regime change by military means."[742] Der französische Außenminister de Villepin warnte vor den Konsequenzen einer militärischen Konfrontation:

> "To those who choose to use force and think that they can resolve the world's complexity through swift preventive action, we, in contrast, choose resolute action and a long-term approach, for in today's world, to ensure our security, we must take into account the manifold crises and their many dimensions, including the cultural and religious ones. Nothing enduring in international relations can be built without dialogue and respect for the other, without strictly abiding by principles, especially for the democracies that must set the example. To ignore that is to run the risk of misunderstanding, radicalization and spiraling violence."[743]

Der russische Außenminister Ivanov verwies auf Resolution 1441 (2002) und andere Entscheidungen des Sicherheitsrats: "Not one of those decisions authorizes the right to use force against Iraq outside the Charter of the United Nations; not one of them authorizes the violent overthrow of the leadership of a sovereign State."[744] Syrien's Außenminister Al-Shara' bewies bemerkenswerte Weitsicht: "By now, anyone with vision and insight knows that this is an unfair and unjustified war. It will come back to haunt those who have advocated and promoted it, instead of enhancing their status in history."[745]

Pakistan, Mexiko, Kamerun, Chile, Angola und Guinea betonten die Verantwortung des Sicherheitsrats für den internationalen Frieden und Sicherheit, ohne allerdings die USA oder das Vereinigte Königreich direkt zu kritisieren, und mahnten humanitäre Hilfen für die irakische Bevölkerung an – als hätte der Krieg schon längst begonnen.[746]

Der spanische Botschafter, unterstützt von Bulgarien, übernahm es, noch einmal die rechtliche Begründung der Alliierten zusammenzufassen:

---

742 "[...] Germany emphatically rejects the impending war. [...] we have to state clearly, under the current circumstances the policy of military intervention has no credibility", UN Doc. S/PV.4721, 19. März 2003, S. 4.

743 UN Doc. S/PV.4721, 19. März 2003, S. 5-6.

744 Ibid., S. 8.

745 Ibid., S. 9.

746 Ibid., S. 11 (Pakistan); S. 12 (Mexiko); S. 14 (Kamerun); S. 16 (Chile); S. 17 (Angola); S. 20 (Guinea).

"Indeed, the legitimate recourse to the use of force to disarm Iraq of its weapons of mass destruction is based on the logical linking of resolutions 660 (1990), 678 (1990), 687 (1991) and 1441 (2002), adopted pursuant to Chapter VII of the Charter."[747]

Es war schließlich wieder einmal Kofi Annan, der am Ende der Sitzung resigniert feststellte:

"Whatever our differing views on this complex issue, we must all feel that this is a sad day for the United Nations and the international community."[748]

Die nächste Sitzung des Sicherheitsrats zur Situation im Irak fand erst am 26. März 2003 statt, sechs Tage nach Beginn der Offensive der Alliierten. Die *Open Debate* zeigte die tiefe Zerrissenheit der Staaten: während die Bewegung der Blockfreien Staaten und die Arabische Liga den Krieg gegen Irak als illegalen Akt der Aggression und Verstoß gegen die Satzung der Vereinten Nationen bezeichneten, unterstützten andere Staaten, darunter Polen, Singapur, Australien, Südkorea, Japan, Georgien und Island, das Vorgehen der Alliierten.[749] Die EU beschränkte sich auf die Bestätigung der „primären Rolle des Sicherheitsrats für die Wahrung von Frieden und Sicherheit", denn die Kluft verlief auch zwischen ihren Mitgliedstaaten.[750] Und Deutschland? Während die Ablehnung des Krieges durch Bundeskanzler Schröder[751] und Außenminister Fischer persönlich gut dokumen-

---

747 Ibid., S. 15, S. 19 (Bulgarien).

748 UN Doc. S/PV.4721, 19. März 2003, S. 22.

749 Für eine Zusammenfassung der Debatte siehe UN Press Release, UN Doc. S/7705, 26. März 2003 sowie für die Fortsetzung am folgenden Tag UN Press Release, UN Doc. S/7707, 27. März 2003.

750 UN Doc. S/PV.4726, 26. März 2003. Siehe auch European Council, Conclusions, 20./21. März 2003, 8410/03.

751 „Es ist eine falsche Entscheidung getroffen worden. [...] Es bleibt dabei: Deutschland beteiligt sich nicht an diesem Krieg." Fernsehansprache von Bundeskanzler Gerhard Schröder nach Beginn des Krieges gegen den Irak am 20. März 2003, Bulletin Nr. 25-1 vom 20. März 2003; Presse- und Informationsamt der Bundesregierung. Allerdings führten zu diesem Zeitpunkt, genauer genommen seit dem NATO-Beschluß vom 19. Februar 2003 bis zum 17. April 2003, Bundeswehrsoldaten in AWACS-Maschinen insgesamt 105 Aufklärungsflüge über der Türkei durch. *„Operation Display Deterrence"* galt der Raketenabwehr und eines möglichen Angriffs mit chemischen oder biologischen Waffen durch den Irak auf die Türkei. Ein Antrag auf Erlaß einer einstweiligen Anordnung durch die damalige Oppositionspartei FDP, die die mangelnde Beteiligung des Bundestags an der Entsendung der Streitkräfte rügte, wurde vom Bundesver-

tiert ist, veröffentlichte die Bundesregierung im Mai 2003 folgende Antwort auf eine Anfrage von Peter Gauweiler (CDU/CSU):

> „Ob die USA und die anderen an den militärischen Operationen gegen den Irak beteiligten Staaten das Völkerrecht verletzt haben, wird von Völkerrechtlern unterschiedlich bewertet. Zu den entsprechenden Diskussionen in der Rechtswissenschaft nimmt die Bundesregierung nicht Stellung."[752]

Etwas anders äußerte sich allerdings das Bundesverwaltungsgericht im Jahr 2005. In seinem Urteil zur Gewissensentscheidung von Soldaten stellte das Gericht „gravierende völkerrechtliche Bedenken" gegen den Irak-Krieg fest.[753] Der Entscheidung lag die Weigerung eines Berufssoldaten zugrunde, an einem Software-Produkt zur Unterstützung von Einsätzen der Bundeswehr im logistischen Bereich mitzuwirken, das der „Vernetzten Operationsführung" sowie der „Interoperabilität mit den Streitkräften anderer Nationen" dienen sollte.[754] Als Begründung gab der Soldat an, es sei nicht auszuschließen, dass mit seiner Tätigkeit einer „rechtswidrigen Beteiligung der Bundesrepublik Deutschland an dem rechtswidrigen Angriff gegen den Irak" Vorschub geleistet werden könnte.[755]

In einem *„monumentalen ,obiter dictum'"*[756] nahm das Gericht auch zur Völkerrechtsmäßigkeit des Irak-Krieges Stellung – mit dem Ergebnis

---

fassungsgericht zunächst abgelehnt (Beschluss vom 25. März 2003 – BvQ 18/03, BVerfGE 108, S. 34 ff.), der Organklage in der Hauptsache jedoch im sogenannten *AWACS*-Urteil stattgegeben (Urteil vom 7. Mai 2008 2 BvE 1/03, BVerfGE 121, S. 135 ff.).

752 Deutscher Bundestag, 15. Wahlperiode, Schriftliche Fragen mit den in der Woche vom 12. Mai 2003 eingegangenen Antworten der Bundesregierung, Drucksache 15/988, 16. Mai 2003, S. 2. *Bothe* sieht diesen „Unwillen der Regierung, die Frage der Rechtmäßigkeit des Irak-Krieges öffentlich zu diskutieren" denn auch in dem Einsatz der Bundeswehr in der Türkei, ohne Zustimmung des Bundestages, begründet, in: Rechtliche Hegung von Gewalt zwischen Theorie und Praxis, in: International Law between Universalism and Fragmentation, FS in Honour of Gerhard Hafner, Buffard/Crawford/Pellet/Wittich (Hrsg.), 2008, S. 141 (146).

753 Bundesverwaltungsgericht, 2. Wehrdienstsenat, Urteil vom 21. Juni 2005 – BverwG 2 WD 12.04, Punkt 4.1.4.1., BVerwGE 127, para. 180.

754 Bundesverwaltungsgericht, 2. Wehrdienstsenat, Urteil vom 21. Juni 2005 – BverwG 2 WD 12.04, Punkt 4.1.4.1.5., BVerwGE 127, para. 245.

755 Bundesverwaltungsgericht, 2. Wehrdienstsenat, Urteil vom 21. Juni 2005 – BVerwG 2 WD 12.04, BVerwGE 127, para. 20. Im Ergebnis hatte die Berufung des Soldaten vor dem BVerwG umfassend Erfolg.

756 *Kotzur*, Gewissensfreiheit contra Gehorsamspflicht oder: der Irak-Krieg auf verwaltungsgerichtlichem Prüfstand, JZ, 2006, S. 25 (28).

der oben erwähnten „gravierenden völkerrechtlichen Bedenken". Zum einen hätten mit Resolutionen 678 (1990), 687 (1991) sowie 1441 (2002) keine ermächtigenden Resolutionen des Sicherheitsrats vorgelegen und somit auch kein Rechtfertigungsgrund für den Einsatz militärischer Gewalt gegen den Irak.[757] Auch das Recht auf Selbstverteidigung käme als Rechtfertigungsgrund nicht Betracht, da es „allein ‚im Falle' eines ‚bewaffneten Angriffs'" gelte.[758] Zwar widmete sich das Bundesverwaltungsgericht dann nachfolgend der Debatte um ein „präventives Selbstverteidungsrecht" und berücksichtigte auch in seiner Betrachtung die *Webster*-Formel, kam dann aber zu dem abschließenden Ergebnis: „Die Herausbildung einer übereinstimmenden völkerrechtlichen Staatenpraxis und einer gemeinsamen Rechtsüberzeugung („opinio iuris") über das Bestehen eines noch darüber hinausgehenden „präventiven Selbstverteidigungsrechts" und damit von entsprechendem Völkergewohnheitsrecht lässt sich dagegen nicht feststellen."[759]

Weitere Überlegungen stellte das Gericht nicht an, so dass angesichts seines die Prüfung der Rechtfertigungsgründe einleitenden Diktums „Ein Staat, der sich – aus welchen Gründen auch immer – ohne einen solchen Rechtfertigungsgrund über das völkerrechtliche Gewaltverbot der UN-Charta hinwegsetzt und zur militärischen Gewalt greift, handelt völkerrechtswidrig. Er begeht eine militärische Aggression."[760] das Ergebnis „gravierende völkerrechtliche Bedenken" hinsichtlich der Völkerrechtsmäßigkeit des Irak-Krieges, vorsichtig ausgedrückt, als überraschender Befund darstellen muss.[761]

---

757 Bundesverwaltungsgericht, 2. Wehrdienstsenat, Urteil vom 21. Juni 2005 – BVerwG 2 WD 12.04, Punkt 4.1.4.1.1.a), BVerwGE 127, para. 187 ff. Zu der unterschiedlichen Auslegung von Resolution 1441 (2002) lautet das ‚obiter dictum' des 2. Wehrdienstsenats: „Mentalreservationen von Regierungsbeauftragten oder ihrer Auftraggeber sind völkerrechtlich insoweit nicht maßgeblich.", BVerwGE 127, para. 194.

758 „Die Anwendung von Waffengewalt muss durch den Angreifer bereits erfolgt sein oder erfolgen, ehe militärische Verteidigungsschläge zulässig sind." Bundesverwaltungsgericht, 2. Wehrdienstsenat, Urteil vom 21. Juni 2005 – BVerwG 2 WD 12.04, Punkt 4.1.4.1.1.b), BVerwGE 127, para. 196.

759 Bundesverwaltungsgericht, 2. Wehrdienstsenat, Urteil vom 21. Juni 2005 – BVerwG 2 WD 12.04, Punkt 4.1.4.1.1.b). BVerwGE 127, para. 200.

760 Bundesverwaltungsgericht, 2. Wehrdienstsenat, Urteil vom 21. Juni 2005 – BVerwG 2 WD 12.04, Punkt 4.1.4.1., BVerwGE 127, para. 186.

761 Das Urteil des Bundesverwaltungsgericht „als nationaler Völkerrechtsgerichtshof"*(Kotzur)* kommentiert *Kotzur* abschließend: „Gewiss sollte der Eindeutig-

1.2.2 „The Fork in the Road"

Die Ereignisse nach dem 11. September 2001, der von der Bush-Administration ausgerufene „War on Terror" und der völkerrechtlich höchst umstrittene Krieg im Irak verbunden mit der *Bush*-Doktrin über präemptive Selbstverteidigung, veranlassten den Generalsekretär der Vereinten Nationen, Kofi Annan, deutliche Worte in der Generaldebatte vor der Generalversammlung im September 2003 zu finden. Ein Monat zuvor, am 19. August 2003, war das UN-Hauptquartier in Bagdad Ziel eines Anschlags geworden, bei dem der Sondergesandte des Generalsekretärs, Sergio Vieira de Mello, sowie weitere 21 UN-Mitarbeiter ums Leben kamen.

Gleich zu Beginn seiner berühmten *„Fork in the Road"*-Rede ließ Kofi Annan keinen Zweifel an seiner Ablehnung des unilateralen Handelns der USA: "The last twelve months have been very painful for those of us who believe in collective answers to our common problems and challenges."[762] Kofi Annan skizzierte eine neue Bedrohungslage, der sich die Staatengemeinschaft gegenüber sieht: dazu gehören Terrorismus und die Verbreitung von Massenvernichtungswaffen in einer gefährlichen neuen Kombination, aber neben diesen *„hard threats"* auch die sogenannten *„soft threats"* wie extreme Armut, Umweltzerstörung, Klimawandel und die Verbreitung von ansteckenden Krankheiten, wie Malaria und HIV/AIDS. Diese Bedrohungen stünden im Zusammenhang zueinander, und während hierüber Konsens herrsche, sah der Generalsekretär doch unterschiedliche Ansichten, wie diese Bedrohungen zu bekämpfen seien:

> "Since this Organisation was founded, States have generally sought to deal with threats to the peace through containment and deterrence, by a system based on collective security and the United Nations Charter.
>
> Article 51 of the Charter prescribes that all States, if attacked, retain the inherent right of self-defence. But until now it has been understood that when States go beyond that, and decide to use force to deal with broader threats to

---

keit, mit der der erkennende Senat sein Vorverständnis offenbart und zum Irak-Krieg Stellung nimmt, Respekt gezollt werden. Die Tugend des „judicial self-restraint" hat er über seinem Eifer indes vergessen. Si tacuisses …" in: Gewissensfreiheit contra Gehorsamspflicht oder: der Irak-Krieg auf verwaltungsgerichtlichem Prüfstand, JZ 2006, S. 25 (30).

762 New York, 23 September 2003 – Secretary-General's address to the General Assembly, UN Press Release, http://www.un.org/webcast/ga/58/statements/sg2eng030923.

international peace and security, they need the unique legitimacy provided by the United Nations.

Now, some say this understanding is no longer tenable, since an 'armed attack' with weapons of mass destruction could be launched at any time, without warning, or by a clandestine group.

Rather than wait for that to happen, they argue, States have the right and obligation to use force pre-emptively, even on the territory of other States, and even while weapons systems that might be used to attack them are still being developed.

According to this argument, States are not obliged to wait until there is agreement in the Security Council. Instead, they reserve the right to act unilaterally, or in ad hoc coalitions.

This logic represents a fundamental challenge to the principles on which, however imperfectly, world peace and stability have rested for the last fifty-eight years.

My concern is that, if it were to be adopted, it could set precedents that resulted in a proliferation of the unilateral and lawless use of force, with or without justification."[763]

Wird hier bereits seine Sorge um das System der kollektiven Sicherheit sehr deutlich, so belässt es Kofi Annan nicht bei einer Verurteilung von unilateralen Maßnahmen, sondern fordert eine Antwort durch das System der kollektiven Sicherheit selbst – einem System, das offensichtlich inzwischen in seiner Effektivität angezweifelt wird:

"But it is not enough to denounce unilateralism, unless we also face up squarely to the concerns that make some States feel uniquely vulnerable, since it is those concerns that drive them to take unilateral action. We must show that those concerns can, and will, be addressed effectively through collective action."[764]

1.2.3 Das High Level Panel on Threats, Challenges and Change (2004) und der World Summit (2005)

Als Antwort gab der Generalsekretär die Einrichtung eines *High Level Panel on Threats, Challenges and Change* bekannt, das die Bedrohungen untersuchen und Vorschläge unterbreiten sollte, wie diesen Bedrohungen

---

763 Ibid.
764 Ibid.

durch kollektive Maßnahmen begegnet werden könnten, verbunden mit Reformvorschlägen für eine Stärkung der Institutionen der Vereinten Nationen.

Das High-Level Panel bestand aus 16 hochrangigen Persönlichkeiten, darunter als Vorsitzender der ehemalige thailändische Premierminister Anand Panyarachun, die ehemalige norwegische Premierministerin Gro Harlem Brundtland, die ehemalige Hohe Kommissarin für Flüchtlinge Sadako Ogata und der amerikanische General Brent Scowcroft.[765] Im Dezember 2004 veröffentlichte das High-Level Panel seinen Bericht *"A More Secure World: Our Shared Responsibility"*.[766] Der Bericht gliedert sich in vier Teile und behandelt 1. Die Notwendigkeit eines neuen Sicherheitskonsenses, 2. Kollektive Sicherheit und die Notwendigkeit der Prävention, 3. Kollektive Sicherheit und die Anwendung von Gewalt und 4. Reformvorschläge für die Vereinten Nationen des 21. Jahrhunderts.

Das High-Level Panel nimmt ein Recht auf präventive[767] Selbstverteidigung bei unmittelbaren Bedrohungen als Regel des Völkergewohnheitsrechts an, lehnt aber eine darüber hinaus gehende Auslegung des Artikel 51 UN-Charta ab und verweist stattdessen auf die Kompetenzen des Sicherheitsrats:

> **„1. Artikel 51 der Charta der Vereinten Nationen und die Selbstverteidigung**
>
> 188. Der Wortlaut dieses Artikels ist restriktiv: ‚Diese Charta beeinträchtigt im Falle eines bewaffneten Angriffs gegen ein Mitglied der Vereinten Nationen keineswegs das naturgegebene Recht zur individuellen oder kollektiven Selbstverteidigung, bis der Sicherheitsrat die zur Wahrung des Weltfriedens und der internationalen Sicherheit erforderlichen Maßnahmen getroffen hat‘. Indessen kann ein bedrohter Staat nach lange etablierten Regeln des Völkerrechts militärische Maßnahmen ergreifen, solange der angedrohte Angriff *unmittelbar* bevorsteht, durch kein anderes Mittel abzuwenden ist und die Maßnahmen verhältnismäßig sind. Ein Problem entsteht dann, wenn die fragliche Gefahr nicht unmittelbar droht, aber dennoch als real dargestellt wird, beispielsweise der in mutmaßlich feindseliger Absicht erfolgende Erwerb der Fähigkeit zur Herstellung von Nuklearwaffen.

---

765 Die vollständige Liste der Mitglieder findet sich unter http://www.un.org/en/even ts/pastevents/a_more_secure_world.shtml.

766 High Level Panel: *"A More Secure World: Our Shared Responsibility"*, UN Doc. A/59/565, 2. Dezember 2004.

767 Im Text allerdings als „präemptiv" bezeichnet.

189. Kann ein Staat, ohne sich an den Sicherheitsrat zu wenden, unter diesen Umständen das Recht für sich beanspruchen, in antizipatorischer Selbstverteidigung nicht nur präemptiv (gegen eine unmittelbar drohende oder nahe Gefahr) sondern präventiv (gegen eine nicht unmittelbar drohende oder nahe Gefahr) zu handeln? Diejenigen, die dies bejahen, vertreten den Standpunkt, dass manche Gefahren (wie z.B. im Besitz einer Kernwaffe befindliche Terroristen) ein so großes Schadenspotenzial haben, dass man einfach das Risiko nicht eingehen kann, abzuwarten, bis sie zu einer unmittelbaren Bedrohung werden, und dass durch frühzeitigeres Handeln unter Umständen weniger Schaden angerichtet wird (etwa durch die Vermeidung eines nuklearen Schlagabtauschs oder des radioaktiven Niederschlags aus einer Reaktorzerstörung).

190. Um diese Frage kurz zu beantworten: Wenn gute, durch handfeste Beweise erhärtete Argumente für militärische Präventivmaßnahmen vorliegen, so sollten diese dem Sicherheitsrat unterbreitet werden, der die Maßnahmen sodann nach seinem Gutdünken genehmigen kann. Tut er dies nicht, besteht per definitionem Zeit genug, um andere Strategien zu verfolgen, darunter Überzeugungsarbeit, Verhandlungen, Abschreckung und Eindämmungspolitik, und danach die militärische Option erneut zu prüfen.

191. Denjenigen, die einer solchen Antwort mit Ungeduld begegnen, muss entgegengehalten werden, dass in dieser Welt voll mutmaßlicher potenzieller Bedrohungen die Gefahr für die globale Ordnung und die Norm der Nichtintervention, auf der diese nach wie vor aufbaut, einfach zu groß ist, als dass einseitige Präventivmaßnahmen, im Unterschied zu kollektiv gebilligten Maßnahmen, als rechtmäßig akzeptiert werden könnten. Einem zu gestatten, so zu handeln, bedeutet, es allen zu gestatten.

192. **Wir befürworten keine Neufassung oder Neuauslegung des Artikels 51.**"[768]

In seinem eigenen, im März 2005 erschienenen Bericht, *"In Larger Freedom: Towards Development, Security and Human Rights for All"*[769] folgte Kofi Annan dem High-Level Panel in seiner Würdigung des Artikel 51 UN-Charta:

„124. Unmittelbar drohende Gefahren sind durch Artikel 51 vollständig abgedeckt, der das naturgegebene Recht souveräner Staaten zur Selbstverteidigung im Falle eines bewaffneten Angriffs gewährleistet. Juristen erkennen schon lange an, dass dies sowohl einen unmittelbar drohenden als auch einen bereits erfolgten Angriff umfasst.

125. Wenn es sich nicht um eine unmittelbar drohende Gefahr, sondern um eine latente Bedrohung handelt, überträgt die Charta dem Sicherheitsrat die

---

768 Ibid., Hervorheb. im Bericht.
769 *Kofi Annan,* In Larger Freedom, UN Doc. A/59/2005, 21. März 2005.

volle Autorität für die Anwendung militärischer Gewalt, auch präventiv, um den Weltfrieden und die internationale Sicherheit zu wahren."

Beide Berichte stimmen fast wörtlich in ihrem Fazit überein, wonach es nicht darum ginge, „Alternativen zum Sicherheitsrat als Quelle der Autorität zu finden", sondern vielmehr seine Funktionsweisen, gegebenenfalls durch Aufstellung von bestimmten Kriterien für militärisches Eingreifen, zu verbessern.[770]

Der *2005 UN World Summit*, dem beide Berichte vorlagen, nahm schließlich eher generell Stellung. In dem Abschlußdokument heißt es:

> „Wir bekräftigen, dass die einschlägigen Bestimmungen der Charta ausreichen, um auf das gesamte Spektrum der Bedrohungen des Weltfriedens und der internationalen Sicherheit zu reagieren. Wir bestätigen ferner die Befugnis des Sicherheitsrats, Zwangsmaßnahmen zu verfügen, um den Weltfrieden und die internationale Sicherheit zu wahren und wiederherzustellen. Wir betonen, wie wichtig es ist, im Einklang mit den Zielen und Grundsätzen der Charta zu handeln.
>
> Wir bekräftigen außerdem, dass der Sicherheitsrat die Hauptverantwortung für die Wahrung des Weltfriedens und der internationalen Sicherheit trägt."[771]

1.2.4 Völkerrechtsliteratur

Der Irak-Krieg ist umfassend in der Völkerrechtsliteratur diskutiert worden und nicht wenige Kommentatoren wiesen auf die Schaffung eines gefährlichen Präzedenzfalles hin, wie die Herausgeber des *American Journal of International Law*, Lori Fisler Damrosch und Bernhard H. Oxman: "The military action against Iraq in spring 2003 is one of the few events of the UN Charter period holding the potential for fundamental transformation, or possibly even destruction, of the system of law governing the use of force that had evolved during the twentieth century."[772]

---

770 Ibid., Paragraph 126, High-Level Panel, Paragraph 198.

771 UN World Summit Outcome Document, UN Doc. A/RES/60/1 vom 16. September 2005.

772 *Damrosch/Oxman*, Agora: Future Implication of the Iraq Conflict: Editors' Introduction, AJIL, Vol. 97, No. 3, 2003, S. 553 (553). Anderer Ansicht ist *Heintschel von Heinegg*, der einen stärkenden Einfluß des Irak-Krieges auf das Völkerrecht sieht, denn die Bemühungen der USA und des Vereinigten Königreichs um eine autorisierende Sicherheitsratsresolution und ihre Argumentation anhand bestehender Resolutionen zeigte, "they neither ignored nor considered irrelevant the

Diejenigen, die mit der überwiegenden Meinung die Völkerrechtswidrigkeit rügten[773], sahen weder in den Resolutionen 1441 (2002), 687 (1991) und 678 (1990) des Sicherheitsrats eine ausreichende völkerrechtli-

---

UN system of collective security", in: Iraq, Invasion of (2003), MPEPIL, Juni 2009, Rn. 30 ff.; siehe auch *Kunig*: „Jedenfalls handelt es sich um juristische Argumentationen. Als solche wahren sie die Idee vom Völkerrecht und damit dieses selbst, denn solange Streit geführt wird über die Inhalte des Rechts, bleibt das Recht selbst existent." in: Das Völkerrecht als Recht der Weltbevölkerung, AVR, Bd. 41, 2003, S. 327 (331).

773 Vgl. u.a. *Bothe*, Der Irak-Krieg und das völkerrechtliche Gewaltverbot, in: AVR, Bd. 41, 2003, S. 255 ff; *ders.*, Terrorism and the Legality of Pre-emptive Force, in: EJIL, Vol. 14, No. 2, 2003, S. 227 ff.; *Brownlie*, Iraq and Weapons of Mass Destruction and the Policy of Preemptive Action, Memorandum, House of Commons – Foreign Affairs, Oktober 2002; *Bruha*, Irak-Krieg und Vereinte Nationen, AVR, Bd. 41, 2003, S. 295 ff.; *Corten*, The Controversies Over the Customary Prohibition on the Use of Force: A Methodological Debate, EJIL, Vol. 16, No. 5, 2005, S. 803 ff.; *Dörr*, Gewalt und Gewaltverbot im modernen Völkerrecht, Aus Politik und Zeitgeschehen, B 43, 2004, S. 14 ff.; *Falk*, Einer flog über das Völkerrecht, Le Monde diplomatique, 13. Dezember 2002; *Franck*, What Happens Now? The United Nations after Iraq, AJIL Vol. 97, No. 3, 2003, S. 607 ff.; *Heintschel von Heinegg*, Iraq, Invasion of (2003), MPEPIL, Juni 2009; *Henderson*, The Bush Doctrine: From Theory to Practice, JCSL, Vol. 9, No. 1, 2004, S. 3 ff.; *Kunig*, Das Völkerrecht als Recht der Weltbevölkerung, AVR, Bd. 41, 2003, S. 327 ff.; *ders.*, Intervention, Probition of, in: MPEPIL, 2008; *Maogoto*, War on the Enemy: Self-defence and State-Sponsored Terrorism, Melbourne Journal of International Law, Vol. 4, No. 2, 2003; *ders.*, Battling Terrorism. Legal Perspectives on the Use of Force and the War on Terror, 2005; *Murswiek*, Die amerikanische Präventivkriegsstrategie und das Völkerrecht, NJW 2003, S. 1015 ff.; *O'Connell*, The Myth of Preemptive Self-Defense, The American Society of International Law, Task Force on Terrorism, August 2002; *Schaller*, Massenvernichtungswaffen und Präventivkrieg – Möglichkeiten der Rechtfertigung einer militärischen Intervention im Irak aus völkerrechtlicher Sicht, ZaöRV, Bd. 62, 2002, S. 641 ff.; *Stahn*, Enforcement of the Collective Will after Iraq, AJIL, Vol. 97, No. 4, 2003, S. 804 ff.; *Tomuschat,* Der selbstverliebte Hegemon. Die USA und der Traum von einer unipolaren Welt, Internationale Politik 5, Mai 2003, S. 39 ff.; *Thürer*, Testfall Irak – Ist das Völkerrecht wirklich am Ende?, Neue Zürcher Zeitung, 8. Februar 2003; *von Lepel*, Die präemptive Selbstverteidigung im Lichte des Völkerrechts, Humanitäres Völkerrecht, No. 2, 2003, S. 77 ff.; *Wolfrum*, Irak – eine Krise auch für das System der kollektiven Sicherheit, Max-Planck-Institut für ausländisches öffentliches Recht und Völkerrecht, 2003, http://www.mpil.de/files/pdf3/irak4.pdf; *ders.*, The Attack of September 11th, 2001, the Wars against the Taliban and Iraq: Is there a Need to Reconsider International Law on the Recourse to Force and the Rules in Armed Conflict?, in: Armin von Bogdandy/Rüdiger Wolfrum (Hrsg.), MPYUNL, 2003, Vol. 7, S. 1 ff.

che Grundlage als gegeben[774], noch erkannten sie ein Recht auf präemptive oder „vorbeugende"[775] Selbstverteidigung mangels eines Angriffs des Irak an[776]. Die Befürworter, zumeist US-amerikanische, englische oder australische Völkerrechtler, sahen entweder ein „Aufleben" von Resolution 678 (1990)[777], mit der die Mitgliedstaaten nach dem Einmarsch des Iraks in Kuwait zum Einsatz von Gewalt autorisiert worden waren, oder sprachen sich angesichts eines Massenvernichtungswaffen besitzenden Irak, der auch mit Terroristen koopiere, für ein präemptives Selbstverteidigungsrecht aus.[778]

---

774 Vgl. die Argumentation bei *Bothe*, Der Irak-Krieg und das völkerrechtliche Gewaltverbot, AVR, Bd. 41, 2003, S. 255 (262 ff.); *Wolfrum*, Irak – eine Krise auch für das System der kollektiven Sicherheit, Max-Planck-Institut für ausländisches öffentliches Recht und Völkerrecht, 2003, S. 4, http://www.mpil.de/files/pdf3/ira k4.pdf.

775 *Murswiek*, Die amerikanische Präventivkriegsstrategie und das Völkerrecht, NJW 2003, S. 1015 (1016).

776 Vgl. *Bruha*, Irak-Krieg und Vereinte Nationen, AVR, Bd. 41, 2003, S. 295 (296 ff.); *von Lepel*, Die präemptive Selbstverteidigung im Lichte des Völkerrechts, Humanitäres Völkerrecht, No. 2, 2003, S. 77 (78 ff.); *Henderson*, The Bush Doctrine: From Theory to Practice, JCSL, Vol. 9, No. 1, 2004, S. 3 (14 ff.).

777 Vgl. *Gardner*, Neither Bush nor the "Jurisprudes", AJIL, Vol. 97, No. 3, 2003, S. 585 (588); *Greenwood*, The Legality of Using Force Against Iraq, Memorandum, House of Commons – Foreign Affairs, 24. Oktober 2002, im Internet unter http://www.publications.parliament.uk/pa/cm200203/cmselect/cmfaff/ 196/2102406.htm; *Rostow*, Determining the Lawfulness of the 2003 Campaign against Iraq, International Law Studies, Vol. 80, Issues in International Law and Military Operations, Richard B. Jaques (Hrsg.), U.S. Naval War College, 2006, S. 21 (22 ff.).

778 Vgl. *Yoo*: "[T]he imminence of a likely attack by Iraq has increased since 1981 because Iraq has demonstrated a WMD capability and a willingness to use it.", in: *Yoo*, International Law and the War in Iraq, AJIL, Vol. 97, No. 3, 2003, S. 563 (574). Siehe auch u.a. *Brecher*, In Defence of Preventive War. A Canadian's Perspective, International Journal, Vol. 58, No. 3, 2003, S. 253 ff.; *Cohan*, The Bush Doctrine and the Emerging Norm of Anticipatory Self-Defense in Customary International Law, Pace Int'l L. Rev., Vol. 15, No. 2, 2003, S. 283 ff.; *Glennon*, The Emerging Use-of-Force Paradigm, JCSL, Vol. 11, No. 3, 2006, S. 309 ff.; *ders.*, The Military Action Against Terrorists Under International Law: The Fog of Law: Self-Defense, Inherence, and Incoherence in Article 51 of the United Nations Charter, Harv. J.L. & Pub. Pol'y, Volume 25, 2002, S. 539 ff.; *ders.*, Why the Security Council Failed, in: Foreign Affairs, 1. Mai 2003, https://www.foreignaff airs.com/articles/iraq/2003-05-01/why-security-council-failed; *Greenwood*, International Law and the Pre-emptive Use of Force: Afghanistan, Al-Qaida, and Iraq, San Diego Law Journal, Vol. 4, 2003, S. 7 ff.; *Sofaer*, On the Necessity of

Diese Meinungsdifferenz zwischen kontinentaleuropäischen und den *case-law* orientierten Völkerrechtlern haben *Hestermeyer*[779] und *Schwehm*[780] in ihren ausführlichen Untersuchungen als Unterschiede in der Rechtskultur bezeichnet: während kontinentaleuropäische Völkerrechtler eher einen „normorientierten-systematischen Ansatz"[781] verfolgten, wählten die anglophonen Völkerrechtler eine „einzelfallspezifische Betrachtung", und bezögen „politische Notwendigkeiten in ihre völkerrechtliche Bewertung"[782] mit ein.[783]

Pre-emption, EJIL, Vol. 14, No. 2, S. 209 ff.; *Taft IV/Buchwald*, Preemption, Iraq and International Law, AJIL, Vol. 97, No. 3, 2003, S. 557 ff.; *Wedgwood*, The Fall of Saddam Hussein: Security Council Mandates and Preemptive Self-Defense, AJIL, Vol. 97, No. 3, 2003, S. 576 ff.; *Yoo*, Using Force, U. Chi. L. Rev., Vol. 71, No. 3, 2004, S. 729 ff. Etwas anders *Dinstein*, der die Rechtsgrundlage seit 1990 im kollektiven Selbstverteidigungsrecht zugunsten von Kuwait sieht, die Resolution 678 (1991) des Sicherheitsrats habe insofern keine Ermächtigung zum Gewalteinsatz dargestellt, sondern nur eine Bestätigung des Selbstverteidigungsrechts. Da auch die Staaten der damaligen Koalition mit dem Irak die Waffenstillstandsvereinbarung trafen, und nicht der Sicherheitsrat, liegt es auch an diesen Staaten, den Waffenstillstand für beendet zu erklären, mit der Folge des Wiederauflebens ihres (kollektiven) Selbstverteidigungsrechts, in: The Gulf War 1990 -2004 (And Still Counting), International Law Studies, Vol. 81, International Law Challenges: Homeland Security and Combating Terrorism, Thomas McK. Sparks/Glenn M. Sulmasy (Hrsg.), U.S. Naval War College, 2006, S. 337 (340); siehe auch *Rivkin*, The Virtues of Preemptive Deterrence, Harv. J.L. & Pub. Pol'y, Vol. 29, Issue 1, 2005, S. 85 (97, FN 31, 100).

779 *Hestermeyer*, Die völkerrechtliche Beurteilung des Irak-Krieges im Lichte transatlantischer Rechtskulturunterschiede, ZaöRV, Bd. 64, 2004, S. 315 ff.

780 *Schwehm*, Präventive Selbstverteidigung, AVR, Bd. 46 (2008), S. 368 ff.

781 *Schwehm*, ibid., S. 368 (377).

782 *Hestermeyer*, Die völkerrechtliche Beurteilung des Irak-Krieges im Lichte transatlantischer Rechtskulturunterschiede, ZaöRV, Bd. 64, 2004, S. 315 (337).

783 Siehe auch *Glennon*: "The most significant difference between American and European perspectives concerning the use of force subsists not in substantive disagreement concerning when force should be used; it subsists in a different way of thinking about legal rules. [...] Existing norms can and should be applied without flexibility or variation. Those norms can be readily discovered by all right-thinking people, Europeans seem to believe (with the High-Level Panel), and a nation's conduct – in using force as in everything else – should be guided by those norms and by those norms alone." in: The Emerging Use-of-Force Paradigm, JCSL, Vol. 11, No. 3, 2006, S. 309 (314).

2. Indien vs. Pakistan (2003 und 2008)

2.1 Nadimarg-Massaker

In der Nacht des 23. März 2003 überfielen Angreifer das Dorf Nadimarg im indischen Teil von Jammu und Kashmir und erschossen 24 Hindus – Männer, Frauen und Kinder – mit automatischen Waffen.[784] Die indische Regierung (damals unter Premierminister Vajpahee von der hindu-nationalistischen *Bharatiya Janata Party* [BJP]) machte Angehörige der *Lashkar-e-Taiba* und *Jaish-e-Mohammed* Milizen für verantwortlich, die von Pakistan unterstützt würden, und damit auch Pakistan selbst.[785]

Das sogenannte Nadimarg-Massaker, verübt nur wenige Tage nach Beginn der militärischen Offensive im Irak am 20. März 2003 durch die USA und ihre Verbündeten, veranlasste den indischen Außenminister Yashwant Singh zu der Erklärung:

> "India has a much better case to go for pre-emptive action [against Pakistan] than the United States had over Iraq. [...] If lack of democracy, possession of weapons of mass destruction and export of terrorism were reasons for a country to make a pre-emptive strike in another country, then Pakistan deserved to be tackled more than any other country."[786]

Die Antwort der USA ließ nicht lange auf sich warten. Aus dem *State Department* kam eine klare Ablehnung einer solchen Gleichsetzung zwischen Irak und Pakistan:

---

784 *Gupta*, The Doctrine of Pre-emptive Strike: Application and Implications During the Administration of President George W. Bush, International Political Science Review, Vol. 29, No. 2, 2008, S. 181 (190).

785 Indian Cabinet Committee on Security: "There is reason to believe that all the actions are being directed from across the border", zitiert in: *Gaur*, Foreign Policy Annual 2004: Events, para. 773. Siehe auch *Shankar Kaura*, Link between Dar, Pandits' killings, The Tribune (New Delhi), 25. März 2003.

786 *Gaur*, Foreign Policy Annual, 2004: Events, paras. 862, 909. Während der indische Kongress eine Verurteilung des amerikanischen Vorgehens forderte, weigerte sich die Regierung eine entsprechende parteiumfassende Resolution zu verabschieden. Die schließlich am 8. April 2003 einstimmig angenommene Resolution folgte in ihrem Duktus weder der Forderung des Kongresses „to condemn", noch dem Vorschlag der Regierung „to deplore", sondern drückte nur „national sentiments" aus und dass ein militärischer Einsatz zum Zwecke eines Regimewechsel „not acceptable" sei; siehe *Gaur*, Foreign Policy Annual, 2004: Events, paras. 749, 892, 901.

"Indian officials have recently speculated that US pre-emptive action in Iraq could be seen as a justification of similar action by India against Pakistan over Kashmir. Any attempts to draw parallels between the Iraq and the Kashmir situations are wrong and overwhelmed by the differences between them."[787]

Zwei Tage später, am 8. April 2003, folgte aus Belfast, wo sich Präsident Bush mit Premierminister Blair zum dritten bilateralen Gipfel nach dem Beginn des Irak-Krieges traf, eine ähnliche Ansage durch den amerikanischen Botschafter *Haass*, damals Beauftragter für den Nord-Irland Friedensprozess. Abermals wurde, dieses Mal in der Frage durch einen Reporter, deutlich, dass die Bush-Strategie Nachahmer finden könnte, oder zumindest Fragen nach einem „doppelten Standard" der USA gestellt würden:

"QUESTION: There was a critic in Northern Ireland who took the opposite view. Instead of seeing this as an example of how the Mideast peace process could be inspired, he said it's hypocritical for President Bush to say – take the peaceful route, while he's using – while he has gone to war in Iraq. And I wondered if you could respond to that.

AMBASSADOR HAASS: [...] These two situations are fundamentally different. The United States has only used force in Iraq after more than a decade of diplomacy. And Saddam Hussein had every chance to avoid a war. All he had to do was meet his obligations on weapons of mass destruction, and he chose not to. [...]

The two situations are apples and oranges. I would just say also it shows that U.S. foreign policy is different in different places. We don't simply have one set of tools, and what's appropriate for dealing with a situation in Iraq is obviously not the appropriate set of tools for dealing with other challenges. And in Northern Ireland, we're 100 percent involved in diplomacy."[788]

Angesichts der großen Ablehnung des Irak-Krieges im Parlament wie auch in der Bevölkerung, verbunden mit Indiens hervorgehobenen Stellung in der Bewegung der Blockfreien Staaten, die den Irak-Krieg ebenfalls unmißverständlich verurteilt hatte, sah die indische Regierung

---

787 Zitiert in: No parallel between Iraq, Kashmir: US: Indian pre-emptive strike threat, dawn.com, 6. April 2003. Siehe auch India Pressed on Kashmir Attacks, The New York Times, 9. April 2003.

788 The White House, Dr. Condoleezza Rice Discusses President Bush/PM Blair Meeting, Press Conference, 8. April 2003.

schließlich von einem militärischen Einsatz gegen Pakistan ab.[789] Allerdings bestätigte sich, dass die regierende BJP einen anderen außenpolitischen Kurs als die lange Jahre zuvor regierende Nationale Kongresspartei verfolgte, welcher eine stärkere Betonung der nationalen Souveränität zulasten des multilateralen Systems der Vereinten Nationen verbunden mit dem Anspruch auf den Einsatz von Gewalt im Falle einer Gefährdung von Indiens elementaren Interessen beinhaltete.[790]

Während sich also die damals herrschende Meinung in Indien von dem Irak-Krieg und der mit ihm verbundenen *Bush*-Doktrin distanzierte, gab es doch auch Stimmen in der völkerrechtlichen Literatur, die nüchtern feststellten: "If one goes by this US definition of a rogue state, then one must agree with our Defence and External Affairs Ministers, and there is a case for preemptive force against Pakistan."[791]

2.2 Anschläge von Mumbai

Die Anschläge in Mumbai fielen in die Regierungszeit der Nationalen Kongresspartei, die im Jahr 2004 die Wahlen gewonnen hatte. Gegen 21.30 Uhr am Abend des 26. November 2008 griffen zehn Terroristen verschiedene Ziele in Mumbai an, darunter zwei Luxus-Hotels, der Hauptbahnhof, ein jüdisches Kulturzentrum, ein Café, ein Kino und zwei Krankenhäuser.[792] Erst nach 62 Stunden konnten Sicherheitskräfte den Angriff

---

789 *Gupta*, The Doctrine of Pre-emptive Strike: Application and Implications During the Administration of President George W. Bush, International Political Science Review, Vol. 29, No. 2, 2008, S. 181 (190).

790 Siehe *Gupta:* "[...] they have consistently emphasized the need to change with the times, have explicitly recognized the significance of military and economic strength as elements of national power, are far less inhibited about the use of force, and are not much obsessed with upholding multilateral norms where India's perceived vital interests are concerned.", in: The Doctrine of Pre-emptive Strike: Application and Implications During the Administration of President George W. Bush, International Political Science Review, Vol. 29, No. 2, 2008, S. 181 (190).

791 *Chandran*, Preemptive Strike: Will it Secure Indian Interests?, IPCS Issue Brief, No. 7, May 2003, S. 2.

792 Darstellung der Ereignisse entnommen aus: *Kronstadt*, Terrorist Attacks in Mumbai, India and Implication for U.S. Interests, Congressional Research Service, R40087, 19. Dezember 2008, S. 1.

beenden, 166 Menschen fanden den Tod, wie auch neun der Angreifer – der zehnte konnte festgenommen werden.[793]

„26/11" ist mit diesem verheerenden Anschlag zu dem 9/11 Indiens geworden. Bereits am 27. November, als die Angriffe noch nicht vorüber waren, wandte sich Premierminister Singh mit einer Rede an die Nation:

> "We are not prepared to countenance a situation in which the safety and security of our citizens can be violated with impunity by terrorists. It is evident that the group which carried out these attacks, based outside the country, had come with single-minded determination to create havoc in the commercial capital of the country.
>
> We will take the strongest possible measures to ensure that there is no repetition of such terrorist acts. We are determined to take whatever measures are necessary to ensure the safety and security of our citizens.
>
> We will take up strongly with our neighbours that the use of their territory for launching attacks on us will not be tolerated, and that there would be a cost if suitable measures are not taken by them."[794]

Am darauffolgenden Tag wurde der indische Außenminister gegenüber seinem pakistanischen Amtskollegen deutlicher: "We expect Pakistan to honour its solemn commitments not to permit the use of its territory for terrorism against India."[795] Die pakistanische Regierung verurteilte die Anschläge, warnte aber auch vor vorzeitigen Schuldzuweisungen.[796]

Anfang Dezember 2008 gab die Regierung schließlich die Namen der Angreifer bekannt, alle seien pakistanische Staatsbürger und Angehörige von *Lashkar-e-Taiba* mit Verbindungen nicht nur zu Al-Qaida, sondern auch zum pakistanischen Geheimdienst (Inter-Services Intelligence, ISI).[797] Dennoch wurde der indische Verteidigungsminister Antony mit

---

793 Ajmal Kasab, ein pakistanischer Staatsbürger, wurde am 21. November 2012 gehängt, nachdem der indische Supreme Court am 29. August 2012 das Todesurteil gegen ihn bestätigt hatte (Criminal Appeal Nos. 1899-1900 OF 2011).

794 Embassy of India (Washington D.C., USA), Press Release, Prime Minister Dr. Manmohan Singh's Address to the Nation, New Delhi, 27. November 2008.

795 Embassy of India (Washington D.C. USA), Press Release on External Affairs Minister's conversation with Foreign Minister of Pakistan, New Delhi, 28. November 2008.

796 *Kronstadt*, Terrorist Attacks in Mumbai, India and Implication for U.S. Interests, CRS, R40087, 19. Dezember 2008, S. 9.

797 *Kronstadt*, ibid., S. 3 ff.

den Worten zitiert, Indien plane keine „militärische Aktion" gegen Pakistan, wobei es auch in der Folgezeit bleiben sollte.[798]

In Washington sah sich der gerade neu gewählte Präsident Obama, der allerdings zu diesem Zeitpunkt sein Amt noch nicht angetreten hatte, mit einer wohl eher unangenehmen Frage konfrontiert. Ausgehend von seiner Äußerung in einer Wahlkampfdebatte im Oktober 2008, wonach die USA auch ohne Einwilligung Pakistans Al-Qaida und Osama bin Laden auf dessen Territorium verfolgen könnten[799], wurde ihm die Frage gestellt, ob Indien nach 26/11 dasselbe Recht zustünde:

> "QUESTION: Thank you, Mr. President-elect. During the campaign, you said that you thought the U.S. had a right to attack high-value terrorist targets in Pakistan if given actionable intelligence with or without the Pakistani government's permission. [D]o you think India has that same right?
>
> OBAMA: I think that sovereign nations, obviously, have a right to protect themselves. Beyond that, I don't want to comment on the specific situation that's taking place in South Asia right now. [...]"[800]

3. Zwischenergebnis

Der Irak-Krieg im Jahr 2003, von vielen Kommentatoren aufgefaßt als „erster Testfall" der *Bush*-Doktrin, ist mehrheitlich in der Staatengemeinschaft, der Völkerrechtsliteratur, aber auch, wie gezeigt, vom Bundesverwaltungsgericht als völkerrechtswidrig bezeichnet worden. Insbesondere die klare Ablehnung eines präemptiven Selbstverteidigungsrechts und des Anspruchs auf einen Regierungswechsel zeigt deutlich, dass diese Aspekte der *Bush*-Doktrin nicht akzeptiert wurden.

Diejenigen, die die Schaffung eines Präzedenzfalles fürchteten, mussten nicht lange warten, wie das Beispiel Indien zeigte. Allerdings ist auch der von Indien behauptete Anspruch auf präemptive Selbstverteidigung umgehend zurückgewiesen worden, insbesondere auch durch die USA selbst.

Recht behalten sollte Syrien's Außenminister Al-Shara', dessen Prophezeiung aus dem Jahr 2003 wohl als eingetreten gelten muss:

---

798 Indian defense chief: no plans for military action, AP, 16. Dezember 2008.
799 Siehe dazu 7. Kapitel II.9.
800 Obama's National Security Team Announcement, Transcript, New York Times, 1. Dezember 2008.

"By now, anyone with vision and insight knows that this is an unfair and un-justified war. It will come back to haunt those who have advocated and pro-moted it, instead of enhancing their status in history."[801]

II. Fallgruppe Internationaler Terrorismus

1. USA – Operation Enduring Freedom (2001-2014) und Operation Freedom's Sentinel (seit 2015)

Verschiedentlich wird diskutiert, ob der von Präsident Bush 2001 ausgeru-fene „War on Terrorism" die USA noch immer zur Ausübung ihres Selbst-verteidigungsrechts berechtigt. Kann also die seit dem 18. September 2001 geltende *Authorization to Use Military Force*[802] des US-Kongresses, die die innerstaatliche Rechtsgrundlage für *Operation Enduring Freedom* (OEF) und ihre Nachfolgeoperation *Operation Freedom's Sentinel* (OFS) darstellt und OEF ja nach herrschender Meinung vom Sicherheitsrat als Maßnahme der Selbstverteidigung anerkannt wurde[803] auch noch mehr als vierzehn Jahre später als Ausübung von Selbstverteidigung angesehen werden? An dieser Stelle sei an das Schreiben der USA an den Sicher-heitsrat vom 7. Oktober 2001 erinnert, in dem der Beginn des militäri-schen Einsatzes in Afghanistan angezeigt wurde, die USA aber auch gleichzeitig – vorbeugend, wie es im Rückblick scheint – betonten: *"[w]e may find that our self-defence requires further actions with respect to other organizations and other States"*.[804] Daran schließt sich eine weitere Frage an: Wann ist der Krieg gegen den Terrorismus vorüber, wann gilt Al-Qaida als geschlagen oder, mit den Worten von Präsident Obama, wann ist der Job erledigt?[805]

---

801 UN Doc. S/PV.4721, 19. März 2003, S. 9.

802 Public Law 107-40, 107th Congress, Joint Resolution, 18 September 2001. Bestätigt durch H.R. 1540: National Defense Authorization Act for Fiscal Year 2012, 112th Congress, 31. Dezember 2011. Siehe auch 3. Kapitel III.2.

803 Resolutionen des Sicherheitsrats 1368 und 1373 (2001), siehe 6. Kapitel I.4.

804 Letter dated 7 October 2001 from the Permanent Representative of the United States of America to the United Nations addressed to the President of the Securi-ty Council, UN Doc. S/2001/946.

805 National Strategy for Counterterrorism 2011, The White House, Einleitung Präsident Barack Obama. Siehe auch seine Rede vom 23. Mai 2013 vor der *National Defense University*, Fort McNair, in der er ankündigte, "to refine, and ulti-mately repeal, the AUMF's mandate". Siehe ausführlich dazu 3. Kapitel IV.2.

Nach dem Fall der Taliban und der ersten Bonn-Konferenz im Dezember 2001, autorisierte der Sicherheitsrat unter Kapitel VII UN-Charta die Einrichtung einer *International Security Assistance Force* (ISAF) mit Resolution 1386 (20. Dezember 2001). ISAF stand zunächst unter dem Kommando des Vereinigten Königreichs, bis die NATO im Jahr 2003 die Führungsrolle übernahm – der erste NATO-Einsatz außerhalb des Bündnisgebietes.[806] *Operation Enduring Freedom* bestand *neben* dem Mandat der ISAF und wurde erst am 31. Dezember 2014 beendet – an ihre Stelle trat nunmehr *Operation Freedom's Sentinel.*[807]

1.1 Ausdehnung von OEF

Seit 2001 dehnten die USA ihre *Operation Enduring Freedom* (OEF) auf weitere Regionen beziehungsweise Staaten aus: im Januar 2002 wurde OEF-Philippines (OEF-P) zur Unterstützung der philippinischen Regierung in ihrem Kampf gegen die Terrororganisation *Abu Sayyaf* eingerichtet; im Oktober 2002 folgte OEF-Horn of Africa (OEF-HoA) um Terrorismus und Piraterie am Horn von Afrika zu bekämpfen; schließlich OEF-Trans Sahara (OEF-TS, 2005) und OEF-Carribbean and Central America mit dem Fokus auf dort ansässige terroristische Gruppierungen aus dem Nahen Osten (OEF-CCA, 2008).[808]

Eine Vielzahl von Staaten schloß sich der OEF-Koalition an und entsandte Truppen, Logistik oder andere Hilfen. Nach Angaben des US Central Command (USCENTCOM) nahmen seit Beginn der *Operation Enduring Freedom* im Oktober 2001 50 Staaten am Kampf gegen den Terroris-

---

806 Zum *Tornado*-Urteil des BVerfG siehe in diesem Kapitel II.1.2.

807 Vgl. Declaration by NATO and the Government of Afghanistan on an Enduring Partnership signed at the NATO Summit in Lisbon, Portugal, 20. November 2010, http://www.nato.int/cps/en/natohq/official_texts_68724.htm sowie NATO, Chicago Summit Declaration on Afghanistan, 21. Mai 2012, http://www.nato.int/cps/en/natohq/official_texts_87595.htm, wonach der ISAF-Einsatz ebenfalls am 31. Dezember 2014 beendet wurde. Seit 1. Januar 2015 ist eine Ausbildungsmission *Resolute Support* im Einsatz; siehe NATO, ISAF's Mission in Afghanistan (2001-2014), http://www.nato.int/cps/de/natohq/topics_69366.htm. Der UN-Sicherheitsrat begrüßte die neue NATO-Mission in seiner Resolution 2189 (2014).

808 Siehe Übersicht bei *Feickert*, The Unified Command Plan and Combatant Commands: Background and Issues for Congress, CRS, R42077, 3. Januar 2013.

mus teil, 21 Staaten haben mehr als 16.000 Truppen zur Verfügung gestellt.[809]

Der Deutsche Bundestag erteilte erstmalig am 16. November 2001 ein Mandat zur Teilnahme an OEF mit einer Truppenobergrenze von bis zu 3.900 Soldaten.[810] Das Einsatzgebiet umfaßte Afghanistan, wie aber auch das Horn von Afrika, wo die Bundesmarine im Rahmen von OEF-Horn of Africa die Sicherung der Seelinien übernahm.[811] Das Mandat wurde jährlich verlängert[812], bis 2008 der Einsatz der 100 Spezialkräfte in Afghanistan (OEF-Afghanistan) beendet wurde und deutsche Truppen auf afghanischem Gebiet nur noch im Rahmen der ISAF-Truppen gestellt wurden.[813] Seit 2001 nimmt Deutschland auch an der unter NATO-Führung stehenden *Operation Active Endeavor* (OAE) zur Terrorismusbekämpfung im Mittelmeer teil[814], 2010 wurde das Mandat für OEF-Horn of Africa beendet, seitdem konzentriert sich die Bundesmarine auf den OAE-Einsatz im gesamten Gebiet des Mittelmeeres.[815]

Die Bundesregierung hat für den „Einsatz bewaffneter deutscher Streitkräfte bei der Unterstützung der gemeinsamen Reaktion auf terroristische Angriffe gegen die USA" stets als völkerrechtliche Grundlage auf Artikel 51 UN-Charta und Artikel 5 des Nordatlantikvertrages sowie die Resolutionen 1368 und 1373 des Sicherheitsrats der Vereinten Nationen verwiesen.[816] In ihrer Begründung zur Fortdauer des Einsatzes führte sie an, dass der „Angriff im Sinne des Artikels 51 der Satzung der Vereinten Nationen mit den Anschlägen des 11. September 2001 nicht abgeschlossen [war]", sondern mit weiteren Anschlägen und Anschlagsversuchen wie beispiels-

---

809 United States Central Command, Coalition Countries, http://www.centcom.mil/ AREA-OF-RESPONSIBILITY/CENTCOM-COALITION/.

810 BT-Drucksache 14/7296.

811 Bundeswehr: Abgeschlossene Einsätze, OEF-Horn of Africa, https://www.bmvg. de/de/themen/friedenssicherung/einsaetze-und-engagement-der-bundeswehr/abge schlossene-einsaetze.

812 BT-Drucksachen 15/37 (2002), 15/1880 (2003), 15/4032 (2004), 16/26 (2005), 16/3150 (2006), 16/6939 (2007).

813 BT-Drucksache 16/10720 (2008).

814 BT-Drucksache 17/38 (2009).

815 BT-Drucksache 17/3690 (2010). Aktuelles Mandat (bis zum 15. Juli 2016): BT-Drucksache 18/6742 (2015).

816 Siehe oben zitierte BT-Drucksachen. Wie aus dem letzten Antrag (BT-Drucksache 18/6742 [2015]) hervorgeht, haben sich die NATO-Mitglieder im Juli 2015 für eine „Entkopplung" von Artikel 5 des Nordatlantikvertrages ausgesprochen, ibid., S. 3. Über neue Einsatzgrundlagen wird verhandelt.

weise in Madrid (2004), London (2005) oder Detroit (2009) fortgesetzt wurde und noch immer andauerte.[817]

1.2 „Tornado-Urteil" des Bundesverfassungsgerichts

Der deutsche ISAF-Einsatz wurde im Jahr 2007 vor dem Bundesverfassungsgericht verhandelt. Im Rahmen eines Organstreitverfahrens (Art. 93 Abs. 1 Nr. 1 GG, § 13 Nr. 5 BVerfGG) rügte die Fraktion PDS/Die Linken die Verletzung des Zustimmungsrechts des Bundestages aus Artikel 59 Abs. 2 GG durch die „Fortentwicklung des NATO-Vertrags über dessen gesetzlichen Ermächtigungsrahmen hinaus" durch die Bundesregierung.[818] Zur Begründung führte sie aus, der NATO geführte ISAF-Einsatz in Afghanistan weise keinen Bezug mehr zum euro-atlantischen Bündnisgebiet auf, zum anderen wertete sie die parallele *Operation Enduring Freedom* als völkerrechtswidrig, da diese weder von einem Mandat des UN-Sicherheitsrats autorisiert noch als Maßnahme der Selbstverteidigung gelten könne, wobei diese Völkerrechtswidrigkeit wegen der Überlappung der beiden Einsätze zum Durchschlagen auf den ISAF-Einsatz führe.[819]

Das Bundesverfassungsgericht wies diese Rüge in seinem sogenannten „Tornado-Urteil" zurück. Zum einen diene der ISAF-Einsatz in nachvollziehbarer Weise den Sicherheitsinteressen des euro-atlantischen Raumes und bewege sich im Rahmen des NATO-Vertrages und des Strategiekonzeptes von 1999.[820] Zum anderen beruhten die Einsätze der ISAF und der OEF-Koalition auf zwei unterschiedlichen Rechtsgrundlagen, nämlich einerseits Mandat des Sicherheitsrats unter Kapitel VII UN-Charta, andererseits dem Recht auf Selbstverteidigung aus Artikel 51 UN-Charta, und sei-

---

817 BT-Drucksache 17/7743 (2011), S. 2. Die PDS hatte bereits im März 2002 einen Antrag im Bundestag gestellt, die Bundesregierung möge „im Nordatlantikrat auf die Beendigung des Bündnisfalls hinwirken", da der Angriff abgeschlossen sei und zudem der Sicherheitsrat mit der Ermächtigung des ISAF-Einsatzes Maßnahmen gemäß Artikel 51 S. 2 UN-Charta ergriffen habe, siehe BT-Drucksache 14/8664, 19. März 2002. Der Bundestag lehnte den Antrag ab, BT-Drucksache 14/243, 14. Juni 2002, S. 24478.

818 Urteil des Bundesverfassungsgerichts, 2 BvE 2/07 vom 3. Juli 2007, BVerfGE 117, S. 359 ff.

819 BVerfG, 2 BvE 2/07, Rn. 13 f.

820 BVerfG, 2 BvE 2/07, Rn. 51 f.

en auch sonst rechtlich und tatsächlich getrennte Einsätze.[821] Darüber hinaus habe das Bundesverfassungsgericht nicht darüber zu entscheiden, „ob sich die Operation Enduring Freedom auf das Recht auf kollektive Selbstverteidigung stützen konnte und fortdauernd kann und welche Rolle diesbezüglich den Resolutionen 1368 (2001) und 1373 (2001) des Sicherheitsrats der Vereinten Nationen zukommt, in denen dieser das Selbstverteidigungsrecht anerkennt bzw. bekräftigt."[822] Ausschlaggebend sei allein die Vertretbarkeit des tatsächlichen Befundes hinsichtlich der angespannten Sicherheitslage in Afghanistan wie auch die Einschätzung der NATO-Staaten mit dem ISAF-Einsatz auch die eigene Sicherheit zu gewährleisten, denn das Bundesverfassungsgericht habe nicht „die notwendigen sicherheitspolitischen Einschätzungen und Bewertungen der Sache nach durch eigene [zu ersetzen]".[823]

Auch im Bundestag gab es Kritik. In der Aussprache vor der Abstimmung bei der anstehenden Verlängerung des Mandats im Jahr 2011 hielt Ulla Schmidt (SPD) das Recht zur Selbstverteidigung zehn Jahre nach den Anschlägen des 11. September 2001 für „eine äußerst fragwürdige Begründung".[824] Omid Nouripour (Bündnis 90/Die Grünen) bejahte zwar auch zehn Jahre später eine terroristische Bedrohung, allerdings hielt er die Begründung der Bundesregierung der fortwährenden Bedrohung der USA für „schlicht absurd".[825] Der Antrag der Bunderegierung wurde schließlich nach namentlicher Abstimmung mit 306 Ja-Stimmen und 253 Nein-Stimmen angenommen.[826] Unter der neuen Großen Koalition von CDU/CSU und SPD wurde die letztmalige Verlängerung des Mandats bis zum Ende des ISAF-Mandats der NATO am 31. Dezember 2014 beschlossen, der der Bundestag am 20. Februar 2014 mit 498 Ja-Stimmen und 84 Nein-Stimmen bei 17 Enthaltungen zustimmte.[827]

---

821 BVerfG, 2 BvE 2/07, Rn. 57, 88.
822 BVerfG, 2 BvE 2/07, Rn. 66.
823 BVerfG, 2 BvE 2/07, Rn. 67 f.
824 Deutscher Bundestag – 17. Wahlperiode – 146. Sitzung, Plenarprotokoll 17/146, 1. Dezember 2011, S. 17381.
825 Deutscher Bundestag – 17. Wahlperiode – 146. Sitzung, Plenarprotokoll 17/146, 1. Dezember 2011, S. 17384.
826 Amtliches Protokoll, 146. Sitzung des Deutschen Bundestages, 1. Dezember 2011.
827 Antrag der Bundesregierung: BT-Drucksache 18/436 vom 5. Februar 2014. Das Kontingent der Bundeswehr wurde allerdings von 4.400 auf 3.300 Soldaten und

1.3 OEF und der UN-Sicherheitsrat

Der Sicherheitsrat der Vereinten Nationen ging von einer fortdauernden „sehr ernsten"[828] Bedrohung der internationalen Sicherheit und des Weltfriedens durch „die Taliban, Al-Qaida und andere gewaltbereite und extremistische Gruppierungen" aus und bekräftigte seine Unterstützung für internationale Bemühungen *„to root out terrorism"* unter Verweis auf seine Resolutionen 1368 und 1373 – so in Resolutionen 2199 (2015), 2189 (2014), 2120 (2013) und 2069 (2012) sowie in dem Presidential Statement[829] vom 4. Mai 2012. Ausdrücklich rief der Sicherheitsrat zur Fortsetzung der internationalen Bemühungen auf, und nannte dabei insbesondere ISAF und die *Operation Enduring Freedom* Koalition.[830] Ebenso ausdrücklich wurde der NATO und allen truppenstellenden Staaten gedankt und darüber hinaus die Völkerrechtsmäßigkeit des OEF-Einsatzes betont: „mit dem Ausdruck seiner Anerkennung für die von der NATO wahrgenommene Führungsrolle und die Beiträge vieler Nationen zur ISAF und zur Koalition der Operation ‚Dauerhafte Freiheit‘, die ihre Tätigkeit im Rahmen der Einsätze zur Bekämpfung des Terrorismus in Afghanistan und im Einklang mit den anwendbaren Regeln des Völkerrechts durchführt".[831]

Die völkerrechtliche Legitimität der *Operation Enduring Freedom* wurde also im Sicherheitsrat nicht in Frage gestellt. Eine Art von Kritik könnte allerdings in den Abschlußdokumenten der Bewegung der Blockfreien Staaten (Non-Aligned Movement) enthalten sein, der immerhin inzwischen 120 Staaten angehören. Ohne direkten Bezug auf die *Operation En-*

Soldatinnen reduziert. Siehe auch Deutscher Bundestag – 18. Wahlperiode – 17. Sitzung, Plenarprotokoll 18/17, 20. Februar 2014, S. 1259-1275.

828 UN Doc. S/RES/1989 (2011), "terrorism in all its forms and manifestations constitutes one of the most serious threats to peace and security".

829 UN Doc. S/PRST/2012/17. Siehe auch Presidential Statement vom 2. Mai 2011 (Reaktion des Sicherheitsrats auf den Tod von Osama bin Laden am 1. Mai 2011), in dem der Sicherheitsrat abermals das Al-Qaida Netzwerk und andere verbundene Terrororganisationen verurteilt und an die abscheulichen Anschläge vom 11. September 2001 und andere unzählige Angriffe des Netzwerkes auf der ganzen Welt erinnerte, UN Doc. S/PRST/2011/9.

830 Siehe beispielsweise UN Docs. S/RES/2120, 10. Oktober 2013 und S/RES/2069, 9. Oktober 2012.

831 Ibid.

during Freedom zu nehmen, heißt es in der 2012 in Teheran verabschiedeten Abschlußerklärung:

"28.2 The Movement *reiterated* the basic principle of the UN Charter that all States shall refrain in their international relations from the threat or use of force against the territorial integrity or political independence of any State, or in any other manner inconsistent with the purposes of the UN. The Movement *stressed* that the UN Charter contains sufficient provisions regarding the use of force to maintain and preserve international peace and security, and that achieving this goal by the Security Council should be strictly done in full conformity with the relevant Charter provisions. Resorting to Chapter VII of the Charter as an umbrella for addressing issues that do not pose a threat to international peace and security must be avoided and in this regard, the Council should fully utilise the relevant Charter provisions, where appropriate, including Chapters VI and VIII. In addition, and consistent with the practice of the UN and international law, as pronounced by the ICJ, Article 51 of the UN Charter is restrictive and should not be re-written or re-interpreted. [...]

31.5 *Oppose* and *condemn* the categorisation of countries as good or evil based on unilateral and unjustified criteria, and the adoption of the doctrine of pre-emptive attack, including attack by nuclear weapons by certain States, which is inconsistent with international law, in particular the international legally-binding instruments concerning nuclear disarmament; and *further oppose and condemn* all unilateral military actions, or use of force or threat of use of force against the sovereignty, territorial integrity and independence of Non-Aligned Countries, which constitute acts of aggression and blatant violations of the principles of the UN Charter, including non-interference in the internal affairs of States; [...]

226.20 *Reject* actions and measures, the use or threat of use of force in particular by armed forces, which violate the UN Charter and international law especially the relevant international conventions, imposed or threatened to be imposed by any State against any Non-Aligned Country under the pretext of combating terrorism or to pursue its political aims, including by directly or indirectly categorising them as terrorism sponsoring-States."[832]

Sicherlich hat die Abwesenheit von Kritik an der fortdauernden Begründung der *Operation Enduring Freedom* als Maßnahme der kollektiven Selbstverteidigung nach Artikel 51 UN-Charta auch ihre Ursache in der Tatsache, dass rund 50 Staaten an der sogenannten Koalition gegen den

---

[832] Final Document of the Sixteenth Summit Conference of Heads of State and Government of the Movement of Non-Aligned Countries, 26. – 31. August 2012, NAM 2012/Doc.1/Rev. 2.

Terrorismus teilnahmen: darunter alle Ständigen Mitglieder des Sicherheitsrats – bis auf China – und 22 EU-Mitgliedstaaten.[833]

Stimmen in der Völkerrechtsliteratur beklagten allerdings die unklare Rechtslage und warfen dem Sicherheitsrat eine *„position of deliberate ambiguity"* vor.[834] Als zuständiges Organ für die Sicherung des internationalen Friedens sollte es dem Sicherheitsrat obliegen, mithilfe entsprechender Maßnahmen das Selbstverteidigungsrecht zu einem Ende zu bringen und selbst wieder die Kontrolle übernehmen, wobei ihm das gesamte Spektrum von Kapitel VII zur Verfügung stehe. Die Situation stelle sich aber so dar, dass die USA und ihre Verbündeten im Krieg gegen den Terrorismus *anstelle* des Sicherheitsrats handelten, ohne direkt von ihm autorisiert zu sein.[835] Eine solche andauernde Praxis würde jedoch zu einer Erosion der Autorität des Sicherheitsrats führen wie auch zu einer Ausdehnung der gewohnheitsrechtlichen Ausnahmen vom Gewaltverbot des Artikels 2 Ziff. 4 UN-Charta, welches wiederum das System der kollektiven Sicherheit schwer beschädigen würde.[836]

1.4 Operation Freedom's Sentinel

Zum 1. Januar 2015 löste eine neue „Operation Wächter der Freiheit" – Operation Freedom's Sentinel (OFS), *Operation Enduring Freedom* ab.

---

833 Siehe Liste der beteiligten Staaten bei USCENTCOM, http://www.centcom.mil/ AREA-OF-RESPONSIBILITY/CENTCOM-COALITION/. Siehe auch *Heintschel von Heinegg* in: Ipsen, Völkerrecht, 6. Auflage, 2014, § 52 Rn. 34 („Augenscheinlich gehen die im Rahmen der *Operation Enduring Freedom* kooperierenden Staaten davon aus, dass sie sich nach den Angriffen vom 11.9.2001 und den nachfolgenden terroristischen Anschlägen (Bali, Madrid, London usw.) weiterhin in einer Selbstverteidigungssituation befinden.").

834 *Myjer/White*, The Twin Towers Attack: An Unlimited Right to Self-Defence?, JCSL, Vol. 7, No. 1, 2002, S. 5 (11).

835 *Myjer/White*, The Twin Towers Attack: An Unlimited Right to Self-Defence?, JCSL, Vol. 7, No. 1, 2002, S. 5 (11); man könnte allerdings auch an eine inzidente Ermächtigung durch den Sicherheitsrat durch die – andauernde – Würdigung des Einsatzes denken, siehe dazu *Bruha*, „Neue Kriege" – Neues Völkerrecht?, Wissenschaft & Frieden, Heft 1, 2004, S. 2.

836 *Cassese*, Terrorism is Also Disrupting Some Crucial Legal Categories of International Law, EJIL, Vol. 12 No. 5, 2001, S. 993 (1000); *Myjer/White*, The Twin Towers Attack: An Unlimited Right to Self-Defence?, JCSL, Vol. 7, No. 1, 2002, S. 5 (16 f.). Siehe auch 4. Kapitel II.3.1.4.

Sie besteht aus zwei Komponenten: zum einen setzt sie die Bekämpfung von Al-Qaida und ihren Verbündeten in Afghanistan fort, zum anderen unterstützt sie den weiteren Aufbau und die Schulung der afghanischen Sicherheitskräfte im Rahmen der neuen NATO-Mission *Resolute Support* mit insgesamt 9.800 Truppen.[837] Vorausgegangen waren zwei Truppenabkommen mit der afghanischen Regierung: das *U.S.-Afghanistan Bilateral Security Agreement*[838] (BSA) und das *NATO-Afghanistan Status of Forces Agreement*[839] (SOFA).

Die den Terrorismus bekämpfende Komponente von OFS, ungefähr 980 Soldaten[840], basiert damit völkerrechtlich auf dem BSA, also auf dem Einverständnis der afghanischen Regierung, und hat weiterhin einen Kampfauftrag.[841] In Artikel 2 Ziffer 4 BSA heißt es:

"The Parties acknowledge that U.S. military operations to defeat al-Qaida and its affiliates may be appropriate in the common fight against terrorism. The Parties agree to continue their close cooperation and coordination toward those ends, with the intention of protecting U.S. and Afghan national interests without unilateral U.S. military counter-terrorism operations. U.S. military counter-terrorism operations are intended to complement and support ANDSF's [Afghan National Defense and Security Forces] counter-terrorism operations, with the goal of maintaining ANDSF lead, and with full respect for Afghan sovereignty and full regard for the safety and security of the Afghan people, including in their homes."

Wie aus dem Bericht von Präsident Obama an den US-Kongress vom Juni 2015 hervorgeht, stützt sich auch OFS innerstaatlich auf die *Authorization to Use Military Force* aus dem Jahr 2001 (Public Law 107-40, 2001) und führt darüber hinaus die unter OEF begonnenen Operationen in anderen Staaten und Regionen fort – mit ungewisser Dauer:

---

837 Lead Inspector General for Overseas Contingency Operations, Operation Freedom's Sentinel, Quarterly Report to the United States Congress, April 1, 2015 – June 30, 2015, S. 4 ff.

838 U.S.-Afghanistan Bilateral Security Agreement, 30. September 2014, https://www.afghanembassy.us/document/bsa/.

839 NATO-Afghanistan Status of Forces Agreement, 30. September 2014, http://www.nato.int/cps/de/natohq/official_texts_116072.htm?selectedLocale=en.

840 *Katzman*, Afghanistan: Post-Taliban Governance, Security, and U.S. Policy, CRS, RL30588, 15. Oktober 2015, S. 27.

841 *Katzman* berichtet, dass alle U.S. Truppen in Afghanistan, also auch diejenigen in der NATO-Ausbildungsmission *Resolute Support*, seit November 2014 wegen der angespannten Sicherheitslage einen Kampfauftrag haben im Falle einer direkten Bedrohung. Ibid., S. 28.

"Military Operations Against al-Qa'ida, the Taliban, and Associated Forces and in Support of Related U.S. Counterterrorism Objectives

Since October 7, 2001, U.S. Armed Forces, including special operations forces, have conducted counterterrorism combat operations in Afghanistan against al-Qa'ida, the Taliban, and associated forces. In support of these and other overseas operations, the United States has deployed combat-equipped forces to a number of locations in the U.S. Central, Pacific, European, Southern, and Africa Command areas of operation. Such operations and deployments have been reported previously, consistent with Public Law 107-40 and the War Powers Resolution, and operations and deployments remain ongoing. These operations, which the United States has carried out with the assistance of numerous international partners, have been successful in seriously degrading al-Qa'ida's capabilities and brought an end to the Taliban's rule in Afghanistan. If necessary, in response to terrorist threats, I will direct additional measures to protect U.S. citizens and interests. It is not possible to know at this time the precise scope or the duration of the deployments of U.S. Armed Forces necessary to counter terrorist threats to the United States."[842]

Das U.S. Department of Defense stellte in seinem Afghanistan-Bericht vom Juni 2015 klar: "As a matter of international law, the United States remains in an armed conflict against al Qaeda, the Taliban, and associated forces."[843]

2. Georgien vs. Russische Föderation (2002)

In einem Schreiben an den Präsidenten des Sicherheitsrats vom 30. Juli 2002 informierte Georgien über Verletzungen seines Flugraumes durch russische Helikopter und die Bombardierung von Dörfern verbunden mit Toten und Verletzten und forderte eine Untersuchung dieses „aggressiven Aktes gegen einen Nachbarstaat".[844] Das russische Außenministerium hingegen erklärte, tschetschenische Kämpfer und andere internationale Terro-

---

842 The White House, Letter from the President – Six Month Consolidated War Powers Resolution Report, 11. Juni 2015.

843 U.S. Department of Defense, Report on Enhancing Securing and Stability in Afghanistan, 3. Juni 2015. S. 12. Siehe zur Kritik an der Fortgeltung der AUMF (2001) und Reformvorschlägen aus amerikanischer Sicht *Weed*, 2001 Authorization for Use of Military Force: Issues Concerning Its Continued Application, CRS, R43983, 14. April 2015.

844 Letter dated 30 July 2002 from the Permanent Representative of Georgia to the United Nations addressed to the President of the Security Council, UN Doc. S/2002/851, 31. Juli 2002.

risten würden georgisches Territorium nutzen, um bewaffnete Angriffe auf russisches Staatsgebiet zu unternehmen.[845] Georgien habe erneut "acknowledged their unwillingness to take practical measures to halt terrorism. To all appearances, they are unable and really do not wish to do that there."[846] Russland erwarte von Georgien, dass es seiner Verpflichtung aus Resolution 1373 (2001) nachkomme und effektive Maßnahmen unternehme, um terroristische Lager auf seinem Gebiet zu zerstören.

Am 23. August 2002 kam es zu einem weiteren Zwischenfall, über den Georgien den UN-Generalsekretär noch am selben Tag informierte: Russische Militärflugzeuge hätten abermals vier georgische Dörfer angegriffen, bei den „barbarischen Bombardements" seien drei Personen getötet und mindestens sieben weitere verletzt worden.[847] Die Antwort erfolgte dieses Mal von Präsident Putin selbst – am Jahrestag der Anschläge vom 11. September 2001:

> "If the Georgian leadership is unable to establish a security zone in the area of the Georgian-Russian border, continues to ignore United Nations Security Council resolution 1373 (2001) of 28 September 2001, and does not put an end to the bandit sorties and attacks on adjoining areas in the Russian Federation, we reserve the right to act in accordance with Article 51 of the Charter of the United Nations, which lays down every Member States inalienable right of individual or collective self-defence."[848]

Der georgische Präsident Eduard Shevardnadze wies umgehend die russische Inanspruchnahme eines Selbstverteidigungsrechts zurück:

> "Here one also ought to point out the unaptness of the reference to article 51 of the United Nations Charter, which allows the attacked State to render armed resistance in order to defend its territorial integrity and sovereignty. The Russian Federation has not been subjected to armed aggression by Georgia [...]"[849]

---

845 Letter dated 31 July 2002 from the Chargé d'affaires a.i. of the Russian Federation to the United Nations addressed to the Secretary-General, UN Doc. A/57/269 - S/2002/854, 31. Juli 2002.

846 Ibid.

847 Letter dated 23 August 2002 from the Permanent Representative of Georgia to the United Nations addressed to the Secretary-General, UN Doc. A/57/341 - S/2012/950, 23. August 2002.

848 Letter dated 11 September 2002 from the Permanent Representative of the Russian Federation to the United Nations addressed to the Secretary-General, UN Doc. S/2002/1012, 12. September 2002.

849 Identical Letters dated 15 September 2002 from the Permanent Representative of Georgia to the United Nations addressed to the Secretary-General and the Presi-

Seine Bitte an den UN-Generalsekretär und den Präsidenten des Sicherheitsrats um eine "duly response to the statement of the President of the Russian Federation" blieb allerdings unbeantwortet. Die Krise fand weder in der Staatengemeinschaft, noch innerhalb der Völkerrechtsliteratur ein nennenswertes Echo, sondern ging im Wesentlichen „unnoticed" vorüber.[850] Nur die USA nahmen zu der Erklärung von Präsident Putin am Jahrestag des 11. September Stellung und betonten ihre „eindeutige Ablehnung" von unilateralen russischen Maßnahmen auf georgischem Territorium und riefen beide Staaten zu politischen Verhandlungen auf.[851] Die Parlamentarische Versammlung des Europarates verabschiedete am 25. September 2002 eine Erklärung, die feststellte:

> "Article 51 of the UN Charter and Resolution 1269 (1999) of the UN Security Council on international terrorism as well as Resolution 1368 (2001) of the UN Security Council of 12 September 2001 do not authorise the use of military force by the Russian Federation or any other State on Georgian territory"[852]

Während Georgien zur Kooperation im Kampf gegen den Terrorismus aufgefordert und ebenso ermahnt wurde, "to ensure the rule of law on all parts of the territory", verlangte die Erklärung von der Russischen Föderation:

> "to refrain from any action or declarations, which might interfere in the internal affairs of Georgia or violate the sovereignty and the territorial integrity of Georgia, in particular from launching any military action on Georgian territory as expressed by the President of the Russian Federation on 11 September 2002".[853]

---

dent of the Security Council, UN Doc. A/57/408 -S/2012/1033, 16. September 2002. Siehe auch Letter dated 13 September 2002 from the Permanent Representative of Georgia to the United Nations addressed to the Secretary-General, UN Doc. A/57/409 - S/2012/1035, 16. September 2002.

850 *Reinold*, State Weakness, Irregular Warfare, and the Right to Self-Defense Post-9/11, AJIL, Vol. 105, No. 2, 2011, S. 244 (254).

851 U.S. Department of State, Douglas Davidson, Deputy Chief of U.S. Mission to the Organization for Security and Cooperation in Europe, Statement delivered to the OSCE Permanent Council, Georgia's Pankisi Gorge and Russia, Wien, 26. September 2002.

852 Parliamentary Assembly of the Council of Europe, Recommendation 1580 (2002), The Situation in Georgia and Its Consequences for the Stability of the Caucasus Region, 25. September 2002.

853 Ibid.

Ein Jahr nach den Anschlägen vom 11. September 2001 scheint auch der russische Präsident Putin in seiner Argumentation der US-amerikanischen „*Harboring-Doctrine*" zu folgen und damit eine „substantielle Beteiligung" von Georgien an den terroristischen Anschlägen für nicht mehr notwendig erachten für das Aufleben seines Selbstverteidigungsrechts.[854] Anders jedoch der Europarat, der mit seiner Ablehnung implizit das vormals geltende Recht zu bestätigen scheint. Anders auch – in diesem Falle – die Position der USA, die *Gray* so kommentiert: "Here, as elsewhere, we see the USA claiming rights for itself that it is unwilling to see exercised by others."[855]

3. Israel vs. Syrien (2003)

Am 4. Oktober 2003, dem Vorabend von Yom Kippur, zündete ein Selbstmordattentäter in dem überfüllten Strandlokal „Maxim" in Haifa eine Bombe und riß 19 Personen, darunter vier Kinder, in den Tod und verletzte weitere 60 Personen.[856] Die palästinensische Terrororganisation *Islamic Jihad* erklärte ihre Verantwortung für den Anschlag.[857] Als Antwort flog die israelische Luftwaffe einen Angriff auf das angebliche terroristische Ausbildungslager *Ein Sahab* in Syrien und zerstörte es. In einem Schreiben an den Sicherheitsrat legte Israel dar:

> "The Ein Sahab terrorist facility was targeted in Israel's recent measured defensive response to the Haifa massacre, in accordance with Article 51 of the Charter. This action comes to prevent further armed attacks against Israeli civilians and after Israel exercised tremendous restraint despite countless acts of terrorism that Syria has supported, facilitated and financed. [...]

> Israel's recent action against terrorist facilities in Syria is no different than the forcible measures recently taken by other States against terrorist groups and their state sponsors, with the support of the international community."[858]

---

854 *Reinold*, State Weakness, Irregular Warfare, and the Right to Self-Defense Post-9/11, AJIL, Vol. 105, No. 2, 2011, S. 244 (257).

855 *Gray*, International Law and the Use of Force, 3. Auflage, 2008, S. 231.

856 Identical letters dated 8 October 2003 from the Permanent Representative of Israel to the United Nations addressed to the Secretary-General and the President of the Security Council, UN Doc. A/58/424 - S/2003/972, 9. Oktober 2003.

857 Ibid.

858 Ibid.

Syrien und der Libanon beantragten eine Sondersitzung des Sicherheitsrats, die am 5. Oktober 2003 stattfand.[859] Syrien, zu diesem Zeitpunkt nicht-ständiges Mitglied des Sicherheitsrats, forderte den Sicherheitsrat zur Verurteilung Israels für seinen Angriff auf – nach seinen Worten – *„a civilian site in the village of Ein Sahab"*, auf, der *„physical damage"* verursacht habe.[860]

Einige Sicherheitsratsmitglieder, darunter Pakistan, Spanien und China, schlossen sich der Ansicht Syriens an und forderten eine Verurteilung Israels.[861] Andere verurteilten den Anschlag in Haifa, aber auch den israelischen Angriff auf Syrien als *„unacceptable"*, wie das Vereinigte Königreich, Deutschland, Frankreich, Bulgarien, Chile, Mexiko und Guinea.[862] Die Russische Föderation mahnte Zurückhaltung aller Parteien an, ebenso Angola und Kamerun.[863] Die USA nahm als einziges Sicherheitsratsmitglied zu dem israelischen Argument Stellung, Syrien beherberge terroristische Gruppierungen auf seinem Gebiet:

> "The United States believes that Syria is on the wrong side of the war on terrorism. We have been clear of the need for Syria to cease harbouring terrorist groups.
>
> We believe that it is in Syria's interest and in the broader interests of Middle East peace for Syria to stop harbouring and supporting the groups that perpetrate terrorist acts such as the one that occurred in Haifa yesterday."[864]

Die Arabische Liga und andere arabische Staaten (Libanon, Algerien, Marokko, Jordanien, Ägypten, Tunesien, Kuwait, Saudi Arabien, Bahrain, Je-

---

859 Letter dated 5 October 2003 from the Permanent Representative of the Syrian Arab Republic to the United Nations addressed to the President of the Security Council, UN Doc. S/2003/939, 5. Oktober 2003; Letter dated 5 October 2003 from the Permanent Representative of Lebanon to the United Nations addressed to the President of the Security Council, UN Doc. S/2003/943, 5. Oktober 2003.

860 UN Doc. S/PV.4836, 5. Oktober 2003, S. 3.

861 Siehe UN Doc. S/PV.4836, Pakistan: "This was an arbitrary attack, and in legal and political terms it is clearly a violation of the Charter.", S. 8; Spanien: "That attack is clearly a patent violation of international law.", S. 9.

862 UK: "Let me be clear that Israel's action today is unacceptable and represents an escalation.", ibid., S. 9; Deutschland: "[...] the action against Syria is not acceptable", S. 10; Frankreich: "unacceptable violation of international law and the rules of sovereignty", S. 10; Mexiko: "The Israeli attack on Syrian territory was a clear violation of the United Nations Charter; it was a grave act that endangers international peace and security.", S. 11.

863 Ibid., S. 10, 12, 13.

864 UN Doc. S/PV.4836, 5. Oktober 2003, S. 14.

men und Qatar), die der Sitzung als Gäste beiwohnten, schlossen sich der Verurteilung Israels an.[865] Nach Ansicht Marokkos hatte der israelische Angriff auf Syrien nichts mit einem Recht auf Selbstverteidigung zu tun, Jordanien fügte an, dass kein Angriff von Syrien auf Israel ausgegangen wäre.[866]

Der Sicherheitsrat vertagte sich schließlich zu informellen Gesprächen, ohne eine Resolution zu verabschieden.

4. USA – Drohnenangriffe in Pakistan und Yemen (seit 2004)

Nach dem 11. September 2001 setzte die USA im Kampf gegen Terroristen verstärkt auch „gezielte Tötungen" *(targeted killings)* ein.[867] Der damalige Verteidigungsminister Donald Rumsfeld autorisierte im Frühjahr 2004 in einem noch immer als geheim eingestuften *Executive Order* Special Operations gegen Al-Qaida auch in Staaten, mit denen die USA nicht im Krieg stand wie Afghanistan, darunter Pakistan, Somalia, Syrien und Jemen.[868] Die innerstaatliche rechtliche Grundlage sah die US-Regierung in der *2001 Authorization for the Use of Military Force* (AUMF)[869], kürzlich bestätigt in dem *2012 National Defense Authorization Act*[870], wonach der Präsident zum Einsatz aller notwendigen und angemessenen militärischen Mittel gegen Organisationen und Personen, die in Verbindung mit dem 11. September 2001 stehen, befugt ist.

Diese Rechtsauffassung wird auch in völkerrechtlicher Hinsicht durch ein *Memorandum von W. Hays Parks,* Special Assistant to The Judge Advocate General of the Army for Law of War Matters, aus dem Jahr 1989 unterstützt. Seit 1977 gilt der von dem damaligen Präsidenten *Gerald R. Ford* ausgefertigte Executive Order 11905, der unter anderem vorsah: "No employee of the United States Government shall engage in, or conspire to

---

865 Siehe UN Doc. S/PV.4836, 5. Oktober 2003, S. 14 ff.

866 UN Doc. S/PV.4836, 5. Oktober 2003, S. 17, 18.

867 *Masters,* Targeted Killings, Council on Foreign Relations, 30. April 2012, http://www.cfr.org/counterterrorism/targeted-killings/p9627.

868 *McGrath,* Confronting Al Qaeda: New Strategies to Combat Terrorism, 2011, S. 42.

869 Siehe 3. Kapitel III.2.

870 H.R. 1540: National Defense Authorization Act for Fiscal Year 2012, 112th Congress, 31. Dezember 2011.

engage in, political assassination."[871] Alle nachfolgenden Administrationen haben diesen Executive Order mit nur wenigen textlichen Änderungen übernommen, so auch die Reagan-Administration mit Executive Order 12333 (Paragraph 2.11: "No person employed by or acting on behalf of the United States Government shall engage in, or conspire to engage in, assassination.") und wortgleich damit die ihr folgende Bush-Regierung.[872] Allerdings definierte keiner der Order den Begriff „assassination", so dass vorliegendes Memorandum hierzu eine Klarstellung leistet.

Während das Memorandum als verbotenes „Attentat" die Ermordung einer öffentlichen oder auch privaten Person aus politischen Gründen definiert, verstoße eine solche Ermordung in Friedenszeiten dann nicht gegen das völkerrechtliche Gewaltverbot (Artikel 2 Ziffer 4 UN-Charta), wenn ein Fall von legitimer Selbstverteidigung gem. Artikel 51 UN-Charta vorliege.[873]

Spezifisch auch auf terroristische Organisationen eingehend, die eine direkte Bedrohung für U.S. Bürger oder die nationale Sicherheit darstellen, hält das Memorandum unter Zitierung von historischen Beispielen wie die *„capture or kill"* Operation aus dem Jahr 1916, mit der U.S. General Pershing den „mexikanischen Banditen" *Pancho Villa* verfolgte, der zuvor das Militärcamp der 13. US-Kavallerie in Columbus, New Mexico, überfallen hatte, bis hin zum U.S. Angriff auf Libyen im Jahre 1986 nach dem *La Belle*-Anschlag[874] als zulässige Selbstverteidigung und nicht verbotenes Attentat:

> "Historically the United States has resorted to the use of military force in peacetime where another nation has failed to discharge its international responsibilities in protecting U.S. citizens from acts of violence orginating in or launched from its souvereign territory, or has been culpable in aiding and abetting international criminal activities."[875]

---

871 Memorandum von W. Hays Parks, Special Assistant to The Judge Advocate General of the Army for Law of War Matters, to The Judge Advocate Gen. of the Army, Memorandum of Law: Executive Order 12333 and Assassination (Dec. 4, 1989), veröffentlicht in: The Army Lawyer, Department of the Army Pamphlet 27-50-204, Dezember 1989, S. 4.

872 Ibid.

873 Ibid.

874 Siehe dazu 5. Kapitel I.4.

875 Memorandum von W. Hays Parks, Special Assistant to The Judge Advocate General of the Army for Law of War Matters, to The Judge Advocate Gen. of the Army, Memorandum of Law: Executive Order 12333 and Assassination (Dec. 4,

Das Memorandum kommt zu dem abschließenden Ergebnis:

"The purpose of Executive Order 12333 and its predecessors was to preclude unilateral actions by individual agent or agencies against selected foreign public officials and to establish beyond any doubt that the United States does not condone assassination as an instrument of national policy. Its intent was not to limit lawful self defense options against legitimate threats to the national security of the United States or individual U.S. citizens. Acting consistent with the Charter of the United Nations, a decision by the President to employ clandestine, low visibility or overt military force would not constitute assassination if U.S. military force were employed against the combatant forces of another nation, a guerilla force, or a terrorist or other organization whose actions pose a threat to the security of the United States."[876]

Für den Begriff „gezielte Tötung" existiert im internationalen Recht bisher keine eindeutige Definition, sondern basiert auf der im Jahr 2000 bekanntgewordenen Politik „gezielter Tötungen" von vermuteten Terroristen in den besetzten Gebieten durch Israel.[877] Nach der Definition des ehemaligen *Special Rapporteur on Extrajudicial, Summary or Arbitrary Executions*, Philip Aston, besteht eine „gezielte Tötung" in einer vorsätzlichen Anwendung von tödlicher Gewalt durch einen Staat sowohl in einem bewaffneten Konflikt als auch in Friedenszeiten, um bestimmte Personen außerhalb seines Gewahrsams zu eliminieren.[878] Zu den Mitteln der tödlichen Gewalt können verschiedene Maßnahmen zählen, wie zum Beispiel Scharfschützen, Raketen, Autobomben, unbemannte Drohnen oder besondere Kommandounternehmen.[879]

1989), veröffentlicht in: The Army Lawyer, Department of the Army Pamphlet 27-50-204, Dezember 1989, S. 4 (7).

876 Ibid., S. 7.

877 Report of the Special Rapporteur on extrajudicial, summary or arbitrary executions, Philip Aston, UN Doc. A/HRC/14/24/Add.6, 28. Mai 2010, para. 7. Zu den israelischen „targeted killings" in den besetzten Gebieten siehe auch das Urteil des israelischen Obersten Gerichtshofes vom 11. Dezember 2005, der zu dem Ergebnis kam, dass gezielte Tötungen von Zivilpersonen, die sich an Feindseligkeiten in einem internationalen bewaffneten Konflikt beteiligen, wie er in den besetzten Gebieten zwischen Israel und terroristischen Organisationen vorläge, unter bestimmten Voraussetzungen als legal gelten können, Israeli Supreme Court (Sitting as High Court of Justice), The Public Committee Against Torture et al. v. The Government of Israel, HCJ 769/02, 11. Dezember 2005.

878 Report of the Special Rapporteur on extrajudicial, summary or arbitrary executions, Philip Aston, UN Doc. A/HRC/14/24/Add.6, 28. Mai 2010, para. 8.

879 Ibid.

Völkerrechtlich ist der Einsatz von „gezielten Tötungen" unter mehreren Aspekten problematisch: zum einen handelt es sich um einen Gewalteinsatz eines Staates auf dem Territorium eines anderen Staates, nämlich des Aufenthaltstaates der betroffenen Person. Der Gewalteinsatz könnte somit einen Verstoß gegen das völkerrechtliche Gewaltverbot (Artikel 2 Ziffer 4 UN-Charta) darstellen, wenn er nicht entweder durch eine Einwilligung des Aufenthaltstaates oder aber durch ein entsprechend ausgelegtes Selbstverteidigungsrecht des angegriffenen Staates gedeckt ist. Zum anderen sind „gezielte Tötungen" auf der Ebene des Individualrechtsschutzes nach Maßstäben des humanitären Völkerrechts und der Menschenrechte zu beurteilen und höchst umstritten.[880]

Die USA wendete zunächst überwiegend Drohnenangriffe auf Führungspersonen von Al-Qaida und den Taliban in Afghanistan oder den unbewohnten Bergregionen von Waziristan in Pakistan an, dem Vernehmen nach in Abstimmung mit beiden Regierungen.[881] Das *Long War Journal* der *Foundation for Defense of Democracy* zählt für den Zeitraum

---

880 Die Ebene des Individualrechtsschutzes wird im Rahmen dieser Arbeit nicht weiter untersucht, siehe dazu *Rudolf/Schaller*, „Targeted Killing" Zur völkerrechtlichen, ethischen und strategischen Problematik gezielten Tötens in der Terrorismus- und Aufstandsbekämpfung, SWP-Studie S 1, Januar 2012, S. 14 ff. m.w.N.; *O'Connell*, Unlawful Killig with Combat Drones, A Case Study of Pakistan 2004-2009, Notre Dame Law School, Legal Studies Research Paper No. 09-43, Juli 2010, S. 21 ff.; *Paust*, Self-Defense Targetings of Non-State Actors and Permissibility of U.S. Use of Drones in Pakistan, Journal of Transnational Law & Policy, Vol. 19, Issue 2, 2010, S. 237 (263 ff.). Angesichts der herrschenden großen Meinungsunterschiede warnt der Special Representative *Ben Emmerson* in seinem letzten Bericht: "Legal uncertainty in relation to the interpretation and application of the core principles of international law governing the use of deadly force in counter-terrorism operations leaves dangerous latitude for differences of practice by States [...] [which] fails to provide adequate protection for the right to life; poses a threat to the international legal order; and runs the risk of undermining international peace and security." in: Report of the Special Rapporteur on the promotion and protection of human rights and fundamental freedoms while countering terrorism, Ben Emmerson, UN Doc. A/HRC/25/59, 11. März 2014, para.70. Das Verwaltungsgericht Köln hielt die Auffassung der Bundesregierung, der US-amerikanische Drohneneinsatz im Jemen sei völkerrechtskonform, zumindest für „vertretbar", vlg. VG Köln, Urteil vom 27. Mai 2015, 3 K 5625/14, „US-Drohnenangriffe bleiben erlaubt", ZVR-Online, Dok. Nr. 20/2015.

881 *Rudolf/Schaller*, „Targeted Killing" Zur völkerrechtlichen, ethischen und strategischen Problematik gezielten Tötens in der Terrorismus- und Aufstandsbekämpfung, SWP-Studie S 1, Januar 2012, S. 12, zweifelnd in Bezug auf Pakistan *O'Connell*, Unlawful Killig with Combat Drones, A Case Study of Pakistan

2004-2015 insgesamt 389 Luftangriffe, bei denen 2.789 Al-Qaida oder Taliban-Kämpfer getötet wurden.[882] 378 dieser Luftangriffe fanden seit Januar 2008 statt, einen bisherigen Höhepunkt erreichten sie 2010 mit 117 Angriffen.[883] Nach Zeitungsberichten hat die CIA inzwischen ein weitergehendes Mandat erhalten, auch niedrig-rangige Kämpfer zu töten, die die Grenze zu Afghanistan zu überschreiten versuchen und nicht namentlich bekannt sein müssen.[884]

In einer Rede am 30. April 2012 im Woodrow Wilson Center in Washington gab der Berater des Präsidenten für *Homeland Security and Counterterrorism*, John O. Brennan, zum ersten Mal offiziell zu, dass die US-Regierung „gezielte Tötungen" im Kampf gegen den Terrorismus einsetze.[885] Zuvor war bekannt geworden, dass die Regierung die im Sommer 2011 begonnenen Lufteinsätze auf die im Jemen operierende *Al-Qaida in the Arabian Peninsula* (AQAP) ausdehne, anscheinend mit dem Einverständnis des jeminitischen Präsident.[886] Waren zuvor nur sogenannte „*personality strikes*" erlaubt, bei denen die Zielperson eindeutig identifiziert sein musste, sind nunmehr auch „*signature strikes*" gegen nicht identizierte Personen möglich, soweit sie nach Ansicht der CIA und des *Joint Special Operations Command* feindlichen Aktivitäten nachgehen oder aufgrund besonderen Verhaltens, wie etwa bei Waffentransporten, auffällig sind.[887]

2004-2009, Notre Dame Law School, Legal Studies Research Paper No. 09-43, Juli 2010, S. 18.

882 Long War Journal, Daten per 18. September 2015, https://www.longwarjournal.org/us-airstrikes-in-the-long-war.

883 Ibid.

884 The Wall Street Journal: "U.S. Relaxes Drone Rules", 26. April 2012, Seite A1.

885 *Brennan,* "The Ethics and Efficacy of the President's Counterterrorism Strategy", 30. April 2012, http://www.wilsoncenter.org/event/the-efficacy-and-ethics-us-co unterterrorism-strategy.

886 *Rudolf/Schaller,* „Targeted Killing" Zur völkerrechtlichen, ethischen und strategischen Problematik gezielten Tötens in der Terrorismus- und Aufstandsbekämpfung, SWP-Studie S 1, Januar 2012, S. 12. Unter https://www.longwarjournal.org /us-airstrikes-in-the-long-war finden sich die Zahlen für Jemen: seit 2002 148 Drohneneinsätze mit 849 Toten, Daten per 3. Juni 2016.

887 "You don't necessarily need to know the guy's name. You don't have to have a 10-sheet dossier on him. But you have to know the activities this person has been engaged in." US official, zitiert in: The Wall Street Journal: "U.S. Relaxes Drone Rules", 26. April 2012, Seite A1.

In seiner Rede vor der National Defense University im Mai 2013 nahm Präsident Obama auch zu dem Drohneneinsatz Stellung. Seiner Meinung nach seien diese nicht nur höchst effektiv, sondern auch als Selbstverteidigungsmaßnahme nach internationalem Recht rechtmäßig:

> "Moreover, America's actions are legal. We were attacked on 9/11. Within a week, Congress overwhelmingly authorized the use of force. Under domestic law, and international law, the United States is at war with al Qaeda, the Taliban, and their associated forces. [...] So this is a just war – a war waged proportionally, in last resort, and in self-defense."[888]

Allerdings machte er in seiner Rede auch deutlich, dass weder Effektivität noch die Vereinbarkeit mit dem Völkerrecht das Ende der Diskussion bedeuten sollten, denn Drohneneinsätze wären nicht in jedem Falle auch *„wise or moral"*:

> "For the same human progress that gives us the technology to strike half a world away also demands the discipline to constrain that power – or risk abusing it. [...] America does not take strikes when we have the ability to capture individual terrorists; our preference is always to detain, interrogate, and prosecute. America cannot take strikes wherever we choose; our actions are bound by consultations with partners, and respect for state sovereignty.

> America does not take strikes to punish individuals; we act against terrorists who pose a continuing and imminent threat to the American people, and when there are no other governments capable of effectively addressing the threat. And before any strike is taken, there must be near-certainty that no civilians will be killed or injured – the highest standard we can set."[889]

Aus der Rede von Präsident Obama ergibt sich abermals, dass die USA sich nach wie vor in einem Krieg gegen Al-Qaida sehen, mit der Folge, dass ihrer Ansicht nach auch der Einsatz von „gezielten Tötungen" als legitime Selbstverteidigung zu gelten habe.[890] Ebenfalls scheint die *„unable/unwilling"*-Doktrin hindurch, wenn der Präsident von unfähigen Staaten spricht, die der Bedrohung durch Terroristen nicht effektiv begegnen können, wobei er auch die „Konsultationen unter Partnern" und die Beachtung der Souveränität betont, also offenbar eine Art Einverständnis des Territorialstaates befürwortet.

---

888 Remarks by the President at the National Defense University, The White House, 23. Mai 2013.
889 Ibid.
890 Zum Problem des „quasi-permanenten Zustands der Selbstverteidigung" im Rahmen von *Operation Enduring Freedom* siehe ausführlich in diesem Kapitel II.1.

Die fehlende Kritik in der Staatengemeinschaft an dem Vorgehen der USA könnte darauf hindeuten, dass – zumindest was die grenzüberschreitende Bekämpfung von terroristischen Organisationen betrifft – eine gewisse Akzeptanz eines solchen Vorgehens unter den Staaten herrscht, wenn es auch noch erhebliche Meinungsunterschiede bezüglich des Einsatzes von „targeted killings" und ihrer Zulässigkeit nach humanitären und menschenrechtlichen Rechtsnormen gibt.

5. Israel vs. Libanon (2006)

Am 12. Juli 2006 griffen Hisbollah-Milizen mit Raketen von libanesischem Territorium aus israelische Posten hinter der Waffenstillstandslinie (der sogenannten *Blue-Line*) an.[891] Zeitgleich überquerten die Milizen die *Blue-Line*, und eröffneten das Feuer auf eine israelische Militärpatrouille, drei israelische Soldaten wurden getötet, zwei verwundet. Die Milizen kehrten mit zwei gefangenen israelischen Soldaten auf libanesisches Gebiet zurück.[892] Bei dem Versuch, die Milizen zu verfolgen und die Geiseln zu befreien, wurden vier weitere israelische Soldaten getötet, als ein Sprengsatz unter ihrem Panzer detonierte. In den folgenden Tagen eskalierten die Angriffe, als Israel Kampfflugzeuge einsetzte, die verschiedene Ziele im Libanon, einschließlich des Flughafens, bombardierten und Hisbollah Kämpfer Katyusha-Raketen auf Haifa, Tiberias und andere nördlich gelegene israelische Städte abfeuerten. Erst mit Resolution 1701 des Sicherheitsrats vom 11. August 2006 konnte ein Waffenstillstand erreicht werden. Nach Angaben des israelischen Außenministeriums[893] kamen insgesamt 119 israelische Soldaten und 44 israelische Zivilisten ums Leben,

---

891 Zur Darstellung der Ereignisse siehe Report of the Secretary-General on the United Nations Interim Force in Lebanon, UN Doc. S/2006/560, 21. Juli 2006, para. 2 ff.

892 Die sterblichen Überreste der beiden Soldaten wurden in einem Austausch am 16. Juli 2008 Israel übergeben.

893 Israel Ministry of Foreign Affairs, Israel-Hizbullah Conflict 2006, http://www.mf a.gov.il/MFA/ForeignPolicy/Terrorism/Hizbullah/Pages/Israel-Hizbullah%20con flict-%20Victims%20of%20rocket%20attacks%20and%20IDF%20casualties%2 0July-Aug%202006.aspx.

auf der libanesischen Seite gab das Gesundheitsministerium die Zahl der Getöteten mit 1.123 Personen an, davon 37 Soldaten und Polizisten.[894]

Mit einem Schreiben vom 12. Juli 2006 an den UN-Generalsekretär und den Präsidenten des Sicherheitsrats informierte Israel über die Ausübung seines Rechts auf Selbstverteidigung nach Artikel 51 UN-Charta.[895] Aus dem Schreiben und einem *Special Communiqué* des israelischen Kabinetts[896] geht hervor, dass Israel die Verantwortung für den *„belligerent act of war"* einerseits auf seiten der libanesischen Regierung sah, von dessen Territorium aus die Angriffe erfolgt waren. Als gleichfalls verantwortlich wurden Iran und Syrien genannt, die die Hisbollah-Milizen unterstützten. Schließlich bestand für Israel auch kein Zweifel an der Tatherrschaft der Hisbollah im Libanon. Interessanterweise bezog sich der Vorwurf der Unterstützung von terroristischen Gruppierungen nur auf Syrien und den Iran, nicht aber auf die libanesische Regierung, der Israel nur *„ineptitude and inaction"* vorwarf, welches dazu geführt habe, dass Libanon im Süden des Landes bereits seit Jahren keine staatliche Hoheit ausüben könne. Damit scheint also für Israel ein Fall der „Unfähigkeit" des Terroristen beherbergenden Staates Libanon vorzuliegen. Diese Einschätzung wird durch die Ausführungen des israelischen Botschafters Gillerman vor dem Sicherheitsrat am 14. Juli 2006 bestätigt, indem er den Libanon als „Geisel" der Hisbollah bezeichnet und abschließend sogar als „Nutznießer" des israelischen Militäreinsatzes.[897]

Die libanesische Regierung bestritt jede Kenntnis sowie auch jede Verantwortlichkeit für die Angriffe der Hisbollah.[898] In der Debatte vor dem Sicherheitsrat am 14. Juli zeigte sich, dass viele Mitglieder ein Recht auf

---

894 Lebanon Sees More Than 1,000 War Deaths, AP Press Release, 28. Dezember 2006.

895 "Israel thus reserves the right to act in accordance with Article 51 of the Charter of the United Nations and exercise its right of self-defence when an armed attack is launched against a Member of the United Nations." Identical letters dated 12 July 2006 from the Permanent Representative of Israel to the United Nations addressed to the Secretary-General and the President of the Security Council, UN Doc. A/60/937 - S/2006/515, 12. Juli 2006.

896 Israel Ministry of Foreign Affairs, Special Cabinet Communique – Hizbullah attacks, 12. Juli 2006.

897 UN Doc. S/PV.5489, 14. Juli 2006, S. 5, 7.

898 Identical letters dated 13 July 2006 from the Chargé d'affaires a.i. of the Permanent Mission of Lebanon to the United Nations addressed to the Secretary-General and the President of the Security Council, UN Doc. A/60/938 - S/2006/518, 13. Juli 2006. Siehe auch UN Doc. S/PV.5489, 14. Juli 2006, S. 4.

Selbstverteidigung für Israel anerkannten.[899] Nur China, Qatar, die Russische Föderation und Kongo hielten den israelischen Einsatz für eine *„armed aggression"* oder *„retaliatory action"*.[900] Allerdings mahnten alle Mitglieder die Verhältnismäßigkeit der Maßnahmen Israels an, Russland und Frankreich verurteilten die israelischen Maßnahmen sogar als unverhältnismäßig.

In den folgenden Tagen erhielt Israel Unterstützung für die Beanspruchung seines Rechts auf Selbstverteidigung von weiteren Seiten, wie von der G8[901], die in St. Petersburg tagte, dem australischen Premierminister Howard[902] und sogar von UN-Generalsekretär Kofi Annan[903]. In einer Resolution verurteilte der US-Senat ausdrücklich den Iran und Syrien für ihre Unterstützung der Hamas in Gaza und Hisbollah im Libanon, aber nicht den Libanon selbst.[904]

Am 21. Juli 2006 fand eine öffentliche Debatte im Sicherheitsrat zur Situation im Nahen Osten statt. Während viele Staaten mehr oder weniger starke Bedenken hinsichtlich des Einsatzes exzessiver Gewalt durch Israel geltend machten, so erkannten sie doch im Prinzip Israels Recht auf Selbstverteidigung gegen die Hisbollah an.[905] Zu dieser Staatengruppe gehörten insbesondere die USA, Japan, die EU und die assoziierten Staaten, Russland, Peru, Ghana, Argentinien, die Schweiz, Brasilien, Norwegen, Australien, die Türkei, Neuseeland, Kanada und Guatemala.[906] Einige

---

899 UN Doc. S/PV.5489, 14. Juli 2006, S. 9 (Argentinien), S. 10 (USA), S. 12 (Japan), S. 12 (UK), S. 14 (Peru), S. 15 (Dänemark), S. 16 (Slowakei), S. 17, Griechenland), 17 (Frankreich).

900 UN Doc. S/PV.5489, 14. Juli 2006. S. 7 (RF), S. 10 (Qatar), S. 11 (China), S. 13 (DRC).

901 G8, St. Petersburg Summit, Middle East, 16. Juli 2006.

902 Israel Acting in Self-Defence, Says Howard, ABC News Online, 16. Juli 2006.

903 Statement of the Secretary-General to the Security Council, UN Doc. S/PV.5492, 20. Juli 2006.

904 U.S. Senate, S.RES. 534, Condemning Hezbollah and Hamas and their state sponsors and supporting Israel's exercise of its right to self-defense, 109th Congress, 2d Session, 18. Juli 2006.

905 *Ruys*, 'Armed Attack' and Article 51 of the UN Charter, 2010, S. 452.

906 UN Doc. S/PV.5493, 21. Juli 2006, S. 17 (USA), S. 18 (Japan), S. 19 (Slowakei), UN Doc. S/PV.5493 (Resumption 1), 21. Juli 2006, S. 2 (RF), S. 3 (Griechenland), S. 4 (Peru), S. 6 (UK), S. 7 (Dänemark),, S. 8 (Ghana), S. 9 (Argentinien), S. 11 (Frankreich), S. 16 (Finnland für die EU), S. 18 (Schweiz), S. 19 (Brasilien), S. 23 (Norwegen), S. 27 (Australien), S. 28 (Türkei), S. 33 (Neuseeland), S. 39 (Kanada), S. 41 (Guatemala).

Staaten, wie China, Kongo, die Gruppe der Blockfreien Staaten, Indien, Chile und Südafrika, beschränkten sich darauf, alle beteiligten Konfliktparteien zu einem sofortigen Waffenstillstand aufzufordern.[907] Die arabischen Staaten sowie Indonesien, Bolivien, Kuba und der Sudan hingegen verurteilten die israelischen Angriffe als *„acts of aggression"* und *„State terrorism"*.[908]

Am 11. August 2006 verabschiedete der Sicherheitsrat schließlich einstimmig Resolution 1701, die einen sofortigen Waffenstillstand aller Parteien forderte sowie einen phasenweisen Rückzug der israelischen Truppen vorsah, verbunden mit der Entsendung von 15.000 libanesischen Truppen in den Süden des Landes, "for it to exercise its full sovereignty, so that there will be no weapons without the consent of the Government of Lebanon and no authority other than that of the Government of Lebanon".[909]

6. Türkei – Angriffe auf die PKK im Irak (2007-2008)

Nach mehr als 15 Jahren bewaffneter Konflikt zwischen der Türkei und der PKK und 37.000 Toten war es der Türkei im Jahr 1999 gelungen, *Abdullah Öcalan*, Gründer und Vorsitzender der PKK, festzunehmen.[910] Er wurde zu lebenslanger Haft verurteilt und sitzt seitdem auf der Gefängnisinsel İmralı ein. Nach seiner Verhaftung erklärte Öcalan eine einseitige Waffenruhe und nahm offiziell Abstand von der Schaffung eines unabhängigen Kurdistans zugunsten einer politisch statt militärisch ausgerichteten

---

907 UN Doc. S/PV.5493, 21. Juli 2006, S. 20 (China), UN Doc. S/PV.5493 (Resumption 1), 21. Juli 2006, S. 8 (Ghana), S. 9 (Argentinien), S. 11 (Kongo), S. 17 (Malaysia für NAM), S. 34 (Indien), S. 35 (Chile), S. 44 (Südafrika).
908 UN Doc. S/PV.5493 (Resumption 1), 21. Juli 2006, S: 13 (Syrien), S. 20 (Saudi Arabien), S. 21 (Algerien), S. 22 (Ägypten), S. 24 (Jordanien), S. 25 (Indonesien), S. 26 (League of Arab States), S. 29 (Marokko), S. 30-31 (Iran), S. 36 (Bolivien), S. 37 (Kuba), S. 38 (Sudan), S. 44 (Pakistan).
909 UN Doc. S/RES/1701, 11. August 2006.
910 Die Darstellung der Ereignisse ist angelehnt an *Ruys*, Quo Vadit Jus Ad Bellum?: A Legal Analysis of Turkey's Military Operations Against the PKK in Northern Iraq, Melb. J. Int'l L., Vol. 9, 2008, S. 1 ff (m.w.N.). Siehe auch 5. Kapitel II.5 zu den Angriffen der Türkei auf die PKK im Norden des Irak in den Jahren 1995-1997 und in diesem Kapitel II.13. (seit 2015).

Agenda.[911] Die verbliebenen rund 3.500 PKK-Kämpfer zogen sich in den Norden des Irak zurück.

Begünstigt durch die Annäherung der Türkei an die EU kehrte eine gewisse „Zivilisierung"[912] der türkischen Kurdenpolitik ein, verbunden mit einer zunehmenden Entspannung im Südosten der Türkei. In dem Irak-Krieg der USA im Jahr 2003 erwiesen sich die irakischen Kurden als wichtige Verbündete im Kampf gegen das Regime von Saddam Hussein. Im Gegenzug förderten die USA das Entstehen einer autonomen kurdischen Region im Norden des Irak. Bemüht, die relative Stabilität im Norden des Iraks zu erhalten, lehnten die USA türkische Wünsche nach einem militärischen Vorgehen gegen die dort weiterhin ansässigen PKK-Kämpfer ab. Auch die nordirakischen Kurden – trotz ihrer grundsätzlichen Gegnerschaft zu den türkischen Kurden – lehnten das Ansinnen der türkischen Regierung ab, solange die Türkei die Entstehung eines „Kurdenstaates" im Norden des Irak als latente Gefahr für ihre Sicherheit betrachtete.[913]

Mit der Begründung, die türkische Regierung sei nicht auf ihre politischen Forderungen eingegangen, kündigte die PKK schließlich im Jahr 2004 den einseitigen Waffenstillstand auf. In der Folgezeit nahm die Intensität der Kämpfe zwischen der PKK und dem türkischen Militär stetig zu, mit einer wachsenden Anzahl von Todesopfern auf beiden Seiten.[914] Einen Höhepunkt erreichten die Auseinandersetzungen am 7. Oktober 2007, als 13 türkische Soldaten in einem Hinterhalt getötet wurden, nur wenige Tage zuvor waren bereits 13 Wachleute in einem Bus von PKK-Kämpfern erschossen worden.

Mit großer Mehrheit ermächtigte die Große Nationalversammlung Premierminister Erdogan zu militärischen Maßnahmen im Norden des Irak, in dessen Folge über 100.000 türkische Soldaten im Grenzgebiet zusammengezogen wurden.[915] Als die türkischen Truppen am 21. Oktober erneut von PKK-Kämpfern im Grenzgebiet angegriffen wurden, wobei zwölf Soldaten getötet und acht verschleppt wurden, begann die türkische Luft-

---

911 *Kramer*, Unruhen im türkischen Kurdengebiet, SWP-Aktuell 20, April 2006, S. 2.

912 *Kramer*, ibid., S. 3.

913 *Kramer*, ibid.

914 *Ruys* spricht von über 1.500 Toten, in: Quo Vadit Jus Ad Bellum?: A Legal Analysis of Turkey's Military Operations Against the PKK in Northern Iraq, Melb. J. Int'l L., Vol. 9, 2008, S. 1 (4).

915 Die Abstimmung ergab 507 Ja-Simmen und 19 Nein-Stimmen, siehe *Ruys*, ibid., S. 5.

waffe PKK-Lager im Norden des Irak zu bombardieren. Am 16. Dezember 2007 drangen 50 türkische Kampfjets bis zu 95 Kilometer weit in irakisches Gebiet ein. Schließlich begann am 21. Februar 2008 „*Operation Sun*" mit der Entsendung von mehreren tausend Bodentruppen in den Norden des Irak. Nur wenige Tage später, am 29. Februar 2008 erklärte die türkische Militärführung die Offensive für beendet und das Ziel erreicht: 240 PKK-Kämpfer seien getötet und über 800 PKK-Ziele zerstört worden.[916]

Die Reaktionen der Staatengemeinschaft bestanden überwiegend in der Verurteilung der Terroranschläge der PKK und gleichzeitigem Aufruf zu einer diplomatischen Lösung mit den irakischen Kurden und der irakischen Regierung.

So hieß es in einer Erklärung der EU-Ratspräsidentschaft:

> "The Presidency of the EU is following with great concern the operation of the Turkish Army in the territory of Iraq, undertaken on 21 February 2008. While recognizing Turkey's need to protect its population from terrorism, the Presidency calls on Turkey to refrain from taking any disproportionate military action and to respect Iraq's territorial integrity, human rights and the rule of law. It also calls on Turkey to limit its military activities to those which are absolutely necessary for achieving its main purpose – the protection of the Turkish population from terrorism.
>
> The Presidency encourages the Turkish authorities to pursue dialogue with its international partners, particularly with the Government of Iraq.
>
> The Presidency reiterates its call on the Iraqi Government and the Kurdistan Regional Government to take appropriate measures and ensure that the Iraqi territory is not used for violent action against Iraq's neighbours."[917]

Die USA und das Vereinigte Königreich äußerten sich ähnlich in einer gemeinsamen Erklärung zu den terroristischen Angriffen der PKK auf die Türkei:

> "Joint Statement by Secretary of State Condoleezza Rice and David Miliband, M.P., Secretary of State for Foreign and Commonwealth Affairs of the United Kingdom of Great Britain and Northern Ireland
>
> We condemn the latest attacks by the PKK terrorist group against Turkey and its citizens. [...]

---

916 *Reinold*, State Weakness, Irregular Warfare, and the Right to Self-Defense Post-9/11, AJIL, Vol. 105, No. 2, 2011, S. 244 (269).

917 European Union: EU Presidency Statement on the military action undertaken by Turkey in Iraqi territory, 25. Februar 2008.

We will intensify efforts with our Turkish and Iraqi allies to achieve our common goals to end PKK terrorism. While we welcome the Iraqi government's condemnation of these acts of terrorism, we call upon Iraqi and Kurdish Regional Government authorities to take immediate steps to halt PKK operations from Iraqi territory. [...]

We continue to believe that cooperation and coordination between Turkey and Iraq is the most effective means to eliminate the PKK threat."[918]

Zwar äußerten die USA sich nicht weiter direkt zu der türkischen Intervention, leisteten aber Unterstützung in Form von Geheimdienstinformationen über PKK-Lager im Irak und erlaubten als damalige Besatzungsmacht der Türkei die Benutzung des Luftraumes.[919]

China drückte ebenfalls seine Hoffnung aus, die Beteiligten mögen durch „Dialog und Verhandlungen" zu einer Einigung gelangen.[920] Auch Russland forderte die Türkei auf, einen politischen Dialog zu suchen und die Grenzen des Iraks zu respektieren, wies aber auch darauf hin, dass das Territorium eines Staates nicht als „Brückenkopf" für Angriffe auf Nachbarstaaten benutzt werden dürfe.[921] Japan forderte die irakischen Behörden auf, die notwendigen Maßnahmen zu ergreifen um terroristische Operationen der PKK vom Norden des Landes aus zu unterbinden und verlangte von der Türkei „absolute Zurückhaltung".[922]

---

918 U.S. Department of State, Office of the Spokesman, U.S.-U.K. Joint Statement on PKK Terrorist Attack Against Turkey Calls on Iraqi, Kurdish regional governments to take steps to halt PKK from Iraqi territory, 22. Oktober 2007.

919 "General Yasar Buyukanit, announced Monday that 'America gave intelligence.' He added, 'But more importantly, America last night opened the [Iraqi] airspace to us. By opening the airspace, America gave its approval to this operation'", Turkish warplanes targeting PKK bases bomb northern Iraq, Ataturktoday.com, 16. Dezember 2007, http://www.ataturktoday.com/RefBib/PKKTerrorNorthernIraq.htm.

920 Embassy of the People's Republic of China to the United Kingdom of Great Britain and Northern Ireland, Foreign Ministry Spokesperson Liu Jianchao's Regular Press Conference on 23 October 2007, "We are concerned about the recent tensions in the region. We hope the relevant parties can properly resolve issues through dialogue and consultation so as to maintain stability in the region.", 24. Oktober 2007, http://www.chinese-embassy.org.uk/eng/zt/fyrth/t375079.htm.

921 Zitiert in: *Reinold*, State Weakness, Irregular Warfare, and the Right to Self-Defense Post-9/11, AJIL, Vol. 105, No. 2, 2011, S. 244 (270).

922 Ministry of Foreign Affairs of Japan, Deputy Press Secretary Tomohiko Taniguchi, Press Conference, 26. Februar 2008, http://www.mofa.go.jp/announce/press/2008/2/0226.html.

Die irakische Regierung warnte die Türkei bereits im Oktober 2007 angesichts des türkischen Truppenaufzugs vor einer Verletzung seiner Grenze. Der damalige irakische Präsident Talabani, selbst ein Kurde, rief die PKK-Kämpfer auf, ihre Waffen niederzulegen oder ansonsten den Irak zu verlassen.[923] Auch das irakische Parlament verurteilte die Bedrohung durch die Türkei und forderte ebenfalls die PKK auf, das Land zu verlassen.[924] Allerdings machte Präsident Talabani auch klar, dass Irak keine PKK-Kämpfer an die Türkei ausliefern würde: "We will not hand over even an Iraqi Kurdish cat, let alone a man."[925]

Nach dem Beginn der türkischen Offensive protestierte der Irak offiziell gegen die Verletzung seiner Souveränität.[926] Der irakische Außenminister Zebari, ebenfalls ein Kurde, machte im Februar 2008 deutlich, dass dieses Mal die Türkei die irakische Regierung zwar benachrichtigt habe – die Regierung habe nicht zugestimmt – und es handele sich um eine "limited military incursion into a remote, isolated and uninhabited region", sollte die Operation aber andauern, wäre die regionale Stabilität gefährdet.[927] Der Präsident der Kurdischen Regionalen Regierung, Massoud Barzani, ließ mitteilen, seine Regierung würde sich aus dem Konflikt heraushalten, solange jedenfalls, wie keine kurdischen Zivilisten oder zivile Einrichtungen betroffen seien – "then we will order a large-scale resistance".[928]

Zusammengefaßt läßt sich feststellen, dass die irakische Regierung zwar offiziell die türkische Offensive verurteilte, aber dennoch zurückhaltend agierte, welches Kommentatoren zu dem Feststellung führte: "[I]t appears that the US attitude left Iraqi authorities little option but to endure

---

923 "But if they insist on continuing to fight, they should leave Iraqi Kurdistan and not create problems here.", Dozens die in Turkey border clash, BBC News, 21. Oktober 2007, http://news.bbc.co.uk/2/hi/europe/7055004.stm.

924 Ibid.

925 *Daloglu*, Kurdish Terror and the West: A Terrorist is a Terrorist, Plain and Simple, The Washington Times (Washington DC, US) 30. Oktober 2007.

926 *Reinold* weist darauf hin, dass auch die Reaktion der Völkerrechtslehre sehr „dünn" war, in: State Weakness, Irregular Warfare, and the Right to Self-Defense Post-9/11, AJIL, Vol. 105, No. 2, 2011, S. 244 (269); siehe auch *Ruys*, Quo Vadit Jus Ad Bellum?: A Legal Analysis of Turkey's Military Operations Against the PKK in Northern Iraq, Melb. J. Int'l L., Vol. 9, 2008, S. 1 (9).

927 Iraq warns Turkey over incursion, BBC News, 23. Februar 2007, http://news.bbc.co.uk/2/hi/europe/7260478.stm.

928 Ibid.

the Turkish intervention."[929] Es erscheint dann auch nur folgerichtig, dass der Irak davon absah, den UN-Sicherheitsrat mit der Situation zu befassen.

Auch die Türkei unterließ es (wie bereits auch schon in den Jahren 1995-1997[930]), den Sicherheitsrat gemäß Artikel 51 Satz 2 UN-Charta zu benachrichtigen und gab auch ansonsten keine ausdrückliche juristische Bewertung ihres Militäreinsatzes ab. Präsident Gül zumindest sagte vor Reportern: "We will continue on our path of determination in fighting the terrorist organization. We respect Iraq's national borders. But [we] will not tolerate those who help and harbor terrorists"[931] und sprach von einem „right to intervene in northern Iraq".[932] Premierminister Erdogan machte kurz vor einem Treffen mit dem britischen Premierminister Gordon Brown deutlich: "If a neighbouring country is providing a safe haven for terrorism [...] we have rights under international law and we will use those rights and we don't have to get permission from anybody".[933]

Die Reaktion der Staatengemeinschaft macht deutlich, dass das Selbstverteidigungsrecht der Türkei gegen die PKK anerkannt wurde, auch wenn es sich bei den Terroranschlägen der PKK – einzeln gesehen – eher um „a series of low-intensity attacks" gehandelt hatte.[934] Gleichzeitig betonten verschiedene Staaten die Notwendigkeit der Einhaltung des Verhältnismäßigkeitsprinzips durch die Türkei. Die Erklärung der Türkei vor dem Menschenrechtsrat nach Beendigung der militärischen Maßnahmen im März 2008 deutet darauf hin, dass die Türkei bemüht war, dem Verhältnismäßigkeitsprinzip Rechnung zu tragen:

"The counter-terrorism operation carried out by the Turkish Armed Forces in northern Iraq was limited in scope, geography and duration. It targeted solely the PKK [...] terrorist presence in the region. Turkish military authorities took all possible measures to ensure the security of civilians and to avoid col-

---

929 *Ruys*, Quo Vadit Jus Ad Bellum?: A Legal Analysis of Turkey's Military Operations Against the PKK in Northern Iraq, Melb. J. Int'l L., Vol. 9, 2008, S. 1 (10).

930 Siehe dazu 5. Kapitel II.5.

931 U.S. urges restraint after Turkish soldiers killed in clashes with PKK, CNN, 21. Oktober 2007.

932 Turkey reaffirms right to act in Iraq, The Irish Times, 2. Dezember 2007.

933 *Butcher/Moore*, Brown to meet Turkey PM as invasion looms, The Telegraph, 22. Oktober 2007, http://www.telegraph.co.uk/news/worldnews/1567006/Brown-to-meet-Turkey-PM-as-invasion-looms.html.

934 *Van Steenberghe*, Self-Defense in Response to Attacks by Non-state Actors in the Light of Recent State Practice, A Step Forward?, LJIL, Vol. 23, 2010, S. 183 (202); siehe auch *Reinold*, State Weakness, Irregular Warfare, and the Right to Self-Defense Post-9/11, AJIL, Vol. 105, No. 2, 2011, S. 244 (271).

lateral damage. As a result, there has been no civilian casualty. Turkey remains a staunch advocate of the territorial integrity and sovereignty of Iraq."[935]

7. Kolumbien vs. Ecuador (2008)

Am 1. März 2008 griffen kolumbianische Truppen Mitglieder der *Fuerzas Armadas Revolucionarias de Colombia* (FARC)[936] auf ecuadorianischem Staatsgebiet an, töteten den von INTERPOL zur Fahndung ausgeschriebenen zweithöchsten Anführer Raul Reyes sowie 21 weitere Rebellen und beschlagnahmten verschiedene Computer und elektronisches Datenmaterial.[937] Ecuador verurteilte den Angriff als Verletzung seiner territorialen Souveränität, während Kolumbien sich auf sein Recht auf Selbstverteidigung berief.[938]

Der Konflikt mit der 1964 gegründeten FARC, die sich weitestgehend aus dem Drogenhandel finanziert, bestand bereits seit mehreren Jahrzehnten und hat Schätzungen zufolge 600.000 Menschen das Leben gekostet und mehr als 4 Millionen vertrieben.[939]

---

935 Note verbale dated 26 March 2008 from the Permanent Mission of Turkey to the United Nations Office at Geneva addressed to the Secretariat of the Human Rights Council, UN Doc. A/HRC/7/G/15, 28. März 2008.

936 Die EU betrachtet die FARC seit 2002 als terroristische Organisation, Gemeinsame Standpunkte des Rates 2002/340/GASP vom 2. Mai 2002, und 2002/462/GASP vom 17. Juni 2002; Beschluß des Rates 2002/460/EG vom 17. Juni 2002; neuester Beschluß des Rates: 2015/2430/GASP vom 21. Dezember 2015. Die USA führen die FARC bereits seit 1997 auf ihrer Liste, siehe U.S. State Department, List of Foreign Terrorist Organizations, Stand: September 2017, http://www.state.gov/j/ct/rls/other/des/123085.htm.

937 *Walsh*, Rethinking the Legality of Columbia's Attack in the FARC in Ecuador, Pace International Law Review, Vol. 21, 2009, S. 137 ff.; *Waisberg*, Columbia's Use of Force in Ecuador Against a Terrorist Organization, ASIL Insights, Vol. 12, Issue 17, 22. August 2008.

938 Declaration of the Ministry of Foreign Relations of Colombia from March, 2nd, 2008. Comunicado del Ministerio de Relaciones Exteriores de Colombia No. 081 "Por lo pronto, anticipamos que Colombia no violo soberania sino que actuo de acuerdo con el principio de legitima defensa." (From now, we anticipate that Colombia did not violate the [Ecuador's] sovereignty but has acted according to the principle of self-defense); zitiert in *Waisberg*, ibid.

939 Regierung und Farc einigen sich auf Landreform, Die Zeit vom 27. Mai 2013. Zum Hintergrund des Konfliktes siehe *Pardo*, Colombia's Two-Front War, Foreign Affairs, Vol. 79, No. 4, 2000, S. 64 ff. Im November 2012 einigten sich die

Fünf Jahre zuvor hatte sich bereits der UN-Sicherheitsrat nach einem terroristischen Attentat mit der FARC beschäftigt: Am 7. Februar 2003 verübte die FARC einen Anschlag auf den Club Nogal in der Hauptstadt Bogotá, bei dem 35 Menschen starben und mehr als 160 zum Teil schwer verletzt wurden.[940] Mit Resolution 1465 vom 13. Februar 2003 verurteilte der Sicherheitsrat die Anschläge als Bedrohung des internationalen Friedens und der Sicherheit. Die *Organization of America States* (OAS) betonte ihre "profound repudiation of the despicable terrorist attack carried out by the FARC on February 7, 2003, in Bogotá" und verwies in ihrer Resolution ausdrücklich auf die völkerrechtliche Verpflichtung der Staaten, terroristische Gruppen weder zu unterstützen noch ihnen einen Rückzugsraum zu bieten:

> "5. To ratify the commitment of the member states to step up actions for the strict observance of the provisions of United Nations Security Council resolution 1373 and the Inter-American Convention Against Terrorism concerning the obligation to refrain from providing any form of support to entities or persons involved in terrorist acts.
>
> 6. To reaffirm the unwavering commitment of the member states to deny refuge and/or safe haven to those who finance, plan, or commit acts of terrorism in Colombia or who lend support to such persons, noting that those responsible for aiding, supporting, or harboring the perpetrators, organizers, and sponsors of these acts are equally complicit."[941]

Nach dem *Operation Phoenix* genannten militärischen Einsatz gegen die FARC, bei dem Kolumbien zum ersten Mal auf ecuadorianisches Territorium vorgedrungen war und auch nicht vorab die ecuadorianische Regierung benachrichtigt hatte (der kolumbianische Präsident Uribe wurde zitiert, dass er über eine Benachrichtigung nachgedacht habe, diese dann aber verworfen habe, um das Unternehmen durch eine Warnung von Reyes nicht zu gefährden[942]), beantragte Ecuador bei der OAS eine Dring-

---

kolumbianische Regierung und die FARC auf die Aufnahme von Friedensverhandlungen.

940 *Meyer*, Ein Anschlag und seine Folgen – Zur aktuellen politischen Lage in Kolumbien, KAS Länderberichte, 16. April 2003.

941 Resolution OAS/CP/Res 837 (1354/03), 12. Februar 2003.

942 Zitiert in *Walser*, The Crisis in the Andes: Ecuador, Venezuela, and Colombia, The Heritage Lectures No. 1080, 2. Mai 2008, S. 2 (Der Beitrag stammt ursprünglich von einer Sitzung des U.S.-House Committee on Foreign Affairs, Subcommittee on the Western Hemisphere am 10. April 2008).

lichkeitssitzung des Ständigen Rates („Permanent Council")[943] und rügte u.a. die Verletzung von Artikel 21 der OAS-Charta, der vorsieht:

Article 21

The territory of a State is inviolable; it may not be the object, even temporarily, of military occupation or of other measures of force taken by another State, directly or indirectly, on any grounds whatever. [...][944]

Kolumbien seinerseits beantragte für die Sitzung den Tagesordnungspunkt „Aufruf Kolumbiens an die Staaten, ihre Verpflichtungen im Kampf gegen den Terrorismus einzuhalten" aufzunehmen.[945]

Der Ständige Rat tagte am 4. und 5. März 2008 in Washington. Auf der Sitzung präsentierte Kolumbien Dokumente und Emails, die auf den beschlagnahmten Computern gefunden worden waren und die auf eine enge Verbindung zwischen den FARC und Ecuador wie auch Venezuela hindeuteten.[946] Nach Ansicht Kolumbiens bestünde kein Zweifel daran, dass die Regierungen von Ecuador und Venezuela mit den *„terroristas narcotraficantes"* Verhandlungen geführt und ihnen Unterstützung und sichere Rückzugsgebiete gewährt hatten.[947] Unter Hinweis auf Resolution 1373 (2001) des UN-Sicherheitsrats und der darin enthaltenen Verpflichtung der

---

943 Siehe Nota de la Misión Permanente del Ecuador "La Incursión en Territorio del Ecuador de la Fuerza Pública Colombiana para Enfrentarse con Integrantes de las Fuerzas Armadas Revolucionarias de Colombia, FARC", CP/INF.5640/08 vom 3. März 2008.

944 Charter of the Organization of American States vom 30. April 1948, in Kraft getreten am 13. Dezember 1951; OAS, Treaty Series, Nos. 1-C and 61.

945 Siehe Nota de la Misión Permanente de Colombia "Llamado de Colombia para que los Estados cumplan con sus compromisos en la lucha contra el terrorismo", CP/INF.5643/08 vom 3. März 2008.

946 Die Dokumente beinhalteten auch Informationen über Kontakte zu dem ecuadorianischen Minister für interne und externe Sicherheit, Gustavo Larrea, sowie dem damaligen venezolanischen Präsidenten Hugo Chávez, der der FARC nicht nur Freundschaft und Unterstützung anbot, sondern auch mindestens US$ 300 Millionen hat zukommen lassen. Siehe Acta de la Sesión Extraordinaria del Consejo Permanente de la Organización Celebrada los 4 y 5 de Marzo 2008, OEA/ Ser. G, CP/ACTA 1632/08 corr. 1, S. 8 ff.; *Walser*, The Crisis in the Andes: Ecuador, Venezuela, and Colombia, The Heritage Lectures No. 1080, 2. Mai 2008, S. 2; *Walsh*, Rethinking the Legality of Columbia's Attack in the FARC in Ecuador, Pace Int'l L. Rev., Vol. 21, 2009, S. 145.

947 Acta de la Sesión Extraordinaria del Consejo Permanente de la Organización Celebrada los 4 y 5 de Marzo 2008, OEA/Ser. G, CP/ACTA 1632/08 corr. 1, S. 10. Da Ecuador die Authentizität der Dokumente bestritt und Kolumbien die Mani-

Staaten, terroristischen Gruppen keinerlei Unterstützung oder Zuflucht zu gewähren, stellte Kolumbien abschließend fest, dass die Duldung von terroristischen Lagern an der Grenze zu einem Nachbarstaat, die dazu genutzt würden, terroristische Akte zu planen und durchzuführen, selbst ein krimineller Akt darstelle und klarer Verstoß gegen die Internationalen Abkommen zur Bekämpfung des Terrorismus, wie auch gegen die Souveränität der Staaten sei.[948]

Ecuador bestritt jedwede Verbindung zu den FARC und betonte, dass keinen irregulären Truppen der Aufenthalt auf seinem Gebiet gestattet würde und forderte eine Verurteilung Kolumbiens für sein Vorgehen.[949]

Die bis nach Mitternacht am 4. März 2008 geführte Debatte im Ständigen Rat der OAS zeigte, dass die Mehrzahl der insgesamt 35 OAS-Mitgliedstaaten – nach der Zählung des venezuelanischen Vertreters 25 Staaten[950] – den kolumbianischen Einsatz als Verstoß gegen die Souveränität und territoriale Integrität Ecuadors verurteilten. Nicaragua und Venezuela bezeichneten ihn sogar als „internationales Verbrechen"[951] und „Aggression"[952]. Die Dominikanische Republik, Kanada, Guatemala und Chile äußerten sich eher moderat und befürworteten eine Untersuchung des Vorfalls.[953] Einzig die USA und Costa Rica nahmen Bezug zu den terroristischen Aktivitäten der FARC. Costa Rica erinnerte die Delegierten daran, dass „der wahre Schuldige eine terroristische Gruppe" sei, nämlich die

---

pulation der Daten vorwarf, übergab Kolumbien die konfiszierten Datenträger INTERPOL, der bestätigte, dass Kolumbien internationale Standards bei der Überprüfung der Daten angewandt hatte und insbesondere keine Manipulation, wie Hinzufügung oder Löschen von Daten, vorgenommen hatte; siehe INTERPOL, Pressemitteilung "INTERPOL Reaffirms Key Findings of its Examination of Seized FARC Computers in Response to Efforts to Distort Conclusions", 13. Juni 2008.

948 "Permitir que grupos terroristas tengan campamentos en la frontera de un país vecino y que desde ellos se planeen y ejecuten actos terroristas es en sí mismo un acto criminal y una clara violación a los tratados internacionales sobre la lucha contra el terrorismo, al igual que al principio de respeto a la soberanía de los Estados, entre otras obligaciones internacionales." Acta de la Sesión Extraordinaria del Consejo Permanente de la Organización Celebrada los 4 y 5 de Marzo 2008, OEA/Ser. G, CP/ACTA 1632/08 corr. 1, S. 10.

949 Ibid., S. 5, 6.

950 Ibid., S. 25.

951 Ibid., Nicaragua, S. 12.

952 Ibid., Venezuela, S. 25.

953 Ibid., Dom. Republik, S. 33; Kanada, S. 18; Guatemala, S. 29; Chile, S. 17.

FARC.[954] Die USA verwiesen explizit auf die 2003 nach dem Attentat in Bogotá verabschiedete Resolution CP/RES. 837 (1354/03) und die einschlägigen Resolutionen des UN-Sicherheitsrats:

> "In addition, we underscore the shared commitments which all OAS member states, except one, undertook, through OAS General Assembly resolution AG/RES. 2272 (XXXVII-O/07), to implement the 13 international conventions and protocols in United Nations Security Council resolutions 1267 (1999), 1373 (2001), 1540 (2004), 1566 (2004), and 1617 (2005) in order to deny safe haven to any person who supports; facilitates; participates or attempts to participate in the financing, planning, preparation, or commission of terrorist acts; or provides safe haven.

> This very body directly addressed the threat of FARC terrorism through Permanent Council resolution CP/RES. 837 (1354/03), which repudiated a despicable terrorist attack carried out by the FARC in Bogotá."[955]

Nach Ansicht der USA sollten beide Staaten, Ecuador und Kolumbien, den Vorfall bilateral, unter Vermittlung durch die OAS, regeln.[956]

Die schließlich am 5. März 2008 verabschiedete Resolution betonte die geltenden Prinzipien der OAS-Charta und des Völkerrechts, insbesondere die Unverletzlichkeit der Souveränität und territorialen Integrität der Staaten, stellte fest, dass Kolumbien diese Prinzipien durch seinen Einmarsch auf ecuadorianisches Territorium verletzt habe und richtete eine Untersuchungskommission unter der Leitung des OAS-Generalsekretärs ein.[957] Die Untersuchungskommission sollte dem Rat auf seiner nächsten Sitzung am 17. März 2008 Bericht erstatten.

Den Tagesordnungspunkt „Aufruf Kolumbiens an die Staaten, ihre Verpflichtungen im Kampf gegen den Terrorismus einzuhalten" zog Kolumbien angesichts der „Erschöpfung" der Delegierten zurück, wofür ihm vom

---

954 "Costa Rica lamenta profundamente que dos hermanas y vecinas repúblicas de las Américas se encuentren hoy distanciadas, pero el verdadero culpable de este desencuentro se encuentra en la selva colombiana, donde opera en la ilegalidad y la criminalidad un grupo terrorista. No perdamos de vista que el principal responsable de la situación que hoy conocemos en esta sesión extraordinaria del Consejo Permanente son las Fuerzas Armadas Revolucionarias de Colombia, FARC." Ibid., S. 34.

955 Ibid., S. 31.

956 "My government's position is that this incident must be dealt with by the governments of Colombia and Ecuador, and, should both countries agree, with the good offices of the OAS, in a role that Colombia and Ecuador agree would be appropriate." Ibid., S. 32.

957 OAE/Ser. G, CP/RES. 930 (1632/08) vom 5. März 2008.

Vorsitzenden C. A. Smith (Bahamas) wegen der *„thoughtfulness"* gesondert gedankt wurde.[958]

Allerdings war die Debatte damit noch nicht beendet. Am 7. März 2008 kamen die 20 Staaten der *Rio-Gruppe* zu ihrem XX. Gipfel in der Dominikanischen Republik auf Ebene der Staatspräsidenten zusammen. Zwar verließ der ecuadorianische Präsident Correa während der Rede von Präsident Uribe den Saal aus Protest kurzfristig, akzeptierte aber schließlich unter Vermittlung des dominikanischen Präsidenten Leonel Fernández die Entschuldigung Uribes für die Vorkommnisse vom 1. März.[959] Die *Rio-Gruppe* verabschiedete eine Deklaration zur Situation zwischen Kolumbien und Ecuador, in der nicht nur die Entschuldigung Kolumbiens und seine Versicherung, ein solches Vorgehen würde keine Wiederholung finden, gewürdigt wurde, sondern neben der Bekräftigung der Unverletzlichkeit der territorialen Integrität auch ein Aufruf zur Zusammenarbeit bei der Bekämpfung von „irregulären" Gruppierungen enthalten war:

"1. The entire region views as a matter of grave concern the events that occurred on March 1, 2008, when military forces and police personnel of Colombia entered the territory of Ecuador, in the province of Sucumbíos, without the express consent of the Government of Ecuador, to carry out an operation against members of an irregular group of the Revolutionary Armed Forces of Colombia, who were clandestinely encamped on the Ecuadorian side of the border.

2. We denounce this violation of the territorial integrity of Ecuador, and we therefore reaffirm that the territory of a state is inviolable and may not be the object, even temporarily, of military occupation or of other measures of force taken by another State, directly or indirectly, on any grounds.

3. We note, with satisfaction, the full apology that President Álvaro Uribe offered to the Government and people of Colombia [sic], for the violation on March 1, 2008, of the territory and sovereignty of this sister nation by Colombian security forces.

4. We also acknowledge the pledge by President Álvaro Uribe, on behalf of his country, that these events will not be repeated under any circumstances, in compliance with Articles 19 and 21 of the OAS Charter. [...]

---

958 Acta de la Sesión Extraordinaria del Consejo Permanente de la Organización Celebrada los 4 y 5 de Marzo 2008, OEA/Ser. G, CP/ACTA 1632/08 corr. 1, S. 74, 75.

959 *Walser*, The Crisis in the Andes: Ecuador, Venezuela, and Colombia, The Heritage Lectures No. 1080, 2. Mai 2008, S. 5.

8. We reiterate our firm commitment to counter threats to the security of all states, arising from the action of irregular groups or criminal organizations, in particular those associated with drug-trafficking activities. Colombia considers these criminal organizations as terrorist."[960]

Die OAS-Untersuchungskommission besuchte Ecuador und Kolumbien zwischen dem 9. und 12. März 2008 und kehrte mit dem Ergebnis zurück:

"1. The ties of trust between the Governments of Colombia and Ecuador have been seriously damaged.

2. The Ecuadorian and Colombian versions of the manner in which the incursion took place are contradictory.

3. The situation in the border area between Ecuador and Colombia is complex and difficult in terms of geographical aspects, territorial control, communications, and the economic and social situation, among other factors."[961]

Für die anstehende Sitzung des Ständigen Rates am 17. März 2008 reichten sowohl Ecuador als auch Kolumbien Resolutionsentwürfe ein. Diese sind ein zweierlei Hinsicht bemerkenswert: Ecuador versuchte offensichtlich, die Verantwortung für die Anwesenheit der FARC auf seinem Gebiet auf Kolumbien abzuschieben, indem es folgenden Absatz vorschlug:

"To request the Republic of Colombia to refrain from taking any action that may constitute an attack on the territorial sovereignty of neighboring countries and to adopt all necessary security measures to prevent members of irregular groups or organized crime from crossing from its territory into the territory of neighboring countries."[962]

Der kolumbianische Entwurf verwies in seinem einleitenden Teil auf die OAS Resolution CP/RES. 837 (1354/03), die die terroristischen Akte der FARC verurteilt hatte, sowie auch Resolution 1373 (2001) des UN-Sicherheitsrates. Darüber hinaus wollte Kolumbien auch die eindeutige Anerkennung des Selbstverteidigungsrechts in Artikel 51 UN-Charta und Artikel 22 OAS-Charta (The American States bind themselves in their internatio-

---

960 Declaration of the Heads of State and Government of the Rio Group on the Recent Events between Ecuador and Colombia, Santo Domingo, Dominican Republic, 7. März 2008.

961 Report of the OAS Commission that Visited Ecuador and Columbia, OEA/Ser.F/ II.25, Rc.25/doc.7/08, 16. März 2008.

962 Draft Resolution, Crisis Produced by the Violation of the Territory of the Republic of Ecuador by the Military and Police Forces of the Republic of Colombia (Presented by the Delegation of Ecuador), OEA/Ser.F/II.25, RC.25/doc.10/08, 17. März 2008.

nal relations not to have recourse to the use of force, except in the case of self-defense in accordance with existing treaties or in fulfillment thereof.") verankert sehen.[963]

Leider ist das Wortprotokoll der Sitzung nicht zur Veröffentlichung freigegeben. Der Darstellung des Berichterstatters, der Botschafter von Bolivien, Jorge Reynaldo Cuadros Anaya, ist allerdings zu entnehmen, dass, wie bereits bei der ersten Sitzung am 4. März, eine „längere Debatte" stattfand, eine Pressemitteilung der OAS spricht von 15 Stunden.[964] Am Ende fanden die Vorschläge von Ecuador und Kolumbien keine Aufnahme in die verabschiedete Resolution. Neben der „Zurückweisung" des Einmarsches Kolumbiens ohne Einwilligung Ecuadors enthielt die Resolution auch einen Absatz zu „irregulären Gruppen" ohne aber die FARC explizit zu nennen:

> "4. To reject the incursion by Colombian military forces and police personnel into the territory of Ecuador, in the Province of Sucumbíos, on March 1, 2008, carried out without the knowledge or prior consent of the Government of Ecuador, since it was a clear violation of Articles 19 and 21 of the OAS Charter. […]
>
> 6. To reiterate the firm commitment of all member states to combat threats to security caused by the actions of irregular groups or criminal organizations, especially those associated with drug trafficking;"[965]

Die Resolution wurde einstimmig angenommen, die USA allerdings brachten einen Vorbehalt ein, der als Fußnote in der Resolution enthalten ist:

> "The United States supports this resolution's effort to build confidence between Colombia and Ecuador to address the underlying crisis. The United States is not prepared to agree with the conclusion in operative paragraph 4 in that it is highly fact-specific and fails to take account of other provisions of the OAS and United Nations Charters; in any event, neither this resolution nor CP/RES. 930 (1632/08) affects the right of self-defense under Article 22 of the OAS Charter and Article 51 of the U.N. Charter."

---

963 "Reaffirming Article 22 of the Charter of the Organization of American States and Article 51 of the Charter of the United Nations", Note from the Delegation of Colombia Transmitting a Draft Resolution, OEA/Ser.F/II.25, RC.25/doc.11/08, 17. März 2008.

964 Report of the Rapporteur of the General Committee, S. 2, OEA/Ser.F/II.25, RC.25/CG 3/08 vom 1. April 2008; OAS Press Release E-086/08, 18. März 2008.

965 OEA/Ser.F/II.25 RC.25/RES. 1/08 vom 17. März 2008.

Die sogenannte Anden-Krise von 2008 zeigt das Spannungsverhältnis zwischen den völkerrechtlichen Prinzipien der Souveränität und territorialen Integrität einerseits und dem behaupteten Recht auf Selbstverteidigung gegen *non-state actors*, wie die FARC, andererseits, deutlich auf. Allerdings spielen auch politische Faktoren, wie die bewiesene Unterstützung durch Ecuador und Venezuela für die FARC, eine große Rolle, die bei der rechtlichen Analyse der Krise nicht außer Acht zu lassen sind.[966] Am Ende buchten beide Staaten die Resolution vom 17. März 2008 als Erfolg, die ecuadorianische Außenministerin sprach von einem *„clear victory"*, ihr kolumbianischer Kollege hielt das Ziel, Unterstützung im Kampf gegen „Kriminelle, Aufständische und Terroristen" zu erhalten, für erfüllt.[967]

Während am Beginn der Krise die Betonung der territorialen Souveränität unter den Delegierten eindeutig überwog, zeigte die Resolution vom 17. März 2008, dass auch die Notwendigkeit der Bekämpfung irregulärer Gruppen anerkannt wurde, allerdings begrenzt durch die Voraussetzung der Kooperation aller OAS-Mitgliedstaaten oder zumindest der vorherigen Zustimmung des betroffenen Staates, die einen „Alleingang" eines Staates, wie im Falle Kolumbiens, ausschließt. Offen blieb jedoch, wie diese Kooperation in den Fällen in der Praxis auszusehen hat, in denen der betroffene Staat *willentlich* Unterstützung und Beherbergung für Terroristen leistet – der Hauptvorwurf Kolumbiens gegen Ecuador.

Knapp fünf Monate später fand die FARC dann doch Erwähnung in einer OAS-Resolution: der Ständige Rat gratulierte Kolumbien und seinem Volk zu der erfolgreichen Befreiung von 12 kolumbianischen und drei US-amerikanischen Geiseln aus den Händen der FARC, unter ihnen auch Ingrid Betancourt, die über sechs Jahre lang verschleppt war.[968]

---

966 "At a time when the FARC is increasingly exposed as a murderous, narco-terrorist group lacking political legitimacy in Colombia and as a waning military force, it is winning fresh political converts in Ecuador and Venezuela. The new interventionism of Hugo Chávez and his Bolivarian Leftist pals seeks directly or indirectly to exploit the political situation in Colombia and prolong – not resolve – the conflict." *Walser*, The Crisis in the Andes: Ecuador, Venezuela, and Colombia, The Heritage Lectures No. 1080, 2. Mai 2008, S. 6.

967 Agreement reached in Andean row, BBC World News vom 18. März 2008, http://news.bbc.co.uk/2/hi/americas/7302025.stm.

968 OAE Ser. G, DEC. 38 (1656/08) vom 8. Juli 2008.

8. Al-Shabaab/Somalia (seit 2010)

Die Anschläge der mit Al-Qaida verbundenen *Harakat al-Shabaab al-Mujahideen* (Bewegung der Mudjahedin-Jugend, kurz: Al-Shabaab) in Somalia bieten spätestens seit 2010 ein weiteres Beispiel für die Reaktionen der Staatengemeinschaft auf den internationalen Terrorismus nach dem 11. September 2001. Zum einen geht es um militärisches Eingreifen von Nachbarstaaten, wie Kenia im Oktober 2011, aber auch um die Behandlung von Staaten, die Al-Shabaab durch Zurverfügungstellung ihres Territoriums unterstützen, wie der Fall Eritrea zeigen wird.

8.1 Somalia – „The Burbur"

Die Situation in Somalia, einer der ärmsten Staaten dieser Welt, den das *UN Development Programme* (UNDP) in seinem *Human Development Index*[969] auf Platz 165 von 170 Staaten aufführt, gibt seit langer Zeit Anlaß zur Besorgnis. Nach dem Sturz der Regierung von Siad Barre (1969-1991) versank das Land in einem Bürgerkrieg, in Somalia *„burbur"* genannt, welches Disintegration oder *breakdown* bedeutet.[970] Die anschließende Hungersnot führte im Dezember 1992 zur Autorisierung einer multinationalen Eingreiftruppe *(Operation Restore Hope)* unter Führung der USA durch den Sicherheitsrat, um die Lieferung der Hilfsgüter vor marodierenden Banden zu schützen. Damit stellte Resolution 794 eine wesentliche Neuerung in der Praxis des Sicherheitsrats dar: noch nie zuvor hatte der Rat in einer reinen *inner*staatlichen Situation die Mitgliedstaaten zum militärischen Eingreifen ermächtigt.[971] Allerdings verwies die Resolution auch auf Drängen der Blockfreien Staaten auf den *„unique character of*

---

969 UNDP: Somalia Human Development Report 2012, S. 27.

970 Yusuf Hasan Ibrahim, Minister of Foreign Affairs, Transitional Federal Government of Somalia, UN Doc. S/PV.6407, 21. Oktober 2010, S. 6.

971 UN Doc. S/RES/794 vom 3. Dezember 1992. Zuvor hatte der Rat nur dreimal die Mitgliedstaaten zum Eingreifen autorisiert, und zwar immer in zwischenstaatlichen Konflikten: Korea (UN Doc. S/RES/83 [1950]), Rhodesien (UN Doc. S/RES/221 [1966]), und Irak-Kuwait (S/RES/678 [1990]). Siehe zur Praxis des Sicherheitsrats auch 4. Kapitel I.2.3.1.

the present situation in Somalia", die die Entstehung eines Präzedenzfalles verhindern wollten.[972]

Nachdem sich die verschiedenen somalischen Warlords, unter ihnen General Aidid, im März 1993 zur Einstellung der Kämpfe bereit erklärt hatten[973], übernahm die *UN Operation in Somalia II* (UNOSOM II) die Nachfolge der Eingreiftruppe. Mandatiert vom Sicherheitsrat als Maßnahme unter Kapitel VII der UN-Charta war UNOSOM II auch zum Einsatz von Zwangsmitteln ermächtigt, also eine Peace-*Enforcement* Operation, auch dieses eine wesentliche Neuerung.[974]

Bereits im Mai 1993 wurde jedoch offensichtlich, dass sich General Aidid nicht an das Friedensabkommen und seine Verpflichtung, die Waffen abzugeben, halten würde.[975] Am 5. Juni 1993 starben 25 pakistanische Blauhelmsoldaten bei Angriffen durch Aidid's Milizen in Mogadishu. Als Unterstützung für UNOSOM II stationierten die USA eine *Quick Reaction Force* mit dem Namen *Task Force Rangers*, die allerdings nicht in die Befehlsstrukturen von UNOSOM II eingebunden war, und damit unter dem Kommando und Kontrolle der USA verblieb. Der Versuch der *Rangers* am 3. Oktober 1993, General Aidid und weitere, für die Angriffe vom Juni verantwortliche Personen festzunehmen, endete in einem Fiasko: zwei amerikanische *Black Hawk*-Hubschrauber wurden von den Milizen abgeschossen, 18 amerikanische Soldaten getötet, und 75 weitere verwundet. Die Bilder der toten US-Soldaten, von einer aufgebrachten Meute durch die Straßen Mogadishus gezerrt, gingen um die Welt.

Nach dem Rückzug der US-Truppen zum 31. März 1994 und dem Ende des UNOSOM II Mandates am 31. März 1995[976] versank Somalia aber-

---

972 Darunter Zimbabwe, Indien, Ecuador und China, siehe Repertoire of the Practice of the Security Council 1989 - 1992, Chapter XI. Consideration of the provisions of Chapter VII of the Charter, S. 887.

973 Addis Ababa Agreement concluded at the first session of the Conference on National Reconciliation in Somalia, 27 March 1993, United Nations Department of Public Information: The United Nations and Somalia 1992 - 1996, United Nations Blue Books Series, Vol. VIII., 1996, S. 264-266.

974 UN Doc. S/RES/814 vom 26. März 1993. Ein ausdrücklicher Hinweis auf die *"unique situation"* fehlt in dieser Resolution, allerdings verweist sie auch auf Resolution 794 (1992).

975 Folgende Informationen sind entnommen aus: UN Department of Public Information, United Nations Operation in Somalia II, 21. März 1997, http://www.un.org/Depts/DPKO/Missions/unosom2b.htm.

976 UN Doc. S/RES/954 vom 4. November 1994.

mals in einem Bürgerkrieg und galt lange als „failed state". Unter Vermittlung der *Intergovernmental Authority on Development* (IGAD)[977] konnte im August 2004 in Kenia ein somalisches Interim-Parlament, bestehend aus unterschiedlichen Clanmitgliedern, gebildet werden, das im Oktober auch einen Interim-Präsidenten wählte.[978] Die Interim-Regierung war allerdings weitgehend ineffektiv, da die Sicherheitslage in Somalia prekär blieb und daher die Rückkehr der Regierung bis Februar 2006 verhinderte. Verschiedene Warlords, Clans, aber auch extremistisch-salafistische Gruppierungen wie die *Al-Ittihad Al-Islami* (Unity of Islam, AIAI), kämpften um die Vorherrschaft, bis die *Union Islamischer Gerichtshöfe* (Islamic Courts Union, ICU) mit Hilfe der Al-Shabaab Miliz, die sich 2003 von der AIAI abgespalten hatte, im Juni 2006 die Macht in Mogadishu übernahm und die Interim-Regierung nach Baidoa zwang – 256 km nordwestlich von Mogadishu.[979]

Auf Bitten der in Baidoa festsitzenden somalischen Regierung entsandte schließlich Äthiopien 16.000 Soldaten nach Somalia, "in reluctant response to the calls by the Islamic Courts Union (ICU) for a jihad against Ethiopia", wie es auf der Homepage des äthiopischen Außenministeriums heißt, und mit Billigung der US-Regierung.[980] In nur wenigen Tagen wurde die ICU aus Somalia vertrieben, Al-Shabaab zog sich in den Süden des Landes zurück.[981] Die äthiopischen Truppen, seit 2007 eingegliedert in die *African Union Mission in Somalia* (AMISOM)[982], verliessen Somalia im Januar 2009. Experten nehmen an, dass dieser zweite ausländische Mili-

---

977 Gegründet 1996 als Nachfolgerin der Intergovernmental Authority on Drought and Development (IGADD, 1986), Mitglieder: Djibouti, Äthiopien, Kenia, Somalia, Sudan, Uganda und Eritrea, http://igad.int/.

978 UN Yearbook 2004, S. 256. Als Präsident wurde Abdullahi Yusuf Ahmed gewählt, ein Warlord mit Verbindungen zu Äthiopien, siehe *Kaplan*, Backgrounder: Somalia's High Stakes Power Struggle, Council on Foreign Relations, 7. August 2006, https://www.cfr.org/backgrounder/somalias-high-stakes-power-struggle.

979 *Masters*, Backgrounder: Al-Shabaab, Council on Foreign Relations, 13. März 2015, https://www.cfr.org/backgrounder/al-shabab.

980 Federal Democratic Republic of Ethiopia, Ministry of Foreign Affairs, About Ethiopia, http://www.mfa.gov.et/aboutethiopia.php?pg=2. *Mazzetti*, U.S. Signals Backing for Ethiopian Incursion Into Somalia, NYT, 27. Dezember 2006.

981 Zur Struktur und Operation von Al-Shabaab in dieser Zeit siehe United Nations, Report of the Monitoring Group on Somalia Submitted in Accordance with Resolution 1811 (2008), UN Doc. S/2008/769, 10. Dezember 2008, S. 18 ff.

982 Die Afrikanische Union beschloß am 19. Januar 2007 den Einsatz einer Peace Support Operation für Somalia [Peace and Security Council, 69th Meeting, Com-

täreinsatz zu einer Radikalisierung von Al-Shabaab führte, die nicht nur Al-Qaida's Angriffe befürwortete, sondern im Februar 2012 auch offiziell ihre Loyalität gegenüber Al-Qaida erklärte.[983]

Am 11. Juli 2010 verübte Al-Shabaab die ersten Terroranschläge außerhalb von Somalia: fast zeitgleich explodierten Bomben in einem Rugby-Club und einem äthiopischen Restaurant in Kampala (Uganda), wo gerade die Fußballweltmeisterschaft übertragen wurde, 79 Menschen starben. Nach einem Bericht der *Somalia/Eritrea Monitoring Group* des Sicherheitsrats soll es sich bei den Selbstmordattentätern überwiegend um kenianische und ugandische Staatsangehörige gehandelt haben, die von Al-Shabaab in Somalia ausgebildet worden waren.[984] Der Bericht sah in den Anschlägen einen beunruhigenden Trend hin zu einer "new generation of East African jihadist groups that represent a new security challenge for the region and the wider international community."[985]

8.2 Kenia: Operation Linda Nchi (2011)

Am 13. Oktober 2011 entführten Al-Shabaab Milizen zwei spanische Entwicklungshelferinnen der *Medicines Sans Frontiers* aus dem somalischen Flüchtlingslager Dadaab in Kenia.[986] Zuvor waren bereits eine britische Touristin und eine Französin mit Booten vom Strand aus entführt sowie der Ehemann der Britin getötet worden.[987] Zwei Tage später erklärten die kenianischen Minister des Inneren und der Verteidigung vor der Presse in

---

muniqué PSC/PR/Comm(LXIX)], den der UN-Sicherheitsrat mit Resolution 1744 vom 20. Februar 2007 billigte. Truppenstellende Staaten sind zur Zeit Burundi, Djibouti, Kenia, Sierra Leone und Uganda.

983 United Nations, Somalia Report of the Monitoring Group on Somalia and Eritrea Submitted in Accordance with Resolution 2002 (2011), UN Doc. S/2012/544, 13. Juli 2012, S. 16. *Masters*, Backgrounder: Al-Shabaab, Council on Foreign Relations, 13. März 2015, https://www.cfr.org/backgrounder/al-shabab.

984 United Nations, Report of the Monitoring Group on Somalia and Eritrea Submitted in Accordance with Resolution 1916 (2010), UN Doc. S/2011/433, 18. Juli 2011, S. 24.

985 Ibid.

986 Die beiden Spanierinnen kamen erst im Juli 2013 frei, siehe Spanish Hostages Freed From Somalia, BBC, 19. Juli 2013, http://www.bbc.co.uk/news/world-africa-23359943.

987 Für eine Darstellung der Ereignisse siehe *Throup*, Kenya's Intervention in Somalia, CSIS, Basic Info Commentary, 16. Februar 2012.

Nairobi, Kenia würde sein Recht auf Selbstverteidigung gemäß Artikel 51 UN-Charta wahrnehmen, denn: "Our territorial integrity is threatened with serious threats of terrorism. We cannot allow this to happen. We are now going to pursue al-Shabaab wherever they will be, even in their country."[988] Am 16. Oktober 2011 begann die kenianische Armee ihre Operation *Linda Nchi* („Protect the Country") und drang mit Panzern und Kampfflugzeugen auf somalisches Gebiet vor.[989]

In einem Schreiben an den Präsidenten des Sicherheitsrats informierte Kenia die Ratsmitglieder über die Operation und ihre Übereinkunft zur Zusammenarbeit mit der somalischen Interim-Regierung.[990] Darin hieß es:

> "Kenya, with the concurrence of the Transitional Federal Government of Somalia, has been compelled to take *robust, targeted measures* to protect and preserve the integrity of Kenya and the efficacy of the national economy and to secure peace and security in the face of the *Al-Shabaab terrorist militia attacks emanating from Somalia.*"[991]

Zwar wird in dem Schreiben Artikel 51 UN-Charta nicht ausdrücklich erwähnt, doch ergibt sich im Zusammenhang mit den vorhergehenden Äußerungen der Minister, dass es sich bei Operation *Linda Nchi* natürlich um eine Selbstverteidigungsmaßnahme handelt.[992] Zudem wird deutlich, dass die somalische Regierung offensichtlich, wie der Annex „Joint communiqué issued at the conclusion of the meeting between the Government of Kenya and the Transitional Federal Government of Somalia" zu dem Schreiben zeigt, der Operation zugestimmt hatte.

Im vierten Absatz des Schreibens folgt ein erstaunlicher Satz:

> "Kenya [...] decided to undertake *remedial and pre-emptive action.*"

---

988 SomaliaReport, October 2011, http://somaliareport.powweb.com/index.php/category/1/Home%20LAND.

989 Im November 2011 entsandte Äthiopien ebenfalls Truppen nach Somalia.

990 Letter dated 17 October from the Permanent Representative of Kenya to the United Nations addressed to the President of the Security Council, UN Doc. S/2011/646, 18. Oktober 2011.

991 Ibid., Hervorheb. durch Verf.

992 Siehe auch das folgende *Joint Communique Kenya-Somalia* vom 31. Oktober 2011: "[...] Kenya's security operation inside Somalia is aimed at eliminating the threat posed by Al Shabaab to Kenya's national security and economic well being, and is based on the legitimate right to self-defence under Article 51 of the UN Charter", http://kenyastockholm.com/2011/10/31/joint-kenya-somali-communique-on-war-in-somalia/.

Hinzu kommt, dass Kenia neben seinem Recht auf Selbstverteidigung ein weiteres Recht in Anspruch nahm, und zwar das Recht auf *„hot pursuit"*, das völkerrechtlich sehr umstritten ist, zumindest, wenn die Verfolgung vom Land aus geschieht[993]:

> "Kenya, whenever necessary, will pursue back into Somalia the terrorist elements that have transgressed the Kenyan boundaries and carried out acts of kidnapping, terror and murder and disrupted international humanitarian efforts."

Ein ähnlicher Satz findet sich auch in dem Communiqué:

> "Both sides [...] agreed to:

> [...] Cooperate in undertaking security and military operations, and to undertake coordinated *pre-emptive action and the pursuit* of any armed elements that continue to threaten and attack both countries."

Die USA verneinten jegliche Beteiligung an der kenianischen Militäroffensive gegen Al-Shabaab und verwiesen auf ihre langjährige Partnerschaft mit Kenia im Bereich von „capacity building assistance".[994]

Die *African Union* und die *Intergovernmental Authority on Development* unterstützten die kenianische Militäroffensive in Somalia, der sich die bereits im Land stationierte AU Mission in Somalia (AMISOM) angeschlossen hatte.[995] Auch im UN-Sicherheitsrat, der sich am 11. Januar 2012 mit der Situation in Somalia befasste, war keine Kritik an Kenia's

---

993 Im Seerecht ist das "Recht auf Nacheile" anerkannt, siehe Artikel 111 UN-Seerechtsübereinkommen von 1982 (in Kraft getreten am 16. November 1994), gemäß Artikel 111 Abs. 6 gilt es auch für Flugzeuge. Das Recht endet, „sobald das verfolgte Schiff das Küstenmeer seines eigenen oder eines dritten Staates erreicht", Artikel 111 Abs. 3, BGBl. 1994 II S. 1798. Im vorliegenden Fall sieht *Hadzi-Vidanovic* das Recht auf Nacheile nur in den Fällen der vom Strand aus mit Booten entführten Touristen als gegeben an, das aber durch die erfolgreiche Flucht der Terroristen erloschen ist, dem ist zuzustimmen, siehe *Hadzi-Vidanovic*, Kenya Invades Somalia Invoking the Right of Self-Defense, EJIL Talk!, 18. Oktober 2011, http://www.ejiltalk.org/kenya-invades-somalia-invoking-the-right-of-self-defence/. Zum Recht auf Nacheile siehe auch 5. Kapitel II.

994 U.S.-State Department, Kenya: Combating al-Shabaab, Taken Question at the October 24, 2011 Daily Press Briefing, Office of the Spokesperson, 25. Oktober 2011, PRN 2011/1797.

995 Statehouse Kenya: Africa Union Supports Kenya's defense of its territorial integrity, Pressemitteilung vom 19. Oktober 2011; African Union, Peace and Security Council, 302nd Meeting, Communiqué, 2. Dezember 2011, PSC/PR/COMM(CCCII); Communiqué of the 41st Extra-Ordinary Session of the IGAD

„*pre-emptive action*" gegen Al-Shabaab zu hören, die Delegationen, darunter China, Portugal, Guatemala, Pakistan, Indien, Togo und Marokko, zeigten sich im Gegenteil erleichtert über die Operation gegen die Terroristen.[996] Der Vertreter Frankreichs war sogar sehr erfreut:

> "Similarly, the intervention led by Kenya since October 2011, which was simultaneously carried out by Ethiopia, relying on militias in the Somali west, have also helped to weaken Al-Shabaab. We are delighted by that weakening of Al-Shabaab, which is an encouraging sign for the future of the political transition."[997]

Der deutsche Botschafter Peter Wittig vermied es allerdings, die kenianische Operation zu erwähnen und bezog sich in seiner Rede allein auf die AMISOM-Truppen.[998] Interessant in diesem Zusammenhang ist eine schriftliche Frage der LINKEN-Abgeordneten Sevim Dağdelen an die Bundesregierung, welche Konsequenzen die Bundesregierung aus der „kenianischen Intervention in Somalia" gezogen habe.[999] Die Antwort von Staatsministerin Pieper vom 8. November 2011 lautete:

> „Die kenianische Regierung hat für ihre militärische Operation in Südsomalia die Unterstützung der somalischen Übergangsbundesregierung sowie der ostafrikanischen Intergovernmental Authority on Development (IGAD). Auch in der Vergangenheit arbeitete Kenia bei krisenhaften Entwicklungen (Sudan, Somalia, Dürrekrise) konstruktiv an Lösungen mit. Kenia ist daher aus Sicht der Bundesregierung weiterhin ein wichtiger Stabilitätsfaktor in der Region. Anlass für eine Modifikation der Zusammenarbeit besteht aus Sicht der Bundesregierung aktuell nicht."[1000]

Council of Ministers, Addis Ababa, 21. Oktober 2011. Siehe auch Report of the Secretary-General on Somalia, UN Doc. S/2011/759, 9. Dezember 2011, para. 5: "Both the African Union and the Intergovernmental Authority on Development (IGAD) have expressed their support for the Kenyan security operation".

996 Vgl. UN Doc. S/PV.6701, 11. Januar 2012: China: "appreciates the contribution made by [...] Kenya [and] Ethiopia", S. 15; USA: "Kenya and Ethiopia have thrown their weight behind the effort to defeat Al-Shabaab, and we welcome their contributions as well", S. 20; Indien: "we welcome the operations being undertaken by Kenyan and Ethiopian forces", S. 21.

997 Ibid., S. 17.

998 Ibid., S. 24 f. Ähnlich auch Kolumbien und Russland, S. 26 f.

999 Deutscher Bundestag, 17. Wahlperiode, Schriftliche Fragen, BT-Drucksache 17/7701, 11. November 2011, S. 2.

1000 Ibid.

Auch die EU hatte sich zuvor eher sibyllinisch geäußert:

„Die EU verurteilt die anhaltenden Angriffe auf somalische Zivilisten durch Al Shabaab, […]. Sie ist besonders besorgt über die Ausweitung solcher Attentate auf die Nachbarländer, unter anderem auf Kenia, wie auch über die Entführung europäischer Staatsbürger, deren sofortige Freilassung sie fordert. Solche Anschläge stellen nicht nur eine Bedrohung für die benachbarten Länder dar, sondern für die gesamte internationale Gemeinschaft. Die EU unterstützt völkerrechtlich gedeckte Maßnahmen mit Ziel, die Gefahr derartiger Anschläge zu bannen […]."[1001]

Nach Ansicht der *Monitoring Group on Somalia and Eritrea*, einem aus sieben Personen bestehenden Expertengremium, das den zuständigen Sanktionsausschuß des Sicherheitsrats berät, waren allerdings die Operation von Kenia (und auch Äthiopien) zumindest bis Juni 2012 nicht „völkerrechtlich gedeckt".[1002] In ihrem Bericht aus dem Jahr 2012 machte die *Monitoring Group* deutlich, dass sie, unabhängig von der Inanspruchnahme des Rechts auf Selbstverteidigung durch Kenia, Operation *Linda Nchi* als Verstoß gegen das geltende Waffenembargo betrachte.[1003] Die kenianischen Truppen hätten außerhalb der Militärstrukturen von AMISOM agiert und könnten daher auch nicht unter die Ausnahme des Waffenembargos fallen, zudem hätten sie den Sanktionsausschuß nicht um die vorhergehende Zustimmung ersucht. Erst mit Unterstellung der kenianischen Truppen unter das Kommando von AMISOM am 2. Juni 2012 gelte die Ausnahme auch für Kenia.[1004]

Diese Beurteilung wirft interessante Fragen auf, wie insbesondere die, ob ein Staat, der sein Selbstverteidigungsrecht ausübt und dem Sicherheitsrat anzeigt, dennoch im Falle der Geltung eines Waffenembargos auf

---

1001 Rat der Europäischen Union, 3124. Tagung des Rates, Auswärtige Angelegenheiten, Mitteilung an die Presse, 16756/11, 14. November 2011, S. 16.

1002 Der Sicherheitsrat verhängte bereits 1992 ein Waffenembargo gegen Somalia (Resolution 733 vom 23. Januar 1992), das von einem Sanktionsausschuß bestehend aus den Mitgliedern des Rates überwacht wird (siehe Resolutionen 751 vom 24. April 1992, sowie Resolutionen 1356 vom 19. Juni 2001 und 1844 vom 20. November 2008). Mit Resolution 1744 vom 20. Februar 2007 stellte der Rat AMISOM von der Geltung des Waffenembargos frei, andere Waffenlieferungen wie zum Beispiel für die somalischen Truppen sind von der Zustimmung des Ausschusses abhängig.

1003 Somalia Report of the Monitoring Group on Somalia and Eritrea submitted in accordance with Resolution 2002 (2011), UN Doc. S/2012/544, 13. Juli 2012, S. 228.

1004 Ibid., S. 229.

dem Gebiet, von dem aus der Angriff ausging, den zuständigen Sanktionsausschuß des Sicherheitsrats vorab um Erlaubnis bitten muss. Dieses muss angesichts des Wortlauts wie auch Sinn und Zweck von Artikel 51, der zudem das „naturgegebene Recht" auf Selbstverteidigung beinhaltet, eher angezweifelt werden. Letztendlich aber führt dieser Fall hier zu weit, zumal es sich bei der *Monitoring Group* um ein Expertengremium handelt, in dem die Mitglieder kraft ihrer Expertise vertreten sind und nicht als Vertreter ihrer Heimatstaaten.

Jedenfalls ist abschließend festzustellen, dass die kenianische Begründung für Operation *Linda Nchi*, insbesondere der ausdrückliche Verweis auf präemptives Vorgehen in Verbindung mit der Ausübung des Selbstverteidigungsrechts, trotz der unzweifelhaften Ähnlichkeiten mit der Wortwahl der *Bush*-Doktrin, auf keine eindeutige Ablehnung in der internationalen Gemeinschaft stieß.

8.3 Äthiopien vs. Eritrea (2012)

Eritrea hatte nach einem 30-jährigen Bürgerkrieg, der 1991 mit dem Sturz der Regierung von Mengistu Haile und einem Referendum endete, formell die Unabhängigkeit von Äthiopien erlangt. Aufgrund des ungeklärten Grenzverlaufes zwischen beiden Staaten brach 1998 ein weiterer bewaffneter Konflikt zwischen Eritrea und Äthiopien aus, der bis 2000 andauerte.[1005] Beide Seiten einigten sich auf die Einsetzung einer unabhängigen Kommission, die mit Hilfe der Vereinten Nationen den zukünftigen Grenzverlauf festlegen sollte.[1006] Die *Eritrea-Ethiopia Boundary Commission*, bestehend aus bedeutenden Völkerrechtlern wie Sir Elihu Lauterpacht und Judge Stephen M. Schwebel[1007], veröffentlichte ihre Entscheidung am 13. April 2002.[1008] Äthiopien weigerte sich allerdings, die bindende Entscheidung der Kommission anzuerkennen, welches zu einem

---

1005 UN Yearbook 1998, S. 144 ff.; UN Yearbook 2000, S. 167 ff.
1006 Peace Agreement between Ethiopia and Eritrea, UN Doc. A/55/686 - S/2000/1183, 13. Dezember 2000.
1007 Weitere Mitglieder waren Prince Bola Adesumbo Ajibola, Professor W. Michael Reisman und Sir Arthur Watts.
1008 Eritrea-Ethiopia Boundary Commission, Decision Regarding Delimitation of the Border, UN Doc. S/2002/423, 15. April 2002.

jahrelangen Stillstand der Demarkationsbemühungen und schließlich 2007 zum Ende des Mandats der Kommission führte.[1009]

Der sogenannte „kalte Frieden" zwischen Eritrea und Äthiopien, verbunden mit der andauernden Präsenz von äthiopischen Truppen und Beamten auf Territorium, das die *Boundary Commission* dem Staatsgebiet von Eritrea zugesprochen hatte, dienen seitdem der eritreischen Regierung als Begründung für die Unterstützung von bewaffneten äthiopischen Oppositionsgruppen, aber auch von anderen terroristischen Gruppierungen in der Region wie Al-Shabaab.[1010]

Im Jahr 2009 verabschiedete die Afrikanische Union eine Erklärung, in der der UN-Sicherheitsrat aufgefordert wurde, Sanktionen gegen alle ausländischen Akteure zu verabschieden, die bewaffneten Gruppen in Somalia Unterstützung leisteten, *„especially Eritrea"*.[1011] Mit der Feststellung der Unterminierung der Friedensbemühungen in Somalia durch Eritrea verbunden mit dem andauernden Konflikt mit Djibouti, verhängte der Sicherheitsrat im Dezember 2009 ein umfassendes Sanktionsregime gegen Eritrea.[1012] Insbesondere verlangte der Rat,

> „dass alle Mitgliedstaaten, insbesondere Eritrea, aufhören, bewaffnete Gruppen und ihre Mitglieder, darunter die Al-Shabaab, die das Ziel verfolgen, die Region zu destabilisieren, [...] zu bewaffnen, auszubilden und auszurüsten".

Nachdem die *Monitoring Group* in ihrem Bericht[1013] vom Juli 2011 verschiedene Verstöße gegen Resolution 1907 (2009) durch Eritrea festgestellt hatte – darunter die umfangreiche Unterstützung von Al-Shabaab und deren Ausbildung in Trainingslagern auf eritreischem Gebiet, be-

---

1009 UN Yearbook 2007, S. 315.
1010 United Nations, Report of the Monitoring Group on Somalia and Eritrea Submitted in Accordance with Resolution 1916 (2010), UN Doc. S/2011/433, 18. Juli 2011, S. 68; Report of the Monitoring Group on Somalia Submitted in Accordance with Resolution 1811 (2008), UN Doc. S/2008/769, 10. Dezember 2008, S. 25.
1011 African Union, 13th Ordinary Session of the Assembly, Sirte/Libya, 3. Juli 2009, Assembly/AU/Dec.252 (XIII), para. 16.
1012 UN Doc. S/RES/1907, 23. Dezember 2009.
1013 United Nations, Report of the Monitoring Group on Somalia and Eritrea Submitted in Accordance with Resolution 1916 (2010), UN Doc. S/2011/433, 18. Juli 2011, S. 69 ff.

schloß der Sicherheitsrat mit Resolution 2023 (2011)[1014] eine Verschärfung der Sanktionen. Der Rat verurteilte ausdrücklich, „dass Eritrea gegen die Resolutionen 1844 (2008), 1862 (2009) und 1907 (2009) des Sicherheitsrats verstößt, indem es bewaffneten Oppositionsgruppen, einschließlich Al-Shabaabs, die den Frieden und die Aussöhnung in Somalia und der Region untergraben, weiter Unterstützung gewährt" und forderte Eritrea auf, die „Destabilisierung von Staaten, unter anderem durch finanzielle, militärische, nachrichtendienstliche und nichtmilitärische Hilfe wie die Bereitstellung von Ausbildungszentren, Lagern und ähnlichen Einrichtungen für bewaffnete Gruppen" zu unterlassen.[1015]

Am 16. Januar 2012 wurde in der Afar-Region in Äthiopien ein Anschlag auf eine internationale Reisegruppe verübt, fünf Menschen starben – zwei Deutsche, zwei Österreicher und ein Ungar – weitere wurden verletzt oder entführt.[1016] Für die äthiopische Regierung bestand kein Zweifel an einer direkten Beteiligung Eritreas. In einem Brief an den Präsidenten des Sicherheitsrates kündigte die Regierung an, dass Äthiopien zu *„whatever action necessary"* bereit wäre, wenn die internationale Gemeinschaft ihren Verpflichtungen nicht nachkommen würde, und behielt sich ausdrücklich sein Recht auf Selbstverteidigung vor.[1017] In einem weiteren Brief an den Sicherheitsrat vom 14. März 2012 rief Äthiopien abermals den Rat auf, für die vollständige Umsetzung seiner Resolutionen in bezug auf Eritrea zu sorgen und schloß mit dem Satz: "Meanwhile, Ethiopia reserves its right of self-defense in accordance with the Charter of the United Nations".[1018]

1014 Der Entwurf war von den Staaten der IGAD vorgelegt und von der Afrikanischen Union unterstützt worden, siehe Statement Gabon, UN Doc. S/PV.6674 Resumption 1, 5. Dezember 2011, S. 2; African Union, 14th Ordinary Session of the Assembly, Addis Ababa/Ethiopia, 2. Februar 2011, Assembly/AU/Dec.268 (XIV) Rev. 1.

1015 UN Doc. S/RES/2011/2023 vom 5. Dezember 2011.

1016 Letter dated 18 January 2012 from the Permanent Representative of Ethiopia to the United Nations addressed to the President of the Security Council, UN Doc. S/2012/44, 18. Januar 2012, siehe auch Auswärtiges Amt, Pressemitteilung vom 18. Januar 2012.

1017 Letter dated 18 January 2012 from The Permanent Representative of Ethiopia to the United Nations addressed to the President of the Security Council, UN Doc. S/2012/44, 18. Januar 2012.

1018 Letter dated 14 March 2012 from The Permanent Representative of Ethiopia to the United Nations addressed to the President of the Security Council, UN Doc. S/2012/158, 14. März 2012.

Einen Tag später, am 15. März 2012, griff die äthiopische Armee drei angebliche Ausbildungslager für Terroristen auf eritreischem Gebiet an. In einer Pressemitteilung des äthiopischen Außenministeriums hieß es:

> "This was a careful, calculated and proportional response to the continued destabilizing activities being carried out by Eritrea and specifically a response to the recent attack against innocent tourists in the Afar region [...] Ethiopia must reserve its right to take retaliatory measures against Eritrea's violence."[1019]

Die Reaktion der Staatengemeinschaft beschränkte sich offiziell darauf, Besorgnis zu äußern und beide Seiten zur Zurückhaltung aufzufordern.[1020] Die Sprecherin des U.S.-State Department warnte Äthiopien vor einer Fortsetzung der Angriffe:

> "QUESTION: Do you have anything for us on Ethiopia and their attacks inside Eritrea?
>
> MS. NULAND: I have a little bit more. Our understanding, Scott, is that this incident was a one-time incident, one-time incursion on March 15th. I think you know that we expressed concern about it at the time. We called for calm on both sides. But we have not seen any evidence of further military action by either side since March 15th.
>
> QUESTION: Have the Ethiopians given you any assurances that there will not be a second time incident?
>
> MS. NULAND: Well, we've made absolutely clear to them that we think that would be a very bad idea."[1021]

Anscheinend gab es aber „hinter den Kulissen" weitere Reaktionen, so dass der äthiopische Außenminister, Berhane Gebrechristos, in der folgenden Woche drei separate Briefings für die amerikanischen und europäischen, die asiatischen und afrikanischen Botschafter abhielt, in denen er klarstellte:

1019 Federal Democratic Republic of Ethiopia, Ministery of Foreign Affairs, Press Release: Talking, not shooting is the only choice for Eritrea, A Week in the Horn of Africa, 16. März 2012.

1020 "Ethiopia attacks Eritrean base after tourist killings", Agence France Press, 15. März 2012; United Kingdom, Foreign and Commonwealth Office, Foreign Office Minister expresses concern about Ethiopia's incursion into Eritrea; Press Release, 17. März 2012; African Union, The AU appeals for renewed efforts to help normalize the relations between Eritrea and Ethiopia, Press Release, 16. März 2012.

1021 U.S. Department of State, Daily Press Briefing, 20. März 2012.

"The operation was in no way aimed to provoke any full-scale retaliatory measures, nor was it intended to do anything other than convey the message that Eritrea's destabilizing activities had led to these consequences. [...] Indeed, in the absence of effective measures by the international community, there is always the possibility that individual countries might find themselves forced to taking unilateral measures. Ethiopia would certainly prefer this not to happen."[1022]

9. USA – Angriff auf Osama Bin Laden in Pakistan (2011)

Während einer *Presidential Debate* im Oktober 2008 in Nashville wurde den Präsidentschaftsbewerbern John McCain und Barack Obama die folgende Frage gestellt:

"Should the United States respect Pakistani sovereignty and not pursue al Qaeda terrorists who maintain bases there, or should we ignore their borders and pursue our enemies like we did in Cambodia during the Vietnam War?"[1023]

Während McCain eine Kooperation mit Pakistan vorzog, antwortete der spätere Präsident Obama:

"[...] if we have Osama bin Laden in our sights and the Pakistani government is unable or unwilling to take them out, then I think that we have to act and we will take them out. We will kill bin Laden; we will crush Al Qaida. That has to be our biggest national security priority."[1024]

Am 2. Mai 2011 landeten U.S.-Seals mit Hubschraubern in der Nähe eines Anwesens in Abbottabad, Pakistan. In einer 40-minütigen Operation stürmten sie das Anwesen, töteten Osama Bin Laden und drei weitere Personen, konfiszierten Computer und andere elektronische Geräte und auch den Leichnam Bin Ladens. Die Regierung von Pakistan wurde erst nach dem Einsatz benachrichtigt.[1025] Auf einer Pressekonferenz am Abend des

---

1022 Federal Democratic Republic of Ethiopia, Ministery of Foreign Affairs, Press Release: Talking, not shooting is the only choice for Eritrea, A Week in the Horn of Africa, 23. März 2012.

1023 Commission on Presidential Debates, The Second McCain-Obama Presidential Debate, Transcript, 7. Oktober 2008, http://www.debates.org/index.php?page=o ctober-7-2008-debate-transcrip.

1024 Ibid.

1025 Für die offizielle Darstellung der Ereignisse siehe The White House, Press Briefing by Senior Administration Officials on the Killing of Osama bin Laden, 2. Mai 2011.

2. Mai 2011 machte ein namentlich nicht genannter *Senior Administration Official* deutlich:

> "We shared our intelligence on this bin Laden compound with no other country, including Pakistan. That was for one reason and one reason alone: We believed it was essential to the security of the operation and our personnel. In fact, only a very small group of people inside our own government knew of this operation in advance.

> Shortly after the raid, U.S. officials contacted senior Pakistani leaders to brief them on the intent and the results of the raid. We have also contacted a number of our close allies and partners throughout the world.

> Sine 9/11, the United States has made it clear to Pakistan that we would pursue bin Laden wherever he might be. Pakistan has long understood that we are at war with al Qaeda. The United States had a legal and moral obligation to act on the information it had."[1026]

Unmittelbar nach dem US-Einsatz schrieb der pakistanische Präsident Zardari in der *Washington Post*: "[a]lthough the events [...] were not a joint operation, a decade of cooperation and partnership between the United States and Pakistan led up to the elimination of Osama bin Laden as a continuing threat to the civilized world. And we in Pakistan take some satisfaction that our early assistance in identifying an al-Qaeda courier ultimately led to this day."[1027] Einen Tag später veröffentlichte das Außenministerium eine Pressemitteilung, in der Pakistan allerdings seiner Besorgnis über den eigenmächtigen Einsatz der USA Ausdruck verlieh:

> "[...] the Government of Pakistan expresses its deep concerns and reservations on the manner in which the Government of the United States carried out this operation without prior information or authorization from the Government of Pakistan.

> This event of unauthorized unilateral action cannot be taken as a rule. The Government of Pakistan further affirms that such an event shall not serve as a future precedent for any state, including the US. Such actions undermine co-

---

1026 Ibid.
1027 Präsident Asif Ali Zardari, Pakistan Did Its Part, Opinion, Washington Post, 2. Mai 2011; http://www.washingtonpost.com/opinions/pakistan-did-its-part/2011/05/02/AFHxmybF_story.html. Siehe auch Ministry of Foreign Affairs, Government of Pakistan, Press Release No. 150/2011,"Death of Osama Bin Ladin", 2. Mai 2011.

operation and may also sometime constitute a threat to international peace and security."[1028]

Die Reaktionen der internationalen Gemeinschaft waren überwiegend positiv und bewerteten den Einsatz als „Meilenstein" im Kampf gegen Al-Qaida und den internationalen Terrorismus.[1029] Auch der UN-Sicherheitsrat begrüßte die Nachrichten über Bin Ladens Tod.[1030] In einer Erklärung der EU heißt es "This is a major achievement in our efforts to rid the world of terrorism. The European Union continues to stand shoulder to shoulder with the United States, our international partners and our friends in the Muslim world in combating the scourge of global extremism [...]."[1031]

In seiner Ansprache am Abend machte Präsident Obama allerdings auch deutlich, dass der Tod Bin Ladens nicht das Ende des Kampfes gegen Al-Qaida darstelle: "Yet his death does not mark the end of our effort."[1032] Die militärischen Aktionen gegen Al-Qaida und ihre Verbündeten wurden und werden bis heute fortgesetzt.[1033]

1028 Ministry of Foreign Affairs, Government of Pakistan, Press Release No. 152/2011, "Death of Osama bin Ladin – Respect for Pakistan's Established Policy Parameters on Counter Terrorism", 3. Mai 2011. Siehe auch Statement of the Honourable Prime Minister about Abbottabad Operation Against Osama bin Ladin by US Forces, National Assembly of Pakistan, Assembly Debates, 9. Mai 2011, "We regret that this unilateral action was undertaken without our concurrence." Eine Antwort gab Präsident Obama in seiner Rede vom 23. Mai 2013 vor der National Defense University in Fort McNair: "To put it another way, our operation in Pakistan against Osama bin Laden cannot be the norm. The risks in that case were immense. [...] And even then, the cost to our relationship with Pakistan – and the backlash among the Pakistani public over encroachment on their territory – was so severe that we are just now beginning to rebuild this important partnership.", The White House, Remarks by the President at the National Defense University, 23. Mai 2013.

1029 World leaders react to news of bin Laden's death, CNN International, 3. Mai 2011, http://edition.cnn.com/2011/WORLD/asiapcf/05/02/bin.laden.world.reacts/index.html.

1030 Presidential Statement, UN Doc. S/PRST/2011/9 vom 2. Mai 2011.

1031 Joint statement by European Commission President Barroso and European Council President Van Rompuy on the death of Osama Bin Laden, EU-Press Release, MEMO/11/266 vom 2. Mai 2011.

1032 Remarks by the President on Osama Bin Laden, The White House, 2. Mai 2011.

1033 Siehe dazu 7. Kapitel II.1.

10. Israel vs. Sudan (2012)

In der Nacht des 23. Oktober 2012 zerstörte eine Explosion die im Süden der sudanesischen Hauptstadt Khartum liegende Waffenfabrik *Yarmouk*. Die sudanesische Regierung machte bereits am folgenden Tag Israel verantwortlich, das mit vier Kampfflugzeugen die Fabrik bombardiert habe, weitere Angriffe Israels hätten darüber hinaus bereits 2009 und 2011 stattgefunden, wie ein Angriff auf einen Militärkonvoi mit 39 Toten nördlich von Port Said, die Bombardierung eines Waffen transportierenden Schiffes im Roten Meer und ein Luftangriff auf ein mit zwei Personen besetztes Auto.[1034]

Der sudanesische Botschafter Daffa-Alla Elhag Ali Osman nutzte die Sicherheitsratssitzung zum Bericht des UN-Generalsekretärs zur *African Union-United Nations Hybrid Operation in Darfur* (UNAMID) am 24. Oktober 2012, um die Mitglieder über die *„heinous attack"* Israels auf die angeblich konventionelle Waffen herstellende Fabrik zu informieren und forderte den Rat auf, den Angriff zu verurteilen.[1035]

Der israelische Verteidigungsminister Ehud Barak kommentierte die sudanesischen Vorwürfe nicht, ebenso wie der Leiter des Politisch-Diplomatischen Büros im Verteidigungsministerium, Amos Gilad.[1036] Letzterer verwies allerdings auf die Unterstützung des Sudans für terroristische Gruppierungen. Nach Bemerkungen des ehemaligen Leiters des Mossad, Shabtai Shavit, ist der Sudan zu einem Transitland für iranische Waffen auf dem Weg nach Afrika und den Nahen Osten, inklusive Ägypten und Gaza, geworden.[1037]

1034 Informationsminister Ahmed Belal Osman, zitiert in: *Leon/Siryoti*, Sudan threatens Israel after Khartoum arms factory hit, Israel Hayom, 24. Oktober 2012, http://www.israelhayom.com/site/newsletter_article.php?id=6202; *James*, Exclusive: Three Israeli Airstrikes Against Sudan, abc News, 27. März 2009, http://blogs.abcnews.com/politicalradar/2009/03/exclusive-three.html; Sudan arms factory blast: Khartoum to report Israel to UN, BBC News, 25. Oktober 2012, http://www.bbc.co.uk/news/world-africa-20085540.

1035 Statement of the Representative of Sudan, UN Doc. S/PV.6851, 24. Oktober 2012. Siehe auch Letter dated 25 October 2012 from the Permanent Representative of the Sudan to the United Nations addressed to the President of the Security Council, UN Doc. S/2012/790, 25. Oktober 2012.

1036 Zitiert in: *Leon/Siryoti*, Sudan threatens Israel after Khartoum arms factory hit, Israel Hayom, 24. Oktober 2012, http://www.israelhayom.com/site/newsletter_article.php?id=6202.

1037 Ibid.

Die Zeitschrift *Foreign Policy* berichtete bereits im Juni 2010 über einen Artikel, der in der unabhängigen sudanesischen Zeitung *Rai al-Shabaab* erschienen war, kurz darauf wurde die Zeitung verboten und zahlreiche Journalisten verhaftet.[1038] Der Artikel stellte die Behauptung auf, dass die iranische Revolutionsgarde als nicht veröffentlichter Bestandteil des Verteidigungspaktes von 2008 zwischen Iran und Sudan eine geheime Waffenfabrik in der Nähe von Khartum betreibe. Weiter hieß es, Sudan spiele eine wichtige Rolle in der iranischen Unterstützung für terroristische Gruppierungen, wie Hamas in Gaza, Hisbollah sowie Houthis im Jemen. *Foreign Policy* vermutet, dass Israel Kenntnisse von dieser geheimen Waffenfabrik hatte.

Die Arabische Liga verurteilte den Angriff Israels auf die Waffenfabrik in Karthum als *„sneaky Israeli aggression"*, dreiste Verletzung des Völkerrechts, der UN-Charter sowie Sudans Souveränität, und sicherte dem Sudan seine Unterstützung zu "to present the issue to international and regional legal institutions and organisations to be compensated for the damage".[1039]

Weitere Kommentare, insbesondere von westlicher Seite, gab es nicht. Weder der Sicherheitsrat noch andere regionale Organisationen haben sich bisher mit dem Thema befaßt.

Die Ablehnung einer Stellungnahme durch Israel erinnert an den Angriff auf den syrischen Reaktor al-Kibar im September 2007[1040], damals hüllte sich die israelische Regierung ebenso in Schweigen wie bei der Ermordung des Hamas-Führers Mahmoud al-Mabhouh in einem Hotel in Dubai im Jahr 2010.[1041]

Zusätzliche Brisanz erhielt der Angriff aufgrund der Tatsache, dass die israelische Luftwaffe, sollten die Vermutungen zutreffen, mit 1.180 Meilen (einfache Strecke) den weitesten Einsatz in ihrer Geschichte geflogen

---

1038 *Schanzer*, The Islamic Republic of Sudan?, Foreign Policy, 10. Juni 2010.
1039 Arab League Ministerial Council Condemns Israels's Attack on Sudan, Sudan Vision, 13. November 2012.
1040 Siehe ausführlich dazu unten IV.1.
1041 *Kershner*, Official Silence in Israel Over Sudan's Accusations of Air Attack, NYT, 25. Oktober 2012, http://www.nytimes.com/2012/10/26/world/africa/official-silence-in-israel-over-sudans-accusations-of-air-attack.html?_r=0.

hat: die *Yarmouk*-Fabrik liegt rund 200 Flugmeilen näher als iranische Nuklearanlagen.[1042]

Einige Medien sehen den *Yarmouk*-Fall in enger Verbindung mit einer Rede des damaligen Premierministers Ehud Olmert. Dieser hatte 2009 vor einem akademischen Forum in Herzlyia ausgeführt:

> "We are operating in every area in which terrorist infrastructures can be struck. We are operating in locations near and far and attack in a way that strengthens and increases deterrence. It is true in the north and in the south … there is no point in elaborating. Everyone can use their imagination. Whoever needs to know, knows."[1043]

11. Israel vs. Syrien (2013)

Nach dem Krieg im Jahr 2006 standen die Aktivitäten der Hisbollah im Libanon weiterhin unter israelischer Beobachtung, insbesondere auch im Zusammenhang mit dem syrischen Bürgerkrieg seit März 2011. So werden in Israel syrische oder iranische Waffenlieferungen an die Hisbollah befürchtet, welches nach israelischer Lesart eine „rote Linie" überschreiten würde.[1044]

Im Januar 2013 griffen nach Zeitungsberichten israelische Kampfflugzeuge einen vermuteten Waffentransport für die Hisbollah in der Nähe von Jamraya an, eine Stadt im Grenzgebiet zwischen Syrien und dem Libanon.[1045] Das syrische Staatsfernsehen berichtete von zwei Toten sowie

---

1042 *Ehud Yaari*, Washington Institute for Near East Policy, zitiert in: *Kershner*, Official Silence in Israel Over Sudan's Accusations of Air Attack, NYT, 25. Oktober 2012.

1043 *Ehud Olmert*, 26. März 2009, zitiert in: Israeli planes destroy Sudanese arms factory suspected of producing chemical weapons for Hamas, Homeland Security New Wire, 24. Oktober 2012, http://www.homelandsecuritynewswire.com/dr20121024-israeli-planes-destroy-sudanese-arms-factory-suspected-of-producing-chemical-weapons-for-hamas; siehe auch *McCarthy*, Attack that killed arms smugglers in Sudan 'carried out by Israel', The Guardian, 26. März 2009, http://www.guardian.co.uk/world/2009/mar/26/sudan-arms-strike-israel.

1044 "We have established red lines when it comes to our own interests, and we are sticking to them." Moshe Yaalon, israelischer Verteidigungsminister, zitiert in: *Gordon*, Israel Airstrike Targeted Advanced Missiles That Russia Sold to Syria, U.S. Says, NYT, 13. Juli 2013.

1045 *Evans/Oweis*, Israel hits Syria arms convoy to Lebanon: sources, Reuters.com, 30. Januar 2013.

mehreren Verletzten und erklärte, dass „diese kriminellen Akte" Syrien nicht davon abhalten würden, den Palästinensern oder anderen Gruppen, die gegen Israel Widerstand leisten würden, Unterstützung zukommen zu lassen.[1046]

In einem Schreiben vom 1. Februar 2013 an den UN-Generalsekretär und den Präsidenten des Sicherheitsrats machte Syrien Israel und seine „Lakeien" für „terroristische Aktionen" gegen das syrische Volk verantwortlich und forderte den Sicherheitsrat auf, die *„blatant aggression"* Israels gegen die territoriale Souveränität eines Staates zu verurteilen.[1047] Weiter hieß es:

> "Should the Security Council yet again refrain from shouldering its responsibility to condemn Israel's grave aggressions, that would amount to a failure to fulfil its role under the Charter of the United Nations to maintain peace and security, both in the region and internationally, and would lead to instability and undermine regional and international peace and security. Syria holds Israel, and those in the Security Council who are protecting it, fully responsible for the consequences of this aggression, and affirms its right to defend itself, its territory and its sovereignty."

Während es von israelischer und amerikanischer Seite keine offiziellen Kommentare gab, verurteilten der Iran und Russland den Angriff als "unprovoked attacks on targets in the territory of a sovereign state, which grossly violates the U.N. charter and is unacceptable."[1048] Auch die Staaten der Blockfreien Bewegung forderten den Sicherheitsrat auf "to shoulder its responsibility by clearly condemning this act of aggression".[1049]

Eine offizielle Sitzung des Sicherheitsrats fand nicht statt, auch nicht, als Israel im Mai, Juli und Oktober 2013 weitere Angriffe auf Ziele in Sy-

---

1046 Ibid.
1047 Identical letters dated 31 January 2013 from the Permanent Representative of the Syrian Arab Republic to the United Nations addressed to the Secretary-General and the President of the Security Council, UN Doc. A/67/721 - S/2013/70, 1. Februar 2013.
1048 *Greenberg*, Iran, Russia defend Syria after Israeli attack, The Washington Post, 31. Januar 2013.
1049 Identical letters dated 7 February 2013 from the Permanent Representative of the Syrian Arab Republic to the United Nations addressed to the Secretary-General and the President of the Security Council, UN Doc. S/2013/82, 7. Februar 2013.

rien flog.[1050] Dabei wurden angeblich Raketensysteme zerstört, die der Iran und Russland an Syrien geliefert hatten.[1051] Syrien protestierte abermals, unterstützt von der Arabischen Liga und Ägypten.[1052] US-Präsident Obama äußerte sich nicht direkt zu den israelischen Angriffen, machte aber deutlich, dass Israel ein Recht auf Verteidigung habe: "What I have said in the past and I continue to believe is that the Israelis justifiably have to guard against the transfer of advanced weaponry to terrorist organizations like Hezbollah. We coordinate closely with the Israelis recognizing they are very close to Syria, they are very close to Lebanon."[1053]

Der andauernde Bürgerkrieg in Syrien sollte auch zur Entstehung neuer terroristischer Gruppierungen beitragen. Die Ereignisse um die Bekämpfung der terroristischen Organisation *Islamic State in Iraq and the Levant* (ISIL) im Irak und Syrien und die damit verbundene rechtliche Argumentation der beteiligten Staaten seit 2014 zeigt sehr anschaulich eine wachsende Tendenz unter den Staaten, das Recht auf (individuelle oder kollektive) Selbstverteidigung um das „Harboring"-Argument und den „unable/ unwilling-Ansatz" zu erweitern, wie in den folgenden zwei Kapiteln deutlich wird.

12. Operation Inherent Resolve – US-geführte Angriffe auf ISIL im Irak und Syrien (seit 2014)

In einem Schreiben vom 23. September 2014 unterrichteten die USA den UN-Generalsekretär und den Sicherheitsrat, dass sie „notwendige und verhältnismäßige" Militärschläge in Syrien begonnen hätten, um die Bedro-

---

1050 Diese Angriffe werden auch heute noch fortgesetzt, vgl. *Khoury/Ravid/Cohen*, Report: Israel strikes Syrian military bases, Hezbollah targets near Syria-Lebanon border, Haaretz, 25. April 2015.

1051 Israel Warplanes Strike Near Syria Capital, AFP, 5. Mai 2013, *Gordon*, Israel Airstrike Targeted Advanced Missiles That Russia Sold to Syria, U.S. Says, NYT, 13. Juli 2013.

1052 Identical letters dated 5 May 2013 from the Permanent Representative of the Syrian Arab Republic to the United Nations addressed to the Secretary-General and the President of the Security Council, UN Doc. S/2013/267, 6. Mai 2013; Israeli Airstrikes on Syria Bring Swift and Strong Reactions, Deutsche Welle, 5. Mai 2013.

1053 Zitiert in: Israeli Airstrikes on Syria Bring Swift and Strong Reactions, Deutsche Welle, 5. Mai 2013.

hung des Irak durch die terroristische Organisation *„Islamic State in Iraq and the Levant (ISIL)"* zu „eliminieren".[1054] Zusätzlich seien Angriffe gegen eine ebenfalls von syrischem Gebiet aus operierende und mit Al-Qaida verbundene *Khorasan Gruppe* geflogen worden, die eine Bedrohung für die USA und ihre Verbündeten darstellten.[1055] Angesichts dieser Bedrohungslage basierten die getroffenen Maßnahmen auf individueller wie kollektiver Selbstverteidigung gemäß Artikel 51 UN-Charta:

> "States must be able to defend themselves, in accordance with the inherent right of individual and collective self-defence, as reflected in Article 51 of the Charter of the United Nations, when, as is the case here, the government of the State where the threat is located is unwilling or unable to prevent the use of its territory for such attacks. The Syrian regime has shown that it cannot and will not confront these safe havens effectively itself."[1056]

12.1 Islamic State in Iraq and the Levant

Die Terrororganisation *Islamic State in Iraq and the Levant* (ISIL – auch bekannt unter Islamic State of Iraq and Al-Sham [ISIS], „Islamischer Staat" oder auch Daesh)[1057] nahm ihre Anfänge als Al-Qaida Zelle im irakischen Bürgerkrieg und operiert seit 2011 auch in Syrien.[1058] Anfang 2014 sagte sich ISIL von Al-Qaida los und änderte seinen Namen im Juni 2014 in „Islamischer Staat", der inzwischen nicht nur Territorien in den nördlichen und östlichen Provinzen Syriens von Aleppo bis Ar Raqqah und Deir ez-Zor und Abu Kamal entlang des Euphrat hält, sondern mit Städten wie Ar Ramadi und Al Falludjah bis weit in irakisches Gebiet hin-

---

1054 Letter dated 23 September 2014 from the Permanent Representative of the United States of America to the United Nations addressed to the Secretary-General, UN Doc. S/2014/695, 23. September 2014.

1055 Ibid.

1056 Ibid.

1057 Im Folgenden wird in Anlehnung an den bei den Vereinten Nationen üblichen Sprachgebrauch die Abkürzung „ISIL" verwendet.

1058 Zum Hintergrund siehe *Steinberg*, Der Islamische Staat im Irak und Syrien, Bundeszentrale für politische Bildung, 26. August 2014, *Smith*, ISIS and the sectarian conflict in the Middle East, House of Commons, Research Paper 15/16, 19. März 2015.

ein.[1059] Im Juni 2014 eroberten die Kämpfer Mossul – die zweitgrößte Stadt im Irak – und rückten auf irakisch-kurdische Gebiete vor.

Auf Bitten der irakischen Regierung, die sich bereits im Juni 2014 mit einem Hilfeaufruf[1060] im Kampf gegen ISIL an die Mitglieder der Vereinten Nationen gewandt hatte, autorisierte Präsident Obama im August 2014 Luftschläge gegen ISIL im Irak und den Abwurf von Hilfsgütern für die notleidende Bevölkerung im Norden *(Operation Inherent Resolve)*. Verschiedene Staaten, darunter Australien, Frankreich, das Vereinigte Königreich, Italien und Deutschland, schlossen sich an.[1061]

In seiner Resolution 2170 vom 15. August 2014 stellte der Sicherheitsrat unter Verweis auf Kapitel VII UN-Charta fest, dass ISIL eine Bedrohung für Frieden und Sicherheit darstellt, verhängte umfassende Sanktionen und forderte darüber hinaus die Mitgliedstaaten auf, dafür Sorgen zu tragen, dass der Zustrom ausländischer Terroristen *(„Foreign Terrorist Fighters")* unterbunden werde.[1062]

Am Vorabend des Jahrestages der Anschläge vom 11. September wandte sich Präsident Obama mit einer Rede an das amerikanische Volk, in der er das weitere Vorgehen der USA im Kampf gegen ISIL umriss. Danach werde die USA zusammen mit einer breiten Koalition von Staaten die Terrororganisation bekämpfen, und zwar nicht nur im Irak, sondern auch in Syrien:

> "Moreover, I have made it clear that we will hunt down terrorists who threaten our country, wherever they are. That means I will not hesitate to take ac-

---

1059 Report of the Secretary-General on the Implementation of Resolution 2139 (2014), UN Doc. S/2014/427, 20. Juni 2014, para. 9.

1060 Letter dated 25 June 2014 from the Permanent Representative of Iraq to the United Nations addressed to the Secretary-General, UN Doc. S/2014/440, 25. Juni 2014.

1061 In Bezug auf deutsche Waffenlieferungen an die Kurden im Nordirak laut Außenminister Steinmeier „keine einfache, aber eine richtige Entscheidung in einer in jeder Hinsicht außergewöhnlichen Situation", siehe Auswärtiges Amt, Bundesregierung unterstützt Nordirak im Kampf gegen die Terrororganisation ISIS, 2. September 2014, http://www.auswaertiges-amt.de/DE/Aussenpolitik/Laender/Aktuelle_Artikel/Irak/140831_Steinmeier_von_der_Leyen_zu_Nord_Irak.html. Eine Übersicht über geleistete Unterstützung für die irakische Regierung der genannten Staaten lässt sich dem Wortprotokoll der Sitzung des Sicherheitsrats vom 19. September 2014 entnehmen, UN Doc. S/PV.7271, 19. September 2014.

1062 UN Doc. S/RES/2170, 15. August 2014, siehe in Bezug auf *Foreign Terrorist Fighters* auch UN Doc. S/RES/2178, 24. September 2014.

tion against ISIL in Syria, as well as Iraq. This is a core principle of my presidency: If you threaten America, you will find no safe haven."[1063]

12.2 Global Coalition To Counter ISIL

Die *Global Coalition To Counter ISIL* wuchs im Laufe des Septembers 2014 auf 65 Staaten an, darunter neben NATO- und anderen europäischen Staaten auch Staaten der Region wie Saudi-Arabien, Bahrain, Qatar, Jordanien und Ägypten sowie die NATO, EU und die Arabische Liga selbst.[1064]

Der Sicherheitsrat kam am 19. September, also vier Tage vor Beginn der Luftschläge auf ISIL-Ziele in Syrien, zu einer offenen Debatte zur Situation im Irak unter dem Vorsitz des amerikanischen *Secretary of State*, John Kerry, zusammen. 40 Staaten, darunter auch Deutschland und viele arabische Staaten, aber auch der Iran, nahmen an der Sitzung teil – zumeist auf Ebene der Außenminister.

Vor den Wortbeiträgen der Staatenvertreter verabschiedete der Sicherheitsrat eine Erklärung, in der er ausdrücklich die Anschläge des ISIL in Irak, Syrien und Libanon verurteilte und die UN-Mitgliedstaaten zur Unterstützung der irakischen Regierung in ihrem Kampf gegen die Terrororganisation aufrief:

"The Security Council strongly condemns attacks by terrorist organizations, including the terrorist organization operating under the name "Islamic State in Iraq and the Levant" (ISIL) and associated armed groups, in Iraq, Syria, and Lebanon and emphasizes that this large-scale offensive poses a major threat to the region. [...]

The Security Council urges the international community, in accordance with international law to further strengthen and expand support for the Government of Iraq as it fights ISIL and associated armed groups. [...]"[1065]

Einige Staaten[1066] der Koalition, wie Australien, Frankreich und Italien, nahmen keine Stellung zu einem möglicherweise bevorstehenden Angriff auf ISIL-Ziele in Syrien, nur das Vereinigte Königreich ("we must tackle

---

1063 The White House, Statement by the President on ISIL, 10. September 2014.
1064 Siehe Aufstellung bei U.S. State Department: Special Presidential Envoy for the Global Coalition To Counter ISIL, http://www.state.gov/s/seci/.
1065 UN Doc. S/PRST/2014/20, 19. September 2014.
1066 Für alle Stellungnahmen siehe das Wortprotokoll der Sitzung, UN Doc. S/PV.7271, 19. September 2014.

[ISIL's] presence in both Iraq and Syria"[1067]) und die Niederlande ("We have to go beyond the borders that ISIL has rendered futile. ISIL cannot be defeated in Iraq alone and should be confronted in Syria as well."[1068]) äußerten sich eindeutig.

Arabische Staaten, wie Ägypten[1069] und Bahrain[1070], erklärten eher generell ihre Unterstützung der Koalition, Saudi Arabien hielt allerdings ISIL und die syrische Regierung für zwei Seiten einer Medaille und forderte Unterstützung für die oppositionelle *Syrian National Coalition* in ihrem Kampf gegen ISIL und das syrische Regime.[1071]

Argentinien warnte zumindest vor unilateralen Maßnahmen: "ISIL [...] must not be a pretext for unilateral actions, which have shown that they generate more problems than they solved."[1072], Chile[1073] und Belgien[1074] forderten eine Entscheidung des Sicherheitsrats. Der deutsche Außenminister Steinmeier erklärte: "[T]he battle ground in Syria is different from the one in Iraq, and is even more complex"[1075]. Der russische Botschafter Churkin wurde indes deutlicher:

"An international anti-terrorist operation should be conducted either with the consent of the sovereign Governments or sanctioned by the Security Council. [...] The publicly expressed intentions to strike ISIL's positions on Syrian territory without the cooperation of the Government in Damascus are extremely

---

1067 UN Doc. S/PV. 7271, 19. September 2014, S. 16.

1068 Ibid., S. 28.

1069 "Egypt stands ready to provide all support necessary to help Iraq. We will cooperate at the regional and international levels in the effort to overthrow ISIL and all heinous terrorist organizations throughout the world.", UN Doc. S/PV. 7271, 19. September 2014, S. 29.

1070 "Today, Bahrain stands ready to join its allies in the region and the world and to contribute its share to the necessary fight against Daesh.", UN Doc. S/PV. 7271, 19. September 2014, S. 30.

1071 UN Doc. S/PV. 7271, 19. September 2014, S. 40.

1072 Ibid., S. 15.

1073 "Chile reiterates that it is essential that any collective action against the Islamic State be sanctioned through the legitimacy conferred by conformity to the Charter of the United Nations. We must act together, and hopefully with the Council's unanimous backing, so that the counter-terrorism efforts can rely on the firm support of world opinion.", UN Doc. S/PV. 7271, 19. September 2014, S. 17.

1074 "Regarding actual military action, Belgium urges that any international action's legitimacy be reinforced, insofar as political conditions permit, by a United Nations resolution.", UN Doc. S/PV. 7271, 19. September 2014, S. 35.

1075 UN Doc. S/PV. 7271, 19. September 2014, S. 23.

disturbing. That would not only be a gross violation of the fundamental norms of international law, but could also have destructive practical consequences, including for the humanitarian situation in Syria."[1076]

Auch China hob die Souveränität, Unabhängigkeit und territoriale Integrität der „betroffenen Staaten" hervor: "In its pursuit of international counter-terrorism cooperation, the international community should respect the sovereignty, independence and territorial integrity of the countries concerned" und erinnerte an die führende Rolle der Vereinten Nationen und des Sicherheitsrats.[1077] Der stellvertretende Außenminister des Iran, dessen Teilnahme von mehreren Delegationen ausdrücklich begrüßt wurde, warnte: "A successful fight against ISIL requires helping the relevant central authorities to deal with that menace. Any strategy that undermines those authorities, including the Syrian Government, which resisted ISIL for several years, [...] will be a recipe for defeat."[1078]

Syrien nahm ebenfalls an der Sitzung teil und gab seine Erklärung als letzter Redner ab. Zunächst sah sich der syrische Botschafter veranlasst, auf das Thema der Sitzung zu verweisen, das da lautete: „Die Situation im Irak" und bedauerte „irreführende und provokative Äußerungen" über sein Land, die über den Tagesordnungspunkt hinausgingen.[1079] Allerdings beinhaltete die Tagesordnung – seiner Ansicht nach – "the support to be provided to two Governments, and two peoples, Iraq and Syria, in combatting ISIL, Jabhat al-Nusra and other affiliated terrorists organizations" und so zeigte sich Syrien „erleichtert" über das "international awakening in the fight against ISIL [...], even if tardy".[1080] Gleichwohl aber forderte er, auf die Charter der Vereinten Nationen und insbesondere das Prinzip der Souveränität der Staaten verweisend, "there is a need to coordinate upstream with the Syrian Government in the framework of any credible efforts to combat terrorism".[1081]

Präsident Obama hatte allerdings schon mehrfach, wie zuletzt auch in seiner Rede am 10. September 2014 deutlich gemacht, dass die syrische Regierung für die USA kein Partner im Kampf gegen ISIL sein würde:

1076 Ibid., S. 19.
1077 Ibid., S. 20.
1078 Ibid., S. 36.
1079 Ibid., S. 43.
1080 Ibid.
1081 Ibid.

> "In the fight against ISIL, we cannot rely on an Assad regime that terrorizes its own people – a regime that will never regain the legitimacy it has lost."[1082]

Ähnlich eindeutig hatte sich auch die EU geäußert, so auf einer Sitzung des Rates zu Auswärtigen Angelegenheiten:

> "As a consequence of its policies and actions, the Assad regime cannot be a partner in the fight against ISIL/Da'esh."[1083]

Stattdessen folgte am 20. September ein weiterer Brief der irakischen Regierung an den Sicherheitsrat, in dem für die bisherige militärische Unterstützung insbesondere der USA gedankt wird. Das Schreiben fährt fort:

> "As we noted in our earlier letter, ISIL has established a safe haven outside Iraq's borders that is a direct threat to the security of our people and territory. By establishing this safe haven, ISIL has secured for itself the ability to train for, plan, finance and carry out terrorist operations across our borders. [...] It is for these reasons that we, in accordance with international law and the relevant bilateral und multilateral agreements, and with due regards for complete national sovereignty and the Constitution, have requested the United States of America to lead international efforts to strike ISIL sites and military strongholds, with our express consent."[1084]

Nach dem Beginn der US-geführten Luftangriffe gegen ISIL-Ziele in Syrien am 23. September 2014, die für die US-Regierung, wie in dem eingangs erwähnten Schreiben ausgeführt, eine legitime Maßnahme der individuellen wie auch kollektiven Selbstverteidigung gemäß Artikel 51 UN-Charta darstellen, blieb offene Kritik von Seiten der Staatengemeinschaft aus. Auf einer Pressekonferenz nahm Generalsekretär Ban Ki-moon Stellung:

> "I am aware that today's strikes were not carried out at the direct request of the Syrian Government, but I note that the Government was informed beforehand. I also note that the strikes took place in areas no longer under the effective control of that Government."[1085]

1082 The White House, Statement by the President on ISIL, 10. September 2014.

1083 Council of the European Union, 3340th Council Meeting Foreign Affairs, Luxembourg, Press Release, 20. Oktober 2014, Doc. 1445/14, S. 13.

1084 Letter dated 20 September 2014 from the Permanent Representative of Iraq to the United Nations addressed to the President of the Security Council, Annex, UN Doc. S/2014/691, 22. September 2014.

1085 Secretary-General Ban Ki-moon, Remarks at the Climate Summit press conference (including comments on Syria), UN News Center, 23. September 2014.

Außenminister Steinmeier, befragt unmittelbar vor Beginn der Generaldebatte der 69. Generalversammlung in New York, schien „die Berufung auf
Artikel 51 jedenfalls geeignet".[1086] Auf die Frage nach der Völkerrechtswidrigkeit des Angriffs der USA ohne Zustimmung der syrischen Regierung, führte er in einem Interview einige Tage später aus:

> „Die Barbarei der ISIS macht nicht an den Grenzen des Irak halt. Der Kampf
> gegen ISIS kann nur gelingen, wenn den Terrormilizen auch ihre Rückzugs-
> räume in Syrien genommen werden. ISIS beherrscht große Teile des iraki-
> schen Staatsgebiets, aber auch Gebiete in Syrien. Irak nimmt im Kampf gegen
> ISIS sein in der Charta der Vereinten Nationen verankertes Recht auf Selbst-
> verteidigung wahr und hat die Staatengemeinschaft dafür förmlich um Hilfe
> gebeten. Das ist im Übrigen auch die Grundlage für unsere Lieferungen mili-
> tärischer Ausrüstung an die Peschmerga. Die Amerikaner reagieren auf dieses
> Hilfsersuchen, auch bei ihren Luftangriffen auf Gebiete in Syrien, die von
> ISIS beherrscht werden. Diese Argumentation fand in New York breite Zu-
> stimmung."[1087]

Die Außenminister der G-7 Staaten, gleichzeitig zusammen mit der EU
die Hauptakteure innerhalb der *Global Coalition To Degrade and Defeat
ISIL,* erklärten am 25. September 2014:

> "We, the Foreign Ministers of Canada, France, Germany, Italy, Japan, the
> United Kingdom, the United States of America and the High Representative
> of the European Union jointly condemn the brutal violence, hatred and intol-
> erance of the terrorist organisation operating under the name ISIL. It negates
> basic Islamic and human values and poses a deadly threat to Iraq and Syria,
> the broader Middle East and beyond, including our own societies. [...] In this
> context we recognize that military action as taken by the US and other coun-
> tries represents an important contribution to helping Iraq to defend itself
> against ISIL and to deprive ISIL of safe havens."[1088]

Die amerikanische Botschafterin bei den Vereinten Nationen, Samantha
Power, musste am 30. September 2014 in einer Pressekonferenz zugeben,
was ihr syrischer Kollege Bashar Ja'afari zuvor schon einigen Journalisten
gegenüber angedeutet hatte:

1086 Steinmeier sieht US-Luftangriffe gegen IS durch Völkerrecht gedeckt, FAZ vom
24. September 2014.
1087 Auswärtiges Amt, „Es müssen im Irak nicht alle dasselbe tun", Interview mit
Außenminister Steinmeier, 29. September 2014.
1088 Auswärtiges Amt, Gemeinsame Erklärung der G-7 Außenminister zu ISIS, 25.
September 2014, http://www.auswaertiges-amt.de/DE/Infoservice/Presse/
Meldungen/2014/140925-G7-Erklaerung-ISIS.html.

"Question: Thank you, Madame Ambassador. Your Syrian colleague Bashar Ja'afari disclosed to some journalist that you visited him in his office for one hour, and you talked about the airstrikes inside Syria. Were you trying to get the Syrian government consent on those airstrikes inside Syria? Is there any change in the U.S. policy in the regard? Thank you.

Ambassador Power: Thank you. Let me say for the record that – and this has already been something that's been disclosed by the United States – I merely informed the permanent representative from Syria what our plans were. I told him that his forces should not take aim at U.S. or coalition elements that were involved in those military operations, and absolutely did not ask for consent, or permission, since we are acting in Syria in the collective self-defense of Iraq and also in our own national defense. With regard to our position on the regime – our position has not changed."[1089]

Am selben Tag meldete sich schließlich auch der syrische Präsident Bashar al-Assad in der russischen Zeitung *Ria Novosti* zu Wort. Nach Angaben des syrischen Botschafters in Russland ließ der Präsident mitteilen:

"We fully support aerial strikes anywhere that are within the legal framework, therefore, US bombings in Syria are conducted after [Syria] is informed."[1090]

Am Ende könnte also doch eine Art Zustimmung Syriens vorliegen – auch wenn die *Global Coalition To Counter ISIL* mehrfach deutlich gemacht hatte, diese gar nicht zu benötigen. Jedenfalls ist die Unterstützung Syriens bei den Luftangriffen in der Sichtweise der Koalition weniger als konstitutives Element zu behandeln, als ein – für die Koalition eher unerfreuliches – Nebenprodukt in Form eines kleinen diplomatischen Achtungserfolges für die syrische Regierung unter Präsident Assad, ganz zu schweigen von dem militärischen Nutzen, der damit einhergeht.[1091]

1089 United States Mission to the United Nations, Remarks by Ambassador Samantha Power, U.S. Permanent Representative to the United Nations at the Security Council Stakeout Following Consultations on the Middle East, 30. September 2014.

1090 Syrian Ambassador: Bashar Assad Backs International Strikes Against IS Militants, Ria Novosti, 30. September 2014. Siehe auch *Page,* International legal implications of military action ("President Assad has said that he is willing to cooperate with the US in the fight against terrorism in Syria"), in: *Smith,* ISIS and the sectarian conflict in the Middle East, House of Commons, Research Paper 15/16, 19. März 2015, S. 54.

1091 Siehe auch *Arimatsu/Schmitt,* Attacking "Islamic State" and the Khorasan Group: Surveying the International Law Landscape, Columbia Journal of Transnational Law Bulletin, Vol. 53, Issue 1, 2014, S. 1 (10).

Allerdings sollte sich zeigen, dass bei weitem nicht alle Mitglieder der Koalition auch in Syrien operieren: anfänglich unterstützten nur Bahrain, Jordanien, Qatar, Saudi Arabien und die Vereinigten Arabischen Emirate die Luftschläge der USA gegen ISIL-Ziele in Syrien.[1092]

Die übrigen westlichen Verbündeten, darunter Australien, Dänemark, Frankreich, die Niederlande und das Vereinigte Königreich beschränkten zunächst ihre Luftangriffe auf ISIL-Stellungen im Irak[1093] – was durchaus als Indiz für eine unterschiedliche völkerrechtliche Bewertung innerhalb der Koalition in Bezug auf militärische Einsätze in Syrien angesehen werden kann.[1094]

In Deutschland genehmigte der Bundestag im Januar 2015 auf Antrag der Bundesregierung die Entsendung von bis zu 100 Bundeswehrsoldaten zur „Ausbildungsunterstützung der Sicherheitskräfte der Regierung der Region Kurdistan-Irak und der irakischen Streitkräfte".[1095]

1092 The White House, Press Release, Statement by the President on Airstrikes in Syria, 23. September 2014; siehe auch U.S. Department of Defense, News Article, Airstrikes Destroy ISIL Fighting Positions, Vehicles, 28. Juli 2015.

1093 U.S. Department of Defense, News Article, Airstrikes Destroy ISIL Fighting Positions, Vehicles, 28. Juli 2015; European Parliament, The international coalition to counter ISIL/Da'esh (the 'Islamic State'), Briefing, 17. März 2015.

1094 Siehe auch *Smith*, ISIS and the sectarian conflict in the Middle East, House of Commons, Research Paper 15/16, 19. März 2015, S. 52: "In the case of the UK at least, this is because of concerns about the legality of military action in Syria, where the Syrian government has not asked for Western intervention. In the case of Iraq, the request of the Iraqi government, seen as fully legitimate by Western countries, provides a firm legal basis.".

1095 BT-Drucksache 18/3561, 17. Dezember 2014. Der Antrag wurde vom Bundestag am 29. Januar 2015 mit 457 Ja-Stimmen bei 79 Nein-Stimmen und 54 Enthaltungen angenommen, siehe Deutscher Bundestag, Bundestagsbeschlüsse am 29. und 30. Januar 2015, https://www.bundestag.de/dokumente/textarchiv/2015/kw05_angenommen_abgelehnt/356268. Die Oppositionspartei Bündnis 90/Die Grünen sah in dem Antrag mit der Zustimmung des Iraks zwar eine ausreichende völkerrechtliche Grundlage, bezweifelte aber die verfassungsrechtliche Grundlage, denn eine „Koalition der Willigen" sei kein System der kollektiven Sicherheit im Sinne des Artikel 24 Absatz 2 GG, siehe den – abgelehnten – Antrag von Bündnis 90/Die Grünen, BT-Drucksache 18/3863, 28. Januar 2015. Zuvor war ein (nicht-veröffentlichtes) Gutachten des wissenschaftlichen Dienstes des Bundestages zu dem gleichen Ergebnis gekommen, hatte eine ausreichende verfassungsrechtliche Grundlage aber in Artikel 87a GG gesehen, vgl. *Gebauer*, Deutscher Einsatz: Bundestagsjuristen halten Irak-Mandat für verfassungswidrig, Der Spiegel Online, 15. Januar 2015, http://www.spiegel.de/politik/ausland/

12.3 Ausdehnung der Bekämpfung von ISIL nach Syrien

Seit März 2015 flog auch die kanadische Luftwaffe Angriffe in Syrien, Premierminister Harper hatte zuvor vor dem Parlament deutlich gemacht: "In our view, ISIL must cease to have any safe haven in Syria. [...] Canadians understand that it is not merely in the wider interests of the international community, but specifically in Canada's national interest."[1096] In einem Schreiben an den Präsidenten des Sicherheitsrates führte Kanada aus:

> "ISIL also continues to pose a threat not only to Iraq, but also to Canada and Canadians, as well as to other countries in the region and beyond. In accordance with the inherent rights of individual and collective self-defence reflected in Article 51 of the United Nations Charter, States must be able to act in self-defence when the Government of the State where a threat is located is unwilling or unable to prevent attacks emanating from its territory.
>
> Canada's military actions against ISIL in Syria are aimed at further degrading ISIL's ability to carry out attacks. These military actions are not aimed at Syria or the Syrian people, nor do they entail support for the Syrian regime."[1097]

Damit folgte Kanada offensichtlich der vorherrschenden Meinung innerhalb der Koalition, wonach eine Zustimmung Syriens nicht notwendig sei.[1098]

---

irak-experten-halten-mandat-der-bundeswehr-fuer-verfassungswidrig-a-101314
1.html.

1096 National Post, Read transcript of the English portion of Stephen Harper's speech on expanding the ISIS mission, 24. März 2015, http://news.nationalpost.com/news/canada/canadian-politics/read-the-transcript-of-the-english-portion-of-prime-minister-stephen-harpers-speech-on-expanding-the-isis-mission.

1097 Letter dated 31 March 2015 from the Chargé d'affaires a.i. of the Permanent Mission of Canada to the United Nations addressed to the President of the Security Council, UN Doc. S/2015/221, 31. März 2015.

1098 Vgl. auch Premierminister Harper: "Let me also be clear that, in expanding our airstrikes into Syria, the government has now decided that we will not seek the express consent of the Syrian government." in: National Post, Read transcript of the English portion of Stephen Harper's speech on expanding the ISIS mission, 24. März 2015, http://news.nationalpost.com/news/canada/canadian-politics/read-the-transcript-of-the-english-portion-of-prime-minister-stephen-harpers-speech-on-expanding-the-isis-mission. Der neue kanadische Premierminister Trudeau teilte im Februar 2016 mit, die sechs kanadischen Kampfflugzeuge abzuziehen, aber weiterhin die Koalition mit Betankungsflugzeugen und Überwachungsflügen zu unterstützen, siehe Kanada beendet Luftangriffe im Irak und Syrien, FAZ.net, 9. Februar 2016.

Erst Anfang September 2015 schloßen sich Australien und Frankreich den Luftangriffen auf ISIL-Positionen in Syrien an. In einem Schreiben an den Präsidenten des Sicherheitsrats führte Australien das Recht auf kollektive Selbstverteidigung an:

> "Article 51 of the Charter of the United Nations recognizes the inherent right of States to act in individual or collective self-defence where an armed attack occurs against a Member of the United Nations. States must be able to act in self-defence when the Government of the State where the threat is located is unwilling or unable to prevent attacks originating from its territory. The Government of Syria has, by its failure to constrain attacks upon Iraqi territory originating from ISIL bases within Syria, demonstrated that it is unwilling or unable to prevent those attacks.
>
> In response to the request for assistance by the Government of Iraq, Australia is therefore undertaking necessary and proportionate military operations against ISIL in Syria in the exercise of the collective self-defence of Iraq.
>
> These operations are not directed against Syria or the Syrian people, nor do they entail support for the Syrian regime. When undertaking such military operations, Australia will abide by its obligations under international law."[1099]

Frankreich hingegen nahm neben der kollektiven Selbstverteidigung auch das individuelle Recht auf Selbstverteidigung nach dem Attentat auf die Redaktion von *Charlie Hebdo* und einen koscheren Supermarkt[1100] im Januar 2015 und den nur knapp vereitelten Anschlag im *Thalys*-Zug[1101] im August 2015 in Anspruch:

1099 Letter dated 9 September 2015 from the Permanent Representative of Australia to the United Nations addressed to the President of the Security Council, UN Doc. S/2015/693, 9. September 2015.

1100 Am 7. Januar 2015 drangen zwei Täter in die Redaktionsräume der Satirezeitschrift *Charlie Hebdo* in Paris ein und töteten zehn Redaktionsmitglieder, einen Techniker und einen Polizisten. Sie bezeichneten sich als Mitglieder von Al-Qaida im Jemen. Am 8. Januar tötete ein weiterer Täter eine Polizistin und nahm am 9. Januar Geiseln in dem koscheren Supermark Hyper Cache im Osten von Paris, vier Personen wurden getötet. Der Täter erklärte seine Verbindung zu den flüchtigen *Charlie Hebdo* Attentätern und forderte freien Abzug für sie. Er behauptete, für den Islamischen Staat zu kämpfen. Der Polizei stürmte schließlich den Supermarkt und tötete den Angreifer, auch die *Charlie Hebdo* Attentäter wurden gestellt und getötet. Vgl. die Darstellung der Ereignisse bei *Polke-Majewski/Faigle/Biermann/Meiborg/Joeres,* Drei Tage Terror in Paris, 11. Mai 2015, Zeit Online, http://www.zeit.de/feature/attentat-charlie-hebdo-rekonstruktion.

1101 In einem *Thalys*-Schnellzug von Amsterdam nach Paris verletzte ein bewaffneter Attentäter am 21. August 2015 zwei Reisende, bevor er von drei US-ameri-

"By resolutions 2170 (2014), 2178 (2014) and 2199 (2015) in particular, the Security Council has described the terrorist acts of Islamic State in Iraq and the Levant (ISIL), including abuses committed against the civilian populations of the Syrian Arab Republic and Iraq, as a threat to international peace and security. Those acts are also a direct and extraordinary threat to the security of France.

In a letter dated 20 September 2014 addressed to the President of the Security Council (S/2014/691), the Iraqi authorities requested the assistance of the international community in order to counter the attacks perpetrated by ISIL.

In accordance with Article 51 of the Charter of the United Nations, France has taken actions involving the participation of military aircraft in response to attacks carried out by ISIL from the territory of the Syrian Arab Republic."[1102]

Wie Premierminister Valls vor der Nationalversammlung am 15. September 2015 ausführte, betrachtet Frankreich die rund 1.880 aus Frankreich stammenden ISIL-Kämpfer im Irak und Syrien als eine „direkte terroristische Bedrohung für Frankreich".[1103]

Der erste französische Luftschlag gegen ein Ausbildungslager von ISIL erfolgte am 27. September 2015. Am Rande der UN-Vollversammlung in New York erklärte Präsident Hollande in einer Pressekonferenz:

„Frankreich hat heute Morgen in Syrien einen Luftschlag gegen ein Trainingslager der Terrorgruppe Daisch (sogenannter Islamischer Staat) durchgeführt, das die Sicherheit unseres Landes bedrohte. [...]

Diese Operation hat im Rahmen der Entscheidung stattgefunden, die ich am 7. September getroffen habe, Aufklärungsflugzeuge zu entsenden, um Ziele zu identifizieren, die unseren Absichten entsprechen könnten: unser Staatsgebiet verteidigen, terroristischen Handlungen vorbeugen, in legitimer Selbstverteidigung handeln.

Weitere Schläge könnten in den kommenden Wochen folgen, falls nötig, mit immer demselben Zweck: Ziele zu identifizieren, die einem Trainingslager

---

kanischen Soldaten überwältigt werden konnte. Vgl. Frankreichs Innenminister bezeichnet Angreifer als Terroristen, 22. August 2015, Zeit Online, http://www.zeit.de/gesellschaft/zeitgeschehen/2015-08/frankreich-thalys-schuesse-angreifer.

1102 Identical letters dated 8 September 2015 from the Permanent Representative of France to the United Nations addressed to the Secretary-General and the President of the Security Council, UN Doc. S/2015/745, 9. September 2015.

1103 Französische Botschaft, Syrien: Premierminister Valls vor der Nationalversammlung zum Einsatz der Luftwaffe, 15. September 2015, http://www.ambafrance-de.org/Syrien-Premierminister-Valls-vor-der-Nationalversammlung-zum-Einsatz-der-Luftwaffe.

oder Orten entsprechen, von denen wir wissen, dass die Terrorgruppe Daisch von dort aus die Sicherheit unseres Landes bedrohen oder terroristische Handlungen vollziehen könnte.

Wir müssen daher während des gesamten Zeitraums die Suche nach einer politischen Lösung zu einem guten Ende führen und gleichzeitig unsere Interessen wahren, durch gezielte Militärschläge, die es uns jedes Mal ermöglichen müssen, eine gewisse Anzahl von Handlungen zu verhindern, die in unserem Land hätten verübt werden können oder die schwerwiegende Folgen für die Zivilbevölkerung nach sich ziehen könnten. Frankreich handelt im Namen von Prinzipien, Frankreich handelt, um eine Lösung in Syrien zu finden, und Frankreich handelt auch, um sich zu schützen."[1104]

Der britische Premierminister Cameron erhielt im September 2014 sogar ausdrücklich nur die Zustimmung des Parlamentes für den Einsatz im Irak.[1105] Gleichfalls stellte das Parlament aber auch fest, dass sich die Bedrohung durch ISIL nicht nur auf den Irak beschränke, sondern auch die internationale Sicherheit generell betroffen sei, eingeschlossen die Sicherheit des Vereinigten Königreichs durch die Ermordung der britischen Geisel *David Haines*:

"[...] recognises the clear threat ISIL poses to the territorial integrity of Iraq and the request from the Government of Iraq for military support from the in-

---

1104 Französische Botschaft, Syrien: Staatspräsident Hollande zu französischen Luftschlägen gegen Daisch, 7. Oktober 2015, http://www.ambafrance-de.org/Syrien -Staatsprasident-Hollande-zu-franzosischen-Luftschlagen-gegen-Daisch.

1105 "[T]his motion does not endorse UK air strikes in Syria as part of this campaign and any proposal to do so would be subject to a separate vote in Parliament.", siehe UK Parliament, Commons Recalled to Debate Iraq: Coalition Against ISIL, 26. September 2014, http://www.parliament.uk/business/news/2014/ september/house-of-commons-debate-uk-government-response-to-isil/. Der Antrag der Regierung wurde mit 524 Ja-Stimmen und 43 Nein-Stimmen angenommen. Zum Hergang der Beteiligung des Vereinigten Königreichs an *Operation Inherent Resolve* siehe auch *Smith*, ISIS and the sectarian conflict in the Middle East, House of Commons, Research Paper 15/16, 19. März 2015, S. 47 ff. Allerdings sah sich die britische Regierung nicht daran gehindert, britische Kampfflieger der amerikanischen Air Force zu unterstellen, so dass *de facto* seit Juli 2015 auch Luftangriffe von britischen Piloten in Syrien geflogen werden. Der britische Verteidigungsminister Fallon sagte dazu lediglich: "This is different. These are a handful of British pilots who have been embedded with American forces and are part of an American military operation for which the Americans have full approval", *Turner/Swinford*, David Cameron 'knew British pilots were bombing Syria' - as it happened, July 17, 2015, The Telegraph, 17. März 2015, http://www.telegraph.co.uk/news/uknews/defence/11745689/British-pilot s-in-air-strikes-against-Isil-in-Syria-live.html.

ternational community and the specific request to the UK Government for such support; further recognises the threat ISIL poses to wider international security and the UK directly through its sponsorship of terrorist attacks and its murder of a British hostage [...].”[1106]

Vor der Abstimmung behielt sich Premierminister Cameron aber auch ausdrücklich vor, im Rahmen von „kritischen nationalen Interessen" sofort handeln zu können – also ohne vorheriges Mandat:

"I think it is important to reserve the right that if there were a critical British national interest at stake or there were the need to act to prevent a humanitarian catastrophe, you could act immediately and explain to the House of Commons afterwards. I am being very frank about this because I do not want to mislead anybody.”[1107]

In dem Schreiben an den Sicherheitsrat, in dem das Vereinigte Königreich im November 2014 seine Teilnahme an *Operation Inherent Resolve* anzeigte, wurde allerdings auf die kollektive Selbstverteidigung des Irak Bezug genommen sowie auch die Unterstützung von Luftschlägen auf ISIL-Basen in Syrien betont:

"The United Kingdom fully supports these international efforts, whose purpose is to end the continuing attack on Iraq, to protect Iraqi citizens and to enable Iraqi forces to regain control of the borders of Iraq by striking ISIL sites and military strongholds in Syria, as necessary and proportionate measures.”[1108]

Der Argumentation der USA folgend, machte David Cameron ebenfalls deutlich, dass er eine Zustimmung Syriens für einen Einsatz dort nicht für

---

1106 UK Parliament, Commons Recalled to Debate Iraq: Coalition Against ISIL, 26. September 2014, http://www.parliament.uk/business/news/2014/september/house-of-commons-debate-uk-government-response-to-isil/. Am 26. Juni 2015 erfolgte ein schwerer Angriff in Sousse/Tunesien, als ein 23-jähriger ISIL-Anhänger 38 zumeist britische Urlauber in einem Strandhotel erschoß, vgl. Terroranschlag in Tunesien, „Sie kamen als Touristen, sie haben den Tod gesehen", FAZ.net, 26. Juni 2015.

1107 David Cameron, HC Deb, 26 September 2014, c1265.

1108 Identical letters dated 25 November 2014 from the Permanent Representative of the United Kingdom of Great Britain and Northern Ireland to the United Nations addressed to the Secretary-General and the President of the Security Council, UN Doc. S/2014/851, 26. November 2014.

notwendig erachte, da die Regierung von Präsident Assad aufgrund ihrer Verbrechen gegen das eigene Volk illegitim sei.[1109]

Am 7. September 2015 teilte der Premierminister dem Unterhaus mit, dass am 21. August zwei britische ISIL-Kämpfer in Syrien mittels eines Drohnenangriffs getötet worden waren:

> "We were exercising the UK's inherent right to self-defence. There was clear evidence of these individuals planning and directing armed attacks against the UK. These were part of a series of actual and foiled attempts to attack the UK and our allies, and given the prevailing circumstances in Syria, the airstrike was the only feasible means of effectively disrupting the attacks that had been planned and directed. It was therefore necessary and proportionate for the individual self-defence of the United Kingdom."[1110]

Das Vereinigte Königreich zeigte den Drohnenangriff sogar als Maßnahme der individuellen und kollektiven Selbstverteidigung dem Sicherheitsrat an – das erste Mal, dass ein Staat einen Drohnenangriff in einem anderen Staat nach Artikel 51 UN-Charta dem Sicherheitsrat mitteilte:

> "In accordance with Article 51 of the Charter of the United Nations, and further to our letter of 25 November 2014 (S/2014/851), I am writing to report to the Security Council that the United Kingdom of Great Britain and Northern Ireland has undertaken military action in Syria against the so-called Islamic State in Iraq and the Levant (ISIL) in exercise of the inherent right of individual and collective self-defence.

> On 21 August 2015, armed forces of the United Kingdom of Great Britain and Northern Ireland carried out a precision air strike against an ISIL vehicle in which a target known to be actively engaged in planning and directing imminent armed attacks against the United Kingdom was travelling. This air strike was a necessary and proportionate exercise of the individual right of self-defence of the United Kingdom.

1109 *Wintour*, UK could launch strikes against Isis in Syria without Assad's support, says PM, The Guardian, 4. September 2014, http://www.theguardian.com/world/2014/sep/04/uk-launch-air-strikes-isis-syria-assad-support-pm.

1110 *David Cameron*, HC Deb, 7. September 2015, c23. Cameron gab in der Debatte zu, dass es eine *"new departure"* für die Regierung sei: "[I]s this the first time in modern times that a British asset has been used to conduct a strike in a country where we are not involved in a war? The answer to that is yes. Of course, Britain has used remotely piloted aircraft in Iraq and Afghanistan, but this is a new departure, and that is why I thought it was important to come to the House and explain why I think it is necessary and justified.", David Cameron, HC Deb, 7. September 2015, c29.

As reported in our letter of 25 November 2014, ISIL is engaged in an ongoing armed attack against Iraq, and therefore action against ISIL in Syria is lawful in the collective self-defence of Iraq."[1111]

Allerdings hieß es, dass die britische Regierung nach wie vor ein Mandat des Parlaments für einen militärischen Einsatz in Syrien suchen würde.[1112]

12.4 Syrischer Protest

Konnte anfänglich eine „passive Einwilligung"[1113] der syrischen Regierung in Betracht gezogen werden, so wurde jedoch im September 2015 deutlich, dass Syrien mitnichten die Angriffe der Koalition guthieß. In drei Schreiben an den Sicherheitsrat vom 17., 21. und 22. September 2015 warf Syrien den USA, dem Vereinigten Königreich, Kanada, Australien und Frankreich ein „verzerrtes Verständnis"[1114] von Artikel 51 UN-Charta vor, das nicht im Einklang mit der Charta stünde, Syrien hätte auch kein Ersuchen um Beistand gestellt. Ohne Zustimmung stellten die Angriffe eine Verletzung der syrischen Souveränität dar:

1111 Letter dated 7 September 2015 from the Permanent Representative of the United Kingdom of Great Britain and Northern Ireland to the United Nations addressed to the President of the Security Council, UN Doc. S/2015/688, 8. September 2015. Vgl. *Sievers/Daws*, The Procedure of the UN Security Council, 4th Edition, Oktober 2014, Chapter 7: Decisions and Documents, Section 12: Communications, Update 13. September 2015.

1112 *Mills/Smith/Brooke-Holland*, ISIS/Daesh: the military response in Iraq and Syria, House of Commons Library, Briefing Paper. 06995, 3. November 2015, S. 20 f., 34 ff.

1113 Vgl. *van Steenberghe*, From Passive Consent to Self-Defence after the Syrian Protest against the US-led Coalition, ejiltalk!, 23. Oktober 2015, http://www.ejiltalk.org/13758-2/.

1114 "[T]hey invoke a distorted reading of the intention of Article 51 of the Charter of the United Nations, one that is blatantly inconsistent with the Charter and the resolutions of the Security Council [...]", Identical Letters dated 17 September 2015 from the Permanent Representative of the Syrian Arab Republic to the United Nations addressed to the Secretary-General and the President of the Security Council, UN Doc. S/2015/719, 21. September 2015. Siehe auch Identical Letters dated 21 September 2015 from the Permanent Representative of the Syrian Arab Republic to the United Nations addressed to the Secretary-General and the President of the Security Council, UN Doc. S/2015/727, 22. September 2015.

"If any State invokes the excuse of counter-terrorism in order to be present on Syrian territory without the consent of the Syrian Government, whether on the country's land or in its airspace or territorial waters, its actions shall be considered a violation of Syrian sovereignty. Combating terrorism on Syrian territory requires close cooperation and coordination with the Syrian Government in accordance with the counter-terrorism resolutions of the Security Council."[1115]

Schwere Vorwürfe erhob Syrien gegen die Türkei, Jordanien, Saudi Arabien, Katar und „certain well-known western States"[1116], die terroristische Organisationen wie ISIL, die Al-Nusrah Front oder andere mit Al-Qaida verbundene Gruppen mit Waffen, Rückzugsgebieten und Ausbildung förderten und forderte den Sicherheitsrat auf:

"to take deterrent action against the terrorist groups and those States that support and fund them."[1117]

Im Oktober teilte Syrien mit, dass die Russische Föderation auf Bitten der syrischen Regierung seit dem 30. September 2015 militärische Hilfe bei der Bekämpfung von terroristischen Gruppen auf syrischem Gebiet leiste.[1118] In dem Schreiben hieß es weiter:

"The Syrian Arab Republic has repeatedly called on the international community to cooperate and coordinate with it fully and closely, whether in a multilateral or bilateral context, but those calls have fallen on deaf ears. Instead, some States have perverted the substance of Article 51 of the Charter of the United Nations in order to violate the sovereignty of Syria."[1119]

1115 Identical Letters dated 17 September 2015 from the Permanent Representative of the Syrian Arab Republic to the United Nations addressed to the Secretary-General and the President of the Security Council, UN Doc. S/2015/719, 21. September 2015.
1116 Ibid.
1117 Identical Letters dated 16 September 2015 from the Permanent Representative of the Syrian Arab Republic to the United Nations addressed to the Secretary-General and the President of the Security Council, UN Doc. S/2015/718, 17. September 2015.
1118 Identical Letters dated 14 October 2015 from the Permanent Representative of the Syrian Arab Republic to the United Nations addressed to the Secretary-General and the President of the Security Council, UN Doc. S/2015/789, 16. Oktober 2015. Siehe auch Letter dated 15 October 2015 from the Permanent Representative of the Russian Federation to the United Nations addressed to the President of the Security Council, UN Doc. S/2015/792, 15. Oktober 2015.
1119 Identical Letters dated 14 October 2015 from the Permanent Representative of the Syrian Arab Republic to the United Nations addressed to the Secretary-Gen-

12.5 Resolution des Sicherheitsrats 2249 (2015)

Im Herbst 2015 folgten weitere Anschläge, die ISIL zugeschrieben wurden: Am 10. Oktober starben bei Bombenexplosionen in Ankara 102 Menschen, die an einer von linken Organisationen und Gewerkschaften organisierten Demonstration gegen die türkische Kurdenpolitik teilnehmen wollten.[1120] Eine russische Passagiermaschine stürzte – aus Sharm El Sheik/Ägypten kommend – am 31. Oktober über dem Sinai ab, vermutet wurde eine Bombe an Bord, 224 russische Staatsbürger fanden den Tod.[1121] Am 12. November zündeten IS-Selbstmordattentäter ihre Bomben in einem schiitischen Viertel in Beirut, 44 Menschen starben, mehr als 290 wurden verletzt.[1122]

Am 13. November wurde Paris von einer Anschlagsserie getroffen: Selbstmordattentäter schossen auf Gäste in Restaurants und Bars sowie auf die Besucher eines Rockkonzerts im *Bataclan*, bevor sie sich selbst in die Luft sprengten. Vor dem *Stade de France*, wo gerade ein Freundschaftsspiel Deutschland gegen Frankreich stattfand, zündeten drei weitere Täter ihre Sprengstoffwesten, offenbar hatten sie zuvor versucht, Zugang zum Stadium, in dem neben rund 80.000 Zuschauern auch Präsident Hollande und Außenminister Steinmeier anwesend waren, zu erhalten. Insgesamt kamen 130 Menschen aus 24 Staaten ums Leben, mehr als 600 wurden verletzt.[1123] ISIL bekannte sich zu dem Anschlag. Der französische Präsident Hollande sprach von einem Kriegsakt („acte de guerre"):

> „[D]ie gestrigen Geschehnisse in Paris und Saint-Denis in der Nähe des Stade de France sind ein Kriegsakt. Und im Krieg muss das Land angemessene Entscheidungen treffen. Es ist die Kriegshandlung einer terroristischen Armee, Daesch, gegen Frankreich, gegen die Werte, die wir überall in der Welt verteidigen, gegen das, was wir sind: ein freies Land, das mit der ganzen Welt spricht. Es ist eine Kriegshandlung, die von außen vorbereitet, organisiert und

---

eral and the President of the Security Council, UN Doc. S/2015/789, 16. Oktober 2015.

1120 *Martens*, Auf dem alten Pfad der Gewalt, FAZ.net, 11. Oktober 2015.

1121 Hinweise auf Bombenanschlag verdichten sich, FAZ.net, 4. November 2015; Moskau hält Anschlag als Absturzursache für möglich, FAZ.net, 9. November 2015.

1122 IS bekennt sich zu Anschlägen in Beirut, FAZ.net, 12. November 2015.

1123 Anschläge in Paris, Terror in Europa, Zeitonline, http://www.zeit.de/thema/anschlaege-in-paris.

geplant wurde und mit Mittätern im Landesinneren, die durch die laufenden Untersuchungen entlarvt werden."[1124]

In seiner Rede vor beiden Parlamentskammern in Versailles am 16. November 2015 kündigte Präsident Hollande an, die Europäische Union nach Artikel 42 Abs. 7 EUV um Unterstützung zu bitten.[1125] Nur einen Tag später, am 17. November 2015, nahmen die EU-Verteidigungsminister in Brüssel das Gesuch Frankreichs einstimmig an – zum ersten Mal in der Geschichte der Europäischen Union.[1126]

Eine Woche nach den Anschlägen von Paris verabschiedete der Sicherheitsrat einstimmig einen von Frankreich eingebrachten Resolutionsentwurf. Resolution 2249 benennt ISIL, aber auch die Al-Nusrah Front (ANF) und alle anderen mit Al-Qaida verbundenen Organisationen als *„unprecedented threat to international peace and security"*, ohne ausdrücklichen Hinweis jedoch auf Kapitel VII UN-Charta. Paragraph 5 lautet:

„Calls upon Member States that have the capacity to do so to take all necessary measures, in compliance with international law, in particular with the United Nations Charter, as well as international human rights, refugee and humanitarian law, on the territory under the control of ISIL also known as

---

1124 Französische Botschaft, Staatspräsident Hollande: Frankreich ist stark und es steht immer wieder auf, 15. November 2015, http://www.ambafrance-de.org/Staatsprasident-Hollande-Frankreich-ist-stark-und-es-steht-immer-wieder-auf.

1125 „J'ai demandé au ministre de la Défense de saisir dès demain ses homologues européens au titre de l'article 42-7 du traité de l'Union qui prévoit que lorsqu'un Etat est agressé, tous les Etats membres doivent lui apporter solidarité face à cette agression car l'ennemi n'est pas un ennemi de la France, c'est un ennemi de l'Europe." Réunion du Congrès à Versailles, 16. November 2015, http://www.assemblee-nationale.fr/14/cri/congres/20154001.asp.
Artikel 42 Absatz 7 EU-Vertrag lautet:
„Im Falle eines bewaffneten Angriffs auf das Hoheitsgebiet eines Mitgliedstaats schulden die anderen Mitgliedstaaten ihm alle in ihrer Macht stehende Hilfe und Unterstützung, im Einklang mit Artikel 51 der Charta der Vereinten Nationen. Dies lässt den besonderen Charakter der Sicherheits- und Verteidigungspolitik bestimmter Mitgliedstaaten unberührt.
Die Verpflichtungen und die Zusammenarbeit in diesem Bereich bleiben im Einklang mit den im Rahmen der Nordatlantikvertrags-Organisation eingegangenen Verpflichtungen, die für die ihr angehörenden Staaten weiterhin das Fundament ihrer kollektiven Verteidigung und das Instrument für deren Verwirklichung ist.".

1126 Council of the European Union, Foreign Affairs Council, 16-17/11/2015, http://www.consilium.europa.eu/en/meetings/fac/2015/11/16-17/.

> Da'esh, in Syria and Iraq, to redouble and coordinate their efforts to prevent
> and suppress terrorist acts committed specifically by ISIL also known as
> Da'esh as well as ANF, and all other individuals, groups, undertakings, and
> entities associated with Al Qaeda, and other terrorist groups, [...] and to erad-
> icate the safe haven they have established over significant parts of Iraq and
> Syria."

In seiner Rede vor dem Sicherheitsrat nach der Abstimmung betonte der
französische Botschafter Delattre die Rolle der Vereinten Nationen und die
Bedeutung der eben angenommenen Resolution:

> "As a founding Member of the United Nations, France is deeply committed to
> the raison d'être of our Organization. The United Nations represents the pri-
> macy of law and collective security. It is therefore to the Security Council that
> the President of the Republic has naturally turned to organize and mobilize
> our international action.
>
> In adopting resolution 2249 (2015), the members of the Security Council have
> acted unanimously to live up to their responsibilities. The resolution we have
> just adopted recognizes the exceptional nature of the threat posed by Daesh. It
> calls on all Member States to take all necessary measures to eradicate the
> sanctuary that Daesh has created in Syria and Iraq, and to thwart its radical
> ideology. The resolution frames our action within the framework of interna-
> tional law and in respect for the Charter of the United Nations, which is our
> common good – indeed, I would say our common treasure." [1127]

Gleichfalls machte er deutlich, dass der militärische Einsatz Frankreichs in
Syrien nunmehr neben dem kollektiven Selbstverteidigungsrecht zugunsten des Irak auch das individuelle Selbstverteidigungsrecht beinhalte.[1128]

Spanien hob ebenfalls den operativen Paragraph 5 hervor, der *„legal
coverage"* sichere.[1129] Nach Ansicht des britischen Botschafters rief Resolution 2249 auf zu *„lawful action and all necessary measures to counter
ISIL"*.[1130] Der russische Botschafter wies allerdings darauf hin, dass Resolution 2249 eher einen „politischen Apell" als eine Änderung der rechtlichen Grundlagen des Kampfes gegen den Terrorismus darstelle.[1131]

Diese kontroversen Äußerungen zeigen deutlich den umstrittenen Charakter der Resolution 2249, der in der Literatur als „konstruktive Mehr-

---

1127 UN Doc. S/PV.7565, 20. November 2015, S. 2.
1128 Ibid.
1129 Ibid., S. 3.
1130 Ibid., S. 9.
1131 "In our view, the French resolution is a political appeal, rather than a change to
      the legal principles underlying the fight against terrorism." UN Doc. S/PV.7565,
      20. November 2015, S. 5.

deutigkeit"[1132] bezeichnet wurde: Die überwiegende Mehrheit im Sicherheitsrat bewertete Resolution 2249 als Bestätigung des Selbstverteidigungsrechts als legitime Rechtgrundlage für die militärische Bekämpfung terroristischer Gruppen in Syrien – ohne jedoch die Resolution *selbst* als Autorisierung zu verstehen, da sie nicht ausdrücklich auf Kapitel VII oder gar Artikel 42 UN-Charter Bezug nimmt und der Sicherheitsrat weder über den Einsatz von *„all necessary measures"* entscheidet noch dazu autorisiert („decides" oder „authorizes"), sondern lediglich die Mitgliedstaaten zum Handeln aufruft („calls upon").[1133]

Russland hingegen sprach Resolution 2249 einen rechtlichen Charakter gänzlich ab, sondern betonte den „politischen" Aufruf – eine Ansicht, die es offensichtlich in der Resolution festgeschrieben sieht, da Russland im Gegensatz zu vorherigen Resolutionsentwürfen zur Situation in Syrien keinen Gebrauch von seinem Vetorecht machte.

Der britische Permierminister Cameron sah nach der Verabschiedung von Resolution 2249 die Zeit gekommen, das Parlament um eine Entscheidung zum Einsatz in Syrien zu bitten. In einem Memorandum an das *Foreign Affairs Select Committee* führte er aus:

"[...] I believe that we should now take the decision to extend British airstrikes against ISIL into Syria, as an integral part of our comprehensive strategy to degrade ISIL and reduce the threat it poses to us.

1132 *Akande/Milanovic*, The Constructive Ambiguity of the Security Council's ISIS Resolution, ejiltalk!, 21. November 2015, http://www.ejiltalk.org/the-constructive-ambiguity-of-the-security-councils-isis-resolution/. Der Begriff „constructive ambiguity" geht zurück auf Henry Kissinger.

1133 Zur Diskussion um Resolution 2249 (2015) als Ermächtigungsgrundlage siehe auch *Boeglin* ("this resolution does not justify the legality of France´s airstrikes in Syria"), in: Arguments based on UN resolution 2249 in Prime Minister´s report on airstrikes in Syria: some clarifications needed, human rights investigations, 4. Dezember 2015, http://humanrightsinvestigations.org/2015/12/04/arguments-based-on-un-resolution-2249-in-prime-ministers-report-on-airstrikes-in-syria-some-clarifications-needed/; *Moynihan* ("For those who are looking for specific UN authorisation for the use of force, this is not it."), in: Assessing the Legal Basis for UK Military Action in Syria, Chatham House, The Royal Institute of International Affairs, 26. November 2015, https://www.chathamhouse.org/expert/comment/assessing-legal-basis-uk-military-action-syria.

At the same time, we must close down the ungoverned space in Syria that ISIL is exploiting, by working round the clock to bring about a political resolution to the war there."[1134]

Zwar nahm Cameron Bezug auf Resolution 2249, nannte aber als rechtliche Grundlage für einen militärischen Einsatz das Selbstverteidigungsrecht nach Artikel 51 UN-Charta:

"The legality of UK strikes against ISIL in Syria is founded on the right of self-defence as it is recognised in Article 51 of the UN Charter. The right to self-defence may be exercised individually where it is necessary to the UK's own defence, and collectively in the defence of our friends and allies."[1135]

Am 2. Dezember 2015 stimmte das britische Parlament dem Einsatz in Syrien mit 397 zu 223 Stimmen zu.[1136] Am folgenden Tag informierte der britische Botschafter den Sicherheitsrat:

"In accordance with Article 51 of the Charter of the United Nations, and further to our letters of 25 November 2014 (S/2014/851) and 7 September 2015 (S/2015/688), I am therefore writing to report to the Security Council that the United Kingdom of Great Britain and Northern Ireland is taking necessary and proportionate measures against ISIL/Daesh in Syria, as called for by the Council in resolution 2249 (2015), in exercise of the inherent right of individual and collective self-defence."[1137]

Auch in Deutschland debattierte der Bundestag am 2. Dezember 2015 über den Antrag der Bundesregierung zur Entsendung von bewaffneten deutschen Streitkräften zur „Verhütung und Unterbindung terroristischer Handlungen durch die Terrororganisation IS auf Grundlage von Artikel 51 der Satzung der Vereinten Nationen in Verbindung mit Artikel 42 Absatz 7 des Vertrages über die Europäische Union sowie den Resolutionen 2170

1134 UK Parliament, Memorandum to the Foreign Affairs Select Committee, Prime Minister's Response to the Foreign Affairs Select Committee's Second Report of Session 2015-16: The Extension of Offensive British Military Operations to Syria, November 2015, S. 2, http://www.parliament.uk/documents/commons-committees/foreign-affairs/PM-Response-to-FAC-Report-Extension-of-Offensive-British-Military-Operations-to-Syria.pdf.

1135 Ibid., S. 15.

1136 *Piper/MacLellan*, Parliament votes to bomb Islamic State in Syria, Reuters, 2. Dezember 2015, https://www.reuters.com/article/us-mideast-crisis-syria-britain/british-parliament-votes-to-bomb-islamic-state-in-syria-idUSKBN0TL00M2015 1202.

1137 Letter dated 3 December 2015 from the Permanent Representative of the United Kingdom of Great Britain and Northern Ireland to the United Nations addressed to the President of the Security Council, S/2015/928, 3. Dezember 2015.

(2014), 2199 (2015), 2249 (2015) des Sicherheitsrates der Vereinten Nationen".[1138]

Der Wissenschaftliche Dienst des Bundestages hatte sich zuvor in einem Gutachten zur „Staatliche[n] Selbstverteidigung gegen Terroristen – Völkerrechtliche Bewertung der Terroranschläge von Paris vom 13. November 2015" zu den „Völkerrechtliche[n] Implikationen der VN-Resolution 2249 (2015)" sowie den „Völkerrechtliche[n] Grundlagen und Verfassungsmäßigkeit einer Beteiligung der Bundeswehr an der Bekämpfung des ‚Islamischen Staates' in Syrien" geäußert.[1139] Im Ergebnis kommt das Gutachten zur Völkerrechts-, wie auch Verfassungsmäßigkeit des Einsatzes der Bundeswehr in Syrien auch ohne Einwilligung Syriens mit folgender – wegen ihrer Bedeutung gänzlich wiedergegebenen – Begründung:

> „6.3. Selbstverteidigungsrecht gegen terroristische Attentate
>
> Die sog. **„safe-haven-Doktrin"** macht die **Unterschlupfgewährung** („sicherer Hafen") für terroristische Aktivitäten **zum Zurechnungstatbestand eines bewaffneten Angriffs**. Hierfür ist erforderlich, dass der Aufenthaltsstaat mit Terroristen **kollaboriert** und diesen **willentlich** ein sicheres Rückzugsgebiet gewährt.
>
> Eine solche Konstellation lag den Anschlägen von „9/11" zugrunde. Eine Zurechnung der „IS"-Attentate von Paris gegenüber dem syrischen Staat (*Assad*-Regime) scheidet dagegen aus.
>
> Angesichts der spezifischen Erscheinungsformen des transnationalen Terrorismus lässt sich das Konzept der (zwischenstaatlichen) Selbstverteidigung auch **unabhängig von der Zurechnung eines Terrorangriffs zu einem Staat** erweitern.
>
> 6.4. Selbstverteidigungsrecht versus territoriale Integrität des Aufenthaltsstaates von Terroristen
>
> Die Kernfrage im Syrienkonflikt lautet: Unter welchen Bedingungen darf eine nicht-staatliche Terrorgruppe (hier: der „IS") innerhalb eines fremden Landes (hier: Syrien bzw. Irak) **im Rahmen einer Selbstverteidigungshandlung** (hier: durch die USA bzw. Frankreich) angegriffen werden, wenn **dieses Land die Terrororganisation zwar nicht unterstützt** aber gleichzeitig in solche Selbstverteidigungsmaßnahmen auch **nicht einwilligt**.

1138 Deutscher Bundestag, 18. Wahlperiode, BT-Drucksache 18/6866, 1. Dezember 2015.

1139 Deutscher Bundestag, Wissenschaftliche Dienste, Aktenzeichen WD 2 – 3000 – 203/15, 30. November 2015.

Nach einem in der Völkerrechtslehre vertretenen Ansatz muss ein Staat dann militärische Maßnahmen gegen terroristische Gruppen, die von seinem Territorium aus agieren, dulden, wenn er sich weder als „bereit noch fähig" (**„unwilling or unable"**) erweist, diese zu bekämpfen und grenzüberschreitende Übergriffe zu verhindern.

Die Staatenpraxis – insbesondere die der USA, Großbritanniens und Frankreichs, die sich auf die Argumentationsfigur der *„unable and unwilling-*Doktrin zur Begründung von Militäreinsätzen stützen, deutet auf eine **entsprechende gewohnheitsrechtliche Weiterentwicklung des Völkerrechts** hin. Eine **Verfestigung der Staatenpraxis** lässt sich auch durch die **VN-Resolution 2249 (2015) des Sicherheitsrats** vom 20. November 2015 beobachten.

6.5. Völkerrechtliche Implikationen der VN-Resolution 2249 (2015)

Die Resolution 2249 (2015) enthält **keine explizite Mandatierung kollektiver Militäraktionen gegen den „IS" nach Kapitel VII der VN-Charta.** Gleichwohl enthält die Resolution einige Aussagen, die das Vorgehen der Staatengemeinschaft gegen den „IS" in Syrien (auch ohne Vorliegen einer Zustimmung der syrischen Regierung) völkerrechtlich stützen.

Die Resolution lässt sich in der Weise deuten, dass Staaten sich nunmehr auf ein **Selbstverteidigungsrecht gegen den „IS" berufen können, ohne dabei auf ein (weiteres) Zustimmungsrecht seitens der irakischen oder syrischen Regierung rekurrieren zu müssen.**

6.6. Verfassungsmäßigkeit einer Beteiligung der Bundeswehr an der Bekämpfung des „IS" in Syrien

Art. 87a Abs. 2 GG in Verbindung mit der EU-Beistandsklausel (Art. 42 Abs. 7 EUV) ist eine **tragfähige Rechtsgrundlage** für den Bundeswehreinsatz in Syrien. „Verteidigung" i.S.d. Art. 87a Abs. 2 GG beschränkte sich nie auf die Verteidigung eigener Staatsgrenzen, sondern schloss – als rechtliche Konsequenz des deutschen NATO-Beitritts 1955 – immer schon die **Bündnisverteidigung** (als kollektive Selbstverteidigung) mit ein.

Auch Art. 24 Abs. 2 GG (i.V.m. Art. 42 Abs. 7 EUV und der VN-Resolution 2249) bildet eine vertretbare Rechtsgrundlage, wenn man für Art. 24 Abs. 2 GG neben der Einbindung in kollektive Sicherheitsstrukturen auch die Einbindung in kollektive Verteidigungsstrukturen zulässt. Dies entspricht der Rechtsprechung des BVerfG, das für Art. 24 Abs. 2 GG eine **glaubwürdige kollektive Einbindung** von Bundeswehreinsätzen in **überstaatliche multilaterale Strukturen** fordert und in diesem Zusammenhang Systeme kollektiver Sicherheit und Systeme kollektiver Verteidigung als gleichwertig ansieht."[1140]

Während der Debatte wurde Außenminister Steinmeier von Niema Movassat (DIE LINKE) die Frage gestellt, ob die Bundesregierung Artikel 51

1140 Ibid, S. 20 ff. Hervorheb. im Original.

UN-Charta so interpretiere, dass gegen „jedweden terroristischen Akt" militärische Mittel ergriffen werden dürften, also ein terroristischer Angriff mit einem staatlichen Angriff gleichgesetzt werde.[1141] Seine Antwort war eindeutig: „Wir sind ja hier nicht in einem Seminar, sondern wir sind hier in einem Parlament, im Deutschen Bundestag. Ich glaube, nach insgesamt acht Anschlägen, die in Frankreich stattgefunden haben, ist dies nicht die Stunde, den Franzosen zu erklären – machen Sie es; ich mache es nicht –, dass sie sich deshalb nicht angegriffen fühlen müssen".[1142]

Der Bundestag entschied schließlich am 4. Dezember 2015 mit 445 Ja-Stimmen, 145 Gegenstimmen und sieben Enthaltungen für den Antrag der Bundesregierung.[1143]

In einem Schreiben an den Präsidenten des Sicherheitsrats begründete Deutschland seinen militärischen Einsatz in Syrien mit dem kollektiven Selbstverteidigungsrecht aus Artikel 51 UN-Charta. Die von ISIL angegriffenen Staaten besäßen das Recht auf Selbstverteidigung auch ohne Zustimmung Syriens, da es keine „effektive Kontrolle" über die von ISIL beherrschten Gebiete habe:

> "ISIL has occupied a certain part of Syrian territory over which the Government of the Syrian Arab Republic does not at this time exercise effective control. States that have been subjected to armed attack by ISIL originating in this part of Syrian territory, are therefore justified under Article 51 of the Charter of the United Nations to take necessary measures of self-defence, even without the consent of the Government of the Syrian Arab Republic. Exercising the right of collective self-defence, Germany will now support the

---

1141 Deutscher Bundestag, Plenarprotokoll 18/142, 2. Dezember 2015, S. 13879 B. Siehe auch den Entschließungsantrag der Fraktion DIE LINKE: „Der Bundestag möge beschließen: Der Deutsche Bundestag stellt fest: […] Die völkerrechtliche Legitimität für den von der Bundesregierung geplanten Bundeswehreinsatz in Syrien ist nicht gegeben. Weder liegt eine UNO-Resolution nach Kap. 7 VN-Charta vor, noch eine Anforderung der syrischen Regierung. Ein kollektives Verteidigungsrecht im Sinne des Artikels 51 VN-Charta liegt ebenfalls nicht vor, denn Frankreich wurde am 13.11.2015 Opfer eines barbarischen Terroraktes, jedoch nicht eines militärischen Angriffs von außen.", Deutscher Bundestag, 18. Wahlperiode, Drucksache 18/6917, 2. Dezember 2015.

1142 Ibid, S. 13879 D.

1143 Deutscher Bundestag, Bundestag billigt Einsatz der Bundeswehr gegen IS, 4. Dezember 2015, https://www.bundestag.de/dokumente/textarchiv/2015/kw49 -de-bundeswehreinsatz-isis-freitag/397884. Der Entschließungsantrag der Fraktion DIE LINKE wurde mit den Stimmen der Koalition abgelehnt, die Grünen enthielten sich, ibid.

military measures of those States that have been subjected to attacks by ISIL."[1144]

13. Türkei – Angriffe auf ISIL und die PKK im Irak (2015)

Die Türkei verhielt sich lange Zeit als ein eher „ambivalenter"[1145] Koalitionspartner der *Global Coalition To Degrade and Defeat ISIL* und verweigerte anfänglich die Zurverfügungstellung von Basen auf seinem Territorium wie auch insbesondere eine Beteiligung an der Befreiung von Kobane, eine syrische Stadt nahe der Grenze zur Türkei, aus den Händen von ISIL, die den syrisch-kurdischen Kämpfern mit Hilfe der irakischen Kurden (Peshmerga) und Luftunterstützung durch die USA im Sommer 2014 gelang.

Am 20. Juli 2015 tötete eine Explosion in der mehrheitlich von Kurden bewohnten türkischen Grenzstadt Suruç 32 Mitglieder einer linksgerichteten Jugendorganisation, die dort zusammengekommen waren, um in der syrischen Schwesternstadt Kobane beim Wiederaufbau zu helfen.[1146] Offizielle Seiten in der Türkei machten einen ISIL-Selbstmordattentäter für den Anschlag verantwortlich.[1147]

Zwei Tage später tötete die PKK zwei türkische Polizisten, die angeblich mit ISIL zusammengearbeitet hätten, als Vergeltung für den ISIL-Anschlag von Suruç.[1148] Schon seit längerem wird der türkischen Regierung nicht nur von Kurden eine Verharmlosung oder sogar Billigung von ISIL vorgeworfen, die sich nicht nur in der Gewährung von Rückzugsorten an der türkischen Grenze erschöpfe.[1149]

1144 Letter dated 10 December 2015 from the Chargé d'affaires a.i. of the Permanent Mission of Germany to the United Nations addressed to the President of the Security Council, UN Doc. S/2015/946, 10. Dezember 2015.

1145 European Parliament, The international coalition to counter ISIL/Da'esh (the 'Islamic State'), Briefing, 17. März 2015, S. 10.

1146 *Martens*, Die Geister, die Erdogan rief, FAZ.net, 20. Juli 2015.

1147 Ibid.

1148 Kurdische PKK bekennt sich zu Anschlag auf türkische Polizisten, Reuters, 22. Juli 2015. Am 23. Juli 2015 töteten ISIL-Kämpfer überdies einen türkischen Grenzsoldaten; siehe auch *Hermann*, Der Terror erfasst die Türkei, FAZ.net, 25. Juli 2015.

1149 Ibid. Siehe auch *Martens*, Terror sagen, Kurden meinen, Neuwahlen denken?, FAZ.net, 26. Juli 2015.

Am 24. Juli 2015 begann die türkische Luftwaffe ihre Angriffe auf ISIL in Syrien, aber auch auf Stellungen der PKK im Norden Iraks. Die Bombardierung von PKK-Lagern beendete den seit 2013 andauernden Waffenstillstand.[1150] Gleichzeitig veröffentlichte das türkische Außenministerium ein *„Turkey-United States Understanding On Countering Deash"*, worin ISIL als primäre Bedrohung für die Türkei bezeichnet wird und bekanntgegeben wurde: „As of this morning, our jets have targeted certain DEASH elements in Syria, based on our right of self-defense in accordance with Article 51 of the UN Charter."[1151]

Darüber hinaus unterrichtete die Türkei den Sicherheitsrat über ihre Maßnahmen – allerdings nur diejenigen, die gegen ISIL gerichtet sind, die PKK wird in dem Schreiben nicht erwähnt:

"With the emergence of Daesh, the threats from Syria gained new dimensions. Syria has become a safe haven for Daesh. This area is used by Daesh for training, planning, financing and carrying out attacks across borders. [...]

It is apparent that the regime in Syria is neither capable of nor willing to prevent these threats emanating from its territory, which clearly imperil the security of Turkey and the safety of its nationals.

Individual and collective self-defence is our inherent right under international law, as reflected in Article 51 of the Charter of the United Nations.

On this basis, Turkey has initiated necessary and proportionate military actions against Daesh in Syria, including in coordination with individual members of the Global Coalition, in order to counter the terrorist threat and to safeguard its territory and citizens."[1152]

Während die Aufgabe der zögerlichen Haltung der Türkei in der Bekämpfung von ISIL von anderen Staaten begrüßt wurde, insbesondere auch die Öffnung der Incirlik Air Base für Flugzeuge der Koalition, wurde teilweise aber auch Kritik an dem zeitgleichen Vorgehen gegen die PKK laut.

1150 *Matthees/Seufert,* Erdoğan und Öcalan verhandeln, SWP-Aktuell 25, April 2013.
1151 News from the Turkish Foreign Ministry, Press Release Concerning Turkey – United States Understanding On Countering Deash, No: 212, 24. Juli 2015. In der Türkei wird die Bezeichnung „Deash" anstelle von „Daesh" benutzt, siehe dazu auch *Tezkan*, Erdogan attempts to re-brand IS, Al-Monitor.com, 3. November 2014, http://www.al-monitor.com/pulse/politics/2014/11/turkey-isis-becomes-deash-erdogan.html#.
1152 Letter dated 24 July 2015 from the Chargé d'affaires a.i. of the Permanent Mission of Turkey to the United Nations addressed to the President of the Security Council, UN Doc. S/2015/563, 24. Juli 2015.

Bundeskanzlerin Merkel appellierte an die Türkei, an dem Friedenspro-zeß mit den Kurden festzuhalten und erinnerte an „das Gebot der Verhält-nismäßigkeit bei der Durchführung notwendiger Maßnahmen".[1153] Der Vorsitzende der Grünen, Cem Özdemir, wurde deutlicher: „Es macht kei-nen Sinn, ISIS zu bekämpfen und dabei den wichtigsten Gegner von ISIS vor Ort, die Kurden, zu schwächen."[1154] Die EU-Außenbeauftragte Federi-ca Mogherini unterstrich ebenfalls die „fundamentale Bedeutung" einer politischen Einigung mit der PKK, versicherte aber auch der Türkei die Unterstüzung der EU im Kampf gegen ISIL und „gegen jede Form von Terrorismus".[1155] Der UN-Generalsekretär Ban Ki-moon hoffte auf eine sofortige Rückkehr zu einem „konstruktiven Dialog" mit der PKK und warnte vor dem Wiederaufleben eines „tödlichen Konflikts".[1156]

Der NATO-Rat, der am 28. Juli 2015 auf Antrag der Türkei nach Arti-kel 4 des Washingtoner Vertrages zusammentrat, veröffentlichte eine eher allgemein gehaltene Erklärung:

"We strongly condemn the terrorist attacks against Turkey, and express our condolences to the Turkish government and the families of the victims in Su-ruç and other attacks against police and military officers.

Terrorism poses a direct threat to the security of NATO countries and to inter-national stability and prosperity. It is a global threat that knows no border, na-tionality, or religion – a challenge that the international community must fight and tackle together.

Terrorism in all its forms and manifestations can never be tolerated or justi-fied.

The security of the Alliance is indivisible, and we stand in strong solidarity with Turkey. We will continue to follow the developments on the South-East-ern border of NATO very closely."[1157]

1153 Merkel ruft türkische Regierung zur Mäßigung auf, FAZ.net, 26. Juli 2015.

1154 BerlinKontor.de, 26. Juli 2015. Vgl. auch Niels Annen (SPD): „türkische Politik wieder einmal auf Abwegen"; Omid Nouripour (Die Grünen): „Erdogans an-geblicher Kampf gegen den IS erweist sich als Vorwand, um gegen die Kurden vorzugehen, die ihm eine empfindliche Wahlniederlage zugefügt haben", in: Von der Leyen kritisiert Türkei für Angriffe auf PKK, FAZ.net, 25. Juli 2015.

1155 EU, Press Release: High Representative Federica Mogherini speaks to Foreign Minister of Turkey, Mevlüt Çavuşoğlu, 150725_02_en, 25. Juli 2015.

1156 United Nations, Daily Press Briefing by the Office of the Spokesperson for the Secretary-General, Noon Briefing, 27. Juli 2015.

1157 NATO, Statement by the North Atlantic Council following meeting under Arti-cle 4 of the Washington Treaty, Press Release (2015) 110, 28. Juli 2015.

Keine kritischen Bemerkungen kamen von Seiten der USA: Regierungs-vertreter betonten vielmehr, dass die PKK eine terroristische Organisation sei, die die Türkei angegriffen habe – die Türkei nehme daher ihr legiti-mes Recht auf Selbstverteidigung wahr.[1158]

Die Reaktionen im Irak waren eher als negativ zu bewerten: In einem Telefonat mit dem türkischen Premierminister Davutoglu brachte der Prä-sident der irakisch-kurdischen Autonomieregion, Barzani, sein „Mißbeha-gen" zum Ausdruck, das irakisch-kurdische Parlament verurteilte die tür-kischen Angriffe und forderte beide Parteien, die Türkei und die PKK, auf, an den Verhandlungstisch zurückzukehren.[1159] Der irakische Außen-minister informierte am 27. Juli 2015 den türkischen Botschafter in Bagh-dad über „irakische Bedenken" und rief die Türkei auf, jegliche militäri-schen Operationen mit der irakischen Regierung zu koordinieren.[1160] Der irakische Premierminister Al-Abadi twitterte am 28. Juli auf Englisch: "Council of Ministers considers Turkish airstrikes on Iraqi territory a dan-gerous escalation and a violation of Iraq's sovereignty. The Council stressed commitment not to allow any attack on Turkey from Iraqi terri-tory and called on Turkey to respect good relations."[1161]

Das türkische Außenministerium antwortete mit einer Presseerklärung, die in ihrer Argumentation an vorhergehende türkische Militäroperationen gegen die PKK in den 1990iger Jahren[1162] erinnert, nämlich in Bezug auf die Unfähigkeit des Iraks, die Angriffe der PKK von seinem Territorium aus zu unterbinden:

1158 "This is a foreign terrorist organization. They attacked Turkey. Turkey has a right to self-defense. We're recognizing that.", U.S. State Department: John Kir-by, Spokesperson, Daily Press Briefing, Washington, DC, 27. Juli 2015.

1159 Iraq Kurds condemn Turkish air strikes on PKK, AFP, 23. Juli 2015.

1160 "The Minister expressed Iraq's concern towards these operations for the fear they might cause among the civilians in the villages and border areas being bombed in addition to the casualties and material losses. His Excellency called on the Turkish government to coordinate with the Iraqi government about any military operation in those areas, stressing Iraq's keenness on Turkey's internal security and its people's safety, praising the Turkish decision which allowed the use of its airbases by the international coalition to attack the terrorist Daesh or-ganization.", siehe Republic of Iraq, Ministry of Foreign Affairs, Foreign Minis-ter Meets Turkish Ambassador for Discussion, 27. Juli 2015.

1161 Haidar Al-Abadi, Twitter, 28. Juli 2015.

1162 Siehe dazu 5. Kapitel II.4. (1995-1997) und in diesem Kapitel II.6. (2007-2008). Auch damals hatte die Türkei ihre militärischen Maßnahmen gegen die PKK auf dem Territorium des Irak dem Sicherheitsrat nicht angezeigt.

"Turkey's support to Iraq in its fight against the DEASH terror is for all to see. Our will towards this issue reinforced by the neighborly relations between the two countries is well known by the Iraqi officials, as well. Nevertheless, the negative attitude adopted by the Iraqi Government regarding the steps taken by Turkey within the framework of international of law towards the terrorist attacks faced by our country and the operations conducted by Turkey, in this context, against the PKK terrorist organization located within the borders of Iraq has caused disappointment.

Although the Iraqi Government emphasizes its commitment for not allowing any attack towards Turkey from the Iraqi territories, it is clear that this commitment has not been fulfilled and numerous armed PKK militants have continued to harbor in the Iraqi territory for years. Therefore it is not possible to comprehend or accept that those, who cannot fulfill their commitments, do not have the possibility to keep their borders under control, and one-third of whose territories are under the control of the terrorist organization, have taken a stance against Turkey in its fight against the PKK terrorist organization perpetrating armed attacks towards its citizens and security forces."[1163]

Die Arabische Liga veröffentlichte am 4. August 2015 eine Erklärung, in der sie das militärische Vorgehen der Türkei gegen die PKK verurteilte und die Türkei aufforderte, die Souveränität des Irak zu respektieren.[1164] Die türkische Regierung wies die Kritik scharf zurück, unterstützt von Qatar, und nannte die Mitteilung eine „persönliche" Erklärung des Generalsekretärs Nabil Elaraby, die nicht mit den Mitgliedern der Arabischen Liga vorher abgestimmt worden war:

"In an environment, where the Iraqi Government clearly expresses that it lacks the ability to prevent the PKK [...] terrorist attacks against Turkey and its citizens, the attitude demonstrated against Turkey's resolute fight against terrorism that is based on the rights stemming from the international law is not comprehensible. We call on those who display this attitude to support the fight against terror, rather than terrorism itself."[1165]

1163 Republic of Turkey, Ministry of Foreign Affairs, Press Release Regarding the Statement of the Iraqi Government about Turkey's Operations towards the PKK Targets, No: 220, 31 July 2015.

1164 Turkey condemns Arab League's statement on PKK operations, Hürriyet Daily News, 5. August 2015, http://www.hurriyetdailynews.com/turkey-condemns-arab-leagues-statement-on-pkk-operations.aspx?pageID=238&nID=86462&NewsCatID=510.

1165 Republic of Turkey, Ministry of Foreign Affairs, No: 224, Press Release Regarding the Statement of Nabil Elaraby, Secretary General of the League of Arab States, About Turkey. 5. August 2015.

Das Außenministerium von Qatar bestätigte das Selbstverteidigungsrecht der Türkei "[to] eliminate the source of the threat coming from any place under United Nations' Article 51 of its Charter which gives states, individually or collectively, the right of self-defense against armed attacks."[1166]

14. Zwischenergebnis

Die Staatenpraxis nach dem 11. September 2001 zeigt, dass das vormals oft gebrauchte Argument der Präemption neben dem des Vorliegens eines bewaffneten Angriffs in der Fallgruppe Internationaler Terrorismus nunmehr eher vermieden wird. Dieses könnte sehr wohl in der seit 2002 herrschenden Debatte über die *Bush*-Doktrin begründet liegen, die dazu führte, dass „Präemption" eher ein *„no-go"* oder Unwort wurde, welches es zu vermeiden gilt. Eine Auswirkung der anderen Art der *Bush*-Doktrin ist, wenn zumindest nicht mehr offiziell mitgeteilt wird, dass es sich bei der jeweils getroffenen Selbstverteidigungsmaßnahme (auch) um eine präemptive Maßnahme zur Verhinderung zukünftiger Anschläge handelt.

Israel hatte das Argument *„to prevent further attacks"* zur Begründung seines Angriffs auf Syrien 2003 zwar noch gebraucht, in der Folgezeit aber eher, wie im Falle Libanon 2006, auf das *„Harboring"*-Argument zurückgegriffen, wenn es überhaupt zu einer offiziellen Stellungnahme der israelischen Regierung kam.

Präsident Obama, ein Jurist, begründete den Drohneneinsatz in Pakistan und Jemen sorgfältig unter Erwähnung der überwiegend akzeptierten „unmittelbaren Bedrohung": "[W]e act against terrorists who pose a *continuing and imminent* threat to the American people."[1167] – also kein Wort von *„prevention"* oder sogar *„preemption"*.

In diesem Zusammenhang mag der unverblümte Satz der kenianischen Regierung in ihrem Schreiben an den UN-Sicherheitsrat – "Kenya [...] decided to undertake remedial and *pre-emptive* action."[1168] – eher ein „Aus-

---

1166 Siehe auch Qatar, Ministry of Foreign Affairs Statement, 4. August 2015, https://www.mofa.gov.qa/en/all-mofa-news/details/2015/08/04/ministry-of-foreign-affairs-statement.

1167 Remarks by the President at the National Defense University, The White House, 23. Mai 2013.

1168 Letter dated 17 October from the Permanent Representative of Kenya to the United Nations addressed to the President of the Security Council, UN Doc. S/2011/646, 18. Oktober 2011, Hervorheb. durch Verf.

reißer" darstellen, der aber auch angesichts der allgemeinen Erleichterung über das Vorgehen gegen Al-Shabaab nicht weiter aufgegriffen oder sogar debattiert wurde.

Während also die Präemption aus den offiziellen Begründungen der Staaten verschwand, wurden sie hinsichtlich des *„Harboring"*-Argumentes spezifischer: nunmehr findet sich vermehrt eine Unterscheidung zwischen *„unwilling"* und *„unable"* Staaten – gemeint ist damit die Unwilligkeit oder Unfähigkeit, die Unterstützung für terroristische Gruppierungen zu beenden. Die Mehrzahl gehört zu den *„unwilling"* Staaten, wie Syrien, Ecuador, Eritrea, und Sudan. Präsident Putin hielt Georgien für *„unable"* sowie Israel den Libanon im Jahr 2006, die Türkei den Irak (2007-08 und 2015), wie auch Kenia die somalische Interims-Regierung (2011) und Deutschland Syrien angesichts mangelnder Kontrolle über bestimmte Staatsgebiete (2015). Präsident Obama war sich hinsichtlich Pakistans Unterstützung bei der Suche nach Osama Bin Laden nicht ganz sicher und zog daher beide Möglichkeiten, *„unable or unwilling"* in Betracht. Im Endeffekt hielten aber alle untersuchten Staaten ihre getroffenen Selbstverteidigungsmaßnahmen für zulässig, egal ob es sich um einen Fall der Unwilligkeit oder Unfähigkeit handelte. Mehr noch: dem letzten Beispiel Syrien (2014/2015) kann entnommen werden, dass Unwilligkeit und Unfähigkeit auch *kumulativ* vorliegen können ("The Syrian regime has shown that it *cannot and will not* confront these safe havens effectively itself."[1169]), mit der Folge, dass eine etwaige Zustimmung des (ja auch) unfähigen Staates für nicht mehr erforderlich gehalten wird.

Im Endeffekt liegt eine Entwicklung hin zur Gleichsetzung von *„harboring"* – egal ob auf Unfähigkeit oder Unwilligkeit des Territorialstaates beruhend – mit dem Begriff des „bewaffneten Angriffs" als Voraussetzung des Artikel 51 UN-Charta vor, auch wenn die Staatengemeinschaft sich mit einer ausdrücklichen völkerrechtlichen Einordnung bisher noch stark

---

1169 Letter dated 23 September 2014 from the Permanent Representative of the United States of America to the United Nations addressed to the Secretary-General, UN Doc. S/2014/695, 23. September 2014. Hervorheb. durch Verf. Siehe auch die Argumentation der Türkei: *"It is apparent that the regime in Syria is neither capable of nor willing to prevent these threats emanating from its territory [...]"*, in: Letter dated 24 July 2015 from the Chargé d'affaires a.i. of the Permanent Mission of Turkey to the United Nations addressed to the President of the Security Council, UN Doc. S/2015/563, 24. Juli 2015.

zurückhält.[1170] Dieser Trend bedeutet gleichzeitig eine Abkehr von der strengen Zurechnungsregel des IGH im Sinne der „effektiven Kontrolle" des *non-state actor*. Die Unterscheidung zwischen unfähig/unwillig scheint darüber hinaus für das Verhältnismäßigkeitsprinizp von Bedeutung: während die Staaten, wie beispielsweise die Türkei, im Falle der Unfähigkeit (hier des Irak) bemüht sind, dem Verhältnismäßigkeitsprinzip Rechnung zu tragen und Kollateralschäden unter der Zivilbevölkerung und der Infrastruktur des Territorialstaates zu vermeiden und ihre Angriffe auf die terroristische Organisation (hier die PKK) zu begrenzen suchen, gilt gleiches nicht für den unwilligen Staat, wie das Beispiel der Taliban in Afghanistan zuvor zeigte.

1170 So auch *Reinold* ("an increasing acceptance that a private armed attack – one in which no state is substantially involved – may trigger the right to self-defense") in: State Weakness, Irregular Warfare, and the Right to Self-Defense Post-9/11, AJIL, Vol. 105, No. 2, 2011, S. 244 (272) sowie ("state practice clearly indicates that the law is undergoing transformation and that the majority of states agree on the need to adapt existing rules to the changes in geopolitical realities.") ibid., S. 244 (245); *Ruys* ("evidence in state practice supporting a more flexible construction of self-defence against attacks by non-state actors") in: Quo Vadit Jus Ad Bellum?: A Legal Analysis of Turkey's Military Operations Against the PKK in Northern Iraq, Melb. J. Int'l L., Vol. 9, 2008, S. 1 (26); *van Steenberghe* ("there is at least a tendency towards authorizing a state to act in self-defence in response to attacks committed by non-state actors, even when no state is substantially involved in it"), in: Self-Defense in Response to Attacks by Non-state Actors in the Light of Recent State Practice, A Step Forward?, LJIL, Vol. 23, 2010) S. 183 (194); *Pert* ("Why this issue is particularly interesting is that we may be seeing a change in international law here. There is a growing view, including from some ICJ judges in the DRC v Uganda case, that a state ought to be permitted to use force against terrorist or armed groups where the 'host' state is unable or unwilling to eradicate them."), in: Are air strikes against IS in Syria lawful?, The Drum, 24. August 2015; *Tams* ("the international community today is much less likely to deny, as a matter of principle, that states can invoke self defence against terrorist attacks not imputable to another state."), in: The Use of Force Against Terrorists, EJIL, Vol. 20, No. 2, 2009, S. 359 (381); *Hakimi* ("the majority of States has affirmatively endorsed defensive operations against non-State actors in States that actively harbor or support those actors, or lack control over the areas from which they operate.") in: Defensive Force against Non-State Actors: The State of Play, International Law Studies, U.S. Naval War College, Vol. 91, 2015, S. 1 (31); sehr weitgehend von einer „entsprechende[n] gewohnheitsrechtliche[n] Weiterentwicklung des Völkerrechts" sprechend: Deutscher Bundestag, Wissenschaftliche Dienste, Aktenzeichen WD 2 – 3000 – 203/15, 30. November 2015, S. 21.

Der Fall Äthiopien/Eritrea (2012) illustriert zudem auf eindrückliche Weise, welche Konsequenzen ein Versagen des kollektiven Sicherheitssystems haben kann, selbst dann, oder besser: umso mehr, als Mitgliedstaaten dieses nur als solches empfinden. Zwar war der Sicherheitsrat bereits mit Eritrea befaßt – ausdrücklich unter Hinweis auf die Unterstützung von Al-Shabaab und anderen terroristischen Organisationen durch Eritrea – und hatte, sicherlich auch im Blick auf die Situation in Somalia, bereits 2009 Sanktionen verhängt. Als diese Sanktionen im Dezember 2011 verschärft wurden, machte der äthiopische Botschafter in seiner Rede deutlich:

> "We ask the Security Council to help us to stop that lawlessness because, as it is, the Horn of Africa is a very fragile region. In the absence of the rule of law and action by the Security Council, the implication would be that we are all on our own and that we have to defend ourselves or perish. That is not a choice that we want to make. We believe in the rule of law. We believe in the mandate of the Security Council. We believe that the Security Council can, and must, act."[1171]

Nach dem Anschlag auf Touristen im Januar 2012 erschienen Äthiopien die Maßnahmen des Sicherheitsrats aber offensichtlich als nicht ausreichend, wie die zwei Schreiben an den Sicherheitsrat dokumentieren, mit denen es den Rat abermals aufforderte, seiner Verantwortung nachzukommen, und sich gleichzeitig sein Recht auf Selbstverteidigung vorbehielt.

Bezeichnenderweise hielt Äthiopien auch nach seinem Angriff auf mutmaßliche terroristische Trainingslager in Eritrea und diplomatischen Gesprächen, wenn nicht sogar Druck, an dieser Auffassung fest und beschrieb damit treffend ein wesentliches Dilemma für das System der kollektiven Sicherheit:

> "Indeed, in the absence of effective measures by the international community, there is always the possibility that individual countries might find themselves forced to taking unilateral measures. Ethiopia would certainly prefer this not to happen."[1172]

1171 UN Doc. S/PV.6674, 5. Dezember 2011, S. 5.
1172 Federal Democratic Republic of Ethiopia, Ministery of Foreign Affairs, Press Release: Talking, not shooting is the only choice for Eritrea, A Week in the Horn of Africa, 23. März 2012. Auf seiner Webseite zu den Beziehungen mit Eritrea macht das äthiopische Außenministerium sogar deutlich, dass es zur Not auch einen gewaltsamen *regime change* in Eritrea als zulässige Maßnahme hält: "For Ethiopia, the international community has never been its last line of defense against Eritreas destabilization. As Prime Minister Meles recently made clear, in light of Eritreas continuing nefarious campaigns, Ethiopia will continue

Damit schließt sich der Kreis mit dem zuvor konstatierten *„Harboring"*-Argument: mangels eines entschiedeneren Vorgehens des Sicherheitsrates gegen Terroristen beherbergende Staaten, weichen Staaten auf unilaterale Maßnahmen in Form des Rechts auf Selbstverteidigung aus. Dieses Recht ist zwar durch die UN-Charta und sogar als „naturgegebenes" Recht anerkannt, aber es unterliegt immer auch einer gewissen Subjektivität in der Auslegung, wie es die zahlreichen Debatten im Sicherheitsrat und in der Generalversammlung, aber auch anderswo, belegen: die einen nennen es Selbstverteidigung, die anderen verbotene Aggression.

Verkompliziert wird die Lage dadurch, dass es bis zum heutigen Tage keine universell anerkannte Definition des Terrorismus gibt, das seit 1997 tagende *Ad Hoc Committee* der Generalversammlung, das unter anderem mit der Ausarbeitung einer umfassenden Terrorismuskonvention inklusive einer Definition betraut ist, hat sich im April 2013 mit der Begründung "more time was required to achieve substantive progress on the outstanding issues" ohne Ergebnis vertagt.[1173]

Angesichts dieser Grauzone und rechtlichen Unsicherheit erscheint es dann auch nicht mehr verwunderlich, wenn Staaten – wie Israel oder die Türkei – gar keine öffentlichen Erklärungen mehr abgeben.

III. Fallgruppe Nukleare Bedrohung

1. Israel – Zerstörung des syrischen Reaktors al-Kibar (2007)

Die Fortgeltung der *Begin*-Doktrin[1174] – Hinderung von „Konfrontationsstaaten" an dem Erwerb von nuklearen Waffen – wurde 2007 ein weiteres Mal bestätigt, als kurz nach Mitternacht des 6. Septembers 2007 israeli-

---

to work to force the regime to change its policies or failing that it will be prepared to change the government itself through any means at its disposal.", http://www.mfa.gov.et/BilateralMore.php?pg=12.

1173 Siehe Resolution der 68. Generalversammlung, Measures to Eliminate International Terrorism, UN Doc. A/RES/68/119, 18. Dezember 2013, para. 24. Die 69. Generalversammlung richtete eine neue *Working Group* ein – die bisher allerdings auch zu keinem Ergebnis kam, siehe General Assembly Sixth Committee, Summary Record of the 27th Meeting, UN Doc. A/C.6/69/SR.27, 24. November 2015. Das *Ad Hoc Commmittee* basierte auf Resolution 51/210 vom 17. Dezember 1996.

1174 Zur *Begin*-Doktrin siehe auch 5. Kapitel III.1.

sche Kampfflugzeuge den fast fertiggestellten syrischen Nuklearreaktor al-Kibar zerstörten *(Operation Orchard)*.[1175]

Die genauen Einzelheiten sind bis heute nicht vollständig geklärt. Während sich Israel und auch die USA in Schweigen hüllten, erklärte Syrien in einer ersten Reaktion in Form eines Briefes an den Generalsekretär der Vereinten Nationen sowie an den Präsidenten des Sicherheitsrats lediglich, israelische Kampfflugzeuge hätten syrischen Luftraum verletzt und im Abflug *„some munitions"* abgeworfen, die jedoch keine weiteren Schäden angerichtet hätten.[1176] Eine Sitzung des Sicherheitsrats forderte das Schreiben nicht.

Internationale Reaktionen blieben weitgehend aus. Nur der Iran, Russland und Nordkorea kommentierten die ersten Berichte über die Verletzung des syrischen Luftraums.[1177] In der arabischen Welt herrschte *„synchronised silence"*.[1178] Erst am 1. Oktober 2007 räumte der syrische Präsident Bashar Al-Assad ein, dass Israel ein im Bau befindliches militärisches Gebäude angegriffen habe.[1179] Am selben Tag erwähnte auch der syrische Außenminister, Walid Al-Moualem, während der Generaldebatte der UN-Generalversammlung den Vorfall:

> "The latest act of aggression against Syria on 6 September 2007 is proof of Israel's desire to escalate tensions. We reiterate that the failure of the international community, including the Security Council, to condemn that act of aggression will encourage Israel to persist in that hostile pursuit, and will lead to the exacerbation of tensions in the region."[1180]

1175 *Rudolf*, Präventivangriffe als Element amerikanischer und israelischer Sicherheitspolitik, SWP-Studien S/14, Juni 2012, S. 9.

1176 Identical Letters dated 9 September 2007 from the Permanent Representative of the Syrian Arab Republic to the United Nations addressed to the Secretary-General and the President of the Security Council, UN Doc. A/61/1041 - S/2007/537, 10. September 2007.

1177 Iran warf Israel vor, Unsicherheit in der Region zu verbreiten, Russland zeigte „große Besorgnis" und Nordkorea verurteilte das Eindringen der israelischen Kampfflugzeuge. Siehe *Weitz*, Israeli Airstrike in Syria: International Reactions, Center for Nonproliferation Studies Feature Story, 1. November 2007.

1178 *Weitz*, ibid.

1179 *Garwood-Gowers*, Israel's Airstrike on Syria's Al-Kibar Facility, JCSL, Vol. 16, No. 2, 2011, S. 263 (267).

1180 UN, General Debate, 62nd Session, UN Doc. A/62/PV.12 vom 1. Oktober 2007, S. 17.

Einen Tag später bestätigte Israel den Angriff auf ein militärisches Objekt in Syrien, ohne allerdings weitere Angaben über die Hintergründe zu machen.[1181]

Weitere Wochen der Spekulation vergingen, bis die USA am 24. April 2008 einen Geheimdienstbericht über Syrien veröffentlichten.[1182] Danach soll es sich bei dem im September 2007 zerstörten Komplex um einen im Jahr 2001 begonnenen und 2007 fast fertiggestellten Nuklearreaktor handeln, den Syrien mit nordkoreanischer Hilfe baute.[1183] Der Bericht bestätigte auch den Angriff Israels, das militärische Maßnahmen eingeleitet habe, da es die nukleare Bewaffnung von Syrien als existentielle Bedrohung ansah.[1184] Zur Rolle der USA hieß es:

"We did discuss policy options with Israel. [...] After these discussions, at the end of the day Israel made its own decision to take action. It did so without any green light from us – so-called 'green light' from us; none was asked for, none was given. We understand the Israeli action. We believe this clandestine reactor was a threat to regional peace and security, and we have stated before that we cannot allow the world's most dangerous regimes to acquire the world's most dangerous weapons."[1185]

In einer ersten Stellungnahme kündigte IAEA Director General Mohamed ElBaradei eine Untersuchung an, beklagte aber die späte Zurverfügungstellung von Informationen und kritisierte "the unilateral use of force by Israel as undermining the due process of verification that is at the heart of

---

1181 Israel Admits Air Strike on Syria, BBC News, 2. Oktober 2007, http://news.bbc. co.uk/2/hi/middle_east/7024287.stm.

1182 FAS, Background Briefing with Senior U.S. Officials on Syria's Covert Nuclear Reactor and North Korea's Involvement, 24. April 2008, http://www.fas.org/irp/news/2008/04/odni042408.pdf.

1183 Ibid., S. 3.

1184 "Israel considered a Syrian nuclear capability to be an existential threat to the state of Israel." Ibid., S. 8.

1185 Ibid. In seinen später veröffentlichten Memoiren teilte Präsident Bush mit, dass der damalige israelische Premierminister Olmert versucht habe, die USA zu einem militärischen Angriff auf den syrischen Reaktor zu bewegen. Dieses hätte er aber angesichts unsicherer Geheimdiensterkenntnisse abgelehnt und Olmert stattdessen zur Veröffentlichung der Existenz des Reaktors verbunden mit einem koordinierten internationalen Vorgehen geraten; zitiert in: *Zanotti et. al.*, Israel: Possible Military Strike Against Iran's Nuclear Facilities, CRS, R42433, 28. September 2012, S. 32.

the non-proliferation regime".[1186] Die syrische Regierung bestritt weiterhin, dass es sich um eine nukleare Anlage gehandelt hatte.[1187]

Im Rahmen einer Inspektion der *International Atomic Energy Agency* (IAEA) im Juni 2008 wurden auf dem betreffenden Gelände Uranium-Partikel gefunden, die Anhaltspunkte für einen chemischen Prozeß aufwiesen.[1188] Zusammen mit der Auswertung von Satellitenfotos ergab sich nach Ansicht der IAEA, dass es sich sehr wahrscheinlich um einen undeklarierten nuklearen Reaktor gehandelt habe.[1189] Für eine eindeutige Klärung wären jedoch weitere Untersuchungen notwendig, wie eine Entnahme von Proben des zerstörten Gebäudes, das jedoch von Syrien im Oktober 2007 bereits abgetragen worden war. Eine weitere Kooperation mit der IAEA lehnt Syrien bis zum heutigen Tage ab.

Mit Resolution GOV/2011/41 vom 9. Juni 2011 informierte der Gouverneursrat daher gemäß Artikel XII.C IAEA-Statut den Sicherheitsrat und die Generalversammlung von der Nichteinhaltung des *NPT Safeguards Agreement* durch Syrien. Die Resolution erhielt nur eine knappe Mehrheit der 35 Mitglieder des Gouverneursrats mit 17 Stimmen dafür, 6 dagegen (darunter die Russische Föderation und China), 11 Enthaltungen und einer nicht abgegeben Stimme.[1190] Die russische Delegation erklärte, dass die fragliche Anlage nicht mehr existiere und folglich auch keine Bedrohung der internationalen Sicherheit bedeuten könnte.[1191] Ein anderer

---

1186 IAEA, Statement by IAEA Director General Mohamed ElBaradei, Press Release 2008/06, 25. April 2008.

1187 UN probes US Syria reactor claim, BBC, 25. April 2008, http://news.bbc.co.uk/2/hi/middle_east/7366658.stm.

1188 IAEA, Implementation of the NPT Safeguards Agreement in the Syrian Arab Republic, Report of the Director-General, GOV/2008/60 vom 19. November 2008. Syrien ist seit 1969 Vertragspartei des Non-Proliferation Treaty (NPT) und schloß 1992 ein Safeguards Agreement mit der IAEA.

1189 IAEA, Implementation of the NPT Safeguards Agreement in the Syrian Arab Republic, Report of the Director-General, GOV/2012/42 vom 30. August 2012 und GOV/2011/30 vom 24. Mai 2011.

1190 Weitere Staaten, die gegen die Resolution stimmten, waren Azerbaijan, Ecuador, Pakistan und Venezuela. Zu den sich enthaltenden Staaten gehörten die nicht-ständigen Mitglieder des Sicherheitsrats Brasilien, Indien und Südafrika. Die Mongolei war bei der Abstimmung nicht anwesend. *Crail*, IAEA Sends Syria Nuclear Case to UN, Arms Control Today, Juli/August 2011, Arms Control Association, http://www.armscontrol.org/act/2011_%2007-08/%20I-AEA_Sends_Syria_Nuclear_Case_to_UN.

1191 Ibid.

Diplomat wurde mit den Worten zitiert: *"If there ever was a threat, it was destroyed by the Israelis."*[1192]

Das amerikanische Repräsentantenhaus hielt jedoch schon wenige Tage nach der Zerstörung für möglich, dass es sich um eine nukleare Bedrohung Israels gehandelt hatte und verabschiedete eine Resolution "expressing the unequivocal support of the House of Representatives for Israel's right to self defense in the face of an imminent nuclear or military threat from Syria".[1193]

Eine internationale Verurteilung Israels für seinen Angriff, wie im Falle des *Osirak*-Reaktors 1981, blieb aus.

2. Iran

Im Dezember 2006 verhängte der Sicherheitsrat mit Resolution 1737 (2006) ein umfassendes Sanktionsregime gegen den Iran angesichts dessen langjähriger Verschleierung seiner nuklearen Aktivitäten und fortgesetzter Urananreicherung, welche einen klaren Verstoß gegen seine Verpflichtungen aus dem Nuklearen Nichtverbreitungsvertrag (Treaty on the Non-Proliferation of Nuclear Weapons, NPT) und dem Statut der Internationalen Atomenergiebehörde (IAEA) darstellten.[1194]

In den folgenden Jahren führten allerdings weder eine Verschärfung der Sanktionen[1195] noch Vermittlungsbemühungen der sogenannten E3+3 (USA, Vereiniges Königreich, China, Russische Föderation, Frankreich und Deutschland) zu einem Einlenken der iranischen Regierung unter Präsident Ahmadinejad. Im Frühjahr 2012 erschien schließlich ein militäri-

---

1192 Ibid.

1193 110th Congress, 1st Session, H.Res.674 vom 24. September 2007.

1194 Iran hat den NPT 1970 ratifiziert, siehe UN Office of Disarmament Affairs, Status and Text of the Treaty, http://disarmament.un.org/treaties/t/npt. Seit 1959 ist es Mitglied der IAEA, seit 1974 ist das sogenannte Safeguards Agreement in Kraft, das IAEA-Inspektionen erlaubt, siehe IAEA, Factsheet Islamic Republic of Iran, http://ola.iaea.org/ola/FactSheets/CountryDetails.asp?country=IR. Der IAEA-Governeursrat hatte die Situation zuvor gemäß Artikel III B4 des IAEA-Statuts an den Sicherheitsrat überwiesen, siehe IAEA Resolution GOV/2006/14, 4. Februar 2006.

1195 Weitere Modifizierungen der Sanktionen erfolgten mit Resolutionen 1747 (2007), 1803 (2008) und 1929 (2010), siehe im Detail United Nations, The Security Council Committee established pursuant to resolution 1737 (2006), http://www.un.org/sc/committees/1737/.

sches Eingreifen Israels und der USA nicht mehr vollkommen ausgeschlossen: Präsident Obama erklärte in seiner Rede zur Lage der Nation im Januar 2012:

"America is determined to prevent Iran from getting a nuclear weapon, and I will take no option off the table to achieve that goal."[1196]

Die Gefahr eines nuklear bewaffneten Iran, so Präsident Obama, liege neben der schwerwiegenden Bedrohung Israels auch in der Möglichkeit, dass diese Waffen Terroristen in die Hände fallen könnten, verbunden mit einem nuklearen Wettrüsten in einer von Krisen geprägten Region und einer Ausweitung iranischer Unterstützung für terroristische Gruppierungen.[1197]

Die USA und Israel schienen aber noch uneinig über einen konkreten Zeitrahmen für militärische Schläge gegen das iranische Atomprogramm.[1198] Während Israel im Frühjahr 2012 ein mögliches Zeitfenster für gegeben ansah, setzte die Obama-Administration zunächst weiterhin auf Verhandlungen und das Sanktionsregime – sicherlich auch im Hinblick auf das beginnende Wahljahr in den USA.[1199]

Israel hingegen machte deutlich, dass es gegebenenfalls auch im Alleingang – also ohne die USA – handeln würde: "Israel must always have the ability to defend itself, by itself, against any threat. We deeply appreciate the great alliance between our two countries [gemeint sind die USA]. But

---

1196 The White House, Remarks by the President in State of the Union Address, 24. Januar 2012. Er fuhr allerdings fort mit den Worten: "But a peaceful resolution of this issue is still possible, and far better, and if Iran changes course and meets its obligations, it can rejoin the community of nations."

1197 Siehe Interview von Jeffrey Goldberg mit Präsident Obama, Obama to Iran and Israel: 'As President of the United States, I Don't Bluff', in: The Atlantic, 2. März 2012.

1198 *Zanotti et. al.*, Israel: Possible Military Strike Against Iran's Nuclear Facilities, Congressional Research Service, R42433, 28. September 2012, S. 32.

1199 Vgl. US-General Martin Dempsey, Chairman of the Joint Chiefs of Staff in einem Interview mit CNN am 19. Februar 2012: "we think that it's not prudent at this point to decide to attack Iran. I mean, that's been our counsel to our allies, the Israelis, well-known, well-documented [...]". Zitiert in: *Zanotti et. al.*, Israel: Possible Military Strike Against Iran's Nuclear Facilities, Congressional Research Service, R42433, 28. September 2012, S. 33. Siehe auch *Rudolf*, Die USA, Israel und die Legitimität eines Präventivangriffs gegen Iran, SWP-Studie, S 14, Juni 2012, S. 11 ff.

when it comes to Israel's survival, we must always remain the masters of our fate."[1200]

Vor dem Hintergrund der sich zuspitzenden Situation nutzten verschiedene Mitglieder des Sicherheitsrats eine Debatte am 21. März 2012 um klarzustellen, dass der Konflikt um das iranische Atomprogramm nur im Wege von „Dialog und Kooperation" beigelegt werden könne, so der chinesische Botschafter.[1201] Auch Deutschland, Südafrika, Pakistan und Marokko betonten die Notwendigkeit einer diplomatischen Lösung.[1202] Etwas deutlicher wurde der russische Botschafter Churkin mit seiner Bemerkung "[W]e oppose attempts to artificially inflame the atmosphere around that subject" und der Betonung von "exclusively political diplomatic means".[1203] Für den britischen Botschafter gab es keine Zweifel daran, dass Iran das Ziel der nuklearen Bewaffnung verfolge, trotzdem sei seine Regierung "ready to talk, but Iran must negotiate seriously and without preconditions".[1204]

Schien somit im Frühjahr 2012 die Weitergeltung der israelischen *Begin*-Doktrin und in den USA der *Bush*-Doktrin zu befürchten sein, so zeigen die nachfolgenden Ereignisse – nämlich das Ausbleiben eines militärischen Angriffs auf nukleare Einrichtungen des Iran und vielmehr die Vereinbarung weiterer Verhandlungen – dass sich eben diese Befürchtungen nicht realisierten.

Am 14. Juli 2015 konnte der Streit um das iranische Atomprogramm schließlich mit dem Abschluß eines *Joint Comprehensive Plan auf Action*[1205] beendet werden. Das Abkommen sieht „technische Beschränkungen und Kontrollmechanismen" vor, um die friedliche Nutzung der Kern-

---

1200 Premierminister Netanjahu, AIPAC Rede, 5. März 2012, zitiert in: *Zanotti et. al.*, Israel: Possible Military Strike Against Iran's Nuclear Facilities, CRS, R42433, 28. September 2012, S. 33. Siehe auch die Bemerkung des israelischen Regierungssprechers nach der Rückkehr Natanjahus aus den USA: "A red light was not given. And if we're already talking about colors, then a green light was not given either.", ibid.

1201 UN Doc. S/PV.6737, 21. März 2012, S. 6.

1202 Ibid., S. 7 ff.

1203 Ibid., S. 9.

1204 Ibid., S. 14.

1205 Joint Comprehensive Plan of Action, Wien, 14. Juli 2015, http://www.auswaerti ges-amt.de/cae/servlet/contentblob/711892/publicationFile/207754/150714-IRN -Deal_Download.pdf.

energie durch den Iran zu sichern sowie eine schrittweise Aufhebung der Sanktionen.[1206]

3. Zwischenergebnis

Das „*red light*" für Militärschläge bei Annahme einer nuklearen Bedrohung gilt weiterhin, wie auch die Ablehnung von präemptiven Maßnahmen.

Allerdings bleibt festzuhalten, dass die nicht erst mit der *Bush*-Doktrin, sondern bereits auch unter der Clinton-Administration, etablierte Sicherheitsstrategie der USA in Bezug auf die Verhinderung der Proliferation von Massenvernichtungswaffen in den Händen sogenannter Schurkenstaaten und terroristischer Gruppierungen auch weiterhin Anwendung findet.[1207]

Entscheidend ist aber hier, dass die Obama-Administration nicht die Lösung des Konflikts in einem militärischen Eingreifen sah, sondern in der Fortsetzung von Verhandlungen verbunden mit international legitimierten Sanktionen. Wie allerdings der Konflikt unter einer republikanischen Regierung gelöst worden wäre, muss offen bleiben.[1208]

1206 Vgl. Auswärtiges Amt, Die Wiener Nuklearvereinbarung: Langfristige Lösung für den Konflikt um das iranische Atomprogramm, 26. Juni 2017, http://www.a uswaertiges-amt.de/DE/Aussenpolitik/RegionaleSchwerpunkte/NaherMittlererO sten/04_Iran/Iranisches-Nuklearprogramm_node.html.

1207 *Rudolf* spricht insofern von einer "Kontinuität", in: Die USA, Israel und die Legitimität eines Präventivangriffs gegen Iran, SWP-Studie, S 14, Juni 2012, S. 8.

1208 Vgl. *Grant*, War Games: Republicans Could Write Obama Blank Check on Iran, in: The Christian Science Monitor, 7. März 2012.

8. Kapitel – Rechtsprechung des IGH nach 9/11

I. Non-State Actors und Zurechnungskriterien

Das *Nicaragua*-Urteil des IGH aus dem Jahr 1986 galt lange Zeit als Maßstab im Hinblick auf die Ausübung des Selbstverteidigungsrechts und die Zurechnung privaten Handelns. Es seien daher an dieser Stelle die wichtigsten Aussagen des Urteils in Erinnerung gerufen:

1. Ein bewaffneter Angriff liegt nur bei „most grave forms of use of violence" vor, davon zu unterscheiden sind also „less grave forms".[1209]
2. Ein bewaffneter Angriff liegt nicht nur bei grenzüberschreitenden Angriffen von *regulären* Streitkräften eines Staates vor („action by regular armed forces across an international border") sondern auch im Falle
3. der Entsendung von *irregulären* Truppen durch oder im Auftrag eines Staates („sending by or on behalf") oder seine anderweitige substantielle Beteiligung hieran („or its substantial involvement therein"), wenn diese einem bewaffneten Angriff eines Staates entsprechen, gemäß Artikel 3 g) der Aggressionsdefinition.[1210]
4. Der entsendende Staat muss *effektive Kontrolle* („effective control") über die irregulären Truppen ausüben, damit ihm deren Handlungen zugerechnet werden können.[1211]
5. Waffenlieferungen oder andere logistische Unterstützung für irreguläre Truppen stellen *keine „substantielle Beteiligung"* eines Staates dar.[1212]

Seit 2001 hatte sich der IGH in weiteren Verfahren mit der Thematik zu beschäftigen. Diese sollen nachfolgend näher betrachtet werden, um eine Aussage treffen zu können, ob der IGH weiterhin an den *Nicaragua*-Prämissen festhält oder seine Rechtsprechung geändert hat.

1209 Military and Paramilitary Activities in and against Nicaragua (Nicaragua v. USA), Merits, Judgment, I.C.J. Reports 1986, S. 14 (para. 191).
1210 Ibid., para. 195.
1211 Ibid., para. 115.
1212 Ibid., para. 195.

1. Wall-Gutachten (2004)

Am 8. Dezember 2003 beschloß die UN-Generalversammlung dem IGH gemäß Artikel 96 Absatz 1 UN-Charta die Frage nach den Rechtsfolgen, die sich aus der Errichtung einer Mauer durch Israel in den besetzten palästinensischen Gebiet ergaben, zur Begutachtung vorzulegen.[1213]

In seinem sogenannten *Wall*-Gutachten vom 9. Juli 2004 wies der IGH die israelische Argumentation, der Grenzzaun entspräche dem Recht auf Selbstverteidigung gemäß Artikel 51 UN-Charta, mit knapper Begründung in nur einem einzigen Absatz zurück, da Israel nicht die Verantwortlichkeit eines anderen Staates behauptet hatte. So heißt es in dem Gutachten:

"Under the terms of Article 51 of the Charter of the United Nations:

'Nothing in the present Charter shall impair the inherent right of individual or collective self-defence if an armed attack occurs against a Member of the United Nations, until the Security Council has taken measures necessary to maintain international peace and security.'

Article 51 of the Charter thus recognizes the existence of an inherent right of self-defence in the case of armed attack by *one State against another State*. However, Israel does not claim that the attacks against it are imputable to a foreign State. The Court also notes that Israel exercises control in the Occupied Palestinian Territory and that, as Israel itself states, the threat which it regards as justifying the construction of the wall originates within, and not outside, that territory. The situation is thus different from that contemplated by the Security Council resolutions 1368 (2001) and 1373 (2001), and therefore Israel could not in any event invoke those resolutions in support of its claim to be exercising a right of self-defence. Consequently, the Court concludes that Article 51 of the Charter has no relevance in this case."[1214]

Mehrere Richter äußerten allerdings abweichende Meinungen.[1215] So verwiesen Judge *Higgins* und Judge *Buergenthal* auf den Wortlaut von Artikel 51 UN-Charta, der nur von einem „bewaffneten Angriff" spreche,

---

1213 UN Doc. A/RES/ES-10/14, 8. Dezember 2003, verabschiedet mit 90 Ja-Stimmen, 8 Nein-Stimmen und 74 Enthaltungen.

1214 Legal Consequences of the Construction of a Wall in the Occupied Palestinian Territory, Advisory Opinion, I.C.J. Reports 2004, S. 136 (para. 139). Hervorhebung durch Verf.

1215 Die Meinungsunterschiede unter den Richtern bezogen sich neben den hier nachfolgend behandelten auch auf die Frage des internationalen Charakters der Beziehungen zwischen Israel und Palästina sowie auf das Okkupationsrecht im *ius in bello*, siehe dazu *Tams*, Light Treatment of a Complex Problem: The Law of Self-Defence in the *Wall*-Case, EJIL, Vol. 16, No. 5, 2006, S. 963 (968-970).

nicht aber, dass er von einem anderen Staat ausgehen müsse.[1216] Judge *Higgins* scheint aber dennoch eine Art der Zurechnung für erforderlich zu halten, wobei sie auch eine kumulative Betrachtung für notwendig erachtet: "The question is surely where responsibility lies for the sending of groups and persons who act against Israeli civilians and the cumulative severity of such action."[1217]

Judge *Kooijmans* sieht in Resolution 1368 und 1373 insofern ein neues Element in der Auslegung von Artikel 51, als dass der Sicherheitsrat das Selbstverteidigungsrecht bei Angriffen des internationalen Terrorismus anerkenne, ohne Erwähnung der Beteiligung eines Staates.

> "This new element is not excluded by the terms of Article 51 since this conditions the exercise of the inherent right of self-defence on a previous armed attack without saying that this armed attack must come from another State even if this has been the generally accepted interpretation for more than 50 years. The Court has regrettably by-passed this new element, the legal implications of which cannot as yet be assessed but which marks undeniably a new approach to the concept of self-defence."[1218]

Allerdings beträfen nach Ansicht von Judge *Kooijmans* die Resolutionen den *internationalen* Terrorismus, der den *internationalen* Frieden bedrohe, Israel habe jedoch nicht behauptet, dass die Angriffe von *außerhalb* des von ihm kontrollierten Gebietes kamen.[1219]

In der Völkerrechtsliteratur ist das *Wall*-Gutachten auf Kritik gestoßen, insbesondere wird gerügt, dass es mehr Fragen aufwerfe, als Lösungen zu bieten.[1220] Das Unverständnis der Kommentatoren bezieht sich dabei weniger auf das Ergebnis des Gutachtens (Bau der Mauer ist völkerrechtswidrig), sondern auf die Kürze seiner Ausführungen zu dem Recht auf Selbstverteidigung in einem einzigen Absatz – mit zwölf Zeilen, von de-

---

1216 Separate Opinion Judge Higgins, I.C.J. Reports 2004, S. 207 (para. 33); Declaration by Judge Buergenthal, I.C.J. Reports 2004, S. 240 (para. 6).

1217 Separate Opinion Judge Higgins, I.C.J. Reports 2004, S. 207 (para. 34).

1218 Separate Opinion Judge Kooijmans, I.C.J. Reports 2004, S. 219 (para. 35).

1219 Ibid., para. 36. Anderer Ansicht sind Judge *Higgins* und Judge *Buergenthal*, die „besetztes Gebiet" als nicht zum Territorium Israels zugehörig betrachten, Separate Opinion Judge Higgins, I.C.J. Reports 2004, S. 207 (para. 34); Declaration by Judge Buergenthal, I.C.J. Reports 2004, S. 240 (para. 6).

1220 *Ruys*, 'Armed Attack' and Article 51 of the Charter of the United Nations, 2010, S. 476.

nen drei dem Wortlaut von Artikel 51 UN-Charta gewidmet waren.[1221] Immerhin nimmt der IGH für sich in Anspruch, durch seine Rechtsgutachten iSd Artikel 96 UN-Charta seine Rechtsprechung zu entwickeln und damit zur Fortentwicklung des Völkerrechts beizutragen. In einer Rede vor dem Rechtsausschuß der Generalversammlung im November 2004 führte der damalige Präsident des IGH, Judge *Shi Jiuyong,* aus:

> "In the context of the development of international law, advisory opinions can further provide the Court with the opportunity to determine the current status of particular principles and rules of international law and thereby to contribute to a more cohesive and law-abiding international community."[1222]

Angesichts einer weiterentwickelten Staatenpraxis seit dem *Nicaragua-*Urteil von 1986 insbesondere im Bereich der Bekämpfung des internationalen Terrorismus verbunden mit einer Vielzahl von völkerrechtlichen Verträgen, Resolutionen und anderen Dokumenten erscheint die Enttäuschung in der Völkerrechtsliteratur mehr als nachvollziehbar. Die „*startling brevity*"[1223] des IGH, der nicht zuletzt auch die seit langer Zeit kontrovers geführte Debatte in der Völkerrechtsliteratur unberücksichtigt läßt, wird nicht nur als unbefriedigend oder unterschwellig fast als mißachtend empfunden, sondern als negative Auswirkung für die Autorität des IGH[1224] oder gar der „Völkerrechtswirklichkeit und dem gesunden Men-

---

1221 *Gray:* "This was a simple rejection of Israel's claims rather than a reasoned discussion of the applicable law.", in: The International Court of Justice and the Use of Force, in: Tams/Sloan (Hrsg.), The Development of International Law by the International Court of Justice, 2013, S. 237 (258); siehe auch *Tams*, Light Treatment of a Complex Problem: The Law of Self-Defence in the *Wall*-Case, EJIL, Vol. 16, No. 5, 2006, S. 963 (968).

1222 Speech by H.E. Judge Shi Jiuyong, President of the International Court of Justice, to the Sixth Committee of the General Assembly of the United Nations – The advisory function of the International Court of Justice, 5. November 2004, http://www.icj-cij.org/.

1223 *Murphy*, Self-Defense and the Israeli Wall Advisory Opinion: An Ipse Dixit from the ICJ? AJIL, Vol. 99, No. 1, 2005, S. 62.

1224 *Tams*, Light Treatment of a Complex Problem: The Law of Self-Defence in the *Wall*-Case, EJIL, Vol. 16, No. 5, 2006, S. 963 (974); siehe auch *ders.*, Note Analytique – Swimming With the Tide or Seeking to Stem It? Recent ICJ Rulings on the Law of Self-Defence, Revue québécoise de droit international, Vol. 18.2, 2005, S. 275 (284).

schenverstand"[1225] widersprechend.[1226] *Murphy* zweifelt sogar die Befähigung des IGH an:

> "In addition to the lack of analytical reasoning, the Court's unwillingness to pursue an inquiry into the facts underlying Israel's legal position highlights a disquieting aspect of the Court's institutional capabilities: an apparent inability to grapple with complex fact patterns associated with armed conflict. Overall, the Court's style in addressing the jus ad bellum reflects an *ipse dixit* approach to judicial reasoning; the Court apparently expects others to accept an important interpretation of the law and facts simply because the Court says it is so."[1227]

Die restriktive Auslegung des Selbstverteidigungsrechts, das nach dem IGH nur im Falle eines Angriffs durch *einen anderen Staat* gegeben sei, steht im Zentrum der inhaltlichen Kritik der Völkerrechtsliteratur. Nicht nur gebe der Wortlaut des Artikels 51 UN-Charta eine solche Beschränkung *prima facie* nicht her, so dass eine weitere Auslegung und Argumentation durch den IGH notwendig gewesen wäre, um seine „tradionelle, restriktive" Auslegung zu begründen.[1228] Darüber hinaus fehle jeder Bezug zur Staatenpraxis insbesondere nach dem 11. September 2001, die heute für eine weniger restriktive Auslegung durch die Staatengemeinschaft spreche.[1229] Der Ausschluß von Angriffen terroristischer Gruppierungen, die nicht von einem Staat dirigiert und kontrolliert werden, von dem An-

---

1225 *Murphy*, Self-Defense and the Israeli Wall Advisory Opinion: An Ipse Dixit from the ICJ? AJIL, Vol. 99, No. 1, 2005, S. 62.

1226 *Wedgwood*, The ICJ Advisory Opinion on the Israeli Security Fence and the Limits of Self-Defense, AJIL, Vol. 99, No. 1, 2005, S. 52 (58). Dagegen: *Scobbie*, "To expect or insist that the Court should have engaged in an exhaustive exegesis of the substantive content of the doctrine of self-defense in the Wall advisory opinion would be to risk the elaboration of unstable jurisprudence." in: Words My Mother Never Taught Me: 'In Defense of the International Court', AJIL, Vol. 99, No. 1, 2005, S. 76 (87).

1227 *Murphy*, Self-Defense and the Israeli Wall Advisory Opinion: An Ipse Dixit from the ICJ? AJIL, Vol. 99, No. 1, 2005, S. 62 (63).

1228 *Wedgwood*, The ICJ Advisory Opinion on the Israeli Security Fence and the Limits of Self-Defense, AJIL, Vol. 99, No. 1, 2005, S. 52 (58); *Tams*, Light Treatment of a Complex Problem: The Law of Self-Defence in the *Wall*-Case, EJIL, Vol. 16, No. 5, 2006, S. 963 (973), siehe auch *ders.*, Note Analytique – Swimming With the Tide or Seeking to Stem It? Recent ICJ Rulings on the Law of Self-Defence, Revue québécoise de droit international, Vol. 18.2, 2005, S. 275 (284).

1229 *Wedgwood*, The ICJ Advisory Opinion on the Israeli Security Fence and the Limits of Self-Defense, AJIL, Vol. 99, No. 1, 2005, S. 52 (58).

wendungsbereich des Artikels 51 UN-Charta durch den IGH könnte zur Folge haben, dass Staaten sich auf andere, ungeschriebene Rechtfertigungsgründe berufen, welches eine Erosion des in Artikel 2 Ziff. 4 UN-Charta enthaltenen Gewaltverbots befürchten lasse.[1230]

2. Armed Activities-Fall (2005)

Eine weitere Möglichkeit zur Stellungnahme bot sich dem IGH ein Jahr später. Allerdings lehnte er in seinem *Armed Activities*-Urteil vom 19. Dezember 2005 das Recht auf Selbstverteidigung für Uganda mangels Verantwortlichkeit des Kongo im Sinne von Artikel 3 (g) der Aggressionsdefinition für Angriffe der *Allied Democratic Forces* (ADF) ab, obwohl Uganda zahlreiche Dokumente vorgelegt hatte, die eine Involvierung der kongolesischen Regierung in die Rebellengruppe ADF belegen sollten, darunter Training und die Zurverfügungstellung von Rückzugsgebieten.[1231] Als Folge stoppte er explizit seine rechtlichen Betrachtungen hin-

---

1230 Solche ungeschriebenen Rechtfertigungsgründe werden bereits verschiedentlich in der Literatur bei der Bekämpfung des internationalen Terrorismus geltend gemacht und basieren auf Theorien zur Fallgruppe Rettung eigener Staatsbürger („Entebbe"): danach verstoße ein limitierter militärischer Angriff auf eine terroristische Bedrohung in einem anderen Staat weder gegen das Gewaltverbot in Art. 2 Ziff. 4, noch, da nicht auf Dauer angelegt, gegen die territoriale Integrität und Souveränität des betroffenen Staates. Dagegen und stattdessen für eine weite Auslegung von Artikel 51 UN-Charta: *Stahn*, "Nicaragua is Dead, Long Live Nicaragua" – the Right to Self-defence Under Art. 51 UN-Charter and International Terrorism, in C. Walter et al. (Hrsg.), Terrorism as a Challenge for National and International Law: Security versus Liberty?, 2004, S. 827 (841); *Tams*, Light Treatment of a Complex Problem: The Law of Self-Defence in the *Wall*-Case, EJIL, Vol. 16, No. 5, 2006, S. 963 (976). Siehe auch 4. Kapitel I.2.1.

1231 "The Court has found above [...] that there is no satisfactory proof of the involvement in these attacks, direct or indirect, of the Government of the DRC." Case Concerning Armed Activities on the Territory of the Congo (DRC v. Uganda), Judgment, I.C.J. Reports 2005, S. 168 (para. 146). Der IGH verwarf die Berichte überwiegend mit der Begründung, sie seien unauthorisiert oder nicht unterschrieben, inklusive eines Berichts des U.S. State Department, vgl. Case Concerning Armed Activities on the Territory of the Congo (DRC v. Uganda), Judgment, I.C.J. Reports 2005, S. 168 (para. 133 ff., 139). Allerdings sah der IGH umgekehrt in der ugandischen Unterstützung für den bewaffneten Arm des *Mouvement de Libération du Congo (MLC)* eine verbotene Intervention, ibid., para. 165.

sichtlich des von Uganda in Anspruch genommenen Selbstverteidigungsrechts:

> "For all these reasons, the Court finds that the legal and factual circumstances
> for the exercise of a right of self-defence by Uganda against the DRC were
> not present. Accordingly, the Court has no need to respond to the contentions
> of the Parties as to whether and under what conditions contemporary interna-
> tional law provides for a right of self-defence against large-scale attacks by
> irregular forces."[1232]

Diese Position ist in ihren *Separate Opinions* zum *Armed Activities*-Urteil
von den Richtern *Kooijmans* und *Simma* kritisiert worden.[1233] Beide halten es für problematisch, wenn irreguläre Gruppen bewaffnete Angriffe
gegen einen benachbarten Staat ausführten, ohne dass sie dem Territorialstaat zurechenbar seien, denn es handele sich nach wie vor um einen bewaffneten Angriff und es sei unzumutbar, dem angegriffenen Staat ein
Selbstverteidigungsrecht zu verweigern, nur weil der Angreifer kein Staat
sei, und die Satzung der Vereinten Nationen dieses auch in Artikel 51
nicht vorsehe.[1234] Zumindest besitze der angegriffene Staat in diesem Fall
sein „naturgegebenes" (*„inherent"*) Recht auf Selbstverteidigung.[1235] *Simma* hält die restriktive Auslegung von Artikel 51 UN-Charta schlichtweg
für überholt:

> "However, in the light of more recent developments not only in State practice
> but also with regard to accompanying *opinio juris*, it ought urgently to be re-
> considered, also by the Court. As is well known, these developments were
> triggered by the terrorist attacks of September 11, in the wake of which
> claims that Article 51 also covers defensive measures against terrorist groups
> have been received far more favorably by the international community than
> other extensive re-readings of the relevant Charter provisions, particularly the

---

1232 Case Concerning Armed Activities on the Territory of the Congo (DRC v.
Uganda), Judgment, I.C.J. Reports 2005, S. 168 (para. 147).

1233 "The Court thus missed a chance to fine-tune the position it took 20 years ago in
spite of the explicit invitation by one of the Parties to do so." Separate Opinion
Judge Kooijmans, I.C.J. Reports 2005, S. 306 (para. 25). Siehe auch Separate
Opinion Judge Simma: "What thus remains unanswered by the Court is the
question whether, even if not attributable to the DRC, such activities could have
been repelled by Uganda [...] provided that the rebel attacks were of a scale sufficient to reach the threshold of an 'armed attack' within the meaning of Article
51 of the United Nations Charter.", I.C.J. Reports 2005, S. 334 (para. 7).

1234 Separate Opinion Kooijmans, I.C.J. Reports 2005, S. 306 (para. 30); Separate
Opinion Simma, I.C.J. Reports 2005, S. 334 (para. 12.).

1235 Separate Opinion Kooijmans, I.C.J. Reports 2005, S. 306 (para. 29).

'Bush doctrine' justifying the pre-emptive use of force. Security Council resolutions 1368 (2001) and 1373 (2001) cannot but be read as affirmation of the view that large-scale attacks by non-State actors can qualify as 'armed attacks' within the meaning of Article 51."[1236]

Ähnlich klang die Kritik in der Völkerrechtsliteratur: anstatt die Frage zu stellen, ob sich Uganda auch trotz einer fehlenden Zurechnung der Angriffe der ADF zum Staat Kongo auf ein Recht der Selbstverteidigung hätte berufen können, beendet der IGH vielmehr seine Ausführungen und vermeidet damit eine Positionierung in dieser Frage.[1237] Der IGH hätte sich aber durchaus mit dem Argument Ugandas auseinandersetzen können, vorgebracht durch Professor *Ian Brownlie*:

"As in the case of the other aspects of the concept of an armed attack, armed attacks by armed bands whose existence is tolerated by the territorial sovereign generate legal responsibility and therefore constitute armed attacks for the purpose of Article 51. And thus, there is a separate, a super-added standard of responsibility, according to which a failure to control the activities of armed bands, creates a susceptibility to action in self-defence by neighbouring States."[1238]

Während der IGH hier also seine Argumentation eher kurz hielt, so betrachtet er doch die Widerklage Ugandas umfänglicher. Uganda hatte in Anlehnung an das *Korfu Kanal*-Urteil des IGH (1949) auf die Verpflichtung der Staaten hingewiesen, ihr Territorium nicht wissentlich für Akte zur Verfügung zu stellen, die gegen andere Staaten gerichtet sind. Hieraus resultierten zwei Pflichten, zum einen das Verbot der Unterstützung von

---

1236 Separate Opinion Simma, I.C.J. Reports 2005, S. 334 (para. 11).

1237 Siehe dazu *Tams*, "Assuming that, indeed, ADF's conduct could not be imputed to the DRC, this was not necessarily the end of the story. In particular, one might have expected the Court to clarify whether Uganda could have responded against the ADF's attacks irrespective of their attribution to the DRC.", in: Note Analytique – Swimming With the Tide or Seeking to Stem It? Recent ICJ Rulings on the Law of Self-Defence, Revue québécoise de droit international, Vol. 18.2, 2005, S. 275 (285). *Tams* hält daher das Urteil für *„disappointingly formalistic",* ibid., S. 286.

1238 International Court of Justice, Public sitting held on Monday 18 April 2005, at 10 a.m., at the Peace Palace, President Shi presiding, in the case concerning Armed Activities on the Territory of the Congo (Democratic Republic of the Congo v. Uganda), Verbatim Record, Oral Argument of Ian Brownlie, CR 2005/7, 18. April 2005, S. 30 (para. 80). Nach Judge Kooijmans hat der IGH das Argument implizit verworfen, Separate Opinion Kooijmans, I.C.J. Reports 2005, S. 312 (para. 22).

oppositionellen bewaffneten Gruppen, zum anderen die Pflicht zur „Wachsamkeit" *(„duty of vigilance")* um sicherzustellen, dass solche Aktivitäten auf dem Staatsgebiet nicht toleriert würden:

> "Uganda maintains that actions taken in support of the anti-Ugandan insurgents on the part of the Congolese authorities constitute a violation of the general rule forbidding the use of armed force in international relations, as well as a violation of the principle of non-intervention in the internal affairs of a State. Uganda recalls in particular that

> "[i]n the Corfu Channel case, the International Court of Justice pointed out that 'every State's obligation not to allow knowingly its territory to be used for acts contrary to the rights of other States' is a 'general and well-recognized principle' (I.C.J. Reports 1949, pp. 22-23)".

> In Uganda's view, from this principle there flows not only a duty to refrain from providing any support to groups carrying out subversive or terrorist activities against another State, but also a duty of vigilance to ensure that such activities are not tolerated. In the present case, Uganda contends that "the DRC not only tolerated the anti-Ugandan rebels, but also supported them very effectively in various ways, before simply incorporating some of them into its armed forces"."[1239]

Mangels Beweisen wies der IGH den Vorwurf aktiver Unterstützung von anti-ugandischen Gruppierungen durch den Kongo zurück, prüfte dann aber die *„duty of vigilance"* unter Zitierung der völkergewohnheitsrechtlich anerkannten *Friendly Relations Declaration*:

> "As to the question of whether the DRC breached its duty of vigilance by tolerating anti-Ugandan rebels on its territory, the Court notes that this is a different issue from the question of active support for the rebels, because the Parties do not dispute the presence of the anti-Ugandan rebels on the territory of the DRC as a factual matter. The DRC recognized that anti-Ugandan groups operated on the territory of the DRC from at least 1986. Under the Declaration on Friendly Relations, "every State has the duty to refrain from ... acquiescing in organized activities within its territory directed towards the commission of such acts" (e.g., terrorist acts, acts of internal strife) and also "no State shall ... tolerate subversive, terrorist or armed activities directed towards the violent overthrow of the regime of another State ...". As stated earlier, these provisions are declaratory of customary international law."[1240]

1239 Case Concerning Armed Activities on the Territory of the Congo (DRC v. Uganda), Judgment, I.C.J. Reports 2005, S. 168 (para. 277). Zum *Korfu Kanal*-Fall siehe auch 4. Kapitel I.2.2.

1240 Case Concerning Armed Activities on the Territory of the Congo (DRC v. Uganda), Judgment, I.C.J. Reports 2005, S. 168 (para. 300).

Der IGH kam schließlich zu dem Ergebnis, dass Kongo (bzw. das damalige Zaire) zunächst wegen der Abgeschiedenheit der betreffenden Region, 1.500 km von der Hauptstadt Kinshasa entfernt, keine Maßnahmen gegen die Rebellengruppe vornehmen konnte, dass aber eine solche Abwesenheit von Maßnahmen nicht gleichzusetzen sei mit einer Tolerierung oder Einwilligung in der Aktivitäten der Rebellen.[1241] Später wären dann Maßnahmen durch den Kongo, sogar in Kooperation mit Uganda, getroffen worden, diese wären aber aufgrund der bereits erwähnten Abgeschiedenheit der Region ineffektiv gewesen.[1242] Damit aber habe Kongo nicht gegen das Interventionsverbot durch Nichtbeachtung der *„duty of vigilance"* verstoßen.

In der Völkerrechtsliteratur ist dieser Teil des Urteils dahingehend bewertet worden, dass ein Staat, der *unfähig* ist, terroristische oder bewaffnete Gruppierungen auf seinem Territorium zu bekämpfen oder deren Aktionen zu unterbinden, nicht selbst zur Verantwortung für deren Handlungen gezogen werden kann.[1243]

3. Bosnian Genocide-Fall (2007)

Im Fall betreffend die Anwendbarkeit der Konvention über die Verhütung und Bestrafung des Völkermords (Bosnien-Herzegowina v. Serbien und

---

1241 "[T]he Court cannot conclude that the absence of action by Zaire's Government against the rebel groups in the border area is tantamount to 'tolerating' or 'acquiescing' in their activities.", Case Concerning Armed Activities on the Territory of the Congo (DRC v. Uganda), Judgment, I.C.J. Reports 2005, S. 168 (para. 301).

1242 "It appears, however, that, due to the difficulty and remoteness of the terrain discussed in relation to the first period, neither State was capable of putting an end to all the rebel activities despite their efforts in this period.", ibid., S. 168 (para. 303).

1243 Vgl. *Gray*: "This judgment makes it difficult to argue that states which are unable to act against terrorists or armed bands in their territory are themselves responsible for any attacks carried out by those non-state actors on third states.", in: The International Court of Justice and the Use of Force, in: Tams/Sloan (Hrsg.), The Development of International Law by the International Court of Justice, 2013, S. 237 (250).

Montenegro)[1244] nahm der IGH in seinem Urteil vom 26. Februar 2007 Stellung zu Fragen der Zurechnung nicht-staatlichen Handelns und bestätigte seine Rechtsprechung im *Nicaragua*-Fall hinsichtlich des Kriteriums der „effektiven Kontrolle":

> "The first issue raised by this argument is whether it is possible in principle to attribute to a State conduct of persons – or groups of persons – who, while they do not have the legal status of State organs, in fact act under such strict control by the State that they must be treated as its organs for purposes of the necessary attribution leading to the State's responsibility for an internationally wrongful act. The Court has in fact already addressed this question, and given an answer to it in principle, in its Judgment of 27 June 1986 in the case concerning *Military and Paramilitary Activities in and against Nicaragua* (Nicaragua v. United States of America) (Merits, Judgment, I.C.J. Reports 1986, pp. 62-64)."[1245]

Als maßgebliche Regelung für die Bestimmung von Staatenverantwortlichkeit führte der IGH Artikel 8 des Entwurfs der *International Law Commission* zur Staatenverantwortlichkeit[1246] an, der dem IGH zufolge völkergewohnheitsrechtliche Geltung habe:

> "On this subject the applicable rule, which is one of customary law of international responsibility, is laid down in Article 8 of the ILC Articles on State Responsibility as follows:
>
> *Article 8*
>
> *Conduct directed or controlled by a State*
>
> The conduct of a person or group of persons shall be considered an act of a State under international law if the person or group of persons is in fact acting

---

1244 Case Concerning the Application of the Convention on the Prevention and Punishment of the Crime of Genocide (Bosnia and Herzegovina v. Serbia and Montenegro), Merits, Judgment, I.C.J. Reports 2007, S. 43 ff. Dem Fall lag die Klage Bosnien-Herzegowinas vom März 1993 zugrunde wegen der Verletzung der Völkermordkonvention während des bewaffneten Konflikts mit Serbien und Montenegro (ehemaliges Jugoslawien), zur Übersicht siehe *Oellers-Frahm*, IGH: Bosnien-Herzegowina gegen Jugoslawien, VN, Heft 4, 2007, S. 163 ff.

1245 Case Concerning the Application of the Convention on the Prevention and Punishment of the Crime of Genocide (Bosnia and Herzegovina v. Serbia and Montenegro), Merits, Judgment, I.C.J. Reports 2007, S. 43 (para. 391).

1246 Siehe dazu auch 4. Kapitel I.2.2.

on the instructions of, or under the direction or control of, that State in carrying out the conduct."[1247]

In diesem Lichte sei auch die Entscheidung im *Nicaragua*-Fall zu sehen, die die „signifikante Schlußfolgerung" *(„significant conclusion")* enthielte:

> "For this conduct to give rise to legal responsibility of the United States, it would in principle have to be proved that that State had effective control of the military or paramilitary operations in the course of which the alleged violations were committed (Ibid., p. 65.)."[1248]

Der IGH sah keinen Anlaß, von seiner Rechtsprechung abzukehren und lehnte die von Bosnien-Herzegowina behauptete „besondere Natur des Verbrechens des Völkermordes" ab, da die Zurechnung völkerrechtswidrigen Handelns nicht von der Natur der Handlung abhinge, sondern sich allein nach den Regeln der Staatenverantwortlichkeit zu richten habe, wie sie von der ILC dargelegt worden waren.[1249]

Schließlich verwarf der IGH auch den von der Berufungskammer des Internationalen Jugoslawientribunals (ICTY) im *Tadić*-Fall[1250] (1999) angenommenen, niedrigeren Grad der Kontrolle im Sinne einer *„overall control"* als „nicht überzeugend"[1251]. Zum einen handele es sich um zwei verschiedene Sachverhalte: das ICTY als Strafgericht hatte einzig darüber zu urteilen, ob ein internationaler bewaffneter Konflikt vorliege und nicht, wie der IGH, über die allgemeine Verantwortlichkeit von Staaten für völkerrechtswidrige Handlungen.[1252] Zum anderen würde ein Maßstab im Sinne von *„overall control"* zu einer zu weit gefaßten Verantwortung von Staaten führen, die eine Abkehr von fundamentalen Prinzipien im Bereich der Staatenverantwortlichkeit bedeuten würde:

> "It must next be noted that the 'overall control' test has the major drawback of broadening the scope of State responsibility well beyond the fundamental

---

1247 Case Concerning the Application of the Convention on the Prevention and Punishment of the Crime of Genocide (Bosnia and Herzegovina v. Serbia and Montenegro), Merits, Judgment, I.C.J. Reports 2007, S. 43 (para. 398).
1248 Ibid., S. 43 (para. 399).
1249 Ibid., S. 43 (para. 401).
1250 Siehe dazu 4. Kapitel I.2.2.
1251 Case Concerning the Application of the Convention on the Prevention and Punishment of the Crime of Genocide (Bosnia and Herzegovina v. Serbia and Montenegro), Merits, Judgment, I.C.J. Reports 2007, S. 43 (para. 404).
1252 Ibid., S. 43 (para. 405).

principle governing the law of international responsibility: a State is responsible only for its own conduct, that is to say the conduct of persons acting, on whatever basis, on its behalf. That is true of acts carried out by its official organs, and also by persons or entities which are not formally recognized as official organs under internal law but which must nevertheless be equated with State organs because they are in a relationship of complete dependence on the State. Apart from these cases, a State's responsibility can be incurred for acts committed by persons or groups of persons – neither State organs nor to be equated with such organs – only if, assuming those acts to be internationally wrongful, they are attributable to it under the rule of customary international law reflected in Article 8 cited above (paragraph 398). This is so where an organ of the State gave the instructions or provided the direction pursuant to which the perpetrators of the wrongful act acted or where it exercised effective control over the action during which the wrong was committed. In this regard the 'overall control' test is unsuitable, for it stretches too far, almost to breaking point, the connection which must exist between the conduct of a State's organs and its international responsibility."[1253]

Damit aber bliebe es bei der „*settled jurisprudence*" des IGH und dem völkergewohnheitsrechtlich anerkannten Maßstab der „effektiven Kontrolle".[1254]

In seiner Dissenting Opinion bedauerte der Vizepräsident des Gerichts *Al-Khasawneh* das Versäumnis des Gerichtshofes, der im *Tadić*-Fall aufgeworfenen Frage nachgegangen zu sein, nämlich ob unterschiedliche Handlungen, besonders im Rahmen von bewaffneten Konflikten, nicht auch zu Variationen bezüglich der Zurechnungsregeln führen könnten.[1255] Anders als das Gericht hielt er es für "far from self-evident that the overall control test is always not proximate enough to trigger State responsibility".[1256]

In der Völkerrechtsliteratur gab es Kritik: *Cassese* nannte die diesbezüglichen Ausführungen des IGH „eine Art Orakel" („a tinge of oracularity"), denn Orakel würden ebenfalls keine Begründungen abgegeben – der IGH habe einzig und allein auf seiner *Nicaragua*-Rechtsprechung und den Entwurf zur Staatenverantwortlichkeit des ILC rekurriert, ohne sich je-

---

1253 Ibid., S. 43 (para. 406).

1254 Ibid., S. 43 (para. 407).

1255 Dissenting Opinion Vize-President Khasawneh: "Unfortunately, the Court's rejection of the standard in the Tadic´ case fails to address the crucial issue raised therein – namely that different types of activities, particularly in the ever-evolving nature of armed conflict, may call for subtle variations in the rules of attribution.", I.C.J. Reports 2007, S. 241 (para. 39).

1256 Ibid.

doch mit der Staatenpraxis auseinander zu setzen.[1257] Die Staatenpraxis aber spreche eher für eine Anerkennung des Kriteriums der *„overall control"*, das sich in Zeiten der oftmals geheimen und schwer nachweisbaren Unterstützung von Staaten für paramilitärische Einheiten oder gar terroristische Gruppierungen als das bessere Kriterium zur Unterbindung dieser staatlichen Unterstützung als das restriktive Kriterium der „effektiven Kontrolle" beweise.[1258]

II. Präventive Selbstverteidigung

1. Oil Platforms-Fall (2003)

Im *Oil Platforms*-Urteil vom 6. November 2003 war das Selbstverteidigungsrecht erneut Gegenstand vor dem IGH und soll daher hier näher betrachtet werden.[1259] Dem Fall liegt die Zerstörung von drei iranischen Ölplattformen der *National Iranian Oil Company* durch US-amerikanische Kriegsschiffe am 19. Oktober 1987 und 18. April 1988 zugrunde. Die USA behauptete, in Selbstverteidigung gehandelt zu haben, da am 16. Oktober 1987 eine iranische *Silkworm*-Rakete das unter amerikanischer Flagge fahrende Schiff *Sea Isle City* traf bzw. die *USS Samuel B. Roberts* am 14. April 1988 auf eine iranische Mine lief. In beiden Fällen informierten die USA den UN-Sicherheitsrat von ihrer Ausübung des Selbstverteidigungsrechts und verwiesen darauf, dass es sich bei beiden Zwischenfällen um Teile einer Serie von widerrechtlichen Angriffen von iranischen Truppen auf die USA handele, gegen die die USA *„defensive action"* unternommen hätten.[1260]

1257 *Cassese*, The Nicaragua and Tadić Tests Revisited in Light of the ICJ Judgment on Genocide in Bosnia, EJIL, Vol. 18, No. 4, 2007, S. 649 (651).

1258 Ibid., S. 649 (665 f.).

1259 Oil Platforms (Islamic Republic of Iran v. United States of America), Merits, Judgment, I.C.J. Reports 2003, S. 161 ff.

1260 "These actions are [...] only the latest in a series of unlawful armed attacks by Iranian forces against the United States [...]." Letter from the United States Permanent Representative to the President of the Security Council, UN Doc. S/19219, 19. Oktober 1987. Siehe auch Letter from the United States Permanent Representative to the President of the Security Council, UN Doc. S/19791, 18. April 1988.

Nach Ansicht der USA ist die Selbstverteidigung nicht nur zulässig, um einen bewaffneten Angriff zurückzuschlagen, solange er andauere. Ein Staat könne Selbstverteidigung auch ausüben, um *„continuing threats to its future security"* zu beseitigen.[1261] Der Iran machte geltend, dass das Recht auf Selbstverteidigung nur solange gegeben sei, bis der Angriff zurückgeschlagen sei, jede länger andauernde Gewaltausübung sei eine unzulässige Repressalie, darüber hinaus stelle die Abwehr künftiger Angriffe eine widerrechtliche präemptive Gewaltanwendung dar, die nicht vom Selbstverteidigungsrecht gedeckt sei.[1262] Auch das Vorliegen einer antizipativen Selbstverteidigung lehnte der Iran ab, da die Zerstörung der Ölplattformen nicht unter die *Webster*-Formel als *„instant, overwhelming, leaving no choice of means, and no moment for deliberations"* falle.[1263] Die USA hingegen verwiesen darauf, dass kein Fall von antizipativer oder gar präemptiver Selbstverteidigung vorläge, da sie sich allein auf die bereits stattgefundenen Angriffe bezögen.[1264]

Hätte der IGH somit durch die Vorträge der Parteien einen Anlaß sehen können, sich zur antizipativen oder präemptiven Selbstverteidigung zu äußern, so tut er dies in seinem Urteil jedoch nicht. Vielmehr kommt er zu dem Ergebnis, dass die durch die USA vorgelegten Beweise für die angeblich iranischen Angriffe auf die beiden Schiffe nicht ausreichten.[1265]

1261 Counter-Memorial and Counter-Claim submitted by the United States, 23. Juni 1997, para. 4.27. "In a situation of armed attacks and the explicit threat of continuing armed attacks, Article 51 does not foreclose the victim State's right to take other necessary and proportionate measures in self-defence." Rejoinder submitted by the United States, 23. März 2001, para. 5.33.

1262 "[...] once an attack is over, as was the case here, there is no need to repel it, and any counter-force no longer constitutes self-defence. Instead it is an unlawful armed reprisal or a punitive action. The use of force in order to deter further attacks does not come within the definition of lawful self-defence, but constitutes unlawful pre-emptive action." Reply and Defence to Counter-Claim submitted by the Islamic Republic of Iran, 10. März 1999, para. 7.13 (5).

1263 Reply and Defence to Counter-Claim submitted by the Islamic Republic of Iran, 10. März 1999, para. 7.53. Zur *Webster*-Formel und dem zugrundeliegenden *Caroline*-Fall siehe 4. Kapitel II.3.4.

1264 "[...] *Caroline* is inapplicable since it involved an anticipatory use of force, whereas here the United States acted following actual armed attacks on U.S. ships." Rejoinder submitted by the United States, 23. März 2001, para. 5.35.

1265 Oil Platforms (Islamic Republic of Iran v. United States of America), Merits, Judgment, I.C.J. 2003, S. 161 (para. 61).

Die weiterhin behaupteten Fälle von Angriffen auf amerikanische Schiffe, die nach Ansicht der USA eine andauernde Serie von Angriffen darstellten, untersucht er einzeln, hält sie aber, selbst kumulativ betrachtet, mangels Schwere für keinen bewaffneten Angriff im Sinne des Selbstverteidigungsrechts.[1266] Damit bestätigte der IGH nicht nur seine bereits im *Nicaragua*-Urteil enthaltene Unterscheidung zwischen den *„most grave forms of violence"*, die das Selbstverteidigungsrecht auslösen können, und den *„less grave forms"*, sondern auch seine kumulative Betrachtungsweise, die er bereits 1986 angewandt hatte. Ebenfalls wird hier deutlich, dass der Selbstverteidigung ausübende Staat die Beweislast für das Vorliegen eines bewaffneten Angriffs trägt.

Judge *Simma* beklagte in seiner *Separate Opinion* das Fehlen einer eindeutigen Stellungnahme des IGH zu einem der fundamentalsten Prinzipien des Völkerrechts: seiner Ansicht nach hätte der IGH nicht nur das fehlende Selbstverteidigungsrecht der USA mangels eines bewaffneten Angriffs durch Iran feststellen können, sondern darüber hinaus durch ein „strong unequivocal *obiter dicta*" den Schluß ziehen müssen, dass es sich um eine verbotene Gewaltanwendung und damit einen Verstoß gegen Artikel 2 Ziff. 4 UN-Charta durch die USA handelte.[1267] Im Hinblick auf die zeitgleich stattfindende Kontroverse um einen Angriff der USA auf den Irak (*Operation Iraqi Freedom*, 20. März 2003)[1268] führte Judge *Simma* warnend aus:

> "Everybody will be aware of the current crisis of the United Nations system of maintenance of peace and security, of which Articles 2 (4) and 51 are cornerstones. We currently find ourselves at the outset of an extremely controversial debate on the further viability of the limits on unilateral military force established by the United Nations Charter. In this debate, 'supplied' with a case allowing it to do so, the Court ought to take every opportunity to secure that the voice of the law of the Charter rise above the current cacophony. [...]

1266 "[T]he question is whether that attack, either in itself or *in combination with the rest of 'the series ... of attacks'* cited by the United States can be categorized as an 'armed attack'", ibid., para. 64, Hervorhebung durch Verf.

1267 Separate Opinion Simma, I.C.J. Reports 2003, S. 324 (para. 6 f.); siehe auch Dissenting Opinion Elaraby, I.C.J. Reports 2003, S. 290 (291) und Separate Opinion Rigaux, I.C.J. Reports 2003, 362 (para. 33). Mit dem Argument des *„non ultra petita"* dagegen: Buergenthal, Separate Opinion, I.C.J. Reports 2003, S. 270 ff., Owada, Separate Opinion, I.C.J. Reports 2003, S. 306 (para. 37 f.).

1268 Die mündlichen Verhandlungen vor dem IGH fanden im Februar und März 2003 statt. Zur *Operation Iraqi Freedom* siehe 7. Kapitel I.1.

What we cannot but see outside the courtroom is that, more and more, legal justification of use of force within the system of the United Nations Charter is discarded even as a fig leaf, while an increasing number of writers appear to prepare for the outright funeral of international legal limitations on the use of force. If such voices are an indication of the direction in which legal-political discourse on use of force not authorized by the Charter might move, do we need more to realize that for the Court to speak up as clearly and comprehensively as possible on that issue is never more urgent than today?"[1269]

In der Völkerrechtsliteratur wird der *Oil Platforms*-Fall grundsätzlich als Bestätigung der *Nicaragua*-Rechtsprechung (1986) des IGH angesehen – und angesichts damals schon bestehender Kritik und offenen Fragen bedauert.[1270] So ist das „strikte" Festhalten des IGH an dem Vorliegen eines „bewaffneten Angriffs" und die Unterscheidung zwischen *„grave and less grave forms of violence"* als *„overly abstract and unrealistic"* kritisiert worden, denn es beruhe allein auf theoretischen Definitionen, als auf tatsächlichen Umständen und führe zudem zu einer erschwerten Beweisführung für den angegriffenen Staat, wenn er zusätzlich zu seinen eigenen Handlungen auch die Motive der Gegenseite beweisen müßte.[1271]

2. Armed Activities-Fall (2005)

Im bereits zuvor erwähnten *Armed Activities*-Fall (DRC v. Uganda, 2005) nahm Uganda als Rechtfertigung für seine Operation *„Safe Haven"* gegen die Demokratische Republik Kongo auf einen vorherigen bewaffneten Angriff Bezug, so dass der IGH, unter Verweis auf das vorangegangene *Nica-*

1269 Separate Opinion Simma, I.C.J. Reports 2003, S. 324 (para. 6).

1270 Vgl. *Green*, The Oil Platforms Case: An Error in Judgment? JCSL, Vol. 9, No. 3, 2004, S. 357 (378-379); *ders.* ("the Court further muddied the already murky waters of its Nicaragua jurisprudence"), ibid., S. 386. Siehe auch *Taft*, Reflections on the ICJ's Oil Platform Decision: Self-Defense and the Oil Platforms Decision, YJIL, Vol 29, 2004, S. 295 (300); *Garwood-Gowers*, Case Concerning Oil Platforms (Islamic Republic of Iran v United States of America) – Did the ICJ Miss the Boat on the Law on the Use of Force?, Melb. J. Int'l L., Vol. 5, Issue 1, 2004, S. 241 (255).

1271 *Gill*, The Temporal Dimension of Self-Defence: Anticipation, Pre-emption, Prevention and Immediacy, JCSL, Vol. 11, No. 3, 2006, S. 361 (365).

ragua-Urteil, sich auch hier nicht umfassend zur präventiven Selbstverteidigung äußerte.[1272]

Allerdings nahm der IGH kurz zu der „*Position of the High Command on the Presence of the UPDF in the DRC*" vom 11. September 1998 Stellung, die nach Ansicht des Gerichts der ugandischen Operation „*Safe Haven*" zugrundelag und auf die sich Uganda auch bezogen hatte.[1273] Das Dokument regelt die Präsenz der *Uganda People's Defence Force* (UPDF) in der Demokratischen Republik Kongo um die „legitimen Sicherheitsinteressen" Ugandas zu wahren, die im Einzelnen aufgeführt werden:

"WHEREAS for a long time the DRC has been used by the enemies of Uganda as a base and launching pad for attacks against Uganda;

AND

WHEREAS the successive governments of the DRC have not been in effective control of all the territory of the Congo;

AND

WHEREAS in May 1997, on the basis of a mutual understanding the Government of Uganda deployed UPDF to jointly operate with the Congolese Army against Uganda enemy forces in the DRC;

AND

WHEREAS when an anti-Kabila rebellion erupted in the DRC the forces of the UPDF were still operating along side the Congolese Army in the DRC, against Uganda enemy forces who had fled back to the DRC;

NOW THEREFORE the High Command sitting in Kampala this 11th day of September, 1998, resolves to maintain forces of the UPDF in order to secure Uganda's legitimate security interests which are the following:

1. To deny the Sudan opportunity to use the territory of the DRC to destabilize Uganda.

2. To enable UPDF neutralize Uganda dissident groups which have been receiving assistance from the Government of the DRC and the Sudan.

3. To ensure that the political and administrative vacuum, and instability caused by the fighting between the rebels and the Congolese Army and its allies do not adversely affect the security of Uganda.

1272 Case Concerning Armed Activities on the Territory of the Congo (DRC v. Uganda), Judgment, I.C.J. Reports 2005, S. 168 (para. 143).
1273 Ibid., S. 168 (para. 109).

4. To prevent the genocidal elements, namely, the Interahamwe, and ex-FAR, which have been launching attacks on the people of Uganda from the DRC, from continuing to do so.

5. To be in position to safeguard the territory integrity of Uganda against irresponsible threats of invasion from certain forces."[1274]

Nach Ansicht des IGH sind diese Sicherheitsinteressen im Wesentlichen präventiver Natur *("[...] the specified security needs are essentially preventative")*, nämlich die Verhinderung eines politischen Vakuums, das die ugandischen Sicherheitsinteressen negativ beeinflussen könnte, die Verhinderung von Angriffen von „genozidähnlichen" Elementen, die Sicherung der territorialen Integrität Ugandas vor einer Invasion sowie die Vorbeugung destabilisierender Maßnahmen durch den Sudan – einzig die Neutralisierung von ugandischen Widerstandsgruppen bezog sich auf eine bereits stattgefundene Handlung.[1275] Diese präventiven Sicherheitsinteressen können aber, dem IGH zufolge, nicht ein Recht auf Selbstverteidigung nach Artikel 51 UN-Charta auslösen:

"Article 51 of the Charter may justify a use of force in self-defence only within the strict confines there laid down. It does not allow the use of force by a State to protect perceived security interests beyond these parameters. Other means are available to a concerned State, including, in particular, recourse to the Security Council."[1276]

Nach Ansicht in der Literatur hat der IGH damit im *Armed Activities*-Fall eindeutig Stellung gegen die *Bush*-Doktrin und den darin enthaltenen Anspruch auf präemptive Selbstverteidigung bezogen.[1277] Ebenso mit Blick auf die *Bush*-Doktrin habe der IGH einer Relativierung des Interventionsverbots eine klare Absage erteilt und das Prinzip der Souveränität gestärkt.[1278]

1274 Zitiert in: Case Concerning Armed Activities on the Territory of the Congo (DRC v. Uganda), Judgment, I.C.J. Reports 2005, S. 168 (para. 109).

1275 Case Concerning Armed Activities on the Territory of the Congo (DRC v. Uganda), Judgment, I.C.J. Reports 2005, S. 168 (para. 143).

1276 Ibid., S. 168 (para.148).

1277 *Gray*, The International Court of Justice and the Use of Force, in: Tams/Sloan (Hrsg.), The Development of International Law by the International Court of Justice, 2013, S. 237 (255).

1278 *Kunig*, Intervention, Probition of, in: Max Planck, Encyclopedia of Public International Law, 2008, Rn. 49.

III. Gewaltsamer Regierungswechsel

Darüber hinaus nahm der IGH auch im *Armed Activities*-Fall (DRC v. Uganda, 2005) zu dem Thema gewaltsamer Regierungswechsel Stellung. Ausgangspunkt war dabei seine *Nicaragua*-Rechtsprechung (1986), wonach ein erzwungener Regierungswechsel, sei es durch den intervenierenden Staat selbst oder durch seine Unterstützung von Oppositionsgruppen, einen Verstoß gegen das Interventionsverbot darstelle, unter Waffengewalt auch einen Verstoß gegen das Gewaltverbot.[1279]

Selbst wenn Uganda nicht das Ziel verfolgt hätte, die kongolesische Regierung von Präsident Kabila zu stürzen, habe Uganda gegen das Gewaltverbot und das Interventionsverbot verstoßen, welches klar im Umkehrschluß bedeutet, dass der IGH an seiner Rechtsprechung festhält, wonach ein gewaltsamer Regierungswechsel gegen die beiden genannten Prinzipien verstoße:

> "The Court considers that the obligations arising under the principles of non-use of force and non-intervention were violated by Uganda even if the objectives of Uganda were not to overthrow President Kabila, and were directed to securing towns and airports for reason of its perceived security needs, and in support of the parallel activity of those engaged in civil war."[1280]

IV. Ergebnis

Die Untersuchung der Urteile bzw. Gutachten des IGH nach 2001 macht deutlich, dass er an seiner Rechtsprechung im *Korfu Kanal*- sowie *Nicaragua*-Urteil festhält und damit auch an seiner *"consistent position that new rights to the use of force are not easy to establish"*[1281]. So bleibt er bei seiner strikten Auslegung des Gewaltverbots, das keine Relativierung in Form einer Zulässigkeit begrenzter militärischer Eingriffe ohne Auswirkungen auf die politische Unabhängigkeit oder territoriale Souveränität

---

1279 Case Concerning Armed Activities on the Territory of the Congo (DRC v. Uganda), Judgment, I.C.J. Reports 2005, S. 168 (para.164). Siehe auch 4. Kapitel I.2.1.

1280 Case Concerning Armed Activities on the Territory of the Congo (DRC v. Uganda), Judgment, I.C.J. Reports 2005, S. 168 (para.163).

1281 *Gray*, The International Court of Justice and the Use of Force, in: Tams/Sloan (Hrsg.), The Development of International Law by the International Court of Justice, 2013, S. 237 (262).

anerkennt oder gar einen zwangsweisen Regierungswechsel – Argumente, die bei der NATO-Intervention im Kosovo (1999) und natürlich auch im Irak-Krieg (2003) eine Rolle spielten.

Als einzige Ausnahme vom Gewaltverbot, neben den Befugnissen des Sicherheitsrats nach Kapitel VII, sieht der IGH somit das Recht auf Selbstverteidigung. Hier folgt er ebenso einer restriktiven Auslegung und lehnt eine präemptive Selbstverteidigung im Sinne der *Bush*-Doktrin ab, wie der *Armed Activities*-Fall eindeutig gezeigt hat. Darüber hinaus bleibt der IGH bei seiner Rechtsprechung, nach der die Ausübung des Selbstverteidigungsrechts einen bewaffneten Angriff *eines anderen Staates* voraussetzt. Auch in den Fällen, in denen der Angriff von einer terroristischen Gruppierung ausging, hält er an den in der *Nicaragua*-Entscheidung aufgestellten Zurechnungskriterien im Sinne von Artikel 3 (g) der Aggressionsdefinition fest, wonach die bewaffnete Gruppe durch oder im Auftrag des Staates (Stichwort: *effective control*) entsandt worden sein muss, um zu einer staatlichen Verantwortung zu gelangen. In anderen Worten: ein von einem *non-state actor* angegriffener Staat kann sich nach dem IGH nicht auf das völkerrechtliche Selbstverteidigungsrecht berufen, sondern kann dieses Recht nur gegenüber *einem anderen Staat* geltend machen, und dies nur dann, wenn die Handlungen des *non-state actors* diesem Staat mittels des Kriteriums der effektiven Kontrolle zurechenbar sind.[1282]

Angesichts der Ereignisse nach 1986, insbesondere mit dem 11. September 2001, drängt sich allerdings die Frage auf, wie der IGH in diesem Fall das Vorliegen eines Selbstverteidigungsrechts der USA bewertet hätte. Es war unzweifelhaft, dass die Taliban in Afghanistan Bin Laden und Al-Qaida zwar Rückzugsmöglichkeiten boten und sogar die Einrichtung von Trainingscamps für Terroristen duldeten bzw. die Auslieferung ablehnten. Nie vorgetragen worden ist aber, dass die Taliban in maßgeblicher Weise an den Anschlägen des 11. September mitgewirkt hätten, schon gar nicht im Sinne einer *effective control* von Al-Qaida.

Somit hätte der IGH bei Anwendung seiner eigenen Rechtsprechung, wie im *Nicaragua*-Urteil und auch nachfolgend im *Wall*-Gutachten postuliert, zu der Ablehnung eines Selbstverteidigungsrechts der USA gegenüber dem *de facto regime* der Taliban in Afghanistan und auch Al-Qaida kommen müssen, denn der Angriff war eben nicht einem anderen Staat

---

1282 Vgl. auch *Murphy*, Protean Jus Ad Bellum, Berkeley J. Int'l Law, Vol. 27, Issue 1, 2009, S. 22 (35).

oder Regime zurechenbar, sondern kam allein von Al-Qaida als einem *non-state actor*. Die Reaktion der Staatengemeinschaft, wie die Resolutionen und Beschlüsse des UN-Sicherheitsrats, der UN-Generalversammlung, der NATO, der OAS und anderen zeigen, war allerdings diametral: sie erkannte das Selbstverteidigungsrecht der USA eindeutig an.

9. Kapitel – Auswirkungen der Bush-Doktrin auf das Völkerrecht

Nach der Darstellung der Staatenpraxis und der IGH-Rechtsprechung nach dem 11. September 2001 erfolgt in diesem Kapitel eine Untersuchung, ob sich das Völkerrecht im Sinne der *Bush*-Doktrin verändert hat. Dazu wird auch die Völkerrechtsliteratur herangezogen und ausgewertet (vgl. Artikel 38 Absatz 1 lit. d IGH-Statut).

Zunächst in einer Zusammenfassung noch einmal die wesentlichen in dieser Arbeit untersuchten Komponenten der *Bush*-Doktrin:

1. Senkung der Zurechnungsschwelle von terroristischen Handlungen zu Staaten durch die „*Harboring*"-Doktrin ("we will make no distinction between terrorists and those who knowingly harbor or provide aid to them"), verbunden mit einem Anspruch auf *regime change* ("denying further sponsorship, support, and sanctuary to terrorists by convincing or compelling states to accept their sovereign responsibilities");
2. Präemptive Selbstverteidigung ("the United States will, if necessary, act preemptively in exercising its right of self-defense to forestall or prevent hostile acts by our adversaries")

Im Folgenden soll nun die Frage beantwortet werden, ob sich nach über einem Jahrzehnt die *Bush*-Doktrin im Völkerrecht verfestigen konnte.

I. Das Recht auf Selbstverteidigung und die „Harboring"-Doktrin

1. Angriffe von Non-State Actors als bewaffnete Angriffe

Zunächst ist festzustellen, dass auch terroristische Anschläge von *non-state actors* das Selbstverteidigungsrecht eines Staates auslösen können. Diese Feststellung entspricht dem Wortlaut des Artikels 51 UN-Charta, der gerade nicht einen bewaffneten Angriff eines *anderen Staates* voraussetzt, und galt bereits vor der *Bush*-Doktrin.[1283]

1283 So auch *Tams*: "Contrary to common perceptions in the literature, recent claims by states of a right to exercise self-defence against nonstate attacks are therefore

Sie entspricht auch der Rechtsprechung des IGH in seinem *Nicaragua*-Urteil (1986) und den kürzlichen Bestätigungen im *Wall*-Gutachten (2004) und im *Armed Activities*-Fall (2005), denn obwohl der IGH an einer restriktiven Auslegung des Artikels 51 UN-Charta wie oben gezeigt festhält, erkennt er doch auch Angriffe von *non-state actors* als bewaffnete Angriffe im Sinne von Artikel 51 UN-Charta an. Dies gilt allerdings unter der Voraussetzung, dass sie einem anderen Staat durch Ausübung einer *„effective control"* über die *non-state actors* zurechenbar sein müssen. Diese Voraussetzung betrifft nur die Frage der Zurechnung und ändert nichts an der grundsätzlichen Ausgangslage.

Die Resolutionen 1368 und 1373 des Sicherheitsrats nach dem 11. September 2001 und die nachfolgende Staatenpraxis belegen dieses Resultat eindeutig, wie auch die Beispiele Israel gegen die Hizbollah im Libanon (2006) und Kenia gegen Al-Shabaab in Somalia (2011) zeigen.[1284] Interessanterweise hat der Sicherheitsrat in seinen Resolutionen nach terroristi-

---

not revolutionary.", in: Note Analytique – Swimming With the Tide or Seeking to Stem It? Recent ICJ Rulings on the Law of Self-Defence, Revue québécoise de droit international, Vol. 18.2, 2005, S. 275 (289); *ders.*, The Use of Force Against Terrorists, EJIL, Vol. 20, No. 2, 2009, S. 359 (385); *Kreß*, The Fine Line Between Collective Self-Defense and Intervention by Invitation: Reflections on the Use of Force against 'IS' in Syria; Just Security, 17. Februar 2015, https://www.justsecurity.org/20118/claus-kreb-force-isil-syria/. Dagegen *Kammerhofer*, The Armed Activities Case and Non-state Actors in Self-Defence Law, LJIL, Vol. 20, S. 89 (105).

1284 *Dinstein*, War, Aggression and Self-Defence, 5. Auflage, 2012, Rn. 602; *Heintschel von Heinegg* in: Ipsen, Völkerrecht, 6. Auflage, 2014, § 52 Rn. 24; *Birkett*, The Legality of the 2011 Kenyan Invasion of Somalia and its Implications for the *Jus Ad Bellum*, JCSL, 2013, S. 1 (14); aA *Bothe*, der die Reaktionen der Staatengemeinschaft nach den Anschlägen vom 11. September 2001 dahin auslegt, dass die Annahme bestand, die „Taliban als effektive Regierung Afghanistans" wären „in die Terrortätigkeit der Al Qaida verstrickt", womit ein zurechenbares Verhalten vorgelegen hätte, in: Graf Vitzthum/Proelß (Hrsg.), Völkerrecht, 7. Auflage, 2016, 8. Abschnitt, Rn. 11. Diese Bewertung erscheint angesichts der sich heute darstellenden Sachlage als fraglich, vgl. 6. Kapitel II. *Glennon* fand bereits im Jahr 2002 die treffende Formulierung: *"Afghanistan was a terrorist-sponsored state"*, in: Military Action Against Terrorists Under International Law: The Fog of Law: Self-Defense, Inherence, and Incoherence in Article 51 of the United Nations Charter, Harv. J.L. & Pub. Pol'y, Vol. 25, 2002, S. 539 (544, FN 17). Al-Qaida als *de facto* Organ von Afghanistan anzusehen, wie es *Kittrich* tut, geht allerdings zu weit, siehe *Kittrich*, Can Self-Defense Serve as an Appropriate Tool Against International Terorism?, Maine L. Rev., Vol. 61, Issue 1, 2009, S. 134 (139).

schen Anschlägen, wie beispielsweise auf Bali (Resolution 1438 [2002]), in Bogotá (Resolution 1465 [2003]) oder Istanbul (Resolution 1516 [2003]), die Anschläge nicht nur als Friedensbruch verurteilt, sondern ist sogar teilweise dazu übergegangen, die jeweils verantwortliche Terrorgruppe zu benennen.

Maßgeblich für einen bewaffneten Angriff im Sinne des Artikels 51 UN-Charta ist aber auch, dass der Angriff von *außen* kam, also dirigiert von einem Territorium außerhalb des Staatsgebietes des angegriffenen Staates, um die Abgrenzung zu nationalem Terrorismus zu finden. Dieses wird von der Reaktion der Staatengemeinschaft auf die Anschläge vom 11. September 2001 belegt, wie die Stellungnahme der NATO exemplarisch zeigt ("it has now been determined that the attack against the United States on 11 September was directed from abroad and shall therefore be regarded as an action covered by Article 5 of the Washington Treaty")[1285]. Diese Bewertung entspricht auch der Rechtsprechung des IGH im *Wall*-Gutachten, der im Falle von Israel das Vorliegen eines Angriffs von außerhalb des israelischen Territoriums verneint hatte.[1286]

Es ist also festzuhalten, dass terroristische Anschläge durch *non-state actors* einem bewaffneten Angriff eines Staates gleichgesetzt werden können, und zwar dann, wenn sie in ihrer Schwere und Ausmaß einem solchen „staatlichen bewaffneten Angriff" entsprechen.[1287]

Davon zu unterscheiden ist die Frage nach dem *Adressaten* der Selbstverteidigung, ob also neben das herkömmliche Ziel der Selbstverteidigung in Form des angreifenden Staates heute auch die terroristische Gruppierung als ein zulässiges Ziel hinzugetreten ist. Die untersuchte Staatenpra-

---

1285 NATO, Statement by NATO-Secretary General Lord Robertson, 2. Oktober 2001.

1286 Vgl. auch *Dörr*, Gewalt und Gewaltverbot im modernen Völkerrecht, Aus Politik und Zeitgeschichte, B 43, 2004, S. 14 (15). Zum *Wall*-Gutachten des IGH siehe 8. Kapitel I.1.

1287 *Dahm/Delbrück/Wolfrum*, Völkerrecht, Bd. I/3, S. 825; *Bruha*, „Neue Kriege" – Neues Völkerrecht?, Wissenschaft & Frieden, Heft 1, 2004, S. 2; *Garwood-Gowers*, Self-Defence against Terrorism in the Post-9/11 World, QUTLJJ, Vol. 4, No. 2, 2004, S. 1 (11); *Arai-Takahashi*, Shifting Boundaries of the Right of Self-Defence – Appraising the Impact of the September 11 Attacks on Jus Ad Bellum, International Lawyer, Vo. 36, 2002, S. 1081 (1095); *Ruys*, 'Armed Attack' and Article 51 of the Charter of the United Nations, 2010, S. 447; *Kunig/Uerpmann-Wittzack*, Übungen im Völkerrecht, 2. Auflage, 2006, S. 142; *Ronzitti*, The Expanding Law of Self-Defence, JCSL, Vol. 11, Issue 3, 2006, S. 343 (348).

xis zeigt, dass von Terroristen angegriffene Staaten, wie exemplarisch die USA im Falle von Al-Qaida in Afghanistan nach dem 11. September 2001, durchaus diese terroristische Organisation als legitimes Ziel ihrer Selbstverteidigung betrachtet haben – aber auch nicht ausschließlich, wie die Vertreibung der Taliban[1288] als *de facto regime* zeigte.[1289] Damit ist zunächst festzustellen, dass *non-state actors* in Form von international agierenden terroristischen Netzwerken heute als legitimes Ziel der Selbstverteidigung gelten.[1290] Völkerrechtlich argumentiert zeigt diese Staatenpraxis, dass terroristische Organisationen zumindest auf dem Weg zu einer

---

1288 Die Debatte um *regime change* in Afghanistan wurde unter dem Aspekt der Verhältnismäßigkeit kontrovers geführt. Nicht wenige Kommentatoren hielten die Absetzung der Taliban für nicht vom Selbstverteidigungsrecht gedeckt. Diese Ansicht vermag in diesem konkreten Falle schon deswegen nicht zu überzeugen, da sie schlichtweg unberücksichtigt läßt, dass die Taliban ihrerseits das Land – in großen Teilen, aber nicht vollständig – besetzt hatten, und es im Jahr 2001 durchaus noch eine afghanische Regierung um den im Exil lebenden Präsidenten Rabbani, aber auch in Form der Nördlichen Allianz (United Front) im Land selbst, gab. So hatte der Botschafter Afghanistans bei den Vereinten Nationen, Ravan Farhadi, der *Operation Enduring Freedom* und der Bekämpfung der Taliban im Namen seiner Regierung ausdrücklich zugestimmt. Vgl. auch Testimony of Haron Amin Spokesman and Special Envoy Islamic State of Afghanistan [United Front] vom 31. Oktober 2001 vor dem Committee on International Relations des US-Kongresses: "The Islamic State of Afghanistan, which is the political extension of the United Front, as a globally recognized Government personifying an independent and sovereign State, has been in a state of self-defense against Pakistani proxies, first Hekmatyar and, later, the Taliban and their international terrorist allies like bin Ladin. […] A first step is the total removal of the Taliban.", in: Afghan People vs. the Taliban: The Struggle for Freedom Intensifies, Hearing Before the Subcomittee on International Operations and Human Rights of the Committee on International Relations, House of Representatives, One Hundred Seventh Congress, First Session, October 31, 2001, Serial No. 107–59. Siehe dazu auch 9. Kapitel II.1.

1289 Zur weiteren Staatenpraxis im Falle des internationalen Terrorismus nach dem 11. September 2001 siehe 7. Kapitel II.

1290 Diese Staatenpraxis scheint *Dörr* zu verkennen, wenn er bei der Frage nach dem Adressaten der Selbstverteidigung die „Privaten" grundsätzlich ausschließt, da „ihnen die Völkerrechtsfähigkeit fehlt und sie somit nicht Partei eines völkerrechtlichen Rechtsverhältnisses sein können.", in: Gewalt und Gewaltverbot im modernen Völkerrecht, Aus Politik und Zeitgeschichte, B 43, 2004, S. 14 (16). Allerdings gilt für ihn als weiterer Zurechnungsgrund „nunmehr auch derjenige Staat als legitimes Ziel der Selbstverteidigung, der private Gewalttäter durch die Gewährung von Unterschlupf (,safe haven') unterstützt"; ibid. Siehe auch *Bruha*, der ein solches „traditionelles" Verständnis als der „tatsächlichen Bedro-

Anerkennung als partielle oder zumindest passive Völkerrechtssubjekte sind.[1291]

Eine solche Differenzierung mag auf den ersten Blick verwundern oder gar spitzfindig scheinen, denn unvoreingenommen stellt sich eine in einem anderen Staat schwerwiegende Terroranschläge ausübende Gruppierung natürlich als sehr naheliegendes Ziel der Selbstverteidigungshandlung dar. Allerdings befindet sich eine solche Gruppierung auf dem Territorium eines anderen Staates, der durch eine gewaltsame Selbstverteidigung selbst ein Opfer einer von Artikel 2 Ziffer 4 UN-Charta verbotenen Gewaltanwendung sein kann. Diese Frage richtet sich nach wie vor nach dem Prinzip der Zurechnung, wobei allerdings noch immer umstritten ist, welche Zurechnungskriterien maßgeblich sind und insbesondere welche Auswirkungen eine fehlende Zurechenbarkeit auf das Selbstverteidigungsrecht des angegriffenen Staates hat, wenn also der Angriff einer terroristischen Gruppierung eben nicht einem anderen Staat direkt oder indirekt zugerechnet werden kann. Besteht das Selbstverteidigungsrecht in diesen Fällen fort, wenn ja, gegenüber wen, oder erlischt es?

---

hungslage und der Ordnungsfunktion des Völkerrechts" nicht gerecht werdend betrachtet, in: Gewaltverbot und humanitäres Völkerrecht nach dem 11. September 2001, AVR, Bd. 40, 2002, S. 383 (390).

1291 Diese bejahend *Bruha*, Gewaltverbot und humanitäres Völkerrecht nach dem 11. September 2001, AVR, Bd. 40, 2002, S. 383 (392); siehe auch *Krajewski*, Selbstverteidigung gegen bewaffnete Angriffe nicht-staatlicher Organisationen – Der 11. September 2001 und seine Folgen, AVR, Bd. 40, 2002, S. 183 (197) und *Wolfrum*, The Attack of September 11th, 2001, the Wars against the Taliban and Iraq: Is there a Need to Reconsider International Law on the Recourse to Force and the Rules in Armed Conflict?, in: Armin von Bogdandy/Rüdiger Wolfrum (Hrsg.), MXYUNL, 2003, Vol. 7, S. 1 (75). Zu einem neu entstehenden "regime of non-state responsibility" siehe *Barbour&Salzman*, "The Tangled Web": The Right of Self-Defense Against Non-State Actors in the Armed Activities Case, International Law and Politics, Vol. 40, 2008, S. 53 (94 ff.); ausführlich zu der Anwendbarkeit des humanitären Völkerrechts auf non-state actors (und dieses für Al-Qaida bejahend) siehe *Heinze*, The evolution of international law in light of the 'Global War on Terror', Review of International Studies, Vol. 37, Issue 03, 2011, S. 1069 (1084 ff., 1089).

2. Das Problem der Zurechnung

1958 stellte *Brownlie* bereits fest:

> "An examination of the State practice in disputes arising out of State complicity in, or toleration of, the activities of armed bands directed against other States shows conclusively that no State can now claim that such behaviour is lawful. The illegality may be expressed in terms of charges of aggression, intervention, inter-ference in internal affairs, violation of territorial integrity and political independence, or a violation of Article 2, paragraph 4, of the United Nations Charter."[1292]

Eine Meinung in der Völkerrechtsliteratur sieht in der Staatenpraxis in Bezug auf den internationalen Terrorismus seitdem und insbesondere nach dem 11. September 2001 eine wesentliche Änderung des *ius ad bellum* und den bisherigen Zurechnungskriterien im Rahmen der Ausübung des Selbstverteidigungsrechts insoweit, als dass das vom IGH in seinem *Nicaragua*-Urteil postulierte *„effective control"* Kriterium nicht mehr gelte.[1293] Einer anderen Ansicht nach handelt es sich um *instant customary law*, ent-

---

[1292] *Brownlie*, International Law and the Activities of Armed Bands, ICLQ, Vol. 7, No. 4 (Oct., 1958), S. 712 (734).

[1293] *Stahn*, Terrorist Acts as "Armed Attack": The Right to Self-Defense, Article 51(1/2) of the UN Charter, and International Terrorism, The Fletcher Forum of World Affairs, Vol 27:2, 2003, S. 35 (37); *Ruys*, Quo Vadit Jus Ad Bellum?: A Legal Analysis of Turkey's Military Operations Against the PKK in Northern Iraq, Melb. J. Int'l L., Vol. 9, 2008, S. 1 (24); *Herdegen*, Völkerrecht, 16. Auflage, 2017, § 34 Rn. 26; *Dahm/Delbrück/Wolfrum*, Völkerrecht, Bd. I/3, FN 57, S. 825, die auch die Auslegung des IGH im Teheraner Geiselfall als „zu eng" betrachten; *Garwood-Gowers*, Self-Defence against Terrorism in the Post-9/11 World, QUTLJJ, Vol. 4, No. 2, 2004, S. 1 (12), der allerdings auch darauf hinweist, dass der neue Standard nur im Kontext der Terrorismusbekämpfung als *lex specialis* gelten solle, in allen anderen Fällen des Handelns von *non-state actors* bleibe es bei den Kriterien des IGH und der ILC zur Staatenverantwortlichkeit, ibid., S. 14. Siehe auch *Gardner*: "Moreover, in Resolution 1373, the Security Council imposed a legal requirement on all UN members to suppress Al Qaeda and other transnational terrorist groups. Read in the context of the long-recognized principle of international law that states must not permit their territory to be used for the purpose of launching attacks on other states, I believe the decisions of NATO and the United Nations provide a sufficient legal basis for military actions the United States needs to take to destroy terrorist groups operating in countries that do not carry out their legal obligations to suppress them." in: Neither Bush nor the "Jurisprudes", AJIL, Vol. 97, No. 3, 2003, S. 585 (589).

standen nach dem 11. September 2001 und im Zuge der weitverbreiteten Zustimmung zu *Operation Enduring Freedom.*[1294]

Im Gegensatz dazu sehen andere Kommentatoren die Fortgeltung des *„effective control"* Kriteriums unbeeinträchtigt.[1295] Weder hätten die USA oder andere Staaten, wie Israel, ein anderes Kriterium wie das *„Harboring"*-Kriterium in ähnlichen Situationen herangezogen, noch habe der Sicherheitsrat in den folgenden Resolutionen zu terroristischen Anschlägen, wie beispielsweise Resolution 1450 (2002) zu dem Bombenattentat in Kenia durch Al-Qaida, auf das Recht auf Selbstverteidigung verwiesen. Damit aber fehle es an einer entsprechenden Staatenpraxis.[1296] Darüber hinaus habe der IGH in seinem *Armed Activities*-Urteil (2005) klar das *„Harboring"*-Kriterium für eine Zurechnung verworfen und vielmehr auf das traditionelle *„effective control"* Kriterium abgestellt.[1297]

Paust weist darauf hin, dass Staaten für verschiedene Handlungen oder Unterlassungen verantwortlich wären, wie Menschenrechtsverletzungen oder transnationale Umweltverschmutzungen. Allerdings bedeute diese

---

1294 Siehe *Langille*, It's "Instant Custom": How the Bush Doctrine Became Law After the Terrorist Attacks of September 11, 2001, B.C. Int'l & Comp. L. Rev., Vol. 26, Issue 1, 2003, S. 143-156. Etwas zögerlicher *Gray:* "It seems that the massive State support for the legality of the US claim to self-defence could constitute instant customary international law and an authoritative reinterpretation of the UN Charter, however radical the alterartion from many States' prior conception of the right of self-defence.", in: The Use of Force and the International Legal Order, in: Evans (Hrsg.) International Law, 2. Auflage, 2006, S. 589 (603). An anderer Stelle zweifelt *Gray* allerdings, ob es sich um eine radikale, andauernde Änderung des Selbstverteidigungsrechts handelt, oder ob *Operation Enduring Freedom* nicht eher als ein einmaliger Vorgang in einer besonderen Situation mit Zustimmung des UN-Sicherheitsrats und der Staatengemeinschaft zu gelten habe, siehe *Gray*, International Law and the Use of Force, 3. Auflage, 2008, S. 194.

1295 Vgl. *Drumbl:* "When the actors in question are non-state actors, the basic legal test determining responsibility is whether the state had 'effective control' over the wrongdoers.", in: Judging the 11 September Terrorist Attack, Hum. Rts. Q., Volume 24, Number 2, 2002, S. 323 (330); *Henderson*, The Obama Doctrine of 'Necessary Force', JCSL, Vol. 15, No. 3, 2010, S. 403 (426); *Kammerhofer*, The Armed Activities Case and Non-state Actors in Self-Defence Law, LJIL, Vol. 20, S. 89 (112).

1296 *Corten*, Self-Defence against Terrorism: What Can be Learned from Recent Practice (2005-2010)?, Journal of International Law and Diplomacy, 2010, S. 129 (133 ff.).

1297 Case Concerning Armed Activities on the Territory of the Congo (DRC v. Uganda), Judgment, I.C.J. Reports 2005, S. 168 (para. 146).

Staatenverantwortlichkeit nicht automatisch eine Rechtfertigung zum Einsatz von Gewalt durch den betroffenen Staat.[1298] Daraus ergibt sich für ihn in Bezug auf Terrorismus:

> "Harboring terrorists, [...] otherwise tolerating, acquiescing, encouraging, or inciting terrorists within one's borders, or providing certain other forms of assistance to terrorists can implicate state responsibility and justify various political, diplomatic, economic, and juridic responses, including international claims for reparation and domestic lawsuits. Yet, unless the state is organizing, fomenting, directing, or otherwise directly participating in armed attacks by non-state terrorists, the use of military force against the state, as opposed to only the non-state terrorists, would be impermissible."

Zur Begründung wird auf die allgemein anerkannte Verpflichtung der Staaten verwiesen, Vergeltungsmaßnahmen, die mit der Anwendung von Gewalt verbunden sind, zu unterlassen.[1299] Die *Friendly Relations Declaration* bestimmt hierzu: „Die Staaten haben die Pflicht, Vergeltungsmaßnahmen, die mit der Anwendung von Gewalt verbunden sind, zu unterlassen."[1300] Auch der Sicherheitsrat hatte bereits 1964 in dem Fall eines britischen Angriffs auf Yemen eindeutig festgestellt: "reprisals [are] incompatible with the purposes and principles of the United Nations".[1301]

Solange ein Staat nicht verbotene Gewalt im Sinne des Artikel 2 Ziff. 4 UN-Charta in Form eines bewaffneten Angriff ausübe, sondern nur eine völkerrechtliche Verpflichtung verletze, zu der auch das Verbot der Beherbergung von Terroristen gehöre, könne ein betroffener Staat nicht ein

---

1298 *Paust*, Use of Armed Force against Terrorists in Afghanistan, Iraq and Beyond, University of Houston Law Center, Public Law and Legal Theory Series No. 2011-A-2, 2002, S. 533 (540, FN 25); siehe auch *Weiner*, The Use of Force and Contemporary Security Threats: Old Medicine for New Ills?, Stan. L. Rev., Vol. 59, Issue 2, 2006, S. 415 (434).

1299 Der Ursprung dieser Verpflichtung wird in der Verabschiedung des II. Haager Abkommens betreffend die Beschränkung der Anwendung von Gewalt bei der Eintreibung von Vertragsschulden vom 18. Oktober 1907 (sogenannte *Drago-Porter*-Konvention) gesehen, die die Anwendung von Waffengewalt zur Eintreibung von Schulden ausschließt, wenn der Schuldnerstaat sich einem Schiedsverfahren unterwirft. Siehe dazu 4. Kapitel I.1. sowie *Crawford*, Brownlie's Principles of Public International Law, 2012, S. 586 ff.

1300 Declaration on Principles of International Law Concerning Friendly Relations and Co-operation among States in Accordance with the Charter of the United Nations, UN Doc. A/RES/2625 (XXV), 24. Oktober 1970. Siehe auch *Gray*, International Law on the Use of Force, 3. Auflage, 2008, S. 150-151: "Reprisals are generally agreed to be unlawful."

1301 UN Doc. S/RES/188 (1964), 9. April 1964.

Recht auf Selbstverteidigung gegen den beherbergenden Staat gelten machen. Dieses würde eine unter der Geltung der UN-Charta verbotene Vergeltungsmaßnahme darstellen.[1302] Einige Kommentatoren weisen allerdings auch darauf hin, dass in einigen Fällen, wie bei den Angriffen Israels auf Libanon (1968) oder Tunesien (1985), die der USA auf Libyen (1986) oder Irak (1993), oder die Angriffe Russlands auf Georgien (2002) zeigten, dass verbotene Vergeltungsmaßnahmen nur schwer von zulässigen Selbstverteidigungsmaßnahmen zu unterscheiden sein können.[1303]

Für einige fehlt es auch an einer entsprechenden *opinio iuris*. So hält es *Ratner* für möglich, dass sich angesichts der Katastrophe vom 11. September 2001 die Regierungen von „Gefühlen und Empathie" leiten liessen und weniger von rechtlichen Prinzipien. Für ihn basiert das Fehlen von Protesten auf dem „Eiffelturm"-Effekt: "It is simply unimaginable that France, Russia, China, or India, [...] would have responded otherwise had Al Qaeda crashed planes into the Eiffel Tower, the Kremlin, the Forbidden City, or the Taj Mahal."[1304]

Die wohl überwiegende Meinung in der Völkerrechtsliteratur, die von einer Änderung der Zurechnungskriterien für Handlungen von *non-state actors* ausgeht, diskutiert allerdings kontrovers, was an seine Stelle getreten ist: Wurde die Zurechnungsschwelle gesenkt oder gar gänzlich aufgegeben?

1302 *Weiner*, The Use of Force and Contemporary Security Threats: Old Medicine for New Ills?, Stan. L. Rev., Vol. 59, Issue 2, 2006, S. 415 (434).

1303 *Gray* ("[T]he distinction between reprisals and self-defense is sometimes problematic in practice."), in: International Law on the Use of Force, 3. Auflage, 2008, S. 151; siehe dazu auch *Beard* ("In fact, the distinction between reprisal and self-defense may sometimes be difficult to discern in responding to specific acts of terrorism."), in: America's New War on Terror: The Case for Self-Defense Under International Law, Harv. J.L. & Pub. Pol'y, Vol. 25, 2001, S. 559 (584). *Tams* warnt vor einem gefährlichen Trend, der sich aber noch nicht im Völkerrecht manifestiert habe: "while unequivocally condemning the doctrine of armed reprisals, the international community seems indeed [...] gradually to accept armed reprisals disguised as self-defence.", in: The Use of Force Against Terrorists, EJIL, Vol. 20, No. 2, 2009, S. 359 (391).

1304 *Ratner*, Jus ad Bellum and Jus in Bello after September 11, AJIL, Vol. 96, No. 4, 2002, S. 905 (919); siehe auch *Kohen*, The Use of Force by the United States after the End of the Cold War, and its Impact Upon International Law, in: Byers/Nolte (Hrsg.) United States Hegemony and the Foundations of International Law, 2003, S. 197 (225).

2.1 Eine niedrigere Zurechnungsschwelle?

Eine Meinung ist der Ansicht, die Zurechnungsschwelle sei nunmehr niedriger angesetzt, so dass bereits jegliche Unterstützung eines Staates für terroristische Gruppen in Form einer Beihilfe (*„aiding and abetting"*), also auch die Beherbergung oder reine Duldung, zur Verantwortlichkeit des Staates für das Handeln dieser Gruppen führt.[1305] Dieses folge aus den verschiedenen Resolutionen und Deklarationen der Vereinten Nationen, wie der *Friendly Relations Declaration*, verbunden mit den Resolutionen des Sicherheitsrats, insbesondere Resolutionen 1189 (1998) und 1373 (2001), die insofern die Verpflichtung der Staaten definieren:

1305 *Travalio/Altenburg* ("[T]he standard for state responsibility is one of *sanctuary or support."*), in: State Responsibility for Sponsorship of Terrorist and Insurgent Groups: Terrorism, State Responsibility, and the Use of Military Force, Chi. J. Int'l L., Vol. 4, 2003, S. 97 (111); *Byers* ("actively support or willingly harbour terrorist groups who have already attacked the responding State"), in: Terrorism, the Use of Force and International Law After 11 September, ICLQ, Vol. 51, 2002, S. 401 (409); *Cassese* ("Thus, aiding and abetting international terrorism is equated with an armed attack for the purpose of legitimizing the use of force in self-defence."), in: Terrorism is Also Disrupting Some Crucial Legal Categories of International Law, EJIL, Vol. 12, No. 5, 2001, S. 993 (997); *Tams* ("[M]odern practice points towards a special standard of imputability in relations between terrorist groups and host states, arguably most closely resembling international rules against 'aiding and abetting' illegal conduct."), in: The Use of Force Against Terrorists, EJIL, Vol. 20, No. 2, 2009, S. 359 (385); *ders.*, Light Treatment of a Complex Problem: The Law of Self-Defence in the *Wall*-Case, EJIL, Vol. 16, No. 5, 2006, S. 963 (973); zur Herleitung des *„aiding and abetting"* Prinzips aus dem internationalen Strafrecht siehe *Ruys/Verhoeven*, Attacks by Private Actors and the Right of Self-Defence, JCSL, Vol. 10, No. 3, 2005, S. 289 (315 ff.); vgl. auch *Franck*, Terrorism and the Right of Self-Defense, AJIL, Vol. 95, No. 4, 2001, S. 839 (841); *Dörr*, Gewalt und Gewaltverbot im modernen Völkerrecht, Aus Politik und Zeitgeschichte, B 43, 2004, S. 14 (16); *Hofmeister*, „To harbour or not to harbour"? Die Auswirkungen des 11. September auf das Konzept des „bewaffneten Angriffs" nach Art 51 UN-Charta, ZöR 2007, S. 475 (494); dagegen: *Paust* ("[...] military force against a state that merely harbors terrorists or is unable to control misuse of its territory, and absent direct involvement by such a state [...] would be impermissible under the Charter."), in: Use of Armed Force against Terrorists in Afghanistan, Iraq and Beyond, University of Houston Law Center, Public Law and Legal Theory Series No. 2011-A-2, 2002, S. 533 (540); *Ratner* ("on the issue of state responsibility, [...] none of the tests [...] supports the harboring theory of the United States."), in: Jus ad Bellum and Jus in Bello after September 11, AJIL, Vol. 96, No. 4, 2002, S. 905 (908).

„betonend, dass jeder Mitgliedstaat verpflichtet ist, es zu unterlassen, terroristische Handlungen in einem anderen Staat zu organisieren, anzustiften, zu unterstützen oder sich daran zu beteiligen oder in seinem eigenen Hoheitsgebiet organisierte Aktivitäten zu dulden, die auf die Begehung solcher Handlungen gerichtet sind"

["Stressing that every Member State has the duty to refrain from organizing, instigating, assisting or participating in terrorist acts in another State or acquiescing in organized activities within its territory directed towards the commission of such acts"][1306]

„in Bekräftigung des von der Generalversammlung in ihrer Erklärung vom 24. Oktober 1970 über Grundsätze des Völkerrechts betreffend freundschaftliche Beziehungen und Zusammenarbeit zwischen den Staaten im Einklang mit der Charta der Vereinten Nationen aufgestellten und vom Sicherheitsrat in seiner Resolution 1189 (1998) vom 13. August 1998 bekräftigten Grundsatzes, dass jeder Staat verpflichtet ist, die Organisierung, Anstiftung oder Unterstützung terroristischer Handlungen in einem anderen Staat oder die Teilnahme daran oder die Duldung organisierter Aktivitäten in seinem eigenen Hoheitsgebiet, die auf die Begehung solcher Handlungen gerichtet sind, zu unterlassen"[1307]

Auch sei ein Staat, der Terroristen auf seinem Gebiet gewähren ließe, gleichzusetzen mit einem Staat, der seine Neutralität aufgebe. Die Regelungen des *Haager Abkommens betreffend die Rechte und Pflichten der neutralen Mächte und Personen im Falle eines Landkriegs*[1308] von 1907 sehen diesbezüglich vor, dass ein neutraler Staat verpflichtet ist, keine „Truppen oder Munitions- oder Verpflegungskolonnen" durch sein Gebiet oder „Truppenaufstellung oder -werbung für Kriegsparteien" zu dulden.[1309] Übersetzt in die heutige Zeit bedeute dieses, dass ein Staat, der terroristischen Gruppen materielle Unterstützung gewähre oder diese auf seinem Territorium dulde, selbst zum Ziel eines Angriffs werden könne.[1310]

1306 UN Doc. S/RES/1189, 13. August 1998.
1307 UN Doc. S/RES/1373, 28. September 2001.
1308 In Kraft getreten am 26. Januar 1910, 33 Vertragsstaaten (darunter auch Deutschland), 17 Unterzeichnerstaaten, RGBl. 1910, 151.
1309 Ibid., Art. 2, 4, 5.
1310 *Wedgwood,* "If a host country permits the use of its territory as a staging area for terrorist attacks [...] [it] cannot expect to insulate its territory against measures of self-defense.", in: Responding to Terrorism: The Strikes Against Bin Laden, YJIL, Vol. 24, 1999, S. 559 (565); *Kastenberg,* "States may forfeit their traditional international law protections when they aid and abet a religious-based terrorist organization that plans to commit *jus cogens* offenses.", in: The Use of

Zudem zeige die Staatenpraxis seit dem 11. September 2001, dass das Vorgehen der USA gegen die Taliban im Zuge von *Operation Enduring Freedom* nicht von anderen Staaten in Frage gestellt wurde:

> "Because customary international law is often developed through a process of official assertions and acquiescences, the absence of challenge to the US asserted right of self-defense could be taken to indicate acquiescence in an expansion of the right to include defense against governments that harbor or support organized terrorist groups that commit armed attacks in other countries."[1311]

Im Ergebnis ähnlich, aber unter Hinzufügung der Bedingung, dass das Verhalten des Staates eine notwendige Vorbedingung für den späteren Angriff der terroristischen Gruppe darstellt, fordert *Wolfrum*:

> "Therefore a given action of a non-state actor is attributable to the respective subject of international law supporting the non-state actor, if that subject of international law deliberately created a situation which was a necessary precondition for a later event, provided the happening of that event was not beyond reasonable probability and constituted a breach of international law."[1312]

Die Abkehr von der Rechtsprechung des IGH und seines *„effective control"*-Kriteriums – wie zuletzt in dem *Bosnian Genocide*-Fall[1313] (2007) bestätigt, sollte weniger als Revolution oder gar „Blasphemie" aufgefaßt werden, sondern eher als Reformprozess und Reflektion der wachsenden

---

Conventional International Law in Combating Terrorism: A Maginot Line for Modern Civilization Employing the Principles of Anticipatory Self-Defense & Preemption, Air Force Law Review, Volume 55, 2004, S. 87 (121); *Travalio/Altenburg*, State Responsibility for Sponsorship of Terrorist and Insurgent Groups: Terrorism, State Responsibility, and the Use of Military Force, Chi. J. Int'l L., Vol. 4, 2003, S. 97 (111); eher vorsichtig *Bothe*, Rechtliche Hegung von Gewalt zwischen Theorie und Praxis, in: International Law between Universalism and Fragmentation, FS in Honour of Gerhard Hafner, Buffard/Crawford/Pellet/Wittich (Hrsg.), 2008, S. 141 (168).

1311 *Kirgis*, Israel's Intensified Military Campaign Against Terrorism, ASIL Insights, Dezember 2001.

1312 *Wolfrum*, The Attack of September 11, 2001, the Wars Against the Taliban and Iraq: Is There a Need to Reconsider International Law on the Recourse to Force and the Rules in Armed Conflict?, MPYUNL, 7, 2003, S. 1 (34); zustimmend *Ruys/Verhoeven*, Attacks by Private Actors and the Right of Self-Defence, JCSL, Vol. 10, No. 3, 2005, S. 289 (317).

1313 Siehe dazu 8. Kapitel I.3.

Bedeutung der Bekämpfung des internationalen Terrorismus für die internationale Gemeinschaft.[1314]

Da aber die territoriale Souveränität weiterhin als ein „dominantes Prinzip"[1315] des Völkerrechts gilt und nicht ausgehebelt werden darf, sieht diese Meinung die Grenze für zulässige Gewaltausübung dann erreicht, wenn dem betreffenden Staat keinerlei „Komplizenschaft"[1316] mit terroristischen Gruppen vorgeworfen werden kann. Damit werde die zwischenstaatliche Dimension des Selbstverteidigungsrechts gewahrt und entspreche zudem der Rechtsprechung des IGH, wie zuletzt im *Wall*-Gutachten (2004)[1317].[1318]

Während also diese Meinung die Zurechnung terroristischer Handlungen bei jeglicher Form der Unterstützung, eingeschlossen willentliche Beherbergung oder Duldung, als gegeben ansieht, und damit eine wesentliche Abweichung von dem *„effective control"* Kriterium des IGH darstellt, besteht doch eine Lücke, um die sich weitere kontroverse Meinungen ranken. Zwar umfaßt das neue Zurechnungskriterium die meisten Situationen, in denen terroristische *non-state actors* auf dem Gebiet eines anderen

---

1314 "The traditional approach requiring 'effective state control' may have become accepted over time, but it was a standard developed by the Court, not God-given.", *Tams*, The Use of Force Against Terrorists, EJIL, Vol. 20, No. 2, 2009, S. 359 (386). Siehe auch *Gill* ("Be that as it may, the *Nicaragua* decision, while authoritative, should not be seen as solving once and for all the question of what forms of armed action, and involvement and support for insurgencies, terrorist acts and the like, constitute an armed attack that would trigger the right of self-defence."), in: The Temporal Dimension of Self-Defence: Anticipation, Preemption, Prevention and Immediacy, JCSL, Vol. 11, No. 3, 2006, S. 361 (365).

1315 *Schachter*, International Law in Theory and Practice, 1991, S. 164.

1316 "[I]nternational law since 9/11 does not permit the use of force on the territory of states that are themselves free of any complicity in terrorist attacks committed by non-state actors." *Garwood-Gowers*, Self-Defence against Terrorism in the Post-9/11 World, QUTLJJ, Vol. 4, No. 2, 2004, S. 1 (13). Vgl. auch *Tams*, The Use of Force Against Terrorists, EJIL, Vol. 20, No. 2, 2009, S. 359 (386); *Ruys/Verhoeven*, Attacks by Private Actors and the Right of Self-Defence, JCSL, Vol. 10, No. 3, 2005, S. 289 (316).

1317 "Article 51 of the Charter thus recognizes the existence of an inherent right of self-defence in the case of armed attack by *one State against another State*." Legal Consequences of the Construction of a Wall in the Occupied Palestinian Territory, Advisory Opinion, I.C.J. Reports 2004, S. 136 (para.139). Hervorheb. durch Verf.

1318 *Garwood-Gowers*, Self-Defence against Terrorism in the Post-9/11 World, QUTLJJ, Vol. 4, No. 2, 2004, S. 1 (13).

Staates operieren, allerdings entsteht die Lücke dann, wenn der betreffende Staat *unfähig* ist, diese Operationen zu unterbinden. Dieses Szenario
kann auf mangelnder Kontrolle des Gebietes, bedingt durch geographische
Gegebenheiten oder auch auf logistischen Engpässen beruhen oder bei sogenannten *„failed states"* auftreten. Ist in diesem Falle der Unfähigkeit,
obwohl der Staat zwar willens sein mag, der terroristische Angriff ihm
dennoch zuzurechnen?

In der Völkerrechtsliteratur existieren hierzu zwei Antworten. Die erste,
soeben dargestellte Meinung verneint die Zurechnung, denn der Staat handele ja nicht willentlich. Gleichfalls sei der Opferstaat nicht rechtlos gestellt, denn er könne den Staat, von dessen Territorium die Angriffe aus-
gingen, um sein Einverständnis zum Eingreifen bitten.[1319]

2.1.1 "Unable or unwilling"

Eine zweite Meinung, der auch einige Staaten, darunter offensichtlich die
USA ("we have acknowledged that a country has the right to use force to
protect itself from attacks from a neighboring country if the neighboring
state is unwilling or unable to prevent the use of its territories for such an
attack")[1320], Russland ("Georgian leadership is unable to establish a security zone")[1321], Israel ("ineptitude and inaction of the Government of
Lebanon")[1322] die Türkei ("If a neighbouring country is providing a safe

---

1319 Ibid.
1320 U.S. Department of State, Daily Press Briefing, 28. März 1995, siehe auch Daily
      Press Briefing 7. Juli 1995 und *Richard N. Haass*, Director Policy Planning
      Staff, U.S. Department of State, Sovereignty: Existing Rights, Evolving Re-
      sponsibilities, Remarks at Georgetown University, 14. Januar 2003:
      "[S]overeign status is contingent on the fulfillment by each state of certain fun-
      damental obligations, both to its own citizens and the international community.
      When a regime fails to live up to these responsibilities or abuses its preroga-
      tives, it risks forfeiting its sovereign privileges – including, in extreme cases, its
      immunity from armed intervention."
      Für ein kürzliches Beispiel siehe Remark by the President at the National De-
      fense University, The White House, 23. Mai 2013 ("Where foreign governments
      cannot or will not effectively stop terrorism in their territory, the primary alter-
      native to targeted lethal action would be the use of conventional military op-
      tions.").
1321 Siehe 7. Kapitel II.2.
1322 Siehe 7. Kapitel II.3.

haven for terrorism [...] we have rights under international law and we will use those rights and we don't have to get permission from anybody")[1323], aber auch Deutschland ("ISIL has occupied a certain part of Syrian territory over which the Government [...] does not at this time exercise effective control. States that have been subjected to armed attack by ISIL originating in this part of Syrian territory, are therefore justified under Article 51 of the Charter of the United Nations to take necessary measures of selfdefence, even without the consent of the Government of the Syrian Arab Republic")[1324] folgen, hält auch in den Fällen der Unfähigkeit eine Selbstverteidigung für zulässig, jedenfalls gegen die terroristische Gruppierung und nicht gegen den „unfähigen" Staat, der allerdings die etwaige Verletzung seines Territoriums zu dulden habe.[1325]

1323 Siehe 7. Kapitel II.6.

1324 Siehe 7. Kapitel II.12.

1325 *Scharf:* "If such a nonstate actor commits a series of attacks against a state, and the acts are of sufficient scale and effect to amount to an armed attack, then arguably force in self-defense should be permitted against the nonstate actor that presents a continuing threat where the host state has manifested an inability or unwillingness to respond effectively to the threat." in: Customary International Law in Times of Fundamental Change – Recognizing Grotian Moments, 2013, S. 192; *Dinstein* nennt es "extra-territorial law enforcement", in: War, Aggression and Self-Defence, 5. Auflage, 2012, Rn. 720, S. 272; *Henderson*, The Obama Doctrine of 'Necessary Force', JCSL, Vol. 15, No. 3, 2010, S. 403 (423); *Kastenberg*: "[...] where a non-state actor is able to conduct its operations without state assistance, even though these operations are clandestinely effected without state knowledge, the situs of terrorist activity should be considered a legitimate target [...]", in: The Use of Conventional International Law in Combating Terrorism: A Maginot Line for Modern Civilization Employing the Principles of Anticipatory Self-Defense & Preemption, Air Force Law Review, Volume 55, 2004, S. 87 (125); *Reinold*: "In the inability scenario, the proportionality principle thus prohibits the targeting of state infrastructure" in: State Weakness, Irregular Warfare, and the Right to Self-Defense Post-9/11, AJIL, Vol. 105, No. 2, 2011, S. 244 (270); ähnlich von der Seite der Verhältnismäßigkeit bzw. Notwendigkeit betrachtend *Tams/Devaney*, Applying Necessity and Proportionality to Anti-Terrorist Self-Defence, Israel Law Review, Vol. 45, Issue 1, 2012, S. 91 (99 ff.). Siehe außerdem *Heintschel von Heinegg* in: Ipsen, Völkerrecht, 6. Auflage, 2014, § 52 Rn. 33; *Herdegen*, Völkerrecht, 16. Auflage, 2017, § 34 Rn. 26; *Ruys*, Quo Vadit Jus Ad Bellum?: A Legal Analysis of Turkey's Military Operations Against the PKK in Northern Iraq, Melb. J. Int'l L., Vol. 9, 2008, S. 1 (22); *Gardner*, Neither Bush nor the "Jurisprudes", AJIL, Vol. 97, No. 3, 2003, S. 585 (589); *Ronzitti*, The Expanding Law of Self-Defence, JCSL, Vol. 11, Issue 3, 2006, S. 343 (349); *Kreß*, The Fine Line Between Collective Self-

Zusammenfassend lässt sich feststellen, dass sich nach dieser Meinung drei Voraussetzungen für die Zulässigkeit von Maßnahmen in Selbstverteidigung gegen terroristische Gruppen in einem anderen Staat ergeben:

1. Der Territorialstaat muss entweder unwillig oder unfähig sein, die terroristischen Handlungen zu unterbinden.
2. Der Einsatz von Gewalt muss proportional zu der Bedrohung durch den *non-state actor* sein.
3. Der Einsatz von Gewalt ist nur temporär und erfolgt nicht zum Zwecke der Besetzung oder Annexion des Gebietes.[1326]

Defense and Intervention by Invitation: Reflections on the Use of Force against 'IS' in Syria, Just Security, 17. Februar 2015, https://www.justsecurity.org/20118/claus-kreb-force-isil-syria/; *Moynihan*, Assessing the Legal Basis for UK Military Action in Syria, Chatham House, The Royal Institute of International Affairs, 26. November 2015, https://www.chathamhouse.org/expert/comment/assessing-legal-basis-uk-military-action-syria. Für eine andere Auslegung der Fallbeispiele und damit eine radikale Änderung des Rechts auf Selbstverteidigung ablehnend siehe *Corten*, Self-Defence against Terrorism: What Can be Learned from Recent Practice (2005-2010)?, Journal of International Law and Diplomacy, 2010, S. 129 (133 ff.). Allerdings hält er für die Zukunft eine andere Auslegung der „wesentlichen Beteiligung" („substantial involvement") in Artikel 3 g) der Angriffsdefinition für möglich, ibid., S. 152. Ebenfalls ablehnend *van Steenberghe* ("[T]he classical state attribution rules can hardly be stretched as far as to allow the attribution of hostile activities conducted by non-state actors to states which are merely unable or unwilling to stop these activities on their territory.", in: Self-Defense in Response to Attacks by Non-state Actors in the Light of Recent State Practice, A Step Forward?, Leiden Journal of International Law, Vol. 23, 2010, S. 183 (195); vgl. auch *Starski*, Right to Self-Defense, Attribution and the Non-State Actor – Birth of the "Unable or Unwilling" Standard?, ZaöRV, Bd. 75, 2015, S. 455 (489 f.); *O'Connell*, Dangerous Departures, AJIL, Vol. 107, No. 2, 2013, S. 380 (384).

1326 "State practice and the UN Security Council's actions after the September 11 attacks may, however, indicate a trend towards recognizing that a State that suffers large-scale violence perpetrated by non-State actors located in another State has a right to use force in self-defense when (1) that other State proves unwilling or unable to reduce or eliminate the source of the violence, (2) the use of force is proportional to the threat posed by the non-State actor, and (3) the use of force is temporary and does not result in non-consensual occupation or annexation of territory." *Waisberg*, Columbia's Use of Force in Ecuador Against a Terrorist Organization, ASIL Insights, Vol. 12, Issue 17, 22. August 2008.

Diese Ansicht scheinen auch die *Chatham House Principles* zu teilen:

"It may be that the State is not responsible for the acts of the terrorists, but it is responsible for any failure to take reasonable steps to prevent the use of its territory as a base for attacks on other States. Its inability to discharge the duty does not relieve it of the duty. The right to use force in self-defence is an inherent right and is not dependent upon any prior breach of international law by the State in the territory of which defensive force is used. Thus, where a State is unable or unwilling to assert control over a terrorist organization located in its territory, the State which is a victim of the terrorist attacks would, as a last resort, be permitted to act in self-defence against the terrorist organization in the State in which it is located."[1327]

Ähnlich auch die *Leiden Policy Recommendations on Counter-terrorism and International Law*:

"It is now well accepted that attacks by non-state actors, even when not acting on behalf of a state, can trigger a state's right of individual and collective (upon request of the victim state) self-defence. […]

It should be emphasised that states considering the use of force against terrorists must take due account of the exceptional nature of military action on foreign territory. The territorial state's consent to military action is required, except where the territorial state is unable or unwilling itself to deal with the terrorist attacks."[1328]

Der Wissenschaftliche Dienst des Deutschen Bundestages kam im November 2015 zu dem Ergebnis:

„Die Staatenpraxis – insbesondere die der USA, Großbritanniens und Frankreichs, die sich auf die Argumentationsfigur der „unable and unwilling"-Doktrin zur Begründung von Militäreinsätzen stützen, deutet auf eine entsprechende gewohnheitsrechtliche Weiterentwicklung des Völkerrechts hin. Eine Verfestigung der Staatenpraxis lässt sich auch durch die VN-Resolution 2249 (2015) des Sicherheitsrats vom 20. November 2015 beobachten."[1329]

1327 *Wilmshurst*, The Chatham House Principles of International Law on the Use of Force in Self-Defence, ICLQ, Vol. 55, No. 4, 2006, S. 963 (970).

1328 *Schrijver/van den Herik*, Leiden Policy Recommendations on Counter-terrorism and International Law, 1. April 2010, para. 38, 32.

1329 Deutscher Bundestag, Wissenschaftliche Dienste, Aktenzeichen WD 2 – 3000 – 203/15, 30. November 2015, S. 21. Siehe auch 7. Kapitel II.12.4.

2.1.2 Auswirkung auf die „Rettung eigener Staatsangehöriger"

In der letzten Hälfte des vergangenen Jahrhunderts musste wohl davon ausgegangen werden, dass ein sogenannter Rechtfertigungsgrund „Rettung eigener Staatsangehöriger" im Falle einer Geiselnahme von Staatsbürgern in einem anderen Staat noch nicht im Völkergewohnheitsrecht verfestigt war und somit die Zustimmung dieses Staates für ein militärisches Eingreifen notwendig war.[1330]

Die oben beschriebene Debatte um *„unwilling or unable"* scheint aber auch für diese Fallgruppe an Bedeutung gewonnen zu haben. Die Staatengemeinschaft ist offensichtlich überwiegend bereit, wie zuletzt das Beispiel Syrien deutlich gemacht hat, die *unwilling/unable*-Argumentation anzuerkennen. Damit nähert sich die völkerrechtliche Bewertung der „Rettung eigener Staatsangehöriger" mehr und mehr derjenigen an, die die USA schon 1976 im *Entebbe*-Fall vertreten hatten – damals freilich noch kritisiert – nämlich als ein "well-established right to use limited force for the protection of one's own nationals from an imminent threat of injury or death in a situation where the State in whose territory they were located was either unwilling or unable to protect them".[1331]

So sehen nicht wenige Kommentatoren den Beginn einer Herausbildung eines „gewohnheitsrechtlichen Rechtfertigungsgrund[es]"[1332] zum Einsatz von militärisch begrenzter Gewalt auch ohne Zustimmung des betroffenen Staates und unter Heranziehung der *Waldock*-Kriterien:

1. Es muss eine unmittelbar drohende Verletzung *(„imminent threat of injury")* von Staatsangehörigen vorliegen.
2. Der Territorialstaat ist entweder unfähig oder unwillig, den Schutz zu gewährleisten *(„failure or inability to protect")*.

1330 Siehe dazu ausführlich 4. Kapitel II.3.6.

1331 UN Doc. S/PV.1941, 12. Juli 1976, para. 77-81.

1332 So *Heintschel von Heinegg,* allerdings sei er noch nicht eindeutig völkerrechtlich zu „verorten" in: Ipsen, Völkerrecht, 6. Auflage, 2014, § 52 Rn. 45 f. Siehe auch *Dinstein,* War, Aggression and Self-Defence, 5. Auflage, 2012, Rn. 577; *Kunig* hält es bereits für existent, in: Intervention, Probition of, in: MPEPIL, 2008, Rn. 42. *Herdegen* befürwortet eine „dynamische Auslegung von Artikel 51 UN-Charta bei terroristischen Gewalttaten" in: Völkerrecht, 16. Auflage, 2017, § 34 Rn. 32.

3. Der Eingriff des intervenierenden Staates muss strikt auf den Schutz der Staatsangehörigen vor Verletzung begrenzt sein *(„strictly confined to the object of protecting against injury")*.[1333]

Hatte die britische Regierung noch im Jahr 1978 die Zustimmung des Territorialstaates für notwendig erachtet[1334], klingt es heute in ihrem *Manual of the Law of Armed Conflict* deutlich anders:

> "Self defence may include the rescue of nationals where the territorial state is *unable or unwilling* to do so."[1335]

Allerdings ist auch festzustellen, dass dieser „entstehende" Rechtfertigungsgrund in neuerer Zeit klare Kritik erfahren hat. Anlaß gab der Krim-Konflikt zwischen der Ukraine und Russland im Frühjahr 2014, in dessen Folge, nach einem Referendum auf Krim im März 2014, die Halbinsel in die Russische Föderation aufgenommen wurde. Zur Begründung seiner Haltung führte Präsident Putin nicht nur das Selbstbestimmungsrecht der Völker und den Fall Kosovo an, sondern berief sich insbesondere auch auf den Schutz seiner auf der Krim lebenden Staatsangehörigen sowie überhaupt aller russisch sprachigen Einwohner in der Ukraine, womit auch das Konzept der *Responsibility to Protect* ins Spiel kam.[1336]

1333 *Waldock*, The Regulation of the Use of Force by Individual States in International Law, Recueil des Cours, Vol. 81, 1952, S. 451 (467).

1334 Siehe 4. Kapitel II.3.6.

1335 United Kingdom, Ministry of Defense, The Joint Service Manual of the Law of Armed Conflict, Joint Service Publication 383, 2004 Edition, S. 2, para. 1.5. Hervorheb. durch Verf.

1336 Siehe President of Russia, Vladimir Putin submitted appeal to the Federation Council, News, 1. März 2014, http://eng.kremlin.ru/news/6751 (Antrag auf Ermächtigung eines Militäreinsatzes):
"In connection with the extraordinary situation that has developed in Ukraine and the threat to citizens of the Russian Federation, our compatriots, the personnel of the military contingent of the Russian Federation Armed Forces deployed on the territory of Ukraine (Autonomous Republic of Crimea) in accordance with international agreement; pursuant to Article 102.1 (d) of the Constitution of the Russian Federation, I hereby appeal to the Council of Federation of the Federal Assembly of the Russian Federation to use the Armed Forces of the Russian Federation on the territory of Ukraine until the social and political situation in that country is normalised."
Siehe auch Telephone conversation with US President Barack Obama, 2. März 2014, http://eng.kremlin.ru/news/6752 und Address by President of the Russian Federation, 18. März 2014, http://eng.kremlin.ru/news/6889, in der Präsident Putin ausführlich auf völkerrechtliche Aspekte Bezug nimmt und die auch die –

Die internationale Staatengemeinschaft hat gegen die Annexion der Krim, mit wenigen Ausnahmen wie China und Indien, vehement protestiert.[1337] Exemplarisch sei hier die Resolution des Europäischen Parlaments vom 13. März 2014 genannt, mit der ausdrücklich die russische Intervention verurteilt wird:

> "Condemns as contrary to international law and codes of conduct the official Russian doctrine under which the Kremlin claims the right to intervene by force in the neighbouring sovereign states to 'protect' the safety of Russian compatriots living there; points out that such a doctrine is tantamount to usurping unilaterally the position of the highest arbiter of international law and has been used as justification for manifold acts of political, economic and military intervention."[1338]

Es wird damit deutlich, dass die Staatengemeinschaft allenfalls ein sehr eng begrenztes Selbstverteidigungsrecht zum Schutz eigener Staatsangehöriger akzeptiert, das nur in besonderen Ausnahmefällen anerkannt wird, wie zum Beispiel bei Geiselnahmen oder terroristischen Bedrohungen, jedenfalls aber eine schwerwiegende Gefährdungslage voraussetzt – eine Si-

---

wohl inzwischen berühmt-berüchtigte – Aussage an die „western partners" enthält: „*If you compress the spring all the way to its limit, it will snap back hard. You must always remember this.*"
Zum Argument der *Responsibility to Protect* siehe The Ministry of Foreign Affairs of Russia, Interview by Minister of Foreign Affairs of the Russian Federation Sergey Lavrov to BBC, 9. August 2008, http://www.mid.ru/. Dieses Argument hat Russland auch im Konflikt mit Georgien im Jahr 2008 angeführt, siehe dazu *Kranz*, Der Kampf um den Frieden und sein besonderer Facilitator. Anmerkungen zur Georgienkrise, AVR, Bd. 46, 2008, S. 481 (492).

1337 Siehe ausführlich dazu *Kranz*, Imperialism, the Highest Stage of Sovereign Democracy: Some Remarks on the Annexation of Crimea by Russia, AVR, Bd. 52, 2014, S. 205 ff.

1338 Europäisches Parlament, Resolution zur Invasion Russlands in der Ukraine – 2014/2627 (RSP) – vom 13. März 2014, para. 5. Siehe auch European Council, Brussels, 21. März 2014 (EUCO 7/1/14, REV 1); The Hague Declaration (G-7), 24. März 2014; G-7 Leaders' Communiqué, Brussels, 4. April 2014; sowie die Resolution der UN-Generalversammlung "Territorial Integrity of Ukraine" vom 27. März 2014, UN Doc. A/RES/68/262 (angenommen mit 100 Ja-Stimmen, 11 Nein-Stimmen [Armenien, Belarus, Bolivien, Kuba, Nordkorea, Nicaragua, Russische Föderation, Sudan, Syrien, Venezuela und Zimbabwe] und 58 Enthaltungen), siehe dazu auch UN Press Release, General Assembly Adopts Resolution Calling upon States Not To Recognize Changes in Status of Crimea Region, UN Doc. GA/11493, 27. März 2014.

tuation, die auf der Krim nach vorherrschender Ansicht bei weitem nicht vorgelegen hat.[1339]

2.2 Aufgabe des Zurechnungserfordernisses?

Eine andere Meinung, darunter wohl auch die IGH-Richter *Kooijmans*[1340] und *Simma*[1341], nimmt an, dass das Erfordernis der Zurechnung privaten Handels zu einem Staat seit dem 11. September 2001 gänzlich entfallen ist.[1342] Als Begründung wird auf das Vorgehen der NATO nach den An-

---

1339 "It is beyond dispute that there was any threat to the lives of Russian citizens in Ukrainian territory (including Crimea), therefore Moscow's reaction in self-defence can find no justification." *Kranz*, Imperialism, the Highest Stage of Sovereign Democracy: Some Remarks on the Annexation of Crimea by Russia, AVR, Bd. 52, 2014, S. 205 (216).

1340 "If armed attacks are carried out by irregular bands from such territory against a neighbouring State, they are still armed attacks even if they cannot be attributed to the territorial State. It would be unreasonable to deny the attacked State the right to self-defence merely because there is no attacker State, and the Charter does not so require.", Case Concerning Armed Activities on the Territory of the Congo (DRC v. Uganda), Judgment, I.C.J. Reports 2005, Separate Opinion Kooijmans, S. 306 (para. 30).

1341 „[I]f armed attacks are carried out by irregular forces from such territory against a neighbouring State, these activities are still armed attacks even if they cannot be attributed to the territorial State." Case Concerning Armed Activities on the Territory of the Congo (DRC v. Uganda), Judgment, I.C.J. Reports 2005, Separate Opinion Simma, S. 334 (para. 12).

1342 So *Stahn:* "It may be of greater consequence to admit openly that the requirement of attributability does not play a role in the definition of armed attack.", in: Terrorist Acts as "Armed Attack": The Right to Self-Defense, Article 51(1/2) of the UN Charter, and International Terrorism, The Fletcher Forum of World Affairs, Vol 27:2, 2003, S. 35 (42); *Murphy*, Self-Defense and the Israeli Wall Advisory Opinion: An Ipse Dixit from the ICJ? AJIL, Vol. 99, No. 1, 2005, S. 62 (66); *Dinstein*, War, Aggression and Self-Defence, 5. Auflage, 2012, Rn. 601; *Greenwood*, International Law and the Pre-emptive Use of Force: Afghanistan, Al-Qaida, and Iraq, San Diego International Law Journal, Vol. 4, 2003, S. 7 (17); *Franck*, Terrorism and the Right of Self-Defense, AJIL, Vol. 95, No. 4, 2001, S. 839 (843); *van Steenberghe*, Self-Defense in Response to Attacks by Non-state Actors in the Light of Recent State Practice, A Step Forward?, LJIL, Vol. 23, 2010, S. 183 (197 ff.); siehe auch befürwortend *Kunig/Uerpmann-Wittzack* („Es würde dem Zweck des Selbstverteidigungsrechts widersprechen, einen Staat, nur weil der Angriff nicht von einem anderen Staat zu verantworten ist, schutzlos zu lassen."), in: Übungen im Völkerrecht, 2. Auflage, 2006,

schlägen vom 11. September 2001 verwiesen, die den Bündnisfall erst ausrief, nachdem feststand, dass der Angriff „von außen" erfolgte.[1343] Ähnlich hatte auch Präsident Hollande nach den Anschlägen in Paris am 13. November 2015 argumentiert, als er feststellte, dass es sich um eine „Kriegshandlung, die von außen vorbereitet, organisiert und geplant wurde" handele.[1344]

Diese *„external link"*-Bedingung entspreche auch Artikel 2 Ziff. 4 UN-Charta, der den Ausschluß von Gewalt in den „internationalen Beziehungen" betreffe, und *a fortiori* auch im Rahmen von Artikel 51 UN-Charta gelte. Da aber Artikel 51 UN-Charta nicht bestimme, dass der bewaffnete Angriff *von einem Staat* ausgehen müsse, gleichfalls auch nach der herrschenden Meinung *de facto* Regime unter das Gewaltverbot fallen, könne analog ein bewaffneter Angriff durch *non-state actors* auch dann das Selbstverteidigungsrecht auslösen, wenn die Handlung keinem Staat zuzurechnen ist.

Damit ergeben sich zwei mögliche Fälle:

1. Der Angriff geht von einem anderen Gebiet als das des betroffenen Staates aus.
2. Ein Angriff von ausländischen Staatsangehörigen wurde vom Gebiet des betroffenen Staates aus durchgeführt oder geplant.[1345]

S. 144; *Bruha* („Ein formeller Bezug im Sinne eines Konnexes zwischen privater Gewaltausübung und staatlicher Verantwortung ist nicht erforderlich."), in: Gewaltverbot und humanitäres Völkerrecht nach dem 11. September 2001, AVR, Bd. 40, 2002, S. 383 (395). Dagegen *Kammerhofer*, The Armed Activities Case and Non-state Actors in Self-Defence Law, LJIL, Vol. 20, 2007, S. 89 (100); *Tams* ("[T]he more convincing way to accommodate the new practice is to opt for an approach which retains the traditional understanding of self-defence as a justification for the use of force between states, but recognizes the existence of special rules on attribution of terrorist activities."), in: The Use of Force Against Terrorists, EJIL, Vol. 20, No. 2, 2009, S. 359 (385); *Ruys/ Verhoeven*, Attacks by Private Actors and the Right of Self-Defence, JCSL, Vol. 10, No. 3, 2005, S. 289 (309 ff.).

1343   Siehe 6. Kapitel I.2.

1344   Französische Botschaft, Staatspräsident Hollande: Frankreich ist stark und es steht immer wieder auf, 15. November 2015, http://www.ambafrance-de.org/Staatsprasident-Hollande-Frankreich-ist-stark-und-es-steht-immer-wieder-auf.

1345   *Stahn*, Terrorist Acts as "Armed Attack": The Right to Self-Defense, Article 51(1/2) of the UN Charter, and International Terrorism, The Fletcher Forum of World Affairs, Vol 27:2, 2003, S. 35 (43).

Das Kriterium der Zurechnung spielt für diese Meinung nur insofern eine Rolle, als dass sie bei der Frage des Angriffszieles der Selbstverteidigung zu beachten ist.

Diese Meinung erklärt allerdings nicht, warum im 2. Fall, also wäre der Angriff von Al-Qaida von einer in den USA beheimateten Zelle ausgegangen, nicht die nationale Gerichtsbarkeit in Form der Strafverfolgung einsetzt. Stattdessen will sie Artikel 51 UN-Charta gelten lassen, „insbesondere in Fällen, in denen dritte Staaten den Angreifern nach der Tat Zuflucht gewähren".[1346] Damit kommt sie aber doch letzten Endes wieder zu einer Form der Zurechnung.

Als weiteres Argument wird vorgebracht, dass die restriktive Auslegung des Artikel 51 UN-Charta durch den IGH dazu beitrage, dass Staaten, die Opfer eines Anschlages von *non-state actors* ohne Beteiligung eines anderen Staates geworden sind, zu anderen, ungeschriebenen Rechtfertigungen greifen könnten.[1347] Die prozeduralen und substantiellen Regelungen des Artikels 51 UN-Charta würden in diesem Falle sozusagen „ausgehebelt", und verurteilten Artikel 51 UN-Charta zu einem *"vehicle, that hardly ever leaves the garage"*.[1348] Ein derart eingeschränkter Anwendungsbereich für Artikel 51 UN-Charta mache seine Anwendbarkeit beispielsweise in „schmutzigen" Bürgerkriegen wie im Falle des Kongo unmöglich, welches wiederum zu weiteren, ungeschriebenen Ausnahmen zu dem in Artikel 2 Ziffer 4 UN-Charta postulierten Gewaltverbot führe.[1349]

1346 *Stahn*, ibid.

1347 *Tams*, Light Treatment of a Complex Problem: The Law of Self-Defence in the *Wall*-Case, EJIL, Vol. 16, No. 5, 2006, S. 963 (976).

1348 *Tams*, ibid., *Brownlie* zitierend, 'Comment', in: Change and Stability in International Law-Making, Antonio Cassese und Joseph H. H. Weiler (Hrsg.), 1988, S. 110.

1349 *Tams*, Light Treatment of a Complex Problem: The Law of Self-Defence in the *Wall*-Case, EJIL, Vol. 16, No. 5, 2006, S. 963 (977); *Stahn*, "Nicaragua is Dead, Long Live Nicaragua" – the Right to Self-defence Under Art. 51 UN-Charter and International Terrorism, in C. Walter et al. (Hrsg.), Terrorism as a Challenge for National and International Law: Security versus Liberty?, 2004, S. 827 (841-842).

2.3 Eigene Stellungnahme

Die maßgebliche Staatenpraxis, wie schon die ausbleibenden Proteste auf die Ankündigung der USA nach dem 11. September 2001, keinen Unterschied zwischen Terroristen und denen, die sie beherbergen zu machen, zeigen, geht wohl weiterhin von einer Art der Zurechnung aus. Allerdings scheint sich eine Tendenz hin zu anderen Zurechnungskriterien zu entwickeln. Fraglich indes ist, ob sich aus dieser Tendenz bereits neues Völkergewohnheitsrecht gebildet hat.

Es stellt sich die Frage, ob für die Zurechnung weiterhin, wie von einigen Kommentatoren behauptet, das Kriterium der *„effective control"* im Sinne der *Nicaragua*-Entscheidung des IGH gilt, oder ob es bereits genügt, wenn ein Staat einer terroristischen Gruppe Beihilfe leistet *(„aiding and abetting")* zum Beispiel durch die Zurverfügungstellung seines Staatsgebietes *(„harboring")*.

Im Folgenden soll daher die Staatenpraxis in Bezug auf das *„harboring"*-Kriterium näher analysiert werden.

2.3.1 Staatenpraxis und das „Harboring"-Kriterium

Sicherheitsrat

Eine Analyse der relevanten, terrorismusbezogenen Resolutionen des Sicherheitsrats macht deutlich, dass der Rat bereits vor 2001, nämlich schon 1992 bei der Verhängung von Sanktionen gegen Libyen wegen seiner Weigerung der Auslieferung der mutmaßlichen Lockerbie-Attentäter, die *Friendly Relations Declaration* zitiert hat. Hierbei wurde insbesondere auch auf die in ihr enthaltene Verpflichtung der Staaten „die Organisierung, Anstiftung oder Unterstützung von Bürgerkriegs- oder Terrorhandlungen in einem anderen Staat und die Teilnahme daran oder die Duldung organisierter Aktivitäten in seinem Hoheitsgebiet [...] zu unterlassen" in seiner Resolution 748 (1992) verwiesen. Im Falle des Sudans verlangte der Sicherheitsrat im operativen Teil der Resolutionen 1044 und 1054 (1996) ausdrücklich, dass der Sudan es zu unterlassen habe, terroristischen Elementen Schutz und Unterschlupf zu bieten. Aus neuerer Zeit kann als Beispiel die Verhängung von Sanktionen gegen Eritrea (seit 2009) dienen. Die folgende, keinesfalls abschließende Aufstellung einschlägiger Resolutionen macht dieses deutlich:

Dokument Vote (Y:N:A)	Situation	Paragraph
S/RES/748 (1992) 31. März 1992 Vote: 10:0:5 (China, India, Cap Verde, Zimbabwe, Marokko)	Verhängung von Sanktionen gegen Libyen	Reaffirming that, in accordance with the principle in Article 2, paragraph 4, of the Charter of the United Nations, every State has the duty to refrain from organizing, instigating, assisting or participating in terrorist acts in another State or acquiescing in organized activities within its territory directed towards the commission of such acts, when such acts involve a threat or use of force, Decides also that the Libyan Government must commit itself definitely to cease all forms of terrorist action and all assistance to terrorist groups [...]
S/RES/1044 (1996) 31. Januar 1996 Vote: 15:0:0 S/RES/1054 (1996) 26. April 1996 Vote: 13:0:2 (China, RF)	Sudan	Calls upon the Government of the Sudan to comply with the requests of the Organization of African Unity without further delay to: [...] (b) Desist from engaging in activities of assisting, supporting and facilitating terrorist activities and from giving shelter and sanctuaries to terrorist elements and act in its relations with its neighbours and with others in full conformity with the Charter of the United Nations and with the Charter of the Organization of African Unity [...]
S/RES/1189 (1998) 13. August 1998	Verurteilung der Bombenanschläge auf die US-Botschaften in Kenia und Tansania	Stressing that every Member State has the duty to refrain from organizing, instigating, assisting or participating in terrorist acts in another State or acquiescing in organized activities within its territory directed towards the commission of such acts [...]
S/RES/1214 (1998) 8. Dezember 1998 Vote: 15:0:0	Taliban/Afghanistan	Deeply disturbed by the continuing use of Afghan territory, especially areas controlled by the Taliban, for the sheltering and training of terrorists and the planning of terrorist acts, [...] Demands also that the Taliban stop providing sanctuary and training for international terrorists and their organizations, [...]

Dokument Vote (Y:N:A)	Situation	Paragraph
S/RES/1267 (1999) 15. Oktober 1999 **Vote: 15:0:0**	Taliban/Afghanistan Sanktionen	Strongly condemning the continuing use of Afghan territory, especially areas controlled by the Taliban, for the sheltering and training of terrorists and planning of terrorist acts, […] Deploring the fact that the Taliban continues to provide safe haven to Usama bin Laden and to allow him and others associated with him to operate a network of terrorist training camps from Taliban-controlled territory and to use Afghanistan as a base from which to sponsor international terrorist operations, Insists that the Afghan faction known as the Taliban, […] cease the provision of sanctuary and training for international terrorists and their organizations, take appropriate effective measures to ensure that the territory under its control is not used for terrorist installations and camps, or for the preparation or organization of terrorist acts against other States or their citizens, and cooperate with efforts to bring indicted terrorists to justice; […]
S/RES/1373 (2001) 28. September 2001 **Vote: 15:0:0**	New York und Washington	Decides also that all States shall: (a) Refrain from providing any form of support, active or passive, to entities or persons involved in terrorist acts, including by suppressing recruitment of members of terrorist groups and eliminating the supply of weapons to terrorists: […] (c) Deny safe haven to those who finance, plan, support, or commit terrorist acts, or provide safe havens; (d) Prevent those who finance, plan, facilitate or commit terrorist acts from using their respective territories for those purposes against other States or their citizens; […]

Dokument Vote (Y:N:A)	Situation	Paragraph
S/RES/1377 (2001) **12. November 2001** **Vote: 15:0:0**	Declaration on the Global Effort to Combat Terrorism	Stresses that acts of international terrorism are contrary to the purposes and principles of the Charter of the United Nations, and that the financing, planning and preparation of as well as any other form of support for acts of international terrorism are similarly contrary to the purposes and principles of the Charter of the United Nations, […] Calls on all States to take urgent steps to implement fully resolution 1373 (2001), and to assist each other in doing so, and underlines the obligation on States to deny financial and all other forms of support and safe haven to terrorists and those supporting terrorism, […]
S/RES/1907 (2009) **23. Dezember 2009** **Vote: 13:1:1** **(N: Libya, A: China)**	Eritrea	Demands that all Member States, in particular Eritrea, cease arming, training, and equipping armed groups and their members including al-Shabaab […]
S/RES/2023 (2011) **5. Dezember 2011** **Vote: 13:0:2** **(China, Russian Federation)**	Eritrea	Condemns the violations by Eritrea of Security Council resolutions 1907 (2009), 1862 (2009) and 1844 (2008) by providing continued support to armed opposition groups, including Al-Shabaab, engaged in undermining peace and reconciliation in Somalia and the region; […] Demands Eritrea to cease all direct or indirect efforts to destabilize States, including through financial, military, intelligence and non-military assistance, such as the provision of training centres, camps and other similar facilities for armed groups, passports, living expenses, or travel facilitation; […]

Die Resolutionen des Sicherheitsrats sind gemäß Artikel 25 UN-Charta für alle Mitglieder bindend. Ihren Geltungsgrund finden sie in der Satzung der Vereinten Nationen als vertragliche Verpflichtung; sie sind daher in ihrer Bindungswirkung mit völkerrechtlichen Verträgen gleichzusetzen.[1350]

Darüber hinaus trafen sich am 12. November 2001 die Außenminister der fünf Ständigen Mitglieder des Sicherheitsrats mit Generalsekretär Kofi Annan. Aus ihrer anschließenden Erklärung geht hervor, dass unter den Ständigen Mitgliedern kein Zweifel an einer Verpflichtung der Staaten besteht, jede Form von Unterstützung oder Beherbergung von Terroristen zu unterlassen: "They underlined the obligation on all States to deny financial and all other forms of support and safe haven to terrorists and those supporting terrorism."[1351]

Insofern, als die Befürworter des *„effective control"* Kriteriums einen Beleg für ihre Ansicht darin sehen, dass der Sicherheitsrat nach 2001 in keiner weiteren Resolution nach terroristischen Anschlägen das Recht auf Selbstverteidigung erwähnt[1352], übersehen sie, dass in diesen Resolutionen auf Resolution 1373 und ihre Nachfolgeresolutionen, wie 1566 (2004), nicht nur verwiesen wird, sondern auch die Verpflichtung der vollständigen Umsetzung betont wird. Resolution 1373 betont aber in ihrem vierten einleitenden Absatz ausdrücklich das Selbstverteidigungsrecht und verweist auch auf Resolution 1368: "Reaffirming the inherent right of individual or collective self-defence as recognized by the Charter of the United Nations as reiterated in resolution 1368 (2001)".

Dieses gilt sowohl für alle Resolutionen nach 2001, die nach den verschiedenen Terroranschlägen in Bali (2002), Moskau (2002), Kenia (2002), Bogotá (2003), Istanbul (2003), Madrid (2004), London (2005)

1350 *Doehring*, Völkerrecht, 2. Aufl. 2004, Rn. 745.
1351 Letter dated 12 November 2001 from the Permanent Representatives of China, France, the Russian Federation, the United Kingdom of Great Britain and Northern Ireland and the United States of America to the United Nations addressed to the Secretary-General, UN Doc. A/56/613 - S/2001/1066, 12. November 2001.
1352 So *Henderson*, The Obama Doctrine of 'Necessary Force', Journal of Conflict & Security Law, Vol.15, No. 3, 2010, S. 403 (426).

und Irak (2005) verabschiedet wurden[1353], als auch für die seitdem veröffentlichten *Presidential Statements*[1354] des Sicherheitsrats.

So heißt es beispielsweise in Resolution 1530 (2004) nach den Bombenanschlägen in Madrid:

> „*Reaffirming* the purposes and principles of the Charter of the United Nations and its relevant resolutions, in particular its resolution 1373 (2001) of 28 September 2001, [...]
>
> 3. *Urges* all States, in accordance with their obligations under resolution 1373 (2001), to cooperate actively in efforts to find and bring to justice the perpetrators, organizers and sponsors of this terrorist attack; [...]"[1355]

In seiner Resolution vom Januar 2014 zum Thema internationaler Terrorismus bestätigte der Sicherheitsrat die Verpflichtung der Mitgliedstaaten, weder aktive noch passive Unterstützung zu leisten:

> "Reaffirms its resolution 1373 (2001) and in particular its decisions that all States shall prevent and suppress the financing of terrorist acts and refrain from providing any form of support, active or passive, to entities or persons involved in terrorist acts, including by suppressing recruitment of members of terrorist groups and eliminating the supply of weapons to terrorists; [...]"[1356]

1353 Vgl. UN Docs. S/RES/1438 vom 14. Oktober 2002 (Bali); S/RES/1440 vom 24. Oktober 2002 (Moskau); S/RES/1450 vom 13. Dezember 2002 (Kenia); S/RES/1465 vom 13. Februar 2003 (Bogotá); S/RES/1516 vom 20. November 2003 (Istanbul); S/RES/1530 vom 11. März 2004 (Madrid); S/RES/1611 vom 7. Juli 2005 (London); S/RES/1618 vom 4. August 2005 (Irak).

1354 Nach größeren Terroranschlägen hat der Sicherheitsrat auch auf Erklärungen des Präsidenten *(Presidential Statements)* zurückgegriffen, um die Anschläge zu verurteilen. Anstelle vieler vgl. UN Doc. S/PRST/2007/50 vom 27. Dezember 2007 (Attentat auf die pakistanische Premierministerin Benazir Bhutto) und UN Doc. S/PRST/2009/22 vom 17. Juli 2009 (Anschläge auf das Ritz-Carlton und Marriott Hotel in Jakarta); UN Doc. S/PRST/2015/4 vom 19. Januar 2015 (Angriffe von Boko Haram in Nigeria).

1355 UN Doc. S/RES/1530, 11. März 2004.

1356 UN Doc. S/RES/2133, 27. Januar 2014, siehe auch Security Council, Presidential Statement, UN Doc. S/PRST/2013/1, 15. Januar 2013 ("The Security Council reiterates the obligation of Member States to refrain from providing any form of support, active or passive, to entities or persons involved in or associated with terrorist acts [...]").

Generalversammlung

Die hier interessierende Verpflichtung der Staaten, Terroristen keine Unterstützung zu gewähren, ist, wie bereits zuvor festgestellt, in der *Friendly Relations Declaration* der Generalversammlung aus dem Jahr 1970 enthalten, deren völkergewohnheitsrechtliche Geltung der IGH bekräftigt hat:

> „Jeder Staat hat die Pflicht, die Organisierung, Anstiftung oder Unterstützung von Bürgerkriegs- oder Terrorhandlungen in einem anderen Staat und die Teilnahme daran oder die Duldung organisierter Aktivitäten in seinem Hoheitsgebiet, die auf die Begehung solcher Handlungen gerichtet sind, zu unterlassen, wenn die in diesem Absatz genannten Handlungen die Androhung oder Anwendung von Gewalt einschließen."[1357]

Auf dem *World Summit 2005* verabschiedete die Generalversammlung per Akklamation das sogenannte *World Summit Outcome Document*, das auch zum Thema Terrorismus Stellung nimmt. Alle Staaten werden darin aufgefordert, jegliche Unterstützung von terroristischen Aktivitäten zu unterlassen und sicherzustellen, dass ihre Territorien nicht für derartige Aktivitäten benutzt werden:

> "We reiterate our call upon States to refrain from organizing, financing, encouraging, providing training for or otherwise supporting terrorist activities and to take appropriate measures to ensure that their territories are not used for such activities."[1358]

Als Follow-up zu dem Ergebnis des *World Summit 2005* veröffentlichte der damalige Generalsekretär Kofi Annan 2006 seine Vorschläge für eine globale Counter-Terrorismus Strategie. Unter der Überschrift *"Deterring States from supporting terrorist groups"* bezieht er sich ausdrücklich auf den oben zitierten Paragraphen 86 des *World Summit Outcome Document* und gelangt zu der Feststellung, dass diese Aufforderung schon längst erfüllt wäre, wenn die UN-Mitgliedstaaten ihren Verpflichtungen aus der Charta, insbesondere Artikel 25 UN-Charta, folgen würden:

> "The 2005 World Summit Outcome reiterated the call upon States to refrain from organizing, financing, encouraging, providing training for or otherwise supporting terrorist activities and to take appropriate measures to ensure that their territories are not used for such activities. This call would be met if Member States were to fulfil their obligations regarding decisions adopted by

---

1357 UN Doc. A/RES/2625 (XXV).
1358 World Summit Outcome Document, UN Doc. A/RES/60/1, 16. September 2005, para. 86.

the Security Council, as stipulated in Article 25 of the Charter of the United Nations. The Security Council, for its part, should closely monitor the implementation of its resolutions and ensure that all States act in accordance with international law in order to find, deny safe haven to and bring to justice any person who facilitates or participates in the financing, planning or commission of terrorist acts."[1359]

Nach Ansicht des Generalsekretärs besteht bereits eine stabile rechtliche Grundlage durch die verschiedenen Abkommen zur Bekämpfung des Terrorismus sowie Resolutionen des Sicherheitsrats:

"The international community has taken a number of important steps to provide a solid legal basis for common actions against the spread of terrorism, including by the adoption of 13 universal instruments related to the prevention and suppression of international terrorism, as well as of Security Council resolutions 1267 (1999), 1373 (2001), 1540 (2004), 1566 (2004) and 1624 (2005). To strengthen the Security Council's authority and role in this area, Council bodies dealing with terrorism should develop standards of accountability and compliance against which efforts of individual States can be measured, with a view to differentiating between those that are deemed able but unwilling and those that are unable to implement their obligations."[1360]

Auf der Grundlage des Berichts nahm die Generalversammlung am 8. September 2006 die *UN Global Counter-Terrorism Strategy* im Konsens an. In der Strategie bekennen sich die UN-Mitgliedstaaten zu ihren völkerrechtlichen Verpflichtungen, inklusive des Verbots der Beherbergung von terroristischen Gruppen auf ihren Territorien:

"1. To refrain from organizing, instigating, facilitating, participating in, financing, encouraging or tolerating terrorist activities and to take appropriate practical measures to ensure that our respective territories are not used for terrorist installations or training camps, or for the preparation or organization of terrorist acts intended to be committed against other States or their citizens;

2. To cooperate fully in the fight against terrorism, in accordance with our obligations under international law, in order to find, deny safe haven and bring to justice, on the basis of the principle of extradite or prosecute, any person who supports, facilitates, participates or attempts to participate in the

---

1359 Uniting against terrorism: recommendations for a global counter-terrorism strategy, Report of the Secretary-General, UN Doc. A/60/825, 27. April 2006, para. 69.
1360 Ibid., para. 70.

financing, planning, preparation or perpetration of terrorist acts or provides safe havens; [...]"[1361]

Aus den abgegebenen Erklärungen nach der Verabschiedung der Strategie wird deutlich, dass einige Staaten zwar Vorbehalte hatten, aber dem Konsensprinzip nicht im Wege stehen wollten. Diese Vorbehalte, angebracht von Syrien, Kuba, Pakistan, Iran, Sudan, Libanon und Libyen, betrafen allerdings das Fehlen einer Definition des Terrorismus in der Strategie und die Erwähnung von Staatsterrorismus. Letzteres bezog sich natürlich auf Israel.[1362] Keine Delegation stellte aber die erwähnten völkerrechtlichen Verpflichtungen in Frage.

Die *Global Counter-Terrorism Strategy* wurde mehrfach durch die Generalversammlung bestätigt, ebenso wie die Verpflichtung der Mitgliedstaaten zur Umsetzung der relevanten Resolutionen der Generalversammlung und des Sicherheitsrats: "recalls the commitments of Member States with regard to the implementation of General Assembly and Security Council resolutions relating to international terrorism".[1363]

Regionale Organisationen

Das *„Harboring"*-Kriterium ist nicht nur von einzelnen Staaten als Begründung für militärische Angriffe in Selbstverteidigung genutzt worden, sondern hat darüber hinaus Eingang in verschiedene regionale Konventionen zur Terrorismusbekämpfung gefunden, was die Mindermeinung ebenfalls verkennt.

1361 The United Nations Global Counter-Terrorism Strategy, UN Doc. A/RES/60/288, 20. September 2006, S. 5.

1362 General Assembly adopts resolution on strategy to counter international terrorism, UN Press Release GA/10488, 8. September 2006, vgl. Libanon ("If we do not call those acts [Israeli invasions of Lebanon] State terrorism, I do not know how we are going to define State terrorism."), UN Doc. A/60/PV.99, 8. September 2006, S. 14.

1363 The United Nations Global Counter-Terrorism Strategy Review, UN Doc. A/RES/66/282, 12. Juli 2012, para.11. Siehe auch die neueste Resolution der Generalversammlung, UN Doc. A/RES/70/120, 14. Dezember 2015 ("Reiterates its call upon States to refrain from financing, encouraging, providing training for or otherwise supporting terrorist activities").

Die *Arab Convention on the Suppression of Terrorism* (1998) verpflichtet die 22 Staaten der Arabischen Liga in Artikel 3, ihr Hoheitsgebiet in keiner Weise terroristischen Gruppierungen zur Verfügung zu stellen:

"Article 3

Contracting States undertake not to organize, finance or commit terrorist acts or to be accessories thereto in any manner whatso-ever. In their commitment to the prevention and suppression of terrorist offence in accordance with their domestic laws and procedures, they shall endeavour:

I. Preventive measure:

1. To prevent the use of their territories as a base for planning, organizing, executing, attempting or taking part in terrorist crime in any manner whatsoever. This includes the prevention of terrorists; infiltration into, or residence in their territories either as individuals or groups, receiving or giving refuge to them, training, arming, financing, or providing any facilitation to them."[1364]

Auch die *OAU Convention on the Prevention and Combating of Terrorism* (1999) enthält eine entsprechende Regelung:

"Article 4

1. States Parties undertake to refrain from any acts aimed at organizing, supporting, financing, committing or inciting to commit terrorist acts, or providing havens for terrorists, directly or indirectly, including the provision of weapons and their stockpiling in their countries and the issuing of visas and travel documents.

2. States Parties shall adopt any legitimate measures aimed at preventing and combating terrorist acts in accordance with the provisions of this Convention and their respective national legislation, in particular, they shall do the following:

1364 League of Arab States, *Arab Convention on the Suppression of Terrorism*, Kairo, 22. April 1998, in Kraft getreten am 7. Mai 1999 (16 Vertragsstaaten, 22 Unterzeichnerstaaten, Stand: 4. Oktober 2012 (neuere Daten nicht erhältlich), www.un.org/en/ga/sixth/67/Tables.xls). Siehe auch einen ähnlichen Wortlaut in Artikel 3 der *Convention of the Organization of the Islamic Conference on Combating International Terrorism*, Annex to Resolution No: 59/26-P, Ouagadougou, Burkina Faso, Juli 1999, in Kraft getreten 2002 (OIC Mitgliedstaaten insgesamt: 57, davon 14 Vertragsstaaten, 11 Unterzeichnerstaaten, Stand: 4. Oktober 2012, www.un.org/en/ga/sixth/67/Tables.xls).

(a) prevent their territories from being used as a base for the planning, organization or execution of terrorist acts or for the participation or collaboration in these acts in any form whatsoever; [...]"[1365]

Die *ASEAN Convention on Counter Terrorism* (2007) sieht als Bereiche der Zusammenarbeit unter anderem vor:

"Article VI

Areas of Cooperation

1. The areas of cooperation under this Convention may, in conformity with the domestic laws of the respective Parties, include appropriate measures, among others, to: [...]

b. Prevent those who finance, plan, facilitate, or commit terrorist acts from using their respective territories for those purposes against the other Parties and/or the citizens of the other Parties; [...]"[1366]

Bemerkenswert ist allerdings auch Artikel IV der Konvention, der eine eigenmächtige Selbsthilfe ausschließt:

"Preservation of Sovereignty

Nothing in this Convention entitles a Party to undertake, in the territory of another Party, the exercise of jurisdiction or performance of functions which are exclusively reserved for the authorities of that other Party by its domestic laws."

1365 OAU Convention on the Prevention and Combating of Terrorism, Algiers, 14. Juli 1999 in Kraft getreten am 6. Dezember 2002 (41 Vertragsstaaten, 50 Unterzeichnerstaaten, Stand: 21. Februar 2013). Vgl. auch Artikel 3 des Protocol to the OAU Convention on the Prevention and Combating of Terrorism, Addis Ababa, July 2004 (17 Vertragsstaaten, 45 Unterzeichnerstaaten, in Kraft getreten am 26. Februar 2014, Stand: 2. Februar 2016): "States Parties commit themselves to implement fully the provisions of the Convention. They also undertake, among other things, to: [...]; b) prevent the entry into, and the training of terrorist groups on their territories".

1366 ASEAN Convention on Counter Terrorism, Cebu, 13. Januar 2007, in Kraft getreten am 27. Mai 2011 (alle 10 ASEAN Staaten, Brunei Darussalam, Kambodia, Indonesia, Lao People's Democratic Republic, Malaysia, Myanmar, Philippinen, Singapur, Thailand und Vietnam, sind mit der Ratifikation durch Malaysia seit dem 11. Januar 2013 Vertragsstaaten), ASEAN Secretariat News, ASEAN Convention on Counter Terrorism Completes Ratification Process, 22. Januar 2013.

Die G8-Staaten (Deutschland, Kanada, USA, Frankreich, Italien, Japan, UK und die Russische Föderation) verabschiedeten im Juni 2003 ihre erste Strategie zur Terrorismusbekämpfung, die auf drei Pfeilern ruht:

"1. to deny terrorists the means to commit terrorist acts [...] 2. to deny terrorists a safe haven and ensure that terrorists are prose-cuted and/or extradited [...] and 3. to overcome vulnerability to terrorism [...]."[1367]

Um Terrornetzwerke wie Al-Qaida zu zerstören, sieht es die Strategie als wichtig an, "to categorically deny terrorists a safe haven anywhere".[1368]

Einzelne Staaten

Die Untersuchung der Staatenpraxis vor und nach dem 11. September 2001 hat hinlänglich ergeben, dass einige Staaten bereits vor der Veröffentlichung der *Bush*-Doktrin das *„Harboring"*-Argument gebrauchten, nicht nur die USA ("we cannot accept the right of any state to harbour terrorists", 1985). Südafrika hielt es zu diesem Zeitpunkt bereits für eine etablierte Norm ("It is an established principle that a State may not permit or encourage on its territory activities for the purpose of carrying out acts of violence on the territory of another State", 1985).

Iran hatte der irakischen Regierung bereits 1993 vorgeworfen, sein Staatsgebiet der MEK zur Verfügung zu stellen und die MEK-Lager auf irakischem Gebiet bombardiert:

"[...] the Islamic Republic of Iran has, on numerous occasions, warned the Government of Iraq against the use of its territory for launching armed attacks on and incursions into Iran [...]"[1369]

Im Hinblick auf die türkischen Angriffe auf die PKK im Norden des Iraks setzte die USA 1995 das *„Harboring"*-Argument unmißverständlich in Bezug auf das Recht auf Selbstverteidigung mit der Erklärung:

1367 G8 Summit (Evian, France), Building International Political Will and Capacity to Combat Terrorism – A G8 Action Plan, Juni 2003, http://www.g8.utoronto.ca/summit/2003evian/will_action_en.html.

1368 Ibid.

1369 Letter dated 25 May 1993 from the Permanent Representative of the Islamic Republic of Iran to the United Nations addressed to the Secretary-General, UN Doc. S/25843, 26. Mai 1993. Siehe 5. Kapitel II.6.

"[A] country under the United Nations charter has the right in principle to use force to protect itself from attacks from a neighboring country if that neighboring state is *unwilling or unable* to prevent the use of its territory for such attacks. That is a legal definition that gives a country under the U.N. Charter the right to use force in this type of instance." [1370]

Israel hat das „*Harboring*"-Argument oft angeführt, vor und auch nach dem 11. September 2001, wie die Beispiele der israelischen Angriffe auf Syrien (2003 und 2013), Libanon (2006 und 2013) und den Sudan (2012) zeigten. Im Falle des israelischen Angriffs auf ein vermutetes terroristisches Ausbildungslager in Syrien (2003) war die Reaktion der Staatengemeinschaft noch ablehnend. Der Angriff wurde auch von den westlichen Staaten, darunter Frankreich, das Vereinigte Königreich und Deutschland, als "unacceptable violation of international law and the rules of sovereignty" verurteilt.[1371] 2006, nach den israelischen Angriffen auf Hizbollah-Stellungen im Süden des Libanon, konzentrierte sich die internationale Kritik auf die Unverhältnismäßigkeit der israelischen Maßnahmen, nicht aber auf die Inanspruchnahme des Selbstverteidigungsrechts an sich.[1372] Schließlich führten die israelischen Angriffe auf die Waffenfabrik im Sudan (2012) und auf Waffentransporte für die Hizbollah auf syrischem Gebiet (seit 2013) nicht einmal mehr zu einer offiziellen Debatte im UN-Sicherheitsrat; eine umfassende internationale Verurteilung blieb gänzlich aus.[1373]

Allerdings sollten die eben beschriebenen internationalen Reaktionen nicht aus ihrem historischen und politischen Zusammenhang gerissen werden. Nicht notwendigerweise liegt bereits eine völkerrechtlich relevante Rechtsüberzeugung vor, wenn die Staaten die wiederholten israelischen Angriffe auf Waffentransporte in Syrien nicht verurteilten. Es könnte auch an der exponierten Lage des syrischen Regimes liegen, die es im Verlauf des nunmehr seit 2011 andauernden Bürgerkriegs und dem bekanntgewordenen Einsatz von Giftgas zu einer Art „Paria" innerhalb der Staatengemeinschaft befördert haben.

Konnte sich Syrien 2003 noch der Unterstützung der arabischen Staaten gegen Israel sicher sein und eine außerordentliche Sitzung des Sicherheits-

---

1370 U.S. Department of State, 95/07/07 Daily Press Briefing, Office of the Spokesman, 7. Juli 1995, Hervorheb. durch Verf.
1371 Frankreich, UN Doc. S/PV.4836, 5. Oktober 2003, S. 10. Siehe 7. Kapitel II.3.
1372 Siehe 7. Kapitel II.5.
1373 Siehe 7. Kapitel II.10 und II.11.

rats fordern, so zeigt die gegenwärtige Lage, dass Syrien derzeit weitgehend isoliert ist und vormalige „Unterstützer im Sicherheitsrat" wie Saudi
Arabien oder Qatar oppositionelle Gruppen in Syrien mit Waffen versor-
gen.[1374] Gleichfalls könnte die überraschend scharfe Verurteilung Israels
auch durch eher als „israel-freundlich" einzustufende Staaten nach dem
Angriff auf Syrien im Jahr 2003 in Verbindung mit der kurz zuvor erziel-
ten Einigung des sogenannten Quartetts (USA, EU, Russische Föderation
und UN) auf eine „*Road Map*"[1375] zur Lösung des Israel/Palästina-Kon-
flikts stehen und angesichts der abermaligen Eskalation im Nahen Osten
auf eine gewisse Frustration beteiligter Akteure hindeuten.

Allerdings gilt auch zu berücksichtigen, dass für die Zeit vor dem
11. September 2001 auch Kritik an der „*Harboring*"-Argumentation geäußert wurde, so insbesondere von der Arabischen Liga und den Blockfreien Staaten.[1376]

Operation Enduring Freedom und die Angriffe auf die Taliban blieben
2001 hingegen weitgehend verschont von Protesten oder Kritik in der
Staatengemeinschaft.[1377]

Für die Zeit nach dem 11. September 2001 erfuhr das „*Harboring*"-Ar-
gument eine weitere Verbreitung. In dem Konflikt zwischen Kolumbien
und Ecuador aus dem Jahr 2008 begründete Kolumbien seinen Einsatz auf
ecuadorianischem Gebiet unter anderem mit der Zurverfügungstellung von
Rückzugsgebieten für die FARC-Kämpfer durch Ecuador.[1378] Zuvor, im
Jahr 2003, hatte die OAS in ihrer Resolution nach dem Bombenanschlag
in Bogotá eindrücklich auf die völkerrechtlichen Verpflichtungen der 35
Mitgliedstaaten hingewiesen, terroristische Gruppen weder zu unterstützen
noch ihnen einen Rückzugsraum zu bieten, und sich dabei auf Resolution
1373 (2001) des UN-Sicherheitsrats und die *Inter-American Convention
Against Terrorism*[1379] bezogen:

1374 *Barnard*, Syrian Rebels Say Saudi Arabia Is Stepping Up Weapons Deliveries,
The New York Times, 12. September 2013.
1375 UN Doc. S/2003/529, 7. Mai 2003.
1376 Siehe 5. Kapitel II.
1377 Siehe 6. Kapitel.
1378 Siehe 7. Kapitel II.7.
1379 Organization of American States (OAS), *Inter-American Convention Against
Terrorism*, Bridgetown, 6. März 2002 (24 Vertragsstaaten, 34 Unterzeichnerstaaten, Stand: 18. März 2016).

"6. To reaffirm the unwavering commitment of the member states *to deny refuge and/or safe haven* to those who finance, plan, or commit acts of terrorism in Colombia or who lend support to such persons, noting that those responsible for aiding, supporting, or harboring the perpetrators, organizers, and sponsors of these acts are equally complicit."[1380]

Der Streitfall veranlasste schließlich auch die USA, auf die, unter anderen aus Resolution 1373 des UN-Sicherheitsrats resultierenden, Verpflichtung der Staaten hinzuweisen. Damit aber zeigt sich ebenfalls, dass die USA auch nach 2001 der *Bush*-Maxime "We will make no distinction between the terrorists who committed these acts and those who harbor them" folgt:

"In addition, we underscore the shared commitments which all OAS member states, except one, undertook, through OAS General Assembly resolution AG/RES. 2272 (XXXVII-O/07), to implement the 13 international conventions and protocols in United Nations Security Council resolutions 1267 (1999), 1373 (2001), 1540 (2004), 1566 (2004), and 1617 (2005) in order to deny safe haven to any person who supports; facilitates; participates or attempts to participate in the financing, planning, preparation, or commission of terrorist acts; or provides safe haven."[1381]

Hinzu tritt die Unterscheidung zwischen „unwilling" und „unable" Staaten. Wie gezeigt, gehört die Mehrzahl der Staaten, gegen die militärische Einsätze erfolgten, zu ersterer Kategorie, wie Syrien, Ecuador, Eritrea und Sudan. Die russische Regierung hielt Georgien für „unfähig" (2006), wie auch Israel den Libanon (2006), die Türkei den Irak (2007-08 und 2015) und Kenia die somalische Regierung (2011).

Einen vorübergehenden „Höhepunkt" erreichte die „Harboring"-Argumentation verbunden mit der „unwilling/unable"-Unterscheidung seit 2014 bei der Bekämpfung von ISIL in Syrien beginnend mit dem Schreiben der USA an den Sicherheitsrat:

"States must be able to defend themselves, in accordance with the inherent right of individual and collective self-defence, as reflected in Article 51 of the

---

1380 Resolution OAS/CP/Res 837 (1354/03) vom 12. Februar 2003, Hervorheb. durch Verf. Siehe auch die Resolution der OAS-Generalversammlung: Extradition of and Denial of Safe Haven to Terrorists: Mechanisms for Cooperation in the Fight Against Terrorism: "urge[s] member states to deny, in accordance with United Nations Security Council resolution 1373 (2001), safe haven to those who finance, plan, support, or commit terrorists acts, or provide safe haven." OAS.Doc. AG/RESOLUTION. 2249 (XXXVI-O/06), 6. Juni 2006.

1381 Acta de la Sesión Extraordinaria del Consejo Permanente de la Organización Celebrada los 4 y 5 de Marzo 2008, OEA/Ser. G, CP/ACTA 1632/08 corr. 1, S. 31.

Charter of the United Nations, when, as is the case here, the government of the State where the threat is located is unwilling or unable to prevent the use of its territory for such attacks. The Syrian regime has shown that it cannot and will not confront these safe havens effectively itself."[1382]

Ähnlich klangen die Schreiben der Mitglieder der US-geführten Koalition Kanada, Australien und Vereinigtes Königreich. Frankreich berief sich bei seinen Militäroperationen gegen ISIL auf syrischem Gebiet auf das kollektive und individuelle Selbstverteidigungsrecht. Deutschland schließlich schien Syrien für „unfähig" zu halten:

"ISIL has occupied a certain part of Syrian territory over which the Government of the Syrian Arab Republic does not at this time exercise effective control. States that have been subjected to armed attack by ISIL originating in this part of Syrian territory, are therefore justified under Article 51 of the Charter of the United Nations to take necessary measures of self-defence, even without the consent of the Government of the Syrian Arab Republic. Exercising the right of collective self-defence, Germany will now support the military measures of those States that have been subjected to attacks by ISIL."[1383]

Allerdings gab es auch Proteste, nicht nur von Syrien und der Russischen Föderation, sondern auch von anderen Staaten, wie Argentinien, Chile, Belgien, China und Iran, die unilaterale Maßnahmen ohne die Zustimmung Syriens ablehnten.[1384]

Zwischenergebnis

Es stellt sich die Frage, ob hieraus bereits auf eine geänderte *opinio iuris* innerhalb der Staatengemeinschaft gefolgert werden kann, die den unterstützenden, „harboring" Staat ebenfalls für terroristische Akte verantwortlich macht und damit auch als zulässiges Ziel von Selbstverteidigungsmaßnahmen ansieht.

1382   Letter dated 23 September 2014 from the Permanent Representative of the United States of America to the United Nations addressed to the Secretary-General, UN Doc. S/2014/695, 23. September 2014.

1383   Letter dated 10 December 2015 from the Chargé d'affaires a.i. of the Permanent Mission of Germany to the United Nations addressed to the President of the Security Council, UN Doc. S/2015/946, 10. Dezember 2015.

1384   Siehe 7. Kapitel II.12.

Die untersuchten Fälle zeigen, dass es durchaus einen „Trend" in diese Richtung gibt. Angesichts der Uneinheitlichkeit der Reaktionen der Staatengemeinschaft bereits von einer geänderten *opinio iuris* zu sprechen, erscheint jedoch verfrüht. Festzuhalten ist aber auch, dass dieser „Trend" nur im Hinblick auf die Fallgruppe internationaler Terrorismus feststellbar ist. Es zeigt sich, dass mitnichten die *Bush*-Doktrin den Anstoß oder den Grundstein für diesen „Trend" gelegt hat, dieser war vielmehr bereits vorher schon von Staaten wie Israel (Libanon 1968/1982, Tunesien 1985), Iran (Irak 1993), die Türkei (Irak 1995-1997, 2007-2008, 2015), aber auch die USA selbst (Afghanistan/Sudan 1998) gelegt worden.

Aus der vorhergehenden Analyse der Staatenpraxis und völkerrechtlichen Verträge bleibt zunächst festzustellen, dass es sich bei dem *„Harboring"*-Verbot jedenfalls um eine völkerrechtliche Verpflichtung handelt, der alle UN-Mitgliedstaaten durch die bindende Wirkung der Resolutionen des Sicherheitsrats sowie aufgrund von völkerrechtlichen Verträgen in Form von Konventionen zur Bekämpfung des Terrorismus unterliegen.

2.3.2 Ergebnis

Die Verletzung einer völkerrechtlichen Verpflichtung durch einen Staat ist von der Ausübung verbotener Gewalt oder sogar einem bewaffneten Angriff zu unterscheiden. Insbesondere in den hier interessierenden Fällen, in denen es um die Ausübung von Gewalt im Rahmen der Selbstverteidigung gegen einen Terroristen beherbergenden Staat geht, sollten hohe Anforderungen an die Zurechungskriterien für nicht-staatliches Handeln gestellt werden. Artikel 2 Ziff. 4 UN-Charta schützt ausdrücklich die territoriale Integrität jeden Staates.

Auf der anderen Seite steht die Sicherheit und Integrität des angegriffenen Staates. Hieraus ergibt sich die Frage, ob ein Staat, der von einer terroristischen Gruppierung, die von einem anderen Staatsgebiet aus operiert, angegriffen wird, auf Gegenmaßnahmen verzichten muss; nur weil der beherbergende Staat keine *„effective control"* über die Terroristen ausübt, sondern sie „nur" auf seinem Territorium duldet. Macht es einen Unterschied, ob der beherbergende Staat diese Duldung willentlich vornimmt, oder ob es ihm schlicht unmöglich ist, den Aufenthalt von Terroristen zu unterbinden? Völkerrechtlich argumentiert: wie ist die Kollision des Prinzips der Souveränität und territorialen Integrität mit dem Recht auf Selbstverteidigung aufzulösen?

Die Lösung könnte, wie so oft, in der Mitte liegen. Das Recht auf Selbstverteidigung gilt nicht unbeschränkt, sondern unterliegt dem völkergewohnheitsrechtlich geltenden Verhältnismäßigkeitsprinzip.

Dieses gilt für die „traditionellen" Fälle, in denen ein Staat gegenüber einem anderen Staat Selbstverteidigung ausübt, sei es, weil dieser ihn zuvor angegriffen hat, oder weil dieser „effektive Kontrolle" über *non-state actors* besitzt, so dass er sich deren Handlung zurechnen lassen muss.[1385]

Es gilt aber auch für die zuvor dargestellte, im Vordringen befindliche Meinung, die eine andere Schwelle der Zurechnung gelten lassen will, also dem Kriterium des IGH von der „effektiven Kontrolle" nicht folgt und stattdessen eine niedrigere Zurechnungsschwelle *(„harboring")* befürwortet.[1386] Das völkergewohnheitsrechtliche Verhältnismäßigkeitsprinzip bedeutet hier, dass der angegriffene Staat bei seiner Verteidigung gegen *non-state actors* und den sie unterstützenden Staat ebenso wie in den „traditionellen" Fällen das Notwendigkeitserfordernis („necessity") und die Verhältnismäßigkeit („proportionality") beachten muss. Militärische Maßnahmen sind nur als notwendig zu erachten, wenn andere Mittel außerhalb der Gewaltanwendung nicht zur Beseitigung der terroristischen Bedrohung führen. Verhältnismäßig ist die Selbstverteidigung nur dann, wenn sie in einem Verhältnis zu dem Angriff steht.

Das Prinzip der Verhältnismäßigkeit kann in diesen Fällen als Korrektiv funktionieren. So erscheint eine Selbstverteidigungsmaßnahme gegen einen Staat, der *unfähig* ist, sein Gebiet zu kontrollieren und Terroristen zu entfernen, als unverhältnismäßig, da nicht notwendig, weil keine irgendwie geartete Verbindung zu den Terroristen besteht. Beherbergt oder duldet aber ein Staat *willentlich* Terroristen auf seinem Gebiet und verstößt damit gegen völkerrechtliche Normen, macht er sich die Handlungen der Terroristen in einer Weise zu Eigen, die Selbstverteidigungsmaßnahmen erforderlich erscheinen lassen können.

1385 Zum herkömmlichen Auslegung des Selbstverteidigungsrechts siehe 4. Kapitel II.3.

1386 *Tams/Devaney* ("Recent practice, while still uncertain, would seem to indicate that the 'armed attack' requirement has been broadened to include terrorist attacks even where these could not be attributed to another state under the traditional rules of attribution.", in: Applying Necessity and Proportionality to Anti-Terrorist Self-Defence, Israel Law Review, Vol. 45, Issue 1, 2012, S. 91 (93). Siehe ausführlich in diesem Kapitel I.2.1.

Damit ist allerdings noch nicht die Frage geklärt, ob im Fall der Unfähigkeit jegliche Selbstverteidigung ausgeschlossen ist, also auch gegen die Terroristen. Hierzu kann als weiteres Korrektiv das zulässige Ziel der Selbstverteidigung herangezogen werden: Während es als unverhältnismäßig angesehen werden muss, Gebiete, Infrastruktur oder andere nicht in Verbindung mit den terroristischen Aktivitäten stehende Einrichtungen des *unfähigen* Staates anzugreifen, blieben doch Angriffe in Selbstverteidigung gegen die terroristischen Einrichtungen wie Trainingslager und Camps, von denen die Angriffe ausgehen, eine zulässige Maßnahme. Allerdings bedeuten auch derart räumlich begrenzte Selbstverteidigungsmaßnahmen in jedem Fall zugleich eine Verletzung der Souveränität und territorialen Integrität des unfähigen Staates. Um einer Mißbrauchsgefahr vorzubeugen, ist daher der Meinung zu folgen, die eine vorherige Einwilligung des unfähigen Staates fordert.[1387] Dieses entspricht auch der Rechtsprechung des IGH im *Armed Activities*-Fall, wonach ein Staat, der unfähig ist, die Handlungen terroristischer Grupperierungen auf seinem Territorium zu unterbinden, nicht selbst zur Verantwortung für deren Taten gezogen werden kann.[1388]

Damit ergibt sich eine Einschränkung des Prinzips der Souveränität und territorialen Integrität verstanden als absolute und grenzenlose Handlungsmacht eines Staates auf seinem Gebiet. Dies ist aber nicht neu, sondern bereits zuvor wurde dieses Prinzip durch das Völkerrecht – Vertrags- wie auch Gewohnheitsrecht – eingeschränkt: Staaten sind an die Beachtung des humanitären Kriegsvölkerrechts[1389] gebunden, Völkermord[1390] ist verboten, Kriegsverbrechen, Verbrechen gegen die Menschlichkeit und Ag-

---

1387 So auch *Tams/Devaney*, Applying Necessity and Proportionality to Anti-Terrorist Self-Defence, Israel Law Review, Vol. 45, Issue 1, 2012, S. 91 (98). Siehe auch *Bethlehem*, Self-Defense Against an Imminent or Actual Armed Attack by Nonstate Actors, AJIL, Vol. 106, No. 4, 2012, S. 770 (776); *Deeks*, "Unwilling or Unable": Toward a Normative Framework for Extraterritorial Self-Defense, Va. J. Int'l L., Vol. 52, 2012, S. 483 (520); *Garwood-Gowers*, Self-Defence against Terrorism in the Post-9/11 World, QUTLJJ Vol. 4, No. 2, 2004, S. 1 (13).
1388 Siehe 8. Kapitel I.2.
1389 Haager Abkommen von 1899 und 1907 sowie Genfer Abkommen von 1949.
1390 Convention on the Prevention and Punishment of the Crime of Genocide, Paris, 9. Dezember 1948, in Kraft getreten am 12. Januar 1951, United Nations, Treaty Series, vol. 78, p. 277, 147 Vertragsstaaten (Stand: 4. August 2016).

gression gelten als internationale Verbrechen[1391], Folter ist geächtet[1392], um nur einige Beispiele zu nennen. Hinzu kommen die heute insgesamt 14 internationalen Abkommen zur Bekämpfung des internationalen Terrorismus, die insbesondere die Vertragsstaaten zur Verhinderung beziehungsweise strafrechtlichen Verfolgung oder Auslieferung verpflichten.[1393]

Gänzlich auf die Zurechnung zu verzichten, würde eine massive Verletzung der territorialen Souveränität der Staaten mit sich bringen. Staaten könnten in Ausübung ihres Selbstverteidigungsrechts Angriffe auf Staaten führen, auf dessen Gebiet sich zwar Terroristen befinden, die aber keine Verantwortung im Sinne der oben genannten Kriterien tragen.[1394]

Daraus folgt wiederum, dass der Einsatz von Gewalt auf dem Territorium eines willentlich „beherbergenden" Staates gegen eine terroristische Gruppierung gerechtfertigt sein kann und dieser Staat die Verletzung seiner territorialen Souveränität hinnehmen muss, wenn er gegen die oben genannten Verpflichtungen verstößt.

Allerdings bleibt unbedingt festzuhalten, dass das Selbstverteidigungsrecht in temporärer Sicht an das Einschreiten durch den Sicherheitsrat gebunden ist.[1395] Dieses gilt nicht nur nach einem bewaffneten Angriff durch terroristische Gruppierungen, sondern umso mehr im Vorfeld. Das Vorgehen des Sicherheitsrats gegen Eritrea sollte hier als einschlägiges Beispiel dienen.[1396] Bereits 2009 wurden umfassende Sanktionen gegen Eritrea wegen der Unterstützung von terroristischen Organisationen, darunter Al-

---

1391 Artikel 5 ff. Rome Statute of the International Criminal Court vom 17. Juli 1998, in Kraft getreten am 1. Juli 2002, UN Doc. A/CONF.183/9, United Nations, Treaty Series, vol. 2187, No. 38544, 124 Vertragsstaaten (Stand: 4. August 2016).

1392 Convention against Torture and Other Cruel, Inhuman or Degrading Treatment or Punishment, New York, 10. Dezember 1984, in Kraft getreten am 26. Juni 1987, United Nations, Treaty Series, vol. 1465, p. 85, 159 Vertragsstaaten (Stand: 4. August 2016).

1393 Siehe Aufstellung der einzelnen Abkommen unter United Nations Office of Counter Terrorism, International Legal Instruments, http://www.un.org/en/count erterrorism/legal-instruments.shtml.

1394 Siehe auch *Schachter*, International Law in Theory and Practice, 1991, S. 112; *Ruys*, Quo Vadit Jus Ad Bellum?: A Legal Analysis of Turkey's Military Operations Against the PKK in Northern Iraq, Melb. J. of Int'l L., Vol. 9, 2008, S. 1 (25); *Tams*, The Use of Force Against Terrorists, European Journal of International Law, Vol. 20, No. 2, 2009, S. 359 (386).

1395 Siehe dazu 4. Kapitel II.3.1.4.

1396 Siehe 7. Kapitel II.8.3.

Shabaab, verhängt. Hier zeigt sich, dass der Sicherheitsrat durchaus eine Bedrohung des Friedens durch beherbergende Staaten feststellen kann – mit der Folge von Kapitel VII-Maßnahmen.

Eine realpolitische Frage, nicht aber eine rechtliche Frage, bleibt aber, ob er dies auch tatsächlich tut. So sind offenkundig Staaten, die Terroristen, wie gezeigt, unterstützt haben, wie Iran, Pakistan, Syrien oder Ecuador, nie in vergleichbarer Weise mit Sanktionen belegt worden. Hieraus ergibt sich wiederum eine schon systemimmanente Kritik von Staaten, die bereits seit Gründung der Vereinten Nationen und insbesondere im Kalten Krieg angebracht wurde. Diese besagt, dass das System der kollektiven Sicherheit nicht funktioniere, da der Sicherheitsrat nur bedingt handele und zudem nicht in allen Situationen.[1397] Diese Kritik klingt aber aus verschiedenen Gründen eher hohl: Zum einen sind die rechtlichen Voraussetzungen mit der Charta der Vereinten Nationen gegeben, zum anderen sind es die Staaten selbst, die Terrorismus noch immer als eine Art „Ersatz" für Krieg in ihren internationalen Beziehungen sehen und somit die unterschiedlichsten terroristischen Gruppierungen unterstützen. So stellte der ehemalige amerikanische Secretary of State, *Georg Shultz*, schon 1984 fest: "[I]n almost every society brutal or fanatic individuals or groups do exist, but terrorism in many countries would have already ceased if it was not supported massively from outside".[1398]

II. Selbstverteidigung und Regime Change

Die Frage, ob die Selbstverteidigung auch einen Regierungswechsel in Form einer gewaltsamen Absetzung einer Regierung beinhalten kann oder darf, ist derzeit noch ungeklärt. Obwohl es in der früheren Staatenpraxis bereits verschiedene Beispiele für *regime change* gab, erhielt der Begriff mit der *Bush*-Doktrin eine gewisse „Berühmt-Berüchtigkeit"[1399]. Die USA

1397 Siehe auch in diesem Kapitel VI.

1398 Zitiert in *Laqueur*, Terrorismus – Die globale Herausforderung, S. 342.

1399 *Reisman*, The Manley O. Hudson Lecture: Why Regime Change Is (Almost Always) a Bad Idea, AJIL, Vol. 98, No. 3, 2004, S. 516 (516). *Reisman* weist zu Recht darauf hin, dass es auch völkerrechtlich legitimierte Formen von *regime change* geben kann, wie die Anklagen gegen die beiden früheren Präsidenten, Charles Taylor (Liberia), und Slobodan Milošević (Serbien), vor dem Special Court for Sierra Leone bzw. dem International Criminal Tribunal for the Former Yugoslavia zeigen. Darüber hinaus verhängte der Sicherheitsrat Sanktionen ge-

und mit ihnen die „Koalition der Willigen" setzten nach dem 11. September 2001 in zwei Ländern *(de facto)* Regierungen ab: Die Taliban in Afghanistan und – „the Mother of All Regime-Changes"[1400] – die Regierung im Irak (2003). Während die Vertreibung der Taliban in der Staatengemeinschaft überwiegend auf Zustimmung stieß, war die Absetzung der irakischen Regierung unter Saddam Hussein weitgehend verurteilt worden.

Völkerrechtlich gesehen, wird die Frage der Zulässigkeit eines Regierungswechsels im Rahmen der Verhältnismäßigkeit aufgeworfen. Gleichzeitig betrifft sie aber auch den Adressaten der Selbstverteidigungsmaßnahmen. Somit ist zu klären, wer also ein zulässiges Ziel darstellt.

Zur näheren Betrachtung bedarf es einer Unterscheidung der beiden Fälle in Afghanistan und dem Irak, die im Folgenden analysiert werden.

In Afghanistan ging es um den Anschlag von Al-Qaida, die auf afghanischem Boden Trainingslager betrieb und Verbindungen zu der *de facto* Regierung der Taliban unterhielt, ohne dass jedoch im Sinne der *Nicaragua*-Rechtsprechung des IGH von einer „effektiven Kontrolle" der Taliban über Al-Qaida gesprochen werden konnte. Es ist zu klären, ob die Selbstverteidigung über die Bekämpfung von Al-Qaida hinaus auch auf die Vertreibung der Taliban von der Regierung gerichtet sein darf.

Im Falle des Iraks ging es um die amtierende Regierung des Irak selbst, die eine – zumindest angenommene – Bedrohung durch Massenvernichtungswaffen und Unterstützung von Terroristen darstellte.

---

gen die weiße Minderheitsregierung in Rhodesien und bezeichnete sie als „Bedrohung für Frieden und Sicherheit" (Resolution 217 [1965]) oder autorisierte die amerikanische Operation in Haiti, um die Militärregierung zu stürzen und dem gewählten Präsidenten Aristide die Rückkehr zu ermöglichen (Resolution 940 [1994]). Völkerrechtlich umstritten als unilaterale Maßnahmen einzelner Staaten, sind u.a. Beispiele aus dem Jahr 1979, wie die Invasion von Panama durch die USA, die Absetzung des Diktators Idi Amin in Uganda durch Tansania, die Absetzung von Präsident Bokassa in der Zentral Afrikanischen Republik durch Frankreich, die vietnamesische Invasion in Kambodscha zur Vertreibung der Roten Khmer sowie der Einmarsch der Sowjetunion in Afghanistan, siehe *Reisman*, ibid., S. 517 f. mit weiteren Beispielen.

1400 *Reisman*, The Manley O. Hudson Lecture: Why Regime Change Is (Almost Always) a Bad Idea, AJIL, Vol. 98, No. 3, 2004, S. 516 (519).

1. Sturz der Taliban

Wie die Reaktionen der Staaten nach dem Beginn von *Operation Enduring Freedom* zeigten, gab es keine nennenswerte Kritik an der Ausweitung der militärischen Maßnahmen auf die Taliban.[1401] Für die Staatengemeinschaft gab es offensichtlich keinen Zweifel an der Verbindung zwischen Al-Qaida und den Taliban, so erklärte der norwegische Außenminister Petersen auf der vom 10. - 16. November 2001 stattfindenden Generaldebatte der Generalversammlung: "The use of military force against the Taliban was the only available option, due to its support of terrorist networks."[1402]

Die Völkerrechtsliteratur zeigte sich demgegenüber kritischer. Nicht wenige Kommentatoren hielten zwar die Bekämpfung von Osama bin Ladin und Al-Qaida, nicht aber die Absetzung der Taliban für vom Selbstverteidigungsrecht gedeckt.[1403] Zur Begründung wird u.a. die – nachfolgend vereinfacht dargestellte – Argumentationskette bemüht: Die Anschläge gingen von Al-Qaida aus. Durch einen Sturz der Taliban würde die Gefahr weiterer Anschläge durch Al-Qaida nicht beseitigt, umgekehrt könnten die Taliban Al-Qaida nicht mehr unterstützen, wenn sie beseitigt wäre. Fazit: der Sturz der Taliban war nicht erforderlich.[1404]

Ein Beweis für diese Argumentation wird in der Tatsache gesehen, dass auch nach der Vertreibung der Taliban mit den Bombenattentaten beispielsweise in Madrid (2004) und London (2005) weitere terroristische Anschläge in Europa und anderswo durch Al-Qaida verübt wurden.[1405]

Man mag dieser Ansicht eine andere Interpretation der Verbindungen zwischen den Taliban und Al-Qaida zugestehen, wie es beispielsweise im

---

1401 *Gray*, International Law and the Use of Force, 3. Auflage, 2008, S. 232.

1402 Assembly Speakers Link Fight Against Terrorism to Achievement of Overall UN Goals, UN Press Release, UN Doc. GA/9960, 11. November 2001. Weitere Stellungnahmen siehe 6. Kapitel I.2, FN 685.

1403 Literaturnachweis siehe in 6. Kapitel III., FN 714. *Paust*, Use of Armed Force against Terrorists in Afghanistan, Iraq and Beyond, University of Houston Law Center, Public Law and Legal Theory Series No. 2011-A-2, 2002, S. 533 (540, 542); *Drumbl*, Judging the 11 September Terrorist Attack, HRQ, Vol. 24, Number 2, 2002, S. 323 (332);.

1404 *Kunig/Uerpmann-Wittzack*, Übungen im Völkerrecht, 2. Auflage, 2006, S. 144.

1405 *Pintore*, Der Verteidigungswille: Eine noch unerforschte inhärente Voraussetzung des Selbstverteidigungsrechts?, VRÜ 2013, S. 60 (79).

Bericht der *9/11 Commission*[1406] dargelegt wurde. Auch der Sicherheitsrat hatte insbesondere nach den Anschlägen in Kenia und Tansania (1998) die Taliban ausdrücklich aufgefordert, Al-Qaida Mitglieder auszuliefern sowie deren Ausbildungscamps zu schließen. Verwunderlich mutet aber der Schutzanspruch[1407] für das Taliban-Regime an, das neben der unbestrittenen Unterstützung des internationalen Terrorismus schwerster Menschenrechtsverletzungen schuldig ist und die Verkennung des Netzwerkcharakters von Al-Qaida.

Insoweit hier eher formaljuristisch argumentiert wird, so vermag diese Ansicht in diesem konkreten Falle schon deswegen nicht zu überzeugen, da sie unberücksichtigt läßt, dass die Taliban ihrerseits das Land – in großen Teilen, aber nicht vollständig – besetzt hatten, und es im Jahr 2001 durchaus noch eine afghanische Regierung um den im Exil lebenden Präsidenten Rabbani, aber auch in Form der Nördlichen Allianz (United Front) im Land selbst, gab. So hatte der Botschafter Afghanistans bei den Vereinten Nationen, Ravan Farhadi, am 18. September 2001 der *Operation Enduring Freedom* und der Bekämpfung der Taliban im Namen seiner Regierung ausdrücklich zugestimmt. Ähnlich äußerte sich auch der Sprecher und Sondergesandte des Islamic State of Afghanistan, Haron Amin, vor dem US-Kongress:

> "The Islamic State of Afghanistan, which is the political extension of the United Front, as a globally recognized Government personifying an independent and sovereign State, has been in a state of self-defense against Pakistani proxies, first Hekmatyar and, later, the Taliban and their international terrorist allies like bin Ladin. [...] A first step is the total removal of the Taliban."[1408]

Damit könnte aber ein Rechtfertigungsgrund in Form einer Einladung zur Intervention vorgelegen haben.

1406 Siehe dazu 6. Kapitel II.

1407 *Pintore* bezeichnet den Sturz der Taliban und die Okkupation von Afghanistan als „Vernichtung höchster Rechtsgüter", in: Der Verteidigungswille: Eine noch unerforschte inhärente Voraussetzung des Selbstverteidigungsrechts?, VRÜ 2013, S. 60 (79).

1408 Testimony of Haron Amin Spokesman and Special Envoy Islamic State of Afghanistan [United Front], Afghan People vs. the Taliban: The Struggle for Freedom Intensifies, Hearing Before the Subcomitee on International Operations and Human Rights of the Committee on International Relations, House of Representatives, One Hundred Seventh Congress, First Session, October 31, 2001, Serial No. 107–59.

Eine andere Legitimationsgrundlage könnte in der fortdauernden Billigung des Einsatzes von *Operation Enduring Freedom* durch den Sicherheitsrat[1409] zu sehen sein, mit der, zumindest inzident, auch die Zielsetzung der Operation – Beseitigung des Taliban-Regimes – gebilligt wurde. Nach dieser Ansicht würde es sich um eine (inzidente) Ermächtigung durch den Sicherheitsrat und nicht als eine Maßnahme im Rahmen der Selbstverteidigung handeln.[1410]

2. Sturz der Regierung Saddam Hussein

Es sei an dieser Stelle daran erinnert, dass es seit dem *Iraq Liberation Act of 1998* das erklärte Ziel der USA war, die Regierung von Saddam Hussein zu stürzen:

Iraq Liberation Act of 1998

Sec. 3. Sense of the Congress Regarding United States Policy Toward Iraq
It should be the policy of the United States to support efforts to remove the regime headed by Saddam Hussein from power in Iraq and to promote the emergence of a democratic government to replace that regime.[1411]

In seiner *State of the Union Address* vom Januar 2003 beschrieb Präsident Bush plakativ das ungeheuere Bedrohungspotential, das von Saddam Hussein ausgehe:

"A brutal dictator, with a history of reckless aggression, with ties to terrorism, with great potential wealth, will not be permitted to dominate a vital region and threaten the United States. [...]

With nuclear arms or a full arsenal of chemical and biological weapons, Saddam Hussein could resume his ambitions of conquest in the Middle East and create deadly havoc in that region. And this Congress and the America people must recognize another threat. Evidence from intelligence sources, secret communications, and statements by people now in custody reveal that Saddam Hussein aids and protects terrorists, including members of al Qaeda. Secretly, and without fingerprints, he could provide one of his hidden weapons to terrorists, or help them develop their own. [...]

1409 Siehe dazu 7. Kapitel II.1.3.
1410 So *Bruha*, „Neue Kriege" – Neues Völkerrecht?, Wissenschaft & Frieden, Heft 1, 2004, S. 2.
1411 H.R. 4655, Iraq Liberation Act (31. Oktober 1998), http://www.iraqwatch.org/g overnment/US/Legislation/ILA.htm. Siehe auch 3. Kapitel II.3.

Iraqi refugees tell us how forced confessions are obtained – by torturing children while their parents are made to watch. International human rights groups have catalogued other methods used in the torture chambers of Iraq: electric shock, burning with hot irons, dripping acid on the skin, mutilation with electric drills, cutting out tongues, and rape. If this is not evil, then evil has no meaning.

And tonight I have a message for the brave and oppressed people of Iraq: Your enemy is not surrounding your country – your enemy is ruling your country. And the day he and his regime are removed from power will be the day of your liberation."[1412]

Am 20. März 2003 begann der Irak-Krieg. Am 9. April konnten die Alliierten bereits Bagdad einnehmen, die irakische Regierung befand sich auf der Flucht.[1413] Saddam Hussein wurde am 13. Dezember 2003 von amerikanischen Truppen festgenommen. Nach einem Prozeß vor einem irakischen Sondertribunal wurde Hussein wegen Verbrechen gegen die Menschlichkeit zum Tode verurteilt und am 30. Dezember 2006 gehängt.

Die Staaten, die sich mehrheitlich gegen den Einsatz von militärischen Mitteln ausgesprochen hatten, hielten auch einen erzwungenen Regimewechsel für völkerrechtswidrig.[1414] Joschka Fischer erklärte vor dem Sicherheitsrat einen Tag vor dem Beginn der Kampfhandlungen: "There is no basis in the United Nations Charter for regime change by military means."[1415] Der russische Außenminister Ivanov konnte auch keine dahingehende Entscheidung des Sicherheitsrats erkennen: "Not one of those decisions authorizes the right to use force against Iraq outside the Charter of the United Nations; not one of them authorizes the violent overthrow of the leadership of a sovereign State."[1416]

Auch unter den Staaten der Koalition herrschten durchaus Differenzen über das Ziel Regierungswechsel.[1417] Während die USA offen dafür warb, war die britische Regierung eher vorsichtiger in ihren Äußerungen und begrüßte zwar einen möglichen Regierungswechsel im Irak als eine Konsequenz, aber nicht als das erklärte Ziel des militärischen Einsatzes. Demnach lautete die Regierungsposition:

1412 President George W. Bush's State of the Union Address, 28. Januar 2003.

1413 Informationen aus BBC News: In Depth: Saddam's Life and Times, http://news.bbc.co.uk/2/shared/spl/hi/middle_east/03/v 3_iraq_timeline/html/.

1414 Siehe auch 7. Kapitel I.1.2.

1415 UN Doc. S/PV.4721, 19. März 2003, S. 4.

1416 UN Doc. S/PV.4721, 19. März 2003, S. 8.

1417 *Gray*, International Law and the Use of Force, 3. Auflage, 2008, S. 232.

"The Government's policy is to secure full implementation of the Security Council resolutions relating to Iraq. It is also the Government's view that Iraq would be a better place without Saddam Hussein. As the Prime Minister has made clear, we are determined to deal with the threat posed by Iraq's possession of Weapons of Mass Destruction."[1418]

Der australische Premierminister Howard führte aus: "The government's principal objective is the disarmament of Iraq; however, should military action be required to achieve this, it is axiomatic that such action will result in the removal of Saddam Hussein's regime."[1419]

Der IGH hat allerdings bereits in seinem *Nicaragua*-Urteil (1986) festgestellt, dass eine Unterstützung von Gruppierungen, die einen Umsturz der amtierenden Regierung betrieben, eine verbotene Einmischung in die inneren Angelegenheiten dieses Staates darstellten, und zwar unabhängig von der jeweiligen Absicht.[1420]

Die herrschende Meinung in der Völkerrechtsliteratur lehnte ebenfalls den *regime change* ab. Weder gäbe es eine Ermächtigung durch den Sicherheitsrat, noch bestehe ein Recht auf (präemptive) Selbstverteidigung und schon gar nicht bestünde ein Recht auf pro-demokratische Intervention bzw. humanitäre Intervention.[1421] Die Anerkennung der Legalität einer auf Regimewechsel abzielenden Intervention würde das kollektive Sicher-

---

1418 Response of the Secretary of State for Foreign and Commonwealth Affairs to the Seventh Report of the Foreign Affairs Committee on Foreign Policy Aspects of Terrorism, Cm. 5589, S. 13.

1419 Zitiert in *Gray*, International Law and the Use of Force, 3. Auflage, 2008, S. 233, FN 199.

1420 "The Court therefore finds that no such general right of intervention, in support of an opposition within another State, exists in contemporary international law. The Court concludes that acts constituting a breach of the customary principle of non-intervention will also, if they directly or indirectly involve the use of force, constitute a breach of the principle of non-use of force in international relations." Military and Paramilitary Activities in and Against Nicaragua (Nicaragua v. United States), Merits, Urteil vom 27. Juni 1986, I.C.J. Reports 1986, S. 14 (para. 209, 241). Vgl. auch Armed Activities on the Territory of the Congo (Democratic Republic of the Congo v. Uganda), Urteil vom 19. Dezember 2005, I.C.J. Reports 2005, S. 168 (paras. 163, 164).

1421 Siehe dazu ausführlich *Paulus*, The War Against Iraq and the Future of International Law: Hegemony or Pluralism, Mich. J. Int'l L., Vol. 25, 2004, S. 691 ff. Vgl. auch *Payandeh*, The United Nations, Military Intervention, and Regime Change in Libya, Va. J. Int'l L., Vol. 52, 2012, S. 355 (362); *Kunig*, Das Völkerrecht als Recht der Weltbevölkerung, AVR, Bd. 41, 2003, S. 327 (330); *Bothe*, Der Irak-Krieg und das völkerrechtliche Gewaltverbot, AVR, Bd. 41, 2003,

heitssystem der Vereinten Nationen obsolet machen und eine Rückkehr zum *liberum ius ad bellum* oder das Recht des Stärkeren bedeuten.[1422] Dieser Ansicht schlossen sich auch einige Befürworter der *Operation Iraqi Freedom* an, wie *Christopher Greenwood*:

> "Finally, references to 'regime change' do not, in my opinion, furnish a free-standing justification for military action. It is possible that the only way of achieving international peace and security might be to change the government of Iraq. Likewise, if action were taken in self-defence, there are circumstances in which self-defence might justify imposing a change of government (if that were the only way of removing the threat of armed attack from Iraq). However, the nature of the Iraqi regime does not, in my opinion, furnish a legal justification for military action in and of itself."[1423]

3. Ergebnis

Somit bleibt festzustellen, dass im derzeitigen Völkerrecht keine generell anerkannte Regel gilt, wonach ein angegriffener Staat auch als zulässiges Mittel der Selbstverteidigung einen *regime change* herbeiführen darf. Mehr noch: Eine Intervention zum Zwecke eines gewaltsamen Regime-wechsels stellt, wie der IGH bereits 1986 festgestellt hat, eine verbotene Einmischung in die inneren Angelegenheiten eines Staates dar.

S. 255 (258); *Brownlie*, Iraq and Weapons of Mass Destruction and the Policy of Preemptive Action, Memorandum, House of Commons – Foreign Affairs, Oktober 2002; *Wheatley*, The Security Council, Democratic Legitimacy and Regime Change in Iraq, EJIL, Vol. 17, No.3, 2006, S. 531 (533). Anderer Ansicht *Yoo* ("The force used was proportionate to the threat posed by Iraq; in other words, it was limited to that which is needed to eliminate the threat, including the destruction of Iraq's WMD capability and removing the source of Iraq's hostile intentions and actions, Saddam Hussein."), International Law and the War in Iraq, AJIL, Vol. 97, No. 3, 2003, S. 563 (574); *Wedgwood*, The Fall of Saddam Hussein: Security Council Mandates and Preemptive Self-Defense, AJIL, Vol. 97, No. 3, 2003, S. 576 (582); *Rostow*, Determining the Lawfulness of the 2003 Campaign against Iraq, International Law Studies, Vol. 80, Issues in International Law and Military Operations, Richard B. Jaques (Hrsg.), U.S. Naval War College, 2006, S. 21 (28).

1422 *Kunig*, Intervention, Probition of, in: MPEPIL, 2008, Rn. 49.

1423 *Greenwood*, The Legality of Using Force Against Iraq, Memorandum, House of Commons – Foreign Affairs, 24. Oktober 2002, para. 30, im Internet unter http://www.publications.parliament.uk/pa/cm200203/cmselect/cmfaff/196/2102406.htm.

Weder war ein dahingehendes Recht also vor der *Bush*-Doktrin aner-kannt, noch erhielt ein solcher *regime change* durch die *Bush*-Doktrin eine rechtliche Aufwertung. Damit bleibt es aber bei *Reismans* Sen-tenz: "[R]egime change almost always [is] a bad idea".[1424]

III. Präemptive Selbstverteidigung

Die in der *Bush*-Doktrin postulierte präemptive Selbstverteidigung, die im Grunde eine erweiterte Interpretation eines „unmittelbar drohenden be-waffneten Angriffs" bedeutete, hat – wie zuvor dargestellt – in den ver-gangenen Jahren, insbesondere nach dem Irak-Krieg im Jahr 2003, massi-ve Kritik der internationalen Gemeinschaft erfahren – allerdings auch Zu-spruch, wie die Beispiele Israel und Südafrika zeigten.[1425]

Der IGH hat zumindest in seinem *Armed Activities*-Urteil (2005) deut-lich gemacht, dass eine Gewaltanwendung aufgrund von „vermeintlichen Sicherheitsinteressen" unzulässig ist.[1426]

Auf nationaler Ebene befand das deutsche Bundesverwaltungsgericht in seinem Urteil zur Gewissensentscheidungen von Soldaten aus dem Jahr 2005: „Die Herausbildung einer übereinstimmenden völkerrechtlichen Staatenpraxis und einer gemeinsamen Rechtsüberzeugung (‚opinio iuris') über das Bestehen eines noch darüber hinausgehenden ‚präventiven Selbstverteidigungsrechts' und damit von entsprechendem Völkergewohn-heitsrecht lässt sich dagegen nicht feststellen."[1427]

1424 So der Titel seiner Rede, *Reisman*, The Manley O. Hudson Lecture: Why Regime Change Is (Almost Always) a Bad Idea, AJIL, Vol. 98, No. 3, 2004, S. 516 ff.

1425 Siehe 5. Kapitel II.

1426 "It does not allow the use of force by a State to protect perceived security inter-ests [...]." Case Concerning Armed Activities on the Territory of the Congo (DRC v. Uganda), Judgment, I.C.J. Reports 2005, para. 148; siehe 8. Kapitel II.2.

1427 Bundesverwaltungsgericht, 2. Wehrdienstsenat, Urteil vom 21. Juni 2005 – BVerwG 2 WD 12.04, Punkt 4.1.4.1.1.b). BVerwGE 127, para. 200. Siehe auch 7. Kapitel I.1.2.1.

1. Fallgruppe Internationaler Terrorismus

Die ausbleibenden Proteste der Staatengemeinschaft auf die Ankündigung von *„remedial and pre-emptive action"*[1428] gegen Al-Shabaab durch Kenia im Oktober 2011 könnten jedoch darauf hindeuten, dass sich hinsichtlich präemptiver Selbstverteidigung gegen terroristische Gruppierungen eine neue *opinio iuris* bildet oder bereits gebildet hat.[1429] Diese Annahme wäre aber verfrüht, zumal Kenia unzweifelhaft vor seiner Militäroperation *Linda Nchi* von Al-Shabaab angegriffen worden war, also ein bewaffneter Angriff im Sinne des Artikels 51 UN-Charta vorlag.[1430] Hinzu kommt, dass die somalische Interim-Regierung der Operation zugestimmt hatte, so

---

1428 Letter dated 17 October from the Permanent Representative of Kenya to the United Nations addressed to the President of the Security Council, UN Doc. S/2011/646, 18. Oktober 2011, siehe 7. Kapitel II.8.2.

1429 So halten *Odhiambo* et al. präventive wie auch präemptive Maßnahmen gegen terroristische Gruppen als im Völkerrecht anerkannt, *Odhiambo, Onkware*, et al., Kenya's Pre-emptive and Preventive Incursion Against Al-Shabaab in the Light of International Law, JoDRM, Vol. 3, Issue 1 (4), 2012, S. 27 (33); *Kastenberg:* "There is sufficient existing doctrine and precedence under international law to allow a state to exercise preemptive force against such terrorist organizations.", in: The Use of Conventional International Law in Combating Terrorism: A Maginot Line for Modern Civilization Employing the Principles of Anticipatory Self-Defense & Preemption, Air Force Law Review, Volume 55, 2004, S. 87 (124); auf die neuen Bedrohungslagen hinweisend *Rivkin:* "The only way to avert (with sufficient degree of certainty) clandestine terrorist attacks by pan-national Islamist organizations is to act against them months, or even years, in advance.", in: The Virtues of Preemptive Deterrence, Harv. J.L. & Pub. Pol'y, Vol. 29, Issue 1, 2005, S. 85 (87); *Arend* hält das Gewaltverbot durch eine entgegengesetzte Staatenpraxis für „tot", daher könne auch die präemptive Selbstverteidigung nicht völkerrechtswidrig sein: "For all practical purposes, the UN Charter framework is dead. If this is indeed the case, then the Bush doctrine of preemption does not violate international law because the charter framework is no longer reflected in state practice.", in: International Law and the Preemptive Use of Military Force, The Washington Quarterly, Vol. 26, No. 2, 2003, S. 89 (101). Siehe auch *Cohan:* "I believe that anticipatory self-defense under the Bush Doctrine, in the circumstances of Operation Iraqi Freedom, already has entered the domain of customary international law.", in: The Bush Doctrine and the Emerging Norm of Anticipatory Self-Defense in Customary International Law, Pace Int'l L. Rev., Vol. 15, No. 2, 2003, S. 283 (356).

1430 So auch *Birkett*, The Legality of the 2011 Kenyan Invasion of Somalia and its Implications for the *Jus Ad Bellum*, JCSL, 2013, S. 1 (22); dagegen: *Hadzi-Vidanovic*, Kenya Invades Somalia Invoking the Right of Self-Defense, EJIL Talk!, 18. Oktober 2011, http://www.ejiltalk.org/kenya-invades-somalia-invokin

dass von einer „Intervention auf Einladung" auszugehen ist, die es uner-heblich macht, auf welchen tiefergehenden Beweggründen und Zielen Ke-nia und Somalia ihre Zusammenarbeit gründeten.

Die herrschende Meinung in der Völkerrechtsliteratur sieht keine An-zeichen dafür, dass die Staatenpraxis bei der Bekämpfung des internatio-nalen Terrorismus eine derartige Erweiterung erfahren habe, als dass eine Abkehr von dem Kriterium eines „aktuellen bewaffneten Angriffs" zu-gunsten eines präemptiven Einschreitens erkennbar wäre.[1431]

Interessanterweise scheint sich aber in der Literatur die Ansicht durch-zusetzen, die die vormals durchaus nicht unumstrittene *Webster*-Formel in

---

g-the-right-of-self-defence/, der die vorhergehenden Angriffe durch Al-Shabaab nicht als ausreichend schwerwiegend ansieht.

[1431] *Wolfrum*, The Attack of September 11th, 2001, the Wars against the Taliban and Iraq: Is there a Need to Reconsider International Law on the Recourse to Force and the Rules in Armed Conflict?, in: Armin von Bogdandy/Rüdiger Wolfrum (Hrsg.), MPYUNL, 2003, Vol. 7, S. 1 (76); *Henderson*, The Obama Doctrine of 'Necessary Force', JCSL, Vol. 15, No. 3, 2010, S. 403 (412); *Tams*, The Use of Force Against Terrorists, EJIL, Vol. 20, No. 2, 2009, S. 359 (389); *Antonopou-los*, Force by Armed Groups as Armed Attack and the Broadening of Self-De-fence, NILR, Vol. 55, Issue 02, 2008, S. 159 (179); *Garwood-Gowers*, Self-De-fence against Terrorism in the Post-9/11 World, QUTLJJ, Vol. 4, No. 2, 2004, S. 1 (15); *Gray*, International Law and the Use of Force, 3. Auflage, 2008, S. 209 ff. m.w.N.; warnend auch *Gardner*: "By expanding the right of preemp-tion against an imminent attack into a right of preventive war against potentially dangerous adversaries, the Bush administration has created a 'loaded weapon' that can be used against the United States and against the general interest in a stable world order", in: Neither Bush nor the "Jurisprudes", AJIL, Vol. 97, No. 3, 2003, S. 585 (588); *Guoliang*, Redefine Cooperative Security, Not Preemp-tion, Washington Quarterly, Spring 2003, S. 135 (138); anderer Ansicht ist *Riv-kin*, der präemptive Maßnahmen als adäquates Mittel zur Sicherung amerikanis-cher Interessen ansieht, wenn Abschreckung nicht greifen sollte. Die „Quelle" der Ablehnung von Präemption verortet er in Europa und der europäischen Ab-lehnung einer führenden Rolle der USA, verbunden mit dem Unwillen, sich den neuen Bedrohungslagen zu stellen. Eine Änderung der europäischen Haltung hält *Rivkin* erst dann für möglich, wenn Europa selbst einen Anschlag in der Größenordnung des 11. September 2001 erleidet, oder aber, nach einem Rück-zug der verärgerten USA, sich „mostly defenseless" zurückgelassen sieht; in: The Virtues of Preemptive Deterrence, Harv. J.L. & Pub. Pol'y, Vol. 29, Issue 1, 2005, S. 85 (102). *Fassbender* hingegen sieht nur eine verhaltene europäische Kritik an der *Bush*-Doktrin, bedingt durch Resignation im Sinne von Realpolitik oder auch „Hinnahme des Unvermeidlichen", in: The Better Peoples of the United Nations? Europe's Practice and the United Nations, EJIL, Vol. 15, No. 5, 2004, S. 857 (865).

Bezug auf eine unmittelbar drohende Gefahr anerkennt.[1432] Zur Begründung wird auch auf den Bericht des *High Level Panels on Threats, Challenges and Change* verwiesen, der sogar die *Webster*-Formel als „etablierte Regel des Völkerrechts" charakterisiert hatte:

> „Indessen kann ein bedrohter Staat nach lange etablierten Regeln des Völkerrechts militärische Maßnahmen ergreifen, solange der angedrohte Angriff unmittelbar bevorsteht, durch kein anderes Mittel abzuwenden ist und die Maßnahmen verhältnismäßig sind."[1433]

Kofi Annan hatte in seinem Bericht *In Larger Freedom* ähnlich argumentiert:

> „Unmittelbar drohende Gefahren sind durch Artikel 51 vollständig abgedeckt, der das naturgegebene Recht souveräner Staaten zur Selbstverteidigung im Falle eines bewaffneten Angriffs gewährleistet. Juristen erkennen schon lange an, dass dies sowohl einen unmittelbar drohenden als auch einen bereits erfolgten Angriff umfasst."[1434]

1432 Zum *Caroline*-Fall und der *Webster*-Formel siehe 4. Kapitel II.3.4. *Franck*, The Power of Legitimacy and the Legitimacy of Power: International Law in an Age of Power Disequilibrium, AJIL, Vol. 100, No. 1, 2006, S. 88 (103); *Gill*, The Temporal Dimension of Self-Defence: Anticipation, Pre-emption, Prevention and Immediacy, JCSL, Vol. 11, No. 3, 2006, S. 361 (369); *Weiner*, The Use of Force and Contemporary Security Threats: Old Medicine for New Ills?, Stan. L. Rev., Vol. 59, Issue 2, 2006, S. 415 (441); *Henderson*, The Obama Doctrine of 'Necessary Force', JCSL, Vol. 15, No. 3, 2010, S. 403 (420); dagegen *Gray*, International Law and the Use of Force, 3. Auflage, 2008, S. 165. Eine davon unterschiedliche Ansicht vertritt *Sofaer*, der den enscheidenden Punkt der *Webster*-Formel in der Formulierung *„necessity to act"* sieht, die als „general rule for all pre-emptive actions" gelten sollte. *Webster's* Formel ("instant, overwhelming, leaving no choice of means or moment of deliberation") gelte nur in den eng umgrenzten Fällen, in denen ein Staat für Angriffe, die von seinem Territorium ausgehen, nicht verantwortlich ist, gleichzeitig aber fähig und Willens ist, diese Angriffe zu unterbinden, wie in dem *Carolina*-Fall die USA, sei aber aus dem Kontext gerissen und nicht anwendbar hinsichtlich der Bedrohung durch Saddam Hussein; in: On the Necessity of Pre-emption, EJIL, Volume 14, No. 2, 2003, S. 209 (214, 220). Allerdings bezweifelten die Briten aber genau dieses: dass die USA fähig und willig waren, die Angriffe der kanadischen Rebellen zu unterbinden, welches *Sofaer* an anderer Stelle dokumentiert; ibid., S. 216.

1433 High Level Panel: *"A More Secure World: Our Shared Responsibility"*, UN Doc. A/59/565, 2. Dezember 2004; siehe auch 7. Kapitel I.1.2.3.

1434 *Kofi Annan*, In Larger Freedom, UN Doc. A/59/2005, 21. März 2005, para. 124.

Die 2005 entwickelten *Chatham House Principles on the Use of Force in Self-Defense* halten eine antizipative Selbstverteidigung auf eine unmittelbar drohende Gefahr hin zumindest für „weitgehend" anerkannt:

> "[T]he view that States have a right to act in self-defence in order to avert the threat of an imminent attack – often referred to as 'anticipatory self-defence' – is widely, though not universally, accepted. It is unrealistic in practice to suppose that self-defence must in all cases await an actual attack."[1435]

Auch die *Leiden Policy Recommendations on Counter-terrorism and International Law* erkennen eine antizipative Selbstverteidigung im Falle einer unmittelbar drohenden Gefahr an:

> "States have a right of self-defence against a threatened attack, but only if the attack is imminent and if the armed action in self-defence is necessary to avert the attack and is proportionate to it. Action to avert a threatened attack is best termed anticipatory self-defence [...]."[1436]

Die deutsche Bundesregierung hält an der bereits von Bundeskanzler Schröder 2001 zitierten „Weiterentwicklung bisherigen Völkerrechts"[1437] bei der Auslegung des Selbstverteidigungsrechts in Artikel 51 UN-Charta fest. Wie die Antwort auf eine Kleine Anfrage im Bundestag zeigt, erkennt die Regierung nicht nur an, dass bewaffnete Angriffe auch von *non-state actors* geführt werden können, sondern auch die Zulässigkeit von Selbstverteidigungsmaßnahmen gegen unmittelbar drohende Angriffe im Sinne der *Webster*-Formel:

> „Ein ‚bewaffneter Angriff' im Sinne von Artikel 51 der Charta setzt den Einsatz von Waffengewalt gegen einen Staat voraus. Die von der Generalversammlung im Jahre 1974 verabschiedete Resolution 3314 (XXIX) zur Definition der Aggression nennt in ihrem Artikel 3 Beispielsfälle für einen solchen Einsatz von Waffengewalt gegen einen Staat, wobei inzwischen anerkannt ist, dass auch nichtstaatliche Akteure einen ‚bewaffneten Angriff' führen können. Abwehrmaßnahmen gegen einen unmittelbar bevorstehenden Angriff setzen voraus, dass der handelnde Staat schlüssig nachweist, dass eine Angriffsbe-

---

1435 *Wilmshurst*, The Chatham House Principles of International Law on the Use of Force in Self-Defence, ICLQ, Vol. 55, No. 4, 2006, S. 963 (964). Siehe dazu auch Institut de Droit International (Santiago Session 2007), Resolution on Present Problems of the Use of Armed Force in Internation Law – A. Self-defense, 27. Oktober 2007, para. 3 ("The right of self-defense arises for the target State in case of an actual or manifestly imminent armed attack.").

1436 *Schrijver/van den Herik*, Leiden Policy Recommendations on Counter-terrorism and International Law, 1. April 2010, para. 45.

1437 Siehe 6. Kapitel I.3.

drohung unmittelbar und überwältigend ist, so dass ihm keine andere Wahl der Mittel und keine Zeit für weitere Überlegungen bleibt.‟[1438]

Für *Bothe* markiert die *Webster*-Formel damit aber auch eine „rote Linie": "[T]his is as far as pre-emptive self-defence possibly goes under current international law."[1439]

Die ablehnende Haltung der Staatengemeinschaft gegenüber der in der *Bush*-Doktrin propagierten Präemption bestätigt, dass nach wie vor für die Zulässigkeit von Selbstverteidigungsmaßnahmen ein vorhergehender oder zumindest unmittelbar drohender bewaffneter Angriff vorliegen muss. So stellen auch die *Chatham House Principles* nur knapp fest:

> "To the extent that a doctrine of 'pre-emption' encompasses a right to respond to threats which have not yet crystallized but which might materialize at some time in the future, such a doctrine [...] has no basis in international law."[1440]

1438 Deutscher Bundestag, 15. Wahlperiode, Antwort der Bundesregierung auf die Kleine Anfrage der Abgeordneten Claudia Nolte, Dr. Klaus Rose, Dr. Friedbert Pflüger, weiterer Abgeordneter und der Fraktion der CDU/CSU – Drucksache 15/3554 – Bilanz deutscher VN-Politik in der Zeit der Mitgliedschaft Deutschlands im VN-Sicherheitsrat 2003 und 2004, BT-Drucksache 15/3635, 3. August 2004, S. 17. Siehe auch Antwort der Bundesregierung auf die Kleine Anfrage der Abgeordneten Dr. Friedbert Pflüger, Christian Schmidt (Fürth), Ulrich Adam, weiterer Abgeordneter und der Fraktion der CDU/CSU – Drucksache 15/2888 – Umsetzung der Europäischen Sicherheitsstrategie: „Das Recht zur individuellen oder kollektiven Selbstverteidigung nach Artikel 51 VN-Charta schließt nach Ansicht der Bundesregierung Abwehrmaßnahmen gegen einen unmittelbar bevorstehenden Angriff ein." BT-Drucksache 15/3181, 21. Mai 2004, S. 25.

1439 *Bothe*, Terrorism and the Legality of Pre-emptive Force, EJIL, Vol. 14, 2003, S. 227 (231).

1440 *Wilmshurst*, The Chatham House Principles of International Law on the Use of Force in Self-Defence, ICLQ, Vol. 55, No. 4, 2006, S. 963 (968). Dagegen: *Sofaer*, der für den Fall eines wahrscheinlichen Einsatzes von Massenvernichtungswaffen und der Erschöpfung anderer Mittel Präemption als Teil des naturgegebenen Selbstverteidigungsrechts hält ("where such circumstances exist, pre-emption is necessary, and should therefore properly be regarded as part of the 'inherent right' of self-defence.", in: On the Necessity of Pre-emption, EJIL, Vol. 14, No. 2, 2003, S. 209 (226).

Ähnlich klingt auch die Formulierung des *Institut de Droit International*:

> "There is no basis in international law for the doctrines of 'preventive' self-defense (in the absence of an actual or manifestly imminent armed attack."[1441]

Nach den *Leiden Policy Recommendations* kann ein präemptiver Gewalteinsatz nur vom Sicherheitsrat autorisiert werden.[1442]

2. Fallgruppe Nukleare Bedrohung durch Staaten

Die Frage nach der Zulässigkeit von präemptiven Maßnahmen stellt sich nicht nur im Rahmen der Bekämpfung des internationalen Terrorismus, sondern auch in den Fällen einer Annahme einer nuklearen Bedrohung durch Staaten, wie nicht zuletzt die Debatte um einen militärischen Einsatz gegen Iran zeigte.[1443]

In der Völkerrechtsliteratur gibt es starke Zweifel an der Funktionsfähigkeit der verschiedenen Nonproliferationsregime, die auch von einzelnen Staaten geteilt werden: Weder der *Nuclear Non-Proliferation Treaty* (NPT), noch die *Biological Weapons Convention* (BWC) oder die *Chemical Weapons Convention* könnten durch die den Vertragsstaaten verbleibende Möglichkeit der sogenannten friedlichen Nutzung vollkommen ausschließen, dass nicht doch Massenvernichtungswaffen entwickelt werden, die von Inspektionen unentdeckt blieben oder gar heimlich vorangebracht werden könnten.[1444] *Slaughter* und *Feinstein* propagieren daher eine *Duty to Prevent*, konzipiert als „logische Folge" aus der *Responsibility to Protect*: "The duty to prevent is the responsibility of states to work in concert

---

1441 Institut de Droit International (Santiago Session 2007), Resolution on Present Problems of the Use of Armed Force in Internation Law – A. Self-defense, 27. Oktober 2007, para. 6.

1442 "[...] the use of so-called 'pre-emptive' or 'preventive' force before a threat has crystallized, [...] could only be lawful if authorized by the Security Council",*Schrijver/van den Herik*, Leiden Policy Recommendations on Counter-terrorism and International Law, 1. April 2010, para. 45.

1443 Siehe ausführlich dazu 7. Kapitel III.2.

1444 *Weiner*, The Use of Force and Contemporary Security Threats: Old Medicine for New Ills?, Stan. L. Rev., Vol. 59, Issue 2, 2006, S. 415 (446).

to prevent governments that lack internal checks on their power from acquiring WMD or the means to deliver them."[1445]

Ausgehend von der Prämisse, dass die Regelungen der UN-Charta aus dem Jahr 1945 für heutige Bedrohungslagen unzureichend sind, und der *„one-size-fits-all"* Ansatz der Nonproliferationsregime, der Nordkorea wie Norwegen behandelt, kontraproduktiv[1446], sehen *Slaughter* und *Feinstein* in den Verhandlungen mit Iran im Jahre 2004 einen Beweis dafür, dass "the legal rules on nonproliferation are evolving in the direction of a duty to prevent".[1447] In erster Linie sei es Aufgabe des UN-Sicherheitsrats, mit seinem vielfältigen Instrumentarium, das Kapitel VII der UN-Charta ihm zur Verfügung stellt, dieser *Duty to Prevent* nachzukommen. Da aber der Sicherheitsrat auch eine „Neigung zur Paralyse" habe, seien auch betroffene regionale Organisationen oder die NATO zur Durchsetzung heranzuziehen.[1448] Als *„ last resort"* sei auch der Einsatz militärischer Gewalt gegen „gefährliche Anlagen" gerechtfertigt. Zur Untermauerung ihres Arguments verweisen die Autoren auf die EU-Strategie gegen Massenvernichtungswaffen aus dem Jahr 2003, die ebenfalls als letztes Mittel den Einsatz von „Gewalt in Übereinstimmung mit der UN-Charta" vorsieht – als letzte Option ihrer Ansicht nach auch durch unilaterale Maßnahmen oder eine Koalition der Willigen.[1449]

Allerdings erscheint es fraglich, ob sich, wie *Slaughter* und *Feinstein* meinen, bereits eine derartige *Duty to Prevent* als völkerrechtliche Norm gebildet hat. Wie die einschlägigen, zuvor untersuchten Beispiele Israel/ Osirak[1450] (1981) und USA/Irak[1451] (2003) zeigen, war die Ablehnung durch die Staatengemeinschaft eindeutig. In beiden Fällen konnten die an-

---

1445 *Slaughter/Feinstein*, A Duty to Prevent, Foreign Affairs, Volume 83, Januar/ Feburar 2004, S. 136 (137, 142). Interessant auch ihre Feststellung: "[T]he biggest problem with the Bush preemption strategy may be that it does not go far enough.", S. 136.

1446 "This flaw has exposed the nonproliferation regime to abuse by determined and defiant regimes, especially those headed by dictatorial rulers." *Slaughter/Feinstein*, A Duty to Prevent, Foreign Affairs, Volume 83, Januar/Feburar 2004, S. 136 (144).

1447 Ibid., S. 136 (145).

1448 Ibid., S. 136 (148).

1449 Ibid., S. 136 (148, 149).

1450 Siehe 5. Kapitel III.

1451 Siehe 7. Kapitel I.1.

greifenden Staaten Israel und die USA nicht überzeugend darlegen, dass es sich um eine unmittelbare (,,imminent") drohende Gefahr handelte.[1452]

Nichts anderes kann sich aus dem dritten vorliegenden Beispiel ergeben: dem Angriff Israels auf einen angeblichen Nuklearreaktor in Syrien im Jahr 2007. Nach wie vor sind die genauen Umstände des israelischen Angriffs unklar und Syrien bestreitet noch immer, dass es sich um einen nuklearen Reaktor gehandelt habe. Angesichts der offenen Fragen hat sich denn auch die internationale Staatengemeinschaft mit Reaktionen weitgehend zurückgehalten, geschweige denn dem israelischen Vorgehen zugestimmt oder gar eine *Duty to Prevent* anerkannt.

Eine Ausnahme bildete das amerikanische Repräsentantenhaus, das in einer wenige Tage nach dem Angriff verabschiedeten Resolution seine eindeutige Unterstützung des Rechts auf Selbstverteidigung für Israel feststellte "in the face of an imminent nuclear or military threat from Syria".[1453]

3. Ergebnis

Ein Recht auf präemptive Selbstverteidigung, wie es die *Bush*-Doktrin für entferntere Gefahren postuliert, hat bisher keinen Eingang in das geltende Völkerrecht gefunden. Daran ändert auch die neuartige Bedrohungslage, wie internationaler Terrorismus verbunden mit einem mutmaßlichen Einsatz von Massenvernichtungswaffen, nichts. Zuständig für diese Bedrohungslagen bleibt der Sicherheitsrat der Vereinten Nationen, dem der Maßnahmenkatalog des Kapitel VII weitreichende Befugnisse auch für

---

1452 So *Franck* im Israel/Osirak-Fall: "Israel was not able to demonstrate convincingly that there was a strong likelihood of an *imminent* nuclear attack by Iraq.", in: Recourse to Force: State Action Against Threats and Armed Attacks, 2002, S. 106, Hervorheb. durch Verf. Siehe auch *Weiner*, The Use of Force and Contemporary Security Threats: Old Medicine for New Ills?, Stan. L. Rev., Vol. 59, Issue 2, 2006, S. 415 (441). Anders *Yoo*, der eine Neuauslegung der „unmittelbaren Gefahr" im Kontext mit Massenvernichtungswaffen und internationalem Terrorismus fordert und den Irak-Krieg 2003 als gerechtfertigte antizipative Selbstverteidigung betrachtet, in: International Law and the War in Iraq, AJIL, Vol. 97, No. 3, 2003, S. 563 (574); ebenso *Sofaer*, On the Necessity of Pre-emption, EJIL, Vol. 14, No. 2, 2003, S. 209 (221 ff.). Siehe auch 7. Kapitel I.1.2.4.
1453 110th Congress, 1st Session, H.Res.674 vom 24. September 2007.

nicht unmittelbar drohende Gefahren, die einen Friedensbruch darstellen, gibt.

Damit gilt noch immer was *Wright* 1963 formulierte, damals in Bezug auf die Kuba-Krise:

> "The obligation of states to refrain from threats to the peace under Article 2, paragraph 4, and the competence of the United Nations to take action in case of a threat to the peace under Article 39, were not intended to give a unilateral right of military self-defense in case of such threats. For that reason, self-defense against 'threats' was excluded in Article 51, and states were explicitly obliged to submit disputes or situations which they think threaten peace, to the United Nations and to refrain from unilateral uses of force."[1454]

IV. Zeitdauer der Selbstverteidigungsmaßnahmen

Herkömmlich dauert das Selbstverteidigungsrecht solange an, bis der Angriff abgewehrt worden ist, es ist ein defensives Recht und zeitlich begrenzt.[1455] Im Rahmen der Bekämpfung des internationalen Terrorismus kann es allerdings problematisch sein, diesen Zeitpunkt genau zu bestimmen. Dieses wird insbesondere durch die Andauer und Ausdehnung der *Operation Enduring Freedom* seit 2001 deutlich.

Gleichzeitig bergen die "less than precise principles of international law governing the scope of the right of self-defence"[1456] in Bezug auf eine zeitliche Begrenzung der Selbstverteidigungsmaßnahmen die Gefahr eines Konflikts mit den Befugnissen des Sicherheitsrates als zuständiges Organ der Vereinten Nationen. In Hinblick auf *Operation Enduring Freedom* bleibt aber festzustellen, dass der Sicherheitsrat diese weiterhin begrüßt hat, mithin also billigte, so dass vielmehr von einer Ermächtigung durch den Sicherheitsrat zur Weiterführung der Operation auszugehen ist, als sie weiterhin (nur) auf das im Jahr 2001 unbestrittenenermaßen entstandene Selbstverteidigungsrecht der USA zurückzuführen – hinzu kommt auch das offensichtliche Einverständnis der afghanischen Regierung.[1457]

1454 *Wright*, The Cuban Quarantine. AJIL, Vol. 57, No. 3, 1963, S. 546 (560). So auch bereits 1948 *Jessup*, A Modern Law of Nations, 1948, S. 166.

1455 Siehe dazu 4. Kapitel II.3.1.4.

1456 *Greig*, Self-Defence and the Security Council: What does Article 51 Require?, ICLQ, Vol 40, No. 2, 1991, S. 366 (399).

1457 So auch *Gray*, International Law and the Use of Force, 3. Auflage, 2008, S. 203 ff. (206-207); *Ronzitti*, The Expanding Law of Self-Defence, JCSL, Vol.

Der Angriff Äthiopiens auf Trainingslager von Al-Shabaab und anderen terroristischen Organisationen auf dem Gebiet von Eritrea verbunden mit der eher verhaltenen Reaktion der Staatengemeinschaft deuten darauf hin, dass selbst wenn der Sicherheitsrat mit einer Situation, wie in Eritrea, befaßt ist und sogar Sanktionen beschlossen hat, das Selbstverteidigungsrecht eines Staates bei andauernden Angriffen nicht erloschen ist. Leider zeigt sich darin auch eine Unfähigkeit des Sicherheitsrats, einzelne Staaten von der Unterstützung von terroristischen Gruppen abzuhalten, welches wiederum Staaten zu unilateralen Maßnahmen einlädt. Symptomatisch für diesen Befund ist der letzte Absatz in dem Schreiben des äthiopischen Außenministeriums an den Präsidenten des Sicherheitsrats:

> "At the same time, the Government [of Ethiopia] would like to reiterate that the international community has never been the last line of defense against Eritrea's destabilizing activities. It should be made clear that Ethiopia has the right to defend itself and it will do so if necessary."[1458]

Jedenfalls bleibt festzustellen, dass sich die temporäre Begrenzung der Ausübung des Selbstverteidigungsrechts geändert hat: War sie vormals zulässig, bis der Angriff zurückgeschlagen war oder aber der Sicherheitsrat die erforderlichen Maßnahmen ergriffen hat, kann die Selbstverteidigung gegen terroristische Gruppierung heute einen wesentlichen längeren Zeitraum in Anspruch nehmen.[1459] Für den „War on Terrorism" scheint eine große Anzahl von Staaten dieses derzeit hinzunehmen, allerdings gibt es auch Kritik, wie von seiten der Blockfreien Bewegung.[1460]

Eine derartige „permanente Verteidigungssituation"[1461] die die Ausnahme der Selbstverteidigung sozusagen als Dauerzustand erhebt, beeinträchtigt aber eben diesen Ausnahmecharakter der Norm.[1462] Angesichts andauernder terroristischer Angriffe, nicht nur von seiten Al-Qaidas und ISIL,

---

11, Issue 3, 2006, S. 343 (352). Zur *Operation Enduring Freedom* und ihrer Nachfolge *Operation Freedom's Sentinel* siehe auch 7. Kapitel II.1.

1458 Letter dated 18 January 2012 from The Permanent Representative of Ethiopia to the United Nations addressed to the President of the Security Council, UN Doc. S/2012/44, 18. Januar 2012.

1459 Vgl. auch *Ronzitti*, The Expanding Law of Self-Defence, JCSL, Vol. 11, Issue 3, 2006, S. 343 (358).

1460 Siehe dazu 6. Kapitel II.1.3.

1461 *Dörr*, Gewalt und Gewaltverbot im modernen Völkerrecht, Aus Politik und Zeitgeschichte, B 43, 2004, S. 14 (17).

1462 Siehe auch *Tams,* The Use of Force Against Terrorists, EJIL, Vol. 20 No. 2, 2009, S. 359 (390); *Rudolf/Schaller*, „Targeted Killing" Zur völkerrechtlichen,

wird sich hier noch eindeutig identifizierbares Völker(gewohnheits)recht herauszubilden haben, es ist aber ebenso deutlich, dass ein Wandel in der temporären Begrenzung des Selbstverteidigungsrechts eingesetzt hat, wenn auch noch mit ungewissem Ausgang.

V. Fazit: Die Bush-Doktrin und das Völkerrecht

Mehr als ein Jahrzehnt später, soll an dieser Stelle ein Fazit gezogen werden, ob die *Bush*-Doktrin mit ihren folgenden Komponenten zu einem Wandel des Völkerrechts geführt hat:

1. Senkung der Zurechnungsschwelle von terroristischen Handlungen zu Staaten durch die *„Harboring"*-Doktrin ("we will make no distinction between terrorists and those who knowingly harbor or provide aid to them"), verbunden mit einem Anspruch auf *regime change* ("denying further sponsorship, support, and sanctuary to terrorists by convincing or compelling states to accept their sovereign responsibilities") sowie
2. Anspruch auf präemptive Selbstverteidigung ("the United States will, if necessary, act preemptively in exercising its right of self-defense to forestall or prevent hostile acts by our adversaries")

1. Die Harboring-Doktrin

Die untersuchte Staatenpraxis zeigte eindeutig, dass die *„Harboring"*-Doktrin schon vor der *Bush*-Doktrin Bestandteil der völkerrechtlichen Argumentation war, wie die Beispiele USA, Israel, Südafrika, Türkei, Iran und andere zeigten.[1463]

War sie zuvor noch überwiegend von der internationalen Gemeinschaft abgelehnt worden, wird die Kritik in den letzten Jahren weniger, zum Teil sogar gänzlich aufgegeben, wie die Reaktionen auf *Operation Enduring Freedom* nach dem 11. September 2001 deutlich machen.

---

ethischen und strategischen Problematik gezielten Tötens in der Terrorismus- und Aufstandsbekämpfung, SWP-Studie S 1, Januar 2012, S. 13; *Garwood-Gowers*, Self-Defence against Terrorism in the Post-9/11 World, QUTLJJ, Vol. 4, No. 2, 2004, S. 1 (16).

1463 Siehe dazu 5. Kapitel II.

Damit besteht ein Trend zu einer anderen Zurechnungsschwelle im Bereich des Kampfes gegen den internationalen Terrorismus: Die restriktive Auslegung durch den IGH mit seiner Anforderung der „effektiven Kontrolle" ist auf dem Weg durch eine niedrigere Schwelle des *„aiding and abetting"* ersetzt zu werden. Ein Staat, der willentlich eine terroristische Gruppierung auf seinem Territorium beherbergt und, in welcher Form auch immer, unterstützt, kann danach Ziel einer Selbstverteidigungshandlung werden, ohne dass er selbst einen bewaffneten Angriff im Sinne des Artikel 51 UN-Charta geführt hat. Insbesondere kann sich dieser Staat nicht auf die Unverletzlichkeit seiner territorialen Integrität und Souveränität berufen.

Allerdings ist die derzeitige Staatenpraxis noch eher uneinheitlich, so dass noch nicht bereits von einem Wandel des Völkerrechts auszugehen ist.

2. Die unwilling/unable-Doktrin

Der Kampf gegen ISIL im Irak und Syrien (seit 2014) illustriert einen weiteren Trend: Nicht nur der willentlich beherbergende Staat, sondern auch der „unfähige" Staat im Sinne einer mangelnden Kontrolle über die Gebiete von denen aus Terroristen operieren, muss Selbstverteidigungshandlungen eines angegriffenen Staates auf seinem Territorium dulden.

Im Falle von Syrien gab es bis auf Syrien selbst, Russland, China, Argentinien, Chile, Belgien sowie Iran keine nennenswerten Proteste gegen das Vorgehen der US-geführten Koalition. Ob es sich, wie der Wissenschaftliche Dienst des Bundestages meint, bereits um eine Weiterentwicklung des Völkerrechts handelt und in der Staatenpraxis „verfestigt" ist, erscheint jedoch als verfrüht.

Jedenfalls aber zeichnet sich eine entsprechende Tendenz ab, die sich aber anhand anderer Fälle noch konkretisieren müßte, um von einer Änderung des Völkerrechts auszugehen. Dies betrifft insbesondere die Frage nach der Notwendigkeit der Zustimmung des „unfähigen" Staates, die im Falle Syriens ja von der Koalition und auch von Deutschland abgelehnt wurde. Allerdings hat sich die internationale Gemeinschaft angesichts der seit 2011 andauernden Kämpfe in Syrien verbunden mit dem Einsatz von Chemiewaffen gegen die eigene Bevölkerung schon früh darauf festgelegt, mit Präsident Assad nicht zu kooperieren, folglich auch keine Zustimmung seiner Regierung zu benötigen. Ob dieses Szenario auch in anderen Fällen gilt, muss derzeit bezweifelt werden.

Die *„unwilling/unable"*-Doktrin hat darüber hinaus auch Auswirkungen auf die Herausbildung eines „gewohnheitsrechtlichen Rechtfertigungsgrund[es]"[1464] zum Einsatz von militärisch begrenzter Gewalt bei der Rettung von eigenen Staatsangehörigen aus Gefahrenlagen auch ohne Zustimmung des betroffenen Staates. Zwar besteht über die „rechtliche Verortung"[1465] noch Unklarheit, die vormals herrschende Ablehnung eines solchen Rechtfertigungsgrundes scheint aber im Rückzug begriffen.

3. Regime Change

Der von der *Bush*-Doktrin erhobene Anspruch eines Regierungswechsels wird von der Staatengemeinschaft klar abgelehnt. Die Reaktionen auf den Irak-Krieg 2003 und die Absetzung Saddam Husseins waren eindeutig negativ. Insofern hat die Vertreibung der Taliban durch *Operation Enduring Freedom* 2001 nicht zu der Etablierung eines Präzedenzfalles geführt, sondern bleibt ein Ausnahmefall. Wie der IGH bereits 1986 in seinem *Nicaragua*-Urteil festgestellt hat, bedeutet ein unilateraler, zwangsweiser Regierungswechsel einen Verstoß gegen das in Artikel 2 Ziffer 1 UN-Charta enthaltene Interventionsverbot und, wird er mit militärischer Gewalt ausgeführt, auch einen Verstoß gegen das Gewaltverbot des Artikel 2 Ziffer 4 UN-Charta.

4. Präemptive Selbstverteidigung

Die *Bush*-Doktrin ist insbesondere aufgrund ihrer Behauptung eines präemptiven Selbstverteidigungsrechts kontrovers diskutiert worden. Allerdings bleibt festzuhalten, dass der Gedanke der Präemption bereits viel früher Eingang in die US-amerikanische Sicherheitsstrategie fand, nämlich mit dem Bericht der *Long Commission* (1983), der proaktive Maßnahmen in der Terrorismusbekämpfung forderte, über die *Reagan*-Policy („swift and effective retribution") und die *Shultz*-Doktrin ("[a] nation attacked by terrorists is permitted to use force to prevent or preempt future at-

---

1464 Siehe dazu in diesem Kapitel I.2.1.2.
1465 *Heintschel von Heinegg*, in: Ipsen, Völkerrecht, 6. Auflage, 2014, § 52 Rn. 45 f.

tack [...] when no other means is available") und schließlich in den *National Security Strategies* seit 1998 ("[t]he United States must act to deter or prevent such attacks") Aufnahme fand.

Wie sich ebenfalls zeigte, haben sich auch andere Staaten, darunter Israel, Portugal, das Vereinigte Königreich, Ägypten, die Türkei, Libyen, Südafrika und Iran, auf ein präemptives Selbstverteidigungsrecht berufen.

Die Reaktion der Staatengemeinschaft auf ein solches präemptives Selbstverteidigungsrecht war aber durchgängig ablehnend, wie insbesondere auch die Debatte um den Irak-Krieg (2003) gezeigt hat. Auch der IGH hat sich in seinem *Armed Activities*-Urteil (2005) unmißverständlich dagegen ausgesprochen.

Daraus folgt, dass ein präemptives Selbstverteidigungsrecht im Völkerrecht nach wie vor nicht anerkannt wird. Eine Bestätigung hingegen fand die sogenannte *Webster*-Formel für den Fall einer unmittelbar bevorstehenden Bedrohung.

Die Staatengemeinschaft scheint es derzeit hinzunehmen, dass Maßnahmen in Selbstverteidigung sich über einen längeren Zeitraum erstrecken können, wie der jahrelange Einsatz und Ausweitung der *Operation Enduring Freedom* klar zeigte. Inwieweit sich hier, sozusagen durch die „Hintertür", ein „vorbeugendes" Selbstverteidigungsrecht manifestiert, wird sich in der Zukunft noch herausstellen müssen.

VI. Erosion des Gewaltverbots? Die Kontroverse um das ius ad bellum als statisches Völkerrecht

In seinem Bericht *In Larger Freedom* (2005) forderte Kofi Annan die Staatengemeinschaft angesichts der herrschenden Meinungsunterschiede zu einem neuen Konsens zur Sicherung des internationalen Friedens und der Sicherheit auf:

"Finally, an essential part of the consensus we seek must be agreement on when and how force can be used to defend international peace and security. In recent years, this issue has deeply divided Member States. They have disagreed about whether States have the right to use military force pre-emptively, to defend themselves against imminent threats; whether they have the right to use it preventively to defend themselves against latent or non-imminent threats; and whether they have the right – or perhaps the obligation – to use it protectively to rescue the citizens of other States from genocide or comparable crimes."[1466]

Nicht nur in der Völkerrechtsliteratur sondern auch unter den Staaten wird diskutiert, ob das *ius ad bellum* mit seinen wesentlichen Bestandteilen des absoluten Gewaltverbots (Artikel 2 Ziffer 4 UN-Charta) und den beiden einzigen Ausnahmen Selbstverteidigung (Artikel 51 UN-Charta) und Autorisierung durch den UN-Sicherheitsrat (Kapitel VII UN-Charta) als statisch und damit unveränderbar (es sei denn durch eine entsprechende Satzungsänderung) zu gelten hat. Dieses würde bedeuten, dass ein Staat sich nur bei einem bewaffneten Angriff verteidigen darf (Artikel 51) und ansonsten der Einsatz von Gewalt nur bei einer vorherigen Ermächtigung durch den Sicherheitsrat erlaubt ist (Kapitel VII).

Die herrschende Meinung sowohl unter den Staaten als Völkerrechtssubjekte wie aber auch in der Völkerrechtsliteratur hält das *ius ad bellum* für eine solche statische Norm, ebenso wie Kofi Annan.[1467] Auch siebzig Jahre nach dem Inkrafttreten der Satzung der Vereinten Nationen und teils gegenläufiger Staatenpraxis wird das Festhalten an dieser Prämisse mit verschiedenen Argumenten[1468] begründet: Zum einen handele es sich eindeutig um Vertragsrecht, das zudem durch Artikel 103 UN-Charta Vorrang vor anderen völkerrechtlichen Verträgen genießt. Zwar könne die Satzung nicht nur im Wege eines formellen Verfahrens (Artikel 108, 109 UN-Charta) geändert werden, sondern auch durch übereinstimmende Interpretation, doch sei in letzterem Fall ein eindeutiger Konsens nur schwer erreichbar. Zum anderen handele es sich bei dem *ius ad bellum* um *ius cogens*, das nicht durch völkerrechtliche Verträge niedrigeren Ranges abgeändert wer-

---

1466 In larger freedom: towards development, security and human rights for all, Report of the Secretary-General, UN Doc. A/59/2005, 21. März 2005, para. 122.

1467 Ibid., paras. 123-125; vgl. auch Institut de Droit International (Rhodes Session 2011), Resolution on the Authorization of the Use of Force by the United Nations, 9. September 2011; *Murphy*, Protean Jus Ad Bellum, Berkeley J. Int'l Law, Vol. 27, Issue 1, 2009, S. 22 (24).

1468 Siehe anschaulich dazu *Murphy*, Protean Jus Ad Bellum, Berkeley J. Int'l Law, Vol. 27, Issue 1, 2009, S. 22 (25). Prägnant und uneingeschränkt beizupflichten, *Vergau* zur Rolle der Vereinten Nationen: „Es ist nicht sehr originell, heute an mehreren Stellen das Versagen der VN-Instrumente nachzuweisen und daraus zu folgern, diese Institution sei nicht zu gebrauchen. Wer das meint, muss etwas Besseres vorschlagen. Ich sehe einen solchen Vorschlag bisher nicht." in: Können Kriege durch internationale Intervention verhindert oder beendet werden?, Florian Gerster (Hrsg.), Friedrich-Ebert-Stiftung, Studie zur Außenpolitik No. 66, 1998.

den könne.[1469] Darüber hinaus fehle es an einer einheitlichen und andauernden Staatenpraxis, die eine Änderung dieser Prämisse nahelegen würde. Und schließlich sei die „Aufrechterhaltung eines wirksamen völkerrechtlichen Gewaltverbots [...] nicht zuletzt ein Gebot der praktischen Vernunft."[1470]

Die Befürworter einer sich wandelnden Natur des *ius ad bellum* verweisen auf die Auslegungsbedürftigkeit der Artikel 2 Ziffer 4 und Artikel 51 UN-Charta, die durch die Staatenpraxis präzisiert und reinterpretiert werden, wie die Beispiele zur Geiselbefreiung in Entebbe und der NATO-Einsatz im Kosovo belegen.[1471] Dabei handele es sich um "modest reinterpretations of the law concerning the use of armed force – reinterpretations that stop short of opening a 'Pandora's box'".[1472]

Wieder andere halten das *ius ad bellum* in seiner derzeitigen Fassung für schlichtweg überholt: *Thomas M. Franck* stellte bereits 1970 in seinem Aufsatz "Who Killed Article 2 (4)?" eine Erosion des Gewaltverbots in den internationalen Beziehungen fest. Als Grund sah er die fehlende Kongruenz zwischen dem völkerrechtlichen Gewaltverbot und den nationalen Interessen von Staaten, insbesondere der „super-Powers" USA und der damaligen Sowjetunion.[1473] Sein Fazit: "Article 2 (4) mocks us from its gra-

---

1469 Siehe dazu 2. Kapitel III.

1470 *Dörr*, Gewalt und Gewaltverbot im modernen Völkerrecht, Aus Politik und Zeitgeschichte, B 43, 2004, S. 14 (15).

1471 *Gardner*, Neither Bush nor the "Jurisprudes", AJIL, Vol. 97, No. 3, 2003, S. 585 (589); siehe auch *D'Amato*: "Article 2(4) did not 'freeze' international law for all time subsequent to 1945 [...] Rather, the rule of Article 2(4) underwent change and modification almost from the beginning.", in: Trashing Customary International Law, AJIL, Vol. 81, No. 1, 1987, S. 101 (104); *Tams*: "[T]he Charter regime on the use of force, notwithstanding its fundamental importance or even its role as a cornerstone, has been anything but static.", in: The Use of Force Against Terrorists, EJIL, Vol. 20, No. 2, 2009, S. 359 (360).

1472 *Gardner*, Neither Bush nor the "Jurisprudes", AJIL, Vol. 97, No. 3, 2003, S. 585 (589).

1473 *Franck*, Who Killed Article 2(4)? or: Changing Norms Governing the Use of Force by States, AJIL, Vol. 64, No. 4, 1970, S. 809 (835). Siehe auch *Glennon*, der internationale Normen als einen Faktor betrachtet, allerdings nicht als einzig geltenden Faktor. Im Rahmen des *ius ad bellum* trete vielmehr eine Kosten-Nutzen Abwägung durch die Staaten hinzu, welches das *ius ad bellum* eher zu einer politischen als rechtlichen Angelegenheit mache, in: The Emerging Use-of-Force Paradigm, JCSL, Vol. 11, No. 3, 2006, S. 309 (316).Warnend dazu *Kunig*: „Recht nimmt immer Schaden, wenn sich der Eindruck verbreitet, es sei letzlich

ve".[1474] Zwar sah er kurzfristig die „Wiedergeburt" des Gewaltverbots in den 1990iger Jahren nach Ende des Kalten Krieges, um dann allerdings nach dem Irak-Krieg 2003 ernüchtert zu bemerken: "Article 2 (4) has died again, and, this time, perhaps for good."[1475] *Arend* hält das Gewaltverbot durch die Staatenpraxis für aufgehoben, welches seiner Ansicht nach die dynamische Natur des *ius ad bellum* bestätigt.[1476] *Glennon* vermerkt eher knapp: "If a rule is breached by a significant number of states a significant number of times over a significant period of time, I would not call it international law".[1477] *Delahunty* und *Yoo* halten das Festhalten an "the Charter's ineffective legal norms" für "legal absolutism".[1478] *Herdegen* sieht spätere Generationen als „Gefangene einer vor einem halben Jahrhundert getroffenen Wertentscheidung", eingeengt durch ein „Korsett von Verhaltenszwängen".[1479] Und *Combacau* betrachtet die Staatengemeinschaft angesichts des Scheiterns des Systems der kollektiven Sicherheit sogar auf dem Weg zurück zum Naturrecht: "[T]he international community no lon-

---

eine relative Größe, es stünde in der Macht jedes am Rechtsgespräch Beteiligten, nahezu jede Position rechtlich vertretbar umbrämen zu können. Und Recht verträgt nicht die Anschauung, es gelte für die Einen, für die Anderen, die Mächtigen, aber nicht. Gleichheit ist ein juristisches Axiom." in: Das Völkerrecht als Recht der Weltbevölkerung, AVR, Bd. 41, September 2003, S. 327 (327).

1474 *Franck*, Who Killed Article 2(4)? or: Changing Norms Governing the Use of Force by States, AJIL, Vol. 64, No. 4, 1970, S. 809.

1475 *Franck*, What Happens Now? The United Nations after Iraq, AJIL, Vol. 97, No. 3, 2003, S. 607 (609, 610).

1476 *Arend*, Legal Rules and International Society, 1999, S. 75.

1477 *Glennon*, How International Rules Die, Geo. L.J., Vol. 93, 2005, S. 939 (960); als Fazit plädiert er für neue Normen: "In the long run, if the conditions necessary for effective law are not present, a rule will fail and the rule of law will be the ultimate loser, for law reform is not advanced by ignoring evidence of an old rule's collapse or of the absence of conditions needed to make a new rule work.", ibid., S. 939 (989 f.). Siehe auch *ders.*, Pre-empting Proliferation: International Law, Morality, and Nuclear Weapons, EJIL, Vol. 24, No. 1, 2013, S. 109 (114).

1478 *Delahunty/Yoo*, The "Bush Doctrine": Can Preventive War Be Justified?, Harv. J.L. & Pub. Pol'y, Vol. 32, 2009, S. 843 (846). Allerdings halten sie die UN-Satzung nicht nur für ineffektiv, sondern auch für „*unrealistic and unworkable*", ibid., S. 862.

1479 *Herdegen*, Asymmetrien in der Staatenwelt und die Herausforderungen des „konstruktiven Völkerrechts", ZaöRV, Bd. 64, 2004, S. 571 (576).

ger believes in the system of the Charter [...] [and] is in fact back where it was in 1945: in the state of nature."[1480]

Eine vermittelnde Meinung sieht durch neue Bedrohungslagen wie durch die Verbreitung von Massenvernichtungswaffen und den internationalen Terrorismus verbunden mit der stetig wachsenden Bedeutung der Menschenrechte den Zeitpunkt für gekommen, zumindest das geltende *ius ad bellum* zu bestätigen oder aber neu zu kodifizieren.[1481] Angesichts eines derzeit „offenkundig defizitären Verhütungsmechanismus für zwischenstaatliche Gewalt"[1482] und der entweder „unvollkommen" oder „selektiv" wahrgenommenen Entscheidungsrolle des UN-Sicherheitsrats, hält *Kunig* neue Mechanismen der Entscheidungsfindung verbunden mit einer erneuerten Legitimität des Rates für erforderlich.[1483] Anstelle der Vorrangigkeit von staatlichen Interessen müsse das Interesse derjenigen durch

---

1480 *Combacau*, The Exception of Self-Defense in United Nations Practice, in: The Current Legal Regulation of the Use of Force, Antonio Cassese (Hrsg.), 1986, S. 9 (32).

1481 Siehe zu dieser Ansicht *Murphy*, Protean Jus Ad Bellum, Berkeley J. Int'l Law, Vol. 27, Issue 1, 2009, S. 22 ff., inklusive Vorschlägen zur Rekodifikation und *Schaller*, Das Friedenssicherungsrecht im Kampf gegen den Terrorismus, SWP-Studie S3, Februar 2004, S. 21 ff.; ähnlich auch *Schwehm*, Präventive Selbstverteidigung, AVR, Bd. 46, 2008, S. 368 (405); *Henderson*, The Bush Doctrine: From Theory to Practice, JCSL, Vol. 9, No. 1, 2004, S. 3 (22).

1482 *Kunig*, Das Völkerrecht als Recht der Weltbevölkerung, AVR, Bd. 41, 2003, S. 327 (333).

1483 „Unter den bisherigen rechtlichen und faktischen Bedingungen hat der Sicherheitsrat, dem das System der Vereinten Nationen eine solche Entscheidungsrolle zudenkt, sie nur unvollkommen wahrnehmen können. Vor allem hat er sie nur selektiv wahrgenommen, regelmäßig je nach dem, ob ein Interesse der im Abstimmungsverfahren durch das Vetorecht privilegierten Hauptsiegermächte des Zweiten Weltkriegs oder jedenfalls ein gemeinsames Desinteresse bestand.", *Kunig*, Das Völkerrecht als Recht der Weltbevölkerung, AVR, Bd. 41, 2003, S. 327 (333); siehe auch *Bothe*, Rechtliche Hegung von Gewalt zwischen Theorie und Praxis, in: International Law between Universalism and Fragmentation, FS in Honour of Gerhard Hafner, Buffard/Crawford/Pellet/Wittich (Hrsg.), 2008, S. 141 (147). Zu einem entgegengesetzten Schluß kommt *Herdegen*, der für den Fall, dass der Sicherheitsrat seiner Rolle nicht nachkomme, die „einseitige Prävention" als „zulässige Option" hält, da „ohne eine derartige Ausweitung der Möglichkeit einseitiger Prävention die UN-Charta und das parallel laufende Völkergewohnheitsrecht zur Gewaltanwendung seine Akzeptanz [...] zu verlieren [droht]", in: Asymmetrien in der Staatenwelt und die Herausforderungen des „konstruktiven Völkerrechts", ZaöRV, Bd. 64, 2004, S. 571 (573-574). Deutlich gegen diese Ansicht *Bothe*: „Die Reaktion auf Schwächen der internationalen

„rechtliche Klarstellungen" in der UN-Satzung in den Vordergrund gerückt werden, denen das Recht letzten Endes zu dienen hat: den Menschen, ihrer Existenz und den herrschenden Existenzbedingungen.[1484] Verstanden als „Recht der Weltbevölkerung" müssten Menschenrechte, aber auch der Umweltschutz – mit den Stichworten *„good governance"* und *„sustainable development"* – im Rahmen der Verhütung oder Bekämpfung von verbotener Gewalt verstärkt berücksichtigt werden.[1485]

Dieser Ansicht ist beizupflichten, auch wenn insbesondere eine Neukodifikation derzeit unrealistisch erscheint. Die in dieser Arbeit betrachtete Staatenpraxis in Bezug auf das *ius ad bellum* zeigte, dass große Unterschiede in der völkerrechtlichen Würdigung von Verstößen gegen das *ius ad bellum* herrschen und auch weiterhin herrschen werden. Zwar läßt sich zunächst aus diesen Diskursen folgern, dass, solange über die Auslegung des *ius ad bellum* gestritten wird, es als geltende Norm doch anerkannt bleibt.[1486] Eine wirkliche Bedrohung für das *ius ad bellum* würde umgekehrt dann erwachsen, wenn Staaten keine wie auch immer geartete Begründung für den Einsatz von Gewalt, sei es unter Heranziehung des

---

Ordnung [...] kann [...] nicht in einer Reduktion des Gewaltverbots durch Legitimierung einseitiger Gewalt von Militärmächten liegen, sondern nur in einer Stärkung der Organisation dieser Ordnung", in: Graf Vitzthum/Proelß (Hrsg.), Völkerrecht, 7. Auflage, 2016, 8. Abschnitt, Rn. 30; siehe auch *Fassbender*: „Eine rechtlich geordnete Weltgesellschaft aber ist unvereinbar mit einer einseitigen, unkontrollierten Anwendung militärischer Gewalt durch einzelne ihrer Teile." in: Die Gegenwartskrise des völkerrechtlichen Gewaltverbots vor dem Hintergrund der geschichtlichen Entwicklung, EuGRZ, 2004, S. 241 (256).

1484 *Kunig*, Das Völkerrecht als Recht der Weltbevölkerung, AVR, Bd. 41, 2003, S. 327 (333). Interessanterweise ist diese Forderung auch Bestandteil der Argumente *Herdegens*, wenn er feststellt: „Der Schutz elementarer Menschenrechte und elementarer Lebensinteressen tritt hier gleichberechtigt neben das Integritätsinteresse der einzelnen Staaten." – freilich um dann zu einem entgegengesetzten Ergbnis zu kommen, wie oben beschrieben, in: Asymmetrien in der Staatenwelt und die Herausforderungen des „konstruktiven Völkerrechts", ZaöRV, Bd. 64, 2004, S. 571 (572).

1485 *Kunig*, Das Völkerrecht als Recht der Weltbevölkerung, AVR, Bd. 41, 2003, S. 327 (334).

1486 Siehe auch *Kunig*: „[S]olange Streit geführt wird über die Inhalte des Rechts, bleibt das Recht selbst existent." in: Das Völkerrecht als Recht der Weltbevölkerung, AVR, Bd. 41, 2003, S. 327 (331).

Selbstverteidigungsrechts oder das Rekurrieren auf Resolutionen des Sicherheitsrats, abgeben würden.[1487]

Allerdings ist zu bedenken, dass das Völkerrecht auch mit Politik verbunden ist. Letzteres tritt mit unterschiedlichsten Bezeichnungen auf, wie Sicherheitspolitik, Realpolitik oder kurz: als Macht.[1488] Dieses rührt insbesondere daher, dass das Völkerrecht, anders als das nationale Recht oder auch das Recht der Europäischen Union, über keine effektiven Mechanismen zur Durchsetzung des Rechts verfügt.[1489] Wie auch immer die Überschrift lautet, sie kann zu einem Postulat führen, das Präsident Obama un-

---

1487 Vgl. auch das Urteil des IGH im *Nicaragua*-Fall:
"The Court does not consider that, for a rule to be established as customary, the corresponding practice must be in absolutely rigorous conformity with the rule. In order to deduce the existence of customary rules, the Court deems it sufficient that the conduct of States should, in general, be consistent with such rules, and that instances of State conduct inconsistent with a given rule should generally have been treated as breaches of that rule, not as indications of the recognition of a new rule. If a State acts in a way prima facie incompatible with a recognized rule, but defends its conduct by appealing to exceptions or justifications contained within the rule itself, then whether or not the State's conduct is in fact justifiable on that basis, the significance of that attitude is to confirm rather than to weaken the rule."
Military and Paramilitary Activities in and against Nicaragua (Nicaragua v. USA), Merits, Judgment, I.C.J. Reports 1986, S. 14 (para. 186).

1488 *Kunig*: „Recht und Macht sind untrennbar miteinander verbunden.", in: Macht und Recht in den internationalen Beziehungen – und Schlussfolgerungen für den internationalen Diskurs über Völker- und Verfassungsrecht, VRÜ, Bd. 38, 2005, S. 105 (105). Vgl. auch den, zwar in einem anderen Zusammenhang geäußerten, aber auch für das Völkerrecht passenden, Kommentar des ehemaligen Bundesverfassungsrichters *Grimm*: „Recht ist das Produkt der Politik.", zitiert in *von Lepel*, Die präemptive Selbstverteidigung im Lichte des Völkerrechts, Humanitäres Völkerrecht, Heft 2, 2003, S. 77 (81).

1489 Ähnlich *Bruha*, der „keine vergleichbaren Mechanismen kollektiver Erzwingbarkeit verbindlicher Regeln" im Völkerrecht sieht und daher die Verbindung zwischen Macht und Recht als „existentiell", in: „Neue Kriege" – Neues Völkerrecht?, Wissenschaft & Frieden, Heft 1, 2004, S. 2. Dieses sollte aber differenzierter betrachtet werden: das Völkerrecht, in Form der Satzung der Vereinten Nationen, verpflichtet die 193 Mitgliedstaaten zur kollektiven Umsetzung der vom Sicherheitsrat beschlossenen Maßnahmen gegen Vertragsbrecher (Artikel 25 UN-Charta). Die Frage ist allerdings, ob die Mitgliedstaaten dieser Verpflichtung nachkommen und natürlich auch die nach einer Überprüfbarkeit der Entscheidungen des Sicherheitsrats, die derzeit, etwa in Gestalt des IGH, nicht gegeben ist. Es gibt also durchaus Mechanismen, die aber nicht vergleichbar sind, weil es an der letztendlichen Durchsetzbarkeit fehlt. Zum Problem der

längst bei seiner Rede in West Point folgendermaßen formulierte: "International opinion matters, but America should never ask permission to protect our people, our homeland, or our way of life."[1490] Dieses Postulat, das nicht nur die USA, sondern auch der russische Präsident Putin – so zuletzt bei der Annexion der Krim im März 2014[1491] – sowie weitere Staaten in Anspruch nehmen, könnte dahingehend zu interpretieren sein, dass im Zweifelsfall das Recht der Politik bzw. der Macht zu weichen hat, gar als subsidiär zu betrachten sei.

Wenn das Recht die Aufgabe hat, „die Ausübung von Macht zu begrenzen oder zu verbieten oder zu kompensieren"[1492], erscheint ein solches Postulat schlichtweg als Bankrotterklärung des Völkerrechts. Allerdings, und hier schließt sich der Bogen zu den oben erwähnten völkerrechtlichen Argumentationen der Staaten, gilt auch weiterhin in der Staatenpraxis,

---

Kontrolle des Sicherheitsrats siehe *Payandeh*, Rechtskontrolle des UN-Sicherheitsrates durch staatliche und überstaatliche Gerichte, ZaöRV, Bd. 66, 2006, S. 41 ff. m.w.N. Diese Frage stellte sich auch dem IGH, zumindest inzidenter, im *Lockerbie*-Fall. In seinem Beschluß vom 14. April 1992 (im Verfahren zum Erlaß vorsorglicher Maßnahmen [Provisional Measures], gem. Artikel 41 IGH-Statut) erklärte er zumindest:
"Whereas both Libya and the United States, as Members of the United Nations, are obliged to accept and carry out the decisions of the Security Council in accordance with Article 25 of the Charter; whereas the Court, which is at the stage of proceedings on provisional measures, considers that prima facie this obligation extends to the decision contained in resolution 748 (1992); and whereas, in accordance with Article 103 of the Charter, the obligations of the Parties in that respect prevail over their obligations under any other international agreement, including the Montreal Convention; [...]"
Questions of Interpretation and Application of the 1971 Montreal Convention arising from the Aerial Incident at Lockerbie (Libyan Arab Jamahiriya v. United States of America), Provisional Measures, Order of 14 April 1992, I.C.J. Reports 1992, S. 114 (para. 42). Die endgültige Beantwortung behielt sich der IGH für seine Entscheidung in der Sache (Merits) vor, zu der es allerdings nie kam, da die Parteien das Streitverfahren aufgrund einer außergerichtlichen Einigung (Libyen erklärte sich bereit, die Verdächtigen nach Den Haag zu überstellen) für beendet erklärt hatten.

1490 The White House, Remarks by the President at the United States Military Academy Commencement Ceremony, U.S. Military Academy-West Point, 28. Mai 2014.

1491 Siehe dazu in diesem Kapitel I.2.1.2.

1492 *Kunig*, Macht und Recht in den internationalen Beziehungen – und Schlussfolgerungen für den internationalen Diskurs über Völker- und Verfassungsrecht, VRÜ, Bd. 38, 2005, S. 105 (105).

dass eine Gewaltausübung durch die handelnden Staaten völkerrechtlich – und eben nicht *politisch* – begründet wird, so beispielsweise im Falle der USA und des „War on Terrorism" mit dem Hinweis auf das Selbstverteidigungsrecht, oder eine Art Schutz eigener Staatsangehöriger mit einem Anklang auf die umstrittene *Responsibility to Protect* in Bezug auf die Krim durch Russland.

Ist daher das Postulat reiner *„lip-service"*, nur einige markige Worte an die Wählerschaft und die internationale Gemeinschaft? Meiner Ansicht nach: ja und nein.

Staaten, insbesondere die sogenannten „mächtigen" Staaten mit weitreichenden Einflußmöglichkeiten werden zumeist zwei Faktoren in ihrer Politik berücksichtigen: 1. Wird ein Präzedenzfall geschaffen, auf den sich andere Staaten berufen werden? und 2. Eine Kosten-Nutzen-Analyse, die die internationalen Kosten, politische, diplomatische aber durchaus auch wirtschaftliche, eines etwaigen völkerrechtswidrigen Handelns dem erwarteten Nutzen gegenüberstellt. Und diese Kosten sind hoch, wie auch Präsident Obama weiß: "We can't exempt ourselves from the rules that apply to everybody else. [...] That's not leadership, that's retreat."[1493]

Es spricht aber auch noch etwas anderes, beunruhigendes, aus dem Postulat, das es nicht als zu vernachlässigende Rhetorik erscheinen läßt. Wenn Staaten das Gewaltverbot und das kollektive Sicherheitssystem der Vereinten Nationen als ineffektiv betrachten, gerechtfertigt oder nicht, mag dahingestellt bleiben, und sich gleichzeitig neuen Sicherheitsbedrohungen ausgesetzt sehen, für die dieses kollektive Sicherheitssystem keine befriedigenden Antworten findet, ist der Schritt hin zu unilateralem Handeln

---

1493 The White House, Remarks by the President at the United States Military Academy Commencement Ceremony, U.S. Military Academy-West Point, 28. Mai 2014. Siehe auch *Rivkin*: "Upsetting one's allies does carry a heavy price, both internationally and domestically; if at all possible, it is to be avoided.", in: The Virtues of Preemptive Deterrence, Harv. J.L. & Pub. Pol'y, Vol. 29, Issue 1, 2005, S. 85 (96); siehe dazu auch *Bothe*, der durch die „Skandalisierung" des Krieges im 20. Jahrhundert eine Erhöhung der politischen Kosten sieht, aber auch feststellt: „Aber [diese Entwicklung] hat diese Kosten sozusagen nicht unbezahlbar gemacht." in: Rechtliche Hegung von Gewalt zwischen Theorie und Praxis, in: International Law between Universalism and Fragmentation, FS in Honour of Gerhard Hafner, Buffard/Crawford/Pellet/Wittich (Hrsg.), 2008, S. 141 (143) sowie in: Graf Vitzthum/Proelß (Hrsg.), Völkerrecht, 7. Auflage, 2016, 8. Abschnitt, Rn. 29.

kurz.[1494] In Lichte dieser Logik besehen: sogar nachvollziehbar. Der Schaden für das geltende *ius ad bellum* wäre immens.

Eine andere Handlungsalternative zum Unilateralismus bietet sich für Staaten in einer Änderung des Völkerrechts, angefangen über das Völkergewohnheitsrecht. Ausgangspunkt ist die Prämisse, dass das Völkerrecht auf dem Konsensprinzip beruht, was bedeutet, dass Völkerrecht, ob in vertraglicher oder gewohnheitsrechtlicher Form, durch die Zustimmung der Staaten als Völkerrechtssubjekte basierend auf dem Grundsatz der souveränen Gleichheit entsteht – oder auch in seiner Geltungskraft geändert oder sogar beendet werden kann.[1495] Damit sind aber die Staaten Rechtsunterworfene und Rechtsschöpfer zugleich.[1496] Nun ist es denkbar, dass Staaten, insbesondere „mächtige" Staaten, angesichts des Fehlens interpretierbarer geltender Regeln, dazu ansetzen, neues Völkerrecht zu schaffen, angefangen mit neuem Völkergewohnheitsrecht.[1497] So sehen einige Kommentatoren in der Völkerrechtsliteratur in der *Bush*-Doktrin nichts ande-

---

1494 *Herdegen* bezeichnet die *National Security Strategy* von 2002, die die *Bush*-Doktrin beinhaltet, als „Antwort auf wiederholtes Versagen des Sicherheitsrats bei der Wahrung des Weltfriedens"; in: Asymmetrien in der Staatenwelt und die Herausforderungen des „konstruktiven Völkerrechts", ZaöRV, Bd. 64, 2004, S. 571 (572); siehe auch *ders.*, Völkerrecht, 16. Auflage, 2017, § 34 Rn. 6.

1495 Siehe zum Konsensprinzip ausführlich *Ipsen*, Völkerrecht, 6. Auflage, 2014, § 1 Rn. 18 ff.

1496 Siehe auch *Kunig*, Über Stärken und Schwächen des Völkerrechts, Annales de la Faculté de Droit d'Istanbul, XLVI, N. 63, 2014, S. 85 (90).

1497 *Von Lepel*, Die präemptive Selbstverteidigung im Lichte des Völkerrechts, Humanitäres Völkerrecht, Heft 2, 2003, S. 77 (80). *Von Lepel* spricht sogar von einer „amerikanischen Epoche des Völkerrechts", ibid. Siehe auch *Paech*, Epochenwechsel im Völkerrecht? Über die Auswirkungen der jüngsten Kriege auf das UNO-Friedenssystem, Aus Politik und Zeitgeschichte, 2004, S. 5. Die Verfasserin dieser Arbeit vermag allerdings einer solcherart auf die USA verengten Sichtweise nicht zu folgen, denn wie vorliegende Arbeit gezeigt hat, sind es bei weitem nicht nur die USA, die das Völkerrecht zu prägen und neuzuinterpretieren versuchen. Exemplarisch sei hier der russische Versuch der Legitimierung der Annexion der Krim im Frühjahr 2014 erwähnt, der verschiedene Prinzipien des geltenden Völkerrechts, wie das Selbstbestimmungsrecht der Völker und das Selbstverteidigungsrecht zum Schutze eigener Staatsangehöriger, über seine akzeptierten Grenzen hinweg auszudehnen unternahm. So stellt auch *Kranz* fest: "In conclusion, the actions of Russia in Ukraine should be perceived as dealing blows to the foundations of a painstakingly built network of international security and cooperation, especially in Europe. [...] International law and the values it protects are being seriously challenged." in: Imperialism, the Highest Stage of Sovereign Democracy: Some Remarks on the Annexation of Crimea by Russia,

res, als der Versuch der Schaffung eines neuen Völkergewohnheitsrechts neben den vertraglichen Normen des *ius ad bellum*, wie sie in der Charta der Vereinten Nationen festgeschrieben sind, insbesondere in Artikel 2 Ziff. 4 und Artikel 51 UN-Charta.[1498] Damit wird deutlich, dass auch diese Handlungsalternative einen schwerwiegenden Eingriff in das Verständnis des *ius ad bellum* als statisches, also unveränderbares Völkerrecht bedeuten würde.

Ein weiterer Aspekt tritt hinzu: Terrorismus als neue globale Sicherheitsbedrohung. Zunächst ist das Phänomen des Terrorismus nicht neu.[1499] Während die Staaten schon mit dem *Briand-Kellogg* Pakt[1500] und später mit Artikel 2 Ziffer 4 UN-Charta eine Wertentscheidung[1501] dahingehend abgegeben haben, auf *Krieg* als Mittel der Politik zu verzichten, so bedeutet dieses Postulat offensichtlich nicht zugleich den Verzicht auf *„Terrorismus* als Mittel der Politik", verstanden als staatliche Förderung von terroristischen Gruppierungen zur Durchsetzung von Interessen, welches wei-

---

AVR, Bd. 52, 2014, S. 205 (221). Siehe zum Krim-Konflikt 2014 in diesem Kapitel. I.2.1.2.

1498 *Von Lepel*, Die präemptive Selbstverteidigung im Lichte des Völkerrechts, Humanitäres Völkerrecht, Heft 2, 2003, S. 77 (81). Allerdings sieht er im Jahr 2003 noch nicht ein solches neues Völkerrecht in Bezug auf präemptive Selbstverteidigung für entstanden, da es an einem entsprechenden Konsens der Staatengemeinschaft fehle, so auch *Paech*, ibid.

1499 Zu den ersten terroristischen Bewegungen werden die *Sicarii* gezählt, eine religiöse Sekte, die an den Zelotenkämpfen in Palästina um 66-73 n. Chr. teilnahm. Die Secarii verübten Sabotageakte und töteten ihre Gegner vornehmlich bei Tageslicht und in Menschenmengen mit einem kurzen Schwert (sica), das unter dem Mantel versteckt wurde. Weitaus bekannter sind die *Assassinen*, die im 11. Jahrhundert entstanden und erst nach 200 Jahren durch die Mongolen bezwungen wurden. Ursprünglich aus Persien, zogen die Assassinen bis nach Syrien; sie ermordeten Statthalter, Präfekten, Kalifen und auch den Kreuzritter und König von Jerusalem Konrad de Montferrat. Die Assassinen gingen unter größter Geheimhaltung vor, nutzten Verkleidungen als Fremde oder Christen und sahen den Mord in ihrem Kampf gegen die Seldschuken als heiligen Akt an. Siehe detailliert dazu *Laqueur*, Terrorismus, 1987, S. 19 ff.

1500 Vgl. Artikel 1: „Die Hohen Vertragschließenden Parteien erklären feierlich im Namen ihrer Völker, dass sie den Krieg als Mittel für die Lösung internationaler Streitfälle verurteilen und auf ihn als Werkzeug nationaler Politik in ihren gegenseitigen Beziehungen verzichten."; siehe auch 4. Kapitel I.1.

1501 *Wolfrum*, The Attack of September 11th, 2001, the Wars against the Taliban and Iraq: Is there a Need to Reconsider International Law on the Recourse to Force and the Rules in Armed Conflict?, in: Armin von Bogdandy/Rüdiger Wolfrum (Hrsg.), MPYUNL, 2003, Vol. 7, S. 1 (9).

terhin weltweit praktiziert wird. Die Auswirkungen wurden hinlänglich in den vorhergehenden Kapiteln untersucht.

Nunmehr manifestiert sich aber zusätzlich eine wachsende Unabhängigkeit dieser terroristischen Gruppierungen, die zudem ihren regionalen Kontext aufgeben, international operieren und, wie im Falle Islamischer Staat im Irak und der Levante (ISIL) sogar bestrebt sind, eigene Staatlichkeiten zu gründen – der Zauberlehrling und die Geister, die er rief, können einem Betrachter in den Sinn kommen.

Daher erscheint es angebracht, insbesondere angesichts der dominanten Rolle des internationalen Terrorismus, der keine nationalen Grenzen kennt, dass die Staatengemeinschaft sich auf eindeutige Regeln einigt, als weiterhin in Grauzonen zu operieren. Dazu müßte nicht unbedingt die Satzung der Vereinten Nationen geändert werden. Kapitel VII und insbesondere Artikel 39 UN-Charta geben dem Sicherheitsrat ausreichend Flexibilität und auch Spielraum, auf neue Bedrohungslagen zu reagieren, wie auch schon die Vergangenheit gezeigt hat.[1502] Entscheidend wird vielmehr sein, dass der Vorwurf der Selektivität beseitigt wird. Das *ius ad bellum* als Fundamentalnorm des Völkerrechts darf nicht zum „Spielball" oder gar einer Beliebigkeit unterworfen werden.

Wertvolle Ansätze sind bereits vorhanden, wie etwa mit dem Bericht des *High-Level Panel on Threats, Challenges and Change* (2004)[1503] oder Kofi Annans Bericht *In Larger Freedom* (2005)[1504].[1505] Abgesehen von Vorschlägen zu einer Reform des Sicherheitsrats finden sich in beiden Berichten auch Aufrufe zur Verabschiedung von *Guidelines* für die Autorisierung von militärischen Zwangsmaßnahmen durch den Sicherheitsrat. Damit die Entscheidungen des Sicherheitsrats hinreichend legitimiert seien, schlägt das *High-Level Panel* fünf Kriterien für die Zulässigkeit vor:

- Ernst der Bedrohung (Seriousness of Threat)
- Redlichkeit der Motive (Proper Purpose)
- Anwendung als letztes Mittel (Last Resort)

1502 Zur wandelnden Auslegung des Begriffs „Frieden und internationale Sicherheit" in Artikel 39 UN-Charta durch den Sicherheitsrat siehe 4. Kapitel I.2.3.1.

1503 High Level Panel: *"A More Secure World: Our Shared Responsibility"*, UN Doc. A/59/565, 2. Dezember 2004.

1504 In Larger Freedom: Towards Development, Security and Human Rights for All. Report of the Secretary-General, UN Doc. A/59/2005, 21. März 2005.

1505 Siehe dazu auch *Kunig*, Internationale Sicherheit und Ordnung, in: fundiert, Freie Universität Berlin, Heft 1, 2005.

- Verhältnismäßigkeit der Mittel (Proportional Means)
- Angemessenheit der Folgen (Balance of Consequences)[1506]

Kofi Annan nahm die Vorschläge des *High-Level Panel* auf und forderte die Verabschiedung einer entsprechenden Resolution durch den Sicherheitsrat:

> „Falls sich der Rat verpflichten sollte, Militäraktionen anhand dieser Kriterien zu begründen, so würde dies die Transparenz seiner Beratungen erhöhen und dazu beitragen, dass seine Beschlüsse sowohl von den Regierungen als auch von der Weltöffentlichkeit eher respektiert werden. **Daher empfehle ich dem Sicherheitsrat, eine Resolution zu verabschieden, in der diese Grundsätze festgeschrieben werden und in der er seine Absicht kundtut, sich von ihnen leiten zu lassen, wenn er Beschlüsse über die Genehmigung oder Mandatierung der Anwendung von Gewalt trifft.**"[1507]

Eng damit verbunden ist auch die Debatte um das Konzept der *Responsibility to Protect*, die ihren Anfang in dem im Jahr 2001 erschienenen Bericht der kanadischen *International Commission on Intervention and State Sovereignty* (ICISS)[1508] nahm und sowohl vom *High-Level Panel*[1509] als

---

1506 High Level Panel: *"A More Secure World: Our Shared Responsibility"*, UN Doc. A/59/565, 2. Dezember 2004, para. 207. Das High-Level Panel sieht allerdings auch Grenzen der Kriterien:
„Die von uns vorgeschlagenen Leitlinien werden nicht dazu führen, dass künftig auf Knopfdruck vorhersehbare einvernehmliche Schlussfolgerungen erzielt werden. Ihre Verabschiedung soll keine Garantie sein, dass sich stets das objektiv beste Ergebnis durchsetzt. Vielmehr sollen durch sie die bestmöglichen Voraussetzungen für einen Konsens im Sicherheitsrat zu der Frage geschaffen werden, wann die Anwendung von Zwangsmaßnahmen einschließlich Waffengewalt angebracht ist und wann nicht; ferner soll möglichst große internationale Unterstützung für jede wie auch immer geartete Entscheidung des Sicherheitsrat hergestellt und die Möglichkeit einer Umgehung des Sicherheitsrats durch einzelne Mitgliedstaaten weitestgehend ausgeräumt werden."
Ibid., para. 206.
1507 In Larger Freedom: Towards Development, Security and Human Rights for All. Report of the Secretary-General, UN Doc. A/59/2005, 21. März 2005, para. 126. Hervorheb. im Original.
1508 ICISS: "The Responsibility to Protect", December 2001, http://responsibilityto-protect.org/ICISS%20Report.pdf.
1509 High Level Panel: *"A More Secure World: Our Shared Responsibility"*, UN Doc. A/59/565, 2. Dezember 2004, para. 203. Das High-Level Panel sieht das Konzept sogar als eine „emerging norm" an, ibid.

auch von Kofi Annan[1510] aufgegriffen wurde. Mit ihrer Kernaussage, dass in Fällen der Unfähigkeit oder Unwilligkeit von Staaten, ihre Bevölkerung vor Völkermord, Kriegsverbrechen, ethnischen Säuberungen oder Verbrechen gegen die Menschlichkeit zu schützen, die Schutzverantwortung auf die internationale Gemeinschaft in Form des Sicherheitsrats übergeht, bedeutet sie schlußendlich nichts anderes, als eine weitere Art von *Guidelines* oder verbindlichen Kategorien, in denen der Sicherheitsrat einschreiten *muss*.

Allerdings bleibt festzustellen, dass diese Reformansätze – bislang zumindest – über ihren Ansatz nicht hinaus gelangt sind. Der Sicherheitsrat hat keine Richtlinien verabschiedet und zeigt auch keine Aktivitäten, dieses in absehbarer Zeit zu tun.[1511] Das Konzept der *Responsibility to Protect* ist mit unterschiedlichen Begründungen auf verbreitete Ablehnung gestoßen, wurde aber auch von vielen Staaten, darunter Argentinien, Australien, Kanada, Chile, Deutschland, Frankreich, Japan, Mexiko, Südafrika und das Vereinigte Königreich, begrüßt.[1512] Einige Staaten waren gegen

---

1510 „Ich bin der Überzeugung, dass wir uns die Schutzverantwortung zu eigen machen und entsprechend handeln müssen, wenn dies notwendig ist." In Larger Freedom: Towards Development, Security and Human Rights for All. Report of the Secretary-General, UN Doc. A/59/2005, 21. März 2005, para. 135. Kofi Annan ist allerdings deutlich zurückhaltender in der Übernahme auch der rechtlichen Einschätzung des High-Level Panel als eine sich herausbildende Norm („Obschon ich mir der mit dieser Frage verbundenen Sensibilitäten durchaus bewusst bin, stimme ich mit diesem Ansatz voll und ganz überein."), ibid. Er behandelt die *Responsibility to Protect* auch anders als das Panel nicht in dem Teil, der sich dem Einsatz von Gewalt widmet, sondern unter der Überschrift „Rule of Law". Siehe ausführliche Analyse bei *Stahn*, Responsibility to Protect: Political Rhetoric or Emerging Legal Norm?, AJIL, Vol. 101, No. 1, 2007, S. 99 ff.

1511 *Ronzitti* bemerkte dazu: "A pessimistic conclusion is that States would not like a detailed definition of self-defence that would limit their freedom of action and prefer to leave its boundaries undetermined to exploit opportunities and openings given by this permissible use of armed force.", in: The Expanding Law of Self-Defence, JCSL, Vol. 11, Issue 3, 2006, S. 343 (359). Nach seiner Ansicht käme auch eine Resolution der Generalversammlung in Betracht, angelehnt an die *Friendly Relations*-Deklaration oder die Angriffsdefinition, ibid., S. 358.

1512 Siehe eine Aufstellung der Staatenpositionen im Vorfeld des 2005 World Summit bei der International Coalition for the Responsibility to Protect (ICRtoP), http://www.responsibilitytoprotect.org/index.php/civil_society_statements/294. Auf der Seite http://www.responsibilitytoprotect.org/index.php/document-archive/government sammelt die ICRtoP Stellungnahmen von Staaten bis zum heutigen Tage.

die Erwähnung des Konzepts im *2005 World Summit Outcome Document*, darunter Algerien, Weißrussland, Ägypten, Iran, Pakistan, China, die Russische Föderation, Venezuela und Vietnam.[1513] Die Argumente dieser Staaten waren vielfältig, einige hielten das Konzept als unvereinbar mit dem Völkerrecht, andere kritisierten es als zu vage oder allein dem Interesse der mächtigen Staaten dienend, wieder andere hielten es schlichtweg für eine Reinkarnation der humanitären Intervention.[1514] Auch die Vereinigten Staaten machten deutlich, dass sie eine rechtliche Natur der *Responsibility to Protect*, wie es das *High-Level Panel* in seinem Bericht angedeutet hatte, nicht anerkennen würden. So stellte US-Botschafter *John Bolton* in einem Brief an die UN-Mitgliedstaaten klar: "We do not accept that either the United Nations as a whole, or the Security Council, or individual states, have an obligation to intervene under international law."[1515] Stattdessen wollten die USA eher eine „moralische Verantwortung" der internationalen Gemeinschaft und der Vereinten Nationen in dem *Outcome Document* erwähnt sehen.[1516]

Auf dem Weltgipfel 2005 wurde schließlich folgende Erklärung zur *Responsibility to Protect* unter der Überschrift „Menschenrechte und Rechtsstaatlichkeit" verabschiedet:

> „Verantwortung für den Schutz der Bevölkerung vor Völkermord, Kriegsverbrechen, ethnischer Säuberung und Verbrechen gegen die Menschlichkeit
>
> 138. Jeder einzelne Staat hat die Verantwortung für den Schutz seiner Bevölkerung vor Völkermord, Kriegsverbrechen, ethnischer Säuberung und Verbrechen gegen die Menschlichkeit. Zu dieser Verantwortung gehört es, solche Verbrechen, einschließlich der Anstiftung dazu, mittels angemessener und notwendiger Maßnahmen zu verhüten. Wir akzeptieren diese Verantwortung und werden im Einklang damit handeln. Die internationale Gemeinschaft sollte gegebenenfalls die Staaten ermutigen und ihnen dabei behilflich sein, diese

---

1513 Ibid.

1514 Sehr illustrativ drückte es der sudanesische Vertreter einige Jahre später aus: "To give the Security Council the privilege of being executor of the concept of the responsibility to protect would be tantamount to giving a wolf the responsibility to adopt a lamb." Official Records of the General Assembly, UN Doc. A/63/PV.101, 28. Juli 2009, S. 11.

1515 Letter from Ambassador Bolton to UN Member States Conveying U.S. Amendments to the Draft Outcome Document (30. August 2005), elektronische Version bei ICRtoP http://www.responsibilitytoprotect.org/index.php/government_state ments/.

1516 Ibid.

Verantwortung wahrzunehmen, und die Vereinten Nationen bei der Schaffung einer Frühwarnkapazität unterstützen.

139. Die internationale Gemeinschaft hat durch die Vereinten Nationen auch die Pflicht, geeignete diplomatische, humanitäre und andere friedliche Mittel nach den Kapiteln VI und VIII der Charta einzusetzen, um beim Schutz der Bevölkerung vor Völkermord, Kriegsverbrechen, ethnischer Säuberung und Verbrechen gegen die Menschlichkeit behilflich zu sein. In diesem Zusammenhang sind wir bereit, im Einzelfall und in Zusammenarbeit mit den zuständigen Regionalorganisationen rechtzeitig und entschieden kollektive Maßnahmen über den Sicherheitsrat im Einklang mit der Charta, namentlich Kapitel VII, zu ergreifen, falls friedliche Mittel sich als unzureichend erweisen und die nationalen Behörden offenkundig dabei versagen, ihre Bevölkerung vor Völkermord, Kriegsverbrechen, ethnischer Säuberung und Verbrechen gegen die Menschlichkeit zu schützen. [...]"[1517]

Es ist offensichtlich, dass das Konzept der *Responsibility to Protect* keine Anerkennung als „sich herausbildende Norm" in der Erklärung fand. Mehr noch, der Sicherheitsrat bleibt dabei, seine Entscheidungen nach Kapitel VII im „Einzelfall" (engl. Fassung: „on a case-by-case basis") zu treffen – der Hauptkritikpunkt der Selektivität des Handelns des Sicherheitsrats ist hiermit deutlich bestätigt. Darüber hinaus sehen Kommentatoren noch einen weiteren Aspekt sozusagen durch die Hintertür eingeführt: Die Zulässigkeit unilateralen Handelns. Die deutsche (allerdings nicht authentische Sprache, vgl. Artikel 33 Wiener Vertragsrechtskonvention) Fassung verbirgt (oder unterschlägt?) in dem Wort „Einzelfall" eine durchaus brisante Formulierung, die in der englischen Fassung offenbar wird:

"In this context, we are prepared to take collective action, in a timely and decisive manner, through the Security Council, in accordance with the Charter, including Chapter VII, on a case-by-case basis and in cooperation with relevant regional organizations *as appropriate*, should peaceful means be inadequate and national authorities are manifestly failing to protect their populations from genocide, war crimes, ethnic cleansing and crimes against humanity."[1518]

Der französische Text "au cas par cas et en coopération, *le cas échéant*, avec les organisations régionales compétentes" und der spanische Text: "en cada caso concreto y en colaboración con las organizaciones regionales pertinentes *cuando proceda*" tragen nicht wesentlich zur Klärung

---

1517 2005 World Summit Outcome, UN Doc. A/Res/60/1, 15. September 2005 [dt. Übersetzung].
1518 Hervorheb. durch Verf.

bei, worauf dieses *„as appropriate"*, zu beziehen ist: Auf die Zusammen-arbeit mit regionalen Organisationen oder generell auf die Maßnahmen des Sicherheitsrats? Bedeutet dies, dass die Staatengemeinschaft in ihrer Abschlußerklärung die Tür für unilaterales Handeln offen gehalten hat?[1519] Schließlich hatte auch *John Bolton* in seinem zuvor erwähnten Brief deutlich gemacht: " [W]e should not preclude the possibility of ac-tion absent authorization by the Security Council. There may be cases that involve humanitarian catastrophes but for which there is also a legitimate basis for states to act in self-defense".[1520]

Die nachfolgende Praxis des Sicherheitsrats hat diese Unklarheiten nicht beseitigt, so dass von einer Art „Guidelines" in Form einer *"Re-sponsibility to Protect"* heute zumindest (noch) nicht gesprochen werden kann. Zwar hat er die entsprechenden Paragraphen der Abschlußerklärung in thematischen Resolutionen im einleitenden Teil zitiert[1521] und auch auf konkrete Situationen angewendet, wie zum ersten Mal bezüglich der Si-tuation in Darfur/Sudan[1522], später dann auch auf Libyen[1523], Côte

---

1519 Siehe dazu *Stahn,* der dieses für möglich hält ("it leaves the door open to unilat-eral responses"), in: Responsibility to Protect: Political Rhetoric or Emerging Legal Norm?, AJIL, Vol. 101, No. 1, 2007, S. 99 (109). *Schaller* stellt fest, dass die Abschlußerklärung zumindest weder unilaterales Handeln eindeutig verur-teilt, noch es für legitim anerkennt, in: Die völkerrechtliche Dimension der 'Re-sponsibility to Protect', SWP-Aktuell 46, Juni 2008, S. 6.

1520 Letter from Ambassador Bolton to UN Member States Conveying U.S. Amend-ments to the Draft Outcome Document (30. August 2005), elektronische Version bei ICRtoP http://www.responsibilitytoprotect.org/index.php/government_state ments/.

1521 Vgl. Resolution 1674 (2006), 28. April 2006 ("Reaffirms the provisions of para-graphs 138 and 139 of the 2005 World Summit Outcome Document regarding the responsibility to protect populations from genocide, war crimes, ethnic cleansing and crimes against humanity") oder Resolution 1894, 11. November 2009, zuletzt auch Presidential Statement UN Doc. S/PRST/2014/3, 12. Februar 2014, alle zur Thematik "Protection of Civilians in Armed Conflict".

1522 UN Doc. S/RES/1706, 31. August 2006 ("Recalling also its previous resolutions [...] and 1674 (2006) on the protection of civilians in armed conflict, which reaf-firms inter alia the provisions of paragraphs 138 and 139 of the 2005 United Na-tions World Summit outcome document [...]"), siehe auch die nachfolgenden Resolutionen zu Darfur UN Docs. S/RES/1769 (2007) und S/RES/1828, 31. Juli 2008.

1523 UN Doc. S/RES/1973, 17. März 2011, mit der Resolution verhängte der Sicher-heitsrat unter anderem eine Flugverbotszone, die von der NATO kontrolliert

d'Ivoire[1524] und Jemen[1525]. Diese blieben bisher aber eben nur Einzelfälle, wie die Blockade im Sicherheitsrat in Bezug auf die Situation in Syrien zeigt, die seit Oktober 2011 die mehrmalige Einlegung eines Vetos durch die Russische Föderation und China gesehen hat.[1526]

Ban Ki-moon bekam die Unstimmigkeiten innerhalb der UN-Mitgliedstaaten zu spüren, als er die *„fledgling nature of agreement on the responsibility to protect"*[1527] dadurch anzustoßen versuchte, dass er im Februar 2008 einen „Special Advisor on the Responsibility to Protect" ernennen wollte – und vom Fünften Ausschuß der Generalversammlung, zuständig für das UN-Budget – unsanft ausgebremst wurde. Der Fünfte Ausschuß fühlte sich nicht nur umgangen (die Ernennung sollte auf *pro bono* Basis erfolgen, mithin ein Zeitvertrag mit einem Jahresverdienst von 1 [einem] US-Dollar), sondern einige Delegationen – im Wesentlichen diejenigen, die schon die Erwähnung des Konzepts in der Abschlußerklärung 2005 verhindern wollten – bestritten sogar, dass sich die UN-Mitgliedstaaten auf ein solches Prinzip bereits geeinigt hätten. Schließlich billigte der Fünfte Ausschuß die Ernennung von Edward Luck (USA) unter der Bedingung der Kürzung seiner Amtsbezeichnung in „Special Advisor".[1528]

Aufgefordert durch die Abschlußerklärung von 2005, eine „weitere Prüfung" vorzunehmen, hielt die Generalversammlung im Juli 2009 eine viertägige Debatte ab, die mit der Verabschiedung einer Resolution endete

---

wurde. Die Resolution wurde von ICRtoP als "landmark resolution on the responsibility to protect" gefeiert, siehe International Coalition for RtoP, Crisis in Libya, http://www.responsibilitytoprotect.org/index.php/crises/crisis-in-libya, das Abstimmungsergebnis im Rat war allerdings denkbar knapp mit 10 Ja-Stimmen und 5 Enthaltungen, darunter Deutschland, China und die Russische Föderation.

1524 UN Doc. S/RES/1975, 30. März 2011.

1525 UN Docs. S/RES/2014, 21. Oktober 2011, und S/RES/2051, 12. Juni 2012.

1526 Zu der Bekämpfung von ISIL in Syrien und Irak und Resolution 2249 (2015) des Sicherheitsrats siehe 7. Kapitel II.12.

1527 Letter dated 31 August 2007 from the Secretary-General addressed to the President of the Security Council, UN Doc. S/2007/721, 7. Dezember 2007.

1528 Zur Debatte siehe UN Press Release GA/AB/3837, 4. März 2008. Edward Luck trat 2012 zurück. Neuer „Special Advisor" ist Jennifer Welsh (Kanada, Professorin am European University Institute in Florenz), die ihren Posten im Juli 2013 antrat. Ihre Amtsbezeichnung lautet inzwischen wieder: UN Special Adviser on the Responsibility to Protect.

und die Fortführung der Verhandlungen vorsah.[1529] In den folgenden Jahren wurde die Debatte fortgesetzt, nunmehr allerdings als „Informal Interactive Dialogues" mit eintägigen Panel-Diskussionen, an denen nie mehr als rund 60 Mitgliedstaaten teilnahmen.[1530]

Es gibt also wichtige Ansätze zur Stärkung und Sicherung des *ius ad bellum*, auch wenn sie zurzeit noch nicht zu konkreten völkerrechtlichen Normen herangewachsen sind, sondern noch im Entstehen begriffen sind. Gleichfalls hat sich gezeigt, dass sich die *Bush*-Doktrin bisher nicht als *"liberum ius ad bellum* or the right of the stronger"[1531] im Völkerrecht verfestigen konnte. Umso mehr sollte die Völkerrechtsliteratur in der Zwischenzeit für Denkanstöße sorgen und ein ständiger Mahner sein.

Denn der Grundsatz gilt – im positiven wie negativen Sinne – weiterhin: „Im Völkerrecht kann zu Recht werden, was zunächst lediglich als Recht behauptet wird".[1532]

1529 Die Debatte fand vom 21. - 28. Juli 2009 statt. Siehe Official Records of the General Assembly UN Doc. A/63/PV.96-101 und UN Press Releases, UN Docs. GA/10845, GA/10848, GA/10849, GA/10850 sowie die Resolution der Generalversammlung, UN Doc. A/63/308, 14. September 2009.

1530 Eine Übersicht über diese Informal Interactive Dialogues, findet sich bei ICRtoP unter http://www.responsibilitytoprotect.org/index.php/about-rtop/the-un-and-rtop.

1531 *Kunig*, Intervention, Probition of, in: MPEPIL, 2008, Rn. 49.

1532 *Kunig*, Das Völkerrecht als Recht der Weltbevölkerung, AVR, Bd. 41, 2003, S. 327 (332).

Zitierte Rechtsprechung

Internationaler Gerichtshof

Contentious Cases (in chronologischer Reihenfolge)

The Corfu Channel Case (UK v. Albanien), Judgment, 9. April 1949, I.C.J. Reports 1949, S. 4ff.

Fisheries Case (United Kingdom v. Norway), Judgment, 18. Dezember 1951, I.C.J. Reports 1951, S. 116 ff.

North Sea Continental Shelf (Denmark/Netherlands v. Germany), Judgment, 20. Februar 1969, I.C.J. Reports 1969, S. 3 ff.

Case Concerning United States Diplomatic and Consular Staff in Tehran (United States of America v. Iran), Merits, Judgment, 24. Mai 1980, I.C.J. Reports 1980, S. 3 ff.

Military and Paramilitary Activities in and against Nicaragua, (Nicaragua v. United States of America), Jurisdiction and Admissibility, Judgment, 26. November 1984, I.C.J. Reports 1984, S. 392 ff.

Continental Shelf (Libyan Arab Jamahiriya v. Malta), Judgment, 3. Juni 1985, I.C.J. Reports 1985, S. 13 ff.

Military and Paramilitary Activities in and Against Nicaragua (Nicaragua v. United States), Merits, Judgment, 27. Juni 1986, I.C.J. Reports 1986, S. 14 ff.

Gabčíkovo-Nagymaros Project, (Hungary v. Slovakia), Merits, Judgment, 25. September 1997, I.C.J. Reports 1997, S. 7 ff.

Oil Platforms (Islamic Republic of Iran v. United States of America), Judgment, 6. November 2003, I.C.J. Reports 2003, S. 161 ff.

Armed Activities on the Territory of the Congo (Democratic Republic of the Congo v. Uganda), Judgment, 19. Dezember 2005, I.C.J. Reports 2005, S. 168 ff.

Armed Activities on the Territory of the Congo (New Application: 2002) (Democratic Republic of the Congo v. Rwanda), Jurisdiction and Admissibility, Judgment, 3. Februar 2006, I.C.J. Reports 2006, S. 6 ff.

Application of the Convention on the Prevention and Punishment of the Crime of Genocide (Bosnia and Herzegovina v. Serbia and Montenegro), Judgment, 26. Februar 2007, I.C.J. Reports 2007, S. 43 ff.

Jurisdictional Immunities of the State (Germany v. Italy, Greece Intervening), Judgment, 3 February 2012, I.C.J. Reports 2012, S. 99 ff.

Questions relating to the Obligation to Prosecute or Extradite (Belgium v. Senegal), Judgment, 20. Juli 2012, I.C.J. Reports 2012, S. 422 ff.

Advisory Opinions (in chronologischer Reihenfolge)

Certain Expenses of the United Nations (Article 17, paragraph 2 of the Charter), Advisory Opinion, 20. Juli 1962, I.C.J. Rep. S. 151 ff.

Legal Consequences for States of the Continued Presence of South Africa in Namibia (South West Africa) notwithstanding Security Council Resolution 276 (1970), Advisory Opinion, 21. Juni 1971, I.C.J. Reports 1971, S. 16 ff.

Threat or Use of Nuclear Weapons, Advisory Opinion, 8. Juli 1996, I.C.J. Reports 1996, S. 226 ff.

Legal Consequences of the Construction of a Wall in the Occupied Palestinian Territory, Advisory Opinion, 9. Juli 2004, I.C.J. Reports 2004, S. 136 ff.

Ständiger Internationaler Gerichtshof

Lotus-Fall, StIGH, P.C.I.J. Series A, No. 10, 1927

International Tribunal for the Former Yugoslavia

Prosecutor v. Duško Tadić, ICTY, Case No. IT-94-I-A, Judgment, 15. Juli 1999

Prosecutor v. Anto Furundzija, ICTY, Trials Chamber, Case No.: IT-95-17/1-T, Judgment, 10. Dezember 1998 [Furundzija-Fall]

Verschiedene

Caroline-Fall aus dem Jahre 1837
Letter by Dan Webster to Lord Ashburton, 27. Juli 1842, abgedruckt in: The Avalon Project – British-American Diplomacy, http://avalon.law.yale.edu/19th_century/br-1842d.asp

Internationaler Militärgerichtshof, Urteil vom 1. Oktober 1946 [Nürnberger Prozess]

International Military Tribunal for the Far East, Judgment of 4 November 1948

Europäisches Gericht Erster Instanz, Rechtssache T-228/02, Urteil vom 12. Dezember 2006 und Beschluss vom 15. Januar 2008 [Mojahedin-e-Khalq, MEK]

Eritrea-Ethiopia Boundary Commission, Decision Regarding Delimitation of the Border, UN Doc. S/2002/423, 15. April 2002

Deutschland

Bundesverfassungsgericht
Beschluss vom 25. März 2003 – BvQ 18/03, BVerfGE 108, S. 34 ff. [AWACS – Beschluss]

Bundesverfassungsgericht
Urteil vom 3. Juli 2007 – 2 BvE 2/07, BVerfGE 117, S. 359 ff.
[Tornado-Urteil]

Bundesverfassungsgericht
Urteil vom 7. Mai 2008 – 2 BvE 1/03, BVerfGE 121, S. 135 ff. [AWACS – Urteil]

Bundesverwaltungsgericht
Urteil vom 21. Juni 2005 – BVerwG 2 WD 12.04, BVerwGE 127, S. 302 ff. [Gewissensentscheidung von Soldaten]

Bundesgerichtshof
Urteil vom 24. Juni 2004 – 5 StR 306/03 [La Belle]

LG Berlin, Urteil vom 13. November 2001, 1 Js 2/92 [La Belle]

VG Köln, Urteil vom 27. Mai 2015, 3 K 5625/14, ZVR-Online, Dok. Nr. 20/2015 [US-Drohnenangriffe im Jemen]

Israel

Israeli Supreme Court (Sitting as High Court of Justice), The Public Committee Against Torture et al. v. The Government of Israel, HCJ 769/02, 11. Dezember 2005

Literaturverzeichnis

Alle Internetseiten wurden zuletzt am 28. September 2017 abgerufen.

Ago, Roberto, Droit des traités à la lumière de la Convention de Vienne, Recueil des cours de l'Academie de droit international de La Haye, 134 (1971-III), S. 297-332

ders., Addendum to the 8th Report on State Responsibility, Yearbook of the International Law Commission, 1980, Vol. II (1), UN Doc. A/CN.4/318/Add.5-7

Akande, Dapo; Milanovic, Marko, The Constructive Ambiguity of the Security Council's ISIS Resolution, ejiltalk!, 21. November 2015, http://www.ejiltalk.org/the-constructive-ambiguity-of-the-security-councils-isis-resolution/

Akehurst, Michael, Custom as Source of International Law, British Yearbook of International Law, 1975, Vol. 47, No. 1, S. 1-53

Alexandrov, Stanimir A., Self-Defense Against the Use of Force in International Law, The Hague, 1996

Altenburg, John; Beard, Jack M., America's New War on Terror: The Case for Self-Defence under International Law, Harvard Journal of Law & Public Policy, Vol. 25, 2001, S. 559-590

Alvarez, Jose E., Judging the Security Council, The American Journal of International Law, Vol. 90, No. 1, 1996, S. 1-39

Antonopoulos, Constantine, Force by Armed Groups as Armed Attack and the Broadening of Self-Defence, Netherlands International Law Review, Vol. 55, Issue 2, 2008, S. 159-180

Arai-Takahashi, Yutaka, Shifting Boundaries of the Right of Self-Defence – Appraising the Impact of the September 11 Attacks on Jus Ad Bellum, International Lawyer, Vo. 36, 2002, S. 1081-1102

Arend, Anthony Clark, Legal Rules and International Society, Oxford University Press, Oxford/New York, 1999

ders., International Law and the Preemptive Use of Military Force, The Washington Quarterly, Vol. 26, No. 2, 2003, S. 89-103

Arimatsu, Louise; Schmitt, Michael N., Attacking "Islamic State" and the Khorasan Group: Surveying the International Law Landscape, Columbia Journal of Transnational Law Bulletin, Vol. 53, Issue 1, 2014, S. 1-29

Arnauld, Andreas von, Völkerrecht, 3. Auflage, C. F. Müller, Heidelberg, 2016

Barbour, Stephanie A.; Salzman, Zoe A., "The Tangled Web": The Right of Self-Defense Against Non-State Actors in the Armed Activities Case, International Law and Politics, Vol. 40, 2008, S. 53-106

Barnard, Anne, Syrian Rebels Say Saudi Arabia Is Stepping Up Weapons Deliveries, The New York Times, 12. September 2013

Beard, Jack M., America's New War on Terror: The Case for Self-Defense Under International Law, Harvard Journal on Law & Public Policy, Vol. 25, 2001, S. 559-590

Bernasconi, Pierre; Bonita, Tracey; Jun, Ryun; Pasternak, James; Sandhu, Anjula; Hildreth, Steven A., Foreign Support of the U.S. War on Terrorism, Report for Congress, Congressional Research Service, RL31152, 11. Juli 2002

Bethlehem, Daniel, Self-Defense Against an Imminent or Actual Armed Attack by Nonstate Actors, The American Journal of International Law, Vol. 106, No 4, 2012, S. 769-777

Beyerlin, Ulrich, Die Israelische Befreiungsaktion von Entebbe in völkerrechtlicher Sicht, Zeitschrift für ausländisches öffentliches Recht und Völkerrecht, Band 37, 1977, S. 213-242

Birkett, Daley J., The Legality of the 2011 Kenyan Invasion of Somalia and its Implications for the *Jus Ad Bellum,* Journal of Conflict & Security Law, 2013, S. 1-25

Boeglin, Nicolas, Arguments based on UN resolution 2249 in Prime Minister´s report on airstrikes in Syria: some clarifications needed, human rights investigations, 4. Dezember 2015, http://humanrightsinvestigations.org/2015/12/04/arguments-based-on-un-resolution-2249-in-prime-ministers-report-on-airstrikes-in-syria-some-clarifi cations-needed/

Bothe, Michael, Terrorism and the Legality of Pre-emptive Force, European Journal of International Law, Vol. 14, 2003, S. 227-240

ders., Rechtliche Hegung von Gewalt zwischen Theorie und Praxis, in: International Law between Universalism and Fragmentation, Festschrift in Honour of Gerhard Hafner, Isabelle Buffard/James Crawford/Alain Pellet/Stephan Wittich (Hrsg.), Martinus Nijhoff Publishers, Leiden/Boston, 2008, S. 141-169

Bothe, Michael; Martenczuk, Bernd, Die NATO und die Vereinten Nationen nach dem Kosovo-Konflikt, Vereinte Nationen, Heft 47, 1999, S. 125-132

Bowett, D. W., Self-Defence in International Law, Manchester University Press, Manchester, 1958

Brecher, Irving, In Defence of Preventive War. A Canadian's Perspective, International Journal, Vol. 58, No. 3, 2003, S. 253-280

Brownlie, Ian, International Law and the Activities of Armed Bands, The International and Comparative Law Quarterly, Vol. 7, No. 4, 1958, S. 712-735

ders., International Law and the Use of Force by States, Oxford University Press, Oxford/New York, 1963

ders., Humanitarian Intervention, in: John Norton Moore (Hrsg.), Law and Civil War in the Modern World, Johns Hopkins University Press, Baltimore, 1974

ders., Chapter II: Voluntarism *versus* Majority Rule, Comment, in: Change and Stability in International Law-Making, Antonio Cassese und Joseph H. H. Weiler (Hrsg.), European University Institute: Ser. A, Law, 9, 1988

ders., Iraq and Weapons of Mass Destruction and the Policy of Preemptive Action, Memorandum, United Kingdom House of Commons – Foreign Affairs, Oktober 2002, http://www.publications.parliament.uk/pa/cm200203/cmselect/cmfaff/196/21 02407.htm

Bruha, Thomas, Gewaltverbot, in: Handbuch Vereinte Nationen, Rüdiger Wolfrum (Hrsg.), 2. Auflage, C.H. Beck, München, 1991, S. 234-244

ders., Gewaltverbot und humanitäres Völkerrecht nach dem 11. September 2001, Archiv des Völkerrechts, Band 40, 2002, S. 383-421

ders., Irak-Krieg und Vereinte Nationen, Archiv des Völkerrechts, Band 41, 2003, S. 295-313

ders., „Neue Kriege" – Neues Völkerrecht?, Wissenschaft & Frieden, Heft 1, 2004

Butcher, Tim; Moore, Matthew, Brown to meet Turkey PM as invasion looms, The Telegraph, 22. Oktober 2007, http://www.telegraph.co.uk/news/worldnews/156700 6/Brown-to-meet-Turkey-PM-as-invasion-looms.html

Byers, Michael, Terrorism, The use of Force and International Law After 11 September, International and Comparative Law Quarterly, Vol. 51, Issue 2, 2002, S. 401-414

Cannizzaro, Enzo, Contextualizing proportionality: jus ad bellum and jus in bello in the Lebanese war, International Review of the Red Cross, Vol. 88, No. 864, 2006, S. 779-792

Cassese, Antonio, The International Community's "Legal" Response to Terrorism, International and Comparative Law Quarterly, Vol. 38, Issue 3, 1989, S. 589-608

ders., Terrorism is Also Disrupting Some Crucial Legal Categories of International Law, European Journal of International Law, Vol. 12, No. 5, 2001, S. 993-1001

ders., The Nicaragua and Tadić Tests Revisited in Light of the ICJ Judgment on Genocide in Bosnia, European Journal of International Law, Vol. 18, No. 4, 2007, S. 649-668

Chandran, Suba, Preemptive Strike: Will it Secure Indian Interests?, Institute of Peace and Conflict Studies, Issue Brief, No. 7, New Delhi, May 2003

Chayes, A., The Use of Force in the Persian Gulf, in: L.F. Damrosch und D.J. Scheffer (Hrsg.), Law and Force in the New International Order, Boulder, 1991, S. 3

Clark, Colin, Obama's 'Strategic Patience', Folly or The Future?, Breaking Defense, 10. Februar 2015

Cohan, John Alan, The Bush Doctrine and the Emerging Norm of Anticipatory Self-Defense in Customary International Law, Pace International Law Review, Vol. 15, No. 2, 2003, S. 283-357

Combacau, Jean, The Exception of Self-Defense in United Nations Practice, in: The Current Legal Regulation of the Use of Force, Antonio Cassese (Hrsg.), Martinus Nijhoff, Dordrecht/Boston/London, 1986, S. 9-32

Corten, Oliver, The Controversies Over the Customary Prohibition on the Use of Force: A Methodological Debate, The European Journal of International Law, Vol. 16, No. 5, 2005, S. 803-822

ders., Self-Defence against Terrorism: What Can be Learned from Recent Practice (2005-2010)?, Journal of International Law and Diplomacy, 2010, S. 129-152

Crail, Peter, IAEA Sends Syria Nuclear Case to UN, Arms Control Today, Juli/August 2011, Arms Control Association, http://www.armscontrol.org/act/2011_ %2007-08/%20IAEA_Sends_Syria_Nuclear_Case_to_UN

Crawford, James, Brownlie's Principles of Public International Law, 8. Auflage, Oxford University Press, Oxford/New York, 2012

D'Amato, Anthony, Trashing Customary International Law, The American Journal of International Law, Vol. 81, No. 1, 1987, S. 101-105

ders., It's a Bird. It's a Plane. It's Jus Cogens!, Connecticut Journal of International Law, Vol. 6, No. 1, 1990, S. 1-6

ders., The Invasion of Panama Was A Lawful Response to Tyranny, The American Journal of International Law, Vol. 84, No. 2, 1990, S. 516-524

Dahm, Georg; Delbrück, Jost; Wolfrum, Rüdiger, Völkerrecht, Band I/3, 2. Auflage, Walter de Gruyter, Berlin/Boston, 2002

Dale, Catherine, Operation Iraqi Freedom: Strategies, Approaches, Results, and Issues for Congress, Congressional Research Service, RL 34387, 2. April 2009

Daloglu, Tulin, Kurdish Terror and the West: A Terrorist is a Terrorist, Plain and Simple, The Washington Times (Washington DC, US) 30. Oktober 2007

Danilenko, G.M., Law-Making in the International Community, Martinus Nijhoff, Dordrecht/Boston/London, 1993

Davidson, Janine, Obama's Last National Security Strategy, Foreign Affairs, 2. März 2015

Deeks, Ashley S., "Unwilling or Unable": Toward a Normative Framework for Extraterritorial Self-Defense, Virginia Journal of International Law, Vol. 52, 2012, S. 483-549

Delahunty, Robert J.; Yoo, John, The "Bush Doctrine": Can Preventive War Be Justified?, Harvard Journal of Law & Public Policy, Vol. 32, 2009, S. 843-865

Delbrück, Jost, Staatliche Souveränität und die neue Rolle des Sicherheitsrats der Vereinten Nationen, Verfassung und Recht in Übersee, 1993, S. 6-21

Dimitrakis, Panagiotis, The 1978 Battle of Larnaca Airport, Cyprus, and UK Diplomacy, The Global Research in International Affairs (GLORIA) Center, 7. Juni 2009, http://www.gloria-center.org/2009/06/dimitrakis-2009-06-07/

Dinstein, Yoram, War, Aggression and Self-Defence, 5. Auflage, Cambridge University Press, Cambridge, 2012

ders., The Gulf War 1990 -2004 (And Still Counting), International Law Studies, Vol. 81, International Law Challenges: Homeland Security and Combating Terrorism, Thomas McK. Sparks/Glenn M. Sulmasy (Hrsg.), U.S. Naval War College, 2006, S. 337-349

Doehring, Karl, Völkerrecht, 2. Auflage, C.F. Müller Verlag, Heidelberg, 2004

Dörr, Oliver, Gewalt und Gewaltverbot im modernen Völkerrecht, Aus Politik und Zeitgeschichte, Vereinte Nationen, Bundeszentrale für politische Bildung, B 43, 2004, S. 14-20

Drehle, David von; Smith, R. Jeffrey, U.S. Strikes Iraq for Plot to Kill Bush, Washington Post, 27. Juni 1993, S. A01

Drumble, Mark A., Judging the 11 September Terrorist Attack, Human Rights Quarterly, Vol. 24, No. 2, 2002, S. 323-360

Evans, Dominic; Oweis, Khaled Yacoub, Israel hits Syria arms convoy to Lebanon: sources, Reuters.com, 30. Januar 2013

Falk, Richard, Einer flog über das Völkerrecht, Le Monde diplomatique, 13. Dezember 2002

Fassbender, Bardo, The Better Peoples of the United Nations? Europe's Practice and the United Nations, The European Journal of International Law, Vol. 15, No. 5, 2004, S. 857-884

ders., Die Gegenwartskrise des völkerrechtlichen Gewaltverbots vor dem Hintergrund der geschichtlichen Entwicklung, Europäische Grundrechte-Zeitschrift, 2004, S. 241-256

Fisler Damrosch, Lori; Oxman, Bernhard H., Agora: Future Implication of the Iraq Conflict: Editors' Introduction, The American Journal of International Law, Vol. 97, No. 3, 2003, S. 553-557

Folz, Hans-Ernst, Bemerkungen zur völkerrechtlichen Beurteilung der Vorgänge um die amerikanischen Geiseln im Iran, in: Ingo von Münch (Hrsg.), Staatsrecht – Völkerrecht – Europarecht, Festschrift für Hans-Jürgen Schlochauer, Walter de Gruyter, Berlin/New York, 1981

Ford, Stuart, Legal Process of Change: Article 2 (4) and the Vienna Convention on the Law of Treaties, Journal of Conflict & Security Law, Vol. 4, 1999, S. 75-116

Franck, Thomas, Who Killed Article 2(4)? or: Changing Norms Governing the Use of Force by States, The American Journal of International Law, Vol. 64, No. 4, 1970, S. 809-837

ders., Terrorism and the Right of Self-Defense, The American Journal of International Law, Vol. 95, No. 4, 2001, S. 839-843

ders., Recourse to Force: State Action Against Threats and Armed Attacks, Cambridge University Press, Cambridge, 2002

ders., What Happens Now? The United Nations after Iraq, The American Journal of International Law, Vol. 97, No. 3, 2003, S. 607-620

ders., Recourse to Force, Hersch Lauterpacht Memorial Lectures No. 15, Cambridge University Press, Cambridge, 2004

ders., Preemption, Prevention and Anticipatory Self-Defense: New Law Regarding Recourse to Force?, Hastings International and Comparative Law Review, Vol. 27, 2004, S. 425-435

ders., The Power of Legitimacy and the Legitimacy of Power: International Law in an Age of Power Disequilibrium, The American Journal of International Law, Vol. 100, No. 1, 2006, S. 88-106

Franck, Thomas M.; Patel, Faiza, Police Action in Lieu of War: The Old Order Changeth, The American Journal of International Law, Vol. 85, No. 1, 1991, S. 63-74

Frowein, Jochen A., Ius Cogens, Max Planck Encyclopedia of Public International Law, März 2013

Gardner, Richard N., Neither Bush nor the "Jurisprudes", The American Journal of International Law, Vol. 97, No. 3, 2003, S. 585-590

Garwood-Gowers, Andrew, Self-Defence against Terrorism in the Post-9/11 World, Queensland University of Technology Law and Justice Journal, Vol. 4, No. 2, 2004, S. 1-18

ders., Case Concerning Oil Platforms (Islamic Republic of Iran v United States of America) – Did the ICJ Miss the Boat on the Law on the Use of Force?, Melbourne Journal of International Law, Vol. 5, Issue 1, 2004, S. 241-255

ders., Israel's Airstrike on Syria's Al-Kibar Facility, Journal of Conflict & Security Law, Vol. 16, No. 2, 2011, S. 263-291

Gaur, Mahendra, Foreign Policy Annual, 2004: Events, Kalpaz Publications, Delhi, 2005

Gazzini, Tarcisio, The Rules on the Use of Force at the Beginning of the XXI Century, Journal of Conflict Studies & Security Law, Vol. 11, No. 3, 2006, S. 319-342

Gebauer, Matthias, Deutscher Einsatz: Bundestagsjuristen halten Irak-Mandat für verfassungswidrig, Der Spiegel Online, 15. Januar 2015, http://www.spiegel.de/politik/ausland/irak-experten-halten-mandat-der-bundeswehr-fuer-verfassungswidrig-a-1013141.html

Gill, T. D., The Temporal Dimension of Self-Defence: Anticipation, Pre-emption, Prevention and Immediacy, Journal of Conflict & Security Law, Vol. 11, No. 3, 2006, S. 361-369

Glennon, Michael, Military Action Against Terrorists Under International Law: The Fog of Law: Self-Defense, Inherence, and Incoherence in Article 51 of the United Nations Charter, Harvard Journal of Law & Public Policy, Volume 25, 2002, S. 539-558

ders., Preempting Terrorism – The Case for Anticipatory Self-Defense, The Weekly Standard, 28. Januar 2002, http://www.weeklystandard.com/article/2105

ders., How International Rules Die, Georgetown Law Journal, Vol. 93, 2005, S. 939-991

ders., The Emerging Use-of-Force Paradigm, Journal of Conflict Study & Security Law, Vol. 11, No. 3, 2006, S. 309-317

ders., Pre-empting Proliferation: International Law, Morality, and Nuclear Weapons, European Journal of International Law, Vol. 24, No. 1, 2013, S. 109-127

Gordon, Michael R., Israel Airstrike Targeted Advanced Missiles That Russia Sold to Syria, U.S. Says, The New York Times, 13. Juli 2013

Grant, David, War Games: Republicans Could Write Obama Blank Check on Iran, The Christian Science Monitor, 7. März 2012

Gray, Christine, The US National Security Strategy and the New "Bush Doctrine" on Preemptive Self-defense, Chinese Journal of International Law, Vol. 1 No. 2, 2002, S. 437-448

dies., The Use of Force and the International Legal Order, in: Evans (Hrsg.) International Law, 2. Auflage, Oxford University Press, Oxford/New York, 2006, S. 589-620

dies., The Bush Doctrine Revisited: The 2006 National Security Strategy of the USA, Chinese Journal of International Law, Vol. 5 No. 3, 2006, S. 555-578 *dies.,* International Law and the Use of Force, 3. Auflage, Oxford University Press, Oxford/New York, 2008

dies., President Obama's 2010 United States National Security Strategy and International Law on the Use of Force, Chinese Journal of International Law, Vol. 10, 2011, S. 35-53

dies., The International Court of Justice and the Use of Force, in: Tams/Sloan (Hrsg.), The Development of International Law by the International Court of Justice, Oxford University Press, Oxford/New York, 2013, S. 237-259

Green, James A., The Oil Platforms Case: An Error in Judgment?, Journal of Conflict & Security Law, Vol. 9, No. 3, 2004, S. 357-386

ders., Questioning the Peremptory Status of the Prohibition of the Use of Force, Michigan Journal of International Law, Vol. 32, Issue 2, 2011, S. 215-257

Greenberg, Joel, Iran, Russia defend Syria after Israeli attack, The Washington Post, 31. Januar 2013

Greenwood, Christopher, International Law and the United States' Air Operation Against Libya, West Virginia Law Review, Vol. 89, 1986-1987, S. 933-960

ders., International Law and the 'War on Terrorism', International Affairs, Vol. 78, No. 2, 2002, S. 301-317

ders., International Law and the Pre-emptive Use of Force: Afghanistan, Al-Qaida, and Iraq, San Diego International Law Journal, Vol. 4, 2003, S. 7-37

ders., Caroline, The, Max Planck Encyclopedia of Public International Law, April 2009

ders., Self-Defence, Max Planck Encyclopedia of Public International Law, April 2011

Greig, D.W., Self-Defence and the Security Council: What does Article 51 Require?, International and Comparative Law Quarterly, Vol. 40, No. 2, 1991, S. 366-402

Guoliang, Gu, Redefine Cooperative Security, Not Preemption, Washington Quarterly, Spring 2003, S. 135-145

Gupta, Sanjay, The Doctrine of Pre-emptive Strike: Application and Implications During the Administration of President George W. Bush, International Political Science Review, Vol. 29, No. 2, 2008, S. 181-196

Hadzi-Vidanovic, Vidan, Kenya Invades Somalia Invoking the Right of Self-Defense, EJIL Talk!, 18. Oktober 2011, http://www.ejiltalk.org/kenya-invades-somalia-invoking-the-right-of-self-defence/

Hakimi, Monica, Defensive Force against Non-State Actors: The State of Play, International Law Studies, U.S. Naval War College, Vol. 91, 2015, S. 1-31

Happold, Matthew, Security Council Resolution 1373 and the Constitution of the United Nations, Leiden Journal of International Law, Vol. 16, Issue 3, 2003, S. 593-610

Heintschel von Heinegg, Wolff, Iraq, Invasion of (2003), Max Planck Encyclopedia of Public International Law, Juni 2009

Heinze, Eric A., The evolution of international law in light of the 'Global War on Terror', Review of International Studies, Vol. 37, Issue 3, 2011, S. 1069-1094

Hendel, Yoaz, Iran's Nukes and Israel's Dilemma, Middle East Quarterly, Winter 2012, S. 31-38

Henderson, Christian, The Obama Doctrine of 'Necessary Force', Journal of Conflict & Security Law, Vol. 15, No. 3, 2010, S. 403-434

ders., The Persistent Advocate and the Use of Force: The Impact of the United States Upon the Jus ad Bellum in the Post-Cold War Era, Ashgate International Law Series, Aldershot/Burlington, 2010

ders., The Bush Doctrine: From Theory to Practice, Journal of Conflict & Security Law, Vol. 9, No. 1, 2004, S. 3-24

Hendl, Yoaz, Iran's Nukes and Israel's Dilemma, Middle East Quarterly, Winter 2012, S. 31-38.

Henkin, Louis, How Nations Behave, 2. Edition, Council on Foreign Relations, New York, 1979

ders., Right v. Might, International Law and the Use of Force, Council on Foreign Relations Book, New York, 1991

Henninger, Daniel, Georg Shultz, Father of the Bush-Doctrine, Wall Street Journal, 29. April 2006

Herdegen, Matthias, Asymmetrien in der Staatenwelt und die Herausforderungen des „konstruktiven Völkerrechts", Zeitschrift für ausländisches öffentliches Recht und Völkerrecht, Band 64, 2004, S. 571-582

ders., Völkerrecht, 16. Auflage, C.H. Beck, München, 2017

Hermann, Rainer, Der Terror erfasst die Türkei, FAZ.net, 25. Juli 2015

Hestermeyer, Holger P., Die völkerrechtliche Beurteilung des Irak-Krieges im Lichte transatlantischer Rechtskulturunterschiede, Zeitschrift für ausländisches öffentliches Recht und Völkerrecht, Band 64, 2004, S. 315-341

Hobe, Stephan, Einführung in das Völkerrecht, 9. Auflage, UTB, Tübingen, 2008

Hofmeister, Hannes, „To harbour or not to harbour"? Die Auswirkungen des 11. September auf das Konzept des „bewaffneten Angriffs" nach Art 51 UN-Charta, Zeitschrift für öffentliches Recht, 2007, S. 475-500

Ipsen, Knut, Völkerrecht, 6. Auflage, C.H. Beck, München, 2014

ders., Völkerrecht, 5. Auflage, C.H. Beck, München, 2004

James, Michael, Exclusive: Three Israeli Airstrikes Against Sudan, abc News, 27. März 2009, http://blogs.abcnews.com/politicalradar/2009/03/exclusive-three.html

Jessup, Philip C., A Modern Law of Nations, The Macmillan Company, New York, 1948

Kammerhofer, Jörg, The Armed Activities Case and Non-state Actors in Self-Defence Law, Leiden Journal of International Law, Vol. 20, 2007, S. 89-113

Kaplan, Eben, Backgrounder: Somalia's High Stakes Power Struggle, Council on Foreign Relations, 7. August 2006, https://www.cfr.org/backgrounder/somalias-high-stakes-power-struggle

Kastenberg, Joshua, The Use of Conventional International Law in Combating Terrorism: A Maginot Line for Modern Civilization Employing the Principles of Anticipatory Self-Defense & Preemption, Air Force Law Review, Vol. 55, 2004, S. 87-125

Katzman, Kenneth, Afghanistan: Post-Taliban Governance, Security, and U.S. Policy, Congressional Research Service, RL30588, 15. Oktober 2015

Kelsen, Hans, Collective Security and Collective Self-Defense Under the Charter of the United Nations, The American Journal of International Law Vol. 42, No. 4, 1948, S. 783-796

ders., The Law of the United Nations – A Critical Analysis of its Fundamental Problems, London, 1950

Kershner, Isabel, Official Silence in Israel Over Sudan's Accusations of Air Attack, The New York Times, 25. Oktober 2012, http://www.nytimes.com/2012/10/26/worl d/africa/official-silence-in-israel-over-sudans-accusations-of-air-attack.html?_r=0

Khoury, Jack; Siryoti, Daniel; Cohen, Gili, Report: Israel strikes Syrian military bases, Hezbollah targets near Syria-Lebanon border, Haaretz, 25. April 2015

Kimminich, Otto, Der Mythos der Humanitären Intervention, Archiv des Völkerrechts, Band 33, 1995, S. 430-458

Kirgis, Frederic L., Israel's Intensified Military Campaign Against Terrorism, ASIL Insights, Dezember 2001

Kittrich, Jan, Can Self-Defense Serve as an Appropriate Tool Against International Terorism?, Maine Law Review, Vol. 61, Issue 1, 2009, S. 134-169

Kohen, Marcelo G., The Use of Force by the United States after the End of the Cold War, and its Impact Upon International Law, in: Byers/Nolte (Hrsg.) United States Hegemony and the Foundation sof International Law, Cambridge University Press, Cambridge, 2003, S. 197-231

Kotzur, Markus, Gewissensfreiheit contra Gehorsamspflicht oder: der Irak-Krieg auf verwaltungsgerichtlichem Prüfstand, JuristenZeitung, 2006, S. 25-30

Krajewski, Markus, Selbstverteidigung gegen bewaffnete Angriffe nicht-staatlicher Organisationen – Der 11. September 2001 und seine Folgen, Archiv des Völkerrechts, Band 40, 2002, S. 183-214

Kramer, Heinz, Unruhen im türkischen Kurdengebiet, SWP-Aktuell 20, April 2006

Kranz, Jerzy, Der Kampf um den Frieden und sein besonderer Facilitator. Anmerkungen zur Georgienkrise, Archiv des Völkerrechts, Band 46, 2008, S. 481-501

ders., Imperialism, the Highest Stage of Sovereign Democracy: Some Remarks on the Annexation of Crimea by Russia, Archiv des Völkerrechts, Band 52, 2014, S. 205–221

Kreps, Sarah E.; Fuhrmann, Matthew, "Attacking the Atom: Does Bombing Nuclear Facilities Affect Proliferation?", The Journal of Strategic Studies 34, No. 2, 2011, S. 161-187

Kreß, Claus, Die Rettungsoperation der Bundeswehr in Albanien am 14. März 1997 aus völker- und verfassungsrechtlicher Sicht, Zeitschrift für ausländisches öffentliches Recht und Völkerrecht, Band 57, 1997, S. 329-362

ders., Staat und Individuum in Krieg und Bürgerkrieg – Völkerrecht im Epochenwandel, Neue Juristische Wochenschrift, 1999, S. 3077-3084 *ders.*, The Fine Line Between Collective Self-Defense and Intervention by Invitation: Reflections on the Use of Force against 'IS' in Syria, Just Security, 17. Februar 2015, https://www.justsecurity.org/20118/claus-kreb-force-isil-syria/

Kreß, Claus; von Holtzendorff, Leonie, Durchbruch in Kampala – Die Einigung über das Verbrechen der Aggression, Vereinte Nationen, Heft 6, 2010, S. 260-265

Kronstadt, K. Alan, Terrorist Attacks in Mumbai, India and Implication for U.S. Interests, Congressional Research Service, R40087, 19. Dezember 2008

Kunde, Martin, Der Präventivkrieg – Geschichtliche Entwicklung und gegenwärtige Bedeutung, in: Gilbert Gornig, Burkhard Schöbener und Winfried Bausback (Hrsg.), Schriften zum Staats- und Völkerrecht – Band 125, Peter Lang Verlag, Frankfurt am Main, Berlin, Bern, Bruxelles, New York, Oxford, 2007

Kunig, Philip, Das Völkerrecht als Recht der Weltbevölkerung, Archiv des Völkerrechts, Band 41, 2003, S. 327-335

ders., Macht und Recht in den internationalen Beziehungen – und Schlussfolgerungen für den internationalen Diskurs über Völker- und Verfassungsrecht, Verfassung und Recht in Übersee, 2005, S. 105-113

ders., Internationale Sicherheit und Ordnung, fundiert, Freie Universität Berlin, Heft 1, 2005

ders., Intervention, Prohibition of, Max Planck Encyclopedia of Public International Law, 2008

ders., Über Stärken und Schwächen des Völkerrechts, Annales de la Faculté de Droit d'Istanbul, XLVI, N. 63, 2014, S. 85-98

Kunig, Philip; Uerpmann-Wittzack, Robert, Übungen im Völkerrecht, 2. Auflage, Walter de Gruyter, Berlin/Boston, 2006

Kunz, Joseph, Individual and Collective Self-Defence in Article 51 of the Charter of the United Nations, The American Journal of International Law, Vol. 41, 1947, S. 872-879

Langille, Benjamin, It's "Instant Custom": How the Bush Doctrine Became Law After the Terrorist Attacks of September 11, 2001, Boston College International and Comparative Law Review, Vol. 26, Issue 1, 2003, S. 143-156

Laqueur, Walter, Terrorismus – Die globale Herausforderung, Ullstein Buchverlage, Berlin, 1987

Leon, Eli Siryoti, Daniel, Sudan threatens Israel after Khartoum arms factory hit, Israel Hayom, 24. Oktober 2012, http://www.israelhayom.com/site/newsletter_article.php?id=6202

Lepel, Oskar Matthias Frhr. von, Die präemptive Selbstverteidigung im Lichte des Völkerrechts, Humanitäres Völkerrecht, Heft 2, 2003, S. 77-81

Lillich, Richard, Lillich on the Forcible Protection of Nationals Abroad: in Memory of Professor Richard B. Lillich, Thomas C. Wingfield und James E. Meyen (Hrsg.), International Law Studies, Volume 77, Naval War College, Newport, 2002

Lucas, Nathan J.; McInnis, Kathleen J., The 2015 National Security Strategy: Authorities, Changes, Issues for Congress, Congressional Research Service, R44023, 1. Oktober 2015

Maogoto, Jackson Nyamuya, War on the Enemy: Self-Defence and State-Sponsored Terrorism, Melbourne Journal of International Law, Vol. 4, No. 2, 2003

ders., Battling Terrorism – Legal Perspectives on the Use of Force and the War on Terror, Ashgate, Aldershot/Burlington, 2005

ders., Walking an International Law Tightrope: Use of Military Force to Counter Terrorism – Willing the Ends, Brooklyn Journal of International Law, Vol. 31, No. 2, 2006, S. 405-461

Martens, Michael, Die Geister, die Erdogan rief, FAZ.net, 20. Juli 2015

ders., Terror sagen, Kurden meinen, Neuwahlen denken?, FAZ.net, 26. Juli 2015

ders., Auf dem alten Pfad der Gewalt, FAZ.net, 11. Oktober 2015

Masters, Jonathan, Targeted Killings, Council on Foreign Relations, 30. April 2012, http://www.cfr.org/counterterrorism/targeted-killings/p9627

ders., Backgrounder: Al-Shabaab, Council on Foreign Relations, 13. März 2015, https://www.cfr.org/backgrounder/al-shabab

Matthees, Kevin; Seufert, Günter, Erdoğan und Öcalan verhandeln, SWP-Aktuell 25, April 2013

McCarthy, Rory, Attack that killed arms smugglers in Sudan 'carried out by Israel', The Guardian, 26. März 2009, http://www.guardian.co.uk/world/2009/mar/26/sudan-arms-strike-israel

McDougal, Myres S., The Soviet-Cuban Quarantine and Self-Defense, Yale Law School, Faculty Scholarship Series, Paper 2607, 1963, S. 597-604

ders., The Hydrogen Bomb Tests and the International Law of the Sea, The American Journal of International Law, Vol. 49, No. 3, 1955, S. 356-361

ders., The Soviet-Cuban Quarantine and Self-Defense, The American Journal of International Law, Vol. 57, No. 3, 1963, S. 597-604

McGrath, Kevin, Confronting Al Qaeda: New Strategies to Combat Terrorism, Naval Institute Press, Annapolis, 2011

Menzel, Jörg; Pierlings, Tobias; Hoffmann, Jeannine, Völkerrechtsprechung, Mohr Siebeck, Tübingen, 2005

Meyer, Heinrich, Ein Anschlag und seine Folgen – Zur aktuellen politischen Lage in Kolumbien, Konrad-Adenauer-Stiftung, Länderberichte, Sankt Augustin/Berlin, 16. April 2003

Mills, Claire; Smith, Ben; Brooke-Holland, Louisa, ISIS/Daesh: the military response in Iraq and Syria, House of Commons Library, Briefing Paper. 06995, 3. November 2015

Moynihan, Harriet, Assessing the Legal Basis for UK Military Action in Syria, Chatham House, The Royal Institute of International Affairs, 26. November 2015, https://www.chathamhouse.org/expert/comment/assessing-legal-basis-uk-military-action-syria

Murphy, Sean D., Terrorism and the concept of "armed attack" in Article 51 of the UN Charter, Harvard International Law Journal, Vol. 43, 2002, S. 41-51

ders., Terrorism and the Concept of "Armed Attack" in Article 51 of the U.N. Charter, Harvard International Law Journal, Vol. 43, 2002, S. 41-51 *ders.,* Self-Defense and the Israeli Wall Advisory Opinion: An Ipse Dixit from the ICJ?, The American Journal of International Law, Vol. 99, No. 1, 2005, S. 62-76

ders., Protean Jus Ad Bellum, Berkeley Journal of International Law, Vol. 27, Issue 1, 2009, S. 22-52

Murswiek, Dietrich, Die amerikanische Präventivkriegsstrategie und das Völkerrecht, Neue Juristische Wochenschrift, 2003, S. 1015-1020

Myjer, Eric P. J.; White, Nigel D., The Twin Towers Attack: An Unlimited Right to Self-Defence?, Journal of Conflict & Security Law, Vol. 7, No. 1, 2002, S. 5-17

Nolte, Georg, Kosovo und Konstitutionalisierung: Zur humanitären Intervention der NATO-Staaten, Zeitschrift für ausländisches öffentliches Recht und Völkerrecht, Band 59, 1999, S. 941-960

O'Connell, Mary Ellen, The Myth of Preemptive Self-Defense, The American Society of International Law, Task Force on Terrorism, August 2002

dies., Lawful Self-Defense to Terrorism, University of Pittsburgh Law Review, Vol. 63, 2002, S. 889-908

dies., Unlawful Killing with Combat Drones, A Case Study of Pakistan 2004-2009, Notre Dame Law School, Legal Studies Research Paper No. 09-43, Juli 2010

dies., Dangerous Departures, The American Journal of International Law, Vol. 107, No. 2, 2013, S. 380-386

Odhiambo, E.O.S.; Onkware, K.; Kassilly, J.; Maito, L.T.; Oboka, W.A.; Wakhungu, J.W.; Ntabo, O.M., Kenya's Pre-emptive and Preventive Incursion Against Al-Shabaab in the Light of International Law, Journal of Defense Resources Management, Vol. 3, Issue 1 (4), 2012, S. 27-36

Oellers-Frahm, Karin, IGH: Bosnien-Herzegowina gegen Jugoslawien, Vereinte Nationen, 2007, Heft 4, S. 163-167

Oppenheim, L.A., International Law: A Treatise, Vol. 1 Peace, London, 1905

Paech, Norman, Epochenwechsel im Völkerrecht? Über die Auswirkungen der jüngsten Kriege auf das UNO-Friedenssystem, Aus Politik und Zeitgeschichte, Vereinte Nationen, Bundeszentrale für politische Bildung, 2004

Page, Rob, International legal implications of military action, in: Smith, ISIS and the sectarian conflict in the Middle East, House of Commons, Research Paper 15/16, 19. März 2015

Pardo, Rafael, Colombia's Two-Front War, Foreign Affairs, Vol. 79, No. 4, 2000, S. 64-73

Paulus, Andreas, The War Against Iraq and the Future of International Law: Hegemony or Pluralism, Michigan Journal of International Law, Vol. 25, 2004, S. 691-733

ders., The Judge and International Custom, Presentation, 44. Réunion du Comité des Conseillers Juridiques sur le Droit International Public (CAHDI), Council of Europe, Paris, 21. September 2012, S. 85-97

Paust, Jonathan, J., Entebbe and self-help: the Israeli response to terrorism, Fletcher Forum on World Affairs, Vol. 2, Issue 1, 1978, S. 86-92 *ders.,* Self-Defense Targetings of Non-State Actors and Permissibility of U.S. Use of Drones in Pakistan, Journal of Transnational Law & Policy, Vol. 19, Issue 2, 2010, S. 237-280

ders., Use of Armed Force against Terrorists in Afghanistan, Iraq and Beyond, University of Houston Law Center, Public Law and Legal Theory Series No. 2011-A-2, 2002, S. 533-556

Payandeh, Mehrdad, Rechtskontrolle des UN-Sicherheitsrates durch staatliche und überstaatliche Gerichte, Zeitschrift für ausländisches öffentliches Recht und Völkerrecht, Band 66, 2006, S. 41-71

ders., The United Nations, Military Intervention, and Regime Change in Libya, Virginia Journal of International Law, Vol. 52, 2012, S. 355-403

Pellet, Alain, Article 38, in: Andreas Zimmermann, Karin Oellers-Frahm, Christian Tomuschat, Christian J. Tams (Hrsg.), The Statute of the International Court of Justice, A Commentary, 2. Auflage, Oxford University Press, Oxford/New York, 2012

Pert, Alison, Are air strikes against IS in Syria lawful?, The Drum, 24. August 2015

Pintore, Eduardo José, Der Verteidigungswille: Eine noch unerforschte inhärente Voraussetzung des Selbstverteidigungsrechts?, Verfassung und Recht in Übersee, 2013, S. 60-81

Piper, Elizabeth; MacLellan, Kylie, Parliament votes to bomb Islamic State in Syria, Reuters, 2. Dezember 2015, http://uk.reuters.com/article/uk-mideast-crisis-syria-britain-idUKKBN0TK4QO20151202

Polke-Majewski, Karsten; Faigle, Philip; Biermann, Kai; Meiborg, Mounia; Joeres, Annika, Drei Tage Terror in Paris, 11. Mai 2015, Zeit Online, http://www.zeit.de/feature/attentat-charlie-hebdo-rekonstruktion

Ratner, Steven R., Jus ad Bellum and Jus in Bello after September 11, The American Journal of International Law, Vol. 96, No. 4, 2002, S. 905-921

Reichler, Paul S.; Wippman, David, United States Armed Intervention in Nicaragua: A Rejoinder, Yale Journal of International Law, Vol. 11, 1985-86, S. 462-473

Reinold, Theresa, State Weakness, Irregular Warfare, and the Right to Self-Defense Post-9/11, The American Journal of International Law, Vol. 105, No. 2, 2011, S. 244-286

Reisman, W. Michael, Coercion and Self-Determination: Construing Article 2(4), The American Journal of International Law, Vol. 78, No. 3, 1984, S. 642-645

ders., Assessing Claims to Revise the Laws of War, The American Journal of International Law, Vol. 97, No. 1, 2003, S. 82-90

ders., The Manley O. Hudson Lecture: Why Regime Change Is (Almost Always) a Bad Idea, The American Journal of International Law, Vol. 98, No. 3, 2004, S. 516-525

Reisman, W. Michael; Armstrong, Andrea, The Past and Future of the Claim of Preemptive Self-Defense, The American Journal of International Law, Vol. 100, No. 3, 2006, S. 525-550

Rivkin, Jr., David B., The Virtues of Preemptive Deterrence, Harvard Journal of Law & Public Policy, Vol. 29, Issue 1, 2005, S. 85-102

Rivkin, Jr., David B.; Casey, Lee A.; DeLaquil, Mark Wendell, War, International Law, and Sovereignty: Reevaluating the Rules of the Game in a New Century: Preemption and Law in the Twenty-First Century, Chicago Journal of International Law, Vol. 5, 2005, S. 467-498

Roberts, Anthea, Comparative International Law? The Role of National Courts in Creating And Enforcing International Law, International and Comparative Law Quarterly, Vol. 60, 2011, S. 57-92

Ronzitti, Natalino, Rescuing Nationals Abroad Through Military Coercion and Intervention on Grounds of Humanity, Martinus Nijhoff Publishers, Dordrecht, 1985

ders., The Expanding Law of Self-Defence, Journal of Conflict & Security Law, Vol. 11, No. 3, 2006, S. 343-359

Rostow, Eugene V., The Gulf Crisis in International and Foreign Relations Law, Continued: Until What? Enforcement Action or Collective Self-Defense?, The American Journal of International Law, Vol. 85, No. 3, 1991, S. 506-516

Rostow, Nicholas, Determining the Lawfulness of the 2003 Campaign against Iraq, International Law Studies, Vol. 80, Issues in International Law and Military Operations, Richard B. Jaques (Hrsg.), U.S. Naval War College, 2006, S. 21-39

Rudolf, Peter, Die USA, Israel und die Legitimität eines Präventivangriffs gegen Iran, SWP-Studie, S 14, Juni 2012

Rudolf, Peter; Schaller, Christian, „Targeted Killing" Zur völkerrechtlichen, ethischen und strategischen Problematik gezielten Tötens in der Terrorismus- und Aufstandsbekämpfung, SWP-Studie S 1, Januar 2012

Ruffert, Matthias, Terrorismusbekämpfung zwischen Selbstverteidigung und kollektiver Sicherheit – Die Anschläge vom 11. 9. 2001 und die Intervention in Afghanistan, ZRP 2002, S. 247-252

Ruys, Tom, Quo Vadit Jus ad Bellum?: A Legal Analysis of Turkey's Military Operations Against the PKK in Northern Iraq, Melbourne Journal of International Law, Vol. 9, 2008, S. 1-31

ders., Armed Attack' and Article 51 of the UN Charter, Cambridge Studies in International and Comparative Law, Cambridge, No. 74, 2010

Ruys, Tom; Verhoeven, Sten, Attacks by Private Actors and the Right of Self-Defence, Journal of Conflict & Security Law, Vol. 10, No. 3, 2005, S. 289-320

Schachter, Oscar, The Right of States to Use Armed Force, Michigan Law Review, Vol. 82, No. 5/6, 1984, S. 1620-1646

ders., The Legality of Pro-Democratic Invasion, The American Journal of International Law, Vol. 78, No. 3, 1984, S. 645-650

ders., International Law: The Right of States to Use Armed Force, Michigan Law Review, Vol. 82, 1984, S. 1620-1646

ders., In Defense of International Rules on the Use of Force, The University of Chicago Law Review, Vol. 53, No. 1, 1986, S. 113-146

ders., International Law in Theory and Practice, Kluwer, Alphen aan den Rijn, 1991

ders., United Nations Law in the Gulf Conflict, The American Journal of International Law, Vol. 85, No. 3, 1991, S. 452-473 *ders.,* International Law in Theory and Practice, Brill Nijhoff, Leiden, 1991

Schaller, Christian, Massenvernichtungswaffen und Präventivkrieg – Möglichkeiten der Rechtfertigung einer militärischen Intervention im Irak aus völkerrechtlicher Sicht, Zeitschrift für ausländisches öffentliches Recht und Völkerrecht, Band 62, 2002, S. 641-668

ders., Das Friedenssicherungsrecht im Kampf gegen den Terrorismus, SWP-Studie S3, Februar 2004

ders., Die völkerrechtliche Dimension der 'Responsibility to Protect', SWP-Aktuell 46, Juni 2008

Schanzer, Jonathan, The Islamic Republic of Sudan?, Foreign Policy, 10. Juni 2010

Scharf, Michael P., Customary International Law in Times of Fundamental Change – Recognizing Grotian Moments, Cambridge University Press, Cambridge, 2013

Schneider, Friedrich; Hofer, Bernhard, Ursachen und Wirkungen des weltweiten Terrorismus, VS Research, 2007

Schrijver, Nico, Responding to International Terrorism: Moving the Frontiers of International Law for 'Enduring Freedom'?, Netherlands International Law Review, Vol. 48, Issue 3, 2001, S. 271-291

Schrijver, Nico; van den Herik, Larissa, Leiden Policy Recommendations on Counterterrorism and International Law, Grotius Center for International Legal Studies, Universität Leiden, 1. April 2010

Schröder, Meinhard, Die Geiselbefreiung von Entebbe – ein völkerrechtswidriger Akt Israels?, JuristenZeitung 1977, S. 420-426

Schwartz, Jonathan B., Dealing with a Rogue State – The Libya Precedent, The American Journal of International Law, Vol. 101, No. 3, 2007, S. 553-580

Schwebel, Stephen M, Aggression, Intervention, and Self-Defense in Modern International Law, in: Justice in International Law, Selected Writings of Justice Stephen M. Schwebel, Cambridge University Press, Cambridge, 1994, S. 529- 592

Schwehm, Johannes, Präventive Selbstverteidigung, Archiv des Völkerrechts, Band 46, 2008, S. 368-406

Schweisfurth, Theodor, Völkerrecht, 1. Auflage, Utb, Stuttgart, 2006

Scobbie, Iain, Words My Mother Never Taught Me: 'In Defense of the International Court', The American Journal of International Law, Vol. 99, No. 1, 2005, S. 76-88

Shah, Niaz A., Self-Defence, Anticipatory Self-Defence and Pre-emption: International Law's Response to Terrorism, Journal of Conflict & Security Law, Vol. 12 No.1, 2007, S. 95-126

Shankar Kaura, Girja, Link between Dar, Pandits' killings, The Tribune (New Delhi), 25. März 2003

Shelton, Dinah, Normative Hierarchy in International Law, The American Journal of International Law, Vol. 100, No. 2, 2006, S. 291-323

Shultz, George P., Low-Intensity Warfare: The Challenge of Ambiguity, Address at National Defense University, 15. Januar 1986, Bureau of Public Affairs, U.S. Department of State, Current Policy No. 783, in: International Legal Materials, Vol. 25, Issue 1, 1986, S. 204-207

Sievers, Loraine; Daws, Sam, The Procedure of the UN Security Council, 4th Edition, Oxford University Press, Oxford/New York, Oktober 2014, http://www.scprocedure.org/

Simon, Sven, 'Has Recent State Practice transformed the Law on the Use of Force?', State Practice and International Law Journal, Vol. 1 No. 1, 2014, S. 161-170

Sinclair, Sir Ian, The Vienna Convention on the Law of Treaties, Manchester University Press, Manchester/Dover, 2. Auflage, 1984

Smith, Ben, ISIS and the sectarian conflict in the Middle East, House of Commons, Research Paper 15/16, 19. März 2015

Snider, Don M., The National Security Strategy, Documenting Strategic Vision, Second Edition, Strategic Studies Institute, US Army War College, 15. März 1995

Sofaer, Abraham D., Terrorism, the Law and the National Defense, Military Law Review, Vol. 126, 1989, S. 89-123

ders., On the Necessity of Pre-emption, European Journal of International Law, Vol. 14, No. 2, 2003, S. 209-226

Stahn, Carsten, Terrorist Acts as "Armed Attack": The Right to Self-Defense, Article 51(1/2) of the UN Charter, and International Terrorism, The Fletcher Forum of World Affairs, Vol. 27, Issue 2, 2003, S. 35-54

ders., Enforcement of the Collective Will after Iraq, The American Journal of International Law, Vol. 97, No. 4, 2003, S. 804-823

ders., "Nicaragua is Dead, Long Live Nicaragua" – the Right to Self-defence Under Art. 51 UN-Charter and International Terrorism, in: C. Walter et al. (Hrsg.), Terrorism as a Challenge for National and International Law: Security versus Liberty?, Max-Planck-Institut für ausländisches öffentliches Recht und Völkerrecht, Beiträge zum ausländischen öffentlichen Recht und Völkerrecht, Band 169, 2004, S. 827-877

ders., Responsibility to Protect: Political Rhetoric or Emerging Legal Norm?, The American Journal of International Law, Vol. 101, No. 1, 2007 S. 99-120

Starr-Deelen, Donna G., Presidential Policies on Terrorism: from Ronald Reagan to Barack Obama, Palgrave Macmillan, New York, 2014

Starski, Paulina, Right to Self-Defense, Attribution and the Non-State Actor – Birth of the "Unable or Unwilling" Standard?, Zeitschrift für ausländisches öffentliches Recht und Völkerrecht, Band 75, 2015, S. 455-501

Steenberghe, Raphaël van, Self-Defense in Response to Attacks by Non-state Actors in the Light of Recent State Practice, A Step Forward?, Leiden Journal of International Law, Vol. 23, 2010, S. 183-208

ders., From Passive Consent to Self-Defence after the Syrian Protest against the US-led Coalition, ejiltalk!, 23. Oktober 2015, http://www.ejiltalk.org/13758-2/

Steinberg, Guido, Der Islamische Staat im Irak und Syrien, Bundeszentrale für politische Bildung, 26. August 2014, http://www.bpb.de/politik/extremismus/islamismus/190499/der-islamische-staat-im-irak-und-syrien-isis

Taft, IV, William H., Reflections on the ICJ's Oil Platform Decision: Self-Defense and the Oil Platforms Decision, The Yale Journal of International Law, Vol 29, 2004, S. 295-306

Taft IV, William H.; Buchwald, Todd F., Preemption, Iraq and International Law, The American Journal of International Law, Vol. 97, No. 3, 2003, S. 557-563

Tams, Christian J., Light Treatment of a Complex Problem: The Law of Self-Defence in the *Wall*-Case, European Journal of International Law, Vol. 16, No. 5, 2006, S. 963-978

ders., Note Analytique – Swimming With the Tide or Seeking to Stem It? Recent ICJ Rulings on the Law of Self-Defence, Revue québécoise de droit international, Vol. 18.2, 2005, S. 275-290

ders., The Use of Force Against Terrorists, European Journal of International Law, Vol. 20, No. 2, 2009, S. 359-397

Tams, Christian J.; Devaney, James G., Applying Necessity and Proportionality to Anti-Terrorist Self-Defence, Israel Law Review, Vol. 45, Issue 1, 2012, S. 91-106

Tezkan, Mehmet, Erdogan attempts to re-brand IS, Al-Monitor.com, 3. November 2014, http://www.al-monitor.com/pulse/politics/2014/11/turkey-isis-becomes-deash-erdogan.html#

Throup, David W., Kenya's Intervention in Somalia, Center for Strategic & International Studies, Basic Info Commentary, 16. Februar 2012

Thürer, Daniel, Testfall Irak – Ist das Völkerrecht wirklich am Ende?, Neue Zürcher Zeitung, 8. Februar 2003

Tomka, Peter, The Judge and International Custom, Presentation, 44. Réunion du Comité des Conseillers Juridiques sur le Droit International Public (CAHDI), Council of Europe, Paris, 21. September 2012, S. 27-48

Tomuschat, Christian, Der 11. September 2001 und seine rechtlichen Konsequenzen, Rechtspolitisches Forum, Heft 5, Institut für Rechtspolitik an der Universität Trier, 2001

ders., Der selbstverliebte Hegemon. Die USA und der Traum von einer unipolaren Welt, Internationale Politik 5, Mai 2003, S. 39-47

Trapp, Kimberley N., Back to Basics: Necessity, Proportionality, and the Right of Self Defence Against Non State Terrorist Actors, International and Comparative Law Quarterly, Vol. 56, S. 141-156

Travalio, Greg; Altenburg, John, State Responsibility for Sponsorship of Terrorist and Insurgent Groups: Terrorism, State Responsibility, and the Use of Military Force, Chicago Journal of International Law, Vol. 4, 2003, S. 97-119

Turner, Camilla; Swinford, Steven, David Cameron 'knew British pilots were bombing Syria' – as it happened, July 17, 2015, The Telegraph, 17. März 2015, http://www.te legraph.co.uk/news/uknews/defence/11745689/British-pilots-in-air-strikes-against-I sil-in-Syria-live.html

Vergau, Hans-Joachim, Können Kriege durch internationale Intervention verhindert oder beendet werden?, Florian Gerster (Hrsg.), Friedrich-Ebert-Stiftung, Studie zur Außenpolitik No. 66, 1998

Graf Vitzthum, Wolfgang; Proelß, Alexander, Völkerrecht, 7. Auflage, Walter de Gruyter, Berlin/Boston, 2016

Waisberg, Tatiana, Columbia's Use of Force in Ecuador Against a Terrorist Organization: International Law and the Use of Force Against Non-State Actors, ASIL Insights, Vol. 12, Issue 17, 22. August 2008

Waldock, Sir Claud H.M., The Regulation of the Use of Force by Individual States in International Law, Recueil des Cours, Vol. 81, 1952, S. 451-517

Walser, Ray, The Crisis in the Andes: Ecuador, Venezuela, and Colombia, The Heritage Lectures No. 1080, The Heritage Foundation, Washington D.C., 2. Mai 2008

Walsh, Frank M., Rethinking the Legality of Columbia's Attack in the FARC in Ecuador: A New Paradigm for Balancing Territorial Integrity, Self-Defense and the Duties of Sovereignty, Pace International Law Review, Vol. 21, 2009, S. 137-161

Wedgwood, Ruth, Responding to Terrorism: The Strikes Against bin Laden, The Yale Journal of International Law, Vol. 24, 1999, S. 559-576

dies., The Fall of Saddam Hussein: Security Council Mandates and Preemptive Self-Defense, The American Journal of International Law, Vol. 97, No. 3, 2003, S. 576-585

dies., The ICJ Advisory Opinion on the Israeli Security Fence and the Limits of Self-Defense, The American Journal of International Law, Vol. 99, No. 1, 2005, S. 52-61

Weed, Matthew C., 2001 Authorization for Use of Military Force: Issues Concerning Its Continued Application, Congressional Research Service, R43983, 14. April 2015

Weiner, Alan S., The Use of Force and Contemporary Security Threats: Old Medicine for New Ills?, Stanford Law Review, Vol. 59, Issue 2, 2006, S. 415-504

Weisburd, Arther M., Use of Force: the Practice of States Since World War II, Pennsylvania State University Press, Pennsylvania, 1997

Weitz, Richard, Israeli Airstrike in Syria: International Reactions, Center for Nonproliferation Studies Feature Story, 1. November 2007

Wheatley, Steven, The Security Council, Democratic Legitimacy and Regime Change in Iraq, European Journal of International Law, Vol. 17, No. 3, 2006, S. 531-551

Wilmshurst, Elizabeth, The Chatham House Principles of International Law on the Use of Force in Self-Defence, The International and Comparative Law Quarterly, Vol. 55, No. 4, 2006, S. 963-972

Wintour, Patrick, UK could launch strikes against Isis in Syria without Assad's support, says PM, The Guardian, 4. September 2014, http://www.theguardian.com/world/2014/sep/04/uk-launch-air-strikes-isis-syria-assad-support-pm

Wolfrum, Rüdiger, Irak – eine Krise auch für das System der kollektiven Sicherheit, Max-Planck-Institut für ausländisches öffentliches Recht und Völkerrecht, Heidelberg, 2003, http://www.mpil.de/files/pdf3/irak4.pdf

ders., The Attack of September 11th, 2001, the Wars against the Taliban and Iraq: Is there a Need to Reconsider International Law on the Recourse to Force and the Rules in Armed Conflict?, in: Armin von Bogdandy/Rüdiger Wolfrum (Hrsg.), Max Planck Yearbook of United Nations Law, Vol. 7, Leiden/Boston, 2003, S. 1-78

Wright, Quincy, The Cuban Quarantine, The American Journal of International Law, Vol. 57, No. 3, 1963, S. 546-565

Yoo, John, International Law and the War in Iraq, The American Journal of International Law, Vol. 97, No. 3, 2003, S. 563-576

ders., Using Force, The University of Chicago Law Review, Vol. 71, No. 3, 2004, S. 729-797

Zanotti, Jim; Katzman, Kenneth; Gertler, Jeremiah; Hildreth, Steven A., Israel: Possible Military Strike Against Iran's Nuclear Facilities, Congressional Research Service, R42433, 28. September 2012